U0925613

北京信息科技大学
BEIJING INFORMATION S&T UNIVERSITY

北京信息科技大学

BEIJING INFORMATION SCIENCE & TECHNOLOGY UNIVERSITY

2010

光明日报出版社

图书在版编目(CIP)数据

北京信息科技大学年鉴.2010/《北京信息科技大学年鉴》编委会编.—北京:光明日报出版社,2011.5
ISBN 978-7-5112-1204-7

Ⅰ.①北…　Ⅱ.①北…　Ⅲ.①北京信息科技大学—2010—年鉴　Ⅳ.①G649.281-54

中国版本图书馆CIP数据核字(2011)第077447号

北京信息科技大学年鉴.2010

编　　者:《北京信息科技大学年鉴》编委会

责任编辑:宋　悦　　封面设计:中联华文
责任校对:贾文梅　　责任印制:胡　骑　宋云鹏

出版发行:光明日报出版社
地　　址:北京市崇文区珠市口东大街5号,100062
电　　话:010-67078241
网　　址:http://book.gmw.cn
E-mail:gmcbs@gmw.cn
法律顾问:北京市华沛德律师事务所张永福律师

印　　刷:北京天正元印务有限公司
装　　订:北京天正元印务有限公司

开　　本:1/16
字　　数:650千字　　印　　张:31.5
版　　次:2011年5月第1版　　印　　次:2011年5月第1次印刷
书　　号:ISBN 978-7-5112-1204-7

定　　价:128.00元

《北京信息科技大学年鉴》编纂委员会

主　　任：郑君礼　杜　林

副 主 任：刘筱毅　刘　勇　冯喜春　韩秋实　孙百生
许晓革　彭斌柏

委　　员：学校副处级及以上独立设置机构的党政主要负责人

《北京信息科技大学年鉴(2010)》编辑部

主　　任：林国策

副 主 任：王立民

责任编辑：刘永林

编　　辑：学校副处级及以上独立设置机构具体负责年鉴组稿的工作人员

编辑部设在学校办公室

编辑说明

《北京信息科技大学年鉴(2010)》是学校正式成立后编辑出版的第三本年鉴。本年鉴汲取前人的编辑经验、承继往年的年鉴风格,资料更加权威、内容更加丰富、体系更加完善,重点反映了北京信息科技大学2009年学科建设、教学科研、人才培养、队伍建设、学校管理、对外交流与合作、校园文化建设、党建与思想政治工作等方面的重要活动和取得的成果等,供全校各单位及校外有关单位了解和研究学校的发展情况时参考使用,同时也是北京信息科技大学历史发展的真实记载。

《北京信息科技大学年鉴(2010)》是资料性文献汇编,以文章和条目为基本载体,以条目为主。全书包括新闻图片、学校概况、特载与专文、机构与队伍、学科建设与教育教学、科学研究、国际交流与合作、管理与服务、党建与思想政治工作、教学单位工作、表彰与奖励、大事记、媒体报道、学校事业发展统计数据、党政发文目录、毕业生名单等内容。本年鉴选题时间范围为2009年1月1日至12月31日,力求全面、客观、系统记载学校2009年的重大事件、重要活动、重要动态及各个领域的新进展、新成果、新信息,其中收录的统计数据,由学校相关部门审定、提供。

《北京信息科技大学年鉴(2010)》在学校年鉴编委会主持下,由年鉴编辑部具体开展编纂工作。编辑部以学校办公室人员为主,联合学校副处级及以上独立设置机构具体负责年鉴组稿的工作人员共同参与编纂。主要撰稿人为校内各单位负责同志和熟悉情况的工作人员。

《北京信息科技大学年鉴(2010)》的编辑出版工作得到了学校领导的支持,以及全校各单位的大力协助,在此表示衷心的感谢。年鉴内容涉及面广、工作繁复,加上编辑人员水平所限、经验不足,故问题和疏漏在所难免,敬请全校师生和广大读者批评指正,以利于今后年鉴的编纂工作做得更好。

《北京信息科技大学年鉴(2010)》编辑部

2010年10月

1月15日，赵凤桐出席学校荣获国家科技奖励表彰大会。

2月28日，刘建在学校第一次党代会上致辞。

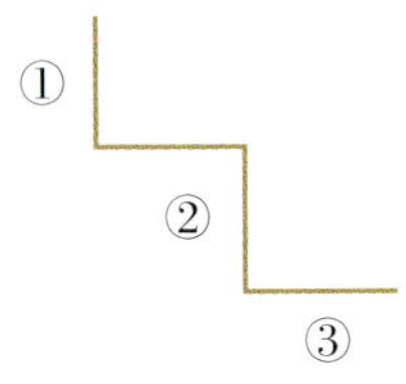

① 3月19日，线联平出席学校深入学习实践科学发展观活动动员大会并讲话。

② 4月1日，罗洁到校调研工作。

③ 6月19日，郭广生在学校首次学科建设工作会议上作报告。

解放思想　改革创新　科学发展　构建和谐
为建设特色鲜明的高水平多科型大学而努力奋斗

2月28日至3月1日，召开中国共产党北京信息科技大学第一次代表大会。

① 郑君礼代表学校党委向大会作报告。

② 杜林主持党代会开幕式，并致开幕辞。

③ 代表们投下庄严一票。

④ 中共北京信息科技大学第一届委员会第一次全体会议。

⑤ 中共北京信息科技大学纪律检查委员会第一次全体会议。

①	②
③	④
⑤	⑥

① 3月19日，召开深入学习实践科学发展观活动动员大会。

② 4月29日，举行科学发展论坛。

③④ 学校领导参加基层学习实践科学发展观活动。

⑤ 7月17日，召开深入学习实践科学发展观活动总结暨满意度测评大会。

⑥ 5月20日，召开学校领导班子专题民主生活会。

7月11日，举行科学发展方阵总队北京信息科技大学大队成立暨誓师大会。

9月24日，举办共和国同龄人座谈会。

参加国庆60周年群众游行“科学发展”方阵的师生正在刻苦训练。

参与大学生联欢方阵的师生在广场合影。

首都国庆60周年群众游行
优秀组织单位
首都国庆60周年群众游行指挥部
2009年10月

学校荣获“首都国庆60周年群众游行优秀组织单位”奖。

10月28日，召开国庆六十周年庆祝活动总结表彰大会。

① ②
③ ④ ⑤

① 1月9日，张福学教授参加在人民大会堂举行的2008年度国家科学技术奖励大会。

② 1月9日，葛新权教授参加在人民大会堂举行的2008年度国家科学技术奖励大会。

③ 徐小力获评2009年全国优秀教师。

④ 李擎教授获2008年度全国知识型职工先进个人称号。

⑤ 张京生当选2008年度首都十大年度教育新闻人物。

①	②
③	
④	⑤

①6月22日，学校“文管综合实践教学中心”接受北京市实验教学示范中心评审专家组考察评审。

②11月19日，学校北京知识管理研究基地接受北京市哲学社会科学规划办和北京市教委组织的专家组验收。

③10月21日，北京教育系统老干部工作领导小组到学校检查工作。

④12月25日，市教委检查组检查指导学校数字校园建设工作。

⑤12月14日，市教育工委、市教委检查组到学校检查党风廉政建设和反腐败工作。

2月25日，美国威斯康辛大学帕克赛德分校（UWP）来访并与学校签订合作协议。

10月12至13日，学校参与主办海峡两岸及香港地区仪器科学与技术创新人才培养研讨会，杜林在大会上发言。

11月12日，德国通信工程师协会访问学校。

11月14日，澳大利亚维多利亚大学学生与学校学生开展交流活动。

12月5至6日，与澳大利亚卧龙岗大学（University of Wollongong）联合主办2009年第六届全球经济中的中小企业国际会议。

6月19至20日，召开首次学科建设工作会议。

3月27至28日，举办第二届师德论坛。

12月11至12日，举办创新人才培养和创新团队建设工作研讨会。

12月25至26日，召开应用型人才培养研讨会。

① 11月27日，举行“信息类专业校外实践教学基地”挂牌仪式。该基地获批“北京市高等学校市级校外人才培养基地建设项目”。

② 10月30日，中国服务外包人才培训中心（北京）的授牌仪式上，学校被认定为第一批服务外包人才培训机构。

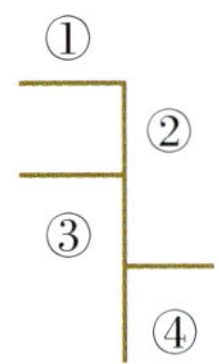

荣誉证书

北京信息科技大学 被评为2005—2009年北京高等教育教材工作

先进集体

北京市高等教育学会教材工作研究会

2009年12月30日

③ 9月3日，学校参加北京市教育教学成果奖颁奖大会。学校10项成果荣获“2008年北京市教育教学成果奖”。

④ 学校被评为2005~2009年北京高等教育教材工作先进集体。

① 12月30日，与华旗数码科技有限公司举行签订校企战略合作协议书仪式。

② 6月3日，举行北京信息科技大学“大学生就业创业见习基地”签约暨授牌仪式。

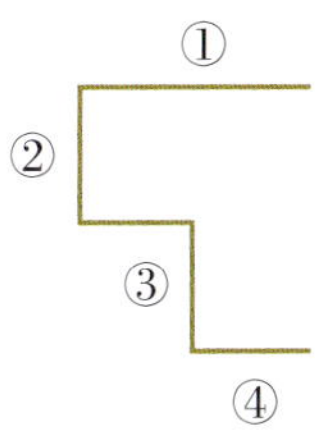

③ 9月24日，举行与中共中央办公厅毛主席纪念堂管理局共建大学生校外教育基地签字仪式。

④ 7月12日，召开应用数学学科建设暨数学物理研究所成立大会。

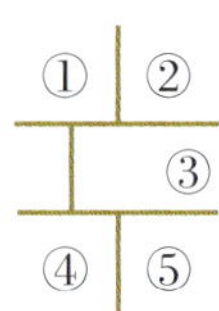

① 3月26日，举行审计工作市属高校第五协作组工作会议。

② 6月17日，举行北京市大学英语研究会东片组英语教学与教改研讨会。

③ 12月28至29日，举行“原机械部高校七校就业联盟”2009年就业工作总结研讨会。

④ 7月7日，与民革北京市委社法委联合举办大学生村官在新农村建设中的推动作用研讨会。

⑤ 10月27日，图书馆承办2009年全国通信电子类高校图书情报工作年会。

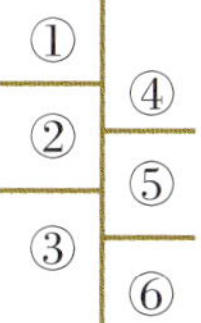

① 6月24日，举办第一届教学观摩暨2009年教学基本功比赛颁奖大会。

② 12月18日，学校与北京高校毕业生就业指导中心联合举办2010毕业生双选会。

③ 10月17日，举行2009中国大学生就业模拟大赛闭幕式暨颁奖典礼。

④ 12月28日，举办第二届实验教学基本功大赛校级决赛。

⑤ 12月27日，举行首届机械工程领域工程硕士论文答辩。

⑥ 1月14日，举办首届智能汽车竞赛。

① 10月12日，在处级干部中开展突发事件处置与指挥工作培训。

② 12月2日，召开2009年教师职务聘任工作动员大会。

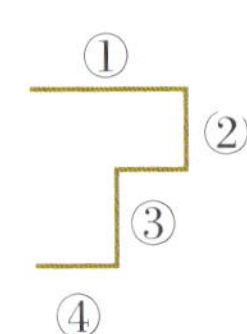

③ 6月26日，召开处级以下党政管理与学生工作岗位聘任工作动员大会。

④ 12月17日，举办首次辅导员工作沙龙。

① 1月6日，举行校级领导干部考核述职及民主测评会。

② 5月21日，学校关心下一代工作委员会召开2009年第一次主任工作会议。

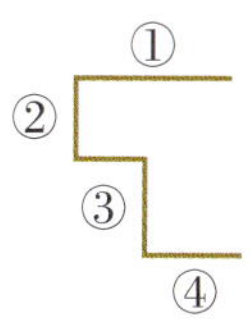

③ 5月24日，召开廉政风险防范管理工作会议。

④ 8月24至25日，召开2009年暑期中层干部会。

①9月10日，举办“喜迎60华诞 共庆教师佳节”先进集体、先进个人表彰暨歌声献给祖国演唱会。

②11月26日，召开“以学生为本”座谈会。

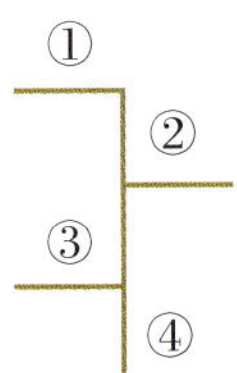

③12月24至25日，举办2009年党务工作培训班。

④学校荣获2009年度首都国家安全工作先进集体。

① 4月16日，举行2009届硕士研究生学位授予暨毕业典礼。

② 5月16日， 举行2009年度新井季久子助学金颁发仪式。

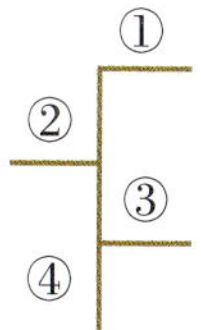

③ 6月3日，举办学生安全员消防安全知识培训讲座。

④ 5月27日，与回龙观医院共同举办 “525心理文化月”现场心理咨询活动。

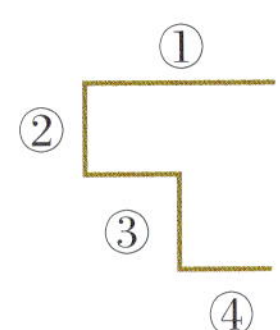

① 12月30日，李肇星应邀到校作报告。

② 5月8日，举办首场国大华闻公益时代精英论坛。

③ 9月21日，举行“开斋节”新生茶话会。

④12月29日，举办新年联欢会。

9月12日至10月8日，学校志愿者在鸟巢、北郊车站、华清园小区、中关村医院等地陆续开展首都国庆60周年志愿者活动。

3月20日，学生科技创新项目卡丁车II代样品验收。

5月21日，成立大学生科学发展观学习实践会。

5月19日，“魅力女生，show出自我”第一届女生节闭幕。

6月7日，举办“恰同学少年”2009届毕业生晚会。

① ②

③

④ ⑤

① 6月29日至7月5日，学校中型足球机器人代表队“Water” 在奥地利举办的“2009国际Robcup机器人公开赛”上获得总积分世界第七，中国排名第一的好成绩。

② 9月27日，学校捷能车队研制的“青花瓷节能车”在第三届Honda节能竞技大赛中获得最佳技术奖。

③ 1月8日，学生在第29届国际企业管理挑战赛（GMC）中荣获铜奖和新秀奖。

④ 4月28日，学生在2009年国际办公软件核心技能世界大赛中国区总决赛上分获三等奖。

⑤ 9月20日，学校SLACK乐队在“纽曼杯首都大学生原创音乐大赛”总决赛中荣获优秀奖。

目　录

Contents

一、学校概况

学校概况 …… 3

二、特载与专文

第一次党代会专题

中共北京市委教育工委副书记刘建在北京信息科技大学第一次党代会开幕式上的讲话 …… 7

解放思想　改革创新　科学发展　构建和谐　为建设特色鲜明的高水平多科型大学而努力奋斗

——中国共产党北京信息科技大学第一次代表大会党委工作报告 …… 9

深入开展党风廉政建设和反腐败工作　为新大学建设发展提供坚强的政治保证

——中国共产党北京信息科技大学纪律检查委员会工作报告 …… 22

中国共产党北京信息科技大学第一次代表大会关于党委工作报告的决议 …… 28

中国共产党北京信息科技大学第一次代表大会关于纪委工作报告的决议 …… 30

学习实践科学发展观活动专题

开展深入学习实践科学发展观活动实施方案 …… 31

深入贯彻落实科学发展观　为建设特色鲜明的高水平多科型大学而努力奋斗

——党委书记郑君礼在深入学习实践科学发展观活动动员大会上的报告 …… 41

解放思想　切实把握机遇　开拓创新　推进科学发展

——党委书记郑君礼在处级以上领导干部学习实践活动培训班上的讲话 …… 48

解放思想　正视问题　改革创新　迎难而上　推进学校又好又快科学发展

——校长杜林在处级以上领导干部学习实践活动培训班上的讲话 …… 57

紧密围绕活动主题　坚持突出实践特色　以改革创新精神推进新大学科学发展

——党委书记郑君礼在深入学习实践科学发展观活动总结大会上的讲话 …… 68

把握机遇 求真务实 以改革创新精神推进新大学科学发展
——学校在全市第二批学习实践科学发展观活动总结大会上的交流材料 …………78
贯彻落实科学发展观的整改落实方案 ……………………………………………80
学习实践活动整改落实及“回头看”自查报告 …………………………………90

国庆60周年庆祝活动专题

党委书记郑君礼在北京信息科技大学国庆60周年庆祝活动总结表彰大会上的讲话 …100
关于表彰国庆60周年庆祝活动及平安行动有关单位和人员的决定 ……………102
北京信息科技大学国庆60周年庆祝活动工作综述 ………………………………111

校长杜林在学校荣获2008年度国家科技奖励表彰大会上的讲话 ………………118
明确目标 坚定信心 理清思路 加强建设 推进新大学学科建设迈上新的台阶
——校长杜林在第一次学科建设工作会议上的讲话 ……………………………120
深入贯彻落实科学发展观 切实做好我校反腐倡廉建设工作
——党委书记郑君礼在学校党风廉政建设工作会议上的讲话 …………………128
2009年党风廉政建设和反腐败工作主要任务分工……………………………132
全面贯彻落实科学发展观 全力推进学校事业科学发展
——暑期中层干部会议综述 ……………………………………………………138
确保教学中心地位 创新人才培养模式
——应用型人才培养研讨会综述 ………………………………………………140
创新人才培养和创新团队建设工作研讨会综述………………………………141
学校党政工作要点 ………………………………………………………………142
学校党政工作总结 ………………………………………………………………146
学校十大新闻 ……………………………………………………………………156

三、机构与干部
校级党政领导 ……………………………………………………………………163
专门委员会和专门工作组 ………………………………………………………164
党政组织机构设置及负责人 ……………………………………………………182

四、学科建设与教育教学
学科建设与研究生教育 …………………………………………………………191
本科教育 …………………………………………………………………………196
招生就业 …………………………………………………………………………200

五、科学研究
科学研究 …………………………………………………………………………207

六、国际交流与合作

国际交流与合作 …… 215

七、管理与服务

学校管理 …… 221
人事管理 …… 226
财务管理 …… 233
资产管理 …… 237
审计工作 …… 238
后勤管理 …… 239
基本建设与新校区建设工作 …… 244
校区管理 …… 246
高教研究 …… 256
图书馆工作 …… 256
网络管理 …… 259
后勤服务 …… 261

八、党建与思想政治工作

组织工作 …… 267
宣传工作(统战工作) …… 269
纪检(监察)工作 …… 272
保密工作 …… 274
学生工作 …… 277
保卫工作 …… 283
离退休工作(老干部工作) …… 289
机关党委及工会工作 …… 293
直属单位党总支及工会工作 …… 300
工会教代会工作 …… 302
共青团工作 …… 303

九、教学单位工作

机电工程学院 …… 309
光电信息与通信工程学院 …… 313
自动化学院 …… 317
计算机学院 …… 323
经济管理学院 …… 326

信息管理学院 …… 342
人文社科学院 …… 344
外国语学院 …… 347
理学院 …… 349
体育部 …… 352
计算中心 …… 353
机电实习中心 …… 354
继续教育学院 …… 355

十、表彰与奖励

学校获集体奖励与表彰 …… 361
教职工获奖励与表彰 …… 361
学生获奖励与表彰 …… 368
学生竞赛获奖 …… 377

十一、大事记

大事记 …… 401

十二、媒体报道

媒体报道 …… 439

十三、附录

党政发文目录 …… 443
授予硕士学位人员名单 …… 462
授予同等学力人员硕士学位名单 …… 463
硕士毕业生名单 …… 464
本科毕业、结业生名单 …… 465
学校事业发展统计数据情况 …… 480

学校概况

学校概况

北京信息科技大学是经教育部批准，由北京机械工业学院和北京信息工程学院两所全日制普通高等学校合并组建，以工管为主体、工管理经文法多学科协调发展，以培养高素质应用型人才为主、本科教学评估为优秀、北京市重点支持建设的大学。

一、历史沿革

北京机械工业学院的前身是1986年陕西机械学院北京研究生部和北京机械工业管理专科学校合并成立的北京机械工业管理学院，隶属机械工业部，1990年更名为北京机械工业学院，其办学历史可追溯到20世纪30年代，1998年划转北京市管理。北京信息工程学院的前身是1978年第四机械工业部1915所举办的北京大学第二分校，1985年更名为北京信息工程学院，隶属电子工业部，1997年与电子工业管理干部学院、北京成人电子工业学院合并，2000年划转北京市管理。

新世纪初，北京市委市政府立足于北京高等教育更好地适应首都经济社会发展需要、为首都机电行业和信息行业培养高素质应用型人才，决定组建北京信息科技大学，于2003年8月21日启动组建工作；教育部于2004年5月18日批准筹建，于2008年3月26日批准正式设立。

二、学校现状

1. 办学条件

学校现有清河小营校区、健翔桥校区、清河校区、金台路校区、酒仙桥校区和昌平校区（非学校产权）等6个校区，占地499.7亩（市政府已批准学校新征土地1226.7亩，规划建设新校区），校舍建筑面积32.6万平方米（新校区规划建筑面积42.38万平方米）；固定资产总值6.94亿元、其中教学科研仪器设备2.14亿元。现有3个校级实验实习中心、5个院级实验教学中心、23个本科教学实验室；纸质图书81.08万册，电子图书10882GB；建成“千兆为主干、百兆到桌面”的校园计算机网络和丰富的网络教学资源。

现有北京市重点学科1个、重点建设学科9个，部级重点学科2个；教育部重点实验室1个、北京市重点实验室2个、北京市哲学社会科学研究基地1个、省部级重点及开放实验室6个、北京高校工程技术研究中心1个；国家级实验教学示范中心1个、北京市实验教学示范中心3个、北京市高等学校市级校外人才培养基地1个、北京市高等学校市级人才培养模式创新试验区1个。

2. 队伍状况

学校现有教职工1452人、其中专任教师778人、双聘中国工程院院士2人、特聘教授1人、讲座教授3人、博士生导师10人、硕士生导师157人。专任教师中具有高级职称320人，具有博士学位152人。学校现有全国劳动模范1人、全国优秀教师2人，北京市优秀教师12人、教学名师4人、优秀教育工作者2人、师德先进个人2人、北京市属高校学术创新团队12个、优秀教学团队5个、管理创新团队2个、拔尖创新人才12人、高层次人才1人、优秀中青年骨干教师86人、入选国家新世纪百千万人才工程1人。

3. 人才培养

学校面向全国招生，全日制在校生11380人、其中本科生10686人；成教学生3856人。

学校设有机电工程学院、光电信息与通信工程学院、自动化学院、计算机学院、经济管理学院、信息管理学院、人文社科学院、外国语学院、理学院等9个学院和体育部，以及研究生部和继续教育学院等机构。

学校现有31个本科专业，覆盖工、管、理、经、文等学科门类，其中国家级特色专业建设点4个、北京市级特色专业建设点9个。

学校的研究生教育始于1981年，1993年取得硕士学位授予权。现有一级学科硕士点3个(覆盖二级学科7个)、其他二级学科硕士点12个，共计二级学科硕士点19个，覆盖工、管、理、经、法等5个学科门类。现有工程硕士专业学位授权领域4个。

学校以培养高素质应用型人才为主，更新理念，创新思路，深入开展教学改革、教学建设和教学研究，近五年，取得国家级教育教学成果特等奖1项、一等奖1项、北京市教育教学成果奖14项、北京市精品课程8门、北京市精品教材16部、精品教材立项5项等成果，出版教材113部。

4. 科学研究

学校在电子信息、现代制造与光机电一体化、知识管理与技术经济等领域具有较高的科研水平，形成了明显特色和优势。近六年，科研总经费、实到经费翻了两番；国家自然科学基金和北京市自然科学基金立项数量稳步增长；获得省部级及以上科技奖励33项，其中以第一完成单位获得国家技术发明二等奖1项(2008年)、国家科技进步二等奖3项(2007年、2008、2009年各1项)；取得发明专利授权和软件著作权共129项；发表论文近4290篇，进入三大检索论文700余篇；以优异成绩通过了北京市国防军工武器装备科研生产保密资格单位认证；北京信息科技大学科技园成功认定为北京市大学科技园。

5. 校园文化

学校坚持育人为本、德育为先，重视校园文化建设，加强师德师风建设和学风建设，努力构建和谐校园。广大教师爱岗敬业、教书育人、为人师表，涌现出一批师德先进集体和先进个人。重视学生的人文素质教育和人文精神培育，积极开展丰富多彩的校园文化活动，努力营造健康和谐的校园文化氛围。2007年、2008年荣获“首都文明单位”称号。学生在课外科技活动、各级各类学科竞赛，以及文化、体育、艺术比赛和社会实践等活动中屡创佳绩。近六年，学生在全国和北京市各类学科科技竞赛中获奖1374人次，其中特等奖12人次、一等奖133人次。毕业生在生产和管理一线发挥重要作用，用人单位高度评价我校毕业生“下得去、留得住、用得好”。

6. 国际交流

学校坚持开放办学，积极扩大国际合作与交流，已经与日本、爱尔兰、英国、德国、韩国、美国、澳大利亚等国家近20所高校建立了校际合作关系，开展了合作科研、互访讲学、干部考察培训、英语教师和双语教师学习进修、互派本科生，以及联合培养研究生、本科生及专科生等交流活动。

特载与专文

第一次党代会专题

在北京信息科技大学第一次党代会开幕式上的讲话

中共北京市委教育工委副书记 刘 建

各位代表、同志们:

经过精心筹备,北京信息科技大学第一次党代会今天隆重开幕了。我代表市委教育工委、市教委对大会的召开表示热烈的祝贺!

自2003年8月组建以来,北京信息科技大学党委在市委的正确领导下,高举中国特色社会主义伟大旗帜,坚持以邓小平理论和“三个代表”重要思想为指导,深入贯彻落实科学发展观,积极推进学校的改革、发展与建设,在党的建设、人才培养、科学研究、社会服务等方面均取得了显著成绩,以优秀的成绩通过教育部本科教学工作水平评估;顺利通过北京高校党建和思想政治工作基本标准达标检查;获得了“首都文明单位”称号。尤其是近两年三次以第一完成单位获得国家技术发明二等奖和科技进步二等奖,为北京高校赢得了赞誉。学校的办学实力不断增强,人才培养质量持续提升,环境氛围更加和谐。

这些成绩的取得,是学校党委、行政班子正确领导的结果,更是全校各级党组织、全体党员和广大师生员工共同努力的结果。在这里,我代表市委教育工委、市教委,向长期以来为学校的建设和发展付出辛勤劳动和汗水的全体共产党员和师生员工表示崇高的敬意和衷心的感谢!

这次大会将听取和审议党委工作报告,审议纪委工作报告,选举产生学校新一届党委和纪委。大会的召开,必将对北京信息科技大学今后的建设与发展产生重大影响。借此机会,我代表市委教育工委对即将选举产生的新一届党委提出三点希望:

一、高举中国特色社会主义伟大旗帜,全面贯彻落实科学发展观,实现学校又好又快发展

目前,全党正在深入开展学习实践科学发展观活动,这是十七大做出的重大战略部署。北京市属高校将于3月初参加全市第二批学习实践活动。希望新一届党委认真开展调查研究,积极做好各项准备工作。尤其要引导师生员工充分认识开展学习实践活动的重大意义,深刻理解科学家发展观对高等教育提出的新要求,把思想和行动统一到党的十七大精神上来,把智慧和力量落实到推进学校科学发展的各项工作上来。要通过开展学习实践活动,找出影响和制约学校发展的突出问题,进一步明确学校发展的思路,建立健全有利于学校科学发展的体制机制,切实达到党员受教育、科学发展上水平、人民群众得实惠的总体要求。

希望学校以科学发展观为统领,进一步

解放思想,改革创新,深入、全面地研究新大学的发展机遇,科学分析、妥善处理新大学面临的挑战,增强工作的前瞻性;发扬"勤以为学信以立身"的校训精神,创新办学理念和人才培养模式,进一步提高教育教学水平和人才培养质量,进一步增强学术竞争力、科技创新能力,进一步提高学校综合实力、办学效益和服务首都的能力。要充分发挥学校的学科优势和专业特色,积极参与国家和首都的科技创新,为实施科教兴国战略和人才强国战略,为建设"人文北京、科技北京、绿色北京"做出新的更大贡献!以优异的成绩迎接建国60周年!

二、以改革创新精神加强学校党的建设,为学校的改革发展稳定提供坚强有力的保证

要大力加强理论武装。要创新形式、丰富载体,坚持用中国特色社会主义理论体系武装广大党员干部和师生员工头脑,引导广大师生员工深化对中国特色社会主义理论体系的认识,增强对中国特色社会主义的理论认同、政治认同、情感认同,强化广大师生员工走社会主义道路的坚定信念。

要大力加强领导班子建设和干部队伍建设。以加强思想政治建设为根本,以提高治校理教能力为重点,大力加强领导班子和干部队伍的思想、组织、作风、制度和反腐倡廉等等方面建设。要认真贯彻落实民主集中制和党委领导下的校长负责制,形成党委统一领导、党政分工负责、协调配合的工作机制,进一步增强整体合力。要进一步建立健全干部和人才的选拔、使用、考核、管理、培训工作机制,坚持从实绩看德才,凭德才用干部的用人导向,建设一支政治、能力突出、作风过硬、群众信任的优秀干部队伍。

要围绕中心工作,不断推进基层党建工作创新。继续贯彻落实市委和市委教育工委关于推进基层党建工作创新的意见,建立健全使党员"长期受教育,永葆先进性"的长效机制。基层党组织要从自身职责和所承担的工作任务出发,以推动发展为主题,以服务大局为着眼点,拓宽工作领域,强化服务功能,推进组织生活内容、载体、方式方法的创新,不断加强基层党建工作的规范化、制度化和科学化建设,不断增强基层党组织的创造力、凝聚力和战斗力,打造一支素质优良、作用突出、始终站在时代前列的党员队伍,为学校事业的科学发展提供强有力的政治保证和组织保证。

三、加强和改进思想政治工作,努力构建和谐校园

高校是培养人才的基地。习近平同志最近强调,高校培养的人才是不是合格,首要的标准是思想政治素质是不是合格。要加强和改进学生思想政治教育工作,坚持育人为本、德育为先,加强爱国主义教育,把社会主义核心价值体系融入教育全过程,引导学生坚定中国特色社会主义理想信念,努力成为德智体美全面发展的社会主义建设者和接班人。

要加强教师的思想政治教育。坚持把师德建设放在首位,努力强化广大教师的职业道德和职业精神,把社会主义核心价值体系内化为广大教师的自觉行动,使他们以身作则,自觉恪守学术道德,自觉养成求真务实和严谨自律的治学态度,在为学为人方面为广大学生树立榜样。要大力加强辅导员和班主任队伍建设,通过一整套的选拔、培养、激励、保障措施，使他们工作有条件、干事有平台、发展有空间，充分发挥他们的积极性和创造性。

要妥善处理好继承与发展的关系，调动一切积极因素，努力建设和谐向上的软环境。要坚持以人为本，大力倡导人文关怀，全心全意依靠广大师生员工，积极推进学校的改革建设与发展。要通过多种形式，拓宽民意表达渠道，健全民主决策机制，高度关注、及时解决好师生员工的切身利益问题，充分发挥师生员工的积极性、主动性和创造性。

市委教育工委、市教委将一如既往地支持北京信息科技大学的建设和发展，努力为学校的发展创造更好的环境和条件。最后，预祝北京信息科技大学第一次党代会圆满成功！

解放思想 改革创新 科学发展 构建和谐
为建设特色鲜明的高水平多科型大学而努力奋斗

——中国共产党北京信息科技大学第一次代表大会党委工作报告

（2009 年 2 月 28 日）

各位代表，同志们：

中国共产党北京信息科技大学第一次代表大会，是在我校认真贯彻落实党的十七大精神，深入学习实践科学发展观，进一步落实“十一五”事业发展规划，全面谋划新大学又好又快发展的新时期、新形势下召开的一次十分重要的会议。这次大会的主题是：高举中国特色社会主义伟大旗帜，以邓小平理论、“三个代表”重要思想和党的十七大精神为指导，以科学发展观为统领，立足新的历史起点，坚持解放思想，勇于改革创新，推动科学发展，促进校园和谐，为建设特色鲜明的高水平多科型大学而努力奋斗。

现在，我代表学校党委向大会做工作报告，请各位代表审议。

一、五年的回顾和总结

2003 年 8 月 21 日，市委市政府决定，合并北京机械工业学院和北京信息工程学院，组建北京信息科技大学。经过五年的筹建，2008 年 3 月 26 日，教育部批准设立北京信息科技大学，2008 年 5 月 18 日，市委市政府召开北京信息科技大学成立大会，学校步入了新的发展阶段。

五年来，根据市委市政府的指示与要求，学校党委面对国内外高等教育发展形势和合并组建新大学的复杂局面，全面分析学校历史、现状和发展潜力，确立了以邓小平理论和“三个代表”重要思想为指导，以科学发展观统领工作全局，大力加强内涵建设，加快推进实质性合并，切实解决好群众切身利益，确保学校稳定大局的大学筹建工作指导思想和“合并调整、确保稳定，内涵发展、建设新校”的大学筹建工作任务。在上级领导和有关部门的正确领导和大力支持下，学校党委依靠并带领广大师生员工，抓住机遇，迎难而上，求真务实，开拓创新，各项事业都取得了明显成效。

学校办学思路更加明确。在校党委的领导下，学校主动适应国家和首都经济社会发展需要，结合自身实际，凝聚全校师生员工智慧，精心谋划，先后制定了《2004～2013年发展规划》、《“十一五”事业发展规划》以及学科专业建设、人才队伍建设、科技发展、校园建设和新校区建设等配套规划，明确了新大学的办学指导思想、中远期发展目标、办学定位和主要工作思路。学校以年度党政工作要点的方式，将规划确定的任务分解落实到年度工作中，确保了规划的落实和发展目标的逐步实现。

大学筹建工作取得实质进展。在市委市政府的领导和支持下，校党委团结和带领全体师生员工扎实推进大学筹建工作。实现了学校主体、机构和领导、管理制度、发展规划、学科建设等五方面统一，完成了党政机关机构设置、学院设置与学科专业调整和两轮中层干部的选拔聘任工作；师资队伍、科学研究和学科建设等内涵建设的主要指标达到国家规定的“大学”设置标准；努力争取上级支持，完成了新校区确址工作，明确了新校区建设资金筹措方案，推进了新校区规划建设前期工作。

教学水平和人才培养质量进一步提升。校党委坚持把人才培养作为学校的根本任务，牢固树立本科教学工作的中心地位。以评估为契机，紧紧抓住影响人才培养质量的关键因素，在师资队伍、教学条件、专业与课程、实践环节、教学管理、质量监控等方面进行重点建设，取得明显成效，有力保障了教育教学质量不断提高。学校于2008年首次实现北京市第一批本科招生。启动实施“教学质量与教学改革工程”，取得阶段性成果：目前有国家级实验教学示范中心1个、特色专业建设点2个，北京市级特色专业建设点7个、实验教学示范中心2个、精品课程6门、精品教材12本，教学质量工程整体水平居市属高校前列。我校本科教学工作水平被教育部评为优秀。积极探索新的人才培养模式，注重面向基层，强化实践环节，初步形成了务实精神和实践能力突出的应用型人才培养特色。五年来，学生在全国和北京市各类学科科技竞赛中获奖1112人次，其中特等奖11人次、一等奖116人次。毕业生在生产和管理一线发挥重要作用，用人单位高度评价我校毕业生“下得去、留得住、用得好”。

师资队伍建设取得较大进展。按照“强化聘任、优化结构、提高质量、造就名师”的工作思路，坚持引进与培养并重，以全面提高师资队伍素质为核心，以引进和培养高层次人才为重点，精心构筑人才成长机制和事业发展平台，大力实施人才强校战略，教师队伍整体素质稳步提高，专任教师的年龄、学历结构得到很大改善和优化，团队建设成效显著。五年来，引进“双聘院士”2人，高级职称人数增加45.2%，博士学位人员增加4.5倍，硕士生导师和兼职博士生导师分别增加2倍和1倍。新增全国优秀教师1人，北京市优秀教师7人、优秀教育工作者1人、教学名师4人、师德标兵及先进个人4人、优秀青年知识分子1人、优秀德育工作者10人、优秀辅导员12人、德育工作先进集体2个,北京市属高校学术创新团队7个、优秀教学团队4个、管理创新团队1个、拔尖创新人才8人、优秀中青年骨干教师59人。

学科体系逐步完善。坚持以学科建设为龙头,以构建工管为主体、多学科协调发展的学科体系为目标,全力推进并重点加强学科建设与管理、学位点申报及学术队伍建设等工作,完成了学院设置与学科专业调整工作,初步形成了可持续发展的学科体系。五年来,新增一级学科硕士点2个、二级学科硕士点7个,一级、二级学科硕士点分别达到3个和19个,覆盖工、管、经、理、法等5个学科门类。在3个领域取得了工程硕士专业学位授予权。新增北京市重点建设学科4个,市级重点及重点建设学科覆盖的二级学科点达到12个。重点实验室建设取得新突破,新增教育部重点实验室1个、北京市哲学社会科学研究基地1个、机械行业重点实验室2个。

科学研究取得重大突破。确定并坚持面向首都经济社会发展,增强在行业和国防军工领域的特色与优势,以应用研究和科技开发为重点的科技工作方针和"抓横促纵,抓大带小,以点带面,重点突破,建设基地,快速发展"的科技工作思路,形成了有利于促进科学研究的工作机制和良好的科研环境与氛围,科技工作呈现出良好的发展态势。五年来,科研总经费近2.14亿元,实到经费近1.34亿元,提前三年实现学校"十一五"规划确定的年科研经费目标;国家自然科学基金和北京市自然科学基金立项数量均达到历史最好成绩;共获得省部级及以上科技奖励28项,其中,2007年获得国家科技进步二等奖1项,该奖项是当年北京市属市管单位中唯一以第一完成单位获得的国家级科技奖励,2008年我校又以第一完成单位获得国家技术发明二等奖和国家科技进步二等奖各1项;取得发明专利授权27项、软件著作权63项;发表论文3389篇,进入三大检索论文511篇;我校还以优异成绩通过了北京市国防军工武器装备科研生产保密资格单位认证。

办学条件得到明显改善。学校注重营造优良的育人环境与氛围,努力改善办学条件。在北京市有关部门的大力支持下,利用专项经费,投入9989万元用于本科教学平台建设;投入3126万元用于学科建设;投入7793万元用于科研平台建设;分别投入1380万元和2319万元用于图书文献资源建设与校园计算机网络及信息化建设;投入6861万元用于校园基础设施建设与办学环境治理。自筹经费4500万元购买了北京空调器厂的全部土地与房产,增加土地面积27.2亩,增加教学及科研用房6500平方米、行政用房2200平方米。积极筹措资金,新建学生公寓4240平方米。积极推进后勤改革,强化管理,优化服务,努力为师生工作、学习和生活提供优质高效的服务保障。

和谐校园得到有效维护。校党委坚持构建和谐、确保稳定,坚持正确处理新大学筹建过程中改革、发展与稳定的关系,学校不断深化人事、干部、分配等内部管理体制改革,调动干部教师的积极性和创造性,保证教职工收入稳步增长,妥善处理合并融合过程中出现的各种矛盾和隐患,推进了和谐校园建设。始终坚持稳定压倒一切的方针,建立健全安全稳定领导体系和工作机制,形成了党委统一领导、党政齐抓共管、职能部门组织协调、各单位职责明确、分工负责的安全稳定工作格局。重视安全稳定的宣传教育,加强校园安全防范的基础建设,形成了人防、物防和技防相结合的防控体系,建立健全了应急工作预案体系和应急快速反应机制,扎实推进"平安校园"建设,切实维护了校园和谐稳定。

奥运工作任务高质量完成。学校以高度政治责任感,服从大局,克服困难,精心组织,全力以赴,认真落实奥运工作任务,充分利用北京奥运的难得契机,积极开展学生思想政治教育。圆满完成了我校承担的奥运工作,顺利实现了"平安奥运行动"的目标。我校共有2430名志愿者参加了奥运会、残奥会8个志愿服务运行团队的工作;承担了奥运公路自行车赛以及有关场馆6000多人次的文明观众组织任务;接待了海南、澳门志愿者和山东驾驶员志愿者;完成了奥运村住宿服务团队2000多人的驻地服务工作。在全体师生员工的大力支持和配合下,在奥运志愿服务和奥运工作一线师生的共同努力下,我校奥运工作和奥运志愿服务工作得到了上级相关部门的充分肯定和高度评价。

党建和思想政治工作取得新成效。在校党委领导下,圆满完成了保持共产党员先进性教育活动,取得了预期效果。以党建评估为契机,以改革创新精神全面加强党的建设和思想政治工作,积极探索先进性教育长效机制,党建和思想政治工作取得显著成效。坚持用马克思主义中国化最新成果武装全体党员,教育广大师生员工,积极开展社会主义核心价值体系的主题教育活动,牢固树立广大党员干部的马克思主义世界观、人生观和价值观。努力加强领导班子建设,校院两级领导班子整体素质进一步提高,统揽全局、驾驭工作、推动发展的能力明显增强。加强干部的选拔任用、考核激励和培训工作,干部队伍的年龄、学历、职称结构进一步改善,整体素质和综合能力不断提升。着力加强党建基础工作和党的基层工作,充分发挥各级党组织凝聚力量、推动发展、促进和谐的作用,积极探索基层党建的新观念、新思路、新途径、新机制,不断推进工作的规范化、制度化和科学化。创造性地加强和改进大学生思想政治教育工作,坚持"育人为本,德育为先",深入开展了"新大学、新形象"校风学风建设工程,学风状况得到进一步好转。加强宣传思想政治工作,着力突出学校改革发展的主旋律,初步形成积极向上的校园氛围。全面推进党风廉政建设,为新大学发展建设提供了坚强政治保证。重视并发挥统战、老干部、工会、教代会和共青团等方面的积极作用,形成了推动各项事业发展的合力。积极推进党建创新和特色工作,"构筑青年教师思想政治工作新平台"、"党徽团徽'双闪亮',党建带团建工作新机制探索"等被评为北京高校组织工作创新项目。大学生党员和研究生党员比例分别由五年前的7.9%和27.3%上升到13.78%和55.06%,青年教师党员比例由47.7%上升到66.38%。我校"培育先进宿舍文化,构建德育工作新平台"和"新大学、新形象"校风学风主题教育活动先后获得北京高校党建和思想政治工作优秀成果三等奖。在市委教育工委组织的党建和思想政治工作达标检查中,我校党建和思想政治工作得到了充分肯定。学校获得了2007年度"首都文明单位"称号,标志着我校精神文明创建工作迈上了新台阶。

新大学筹建以来取得的这些成绩，是市委市政府正确领导的结果；是上级有关部门大力支持的结果；是校党委认真贯彻落实科学发展观，紧密结合校情，团结带领全校师生员工共同奋斗的结果；是学校各基层党组织有效发挥政治核心、战斗堡垒作用和广大党员充分发挥先锋模范作用的结果；也是原两校历任领导和几代人矢志不渝、艰苦奋斗的结果。我代表学校党委，对上级领导、学校的历任领导和广大师生员工为学校的发展建设作出的突出贡献、付出的辛勤劳动表示衷心的感谢和崇高的敬意！

五年来的工作实践，为我们提供了许多有益的启示。第一，必须坚持党对学校全局工作的坚强领导，全面贯彻落实科学发展观，确保正确的办学方向和发展方向。第二，必须把发展作为第一要务，抓住机遇，明确战略，求真务实，挖掘潜力，以发展的成果解决存在的问题，以发展的成效促进校园和谐。第三，必须坚持人才强校战略，切实加强人才队伍建设，不断提高教学、科研、管理和服务水平，为新大学快速发展提供强有力的人才保证和智力支持。第四，必须坚持以人为本，切实解决民生问题，推进校园民主建设，加强校园文化建设，使发展的成果更好地惠及师生员工。第五，必须大力弘扬师生员工顾大局、识大体、同舟共济、迎难而上的精神，充分调动师生员工的积极性、主动性和创造性，全心全意依靠师生员工加快推进学校的改革建设发展。第六，必须坚持抓党建、促发展，不断提高各级党组织的创造力、凝聚力和战斗力，充分发挥广大党员干部在建设新大学过程中的重要作用。所有这些，既是过去五年工作的经验总结，也是我们今后必须坚持的基本原则。

在肯定成绩和总结经验的同时，必须清醒地认识到，我们的工作还面临许多困难，存在一些不足。一是办学条件与新大学发展建设的需要存在较大差距，争取发展空间，挖掘办学资源，改善办学条件，努力完成新校区建设等任务还十分艰巨；二是作为合并的新大学，推进人心的深度融合，确保校园和谐稳定，依然是工作的难点和重点；三是人才队伍的结构需要进一步优化，整体素质需要进一步提升；四是面对党建和思想政治工作的新形势、新任务，必须进一步加强基层党组织建设、思想政治工作、校风学风建设，不断提高党建工作创新和党建理论研究的水平。我们必须高度重视并认真解决好这些问题。

二、新大学发展面临的形势与任务

新大学的成立使我们站在了新的历史起点上，我们面临新的发展形势，也拥有很多实现发展目标的有利环境与条件。

今后几年，我们面临着新的发展形势。我国高等教育已经进入大众化阶段，以提高质量为核心的内涵建设是今后一个时期高等教育发展的主旋律；经济社会发展对高校提升人才素质、改善人才结构的要求日益强烈，迫切需要高校创新办学理念和人才培养模式，全力提高教育教学质量；高校之间的竞争越来越集中体现在学科优势、办学特色和社会贡献率等方面，迫切要求各高校办出特色、办出水平；建设“人文北京、科技北京、绿色北京”，对首都高校提出了新的更高要求；首都高等教育毛入学率率先达到普及化等带来生源结构的深刻变化，使我们加强校风学风建设、提高人才培养质量面临新课题;当前,全球性金融危机继续蔓延对高校工作特别是毕业生就业工作等带来了新的挑战;作为划转合并的新大学,立足北京、服务首都还需要付出更大努力;面对新形势、新要求,学校在人才队伍、办学空间、制度机制等方面还存在亟待解决的突出问题和困难。我们必须认真分析研究这些新形势、新特点,以积极进取的精神状态迎接新的挑战。

今后几年,我们拥有有利的发展条件。党的十七大提出建设人力资源强国,为高等教育赋予了新的历史使命;国家高度重视制造业和信息产业的发展,北京重点发展现代制造业和电子信息产业,为我校提供了新的发展平台;市委市政府重点支持我校建设,为我校提供了新的发展支撑;实现首都教育现代化、国际化,为学校开放办学、国际化办学提供了新的发展环境;经过几年的合并筹建,学校各项事业取得显著进展,综合办学实力明显提高,为新大学奠定了良好的发展基础;全体师生和广大校友对学校发展寄予厚望,对学校的认同度、归属感显著增强,新大学的凝聚力显著提升,这是新大学发展的动力源泉。我们必须充分利用好这些有利条件,努力实现新大学又好又快的发展。

今后几年的指导思想:坚持以邓小平理论、“三个代表”重要思想和党的十七大精神为指导,全面贯彻落实科学发展观,坚持社会主义办学方向,加快推进新大学科学发展、创新发展、和谐发展;坚持以育人为根本,以提高质量为核心,以学科建设为龙头,以改革创新为动力,以人才队伍建设为关键,以文化建设为支撑,以新校区建设为条件,以党的建设为保证,努力提高人才培养质量、科学研究水平和综合办学效益;坚持立足新的历史起点,深入谋划新大学的新发展,按照“巩固、融合、提高、发展”的要求,坚持内涵发展和外延建设两条主线,进一步巩固发展基础,更新发展理念,创新发展模式,强化发展动力,努力构建和谐校园。

今后几年的总体工作思路:积极固化学校大学筹建、党建评估和教学评估的丰硕成果,弘扬团结进取精神,着力构建长效机制,进一步夯实发展基础;大力践行质量至上、全面育人、主动适应、特色发展、开放办学的理念,坚持立足北京、面向全国、服务行业,着力培养创新能力较强的高素质应用型人才,进一步提高科研水平,提升对首都经济社会发展的贡献率;继续坚持创新建校、质量立校、学科兴校、人才强校,强化内涵建设,打造自身优势,加强交流合作,注重借力发展,努力探索全面协调可持续发展的新模式;秉承改革创新的时代精神,进一步加强制度建设,不断优化内部运行机制,着力推进各项工作的创新,不断提升学校发展动力;坚持以人为本,关注民生,加速人心的深度融合,调动各方面的积极性、主动性和创造性。

今后几年的奋斗目标:教育教学水平和人才培养质量进一步提高;学术竞争力、科技创新能力进一步增强;学校综合实力、办学效益和服务首都的能力进一步提高;环境更加优化,校园更加和谐,完成新校区建设。学校在电子信息、现代制造与光机电一体化、知识管理与技术经济等领域的优势与特色更加突出,综合办学实力稳居北京市属高校前列,并早日达到国内同类高校的一流水平。

为实现上述奋斗目标,今后几年要重点做好以下六方面工作:

（一）全面提升教育教学质量，着力强化人才培养特色

不断更新教育教学理念，形成更加适应首都高等教育发展的教育观、教学观、人才观和质量观。坚持以培养应用型人才为主，以全面提高学生的实践能力、创新能力和综合素质为出发点和落脚点，不断完善人才培养方案，优化课程体系，强化实践环节。坚持因材施教、分类培养，严格管理，努力培养经济社会发展需要的高素质应用型人才。

深入实施质量工程，取得一大批反映教学质量与水平的标志性成果。进一步推进专业整合，优化专业结构，加强特色专业、新办专业和紧缺专业建设，建成一批具有鲜明特色、在国内同层次同类型高校中具有一定影响力和示范作用的专业。深化教育教学改革，推进精品课程和精品教材建设。加强实验、实习中心建设，推进校内实践教学资源的开放共享，构建创新人才培养基地和产学研一体化的校外人才培养基地。改革创新教学管理制度，建立校院两级教学管理目标考核机制，完善教学质量监控体系，推进教学管理的信息化、网络化建设，构建数据集成、资源共享的教学信息管理网络平台。

创新人才培养模式，突出人才培养特色。大力开展教学内容、课程体系、实践环节、素质教育等方面的人才培养模式改革，在教育部专家组认定的我校人才培养特色的基础上，更加突出学生创新精神和实践能力的培养，形成具有鲜明特色的应用型人才培养体系。

（二）进一步加强科研工作，保持科学研究持续稳定发展

进一步明确科研工作的思路与目标。继续强化科研意识，按照“优化环境、集成优势、打造团队、持续发展”的要求，完善政策导向，创造良好的科研条件和环境氛围，努力提高科技创新能力与综合实力，保持科学研究持续上规模、上层次，推动教学科研协调发展，争取早日突破年度科研总经费7500万元、实到科研经费5000万元、发表论文1000篇。

进一步凝练科研方向。紧密依托优势学科和重点科研基地，以应用研究和科技开发为重点，面向首都、凝练方向、集成优势，保持和发挥在国防军工领域的优势，大力拓展新的科研领域，力争在承担国家级项目、取得原创性成果、科研贡献率等方面再上新台阶。

着力打造科技创新团队。依托优势特色学科，将科研平台建设与学科专业平台建设紧密结合，大力推进科技创新团队建设，推进自主创新和集成创新。

大力推进产学研合作。紧密结合科技与产业领域发展，进一步融入首都经济与社会建设，加强与企业、科研院所和重点高校的沟通联系，促进实质性合作，争取在合作申报、承担重大课题及促进成果转化等方面取得突破。

（三）大力加强学科建设，为取得博士学位授予权奠定坚实基础

进一步明确学科建设思路。按照“优化体系、整合资源、凝练方向、寻求突破”的总体原则，以经济社会发展需要和学科发展前沿为导向，着眼于首都和行业需求，立足学校定位与发展目标，强化优势学科，扶持新建学科，培育新兴学科，鼓励学科交叉、渗透与融合。依托工、管优势学科，发展特色理科和特色文科。通过加强学科建设，进一步提升新大学的核心竞争力。

搭建高水平学科平台。大力整合优势与特色学科资源,凝练方向、汇聚队伍、构建平台、形成优势。进一步加强学科群建设,建立科学有效的投入机制和激励约束机制。强化在电子信息、现代制造与光机电一体化以及知识管理与技术经济等领域的特色和优势,并率先进入全国同类院校先进行列及北京市属高校前列。

奋力冲击博士点。精心谋划,周密组织,集中力量、提升水平,努力实现学校十年规划和“十一五”规划中确定的冲击博士点和新增市级重点学科、重点建设学科及硕士授权点的奋斗目标,并有5~6个学科在学科队伍结构、学术水平和科研成果等方面达到博士学位点的水平。

加快发展研究生教育。扩大研究生规模,增加学位授予种类,拓宽研究生培养领域,大力实施研究生创新工程。优化培养方案,创新培养模式,深化教学改革,强化创新实践,着力培养应用型、工程型的高层次人才。进一步加强导师队伍和学科导师团队建设。加大与外单位联合培养博士生工作的力度,为取得博士学位授予权奠定基础。

(四)进一步加强人才队伍建设,努力造就高水平师资队伍

优化人才队伍整体素质结构。按照教育部本科教学水平评估优秀标准,建设总数800人左右的教师队伍,其中,高级教师职务比例达到50%,具有硕士及以上学位教师的比例达到75%,具有博士学位教师的比例达到25%,博士生导师力争达到30人,硕士生导师达到180人。师资队伍的数量、结构满足教学、科研、学科建设的需要。同时,兼顾教学、科研、管理、教辅等几支队伍的建设与协调发展,优化人力资源配置机制,努力提高教师、干部、管理三支队伍的综合素质和工作水平。

大力引进和培养高水平师资。积极构筑高层次人才培养平台,着力营造吸引和汇集高层次人才的政策与机制环境,大力开展培训和进修工作,培养和引进紧缺的学科带头人和高水平的学术骨干,促进中青年学科带头人和学术带头人的成长。积极构建有效的引进、培养、选拔和任用教学名师机制,实施“校外名师讲学计划”,鼓励教师开展科学研究,努力提高学术水平和教学能力,特别是提高青年教师的实践能力与水平,积极组织教师参加多种形式的国内外学术交流与合作。

加强团队建设。根据学科、专业及课程建设发展的实际,制定并实施团队建设规划,加速教师资源的融合与整合。重点遴选和建设一批教学质量高、结构合理的优秀教学团队,加速学术创新团队和管理创新团队建设,发挥其应有的示范作用,为提升学术水平和管理水平提供支撑。

(五)着力改善办学条件,积极完成新校区建设

全力以赴推进新校区建设。把新校区建设作为学校发展建设的重中之重,充分调动各方面的积极性,在已经完成新校区确址和资金筹措方案等关键性工作的基础上,加大工作力度,力争工程尽早立项、开工。精心设计、精心组织、精心实施,确保新校区建设工程质量和投资效益,力争早日建成布局合理、功能完善的新校园。

在新校区建成前,充分挖掘现有办学潜力,努力加强现有校区办学条件建设,统筹协调,优化配置,提高资源综合利用效益,最大限度地为师生创造良好的工作、学习和生

活条件与环境。

（六）切实加强软环境建设，积极培育新大学精神

完善制度、创新机制。建立健全新大学制度体系，探索内部管理新模式、新机制，着力推进校院两级管理体制改革，增强办学活力。按照科学、民主、依法办学的要求，进一步完善校内行政、学术、民主三种权力的运行机制。继续深化劳动、人事、分配等改革，强化激励竞争机制，优化分配机制，努力提高教职工的整体收入水平。加强财经和资产管理，强化监察审计监督，提高资金和资产的使用效益。深化后勤改革，强化保障职能，提高服务水平。

积极培育大学精神。大力弘扬“勤以为学 信以立身”的校训精神，扎实推进精神文明建设工作，努力形成积极向上、宽松和谐的学术氛围和创新环境。切实加强人文环境建设，创建特色校园文化活动，充分发挥校园文化的育人功能和涵养作用，不断提高校园文化品位。积极培育制度文化，坚持教育和制度约束相结合，努力培养求真务实、开拓创新、团结协作、文明诚信的良好风尚。继续完善新大学形象设计工作，加强创新设计和宣传展示，扩大学校的社会知名度。

高度重视并切实抓好校风学风建设。加强领导、健全体系、完善机制，形成党、政、工、团齐抓共管的校风学风建设良好局面。大力加强教风建设，弘扬高尚师德，积极探索新时期教风和师德建设的新思路、新途径，开展丰富多彩的师德实践活动，努力提升师德建设水平。加强机关作风建设，进一步提高服务质量和水平。继续深化学风建设，注重对学生的养成教育，健全学生成长成才服务体系，通过完善综合素质测评、推动职业生涯规划、加大学生资助力度以及广泛开展学生科技文化活动等，提高广大学生的实践能力、文化素质和社会责任感；加强诚信教育，突出考风建设；结合社会发展新形势、新特点，构建学生服务、教育、管理的新体系与新模式。

三、以改革创新精神全面加强和改进学校党的建设

要完成好大会提出的各项任务，实现好学校的发展目标，关键在于全校各级党组织以改革创新精神全面加强和改进党的建设和思想政治工作，充分发挥各级党组织的领导核心、政治核心、战斗堡垒作用和广大党员的先锋模范作用。

（一）着力加强学校党的思想理论建设

坚持用中国特色社会主义理论体系武装头脑。思想理论建设是党的根本建设，必须把理论武装放在各级领导班子思想政治建设的首要位置。着力用马克思主义中国化的最新成果武装师生员工头脑，弘扬理论联系实际学风，创新形式、丰富载体，认真探索新时期理论武装工作的规律和特点，注意发挥“两课”教师的积极作用，努力形成实效性强、层次特点鲜明的校院两级理论学习中心组、党员、普通教职工的日常教育体系，引导广大党员、干部和师生员工不断深化对中国特色社会主义理论体系的时代背景、实践基础、科学内涵、精神实质、历史地位和重大意义的理解和认识，增强对中国特色社会主义的理论认同、政治认同、情感认同，坚定走中国特色社会主义道路的信念，切实提高运用理论分析、解决实际问题的能力，使各级领导干部能够从政治角度、大局角度思考学校改革发展建设问题，不断解放思想、更新

观念,创造性地开展工作。同时,要加强党建理论研究工作,不断提高党建理论研究水平。

深入开展学习实践科学发展观活动。按照上级部署和要求,精心组织,周密安排,认真开展好在全体党员干部中学习实践科学发展观活动,通过学习实践活动,深刻理解科学发展观的理论体系、深刻内涵和本质要求。进一步解放思想,实事求是,改革创新,切实增强贯彻落实科学发展观的自觉性和坚定性,着力转变不适应不符合科学发展观的思想观念,着力解决影响和制约学校科学发展的突出问题,努力把科学发展观的要求转化为谋划学校发展的共识、领导学校发展的思路、推动学校发展的能力、促进学校发展的措施。

大力加强社会主义核心价值体系建设。积极探索把社会主义核心价值体系融入校园文化建设的有效方式和途径,积极开展社会主义核心价值体系的主题教育活动,用社会主义核心价值体系引领校风、学风建设,教育引导党员干部和师生员工深刻认识社会主义核心价值体系的精髓,坚定理想信念和道德价值准则。要制定和完善学校文化建设规划,开展丰富多彩、积极向上的学术、科技、体育、艺术活动,弘扬主旋律、突出高品位,建设体现社会主义特点、时代特征和学校特色的校园文化。要加强校报校刊、校内广播及网络等舆论阵地建设,用社会主义核心价值体系占领思想文化阵地,确保阵地巩固、导向正确、环境和谐。

(二)进一步完善学校党的领导方式和工作机制

不断完善党委领导下的校长负责制。要按照党在新时期"总揽全局,协调各方,推进发展,服务群众,建设队伍,发展民主"的工作职能,充分发挥党委的领导核心作用。党委要通过建立健全决策机构的议事规则、决策程序和工作内容,把握方向、统揽全局、抓好大事,既发挥好党委的领导核心作用,又支持和保证校长依法独立负责地开展工作,努力将"党委领导"和"校长负责"建设成为相互配合、互相支持的统一有机整体。要坚持和进一步完善集体领导和个人分工负责相结合的制度,落实集体领导、民主集中、个别酝酿、会议决定的原则,坚持重大问题和重要决策集体讨论决定,领导班子成员要按照分工切实承担起领导责任。要进一步完善并严格执行领导班子议事规则,保证决策科学、民主。

进一步理顺学院工作体制和运行机制。按照实施校院两级管理、优化组织设置、合理划分管理权限、确保良性运行的原则,完善学院工作体制和运行机制,建立健全学院党政联席会议制度。学院教学、科研、行政管理等工作中的重大事项必须通过党政联席会议讨论决定。学院党总支书记要支持院长在职责范围内独立负责地开展工作;院长要支持党组织开展工作;学院党政班子其他成员按照职责,明确具体任务分工。党政之间要相互支持,密切配合,共同做好工作。

建立健全规章制度。进一步完善领导班子的议事和决策机制,健全民主集中制,使各级领导班子成为适应新大学改革发展需要、善于领导科学发展的坚强领导集体,保证科学、民主、依法决策。充分发扬党内民主,完善党员学习、教育、管理、联系群众等方面的制度,形成指导性文件体系,健全让党员经常受教育、永葆先进性的长效机制,并加强对各项制度落实情况的监督检查工作,增强工作的针对性和实效性。

积极探索有效发挥党代表作用的工作机制。实行党代表大会代表任期制,试行党代表大会常任制,党委定期向党代表报告工作,自觉接受监督。

(三)切实加强领导班子和干部人才队伍建设

努力建设高素质的校院两级领导班子。严格执行民主集中制,充分发挥集体领导的作用。校院两级领导班子要讲政治,顾大局,善于进行战略思考,维护领导班子团结,带领广大师生员工,努力建设政治坚定、业务精湛、求真务实、开拓创新、勤政廉政、团结协调的坚强领导集体。切实提高把握方向、谋划发展的能力;改革创新、攻坚克难的能力;依法办学、科学管理和民主监督的能力;统筹协调、整体推进的能力;应对突发事件、驾驭复杂局面、建设和谐校园的能力。加强领导干部作风建设,使领导干部具有公正、民主、务实和宽容的作风,始终坚持党的群众路线,经常深入基层,全面听取意见和建议,全心全意依靠广大师生员工,推进学校的改革建设与发展。

切实加强干部队伍建设。积极引导干部把思想和行动统一到党的十七大精神上来,把智慧和力量落实到推进学校科学发展的各项工作上来。努力实现从以职务管理为主向职责管理为中心的干部管理方式转变。建立和完善各级干部的选拔、使用、考核、管理、培训工作机制,坚持从实绩看德才,凭德才用干部,形成正确的用人导向,加大干部的交流和培养力度。全面落实党要管党,从严治党的要求,加强对权力运行的监督,强化领导干部廉洁从政意识,筑牢反腐倡廉的思想道德防线。

加强后备干部队伍建设。通过制定规划,组织实施,建设政治上坚定、文化素质较高、整体结构合理的后备干部队伍,切实加强考察和培养工作。大力提高后备干部的思想政治素质和业务素质,促进他们全面成长。

大力加强专业技术人才队伍建设。坚持“党管人才”原则,推崇尊重劳动、尊重知识、尊重人才、尊重创造的风气,为优秀教师引进、拔尖人才培养,为青年教师脱颖而出、施展才干,提供更大的空间与舞台,创造更好的条件与环境。

(四)大力推进基层党组织工作创新

积极探索加强基层党组织建设的有效途径。按照有利于加强党对学校工作的领导、有利于发挥基层党组织和广大党员作用的原则,进一步优化基层党组织设置。加强基层党组织负责人队伍建设,优化基层党组织的干部队伍结构,建立健全选拔、教育培训、考核、激励和发展机制,把思想政治素质好、肯于奉献、有较强工作能力、愿意从事党务工作的干部和教师补充进基层党组织负责人队伍。

强化基层党组织工作职能。基层党组织要充分发挥统领师生员工思想、推进事业发展、协调各方利益、服务人民群众、建设党员队伍、发展党内民主等各项工作职能,主动适应新大学发展提出的新要求,继续坚持“围绕中心抓党建,抓好党建促发展”,把党组织的工作和活动与本单位的中心工作有机结合,在推动事业发展中加强党的建设。要增强党组织的服务功能,坚持为教学科研服务,为广大党员服务,为师生员工服务,营造以人为本、科学和谐的发展环境。

加强党内民主建设和发展党员工作。

各基层党组织要按照十七大精神不断提高党内民主建设的制度化、规范化和程序化水平,完善党内民主参与、民主决策、民主选举、民主监督制度,以党内民主促进校园民主与校园和谐。要站在党和国家事业发展需要的战略高度,按照“坚持标准、保证质量、改善结构、慎重发展”的方针,继续大力加强在大学生和青年教师中发展党员工作,培养一批坚定的青年马克思主义者。要关心党员的发展与成长,关注并努力解决好关系党员切身利益的实际问题,使他们更好地适应社会进步和新大学发展建设的要求。

积极推进基层党建创新。进一步强化创新意识,激发创新热情,营造创新的浓厚氛围,以党建创新促进学校的改革建设发展。努力创新工作方式方法,充分发挥基层党组织推动发展、服务群众、凝聚人心、促进和谐的作用,进一步夯实服务科学发展的组织基础。把推进基层党建创新作为加强基层党组织建设的主要任务和切入点,以推动发展为主题,以服务大局为着眼点,使基层党建创新工作不断向纵深发展,努力取得新的实践成果、制度成果和工作亮点。

(五)切实增强思想政治工作的针对性和有效性

加强和改进学生思想政治教育工作。坚持育人为本、德育为先,加强爱国主义教育,把社会主义核心价值体系融入教育全过程,引导学生坚定中国特色社会主义理想信念,努力成为德智体美全面发展的社会主义建设者和接班人。进一步加强思想政治理论课和形势与政策课建设,充分发挥其在学生思想政治教育中的主渠道作用,用马克思主义中国化最新成果武装学生头脑。

切实加强教职员工的思想政治教育。坚持以师德建设为核心,努力强化广大教师的职业道德和职业精神,使广大教师自觉坚持社会主义核心价值体系,自觉恪守学术道德,自觉养成求真务实和严谨自律的治学态度,做到爱岗敬业、关爱学生,刻苦钻研、严谨笃学,勇于创新、奋发进取,淡泊名利、志存高远,在为学为人方面为广大学生树立榜样。

建立健全思想政治教育的有效机制。建立和完善党委统一领导、党政齐抓共管的领导机制,全员育人、全方位育人、全过程育人的育人机制,队伍到位、考核到位、投入到位的保障机制。充分发挥工会、共青团、学生组织的积极作用,努力形成关心支持学生思想政治教育工作的整体合力。构建学生成长成才服务新体系,为学生的健康成长和全面发展提供保障。

(六)努力形成推动学校发展建设的合力

加强对统战工作和群团工作的领导,最广泛地动员和组织广大群众依法参与管理学校事务。建立健全老干部、专家教授、民主党派、无党派代表人士参与学校民主管理与民主监督的工作制度和机制。支持工会、共青团、学生会、研究生会等群众组织依照各自章程开展工作,发挥群团组织在扩大群众参与、反映群众诉求方面的积极作用。坚持以教职工代表大会为基本形式的民主管理制度,积极推进教代会的法制化、规范化进程,充分发挥教代会民主管理和民主监督的作用。坚持党务公开和校务公开制度,拓宽民意表达渠道,健全民主决策机制,依法保障教职工的知情权、参与权、表达权和监督权。切实关注民生,关心师生发展,努力解决好关系师生切身利益的实际问题,及时解决群众关心的热点、难点问题，广泛调动广大师生员工的积极性、主动性和创造性。学校各级领导干部和党员要坚持立党为公、执政为民，牢固树立以人为本、构建和谐的理念，不断增强民主意识和沟通协调意识，有效协调并正确处理好各方面的利益关系，促进人心的深度融合，形成推动学校科学发展与构建和谐校园的合力。

（七）全力做好党风廉政建设和反腐败工作

要严格执行党风廉政建设责任制，进一步完善“党委统一领导，党政齐抓共管，纪委组织协调，部门各负其责，依靠群众支持和参与”的领导体制和工作机制。坚持标本兼治、综合治理、惩防并举、注重预防的方针，认真落实中共中央《建立健全惩治和预防腐败体系 2008～2012 年工作规划》。大力加强反腐倡廉制度建设，进一步建立健全决策权、执行权、监督权既相互制约又相互协调的权力结构和运行机制，提高制度执行力与有效性。要按照市委市政府的要求，扎实推进廉政风险防范管理，强化监督，规范管理，加大从源头上预防和治理腐败的力度，着力提高党员干部拒腐防变的能力。

（八）继续抓好安全稳定工作

要确保学校政治稳定、校园安全大局。坚持把保障师生的安全放在首位，建立健全矛盾纠纷调处机制，校园安全稳定预警系统和应急处理机制，妥善处理好学校发展建设与群众切身利益、校园和谐稳定等方面的关系，形成风正气顺、人和业兴的良好校园氛围，为全校师生员工创造良好的工作、学习、生活秩序和安全、稳定、优美、文明的校园环境。

各位代表，同志们：

回顾几年来的工作，全校师生员工共同走过了艰苦奋斗的难忘历程，但我们始终坚定信念，迎难而上，各项事业不断发展壮大。今后几年将是学校发展进程中更加重要的时期，我们肩负着光荣而艰巨的历史使命。我们要树立强烈的责任感、使命感，抓住机遇，迎接挑战，振奋精神，乘势而上；我们要以邓小平理论、“三个代表”重要思想为指导，全面贯彻落实科学发展观，进一步解放思想，实事求是，与时俱进，开拓创新。全校共产党员和师生员工要在校党委的领导下，同心同德，奋发图强，求真务实，锐意进取，不断实现新突破，不断创造新优势，用我们的不懈奋斗和辛勤汗水，把北京信息科技大学的宏伟大业继续推向前进，共同谱写更加辉煌灿烂的新篇章！

深入开展党风廉政建设和反腐败工作 为新大学建设发展提供坚强的政治保证

——中国共产党北京信息科技大学纪律检查委员会工作报告

(2009年2月28日)

各位代表:

现将中国共产党北京信息科技大学纪律检查委员会工作报告提交给你们,请予审议。

一、五年的回顾和总结

五年来,学校纪委在校党委和上级纪委的正确领导下,以邓小平理论和"三个代表"重要思想为指导,深入贯彻党的十六大、十七大精神,全面贯彻落实科学发展观,认真履行党章赋予的职责,坚持标本兼治、综合治理、惩防并举、注重预防的工作方针,紧密围绕学校中心工作,注重教育、加强管理、完善制度、强化监督,依靠各级党组织和广大师生员工,深入开展党风廉政建设和反腐败工作,广大党员的党风廉政意识、领导干部廉洁自律的自觉性和拒腐防变能力不断增强,有效防范了腐败现象的发生,促进了优良的党风、校风建设,为顺利完成新大学组建的各项工作、确保新大学健康发展提供了坚强的政治保证。

(一)深入开展反腐倡廉教育,增强党员干部拒腐防变能力

学校党委高度重视反腐倡廉教育工作,形成了党委统一领导,纪委、监察、组织、宣传等部门共同参与的反腐倡廉"大宣教"工作格局。纪委结合实际,突出重点,综合应用多种手段,不断创新教育形式,系统深入地组织反腐倡廉教育,取得了比较明显的效果。

学校党委坚持把教育作为党风廉政建设的基础性工作,在理论学习工作中,将反腐倡廉内容作为校院两级理论中心组学习的重要组成部分。组织领导干部认真学习了《中国共产党党内监督条例(试行)》、《中国共产党纪律处分条例》、《建立健全教育、制度、监督并重的惩治和预防腐败体系实施纲要》、《中国共产党章程》等重要文献,学习了胡锦涛总书记有关社会主义荣辱观的论述和在中央纪委全会上的重要讲话精神。由校党政主要领导以及校外专家主讲,开展了一系列有关领导干部廉洁自律、反腐倡廉、作风建设、党的十七大精神辅导和加强财务管理等专题报告和党课。通过组织党员干部开展学习《"三个代表"重要思想反腐倡廉理论学习纲要》等知识竞答,编发《党风廉政建设有关制度和规定选编》、《教育系统职务犯罪案例选编》、《北京信息科技大学惩治和预防腐败体系制度汇编》等学习资料,系统地开展了反腐倡廉教育和理论学习。

坚持不懈地开展采取多种形式的反腐倡廉教育,努力提高教育的针对性和实效

性。学校每年召开党风廉政建设和反腐败工作专题会议,传达上级精神,总结工作经验,部署学校党风廉政建设和反腐败工作,引导广大党员干部认清形势,明确任务,提高反腐倡廉的自觉性。注重党风廉政建设宣传教育月活动实效,保持共产党员先进性教育常抓不懈,开展了“执行财经法规、规范管理”、“加强作风建设、促进社会和谐”及“讲党性、重品行、作表率”等系列主题教育活动。组织观看郑培民、牛玉儒、任长霞等同志的先进事迹教育影片,组织500余人次先后参观北京市反腐倡廉教育警示展、惩治与预防教育系统职务犯罪警示教育展、北京市反腐倡廉警示教育基地,将示范教育与警示教育同时进行。充分利用宣传橱窗、校园网、校报等媒介,大力宣传有关党风廉政建设法规、制度,发布廉政建设信息,积极培育廉政文化。通过多种形式的反腐倡廉教育,深化了广大党员和领导干部的世界观、人生观、价值观、权力观、地位观及利益观教育,增强了广大师生员工的法制意识和党员干部的勤政、廉政意识,增强了拒腐防变能力。

以提高领导干部政治思想觉悟、增强廉洁自律意识、规范从政行为为宗旨,切实把反腐倡廉教育落到实处。每年召开1~2次校院两级领导干部专题民主生活会,会前召开各类人员座谈会,广泛征求群众意见,会上结合反馈意见,所有领导干部进行廉洁自律对照检查和批评与自我批评。学校还把廉洁自律纳入干部培训内容。从2008年开始,全校处级干部签订了《廉政承诺书》,领导干部个人重大事项报告、任前廉政谈话、述职述廉、收入申报等制度都得到有效落实,有效增强了领导干部廉洁自律的自觉性和坚定性。

(二)不断加强反腐倡廉制度建设,从源头上预防和治理腐败

依靠制度惩治和预防腐败是反腐倡廉的根本途径。几年来,学校依据有关党纪法规,立足新大学发展建设实际,以制度建设为核心,大力推进惩治和预防腐败体系建设,取得了明显成效。

在校党委的领导下,为深入贯彻落实中共中央颁布的《建立健全教育、制度、监督并重的惩治和预防腐败体系实施纲要》,纪委组织制定了具体的实施办法,对建立健全我校惩治和预防腐败体系做出全面规划和部署。为适应新大学的发展建设需要,校纪委和各职能部门按照党委的工作部署,着力加强了制度建设。依据各项政策法规,紧密联系学校实际,在深入调查研究的基础上,制定了《贯彻落实党风廉政建设责任制实施办法(试行)》、《关于执行“三重一大”制度的规定》、《关于对处级领导班子、领导干部违反党风廉政建设责任制行为实施责任追究的办法(试行)》、《校务公开实施办法(试行)》、《关于党政领导干部廉洁从政的若干暂行规定》、《处级领导干部选拔任用工作实施细则》、《招生工作细则》、《校内收费管理规定》、《科研经费管理办法》、《内部审计工作暂行规定》、《物资设备采购的招投标管理暂行办法》、《关于基本建设工程项目招投标的暂行规定》等一系列制度,为深入源头治理,加强管理,惩治和预防腐败,健全党风廉政建设工作长效机制提供了制度保障。

在加强制度建设的基础上,纪委组织编发了《北京信息科技大学惩治和预防腐败体系制度汇编》,收录规章制度110项,涵盖组织、人事、监察、财务、审计、教务、科研、基建、后勤、物资和招生就业等方面,初步形成

了我校党风廉政建设和反腐败工作的制度保障体系和以规范管理为主的惩防体系基本制度框架。这一系列制度的建立和完善，对领导干部履行职责、行使权力起到了重要的规范和约束作用，对严格管理、从严治校起到了必要的保证作用。

(三)建立健全监督制约机制，确保规范正确地行使权力

加强权力运行的监督和制约是构建惩治和预防腐败体系、加强反腐倡廉的关键环节。几年来，学校坚持把加强权力监督制约机制建设作为党风廉政建设和反腐败工作的重点，建立了比较完善的权力监督制约体系，规范了权力的运行和行使。

党风廉政建设责任制得到认真落实。学校始终坚持“党委统一领导，党政齐抓共管，纪委组织协调，部门各负其责，依靠群众支持和参与”的领导体制和工作机制，严格执行党风廉政建设责任制。校党委把党风廉政建设列入重要议事日程，纳入学校整体工作规划，融入学校各项中心任务，统一研究，统一部署，统一实施，统一检查，统一考核。纪委协助党委制定当年的《党风廉政建设和反腐败工作主要任务分工》，建立了年初分解任务、年中督促检查、年末全面自查，形成自查报告的规范工作程序。学校党政主要领导对反腐倡廉建设做到了重要工作亲自部署，重大问题亲自过问，重点环节亲自协调，重要信件亲自批阅，重要案件亲自督办。按照“谁主管谁负责、一级抓一级、层层抓落实”的原则，校党政主要领导与处级单位党政主要负责人签订《党风廉政建设责任书》，按照“一岗双责”的要求，明确廉政责任。校院两级领导班子严格执行校党委《关于执行“三重一大”制度的规定》，校院两级决策行为得到进一步规范。

干部选拔和任用监督进一步加强。我校干部选用坚持公开选拔、竞争上岗、任前公示等制度。在干部选用过程中，纪委积极配合组织部门对拟选用干部的廉政状况进行考察。新大学组建以来，纪委为干部考察聘用、党内评优、师德先进、“三育人”评选等出具廉政意见 371 人次，较好地保证了选拔聘用的干部和评选的先进个人的廉政素质。

教育收费行为更加规范。按照“严肃执纪，追究责任”的工作要求，纪委严格加强教育收费的监督和监察；贯彻实施“一把手负总责，分管领导各负其责”、财务集中管理、教育收费公示等制度，通过收费公示栏、网络等形式向社会公示收费项目、标准、依据、范围和投诉举报电话；每年春季、秋季、年底，纪委会同财务、审计部门开展治理教育乱收费等工作，进一步规范了教育收费。

“阳光招生”工程得到有效实施。学校认真贯彻落实招生工作“六公开”、“六不准”；制订招生工作有关规定，成立招生监察工作办公室，设立监督举报电话、信箱，公布收费项目、收费标准；坚持对招生工作人员进行党风廉政和纪律培训，纪委对招生工作全过程监督，有效实现了招生的公平、公开和公正。几年来，我校的招生录取工作从未发生违纪违规现象，也未接到群众的举报和投诉，得到了上级纪委的充分肯定与高度评价。

招投标监督得到严格实施。几年来参与各类物资、教学设备、行政办公设备、图书、药品、教材、新生床上用品等采购项目和基建工程、修缮工程的招投标工作 204 次。通过参与采购、工程招投标的监督工作，不

断完善了我校的招投标制度，使其更加规范化和科学化。

商业贿赂得到有效治理。学校每年集中开展治理商业贿赂自查自纠工作，重点查纠教材、图书、教学仪器设备及药品采购和基建维修等活动中的收受“回扣”、“手续费”等商业贿赂行为，发现问题，及时督促整改，取得了较好成效。

校务公开得到积极推进。学校出台了包含55个公开项目的校务公开实施办法，凡涉及学校改革发展重大问题、师生员工切身利益和群众关注的热点问题、学校相关会议决定的有关处理结果或落实情况等，均以《督办简报》形式在校园网公开，加强了学校的民主管理与民主监督。

（四）认真受理来信来访，努力维护党纪政纪取信于民

纪委高度重视信访举报工作，及时受理群众来信来访。学校建立了领导阅信和接待群众来访制度，对每一封来信，校领导都亲自阅批，了解具体情况，提出处理意见，并听取对处理结果的汇报。纪委在查核各类信访举报中，坚持实事求是的原则，对确属违纪的问题坚决予以查处；对反映失实的问题及时给予澄清，维护相关人员的合法权益；对发现的苗头性和一般性错误问题，做到早提醒、早教育、早防范；对涉及多部门的复杂信访问题，纪委加强组织协调，帮助疏通办理渠道，切实解决其中所反映出的实际困难和问题。纪委在接待来访中，坚持做到耐心、细致，重视和关注广大教职工反映的热点问题，认真做好调查研究，做好协调和化解矛盾工作，努力维护学校和谐稳定。

新大学组建以来，纪委共受理信访18件，立案查处1件，严格依法查处违纪违法案件。

几年来，学校纪检监察工作在校党委的正确领导下，得到了各级党组织、各部门、各单位、广大党员和师生员工的大力支持和帮助，学校纪委一并致以诚挚的感谢！

回顾五年来的工作，纪委坚持与学校发展改革的总体要求相结合，与完善学校各项管理制度相结合，不断增强工作的主动性、针对性和实效性；坚持把工作的着力点放在加强教育、健全制度、强化监督上，积极推进党风廉政建设的深入开展，努力构建惩治和预防腐败体系；坚持为教学、科研和管理服务，着力抓好教职工关注的热点难点问题和重点单位、重点部位以及关键环节，为学校改革建设发展提供了有力保证。在肯定成绩的同时，也必须清醒地认识到，在新的形势下，我校党风廉政建设和反腐败工作还存在一些不足：一是对党员干部反腐倡廉教育还需进一步加强；二是制度建设还需进一步完善；三是检查监督的工作力度需进一步加大；四是纪检监察干部队伍自身建设需进一步加强。以上问题，需要在今后的工作中给予高度重视，认真加以解决。

总结五年来的工作实践，我们主要有以下三点认识和体会：

第一，必须坚持“党委统一领导，党政齐抓共管，纪委组织协调，部门各负其责，依靠群众支持和参与”的领导体制和工作机制。学校党委坚持把党风廉政建设和反腐败工作纳入学校工作整体布局，统一安排，统一部署，从根本上保证了党风廉政建设和反腐败工作的深入开展。

第二，必须坚持标本兼治，综合治理，注重预防，从源头上预防和治理腐败。党风廉政建设和反腐败是一项全方位工作，要取得

预期成效,必须坚持标本兼治、惩防并举,两手抓、两手都要硬。

第三,必须紧密围绕学校中心工作,服务和服从于学校发展大局,把服务、服从和保障学校中心工作顺利进行作为工作的出发点和落脚点。

二、今后几年的工作建议

当前,高等学校的反腐倡廉工作面临的形势依然比较严峻,随着我校发展建设步伐的加快,新大学发展建设的任务越来越重,社会经济交往越来越多,对反腐倡廉工作提出了新的更高要求,全校各级党组织和广大党员干部对此要有清醒认识,要不断增强政治意识和责任意识,始终高度重视党风廉政建设和反腐败工作。

今后几年,我校党风廉政建设和反腐败工作要在学校党委和上级纪检监察机关的领导下,坚持以邓小平理论和“三个代表”重要思想为指导,全面贯彻落实科学发展观;坚持“党委统一领导,党政齐抓共管,纪委组织协调,部门各负其责,依靠群众支持和参与”的领导体制和工作机制;坚持落实党风廉政建设责任制,深入贯彻落实中共中央《建立健全惩治和预防腐败体系2008~2012年工作规划》和中纪委、教育部、监察部《关于加强高校反腐倡廉建设的意见》;坚持标本兼治、综合治理、惩防并举、注重预防的方针;坚持围绕中心、服务大局、改革创新、统筹推进、重在建设的基本要求;坚持以完善惩治和预防腐败体系为重点,以体制、机制、制度创新为核心,整体推进教育、制度、监督、改革、纠风、惩处六项工作,形成适应新大学发展实际的惩治和预防腐败体系基本框架,为促进学校改革建设发展和人才队伍健康成长提供坚强的政治保证。

本次党代会确立了我校今后几年工作的指导思想、总体思路、奋斗目标和主要任务,为顺利完成各项任务,对今后工作提出以下建议:

(一)加强思想教育,建立拒腐防变宣传教育长效机制

注重预防,健全反腐倡廉教育体系。要继续加强对领导干部的廉政教育培训,坚持经常性教育和集中主题教育相结合,深入开展理想信念、党的作风、廉洁从政和党纪国法教育,筑牢思想道德和党纪国法两道防线。加强对重要岗位、重点部位工作人员的反腐倡廉教育,坚持示范教育和警示教育相结合,自律与他律相结合,开展法律法规、财经纪律等方面教育,树立遵纪守法观念,增强拒腐防变意识,预防各种违纪违法案件的发生。加强师德建设,把廉洁教育和诚信教育贯穿师德建设的各个环节,进一步健全师德规范体系,提高教师的职业品德修养和廉洁自律的自觉性。加强对学术带头人、科研项目负责人、评审专家等人员的教育、管理和监督。开展表彰和树立优秀教师先进典型等宣传教育活动,弘扬优良教风学风。加强大学生廉洁教育,建立健全领导体制和工作机制,开展合格公民、遵纪守法、诚实守信等教育。

整体联动,构建反腐倡廉宣传教育工作格局。把反腐倡廉教育纳入学校宣传教育总体部署,党委统一领导,纪检监察、组织、宣传、人事、学工等部门共同参与,全方位、多层次、有步骤地开展和实施。加大反腐倡廉宣传力度,传播廉政知识,弘扬廉政精神,深入开展校园廉政文化建设,优化育人环境,营造良好的校园文化氛围。

(二)狠抓制度落实,构建反腐倡廉责任体系

注重实效,狠抓制度落实。进一步加强制度建设,逐步形成与工作、权力运行相适应的制度体系,着力提高制度的科学性、系统性、权威性和可操作性。加强制度的学习与宣传,使广大党员干部了解、熟悉和掌握相关制度内容,明确制度要求,自觉规范工作行为。切实抓好好制度的落实,加大制度执行的监督检查力度,特别要组织经常性专项检查,发现问题苗头,及时遏止,发现问题,及时解决。加大对违反制度行为的查处力度,确保制度的权威性和严肃性,切实保证制度的落实。

强化责任,进一步落实党风廉政建设责任制。党风廉政建设责任制是一项具有全局性、关键性和根本性的党内法规制度,是深入开展党风廉政建设的重要制度保证。纪委要在校党委和上级纪检监察机关的双重领导下,积极协助校党委研究部署反腐倡廉工作,抓好任务分解与落实,加强组织协调和监督检查,保证党风廉政建设责任制落到实处。党政领导班子和领导干部要按照"一岗双责"和"谁主管,谁负责"的要求,认真执行党风廉政建设责任制,各负其责,齐抓共管,形成合力,努力构建权责明晰、逐级负责、层层落实的反腐倡廉建设责任体系。建立健全督察、考评、奖惩、责任追究等工作机制,将反腐倡廉建设情况列入领导班子和领导干部考核评价范围,作为工作实绩和奖惩的重要内容,对责任不落实,措施不得力,造成不良后果的,要严肃追究责任。

(三)强化规范管理,加强对权力的制约和监督

健全领导班子科学民主决策机制。坚持民主集中制原则,健全决策机制,完善并严格执行"三重一大"制度。加强对领导干部遵守党的纪律、贯彻落实科学发展观、执行民主集中制、遵守廉洁自律规定和执行党风廉政建设责任制等情况的监督。

加强对重点部位和关键环节的监督。要建立健全学校内部各项管理和监督制度,增强监督的有效性。以人、财、物管理为重点部位,以决策执行、程序监控、过程监管、结果监督和责任追究为重点,加大监督力度。继续加强对干部选拔任用的监督。进一步加强对财务、招生、收费、采购、招投标、新校区建设、基建修缮、校企和国有资产、职称评审、岗位聘任、大额资金流动、科研经费使用等工作的管理和监督,规范教学、科研、管理、服务等活动。

健全民主监督机制。进一步发展党内民主,积极推进党务公开,保证党员权利,建立和完善党内情况通报制度。进一步提升校(院)务公开制度化和规范化水平。进一步完善教职工代表大会制度,健全各种形式的民主监督机制,依法保障教职工参与民主管理和民主监督。

(四)坚持依纪依法,发挥查办案件的综合效应

严肃查处违纪违法案件是惩治腐败的重要手段,要建立健全预防职务犯罪和防治商业贿赂长效机制。坚持依纪依法办案,严格遵循"事实清楚,证据确凿,定性准确,处理恰当,手续完备,程序合法"的办案方针。进一步加强信访和案件查办工作,认真受理群众举报的问题。充分发挥查办案件的综合效应,坚持和完善案件通报制度,开展警示教育,总结教训,引以为戒,实现查处案件的政治效果、社会效果、法纪效果相统一,充

分发挥查办案件的治本功能。

(五)加强队伍建设,不断提高政治素质和业务能力

建设一支"政治坚强、公正清廉、纪律严明、业务精通、作风优良"的纪检监察干部队伍,是学校党风廉政建设的重要组织保证。为适应党风廉政建设和反腐败工作的新形势、新要求,要进一步加强纪检监察干部队伍建设,要选用党性强、作风正、素质好、在群众中有威信的同志担任纪检委员。纪检监察干部要勤于学习,进一步增强责任感和使命感,不断提高为大局服务的政治意识、责任意识和业务素质,努力探索新形势下纪检监察工作的新思路、新途径,不断提高组织协调、监督检查、依法办事、服务全局的能力,要清正廉洁、公道正派、淡泊名利、乐于奉献,主动为师生员工服务,"做党的忠诚卫士、当群众的贴心人"。

学校第一次党代会科学规划了新大学未来几年的发展目标,明确了主要任务,全面部署了新时期学校党的建设和思想政治工作,为我校纪检监察工作指明了方向,提出了要求。让我们在学校党委的正确领导下,以党的十七大精神为指导,全面贯彻落实科学发展观,求真务实,开拓进取,深入开展党风廉政建设与反腐败工作,为实现我校第一次党代会确定的奋斗目标而努力奋斗!

中国共产党北京信息科技大学第一次代表大会关于党委工作报告的决议

中国共产党北京信息科技大学第一次代表大会于2009年2月28日至3月1日召开。

大会认真听取和审议了郑君礼同志代表学校党委所作的工作报告。

大会对学校党委的工作给予了高度评价和充分肯定。大会认为,自筹建新大学以来,在北京市委、市政府和市委教育工委、市教委的领导下,学校党委带领广大党员和师生员工,坚持以邓小平理论和"三个代表"重要思想为指导,全面贯彻落实科学发展观,坚持党的基本路线,全面贯彻党的教育方针,解放思想,实事求是,精心谋划学校发展,不断推进改革创新,努力构建和谐校园,确保了正确的办学方向和发展方向。大会认为,五年来,党的建设和思想政治工作成效显著,学校党委很好地履行了"总揽全局,协调各方,推进发展,服务群众,建设队伍,发展民主"的工作职能,围绕建设新大学,充分发挥了领导核心作用,进一步明确了办学指导思想和办学思路,保证了学校各项事业的健康发展,切实维护了学校和谐稳定大局,有效完成了新大学筹建的各项任务,学校的各项事业迈上了一个新的台阶,并呈现出良好的发展态势。

大会一致同意党委的工作报告。大会

认为，报告比较全面系统地回顾和总结了新大学筹建以来学校的各方面工作，充分肯定了学校党委在领导学校改革、建设和发展等方面取得的显著成效，实事求是地指出了当前学校工作中存在的困难和问题，客观地分析了新大学发展面临的形势和有利的发展条件，明确了今后几年学校发展的指导思想和总体工作思路，确定了今后几年的奋斗目标和主要任务，报告提出的学校今后几年的指导思想、工作思路、发展目标和主要任务符合我校实际，切实可行。

大会指出，报告对学校改革建设与发展所作的经验总结，对进一步加强学校党的建设和思想政治工作，进一步推动各项事业又好又快的发展，都将起到十分重要的作用，是新大学发展建设的宝贵精神财富。

大会强调，新大学的成立，为学校迎来了难得的发展机遇，今后几年是新大学发展承前启后加快发展的关键期，是全面加强党的建设和思想政治工作的关键期。新的党委要高举中国特色社会主义伟大旗帜，以邓小平理论和“三个代表”重要思想为指导，以科学发展观统领学校工作全局，坚持社会主义办学方向，全面贯彻党的教育方针，切实发挥领导核心作用；要认真学习贯彻党的十七大精神，以改革创新精神，加强党的建设和思想政治工作，用中国特色社会主义理论体系武装师生员工头脑，用社会主义核心价值体系引领校风学风建设，以新的发展理念进一步统一师生员工的思想，以新的发展成果进一步凝聚人心，以新的发展成效解决前进道路上的困难和问题，不断增强党组织的凝聚力、战斗力、创造力，全面推进学校各项事业健康协调可持续发展，保证学校各项工作的顺利进行，确保学校奋斗目标的实现。

大会要求，全校各基层党组织要进一步加强自身建设，充分发挥基层党组织在人才培养、科学研究、和谐校园建设中的政治核心和战斗堡垒作用；全校共产党员要认真学习马克思列宁主义、毛泽东思想、邓小平理论和“三个代表”重要思想，深入贯彻落实科学发展观，以十七大精神为指导，努力争当践行社会主义核心价值体系的模范，成为具有中国特色社会主义理想信念的坚定信仰者、科学发展观的忠实执行者、社会主义荣辱观的自觉实践者、社会和谐的积极促进者。大会号召，全校各级党组织和全体共产党员要在新的党委的领导下，以高度的责任感和使命感，一心一意谋发展，尽心竭力搞建设，发扬党的优良传统和作风，以党内和谐促进校园和谐，团结和带领全校师生员工，解放思想，实事求是，与时俱进，开拓创新，同心同德，扎实工作，为新大学的改革建设发展做出新的更大的贡献，为实现本次党代会提出的奋斗目标、开创新大学更加美好灿烂的未来而共同努力奋斗！

中国共产党北京信息科技大学第一次代表大会关于纪委工作报告的决议

中国共产党北京信息科技大学第一次代表大会于2009年2月28日至3月1日召开。

大会对纪律检查委员会工作报告进行了审议,讨论通过了纪律检查委员会的工作报告。

大会充分肯定了学校纪律检查委员会五年来的工作。大会认为,纪委工作报告实事求是地总结了五年来学校党风廉政建设和反腐败工作。在学校党委和上级纪委的领导下,学校纪委坚持以邓小平理论和"三个代表"重要思想为指导,全面落实科学发展观,积极贯彻落实"党委统一领导、党政齐抓共管、纪委组织协调、部门各负其责、依靠群众支持和参与"的领导体制和工作机制。坚持"标本兼治、综合治理、惩防并举、注重预防"的方针,认真履行党章赋予的职责,认真维护党的章程和党内法规,紧紧依靠全校各级党组织、广大党员干部和师生员工,积极推进教育、制度、监督并重的惩治和预防腐败体系建设,按照党风廉政建设责任制的要求,通过责任分解和专项检查,协助党委积极推进党风廉政建设和反腐败工作的深入开展,为促进我校各项事业的健康发展提供了重要保证。

大会同意纪律检查委员会对今后工作的建议。

大会要求,新产生的纪律检查委员会和各基层党组织要坚持以邓小平理论和"三个代表"重要思想为指导,全面贯彻落实党的十七大精神,深入学习实践科学发展观,进一步提高贯彻执行党风廉政建设和反腐败工作的自觉性和坚定性。全校各级党组织和全体共产党员,特别是党员领导干部,要从学校改革发展的大局出发,高度重视和全力支持纪检工作,自觉遵守党纪党规,为实现和完成新大学第一次党代会确定的奋斗目标和主要任务提供坚强有力的政治保证。

大会希望,新的纪律检查委员会要认真履行党章赋予的职责,坚持"标本兼治、综合治理、惩防并举、注重预防"的方针,坚持围绕中心、服务大局、改革创新、统筹推进、重在建设的基本要求,加强学习教育,完善制度建设,强化监督检查,更加注重治本,更加注重预防,努力拓展从源头上防治腐败的工作领域,进一步提高反腐倡廉工作水平,使纪检工作更好地适应新大学发展的需要,为推进学校各项事业的又好又快发展做出新的贡献。

学习实践科学发展观活动专题

开展深入学习实践科学发展观活动实施方案

在全党开展深入学习实践科学发展观活动，是党的十七大做出的重大战略部署。按照《中共北京市委关于在全市党员中开展深入学习实践科学发展观活动的实施意见》（京发〔2008〕20 号）和市委教育工委要求，结合我校实际，现就开展深入学习实践科学发展观活动（以下简称学习实践活动）制定如下实施方案。

一、指导思想和目标要求

（一）指导思想。全面贯彻党的十七大精神，高举中国特色社会主义伟大旗帜，以邓小平理论和“三个代表”重要思想为指导，进一步解放思想、实事求是、改革创新，按照党员干部受教育、科学发展上水平、人民群众得实惠的总体要求，着力转变不适应不符合科学发展观的思想观念，着力解决影响和制约学校科学发展的突出问题以及党员领导干部党性党风党纪方面群众反映强烈的突出问题，着力构建有利于新大学科学发展的体制机制，提高领导学校科学发展、促进校园和谐的能力，切实增强贯彻落实科学发展观的自觉性和坚定性，不断开创学校改革发展和党的建设新局面。

（二）目标要求。根据市委要求，学习实践活动以处级以上领导班子和党员领导干部为重点，全体党员参加。具体达到以下目标要求：

1. 提高思想认识。引导广大党员、干部特别是处级以上领导干部进一步加深对科学发展观的理解，增强运用科学发展观推动新大学又好又快发展的自觉性和坚定性，增强发展是第一要务的理念，结合学校现阶段面临的形势与任务，在如何抓住机遇、抢占发展制高点、强化办学特色、争创全国同类高校一流水平以及怎样服务师生发展、培养高素质应用型人才等重大问题上形成共识。

2. 解决突出问题。把解决突出问题作为学习实践活动的重点，精心设计实践载体，采取切实有效措施，进一步明确促进学校科学发展的工作思路，完善发展规划；努力解决影响和制约学校科学发展的突出问题，增强创新能力，优化学科资源、提高办学质量，突出办学特色；努力解决党员干部党性党风党纪方面群众反映强烈的突出问题，推动广大党员特别是党员领导干部讲党性、重品行、作表率。

3. 创新体制机制。把建立健全保障和促进学校科学发展的体制机制及各项规章制度作为学习实践活动的关键，积极推进教育教学改革、管理体制改革、人事管理制度改革、收入分配制度改革，努力为贯彻落实科学发展观营造良好的制度环境。

4. 促进科学发展。把促进科学发展作为学习实践活动的出发点和落脚点，通过学习实践活动,进一步加强领导班子思想政治建设,着力提高领导干部统筹发展、科学决策的能力,善于学习、开拓创新的能力,化解矛盾、破解难题的能力,努力把科学发展观的要求转化为推进学校科学发展的坚强意志、谋划科学发展的正确思路、领导科学发展的实际能力、促进科学发展的制度措施、增强党性修养提高思想觉悟的自觉行动,努力促进学校全面协调可持续发展。

二、基本原则

(一)坚持解放思想。以解放思想为先导,以改革创新为动力,进一步更新发展观念、转变发展思路,使思想和行动更加符合实事求是的思想路线,更加符合科学发展观的要求。

(二)突出实践特色。紧密结合贯彻落实新大学第一次党代会精神和学校"十一五"规划,紧密结合完成年度主要工作任务,围绕学科建设、人才培养、科学研究等工作以及校风、学风建设和党员领导干部思想作风建设,紧扣活动主题,注重解决问题,努力取得实实在在的效果。

(三)贯彻群众路线。充分调动师生员工参与的积极性,切实增强参与的广泛性,着力提高参与的有效性,共同谋划新大学发展。充分发扬民主,认真听取师生员工的意见和建议,真诚接受师生员工的监督和评议,把师生员工是否满意作为评价学习实践活动成效的重要依据。

(四)正面教育为主。坚持高标准、严要求,切实调动广大党员、干部自我学习、自我教育的积极性,实事求是查找问题,深刻分析产生问题的原因,全面总结经验教训,认真开展批评和自我批评,进一步明确努力方向。查找和剖析问题既要严格要求,又不搞人人过关。

三、活动主题和研究解决的重点问题

(一)学习实践活动主题

树立一流理念,强化办学特色,以改革创新精神推进新大学科学发展。

(二)研究解决的重点问题

1. 落实新大学第一次党代会精神,解放思想,转变观念,统一认识,坚定建设特色鲜明的高水平多科型大学的信心和决心。

2. 进一步凝练学科方向、明确工作目标,优化学科体系,夯实教学基础,推进教育教学质量工程,强化办学优势与特色;进一步加强学术带头人队伍和团队建设,推动科学研究持续上规模、上层次,提升学校的办学水平和实力。

3. 完善新大学制度体系和工作机制,推进教育教学改革、管理体制改革、人事制度改革和收入分配制度改革,形成协调、有序、可持续发展的支撑力。

4. 认真梳理和分析在推进新校区建设工作中存在的主要问题,研究形成体现科学发展观要求的新校区建设思路和高效推进新校区建设的工作机制。

5. 加强校院两级领导班子和领导干部思想政治建设和作风建设,提高领导班子领导科学发展、解决复杂矛盾、开展群众工作的能力;推动党员干部讲党性、重品行、作表率。

6. 进一步推进和谐校园建设,挖掘现有资源潜力,改善办学条件,解决影响师生发展成长的突出问题,加强校风、学风建设和人文精神教育。

四、方法步骤

根据市委的统一部署和我校实际,学习

实践活动从 2009 年 3 月开始，2009 年 7 月中旬基本结束，分为学习调研、分析检查、整改落实三个阶段。

（一）前期准备与动员部署（2009 年 3 月 3 日至 3 月 19 日）

成立领导小组和工作机构，认真学习领会中央和市委有关文件精神和工作要求，在深入调研基础上，对学习实践活动进行专题研究，并通过座谈会形式广泛听取意见，确定学习实践活动主题和研究解决的重点问题，制定切实可行的实施方案，同时征求指导检查组的意见。召开动员部署大会，进行思想发动，充分调动党员干部参加学习实践活动的积极性。

（二）第一阶段：学习调研阶段（2009 年 3 月 20 日至 4 月 30 日）

1. 组织学习调研

结合不同群体党员的特点，制定学习培训计划，通过论坛、讲座、网络、办班培训、集体研讨和科学发展观进课堂等多种方式，组织广大党员干部认真学习《毛泽东邓小平江泽民论科学发展》、《科学发展观重要论述摘编》，处级以上领导干部还要通读《深入学习实践科学发展观活动领导干部学习文件选编》。学习党的十七大和中央一系列会议及市委十届五次全会精神。党政主要领导要带头学习，加强对形势的研究分析和动态把握，进一步增强工作的前瞻性、主动性和敏锐性，坚定理想信念，坚定发展信心，引导广大党员干部深入领会科学发展观的科学内涵、精神实质和根本要求，在学习中统一思想、提高认识。处级以上领导干部集中学习培训时间不少于 40 个小时。

在学习培训基础上，抓住学习实践活动的主题，围绕当前学校改革发展中的重大、突出问题，从转变思想观念、提高办学质量、强化办学特色、提升创新水平、加强党的建设等方面开展调研。校领导结合分管工作，带队调研，带头撰写调研报告，带头交流调研成果。要采取多种形式，广泛听取广大师生员工对学校科学发展和领导干部思想作风、工作作风等方面的意见和建议，并进行认真梳理，找准影响科学发展的突出问题。处级以上领导干部都要撰写调研报告。

2. 组织解放思想讨论

解放思想讨论坚持领导带头，坚持实事求是。以专题工作会议、座谈会、研讨会、论坛、专题调研等为载体，结合学习和调研成果，围绕学习实践活动主题和重点解决的问题，组织党员干部和师生员工开展解放思想大讨论，着重抓好围绕办学优势与特色大讨论、学科发展建设与研究生教育研讨、完善校院两级管理机制的调研和分系统组织的“我为新大学科学发展建言献策”等活动，引导广大党员干部和师生员工进一步解放思想、转变观念、开阔视野，在事关学校科学发展全局的重大问题上形成共识。

（三）第二阶段：分析检查阶段（2009 年 5 月 1 日至 5 月 31 日）

1. 召开校院两级领导班子专题民主生活会

学校和处级领导班子成员结合分工，紧紧围绕学习实践活动主题，按照加强领导班子思想政治建设的要求，结合第一阶段学习调研的成果，深入查找个人和班子在推进学校事业科学发展、服务师生员工方面存在的突出问题，特别是要结合市委开展的弘扬北京奥运精神、加强领导干部作风建设年活动的要求，深入查找思想观念、工作能力和工作作风等方面存在的突出问题，并深刻剖析原因,认真撰写参加专题民主生活会发言材料。

校级领导班子民主生活会,邀请市属高等学校深入学习实践科学发展观活动领导小组和市委指导检查组领导列席,校级领导发言提纲会前送市委指导检查组审阅;学院(部、继教院)、昌平校区、研究生、后勤集团以总支为单位召开领导班子民主生活会;机关职能部门、直属单位按照校领导工作分管范围划组,按组召开领导班子民主生活会,处级领导干部发言材料会后送学校领导小组办公室。

民主生活会前班子成员之间要相互谈心,沟通思想,增进理解,互相帮助,加强团结,广泛征求师生员工对领导班子及成员的意见。民主生活会坚持正面教育为主,重在总结经验教训,重在提高思想认识,不搞人人过关,不纠缠历史旧账。同时,各基层党支部组织党员参加专题组织生活会,认真分析查找自身差距和不足,明确努力方向。

2. 形成领导班子分析检查报告

分析检查报告要充分运用学习调研和解放思想讨论的成果,充分反映学校贯彻落实科学发展观的实际情况,简明扼要概述取得的成效;系统梳理领导班子在思想认识、工作思路、工作举措、工作作风以及自身建设等方面存在的主要问题和不足;实事求是分析存在问题的主客观原因尤其是主观方面的原因;深入分析当前学校面临的机遇和挑战,充分反映广大党员干部在以科学发展观为指导推动新大学发展上形成的共识,明确进一步做好工作的努力方向、主要思路和主要举措。

分析检查报告初稿形成后,召开党委扩大会议充分讨论,以适当方式广泛听取意见,修改完善,并报送市委指导检查组审阅。分析检查报告形成后,在适当范围分别召开群众评议会,参评人员可着重从对科学发展观的认识深不深、发展思路清不清、工作措施可行不可行等方面对分析检查报告进行评议。群众评议提出的正确意见将吸收到修改后的分析检查报告中,分析检查报告和评议结果在一定范围内以适当方式公开。

(四)第三阶段:整改落实阶段(2009 年 6 月 1 日至 7 月 15 日)

1. 制定整改落实方案

校党委以分析检查报告为主要依据,对查摆出来的突出问题和需要完善的制度,区别解决的轻重缓急和难易程度制定出整改落实方案,明确整改落实的目标、具体措施、方式和时限要求,明确分管领导、分管部门的责任。整改落实方案形成后,报送市委指导检查组审阅,并在校园网办公系统中向党员、师生员工公布,以接受监督。

2. 切实解决一些突出问题

按照整改落实方案的要求,集中力量解决在学习实践活动中能够解决的问题,解决问题坚持实事求是,尽力而为,量力而行,当即不能解决但又必须解决的问题,写入下一年的工作计划或相应的中长期规划中,积极创造条件,落实责任部门,提出解决的时限,努力在今后的工作中加以解决,整改落实情况及时向师生员工通报。

3. 总结测评

认真总结全校开展学习实践活动的基本情况、基本成果和基本经验,撰写总结报告,并报送市委和市属高校学习实践活动领导小组,在此基础上,召开学习实践活动总结大会,全面总结学习实践活动,并对学习实践活动进行满意度测评,主要测评对解决影响和制约学校科学发展突出问题的满意度，对开展学习实践活动实际效果的满意度。测评结果以适当形式向师生员工通报。根据测评情况，进一步完善整改落实措施，确保在学习实践活动中尚未解决的问题继续得到有效解决。

五、工作要求

全校各级党组织要认真学习、深刻领会中央和市委精神，结合当前国际国内形势变化，准确把握学习实践活动的指导思想、目标要求、主要原则和方法步骤，精心组织、周密部署，突出实践特色，把深入学习、提高认识贯穿始终，把解放思想、改革创新贯穿始终，把解决问题、完善机制贯穿始终，把依靠群众、发扬民主贯穿始终，力求取得实实在在的效果。

（一）加强组织领导。学习实践活动在校党委统一领导下进行。学校成立由党委书记和校长任组长，党委常委和校领导担任成员的学习实践活动领导小组，其职责是研究制定学习实践活动总体方案并负责组织实施，设立由党委相关部门人员组成的领导小组办公室，负责日常活动的组织协调；领导小组办公室下设协调联络和文秘宣传两个工作组，同时，组建9个基层联络组，具体指导检查基层单位开展学习实践活动。

各学院（部、继教院、计算中心、昌平校区）成立由党政主要负责人任组长，总支委员和班子成员任组员的本单位学习实践活动的领导小组，参照学校实施方案制定本单位的活动方案，并负责组织实施；机关党委、直属单位党总支、研究生党总支、离退休党总支成立由总支书记任组长、总支委员任组员的本系统学习实践活动领导小组，参照学校实施方案制订活动方案，并负责组织实施。各单位要结合学习实践活动，加强基层党支部建设，充分发挥党支部推动发展、服务群众、凝聚人心、促进和谐的作用，确保广大党员全过程参加。

（二）分层分类指导。在学习实践活动中，学校和处级领导干部要集中精力，严格要求，重在解决问题、提升能力；广大党员重在积极参与、重在自我教育、重在提高认识；结合学校实际，分别制定学生党员、离退休党员学习实践活动方案。

从党员干部受教育层面，教职工党员以提高对科学发展观的理解认识、统一思想，在推进新大学发展中进一步发挥党员先锋模范作用为重点；处级以上干部以深刻理解科学发展观的内涵、审视分析学校及本单位“十一五”规划落实情况为重点；离退休党员根据身体条件情况，采取灵活方式开展；研究生和本专科生党员紧密结合班级建设和班级党团建设实际开展活动。

从科学发展上水平，解决实际问题层面，各学院（部）以谋划学科专业建设与学院发展为重点；机关职能部门以制度建设和作风建设为重点；各直属单位、后勤集团以强化服务意识和提高服务质量为重点。

（三）鼓励探索创新。充分发挥各级党组织的主动性，充分尊重基层首创精神，鼓励基层创新活动内容、活动方式和活动载体。同时防止铺张浪费，讲成本、重实效，力戒形式主义。开展帮扶困难职工、帮扶贫困学生、帮助毕业生就业等活动，引导党员提高综合素质，立足岗位做贡献。

（四）营造良好氛围。围绕学习实践活动主题，充分利用专题网站、专题橱窗、校报专栏、学院院刊、校园广播、工作简报等平台，大力宣传科学发展观的科学内涵、精神实质和根本要求，反映开展学习实践活动的情况，加强校内学习实践活动的信息沟通和经验交流，为学习实践活动的顺利开展营造良好舆论氛围，尊重新闻规律，掌握报道节奏，注重宣传效果。

（五）坚持统筹兼顾。正确处理开展学习实践活动与做好当前各项工作的关系，坚持围绕中心、服务大局、统筹兼顾、合理安排，做到两手抓、两不误、两促进。把学习实践活动与市委开展的领导干部作风建设年活动相结合，把加强领导干部作风建设的要求纳入学习实践活动的各个环节。

（六）严肃学习纪律。坚持高标准、严要求，每个党员、特别是处级以上党员干部都要按要求积极参加各个阶段的各项学习实践活动。处级以上特别是党政正职干部活动期间一般不得离京，如遇特殊情况须按规定严格履行请假手续，事后补课。

附件1：

北京信息科技大学学习实践活动工作机构组成名单

一、学习实践活动领导小组

组　长：郑君礼　杜　林

成　员：闫　成　刘筱毅　刘　勇　冯喜春　韩秋实　孙百生　许晓革　彭斌柏　邵长生

二、领导小组办公室

主　任：刘筱毅（兼）

副主任：邵长生

成　员：林国策　鲁　雷　李　燕　卢玲军　田杨萌　胡　滔　孙福友　崔仲凯　曲振国　王　蕾　姜伟华　赵爱玲　王立民　刘　莹

三、领导小组办公室下设两个工作组

协调联络组：邵长生　姜伟华　刘　莹

文秘宣传组：林国策　鲁　雷　姜伟华　王立民　刘永林

附件 2：

北京信息科技大学学习实践活动主要工作安排表

<table>
<tr><th>活动阶段</th><th>活动内容</th><th>时间安排</th><th>活动方式</th><th>相关要求</th></tr>
<tr><td rowspan="4">前期准备
3 月 3 日
至 19 日</td><td>方案起草</td><td>3 月 3 日至
5 日</td><td>起草方案，常委会研究修改</td><td></td></tr>
<tr><td rowspan="2">征求意见
修改方案</td><td>3 月 9 日
下午</td><td>召开中层干部、教师、学生、离退休、民主党派座谈会</td><td rowspan="2">在征求意见基础上，进一步修改方案</td></tr>
<tr><td>3 月 13 日
上午</td><td>征求市委指导检查组意见</td></tr>
<tr><td>动员部署</td><td>3 月 19 日
下午</td><td>召开全校动员大会</td><td>参加人员：校领导班子成员、全体中层干部、全体党员（含预备党员）等 2997 人。邀请上级领导和指导检查组人员参加</td></tr>
<tr><td rowspan="5">学习调研
阶段
3 月 20 日至
4 月 30 日</td><td>工作培训</td><td>3 月 20 日</td><td>工作培训会</td><td>有关校领导，领导小组办公室成员和党总支（机关党委、直属党支部）书记参加</td></tr>
<tr><td>专题报告</td><td rowspan="4">3 月 23 日
至
4 月 15 日</td><td>3～4 个科学发展观专题报告会</td><td>全体处级领导干部参加，其他人员观看录像</td></tr>
<tr><td rowspan="2">校（院）中心组学习、基层支部学习</td><td>校、院中心组学习</td><td>1. 校班子中心组学习，邀请指导检查组参加；
2. 学院、职能部门中心组学习参照执行。</td></tr>
<tr><td>基层党支部组织集体学习</td><td>党支部要吸收所在单位教授参加。按要求认真填写《党支部工作手册》</td></tr>
<tr><td>专题研讨</td><td>1. 召开党政廉政建设工作会议；
2. 举办师德论坛。</td><td>1. 全体处级领导干部参加，自查党性党风党纪方面存在的问题；
2. 探讨新形势下如何加强校风、学风建设。</td></tr>
</table>

续表

<table>
<tr><th>活动阶段</th><th>活动内容</th><th>时间安排</th><th>活动方式</th><th>相关要求</th></tr>
<tr><td rowspan="2">学习调研阶段
3月20日至
4月30日</td><td>深入调研</td><td rowspan="2">4月1日
至30日</td><td>1. 校班子成员指导各学院就本部门“十一五”规划任务落实情况进行分析;
2. 围绕校院两级管理,组织校内外调研;
3. 处级以上领导干部完成个人调研报告。</td><td>1. 各学院和职能部门要认真分析本学院、本部门“十一五”规划任务完成情况。理清哪些为已完成的工作、即将完成的工作以及“十一五”期间不能完成的工作;
2. 以两级管理改革为切入点,创新工作机制体制;
3. 25日之前将个人调研报告上交领导小组办公室。</td></tr>
<tr><td>解放思想
讨论</td><td>1. 围绕办学优势与特色展开大讨论;
2. 组织专题论坛;
3. 分系统开展“我为新大学科学发展建言献策”活动;
4. 处级以上领导干部开展相互谈心活动。</td><td>1.强化办学特色,提高教学质量;
2. 基层党支部组织本单位党内外群众共同开展,组织填写《建言献策表》;
3. 各总支归纳汇总,于5月15日前报校学习实践活动领导小组办公室。</td></tr>
<tr><td rowspan="5">分析检查阶段
5月1日
至31日</td><td rowspan="3">召开专题民主生活会和组织生活会</td><td rowspan="3">5月4日至
15日</td><td>校领导班子民主生活会</td><td>1. 邀请市委指导检查组参加;
2. 会前班子成员要相互谈心,认真撰写发言提纲并于生活会后上交。</td></tr>
<tr><td>学院领导班子民主生活会</td><td>1. 邀请本单位教授、教代会代表等参加;
2. 会前班子成员要相互谈心,认真撰写发言提纲并于生活会后交领导小组办公室。</td></tr>
<tr><td>党支部召开组织生活会</td><td>党员要写出发言提纲,党支部按要求认真填写《支部工作手册》。</td></tr>
<tr><td>形成领导班子分析检查报告</td><td>5月16日
至23日</td><td>校领导班子在前期学习、民主生活会、分析查找问题的基础上,理清思路,形成分析检查报告。</td><td>报告以适当方式在一定范围公布,听取群众意见和建议,并经班子集体讨论进行修改完善。</td></tr>
<tr><td>组织群众评议</td><td>5月23日
至31日</td><td>召开群众评议会</td><td>1. 结合群众评议情况进一步修改完善报告;
2. 评议结果及报告终稿以适当形式在一定范围公布。</td></tr>
</table>

续表

活动阶段	活动内容	时间安排	活动方式	相关要求
整改落实阶段 6月1日 至 7月15日	制定整改落实方案	6月1日至23日	制定校、院(部、处)整改落实方案	整改方案以适当形式在一定范围进行公布,接受党员群众监督
	集中解决问题		校、院(部、处)集中落实整改、解决实际问题。	1. 能够即时解决的即时解决,不能即时解决的写入计划和规划,明确时限; 2. 认真落实09年度工作计划。
	完善相关制度		健全完善相关制度	1. 进一步健全完善新大学事业发展相关制度文件; 2. 进一步强化对现有制度执行的力度。
	各基层单位学习实践活动总结		撰写总结报告	上交校学习实践活动领导小组办公室
总结测评	学校学习实践活动总结	6月20日至7月25日	撰写学校总结报告	在各单位总结的基础上,撰写学校总结报告
	党支部工作创新经验交流会		交流党日活动和学习实践活动经验及成果。	参会人员:校级领导、各总支委员会全体成员、基层党支部书记、党务职能部门负责人
	学习实践活动总结大会		1. 总结学习实践科学发展观活动基本情况、基本经验和基本成果; 2. 满意度测评。	参加人员范围与动员会相同,邀请指导检查组参加
	满意度测评		进行整改解决问题的满意度和活动满意度测评。	满意度测评与总结大会同期进行
	测评结果公布		1. 党内会议公布测评结果; 2. 总结材料、测评结果整理上报; 3. 继续完善整改。	1. 以适当形式公布测评结果; 2. 总结材料、测评结果整理上报市委教育工委; 3. 继续完善推进整改。

附件3:

北京信息科技大学校领导指导基层单位安排

郑君礼:计算机学院党总支、机关党委

杜　林:经济管理学院党总支、直属单位党总支

刘筱毅:外国语学院党总支、离退休党总支

刘　勇:人文社科学院党总支、昌平校区党总支

冯喜春:机电工程学院党总支、研究生党总支

韩秋实:光电信息与通信工程学院党总支、信息管理学院党总支

孙百生:自动化学院党总支、继续教育学院党总支

许晓革:体育部直属党支部、计算中心直属党支部

彭斌柏:理学院党总支、后勤集团党总支

深入贯彻落实科学发展观
为建设特色鲜明的高水平多科型大学而努力奋斗

——在深入学习实践科学发展观活动动员大会上的报告

党委书记　郑君礼

（2009年3月19日）

同志们：

在全党开展深入学习实践科学发展观活动，是党的十七大做出的重大部署。按照中央和市委的部署和要求，我校参加北京市第二批深入学习实践科学发展观活动（以下简称“学习实践活动”），时间自2009年3月开始到7月中旬基本完成。

学校党委高度重视深入学习实践科学发展观活动，去年10月和今年3月，党委理论学习中心组已经先后两次开展了专题理论学习。在筹备召开学校第一次党代会期间，党委围绕市委确定的“坚持科学发展，建设人文北京、科技北京、绿色北京”主题，围绕实施首都教育发展战略，围绕学校“十一五”规划的落实情况，立足新的历史起点，就坚持解放思想，勇于改革创新，推动科学发展，促进校园和谐，建设特色鲜明的高水平多科型大学等方面进行了多次学习、交流和研讨。党代会闭幕以后，党委立即按照市委的统一部署和要求，紧张地投入我校学习实践活动的筹备工作中，党委常委会多次研究讨论实施方案，征求市委指导检查组的意见，对方案进行数次修改；成立了学习实践活动领导小组和办公室，并组建了相应的工作组。今天，我们在这里召开动员大会，主要任务是贯彻中央、北京市委和学校党委关于开展深入学习实践科学发展观活动的工作部署，动员全校党员特别是党员领导干部进一步统一思想，提高认识，深入扎实地开展好学习实践活动。为了搞好学习实践活动，市委向我校派出了指导和联系工作的领导以及指导检查组，一会儿市委第二批学习实践活动第18指导检查组副组长、北京市公安局昌平分局政委衡晓帆同志，北京市属高校深入学习实践科学发展观活动领导小组成员、联系我们学校的市委教育工委副书记、市政府教育督导室主任线联平同志还要做重要讲话。下面，我代表校党委和校学习实践活动领导小组，讲三点意见。

一、充分认识开展深入学习实践科学发展观活动的重大意义

（一）开展深入学习实践科学发展观活动，是用中国特色社会主义理论体系武装全党的重大举措。党的十七大指出，改革开放以来，我们取得一切成绩和进步的根本原因，归结起来就是开辟了中国特色社会主义道路，形成了中国特色社会主义理论体系。中国特色社会主义理论体系，就是包括邓小平理论和“三个代表”重要思想以及科学发

展观等重大战略思想在内的科学理论体系。这个理论体系是马克思主义中国化最新成果;是党最宝贵的政治和精神财富,是全国各族人民团结奋斗的共同思想基础。科学发展观是同马克思列宁主义、毛泽东思想、邓小平理论和“三个代表”重要思想既一脉相承又与时俱进的科学理论,是我国经济社会发展的重要指导方针,是发展中国特色社会主义必须坚持和贯彻的重大战略思想。实践证明,科学发展观对于我国经济社会和各项事业的发展起到了巨大的推动作用,越来越显示出强大的思想武器力量。

近年来特别是党的十七大以来,党委组织全校广大党员干部认真学习贯彻落实科学发展观,广大党员干部对科学发展观的认识不断深化,落实科学发展观的自觉性不断增强,在科学发展观的指导下,学校的各项事业都取得了明显成效。但是,我们还要清醒地看到,科学发展观是一个内涵十分丰富的理论体系,需要我们进一步深刻把握科学发展观的科学内涵、精神实质和根本要求,并切实用于指导工作。目前,一些党员干部对于科学发展观的理解仍然局限于表面和一般化,对于学习实践活动重要性的认识还不到位。因此,我们必须不断深入学习领会以科学发展观为重要内涵的中国特色社会主义理论体系,始终坚持把科学发展观作为指导学校改革建设发展的重要指导方针,切实增强推进学校科学发展的紧迫感和责任感,把思想认识统一到坚持科学发展观,推动学校科学发展的总体要求上来,统一到新形势下学校党建工作的新任务上来。

(二)开展深入学习实践科学发展观活动,是贯彻落实我校第一次党代会精神的重要契机。高等教育是发展中国特色社会主义伟大事业的重要组成部分和推动力量,在推动经济社会发展和国民素质提高中发挥了不可替代的作用。但面对党的十七大提出的新任务和国内外形势的新变化,面对建设创新型国家对培养人才提出的新要求,面对以提高质量和办出特色为核心的日趋激烈的竞争态势,高等学校改革与发展也面临着前所未有的良好机遇和严峻挑战。

本月初,我校在认真贯彻落实党的十七大精神,深入学习实践科学发展观,进一步落实“十一五”事业发展规划,全面谋划新大学又好又快发展的新时期、新形势下,胜利召开了第一次党代会。这次大会,审议通过了题为《解放思想 改革创新 科学发展 构建和谐 为建设特色鲜明的高水平多科型大学而努力奋斗》的党委工作报告以及纪委报告,党委报告回顾和总结了我校五年来的发展建设成绩,分析了新大学面临的形势与任务,明确了今后几年的指导思想、工作思路、奋斗目标以及主要任务,部署了以改革创新精神全面加强和改进学校党的建设的主要工作。要完成好党代会提出的各项任务,我们面临着诸多的挑战和困难,必须进一步深化对学校面临形势的认识,进一步找准制约和影响学校科学发展的问题和薄弱环节,进一步建立健全相应的体制机制,进一步细化相关的工作方案和具体措施。我们已经看到,通过开展深入学习实践科学发展观活动推进本单位的科学发展,是参加第一批学习实践活动的单位以及试点单位所取得的成功经验。因此,深入、有效地开展科学发展观学习实践活动,是我校贯彻落实第一次党代会精神、推进学校科学发展的难得机遇,是我们统一思想、谋划发展、强化责任、落实任务的难得机遇,也是我们努力用科学发展观的思想、理念和方法，来发现发展道路上存在的影响和制约学校科学发展的问题并积极加以改进的难得机遇，对学校事业发展具有极其重要的现实意义和历史意义。全校各级党组织和广大党员，要从战略的高度，深刻认识学习实践活动的重大意义，切实增强开展学习实践活动的自觉性，提高贯彻落实党代会精神的积极性、主动性，坚定学习实践活动扎实推进、取得实效的信心。

（三）开展深入学习实践科学发展观活动，是提高领导班子、和党员干部领导水平和工作能力的迫切需要。党的十七大强调，党要站在时代前列带领人民不断开创事业发展新局面，必须以改革创新精神加强自身建设，始终成为中国特色社会主义事业的坚强领导核心。十七大提出的党的建设的总体部署，深刻反映了党所处的历史方位和党的建设面临的新形势新任务。因此，中央决定，通过深入学习实践科学发展观，全面推进党的思想建设、组织建设、作风建设、制度建设和反腐倡廉建设，不断提高党的执政能力，不断保持和发展党的先进性，推动广大党员特别是各级领导班子和党员干部不断提高推进科学发展、促进社会和谐的能力，真正把科学发展观体现到各级党组织和广大党员、干部的行动中去。

多年来，我校以改革创新精神全面加强党的建设和思想政治工作，为学校各项事业健康、持续、快速的发展提供了坚强保证。我们始终坚持用马克思主义中国化最新成果武装全体党员，教育广大师生员工，努力加强领导班子和干部人才队伍建设，积极探索基层党建的新观念、新思路、新途径、新机制，着力加强党建基础工作和党的基层工作，不断推进工作的规范化、制度化和科学化，坚持“育人为本，德育为先”，全面加强和改进大学生思想政治教育工作，校风学风不断提升，初步形成了推动各项事业发展的合力，形成了积极向上的和谐校园氛围。卓有成效的发展建设成绩和各个领域突破性的进展充分体现出学校广大党员和各级领导班子、党员干部爱岗敬业、无私奉献、团结协作的良好素质和精神面貌。进一步推动新大学科学发展，开创学校工作新局面，关键在于领导班子和党员干部的领导水平和工作能力。但是面对新形势新任务新要求，我们的领导班子和党员干部队伍还不够适应。有的党员干部理论知识不足，理论素养亟待提高；有的党员干部事业心、责任心不够强，精神状态还不够到位；有的党员干部思想作风、工作作风需要进一步转变；有的领导班子尚未形成合力，未能很好发挥整体功能，等等。我们要充分利用好这次学习实践活动的机会，切实提高各级领导班子和党员干部的领导水平和工作能力。

总之，我们要通过开展深入学习实践科学发展观活动，在提高思想认识，解决突出问题，创新体制机制，促进科学发展的目标要求下，进一步增强贯彻落实科学发展观的自觉性和坚定性，着力转变不适应、不符合科学发展观要求的思想观念，解决影响和制约学校科学发展的突出问题，构建有利于学校科学发展的管理体制机制，突出办学特色，提高人才培养质量，提升办学水平，建设特色鲜明的高水平多科型大学。我们还要通过开展学习实践活动，进一步完善先进性建设的长效机制，切实解决党员在党性党风党纪等方面存在的问题，不断完善党建工作机制，丰富党建工作内容，创新党建工作方法，拓展党组织和党员联系群众、服务群众的渠道和形式,使党的基层组织不断增强创造力、凝聚力和战斗力,开创学校党建工作新局面。

二、准确把握开展深入学习实践科学发展观活动的基本要求

根据中央提出的"统一认识、提高能力、解决问题、创新机制"的总体目标,"党员干部受教育、科学发展上水平、人民群众得实惠"的总要求,按照市委部署,为建设"人文北京、科技北京、绿色北京"做出积极的贡献,着眼于服务首都"保增长、保民生、保稳定"的主要任务,我校结合实际,制定下发了《开展深入学习实践科学发展观活动实施方案》,《实施方案》主要包括指导思想和目标要求、基本原则、活动主题和研究解决的重点问题、方法步骤和工作要求等内容。下面我就《实施方案》的有关问题做一简要说明。

(一)关于活动主题和研究解决的重点问题。我校学习实践活动的主题是"树立一流理念,强化办学特色,以改革创新精神推进新大学科学发展"。

在学习实践活动中,我校重点要解决以下六个方面的主要问题:一是,落实新大学第一次党代会精神,解放思想,转变观念,统一认识,坚定建设特色鲜明的高水平多科型大学的信心和决心。二是,进一步凝练学科方向、明确工作目标,优化学科体系,夯实教学基础,推进教育教学质量工程,强化办学优势与特色;进一步加强学术带头人队伍和团队建设,推动科学研究持续上规模、上层次,提升新大学的办学水平和实力。三是,完善新大学制度体系和工作机制,推进教育教学改革、管理体制改革、人事制度改革和收入分配制度改革,形成协调、有序、可持续发展的支撑力。四是,认真梳理和分析在推进新校区建设工作中存在的主要问题,研究形成体现科学发展观要求的新校区建设思路和高效推进新校区建设的工作机制。五是,加强校院两级领导班子和领导干部思想政治建设和作风建设,提高领导班子领导科学发展、解决复杂矛盾、开展群众工作的能力;推动党员干部讲党性、重品行、作表率。六是,进一步推进和谐校园建设,优化资源配置,挖掘现有潜力,改善办学条件,解决一些影响师生发展成长的突出问题,加强校风、学风建设和人文精神教育。

希望全体干部、党员和教职工为解决上述问题、为推进学校发展积极建言献策。

(二)关于活动的基本原则。为了保证活动成功开展,本次活动要贯彻以下四条基本原则:一是坚持解放思想。以解放思想为先导,进一步更新发展理念、转变发展思路,使思想和行动更加符合实事求是的思想路线,更加符合科学发展观的要求。二是突出实践特色。紧密结合贯彻落实第一次党代会精神和学校"十一五"规划,紧密结合完成年度主要工作任务,围绕学科建设、人才培养、科学研究等工作以及校风、学风建设和党员领导干部思想作风建设,紧扣活动主题,注重解决问题,努力取得实实在在的效果。三是贯彻群众路线。充分调动师生员工参与的积极性,切实增强参与的广泛性,着力提高参与的有效性,共同谋划新大学发展。充分发扬民主,认真听取师生员工的意见和建议,真诚接受师生员工的监督和评议,把师生员工是否满意作为评价学习实践活动成效的重要依据。四是正面教育为主。坚持高标准、严要求,切实调动广大党员、干部自我学习、自我教育的积极性,实事求是查找问题，深刻分析产生问题的原因，全面总结经验教训，认真开展批评和自我批评，进一步明确努力方向。查找和剖析问题既要严格要求，又不搞人人过关。

（三）关于学习实践活动的有关安排。我校学习实践活动分为学习调研、分析检查、整改落实三个阶段。在前期的准备工作中，已经成立了领导小组和工作机构，认真学习领会中央和市委有关文件精神和工作要求，在深入调研的基础上，对学习实践活动进行了专题研究，并通过座谈会等形式广泛听取意见，制定了切实可行的实施方案，今天的动员部署大会，标志着我校学习实践活动正式展开。

第一阶段为学习调研阶段，时间从2009年3月19日至4月30日。在这一阶段，我们要重点做好组织学习调研、解放思想讨论工作。结合不同群体党员的特点，制定学习培训计划，组织广大党员干部认真学习理论和中央精神，要通过讲座、网络、办班培训、集体研讨和科学发展观进课堂等多种方式，在全校形成学习实践活动的高潮。在学习培训基础上，校、院两级领导班子和党员领导干部要围绕学习实践活动主题，结合当前学校改革发展中的重大、突出问题，从转变思想观念、提高办学质量、强化办学特色、提升创新水平、加强党的建设等方面深入开展调查研究，经过认真梳理，找准影响科学发展的突出问题。在“解放思想讨论”中，以专题工作会议、座谈会、研讨会、论坛、专题调研等为载体，组织党员干部和师生员工开展解放思想大讨论，着重抓好围绕办学优势与特色大讨论、学科发展建设与研究生教育研讨、完善校院两级管理机制的调研和分系统组织的“我为新大学科学发展建言献策”等活动，引导广大党员干部和师生员工进一步解放思想、转变观念、开阔视野，在事关新大学科学发展全局的重大问题上形成共识。

第二阶段为分析检查阶段，时间从2009年5月1日至5月31日。在这一阶段，我们要重点做好召开领导班子专题民主生活会、形成领导班子分析检查报告等工作。专题民主生活会要按照加强领导班子思想政治建设的要求，结合第一阶段学习调研的成果，深入查找个人和班子在推进学校事业科学发展、服务师生员工方面存在的突出问题，特别是要结合市委开展的弘扬北京奥运精神、加强领导干部作风建设年活动的要求，深入查找思想观念、工作能力和工作作风等方面存在的突出问题，并深刻剖析原因，开展批评和自我批评。班子分析检查报告要充分运用学习调研、解放思想讨论和专题民主生活会成果，系统梳理领导班子在思想认识、工作思路、工作举措、工作作风以及自身建设等方面存在的主要问题和不足；实事求是地分析存在问题的主客观原因特别是主观方面的原因；深入分析当前学校面临的机遇和挑战，充分反映广大党员干部在以科学发展观为指导推动学校发展上形成的共识，明确进一步做好工作的努力方向、主要思路和主要举措。

第三阶段为整改落实阶段，时间从2009年6月1日至7月15日。在这一阶段，我们要重点做好制定切实可行的整改落实方案、集中解决突出问题。制定整改落实方案要以分析检查报告为主要依据，针对查摆出来的突出问题和需要完善的制度，区别解决问题的轻重缓急和难易程度，明确整改落实的目标、具体措施、方式和时限要求，明确分管领导、分管部门的责任。在学习实践活动中要集中力量解决一批能够解决的问题,要坚持实事求是,尽力而为,量力而行,当即不能解决但又必须解决的问题,写入下一年的工作计划或相应的中长期规划中,积极创造条件,落实责任部门,提出解决的时限,努力在今后的工作中加以解决。

学习实践活动的最后一项工作是总结测评,要在认真总结开展学习实践活动的基本情况、基本成果和基本经验,撰写总结报告的基础上,对学习实践活动进行满意度测评,主要测评对学校解决影响和制约科学发展突出问题的满意度,对开展学习实践活动实际效果的满意度。测评结果通过党内会议向全体党员公布。根据测评情况,还要进一步完善整改落实措施,确保在学习实践活动中尚未解决的问题继续得到有效解决。

(四)关于学习实践活动的基本目标。通过活动开展,要达到四个基本目标:一是,提高思想认识。引导广大党员、干部特别是领导干部进一步加深对科学发展观的理解,增强运用科学发展观推动学校又好又快发展的自觉性和坚定性,增强发展是第一要务的理念,结合学校现阶段面临的形势与任务,在如何抓住机遇、抢占发展制高点、强化办学特色、争创全国同类高校一流水平以及怎样服务师生发展、培养高素质应用型人才等重大问题上形成共识。二是,解决突出问题。要把解决突出问题作为学习实践活动的重点,精心设计实践载体,采取切实有效措施,进一步明确促进学校科学发展的工作思路,完善发展规划;努力解决影响和制约学校科学发展的突出问题,增强创新能力,优化学科资源、提高办学质量,突出办学特色;努力解决党员干部党性党风党纪方面群众反映强烈的突出问题,推动广大党员特别是党员领导干部讲党性、重品行、作表率。三是,创新体制机制。把建立健全保障和促进学校科学发展的体制机制及各项规章制度作为学习实践活动的关键,积极推进教育教学改革、管理体制改革、人事管理制度改革、收入分配制度改革,努力为贯彻落实科学发展观营造良好的制度环境。四是,促进科学发展。把促进科学发展作为学校学习实践活动的出发点和落脚点。通过学习实践活动,进一步加强领导班子思想政治建设,着力提高领导干部统筹发展、科学决策的能力,善于学习、开拓创新的能力,化解矛盾、破解难题的能力,努力把科学发展观的要求转化为推进学校科学发展的坚强意志、谋划科学发展的正确思路、领导科学发展的实际能力、促进科学发展的制度措施、增强党性修养提高思想觉悟的自觉行动,努力促进新大学全面协调可持续发展。

三、认真落实开展深入学习实践科学发展观活动的工作部署

各级党组织要认真学习、深刻领会中央和市委精神,全面把握学习实践活动的指导思想、主要原则和方法步骤,精心组织、周密部署,突出实践特色,把深入学习、提高认识贯穿始终,把解放思想、改革创新贯穿始终,把解决问题、完善机制贯穿始终,把依靠群众、发扬民主贯穿始终,力求取得实实在在的效果。

(一)加强组织领导。抓好学习实践活动,关键在领导,责任在班子。为了加强对学习实践活动的领导,学校成立了开展深入学习实践科学发展观活动领导小组,在市委和市委教育工委的领导下,在市委第二批学习实践活动第18指导检查组的领导和具体

指导检查下，全面负责学校的学习实践活动。各基层党组织也要成立学习实践活动工作小组，负责本单位学习实践活动的组织领导。根据学校的《实施方案》，结合本单位实际制定学习实践活动工作计划。要加强对学习实践活动的领导，做到认识到位、组织到位、措施到位、工作到位。坚持学习实践活动的正确方向，确保学习实践活动不走过场、不出偏差。机关党委，各党总支、直属党支部要结合学习实践活动，加强基层党支部建设，充分发挥党支部推动发展、服务群众、凝聚人心、促进和谐的作用，确保广大党员全过程参加。

（二）分层分类指导。学习实践活动针对不同群体党员、不同类别单位，分别提出了不同要求。学校和处级领导干部要集中精力，严格要求，重在解决问题、提升能力；广大党员重在积极参与、重在自我教育、重在提高认识。从党员干部受教育层面，教职工党员以提高对科学发展观的理解认识、统一思想，在推进学校发展中进一步发挥党员先锋模范作用为重点；处级以上干部以深刻理解科学发展观的内涵、审视分析学校及本单位“十一五”规划落实情况为重点；离退休党员根据身体条件情况，采取灵活方式开展；研究生和本专科生党员紧密结合班级建设和班级党团建设实际开展活动。从科学发展上水平，解决实际问题层面，各学院（部）以谋划学科专业建设与学院发展为重点；机关职能部门以制度建设和作风建设为重点；各直属单位、后勤集团以强化服务意识和提高服务质量为重点。

（三）领导率先示范。党员领导干部要以求真务实的作风推动学习实践活动，带头学习，带头调查研究，带头进行分析检查，带头开展批评与自我批评，带头制定和落实整改措施。要自觉加强党性锻炼，提高党性修养，充分发挥表率示范作用。校级党员领导干部还要结合自己分管的工作，通过深入基层，了解情况、督促检查、具体指导，帮助所联系的基层单位找出工作差距，理清工作思路，解决实际问题。

（四）鼓励探索创新。充分发挥各级党组织的主动性，充分尊重基层首创精神，鼓励基层创新活动内容、活动方式和活动载体。同时防止铺张浪费，讲成本、重实效，力戒形式主义。开展帮扶困难职工、帮扶贫困学生、帮助毕业生就业等活动，引导党员提高综合素质，立足岗位做贡献。

（五）加强氛围营造。围绕学习实践活动主题，充分利用专题网站、专题橱窗、校报专栏、学院院刊、校园广播、工作简报等平台，大力宣传科学发展观的科学内涵、精神实质和根本要求，反映开展学习实践活动的情况，加强校内学习实践活动的信息沟通和经验交流，为学习实践活动的顺利开展营造良好舆论氛围，尊重新闻规律，掌握报道节奏，注重宣传效果。

（六）坚持统筹兼顾。正确处理开展学习实践活动与做好当前各项工作的关系，坚持围绕中心、服务大局、统筹兼顾、合理安排，做到两手抓、两不误、两促进。把学习实践活动与市委开展的领导干部作风建设年活动相结合，把加强领导干部作风建设的要求纳入学习实践活动的各个环节。

同志们，开展深入学习实践科学发展观活动，是一项重要的政治任务，是实现学校科学发展的助推器。我们要紧密结合学校工作实际，进一步增强贯彻落实科学发展观的自觉性，有效提高推进科学发展的能力，努力解决制约学校科学发展的问题,逐步形成保障科学发展的体制机制。让我们紧密团结在以胡锦涛同志为总书记的党中央周围,高举中国特色社会主义伟大旗帜,坚持以邓小平理论和“三个代表”重要思想为指导,深入贯彻落实科学发展观,在市委和市委教育工委的领导下,在市委学习实践活动指导检查组的具体领导和指导下,解放思想,求真务实,与时俱进,改革创新,开展好这次学习实践活动,进一步提高办学水平和效益,进一步推动学校的科学发展,为建设特色鲜明的高水平多科型大学而努力奋斗!

解放思想 切实把握机遇 开拓创新 推进科学发展

——在处级以上领导干部学习实践活动培训班上的讲话

党委书记　郑君礼

(2009年4月10日)

各位领导,同志们:

大家好!

自3月19日召开深入学习实践科学发展观活动动员大会以来,全校各级党组织认真贯彻执行中央、市委、市委教育工委的各项工作部署,扎实有序地开展学习实践活动,工作取得了初步成效。我校的一些做法和探索得到了上级和兄弟单位的关注,中央学习实践活动官方网站等媒体多次报道我校有关工作。广大党员通过认真参加学习实践活动,更加深刻地认识到,科学发展观是同马克思列宁主义、毛泽东思想、邓小平理论和“三个代表”重要思想既一脉相承又与时俱进的科学理论,是我国经济社会发展的重要指导方针,是发展中国特色社会主义必须坚持和贯彻的重大战略思想。大家对于科学发展观的科学内涵、精神实质和根本要求也有了更深的体会。科学发展观是一个内涵十分丰富的理论体系,作为中国社会发展的战略指导思想和发展模式,具有极强的普适性,适用于任何领域、组织和机构甚至任何个体的发展。这就要求我们必须结合高等教育的实际情况,结合我校发展建设的实际情况,结合我们每一个人的工作岗位和自身特点,认真学习实践。只有这样,才能在学校发展层面,真正把科学发展观的要求转化为正确的办学理念、清晰的发展思路和有力的工作措施,在个人能力素质层面,真正把科学发展观的要求转化为推进新大学科学发展的坚强意志、谋划科学发展的正确思路、领导科学发展的实际能力、促进科学发展的制度措施、增强党性修养提高思想觉悟的自觉行动。下面,就科学发展观与新大学的建设发展,我谈几点自己的学习体会,与同志们一起交流探讨。

一、贯彻落实科学发展观对高校提出的要求

科学发展观对国家经济社会发展建设和党的建设的重大意义已经深入人心,这里

我就不再赘述了。对于我们这所新大学，通过学习实践活动，进一步解放思想，切实把握发展机遇，努力开拓创新推进学校科学发展，是我们目前最重要、最紧迫的任务。胡锦涛总书记指出，“我们学习马克思主义理论，学习科学发展观，必须注重实践、注重应用，与贯彻落实党的十七大作出的一系列重大部署紧密结合起来，与促进改革发展稳定紧密结合起来，与做好各项工作紧密结合起来。”因此，学习实践科学发展观，就是要用科学发展观这个发展的世界观和方法论来思考、研究新大学改革发展建设中的理论和现实问题，用马克思主义中国化的最新成果武装头脑、指导实践、推动工作。

我们知道：科学发展观，第一要义是发展，核心是以人为本，基本要求是全面协调可持续，根本方法是统筹兼顾。我们必须结合国际国内形势、高等教育发展趋势和自身实际情况，深刻理解、准确把握科学发展观对我们提出的新的更高的要求，求真务实、与时俱进地推动新大学的科学发展、创新发展、和谐发展。

（一）坚持发展这个第一要义，要求我们牢牢把握发展是硬道理的战略思想，始终把提高办学质量作为中心任务。贯彻党的十七大精神，发展中国特色社会主义，对高等教育提出了更高的要求，尤其是建设人力资源强国和创新型国家，实现从高等教育大国向高等教育强国转变，对高等教育调整布局结构、提高办学质量提出了新要求，人民群众日益增长的对高等教育的需求，学校广大师生员工日益增强的发展意识，对我们实现又好又快发展提出了新课题。当前我国的高等教育正处在一个非常难得、非常有利的发展机遇期，我们必须结合高等教育面临的新形势新要求来审视自身发展的历程、现状和前景。面对高等教育以提高质量和办出特色为核心的日趋激烈的竞争态势，我们只有进一步转变办学理念，创新办学思路，办人民满意的大学，为国家为人民做出更大的贡献，才能求得学校自身的长远发展。毛泽东同志曾经在《学习马克思主义的认识论和辩证法》一文中说过：“人类总是不断发展的，自然界也总是不断发展的，永远不会停止在一个水平上。因此，人类总得不断地总结经验，有所发现，有所发明，有所创造，有所前进。停止的论点，悲观的论点，无所作为和骄傲自满的论点，都是错误的。”邓小平同志也曾经说过：“贫穷不是社会主义，发展太慢也不是社会主义。”这些话启示我们，不但要发展，而且必须又好又快地发展。在实际工作中，我们一方面要正视学校建设和发展中存在的困难和问题，如校区分散、办学空间局促、生源结构变化、就业市场供需错位、师生发展目标多元等等，另一方面，我们还要客观地看待所取得的成绩和进一步推进工作的有利因素，既不能妄自菲薄，也不要因为在某些领域取得佳绩或突破，就自我满足甚至自鸣得意。要始终保持清醒头脑，进一步增强责任感、使命感和忧患意识，抓住机遇而不能坐失机遇，开拓进取而不能因循守旧。我们必须坚定发展信心，积极应对挑战，真正做到全校上下一心一意谋发展，聚精会神搞建设。习近平同志指出，质量是高等教育的生命线，提高质量就是最大的发展、最好的发展，就是更高水平、更高层次的发展。但是提高办学质量是一件永无止境的事情，我们一定要找准学校办学定位，突出自身优势，不断开拓创新，坚持内涵发展、特色发展，培养一流人才，创造一流的科研成果,提供一流的社会服务。只有坚持以发展的成果解决前进中的问题,才能以发展的成效惠及师生员工,促进校园和谐,赢得学校未来。

(二)坚持以人为本这个核心,要求我们切实尊重师生员工的主体地位,努力办好人民满意的大学。江泽民同志曾经说过,“人民群众是改革发展的主体和动力,也是稳定的力量源泉和深厚基础。”“以人为本”全面体现了党的宗旨的时代要求。在新的历史时期,党的全心全意为人民服务的宗旨、党的群众路线最集中的体现、最鲜明的时代特色,就是坚持“以人为本”。从教育思想来看,坚持以人为本的根本目的是对人性的唤醒和尊重,最广泛地调动人的积极因素,最充分地激发人的创造活力,最大限度地发挥人的主观能动性。以人为本,就是要以人为中心,突出人的发展。人是教育的中心,也是教育的目的;人是教育的出发点,也是教育的归宿;人是教育的基础,也是教育的根本。我们必须把“以人为本”贯彻和体现到教学、科研、管理各项工作中,一是要坚持以育人为本、以学生为主体,大力实施素质教育,促进学生全面发展。教育教学工作要以服务学生全面发展为重点,教育是核心,管理是保证,服务是拓展。建立健全帮助学生成长、解决学生困难、方便学生办事、维护学生权益的成长成才服务体系,真正做到关心学生困难,关爱学生进步,关注学生就业。让每一位学生都受到民主平等的对待,让每一位学生的个性都得到应有的尊重,让每一位学生同在蓝天下健康成长。二是要坚持办学以人才为本、以教师为重点,大力实施人才强校战略,用更大的精力、更有力的举措推进师资队伍建设。国内外大学的发展历史和现实情况表明,师资队伍的整体状况,直接关系到学校的办学质量和办学水平,关系到学校的地位、形象和声誉,关系到学校的发展走向。我们要进一步完善人才激励机制、竞争机制、流动机制和社会保障机制,激发广大教师的积极性、主动性、创造性,为优秀教师引进、拔尖人才培养,为青年教师脱颖而出、施展才干,提供更大的空间与舞台,创造更好的条件与环境。在营造尊重劳动、尊重知识、尊重人才、尊重创造的氛围中,真正实现人尽其才、才尽其用。

(三)坚持全面协调可持续发展,要求我们必须全面准确地把握办学规律,努力形成事业整体推进、持续发展的良好局面。科学发展观把教育发展看作是全面、系统、协调的过程,其内涵十分丰富,需要用辨证的、历史的、实践的观点去研究。在以科学发展观为统领,推进学校发展的进程中,我们尤其要把握三个方面的特性。一要更加注重发展的人文性。教育的根本目的是一切为了学生、为了一切学生、为了学生的一切,要树立教育的生命性、未来性、社会性价值,坚持人性化架构、人文化建设、人格化塑造,提高学生思想道德素质、科学文化素质和健康素质,不断满足学生全面发展的需要。二要更加注重发展的协调性。全面落实人才培养、科学研究、社会服务、传承文明等重要任务,推动学校内部各个方面、各个环节相互衔接、相互协调,推动学校事业发展与首都经济社会发展和行业发展相互促进、良性互动,实现学校与经济社会发展的协调。三要更加注重发展的持续性。要按照面向现代化、面向世界、面向未来的要求,立足基本国情、树立世界眼光,进一步夯实基础、挖掘潜力,不断提高办学水平。既要考虑当前发展的需要,又要考虑未来发展的需要;既要加强物质条件改善,更要注重大学文化建设、凝练大学精神。

(四)坚持统筹兼顾这个根本方法,要求我们妥善处理改革发展中的重大关系,努力增强工作的系统性、科学性、实效性。毛泽东同志曾经说过:“统筹兼顾,各得其所。这是我们历来的方针。”我们要正确处理改革发展稳定的关系,坚持改革是动力、发展是目的、稳定是前提。在战略上,改革是第一位的,以改革求发展是积极的发展,以改革求稳定是积极的稳定。在战术上,稳定是第一位的,发展的速度,改革的力度,要取决于稳定所能承受的程度,没有稳定就没有改革发展,而没有改革发展也不可能有长期持久的稳定。我们要在稳定中推进改革发展,通过改革发展促进学校稳定。我们要正确处理办学规模、质量、结构、效益的关系,在保持与经济社会发展相适应的办学规模基础上把提高教育质量摆在更加突出的位置,按照“优化体系、整合资源、凝练方向、寻求突破”的总体原则,加强学科建设,进一步提升新大学的核心竞争力。以经济社会发展需要和学科发展前沿为导向,着眼于首都和行业需求,立足学校定位与发展目标,强化优势学科,扶持新建学科,培育新兴学科,鼓励学科交叉、渗透与融合,为知识创新和技术创新提供沟通与交融的平台,培养和造就适应经济社会发展需求的各类人才。要正确处理重点发展和整体推进、当前发展和长远发展的关系,坚持从全局和长远出发,不断开拓更为广阔的发展前景。当今高等教育的竞争,既是发展速度的竞争,更是发展水平的较量。发展速度必须建立在优化结构、提高质量和效益的基础上,发展不仅要看当前,更要讲后劲;不仅要看规模,更要讲质量;眼前有增长并不等于有后劲,规模大并不等于结构优,速度快并不一定代表质量高。要统筹学校与社会经济科技文化发展之间的关系,提升学校服务社会的贡献力,在融入和服务社会经济发展上有新突破,着力培育和催生新兴产业和新的经济增长点,努力成为高新技术产业的重要孵化器和辐射源,以服务求支持,以贡献求发展,在融入经济社会发展中做强做大。

总之,我们要以更高的标准、更宽的视野、更新的观念,深入贯彻落实科学发展观,着力营造更具竞争力的环境,着力拓展更加广阔的发展空间。

二、我校贯彻落实科学发展观的主要着力点

根据科学发展观的科学内涵、精神实质和根本要求,围绕学校开展学习实践活动的主题,结合我校工作实际,我们要进一步解放思想,抓住机遇,开拓创新,着力在强化理念、转变观念上下功夫,在提升水平、打造特色上下功夫,在创新体制、完善机制上下功夫,在改善条件、优化环境上下功夫,在抓好民生、构建和谐上下功夫,加快推进学校科学发展、创新发展、和谐发展。

(一)强化理念,转变观念。先进的理念和观念是科学发展的向导。改革开放三十年的实践雄辩地证明,思想解放具有引领社会发展的先导作用,思想解放重在出新、贵在出新,当前的新一轮思想解放,新就新在科学发展观,科学发展观作为新时期党的执政理念,是新一轮思想解放的核心与灵魂,也是党和国家宏观教育理念、高校办学理念和教育教学观念的核心和灵魂。我们要在

对科学发展观的科学内涵、精神实质和根本要求深化认识的过程中,强化以人为本的理念,全面发展、协调发展、创新发展、和谐发展的理念,着力转变不适应不符合科学发展的思想观念。要牢固树立科学发展理念,落实教育要“面向未来、面向世界、面向现代化”,“优先发展教育,建设人力资源强国”,“办好人民满意的教育”等党和国家的宏观教育理念和教育方针政策。要关注学校规模、结构、质量和效益,人才培养与社会需求,内涵发展与外延发展,全面发展与特色发展等方面的关系,在学校“十一五”事业发展规划和第一次党代会明确学校的办学定位、服务面向、奋斗目标和主要任务的基础上,与时俱进,继续探索与地方性教学型大学、与以工管为主体的多科型大学、与培养高素质应用型人才相适应的办学理念,突出我们自身的办学特色和个性。要关注知识传授与能力素质培养、理论与实践、教与学、统一要求与个性发展等方面的关系,大力推进教育教学研究和创新,探索形成符合学校办学理念的教育教学观念,尤其是要树立面向大众化教育、面向全体学生、促进学生全面发展和健康成长成才的教育质量观,全面开展素质教育,提高教育教学质量,培养高素质应用型人才,提高毕业生就业能力,形成办学特色,提升科学研究和服务社会的能力。

(二)提升水平,打造特色。提升水平,打造特色是科学发展的主旨。当前,高校之间的竞争越来越体现办学质量的竞争,办学质量和水平的提升也越来越倚重于办学特色的凝练。从这个意义上说,特色就是质量,特色就是水平,特色就是竞争力。只有把学校办出特色,办出水平,才能培养出符合经济社会发展需要的高质量人才,学校也才能获得立足之地,获得更大的发展空间。

第一,要把注意力集中到提高水平上来。提高水平包括提高学科建设水平、师资队伍水平、教育教学水平和科学研究水平等。要以召开学科建设会议为契机,进一步整合学科资源,优化学科结构,不断强化学科的优势与特色;要根据学校第一次党代会精神,努力造就一支具有优秀师德风范和精湛业务能力的高水平师资队伍;要进一步巩固教学评估成果,深入实施教学质量工程,不断完善人才培养方案,优化课程体系,强化实践环节,不断提高教育教学水平;要在近几年取得突破性进展的基础上,进一步凝练科研方向,着力打造科技创新团队,紧密依托优势学科和重点科研基地,以应用研究和科技开发为重点,推进自主创新和集成创新,推进产学研合作,不断提升科研水平和学术竞争力。

第二,要着力打造我校办学特色。打造特色,就是要在已经初步形成的办学特色和优势的基础上,彰显以工管为主体的学科特色,彰显培养高素质应用型人才的人才培养特色,彰显服务首都和行业的办学定位特色。彰显以工管为主体的学科特色,就是要根据经济社会的发展需要和学校的办学历史、办学现状和办学优势,充分发挥学科的层面优势,扬长避短,创建学科品牌;彰显培养高素质应用型人才的人才培养特色,就是要加强基础教育,拓宽专业口径,强化实践教学,注重能力培养,培养务实精神和实践能力突出的高素质应用型人才;彰显服务首都和行业的办学定位特色,就是要以首都经济社会发展需要、以机械行业、信息产业的发展趋势为服务面向,实现办学形式的多样化，加强应用科学研究和技术创新工作，促进科技成果转化，直接为首都经济社会发展和行业发展服务。

第三，要加大对提升水平和打造特色工作的支持和保障。这种支持和保障，落实到学校发展方式上，就是要更加注重内涵建设、质量型发展；落实到具体工作上，就是要牢固树立教学中心地位，更加关注教育教学，提高人才培养质量；落实到资源配置上，就是要把有限的资源更多地投向教学工作、师资队伍建设、学科专业建设等方面；落实到学校领导方式和管理模式上，就是要注重特色发展、创新发展，注重引导全员服务于学生的成长成才。

（三）创新体制，完善机制。健全体制机制是科学发展的关键。要根据学校实际，进一步健全和完善各项规章制度，基本形成适应学校发展需要的制度体系，促进学校工作的制度化和规范化。要加强内部管理体制改革，探索内部管理新模式、新体制，着力推进校院两级管理体制改革，增强学院自主办学的活力，提升学校总体办学效益。要按照科学、民主、依法办学的要求，进一步完善校内行政、学术、民主三种权力的运行机制。通过完善党务、校务公开制度，健全民主决策机制，拓宽民意表达渠道，充分发挥民主党派和无党派人士、群团组织、老干部等组织和群体参与学校事务管理的作用，让广大师生的意见、建议和愿望能够顺畅表达，让广大师生的合理意见和建议能够被适当吸纳到学校层面的相关决策中，提高学校依法决策、民主决策和科学决策水平。要深化人事管理制度改革、收入分配制度改革、后勤改革，强化激励竞争机制，优化分配机制，强化保障职能，提高服务水平。

（四）改善条件，优化环境。软硬件条件建设是科学发展的基础。就我校而言，办学条件已成为影响和制约学校发展的突出问题之一，因而，积极改善现有办学条件、优化办学环境，全力以赴推进新校区建设是学校推进科学发展的重要着力点。一方面，我们要按照学校第一次党代会的总体工作部署，全力以赴推进新校区建设。把新校区建设作为学校发展建设的重中之重，充分调动各方面的积极性，加大工作力度，力争工程尽早立项、开工。同时，要加大现有办学资源整合，改善现有校区办学条件，努力挖掘现有办学潜力，统筹协调，优化配置，提高资源综合利用效益。另一方面，我们要着力优化学校的办学环境。一是要加强与市委市政府有关主管部门的沟通协调，努力争取上级对学校改革发展建设的支持。加强与行业、企业、科研院所、重点高校及广大校友的联系与合作，借助外部力量加快推进学校师资队伍建设、学科建设和科研工作，进一步融入首都经济社会发展和行业发展，为学校创造良好的发展条件和环境。二是要从学校实际出发，营造鼓励创新、尊重创新、保护创新、宽容失败的良好环境，建立有利于创新的体制、机制和制度，全力支持理论创新、制度创新、科技创新、党建和思想政治工作创新等多方面的创新，不断激发和增强学校发展的新活力。三是要营造有利于广大师生成长成才的环境。积极推进干部人事管理改革，建立有利于优秀人才脱颖而出，顺利发展的机制。加大学生职业生涯、学业发展、心理健康等方面的服务力度，努力构建和谐育人环境，服务学生成长成才。

（五）抓好民生，构建和谐。抓好民生问题、建设和谐校园是科学发展的保障。广大师生得实惠是开展学习实践活动的目标要求,也是全心全意依靠师生办学方针的实际体现。民生问题特别是广大师生学习、工作、生活等各方面问题(当前的突出问题是教师发展问题和学生就业问题),涉及学校工作的方方面面,涉及校园民主建设、领导干部作风建设、安全稳定工作、和谐校园建设等各项工作,涉及党内民主、党群关系、干群关系、师生关系等各个层面的关系,学校要遵循“尽力而为、量力而行”的原则,抓好涉及民生的各项工作。各级领导干部要加强自身的党性修养,讲党性、重品行、作表率,促进党群关系、干群关系和师生关系的和谐。要高度重视并自觉关心和解决涉及民生的各种问题,积极深入群众、深入基层、深入实际,特别是深入困难多、矛盾多的地方,了解广大师生最关心、最直接、最现实的利益问题,努力为广大师生做好事、办实事,切实维护好、实现好、发展好广大师生的切身利益,在最大程度上减少影响和谐的不利因素,增加促进和谐的有利因素,积极推进和谐校园建设,为学校科学发展、创新发展、和谐发展提供坚实的保障。

三、加强领导干部作风建设,提高推进科学发展的能力

“政治路线确定以后,干部就是决定的因素”。要落实好学校“十一五”发展规划,实现好党代会确立的奋斗目标,关键在党,在人,在于打造一支政治坚定、业务精湛、求真务实、开拓创新、勤政廉政、团结协调的领导干部队伍。学习实践活动将重点定位于领导班子和党员领导干部的现实意义和长远意义也正在于此。下面,我重点就大力加强领导班子和干部队伍的作风和能力建设谈几点看法。

(一)强化政治意识,提高把握方向、驾驭全局的能力

当前,国际国内形势复杂多变,各种思潮激荡,敌对势力极力对高校进行意识形态渗透,领导干部作为培养社会主义事业合格建设者和可靠接班人的领导者和组织者,务必要增强政治意识,牢牢把握按什么方向办教育、朝什么方向培育人和培养的人跟谁走的根本性问题,始终坚持正确的政治方向、政治立场和政治观点,牢固坚持社会主义办学方向。要重视理论武装,讲学习、讲政治、讲正气,洞察时局、坚定立场,时刻保持高度的政治敏锐性和政治鉴别力,不断提高思想理论水平和政策水平,在复杂多变的形势中,把党的方针政策与推动学校事业发展紧密结合起来,找准办学定位,更新办学理念,抓好顶层设计,始终引领学校沿着正确而有利的方向发展。要坚定信念、高举旗帜、增强党性,自觉遵守党的组织原则和组织纪律,始终保持政治上的清醒与坚定,思想和行动上与党中央保持高度一致,坚决贯彻执行中央、市委的重大方针政策和重要工作部署。要增强大局意识,善于研究时局,准确把握大局,处理好局部与全局的关系。要善于通过深入细致的思想政治工作,有效化解矛盾,妥善协调关系,团结带领广大师生员工共谋学校新发展。

(二)强化战略意识,提高判断形势、谋划发展的能力

在高校竞争日趋激烈的发展态势下,要实现学校科学发展,越来越要求各级领导干部拓宽思维境界和发展视野,善于准确把握世界和中国发展的大趋势,增强分析复杂形势和判断发展趋势的战略思维能力。只有

具备战略意识，才能准确把握发展全局，增强科学判断形势的能力，提高谋事能力和决策水平。这就要求各位领导干部要转变学风、开动脑筋，深入学习党和国家关于高等教育的方针政策，关注国际国内高等教育改革发展的时代潮流，重点把握我国高等教育鲜明的阶段性特征，并善于从国际国内教育发展局势中看到差距与挑战，看到优势与机遇，从而，找准自身定位，把握发展方向，抓住发展机遇，谋划科学发展。当前一个时期，我们更要准确把握党的十七大对高等教育提出的新要求新任务，立足校情，强化一流理念，坚定发展信心，大力拓展我校创新建校、质量立校、学科兴校、人才强校等发展战略的内涵，科学谋划学校发展的新思路、新举措，着力增强工作的前瞻性、针对性和实效性。

（三）强化创新意识，提高改革创新、推动发展的能力

科学发展是一场发展观念、发展模式上的革命，没有改革创新就没有新的发展，解决好发展中的困难和问题，仍然需要改革创新。我们要强化改革创新意识，善于从传统的发展观中解放出来，在转变观念中更新思路，用创新的思维和改革的举措，创新发展模式，破解发展难题。学校未来发展的过程，必然是机遇与挑战并存、希望与困难同在的过程。唯有创新，才能生存，才有出路，才能发展。作为学校事业发展的领导者、组织者和推动者，各位领导干部当前务必要克服满足现状、不思进取，干劲不足、等待观望，精神不振、畏缩低迷等现象，树立敢于争先、勇于创优的意识，找准推动科学发展的着力点和切入点，解决好影响发展的制度和机制方面的障碍，尊重规律、大胆实践，重点突破、全面推进，努力做到改革有新的突破，发展有新的思路，建设有新的局面，各项工作有新的成效，全力推进学校各项事业的科学发展。

（四）强化民主意识，提高统筹协调、科学决策的能力

新大学的快速发展有赖于校园的和谐。学校各级领导干部要强化民主意识，牢固树立以人为本、构建和谐的理念，切实增强统筹协调、科学决策的能力。要努力拥有更高的站位、开阔的眼界和敏锐的思维，善于从全局的角度思考问题、处理问题，只有这样，才能对纷繁复杂的情况进行分析判断，才会具有前瞻性，所做出的决策才会科学合理。要善于集中集体的智慧、群众的智慧，集思广益，群策群力，要注重调动一切积极因素，积极支持群团工作和统战工作，广泛动员和组织老干部、专家教授、民主党派、无党派代表人士参与学校民主管理与民主监督。要大力支持工会、教代会、共青团、学生会、研究生会等群众组织依照各自章程开展工作，以发挥它们在扩大民主参与、民主监督和反映群众诉求等方面的积极作用。要积极推进党务和校务公开，扩大教职工的知情权、参与权、表达权和监督权，使决策更加民主。要关心师生发展，着力解决好事关师生切身利益的实际问题，以真心实意赢得民心。通过协调利益关系、化解矛盾冲突，促进人心深度融合，形成推动学校科学发展的环境氛围和整体合力。

（五）强化服务意识，提高以人为本、服务师生的能力

要树立领导就是服务、管理就是服务的思想，坚持党的群众路线，坚持以人为本、服务师生的宗旨，尊重教师和学生的主体地

位,最充分地激发和调动广大师生员工的积极性、主动性、创造性,把广大师生满意作为工作的衡量标准,把推进学校发展和为广大师生服好务作为工作的出发点和落脚点。要注意体察师生在发展问题上的多样化、个性化需求,多为师生办实事、办好事、解难事,真诚关心师生员工的思想、学习、工作和生活,采取切实措施解决实际困难。我们能否赢得广大师生的信赖和拥护,我们的工作能否得到顺利推进,关键取决于我们为全校师生服务得如何,因此,我们必须深入基层调查研究,虚心倾听各方面的意见和建议,切实掌握实情。我们办大事要求得群众支持,办难事要得到群众理解,办好事要办得群众高兴,真正把师生的利益实现好、发展好、维护好。要本着关注民生、解决实际问题的态度,在感情上接近群众,行动上深入群众,工作上依靠群众,着力研究解决群众关心的重点难点问题,在抓落实上动脑筋、想办法,攻坚克难,敢于创新,切实提高为师生服务的本领和能力。

(六)强化团结意识,提高真诚合作、和谐共事的能力

促进科学发展,领导班子的团结协作很重要。一个团结和谐的领导集体,才有向心力、凝聚力和战斗力。团结就是力量,团结是提高集体领导能力的前提和基础,是带领全体师生同舟共济、开创学校未来的前提和基础。团结要靠制度、要靠党性、要靠责任心,要认真贯彻执行民主集中制,充分发扬民主,加强协调配合。要坚持分工合作,既要认真履行分管职责,又要关心全局工作,形成互相支持、互相配合、相互补台的良好氛围。各位领导干部要坚决克服在一定程度上存在的纪律观念淡薄、班子关系涣散、工作浮躁、作风官僚、各行其是等不良现象,大力倡导尊重包容,加强沟通,有容人胸襟,有互谅气度,大事讲党性、讲原则、讲大局,小事讲风格、讲谅解、讲友谊,在合作共事中加深理解、增进团结,取长补短、各尽其才,努力营造步调一致、心同气顺的良好局面。尤其是各级班子的主要负责人更要身体力行,做团结共事的模范。

(七)强化维稳意识,提高应对突变、妥善处置的能力

科学发展需要以安全稳定为基础,学校稳定对首都稳定具有特殊意义。目前,我国发展改革进入了新的时期,和谐社会建设仍处于起步阶段,新大学处在深度融合期,今年又是新中国成立60周年,西藏民主独立50周年,重大活动多,敏感节点多,维护学校安全稳定的任务十分艰巨。全体领导干部都要树立稳定压倒一切的思想观念,进一步强化安全稳定意识,坚持把保障师生的安全放在首位,切实承担好维护恩定的工作责任,在落实安全稳定工作责任制、建立健全矛盾纠纷调处机制、校园安全稳定预警系统和应急处理机制,妥善处理好学校发展建设与群众切身利益、校园和谐稳定等方面的关系等实际工作中,不断提高应对突变、妥善处置的能力。

(八)强化自律意识,提高清政廉政、拒腐防变的能力

克己奉公、清正廉洁,是我们党一贯倡导的优良作风,也是领导干部必备的政治、思想和道德素质。要牢记“两个务必”的要求,思想上警钟长鸣,行动上自觉接受党内外监督,正确履行岗位权力,秉公用权、依法用权、廉洁用权。要带头执行党风廉政建设责任制,模范遵守廉洁自律各项规定,自觉

接受党纪国法的约束和广大党员、师生的监督，做到常怀律己之心，常排非分之想，常修为政之德，不为私利所累，不为金钱所诱，不为享乐所惑。做到清醒、清正、清明、清白、清廉。要强化纪律意识，自觉遵守党的政治纪律、组织纪律、经济工作纪律和群众工作纪律，自觉遵守学校规章制度、办事程序和议事决策规则，积极营造公正公平、和谐共荣的工作氛围，为学校事业发展忠于职守、勤奋工作。

同志们，中央深入学习实践科学发展观活动领导小组办公室4月6日发出通知，要求切实抓好地方所属高等学校学习实践活动。通知强调，要注意突出重点。高等学校的学习实践活动以校、院两级领导班子和党员领导干部为重点。各级领导班子和党员领导干部要带头学习调研，带头分析检查，带头整改落实，为党员群众做出表率。同时，也要组织好广大党员联系实际参加学习实践活动。通知要求，学习实践活动要力戒形式主义，按照注重实效的要求，努力在活动中突出实践特色，解决实际问题，取得实际成效。我们要紧紧抓住深入学习实践科学发展观活动这个重大机遇，提高认识，解放思想，认真学习，深入调研，求真务实，开拓创新，努力为推动新大学科学发展、创新发展、和谐发展做出新的更大的贡献！

解放思想　正视问题　改革创新　迎难而上
推进学校又好又快科学发展

——在处级以上领导干部学习实践活动培训班上的讲话

校　长　杜　林

（2009年4月11日）

各位领导：

大家上午好！

根据学校学习实践科学发展观活动领导小组的安排，我今天做一个发言，不是报告，是一段时间以来我自己对学校科学发展的一些思考，一些想法，很不成熟，也不一定系统全面，作为自己学习科学发展观的体会与领导们交流，请大家批评指教。

我们学校刚刚召开了第一次党代会，学校党委的工作报告对以往的工作进行了回顾总结，确定了学校今后一段时期发展的目标任务。郑书记在昨天的培训大会作的报告提出了贯彻科学发展观对高等学校提出的新要求和新任务、贯彻落实科学发展观的着力点以及提高领导班子和领导干部领导科学发展需要树立的八种意识与需要提高的八方面能力。线联平主任结合北京市高等教育发展的形势提出了北京高校贯彻落实科学发展观的任务和要求。我的发言，想着重从问题的层面思考我们学校自身科学发展的问题，供大家参考和在学习实践活动中讨论。我想讲四个问题，一是学校发展的回顾,二是自己学习科学发展观的体会,三是我个人认为学校在发展方面存在的问题,四是关于几个问题的思考。

一、以科学发展观为指导,学校发展取得了显著的成效和突出的成绩

新大学筹建伊始,学校就确定了大学筹建的指导思想,就是以科学发展观为统领,大力加强内涵建设,加快推进实质性合并,切实解决好群众的切身利益,确保学校稳定大局的筹建工作指导方针。同时,明确了合并调整、确保稳定、内涵发展、建设新校的筹建工作任务。

(一)以科学发展观为指导,确定并不断完善学校发展建设的顶层设计。学校相继制定了10年发展规划、"十一五"规划以及通过第一次党代会工作报告明确了今后一段时期的任务、目标、要求,根据新形势、新任务,不断集中全校干部教师的智慧,形成共识,确定了学校的发展目标、发展任务、发展思路以及办学定位、办学指导思想等重大问题,为学校科学发展打下了基础。

(二)坚持内涵建设为主的发展思路,努力提升人才培养质量与水平,大力加强师资队伍建设和学科建设,积极开展科学研究。

在人才培养方面,坚持质量立校理念,以教学评估为契机,不断加强教学基础工作、教学基础条件建设、教学质量管理与监控,坚持不懈地进行学风建设,实施质量工程,深化教学改革,提升教学的质量与水平。

在师资队伍建设方面,坚持人才强校,大力引进与积极培养相结合,增加数量、提高层次、优化结构,初步解决了师资数量不足、高级职称教师数量不足、高学历高学位师资数量不足的突出问题。

在学科建设方面,坚持学科兴校,确定了以学科建设为龙头的指导思想,明确了学科建设的目标,紧密围绕电子信息、现代制造与光机电一体化、知识管理与技术经济三个优势学科领域与学科群以及发展特色理科与特色文科开展学科建设工作。

在科学研究和科技工作方面,明确了大力开展科学研究的指导思想,确定了科技工作的方针与工作思路,制定了鼓励教师发展科学研究的政策,努力调动教师的科研积极性,积极组织项目的申报和各级科研成果的申报,推动科学研究快速稳步持续增长和发展。

通过大力加强内涵建设,学校取得了一系列重大的标志性成果:

大学筹建验收顺利通过,新大学正式设立。

本科教学评估取得优秀,7个本科专业首次进入北京地区一本招生,教学质量工程的标志性成果排在北京市属高校前列。

师资队伍的结构、高级职称教师的数量、高学历高学位教师的数量排在北京市属高校的前列。

拥有教育部重点实验室排在北京市属高校前列,北京市重点学科的数量也排在北京市属高校的前列。

科学研究取得3项国家级科技奖励和25项省部级科技奖励,科学研究的成果和科研经费总量排在北京市属高校的前列,单项指标超过北京市属"211工程"大学。

经过几年来的内涵建设,学校的整体水平和办学质量大大提升,许多重要的单项指标排在北京市属高校前列,个别的指标超过北京市属"211工程"大学。内涵建设取得的显著成绩是我们提出稳居北京市属高校前列、力争全国同类高校一流的基础和依据，也是我们提出这个目标的信心和决心所在。同时，大家知道，北京市财政对高校的拨款达到了生均24380元、位居全国首位，这么大力度的支持也为我们争创一流提供了坚实的保障和条件，我们也应该争取实现争创一流的目标。

（三）努力改善办学条件，积极创造更好的发展环境。几年来，在市委市政府的大力支持下，学校的固定资产总值翻了一番，学校教学科研仪器设备总值翻了一番，学校新增土地27亩、校舍建筑面积2万多平方米，师生学习、工作、生活的条件与环境得到了改善

（四）积极稳妥地深化内部管理体制改革，建立健全并不断完善制度体系，学校管理水平极大提升。我们进行了各类人员的聘任制改革、分配制度的改革、校院两级管理的改革等等，加强了制度建设，管理水平得到了提高。孙善学委员和郭广生副主任对我校健翔桥校区承担奥运村服务生驻地服务相关干部人员的表扬和对上报中关村创新示范区股权激励试点申报的肯定，充分表明了我校管理水平的提升。

（五）在比较困难复杂的背景下维护学校稳定大局，平安校园、和谐校园建设取得显著成效，学校的凝聚力增强，形成了团结奋进、共谋发展的精神状态和精神面貌。我们学校的安全稳定工作是在困难复杂背景下开展的，我们在两校合并调整、利益格局重组重构，不同群体的文化、习惯的碰撞与融合背景下维护了稳定，在多校区办学管理跨度大、困难多的背景下维护了稳定，在大学筹建旷日持久、延续多年的背景下维护了稳定，没有出现大的问题，相当难得、相当不容易。各级干部做了大量艰苦细致的工作，全体干部教师具有很强的大局意识、全局意识和包容理解的胸怀。

（六）维护教职工合法权益，调动教职工的积极性，依靠教职工办学，教职工收入稳步提高、保持在市属高校的较高水平。

以上总结不尽全面、系统，提出来供大家讨论。

二、学习科学发展观的体会以及对学校科学发展的粗浅理解

（一）学习科学发展观的初步体会

通过在学习调研阶段的初步学习，我自己体会邓小平理论、“三个代表”重要思想和科学发展观是对发展问题一脉相承的体系。邓小平理论解决了社会主义要不要发展的问题和启动快速发展的途径，即社会主义要以经济建设为中心，要通过解放思想和改革开放启动加快发展。“三个代表”重要思想解决的是保证发展的方向，中国特色社会主义的正确方向要靠坚持党的领导来保证，“三个代表”重要思想解决党的建设的重大问题，从而保证发展的方向。科学发展观解决如何发展、怎样发展的问题。因此，在发展的问题上，邓小平理论、“三个代表”重要思想和科学发展观是一脉相承的。

科学发展观第一要义是发展，这是社会主义的本质要求，是邓小平理论解决的根本问题。发展是第一要义是社会主义初级阶段的基本国情决定的，是当今时代的主题，是经济全球化决定的。不发展就没有出路，不发展就要被人民所抛弃，就会像邓小平讲过的那样，会被开除地球的“球籍”。

科学发展观的核心是以人为本，发展为了人民，发展依靠人民，发展的成果人民共

享。人不仅仅是发展的工具,更是发展的主体,是发展的目标。作为高等学校,除了承担外部的社会功能,还有高校内部的功能,这就是发展依靠师生,发展的成果师生共享。

科学发展的基本要求是全面协调可持续,发展要坚持系统的思维。发展的要素要齐备,缺一不可,这是基本要求。发展要协调,是科学意义上的更高的要求,需要结构均衡合理,不仅各要素之间要均衡合理,各个要素内部结构也要均衡合理。在发展中,协调是动态的,不平衡是绝对的,平衡是相对的,但是不平衡必须在合理的范围之内,不平衡要有“度”的界限和约束,结构合理、比例适当,是科学发展的基本要求,协调必须与时俱进,不断调整。可持续是功能的优化,是全面协调发展贯穿在整个时间的维度,从国家、地区的层面讲,发展要适应人口、环境、资源、生态。从单位的层面讲,发展要有可持续的动力与资源。科学发展的根本方法是统筹兼顾。要求我们在决策发展问题时坚持全局性原则、重点性原则、长远性原则。在全局与局部的关系上以全局为重,在重点与非重点的关系上以重点为重,在当前与长远的关系上以长远为重。统筹兼顾要求我们在坚持全局性、重点性、长远性原则决策时和决策后兼顾好局部、非重点。当前,特别值得注意和重视的是兼顾不是简单的牺牲和放弃,而是积极妥善地处理好局部、非重点、当前的关系和问题。我们容易出的问题往往不是统筹不够,而是兼顾不到位,甚至简单地牺牲了局部、非重点、当前,而兼顾不到位反过来会对全局、重点、长远产生重要的负面影响。比如,对涉及群众利益的重大问题通过教代会投票得到多数代表同意,我们往往容易忽视少数代表这方面的意见,如果处理不好、兼顾不到少数群体的关系就会在工作中引发和遇到一些负面的问题,需要引起我们的高度关注。

(二)关于高等学校科学发展的粗浅认识

需要说明的是,这仅仅是我本人对高校科学发展的理解,特别是对我们这样的市属地方性大学的粗浅认识,肯定不全面、不准确、甚至不正确,提出来与大家交流,希望大家批评指正。

从市属地方性大学的功能上,科学发展必须覆盖4个方面的内容,既包括大学人才培养、科学研究、社会服务的外部功能,还包括师生发展的内部功能。

1. 人才培养。人才培养适应首都和国家经济社会发展的需要,适应国家和首都大众化、普及化高等教育阶段受教育群体的需要,人才培养的质量与水平显著提高。

2. 科学研究。科学研究紧密贴近首都和国家经济社会发展与现代化建设的主战场,科技创新、技术开发的能力不断增强、水平不断提高,服务于首都和国家经济社会发展与现代化建设的科技贡献率显著提升。

3. 社会服务。利用知识优势、科技优势、智力优势、资源优势、文化优势服务首都和国家经济社会发展与现代化建设的能力不断增强,领域不断拓展,贡献率显著提升。

4. 师生发展。服务师生全面发展的软、硬件环境不断优化、体系不断完善,服务师生全面发展的能力不断增强,师生全面发展的水平显著提升。

从实现高校功能的发展要素的角度,高校科学发展必须有环境和资源的保证,环境、资源是高校发展的重要的要素,从高校的本质上看，其功能的实现都是围绕着知识和学术活动，作为发展的要素，一是学术环境与资源，二是条件环境与资源。这两个方面既是发展的条件，又是发展的内容。

5. 学科建设。学科是高校科学发展的学术资源、学术生态，决定了高校科学发展的学术内涵的可持续性。科学发展对学科的要求是，支撑科学发展需要的学科体系不断完善，高水平的学科高峰、学科高地、学科高原不断建立，学科的支撑能力显著提升。

6. 条件资源。条件资源与学校科学发展的需要相匹配、相适应，拓展条件资源的自我发展能力不断增强，条件资源对科学发展的保障能力显著提升。

关于学校第一次党代会确定的一流目标与科学发展的关系。我个人认为，科学发展是学校发展要长期坚持的指导思想，是对学校发展的长远要求，而一流目标是学校建设发展的阶段性目标；科学发展要求发展功能与发展要素的系统性，而一流目标侧重强调发展要素的提升与完善；科学发展要求发展外部功能与内部功能相统一，是更加全面的要求，一流目标则更加侧重对内部要素的表述。我认为，学校党代会确定的一流目标是对当前和今后一段时期学校贯彻落实科学发展观的具体化，是一致的、统一的。

三、学校发展方面存在的问题

需要说明的是，我要说到的问题有的是共性的，有的是个性的，既有我们学校和其他学校共有的问题，也有我们学校特有的问题；说到问题是指学校的问题，并不特指部门、学院、单位，许多问题也是我本人的问题，我本人也在其中；说到问题可能不准确，可能说的重一些，目的是供大家讨论。

从功能要素和发展要素两个方面来审视学校的发展，我个人认为主要有以下九个方面的问题。

（一）观念理念。发展观念不够开阔，发展视野比较狭窄，理念、观念比较保守，比较守旧。

（二）学科建设。学科龙头意识尚未确立，学科水平总体上不高，学科竞争力比较薄弱，学科建设为引领、为支撑的作用不明显，有的甚至尚未形成真正意义上的学科。

（三）人才培养。人才培养工作总体上还不适应高等教育大众化、普及化发展阶段的要求。这不仅仅是我们学校自身面临的问题，但我们的确身在其中。

（四）科学研究。科学研究的发展极不平衡，这种极不平衡的显著特征是科学研究和科技工作的落差非常大，我们既有取得国家级科技大奖的突出亮点，也有科学研究的“死角”、“盲区”，水平高低的落差大，学科之间的落差大，学院之间的落差大，教师之间的落差大，特别是教师在申报项目、在研项目、科技成果、科研积极性等方面落差、差距十分显著。这种极不平衡的状况势必影响学校科学研究和科技工作持续快速的发展。

（五）师资队伍。师资队伍建设整体上没有紧密结合学科发展与建设的需要，师资队伍建设的工作在总体上没有从单纯教学、课程、应急等拉动型转变为学科引导、学科建设拉动型。

（六）内部改革。内部管理体制改革总体上滞后，滞后于学校建设发展的需要，也滞后于北京市和全国高校的改革步伐。由于旷日持久的酝酿两校合并及大学筹建，我们在两个方面的改革任务非常繁重，一是要“补课”，我们要“补”的改革的“课”包括全员聘任、岗位聘任、后勤改革等等。二是要推进新的改革,如深化校院两级管理体制改革等。改革的滞后使得我们内部发展的动力不足,发展活力匮乏,自我发展的能力低下,整体管理水平亟待提高。

(七)师生发展。服务师生全面发展的理念尚未确立,意识不够到位,在服务师生全面发展的体制机制、政策办法、环境条件等差距明显。在服务学生全面发展方面管理教育多、服务不足,教育管理的针对性不够;在服务教师发展方面差距更为明显,不少方面教师的发展还处于自由状态、自发状态、甚至自生自灭状态。

(八)资源条件。办学空间狭小,办学区域分散,办学条件严重短缺,成为制约学校发展的突出问题和主要瓶颈。现有资源的充分利用上也还有挖掘潜力、提高效益和效率的空间。

(九)对外开放。开放办学刚刚起步,开放的力度不够大,开放的深度、广度都有较大的差距。在开放办学上,观念、理念、认识不到位,工作上比较被动、不推不动、推一推动一动、推了也不动,比较封闭,对校外、市外、国外的交往少,充分发掘和利用多方资源发展自己的意识不强、办法不多、工作不主动、成效不明显。

在上述问题中,学科、科研和师资队伍三个方面可以用学科建设为龙头涵盖和统领。

以上是我个人归纳的九个方面的问题,提的准不准、程度如何,希望大家共同讨论,只有找准了问题才有可能促进发展,才有可能实现科学发展上水平。

需要强调的是,我们现在着重分析问题并不否定工作、否定成绩,是要正视问题、研究问题、分析问题、解决问题,不能动摇信心和决心,要坚定发展的信心决心。

四、关于解决某些突出问题的初步思考

应该指出的是,上述九个方面的问题在第一次党代会党委工作报告中通过任务、措施等形式都有表述,郑书记在昨天报告中论述科学发展观对高等学校的新要求时也都系统地讲到了。时间的关系,我仅对其中三个问题谈一些自己初步的思考,请大家思考和讨论。

(一)关于加强学科建设

学校在学科建设方面有取得显著成绩的一面,也有存在突出问题的一面。

1. 充分认识学科、学科建设的重要性和意义,牢固树立学科意识和学科建设为龙头的意识

首先,我想强调的是,对于单纯教学型大学而言是没有学科的概念,也没有学科建设的概念,或者说是不存在实际意义的学科和学科建设的概念,只有当学校具备了一定的水平之后学科和学科建设才有了实际的内涵和意义,我在后面会比较详细地说明这一点。

(1)拥有高水平的学科,是高水平大学的重要特征。高水平的大学一定拥有高水平的学科,一流的大学一定拥有一流的学科。

(2)高水平的学科是高水平大学的核心竞争力。

(3)学科的水平是社会以及大学同行评价一所大学水平与声誉的主要内容和依据。以中国网大对国内的大学排名为例。中国网大使用的指标体系应该说与其他各类大学排名的指标体系大同小异,网大的指标体

系共有六个一级指标。一是学校声誉，通过在院士、知名专家学者以及大学校长中调查做出评价。二是学术资源，包括博士点、硕士点、国家级重点学科、国家级重点实验室等。三是学术成果，包括 SCI、EI、SSCI、CSSCI 检索论文等。四是学生，包括新生高考成绩、研究生比例。五是教师，包括高级教师职务职称比例、院士数量、长江学者数量、生师比等。六是物质资源，包括科研经费、图书、校舍等。在这六项一级指标中，学校声誉由学科水平决定，反映了学科的水平；学术资源全部是学科的内容；学术成果是学科水平内涵的具体化和体现；学生中研究生的比例反映了学科的总体状况；教师反映的是学科队伍的状况；物资资源中科研经费是学科水平的重要标志。在六项一级指标共计 100 分中直接和间接与学科水平相联系的有 72 分，也就是说学科的水平在对大学评价排名中占的分量超过 70%，可见学科以及学科建设的重要作用。

(4)学科特色是大学最重要的办学特色，也是其他特色不能取代和替代的。

(5)高水平的学科是高水平人才培养的决定性因素和最为重要的保障。培养学生的创新意识、创新精神和创新能力，没有高水平的学科支撑是无法实现的，是根本不可能的。高水平学科的学科带头人和学术骨干们站在科学研究领域的前沿，了解最新的科技成果和最新的科技发展动态，可以直接或间接地转化为教学的成果或教学的方法，直接作用在培养学生的创新意识、创新精神和创新能力上。而高水平学科的学科带头人和学术骨干们在创新活动中培养形成激情与活力，对培养学生的创新意识、创新精神和创新能力，更是那些简单地照本宣科讲授他人成果和前人经验无法比拟的，对培养学生的创新意识、创新精神和创新能力的作用更是其他途径方式难以替代的。

因此，学科建设是高水平大学、一流大学最重要的建设，建设高水平的学科就是建设大学的核心竞争力，就是建设大学的特色，也是为提高大学人才培养质量与水平、提升大学的社会声誉创造最重要的条件。正是在这个意义上，我们说学科建设是龙头，更准确地说学科建设对于高水平的大学是龙头。

2. 对学科建设的反思

通过进一步学习科学发展观，按照以人为本的要求来审视学科理念和学科建设理念，反思学科建设的工作，我感觉到，这些年来，我们重视学科建设，但是学科建设工作总体上还有不少差距，学科建设工作的成效仍然不尽理想，经过学习和反思，我个人认为对学科建设的内涵把握的不到位。

(1)关于对学科以及学科建设内涵的理解

以前更多的是从学科的“定义”上阐释学科的内涵，而学科的“定义”本身就是多样的，理解是不同的，但仅仅从理论的意义或学术的意义说明和阐释学科的“定义”对学科建设工作本身并没有直接的意义和作用，缺乏实践上的操作性。在没有能很好理解学科以及学科建设的内涵的前提下，不可能把握好学科建设的工作。我们说的学科建设，就是做三件事，凝练学科方向，汇聚学科队伍，构建学科基地，许多人对其中的凝练学科方向感觉到不好琢磨，难以理解，不知道在学科建设中如何入手、如何把握。我自己对这一点也没有思考得很深入，从这次学习实践科学发展观以来，自己感到重视学科建设,也取得了学科建设的成效,但差距较大,主要是没有找到恰当的切入点和工作的抓手。通过反思,我认为从实践的意义上,学科的本质就是一个团队,是一个有着特定学术内涵的团队,因此学科建设就是建设这样的团队,以及围绕这个团队进行的条件建设。

(2)关于学科内涵的理解

从实践的意义上看,学科的本质是一群人,是一个特定的群体即团队,是一群在相同或相近知识领域或学术领域持续稳定从事科学研究的人,是一个在相同或相近知识领域或学术领域持续稳定从事科学研究的团队。而高水平的学科实质上就是指在这样的学术领域或知识领域持续稳定从事科学研究并且不断取得高水平科研成果的团队。其中的关键词有三个,即人、进行科学研究、相同学术领域。人是一群人,不是一个人,是一个团队、一个整体,不是分散的个人,不是各自为政、单打独斗。进行科学研究是指这个团队的所有成员在从事科学研究,而且是持续稳定地从事科学研究,不是指从事其他学术活动,如果一群人只进行教学,即便是在相同相近的学术领域从事教学工作,他们不是一个学科意义上的团队,也就不能构成具有实际意义的学科,不是我在这里强调的学科的概念。相同学术领域指的是这个团队的全体成员的主要的科学研究必须是在相同或相近的学术领域,不是各自在相关性较差、距离较远的学术领域分散地进行科学研究,换句话,就是这个团队的所有成员的科学研究主要地集中在有限的学科领域和学科方向上。

(3)对学科建设内涵的重新认识

根据以上的理解,可以将学科建设的三句话进一步具体化。

凝练学科方向,就是依靠学科带头人的学术洞察力、学术远见以及学校科学的学术决策确定可以形成优势特色、产出高水平成果的有限领域和学科方向,集中学术资源(包括人力资源、资金资源、设备资源等等)开展科学研究,从而达到出成果、上水平、显特色。

汇聚学科队伍,就是紧密围绕凝练出来的学科方向建设学科团队,包括学科的带头人、方向的带头人、学术骨干、学术后备等。

构建学科基地,就是紧密围绕学科团队开展科学研究的需要建设学科平台、学科条件、学科基地以及各种保障手段。

由此可见,按照上述的理念进行学科建设,我们就可以用学科建设统领师资队伍建设、科学研究、条件资源建设以及学术软环境建设,如果我们能够很好地把学科、科研、教学各个方面统筹协调起来,学科的龙头作用、学科建设的龙头作用就能很好地发挥出来,这也是我们坚持以学科建设为龙头推动内涵建设的意义之所在。

3. 学科建设工作的着力点

(1)大力引进和培养学科带头人、学科方向带头人。学科带头人、学科方向带头人的确立不能投票选举产生,更不能靠行政权力、行政命令"任命",靠的是他们自身的学术成就、学术声誉、学术影响力以及个人的人格与魅力。

(2)打造团队。努力在相同、相近的学术领域建设团队,并且要形成合理的梯队。

(3)形成特色。学科特色主要体现在学科方向上,要形成优势的学科方向,在优势方向上取得突出的胜人一筹的成果,形成他人不可替代的研究特色。

(4)狠抓科学研究。要多争取大项目,要多出大成果、多出高水平成果。

(5)扩大学科开放。开展学术交流,扩大学术视野,扩大学术影响力。

学科建设的总体目标已经在学校第一次党代会报告中明确,通过学习实践科学发展观活动进一步推动学科建设工作,也是为召开学科建设工作会议做一个铺垫。希望大家都来研究和讨论。

(二)关于人才培养

五年来,经过教学评建评估,学校的人才培养工作大大加强,成绩显著。由于我们处在特殊的发展阶段,面临高等教育快速从精英阶段发展到大众化、普及化阶段,我们上上下下也做了大量的工作,有一定的成效,但我们仍然有不少的困惑。

1. 以发展的眼光正视问题

正确认识当前特殊发展阶段我们人才培养工作面临的突出的不适应问题。根据关于发展的"时空压缩理论",我们在短短3~5年的时间里就历经高等教育从精英阶段到大众化的快速发展,在北京地区的区域范围更是历经从精英阶段到普及化阶段的跨越式发展,而这样的历程在西方发达国家走过了数十年的历程。因此,西方发达国家在数十年中经历的问题和挑战在我们这里短短几年里就已经显现,而且集中在北京地区对北京市属高校产生了极大的影响。在这种大的背景下,我们的人才培养总体上还不适应,既不适应首都和国家经济社会发展的形势,也不适应大众化、普及化阶段高等教育接受教育群体的需要和要求。这种不适应也表现在持续较长时间且目前仍在继续的学校各个群体之间的相互埋怨和抱怨,这些群体包括教师群体、学生群体、教学管理群体、干部群体、学生工作群体等等。

究其问题根源,这种不适应性来自于在当前的受教育群体已经转变为大众化、普及化高等教育阶段的群体了,但是我们提供高等教育服务的大学(包括大学的管理者、教师、教学管理人员等等各个方面)仍然按照精英阶段的教育思想、培养模式、教学内容等等提供教育服务。形象地说,是我们仍然把精英阶段高等教育的外衣往大众化、普及化高等教育阶段的生源身上套,出现衣服不合适是必然的,衣服不合适是裁缝的问题,不能埋怨穿衣服的人长的不合适,因为在当前的教育发展阶段我们面对的受教育群体是不能选择的,出现了问题只能在裁缝身上找原因,只能是裁缝适应穿衣人,而不是相反。

2. 以发展的视野系统研究人才培养面临的问题,提出解决问题方案

基于上述的认识,我们不应该简单地将当前学校在人才培养中面临的问题归结于某一个方面,问题的根子是我国的高等教育已经在短短的几年内实现了从精英阶段到大众化阶段甚至局部区域达到普及化阶段的历史性跨越,发展阶段已经实现了跨越,但是我们的高等教育体系并没有能够跟上这样的跨越,所以解决问题的出路最终必然是我国高等教育体系的大变革,我个人认为这样的大变革一定会在不久的将来出现。在这样历史性跨越的背景下,学校、学校的教师、教学管理、学生管理、学生服务都存在着准备不足的问题,而解决问题也必须是学校的各个方面共同努力才可能实现。我们必须清醒地认识这一问题,通过全体干部、教师、管理与服务人员的共同努力,以发展的视野,系统地研究和

解决当前遇到的问题。

3. 当前能够开展的工作

尽管解决问题的根本出路是高等教育体系的大变革,但也并不意味着我们现在只能坐等其变、一筹莫展。我们还是可以做大量的而且是有效的工作。

(1)教师层面

首先,我认为要明确当前矛盾的主要方面在于"教",而不是在于"学",主要的问题是"教"的方面不适应"学"的主体的需要和特点。从"教"的方面来看,要么是"教"的内容不适应,要么是"教"的方法不适应,要么两者都不适应,而两者不适应的根源在于"教"的观念不适应。我想这是我们首先应该明确的,否则我们工作就找不到着力点。明确"教"是问题的主要方面,也就明确了我们应该从哪里入手进行工作。也就是我们工作要从教学观念、教学内容、教学方法这些方面入手,而这些就是教学模式即人才培养模式的问题。

其次,在教师以及教学管理、学生管理层面,抱怨学生的态度是不可取的,作为教育工作者,其社会责任和职业道德要求我们不应该抱怨学生,教育工作者抱怨教育对象是不应该的。教育对象的失败首先是教育工作的失败和教育工作者的失败。

再次,我们要通过走出去、请进来、比较研究、深入调研等方式寻求解决问题的途径和办法。目前,我们学校已经开展利用北京市高教研究课题"市属高校应用型人才培养",选择5个专业进行人才培养模式改革与创新的深入研究,我们要抓住并充分利用好这个机遇,通过对已经进入高等教育普及化多年的西方国家培养应用型人才的调研,形成符合我们学校的新的培养模式,推动解决好我们在人才培养方面严重不适应的突出问题。

(2)学生层面

从变革与改革的推动上来看,学生虽然不是矛盾的主要方面,但仍然需要我们做大量的工作,我想就是五句话。激发学习兴趣,明确学习目标,增加学习动力,发掘学习潜力,鼓励个性发展。

首先是要激发学习兴趣。一是要使学生对学习产生兴趣,要让他们喜欢所学的专业,对整个学生群体而言,兴趣是他们好好学习、努力学习的内在的长久起作用的动力,兴趣是大多数学生学习自我动力的源泉。我们要继续通过推进"三早",专业课程学习(并不是通常所讲的专业教育)早进入、专业实践环节早进入、科技创新活动早进入,即要努力在大学一年级推进开展专业课程学习、专业实践环节、科技创新活动,来大大激发学生的学习兴趣。二是要使全体学生都有学习的成就感,我们作为二本院校,学生在理论课程学习上处于劣势,如何让大多数学生能够有学习的成就感就显得非常重要,我们作为教育工作者应该善于发现学生学习的闪光点,要学会欣赏学生学习的点滴成就。值得一提的有三件事。一是奥运志愿者服务,还是这些学生,在奥运志愿者服务中表现出来的能力、素质、水平和精神面貌、精神状态等等不能不说令我们刮目相看,引导的好、调动的好,我相信绝大多数学生在学习上也会有好的表现。二是去年光电信息与通信学院参加全国电子设计大赛的智能象棋项目组获得了很好的成绩,其中一位一年级的北京学生参加了项目机械部分的设计、采购、安装、调试以及比赛等全部工作,成绩也是很突出的。三是今年机电工程学院新一代卡丁车科技活动小组中有两位一年级的北京学生，负责对老款车型的改造，表现也很不错。这些都说明激发出学生的学习兴趣，我们的学生会有很好的表现。

其次，要努力发掘学生的学习潜力。最近一件事使我受到启发。在刚刚召开的学校师德论坛上，信息管理学院胡炬老师介绍了在他双语授课的《运筹学》课程中，他坚持高标准、严要求，由于学生的重视和努力，再加上教师的引导帮助，学生保持了较高的通过率，我们知道《运筹学》是数学类的基础课，难度还是相当大的，取得这样的教学效果和结果让我有为之一振的感觉，确实感到非常高兴。我感觉到，这件事说明我们的学生总体上在智力上、能力上、水平上并不真正有多大的差距，关键还在于我们"教"的方面如何正确"教"、恰当的引导和帮助。

再次，要加强对学生的指导和引导，帮助学生明确学习目标，鼓励学生个性发展。要通过职业生涯规划，实践教学体系的改革创新等等，让学生们不断确立学习的目标，不断增加学生自身的内在学习动力。

(3)关于人才培养特色

在教学评建评估中，我们已经总结了学校人才培养的特色，我想强调的是教学评估总结的人才培养特色并不是人才培养所有的特色。人才培养特色不仅表现在人才培养的结果上，也表现在人才培养的过程中，包括了人才培养理念的特色、内容的特色、方法的特色、环节的特色、管理的特色、服务的特色等各个方面。因此，希望大家要在教学评建评估的基础上进一步总结、凝练、提升、培育人才培养的特色，发展人才培养的特色，与时俱进。

(三)以师生为本，努力为师生全面发展服务

(时间的关系不能展开，列一个提纲供大家参考。)

我们要认真落实科学发展、以人为本的根本要求，高度重视、认真做好服务师生全面发展的工作。

1. 认真分析服务师生全面发展中存在的突出问题

首先要正视问题。我认为服务师生全面发展至少应该包含两方面的内容，一是根据师生个体的实际与特点积极引导师生全面发展和开发全面发展的潜能，促进师生的全面发展；二是在师生遇到发展方面的问题时能够得到及时有效的帮助和指导。

从这两个方面看，我们在服务师生全面发展方面存在非常大的差距。不仅在引导和开发上存在非常大的差距，在及时帮助师生解决发展中遇到的问题方面也存在非常多的空白点和盲区。

从服务学生发展方面来看。如何帮助他们尽快适应大学的生活，如何帮助他们适应大学的学习，如何帮助他们正确处理婚恋问题，如何帮助他们确定专业目标和职业发展目标，如何帮助他们适应就业市场形势变化，如何引导他们身心健康等等，这些方面有大量的工作我们做得不够、不到位或尚未开展。

从服务教师的发展方面来看。如何帮助他们提高教学能力、科研能力、实践能力，如何帮助他们在职业上更好地发展，如何解决帮助他们提高业务能力，如何解决他们在身心健康方面的问题等等，相对于学生群体而言，差距就更加明显。

2. 树立服务师生全面发展的办学理念

要确立服务师生全面发展是大学科学

发展的题中应有之义,也是以人为本的本质要求,确立服务师生全面发展是科学发展的重要目标的理念。师生既是学校发展的主体,是学校发展依靠的力量,更是学校发展的目的和归宿。确立学校要服务于师生的全面发展的理念尤为重要。

3. 系统研究服务师生发展问题的解决途径

要紧密结合学校当前的实际,从完善体系、建立机制、落实保障等各个方面系统研究服务师生全面发展的问题,努力建立并不断完善适应服务师生全面发展需要的软硬件环境与条件,特别是要努力建设适应服务师生全面发展需要的人文环境和氛围,从根本上转变目前在服务师生全面发展方面面临的被动局面。

4. 着力研究解决突出问题

要着力研究解决当前不符合师生全面发展需要的突出问题,使师生全面发展的水平得到提高。

紧密围绕活动主题　坚持突出实践特色
以改革创新精神推进新大学科学发展

——在深入学习实践科学发展观活动总结大会上的讲话

党委书记　郑君礼

(2009 年 7 月 17 日)

各位领导,同志们:

大家好!

根据中央和市委统一部署与要求,我校参加北京市第二批深入学习实践科学发展观活动(以下简称学习实践活动)。自 3 月 19 日召开动员大会以来,在市委的正确领导和指导检查组的直接指导下,学校全面贯彻党的十七大精神,高举中国特色社会主义伟大旗帜,以邓小平理论和“三个代表”重要思想为指导,按照党员干部受教育、科学发展上水平、人民群众得实惠的总体要求,紧密围绕“树立一流理念,强化办学特色,以改革创新精神推进新大学科学发展”的主题,周密部署、精心组织、求真务实、有效推进,把深入学习、提高认识贯穿始终,把解放思想、改革创新贯穿始终,把解决问题、完善机制贯穿始终,把依靠群众、发扬民主贯穿始终,经过学习调研、分析检查、整改落实三个阶段,到今天,圆满完成了学习实践活动的各项任务。下面,我从五个方面进行简要的总结。

一、开展学习实践活动的整体情况

(一)制订实施方案,进行深入发动,认真做好前期准备。

学校党委将学习实践活动作为一项重大的政治任务,及时传达、认真学习、贯彻落实中央和市委精神,借助第一次党代会胜利召开的有利形势，迅速展开工作。一是成立工作机构，加强组织领导。二是确定活动主题，制定实施方案。三是召开动员大会，进行深入发动。学校动员大会之后，各基层党组织先后召开党总支扩大会议、工作部署会议进行思想发动。学工系统、离退休系统等也分别进行了思想再发动。学校还专门邀请市属高校学习实践活动领导小组办公室副主任陈江华来校做了“党支部书记有责任组织好党员全程参加学习实践活动”的报告。

（二）深化理论学习，开展系列培训，不断夯实思想基础。

党委以抓好校院两级领导班子和处级以上党员领导干部为重点，加强分类指导，夯实思想基础。一是严格学习要求。明确了不同工作性质的单位和部门、不同群体的党员干部参加学习实践活动的目标和任务，落实了学习时间、学习内容，还专门组织编印、下发了2本校内《学习资料选编》。二是丰富学习形式。注重坚持理论与实践相结合，自学与集中学习相结合，通读原文与重点辅导相结合，讨论与交流相结合，采取案例研讨、网络交流、知识竞赛、科学发展观进课堂等形式，切实增强学习的实效性。如光电学院适时编印学习自测题，组织了答题活动；离退休党总支组织了“我和我的祖国”参观活动和“我看新北京”一日游活动，体育部直属党支部组织参观了北京规划展览馆。三是扎实开展培训。分层次、分类别举办了党委和院处级中心组专题学习、党总支书记培训班、入党积极分子培训班、学生骨干培训班等，专门举办了处级以上领导干部集中学习培训班，还邀请中国社科院辛向阳研究员从世界观和方法论的角度解读了科学发展观。据统计，全校举办各种专题辅导报告24个，组织集中学习76次，集中培训3次。

（三）深入调查研究，找准突出问题，认真撰写调研报告。

党委按照“高起点梳理调研思路、高质量确立调研题目、高要求抓好调研过程、高水平撰写调研报告”的要求，深入开展调研。一是突出重点，落实责任。紧密结合国际国内形势、高等教育发展趋势和学校工作实际，具体明确如何以科学发展观为指导落实第一次党代会提出的目标任务，以及如何用科学发展观这个发展的世界观和方法论来思考、研究学校改革发展建设中的理论和现实问题。学校成立了8个专题调研组，根据领导班子分工，落实调研责任到人，明确了工作进度和完成时限。二是领导带头，多层调研。学校面向中层干部、教师、学生、民主党派与党外人士、离退休人员召开各类座谈会24个，走访150人次，发放调查问卷2225份。院处级领导干部结合自身岗位职责和本单位工作实际，也深入开展了工作调研。如研究生党总支面向全体毕业生发放调查问卷，内容涵盖思想政治教育、培养、学位、就业等方面；经管学院党总支到北京农学院开展了工作调研，并邀请相关专家为学院诊断问题、传经送宝。三是找准问题，撰写报告。在深入调研的基础上，经过多次探讨与交流，各专题调研组形成了调研报告，梳理出了学校发展建设中存在的8个主要问题；校领导结合调研任务分工，撰写了个人调研报告，在此基础上，由党委书记主持，集中力量撰写形成了领导班子工作调研报告；各处级单位领导班子和领导干部个人也形成了调研报告。仅机关党委就组织形成了20份部门调研报告和49名党员领导干部个人的调研报告。市属高校学习实践活动工作简报第50期以“广开言路 共谋发展——北京信息科技大学深入推进调研活动”为题专文报道了我校有关工作。

（四）开辟多种渠道，精心组织论坛，广泛征求师生意见。

为进一步解放思想、转变观念，明确发展思路，形成共识，党委精心组织了解放思想讨论。一是广开言路，开门纳谏。积极创建各种信息沟通的渠道与平台，设立了建言献策信箱、电子邮箱、手机短信发送号码、网上建言献策论坛；召开了中层干部、教师、学生、民主党派与党外人士、离退休人员等各类座谈会；各基层组织也通过多种途径听取师生意见与建议，如直属单位党总支深入清河校区、健翔桥校区、高教研究室、机电实习中心、图书馆进行走访座谈；计算机学院党总支在全面了解中青年教师的实际困难方面做了大量工作。二是举办论坛，集思广益。各基层党组织结合工作实际，举办了院（处）级科学发展专题论坛。大家踊跃参与，热议发展。学校科学发展论坛有500余人参加，发言人紧扣主题，畅所欲言，意见实事求是、思考深入细密、风貌奋勇争先，全面展示了师生们认真学习、深入调研的积极成果。三是主题集中，体现水平。在解放思想讨论中，师生们紧密围绕活动主题和重点研究解决的问题发表看法，发言内容既充分体现发言人自身的深入思考，又全面展示本单位的集体智慧，客观真实地反映广大师生的心声，做到了群策群力谋发展。通过组织建言献策活动、校院两级论坛，共征求到各类意见、建议1155条。

（五）严格对照检查，深刻剖析原因，着力加强作风建设。

领导班子专题民主生活会和党员组织生活会坚持正面教育为主，努力找准问题，深刻剖析原因，积极形成民主团结、求真务实的良好氛围。一是扎实做好各项准备工作。领导班子及成员在广泛征求意见和建议的基础上，深入开展了谈心活动，达到了统一思想、理清思路、增进团结的目的，党员和领导干部个人都认真撰写了发言材料。二是开展批评与自我批评。学校领导班子专题民主生活会上，领导班子成员结合学习调研成果，实事求是地查找了个人在推进学校科学发展的工作中，不适应不符合科学发展观要求的思想观念，在精神状态、责任意识、党性修养、领导方式、领导能力、工作作风和联系师生等方面存在的突出问题，深刻剖析了产生问题的思想根源，明确了努力方向。与会人员结合领导班子成员发言内容，提出了中肯的建议与意见。三是着力加强作风建设。校院两级中心组以弘扬北京奥运精神为主题，以加强党性修养为重点，认真学习上级精神，研读领导干部作风建设年方面的文件资料。校院领导班子通过召开座谈会、问卷调查等方式，广泛征求意见建议，找出了在贯彻落实科学发展观和思想作风、工作作风等方面存在的突出问题，同时，深刻剖析原因，研究提出整改措施，明确了努力方向。

（六）明晰问题症结，理清发展思路，形成分析检查报告。

党委充分认识到，校级领导班子分析检查报告是学习调研的成果和共识，是整改落实的依据和方向，是学习实践活动的核心成果。一是党政主要领导亲自主持，认真撰写分析检查报告。党委书记和校长亲自主持分析检查报告的起草工作，党委先后召开了1次党委常委会、2次党委扩大会、2次党委主要领导和党委主要职能部门负责同志工作会，1次校级理论学习中心组成员会，专题研究《分析检查报告》；根据征集到的各种意见和建议，报告初稿进行了十余次认真修改，党委书记、校长最后审定了征求意见稿。二是重点突出分析检查问题，理清学校科学发展思路。在分析检查报告的形成过程中，党委努力实现“四个理清”的工作要求：第一，理清贯彻落实科学发展观对学校提出了哪些新要求，通过学习实践活动形成了哪些思想共识。第二，理清近年来学校贯彻落实科学发展观取得的成绩和存在的问题，重点从思想认识、能力水平和工作作风方面剖析产生问题的主观原因。第三，理清学校科学发展的主要思路，列出在学习实践活动中可以立即解决的突出问题和经过努力在一段时间内能解决的突出问题，提出解决问题的具体措施。第四，理清本校按照科学发展观要求加强领导班子自身建设的具体措施。三是广泛征求师生意见，组织进行民主评议。分析检查报告征求意见稿形成后，党委分别通过校园网公示、校内印发特别是召开了8个不同层面涉及300余人的座谈会和2次党委扩大会，并通过各党总支广泛听取师生的意见与建议。校级领导班子贯彻落实科学发展观情况分析检查报告评议会邀请党代会代表、教代会代表、教师党员、学生党员、民主党派、无党派代表近230人参加。代表们充分考虑学校科学发展的基础、动力、形势、方向、举措等方面的因素，就分析检查报告对科学发展观的认识深不深、查找的问题准不准、原因分析得透不透，发展思路清不清、工作措施可行不可行，加强领导班子自身建设的措施有没有针对性和可操作性、其他意见和建议等方面进行了民主评议，总体上给予了肯定。

（七）制定可行方案，狠抓整改落实，切实解决突出问题。

党委认真研究制定了领导班子整改落实方案，明确目标、落实责任，切实解决突出问题，确保学习实践活动取得成效。一是坚持求真务实，制定整改落实方案。校院两级领导班子针对查找出的突出问题，实事求是地将整改措施进一步目标化、具体化、责任化，切实做到“四明确一承诺”，第一，明确整改落实的项目。第二，明确整改落实的目标和时限要求。第三，明确整改落实的具体措施。第四，明确整改落实责任。整改落实项目向党员、群众做出了公布和公开承诺。二是突出实践特色，集中解决突出问题。党委以推进科学发展近期要解决的18项主要任务为切入点，集中力量解决一些在学习实践活动中能够解决的问题，特别是影响和制约学校科学发展的突出问题、关系师生员工切身利益的突出问题、领导干部党性党风党纪方面的突出问题以及影响校园和谐稳定的突出问题，真正让广大师生员工看到各级领导班子推动问题解决的决心。三是做好总结测评，确保活动顺利完成。

学校学习实践活动扎实有效地开展得到了上级党组织与领导的高度认可。市属高校学习实践活动领导小组副组长、市委教育工委常务副书记刘建同志，市属高校学习实践活动领导小组成员、市委教育工委副书记、市政府教育督导室主任线联平同志，以及指导检查组领导多次予以充分肯定。刘建副书记来校调研中指出：“北京信息科技大学的学习实践活动深入细致、特点突出、求真务实，尤其是多层次思想发动、学习培训和校院两级调研工作扎实有效，通过学习实践活动,找准了问题,进行了深入分析,提出的下一步工作设想涵盖了学校办学的主要方面,以学科建设为龙头,大力加强内涵建设,深化‘以人为本’理念,服务师生发展成长等方面的工作思路清晰,措施可行,为实现科学发展上水平奠定了坚实基础。”在6月8日召开的市属高校学习实践活动工作交流部署会上,我校作为的三个发言单位之一,围绕“科学发展上水平”,重点介绍了学校大力实施的六项工程,得到了上级领导部门的充分肯定与兄弟单位的高度认同。

二、开展学习实践活动的主要收获

(一)提高思想认识有新进步,进一步凝聚了广泛的共识。

党委牢牢把握“党员干部受教育”这个基础,把深入学习、提高认识贯穿始终,广大党员通过参加学习实践活动,对科学发展观的科学内涵、精神实质和根本要求有了深刻领会,充分认识到科学发展观是同马克思列宁主义、毛泽东思想、邓小平理论和“三个代表”重要思想既一脉相承又与时俱进的科学理论,是我国经济社会发展的重要指导方针,是发展中国特色社会主义必须坚持和贯彻的重大战略思想。广大党员进一步统一了思想,形成了共识:要用科学发展观这个发展的世界观和方法论来思考、研究学校改革发展建设中的理论和现实问题,用马克思主义中国化的最新成果武装头脑、指导实践、推动工作;必须结合实际,深刻理解、准确把握科学发展观对学校提出的新的更高的要求,进一步解放思想,切实把握发展机遇,努力开拓创新,推进科学发展:坚持发展第一要义,始终把提高办学质量作为中心任务;坚持以“以人为本”为核心,切实尊重师生员工的主体地位,努力办好人民满意的大学;坚持全面协调可持续发展,努力做到全面准确地把握办学规律,形成事业整体推进、持续发展的良好局面;坚持统筹兼顾根本方法,妥善处理改革发展中的重大关系,努力增强工作的系统性、科学性、实效性。市属高校学习实践活动工作简报第74期以“深刻理解新要求广泛形成新共识——北京信息科技大学推进新大学建设有新思路”为题,专文介绍了我校的工作成效。

(二)推进科学发展有新思路,进一步坚定了信心与决心。

学校第一次党代会紧密结合国际国内发展的新形势与高等教育发展的新要求,明确了今后几年的发展思路。在学习实践活动中,经过深入调查研究,认真分析检查,党委进一步提出:坚持以科学发展观为指导,全面落实党代会提出的各项任务,强化理念、转变观念,提升水平、发展特色,改善条件、优化配置,创新体制、完善机制,改进作风、提升能力,注重民生、构建和谐,重点实施六项工程:一是信心建设工程。将信心建设作为科学发展的先导,强化一流理念,坚定发展信心,统一新大学科学发展的思路和步调。二是内涵建设工程。将内涵建设作为科学发展的主旨,进一步提升水平,强化特色,构建科学的学科体系和人才培养体系。三是条件建设工程。将条件建设作为科学发展的基础,加快推进新校区建设,优化现有资源配置,根本改善办学条件。四是制度建设工程。将制度建设作为科学发展的关键,建立并完善符合科学发展观要求的内部管理体制和工作机制。五是能力建设工程。将能力建设作为科学发展的重点,着力提高校院两级领导班子和领导干部思想政治素质和推进科学发展的能力。六是和谐建设工程。将和谐建设作为科学发展的保障，强化以人为本、构建和谐的理念，建立健全促进师生发展成长体系和机制，扎实推进和谐校园建设。市属高校学习实践活动工作简报第81期专文刊发了六项工程的相关内容。

（三）创新制度机制有新突破，进一步营造了良好的环境。

党委以学习实践活动为契机，不断建立健全保障和促进学校科学发展的体制机制，努力营造服务师生全面发展的学习生活环境。一是进一步完善各项规章制度，理顺体制机制。依据国家有关教育方针、政策、法规，以完善现代大学制度基本体系为基础，认真清理现有的规章制度，对不适应发展形势、阻碍科学发展的规章制度及时废止，对一些总体较好、局部内容不适应科学发展的规章制度进行修改完善，对当前迫切需要而且实践基础又比较好的制度抓紧建立，共建立、修订和完善规章制度107项，如自动化学院还出台了加快中青年教师成长的多项制度。二是进一步强化学术权力，充分发挥教师在办学中的主体作用。学校进一步完善了学术委员会、学位评定委员会和教师聘任工作委员会等制度，建立以校长为枢纽，各专门委员会充分行使职权的学术机构体系和工作运行机制，提高学术事务决策的民主性。三是进一步实现管理重心下移，增强各学院办学的自主性。依据学院工作职能和实际，探索分层管理与分类管理，完善校、院两级管理体系，推动各学院进一步明晰发展方向，形成自己的办学特色。四是进一步强化民主管理，扩大师生的知情权与参与权。有效发挥工会、教代会、共青团、学生会、研究生会等群众组织的职能，建立健全信息反馈机制，不断扩大师生的知情权和参与权，推动师生参与学校管理的经常化、制度化和规范化，增强广大师生的主人翁意识。如建立了新校区建设信息通报机制，进一步完善校务公开制度、联系老同志的工作机制。

（四）转变工作作风有新成效，进一步提高了能力与水平。

党委以开展学习实践活动和领导干部作风建设年活动为契机，进一步深化理论学习，加强干部培训，完善调研制度，注重工作交流，校院两级领导班子和党员干部不断解放思想，不断提高思想理论水平和政策水平，强化政治意识，提高了把握方向、驾驭全局的能力；认真分析国际国内新形势、高等教育新变化和新大学建设发展新要求，强化战略意识，提高了判断形势、谋划发展的能力；切实找准推动科学发展的着力点和切入点，努力解决好影响发展的制度和机制方面的障碍，强化创新意识，提高了改革创新、推动发展的能力；注重调动一切积极因素，集思广益，群策群力，强化民主意识，提高了统筹协调、科学决策的能力；关注民生，着力研究解决群众关心的重点难点问题，强化服务意识，提高了以人为本、服务师生的能力；坚持分工合作，在合作共事中加深理解、增进团结，强化团结意识，提高了真诚合作、和谐共事的能力；完善相关安全稳定机制，强化维稳意识，提高了应对突变、妥善处置的能力；着力加强作风建设，强化自律意识，提高了清政廉政、拒腐防变的能力。

（五）和谐校园建设有新进展，进一步解决了一些突出问题。

在学习实践活动中，各级领导干部深入群众、深入基层、深入实际，了解广大师生最关心、最直接、最现实的利益问题，努力为广大师生做好事、办实事,切实维护好、实现好、发展好广大师生的切身利益。通过开展丰富多彩的活动,大力加强和谐文化建设,促进党群关系、干群关系和师生关系的和谐,加速人心的深度融合。如后勤集团党总支多次召开座谈会与学生交流,同学生一起包粽子过端午节,增进了相互的理解和沟通。党委按照科学发展、惠及群众的要求,集中力量解决了一些突出问题:举办第二届师德论坛,明确了以科学发展观引导师德建设的主要思路和基本要求,强化了教育要“育人为本,德育为先”、办学要“以学生为本,成才为要”的理念;召开学科建设会议,树立学科兴校理念和学科龙头意识,推出了学科建设的工作思路与有力举措;启动了处级以下和学生工作人员聘任工作,增强运转效能、提高工作效率、提升管理水平;探索就业工作新机制,搭建就业工作新平台,形成了职业指导与就业服务相结合的就业工作体系,提升了学生就业的竞争能力、实战能力与适应能力。如理学院党总支举办了分专业就业座谈会,组织毕业生观看《大学生就业》专题片,人文社科学院举办了毕业生回访座谈会,各学院都开展了职业生涯规划系列活动;关注学生特殊群体,对困难学生进行帮扶,缓解家庭经济困难学生的压力,为少数民族学生创造良好的学习生活环境,如机电学院党总支、光电学院党总支、计算机学院党总支、经管学院党总支对实际困难突出的一些毕业生进行针对性的指导帮助,使他们文明离校,建立信心。校院两级领导班子按照“边学边改、能改快改”的要求,下大力气解决了涉及师生学习、生活、医疗、校园环境与学校发展方面的81件惠民实事。各基层组织也纷纷结合实际解决问题,如后勤集团党总支开展了“落实科学发展观,优质服务每一天”优质服务月活动;昌平校区党总支积极沟通协调,在校区建立了清真食堂,保证了少数民族学生的清真饮食供应;计算中心直属党支部想方设法为教师更新计算机设备,方便学生上机。

三、开展学习实践活动的主要特点

(一)坚持结合实际,做到求真务实。

在学习实践活动中,党委明确提出:“进度服从质量、形式服从效果”,不走过场、不做表面文章、不回避问题与矛盾,扎实开展各项工作,确保活动效果。其中有三个做法尤其得到各界关注:一是积极利用信息技术优势,创新活动载体。针对多校区办学、党员工作地点分散以及场地有限等状况,积极利用信息技术优势,借助网络平台开展活动,精心设计建成了集音频、视频、文字、图像等多种形式的专题网站,采取网络视频的方式召开党员大会,既节约和控制活动成本,又保证了学习实践活动的全员参与。中央学习实践活动官方网站以“紧密结合学校实际情况 积极利用信息技术优势——北京信息科技大学积极创新途径与载体开展学习实践活动”为题进行了专文报道。二是贯彻群众路线,讲求实事求是。充分发扬民主,广开言路,问计师生。党委重在调动广大师生积极参与、真实表达心声与诉求上下功夫,重在找出影响和制约科学发展的突出问题、形成解决问题的措施上下功夫,重在真诚接受师生员工的监督和评议、在查找自身主观原因上下功夫,重在将评议结果和师生意见转化为高质量的《分析检查报告》上下功夫,学校学习实践活动求真务实的做法引起了较好的反响,中央学习实践活动官方网站刊载的“北京信息科技大学学习实践活动逐渐形成‘三细三实’特点”一篇报道，在全国高校学习实践活动特色经验关注度第一期排行榜中名列第四，北京高校第一，并被数十家高校作为学习素材或参考资料转载印发。三是关注民生，推进发展。在学习实践活动中，学校既紧密联系国际形势变化给我国经济发展和社会稳定带来的严峻挑战，紧密联系首都保增长、保民生、保稳定的形势和建设“人文北京、科技北京、绿色北京”的任务，又紧密结合第一次党代会提出的奋斗目标、部署的主要工作，努力在深化“以人为本”观念，构建服务师生全面发展成长的工作机制上下功夫，学校加强师德建设、学科建设、毕业生就业方面的相关工作被市属高校学习实践活动工作简报第37、83、92期专文刊发，中央学习实践活动官方网站也报道了我校师德建设和毕业生就业工作。

（二）注重分类指导，始终严格要求。

加强分类指导是突出学习实践活动实践特色的必然要求，是确保学习实践活动取得成效的重要手段。党委紧密联系实际，突出重点、区分层次，提出了贴近实际的、可操作性强的分类指导意见和具体要求，使不同层面的党员干部都学有收获。一是领导干部层面。党委要求，在学习实践活动中，学校和处级领导干部要集中精力，严格要求，重在解决问题、提升能力。从党员干部受教育层面，处级以上干部要以深刻理解科学发展观的内涵、审视分析学校及本单位“十一五”规划落实情况为重点；在实际工作中，学校领导班子要坚持正确方向，注重宏观把握，紧密结合分管工作，着力在提高规划、引领和推动学校科学发展的能力上下功夫；中层干部要结合工作职能和特点，进一步解放思想、转变观念，找准影响和制约事业科学发展的突出问题和重点问题，进一步理清工作思路和举措。二是教职工党员层面。党委要求教职工党员通过学习实践活动，进一步提高对科学发展观的理解认识，统一思想，在推进新大学发展中充分发挥先锋模范作用，确保科学发展观要求在教学、科研、管理和服务工作一线得到深入贯彻落实。在实际工作中，结合工作需要和岗位职责，各学院教职工党员以谋划学科专业建设与学院发展为重点，机关职能部门党员以制度建设和作风建设为重点，各直属单位、后勤集团教职工党员以强化服务意识和提高服务质量为重点，离退休党员根据身体条件情况，采取灵活方式开展活动。三是学生党员层面。党委提出学习实践活动主要要求学生党员“科学发展深入人心，实践能力得到锻炼，综合素质不断提高”。通过创新活动载体，坚持理论学习贴近学生实际，坚持学习实践活动与学风建设相结合、与服务社会、开展实践相结合；与解决学生实际问题相结合、与提高学生就业创业能力相结合。如继续教育学院党总支举办了“注重交往艺术，构建人际和谐”等专题讲座，外国语学院举办了一系列英语竞赛活动，深受同学们欢迎。机电工程学院党总支还专门为赴长春实习的三年级学生党员制定了学习实践活动实施方案。

（三）注重统筹兼顾，全面推进工作。

党委统筹兼顾，正确处理开展学习实践活动与其他工作任务的关系，保证了各项工作任务的齐头并进。一是将开展学习实践活动与贯彻落实第一次党代会精神相结合。进一步深化对学校面临形势的认识，进一步找准制约和影响学校科学发展的问题和薄弱环节,进一步建立健全相应的体制机制,进一步细化相关的工作方案和具体措施,师生们贯彻落实党代会精神的积极性、主动性得到了有效发挥,同时又扎实推进了学习实践活动。二是将开展学习实践活动与加强领导干部作风建设年活动相结合。学校结合实际,研究制定作风建设年活动的实施方案,明确目标任务、办法措施、实施步骤,把开展作风建设活动纳入到学习实践活动之中,以作风建设的实际成效推动学习实践活动,取得了良好效果。三是将开展学习实践活动与推进日常工作相结合。坚持围绕中心、服务大局,兼顾繁重的教学科研工作,把学校实践活动的成效体现到解决突出问题、促进各项工作上,用各项工作的实际成果衡量和检验学习实践活动的成效,努力做到两手抓、两不误、两促进。四是将学习实践活动与服务首都和国家社会经济发展相结合。从大学的三个职能出发,明确了学校科学发展思路,制定具体的整改落实措施:在人才培养上,要适应首都和国家经济社会发展的需要,适应国家和首都大众化、普及化高等教育阶段受教育群体的需要,提高人才培养的质量与水平;在科学研究上,紧密贴近首都和国家经济社会发展与现代化建设的主战场,不断增强科技创新和技术开发的能力与水平,有效提升服务于首都和国家经济社会发展与现代化建设的科技贡献率;在社会服务上,利用知识、科技、智力、资源、文化优势,不断增强服务首都和国家经济社会发展与现代化建设的能力,不断拓展新的领域。

四、开展学习实践活动的主要体会

(一)充分准备、深入发动是搞好活动的前提。

开展学习实践活动,是党中央深思熟虑、精心准备后做出的重大决策。必须在吃透中央精神的基础上,认真分析现状,制定切实可行的工作计划和措施。只有通过广泛深入的动员,使每名党员在思想上明确活动的指导思想、目标任务、措施要求,充分认识开展活动的重大意义,才能充分调动师生员工参与的积极性,切实增强参与的广泛性,着力提高参与的有效性,确保活动顺利开展、全面推进。

(二)扎实学习、创新形式是搞好活动的基础。

学习实践活动要求把深入学习、提高认识贯穿始终。只有学习深化了,认识提高了,思想解放了,解决问题才会有新办法,完善机制才会有新举措,研究制订贯彻落实科学发展观的长远规划和思路才会富有创造性、前瞻性、可行性。为此,党委组织广大党员原原本本读书、集中学习文件材料、规定书目以及自编材料,夯实了基础理论的学习;同时,充分利用信息技术优势,创新活动形式,避免了学习实践活动"照本宣科"、枯燥乏味,使广大党员干部始终保持较高的学习热情,为学习实践活动的持续协调开展奠定了基础。

(三)领导带头、众擎共举是搞好活动的保证。

在学习实践活动中,学校领导以高度的责任感和使命感,充分发挥表率作用。党政主要领导亲自做动员和总结讲话,亲自指导工作方案、工作总结、分析检查报告和整改落实方案的起草工作,亲自抓问题的整改和惠民实事项目的落实;班子成员分工负责,建立了领导干部联系点,加强了对活动的指导,并带头学习,带头深入基层调研,带头征求意见,带头谈心,带头分析查找问题,带头开展批评与自我批评，带头制定整改措施，带头落实惠民实事项目。在领导干部的带领下，广大党员认认真真学习，参与调查研究，积极建言献策，查找突出问题，推进整改落实，共同保证了学习实践活动的深入健康开展。

（四）突出实践、形成特色是搞好活动的关键。

科学发展观作为中国社会发展的战略指导思想和发展模式，对我们的具体工作具有普遍的指导意义。党委突出实践，在深入调查研究、找准突出问题的基础上，紧密结合贯彻落实第一次党代会精神和学校“十一五”规划，紧密结合完成年度主要工作任务，围绕学科建设、人才培养、科学研究等工作以及校风、学风建设和党员领导干部思想作风建设，理清发展思路，狠抓整改落实，切实解决问题，形成实践特色。各基层党组织也学以致用，积极实践，如人文社科学院在原有大兴区“红色1+1”合作共建基地的基础上，新开辟了昌平区的“红色1+1”实践基地；信息管理学院开展了课程体系和实践教学体系建设系列活动。

（五）加大宣传、营造氛围是搞好活动的推手。

学校注重学习实践活动中的舆论宣传引导作用，认真策划，周密安排，把理论先导、舆论先行落到实处。充分利用专题网站、橱窗、标语、校报、校园广播、工作简报等平台，大力宣传科学发展观的科学内涵、精神实质和根本要求，反映开展学习实践活动的情况，加强信息沟通和经验交流，营造了良好的舆论氛围。学校共编发工作简报24期，其中被市属高校学习实践活动领导小组办公室选用编发6期，在市属高校中仅次于北京工业大学、首都师范大学，排名第三，中央学习实践活动官方网站4次报道我校学习实践活动，市属高校学习实践活动网站15次报道我校相关工作，通过学习实践活动，我校进一步扩大了影响，展示了新大学的新形象。各基层组织积极营造学习实践活动氛围，经管学院党总支还专门编发了6期简报。

五、存在的主要问题与努力的方向

在市委的正确领导和指导检查组的精心指导下，经过学校各级党组织和广大党员的共同努力，我校学习实践活动取得了阶段性成效，达到了预期目标，但与中央与市委的要求，与基层群众的期望相比，我们在工作中还存在一些不足和薄弱环节，主要表现在：部分领导干部理论学习的深度、思想解放的力度和认识问题的高度有待进一步增强；个别领导干部调查研究工作不够深入，形成的分析检查报告针对性不强；少数领导干部民主生活会前谈心不够充分，会上没能很好开展批评与自我批评，探讨工作问题多，自我剖析不够深刻；活动开展尚不平衡，有的单位存在着调研不够、分析不透、措施不力、实事不多等问题；部分党员的学习也需进一步深入和强化。此外，近四个月的学习实践活动时间略显紧张，有些整改落实工作刚刚启动，还未来得及深入扎实地开展。

学校各级党组织和党员干部要以这次学习实践活动为契机，在新的起点上，再接再厉，继续保持和发扬已经形成的良好势头，按照“党员干部受教育、科学发展上水平、人民群众得实惠”的总体要求，完善深化学习调研的长效机制，解决制约学校发展的突出问题，抓好促进师生发展的各项工作。要按照市委关于在全市各级领导干部中开展弘扬北京奥运精神、加强作风建设年活动的部署和要求,继续加强领导干部作风建设,切实提高推进科学发展的能力。

同志们,在为期四个月紧张有序的学习实践活动中,全校各级党组织和广大党员认真学习、提高认识、踏实工作、开拓创新,充分表现出严格自我要求、积极主动参与、团结协作拼搏、心系学校发展的良好精神风貌,让我们在已经取得的良好工作成效基础上,进一步解放思想、改革创新,同心同德、奋发图强,为建设特色鲜明的高水平多科型大学而努力奋斗!

把握机遇　求真务实
以改革创新精神推进新大学科学发展

——在全市第二批学习实践科学发展观活动总结大会上的交流材料

中国共产党北京信息科技大学委员会

北京信息科技大学是由原北京机械工业学院和北京信息工程学院合并组建的一所新大学,2008年5月正式挂牌成立。面对调整融合和建设发展的艰巨任务,学校党委将学习实践活动作为贯彻落实学校第一次党代会精神、在新起点上谋划新大学发展的难得机遇,认真扎实地组织开展学习实践活动,形成了推进学校科学发展的强大动力。

一、突出实践特色,在抓细和抓实学习实践活动上下功夫

这次学习实践活动强调突出实践特色,只有抓细和抓实活动各个环节,才能确保实效。学校充分利用学习实践活动推动第一次党代会任务的落实,在深入调研、广泛听取师生意见建议的基础上,确定了符合校情的活动主题和切中肯綮的重点问题;每个阶段都注重细化工作方案,落实活动内容,按照不同层面党员实际,提出针对性要求;根据六校区办学以及场地局限等状况,通过网络视频直播方式召开党员大会,设立专用信箱、手机短信平台、网上论坛等,确保在外实习毕业生、离退休人员等各类师生全员参与;结合实际,就科学发展观对学校提出的新要求形成了理论研究成果,自编了2套校内《文件资料选编》;精心组织校院两级科学发展论坛,邀请普通党员参加校级领导班子民主生活会并发表意见,激发群众参与热情;高度重视评议和测评工作,参加学校领导班子分析检查报告评议与总结大会满意度测评人员具有较大规模和广泛代表性;处级以上领导班子及干部都结合本职工作形成了调研报告,学校领导班子还就加强自身建设单独制定了整改落实措施。中央学习实践活动官方网站专文报道了我校学习实践活动部署细密、方案细化、工作细致,结合实际、务求实干、注重实效的“三细三实”特点,数十家高校作为参考资料转载印发。

二、结合高校特点，在深刻理解科学发展观的内涵上下功夫

学校党委深刻认识到，对科学发展观学习理解的深度决定着推进科学发展上水平的高度。学校紧密围绕办一所什么样的大学、如何办这样的大学的命题，通过组织力量深入研讨科学发展观对高等教育、高等学校和新大学提出的新要求；采取校院两级理论中心组学习、开展各类培训以及举办专题辅导报告会等形式狠抓学习提高；全面开展解放思想大讨论等活动，全校上下进一步明确了科学发展观提出的新要求，形成了科学发展的共识：一是坚持发展第一要义，要始终把提高办学质量作为中心任务，既要正视学校发展建设中存在的困难和问题，如校区分散、办学空间局促、生源结构变化、就业市场供需错位、师生发展目标多元等，更要客观地看待所取得的成绩和进一步推进工作的有利因素，坚定发展信心，突出自身优势，努力办好人民满意的大学。二是坚持以"以人为本"为核心，要坚持教育以育人为本、以学生为主体，大力实施素质教育，促进学生全面发展；坚持办学以人才为本、以教师为重点，大力实施人才强校战略，用更大的精力、更有力的举措推进师资队伍建设。三是坚持全面协调可持续发展，要更加注重发展的人文性，坚持学校工作的人性化架构、人文化建设、人格化塑造；更加注重发展的协调性，全面履行大学职能，积极推动内部各个方面、各个环节相互衔接、相互协调，积极推动学校事业发展与首都经济社会发展和行业发展相互促进、良性互动；更加注重发展的持续性，既考虑当前发展的需要，又考虑未来发展的需要，既加强物质条件改善，更注重大学文化建设。四是坚持统筹兼顾根本方法，要正确处理办学规模、质量、结构、效益的关系，正确处理重点发展和整体推进、当前发展和长远发展的关系，努力增强工作的系统性、科学性、实效性。

三、实施六项工程，在推进学校科学发展上水平上下功夫

科学发展上水平是学习实践活动的核心，也是人民群众得实惠的根本所在。我校学习实践活动是在今年3月初胜利召开第一次党代会的基础上开展的，围绕党代会提出的今后几年的指导思想与奋斗目标，学校确定了"树立一流理念，强化办学特色，以改革创新精神推进新大学科学发展"的活动主题和重点解决的六个方面问题。学校紧密联系首都保增长、保民生、保稳定的形势和建设"人文北京、科技北京、绿色北京"的任务，大力实施六项工程，推进科学发展上水平：一是信心建设工程，着力强化一流理念，坚定发展信心，统一新大学科学发展的思路和步调。近年来全校师生敢于"抢抓机遇、迎难而上、争先创优、挑战自我"的良好工作状态赋予了新大学精神新的内容，通过加强校内宣传，引起共鸣，激励大家立足新的起点做出更大贡献。二是内涵建设工程，进一步提升水平，强化特色，构建科学的学科体系和人才培养体系。在以"优秀"的成绩通过本科教学工作水平评估的基础上，进一步提高人才培养质量；在连续三年以第一完成单位获得四项国家级科技奖励的基础上，继续推进科学研究上规模、上水平；在市属高校中率先取得中关村国家自主创新示范区股权激励改革试点单位的资格，服务首都社会经济建设；召开了学校第一次学科建设会

议,全面落实学科建设任务。三是条件建设工程,加快推进新校区建设,优化现有资源配置,根本改善办学条件。四是制度建设工程,建立并完善符合科学发展观要求的内部管理体制和工作机制。各部门已建立、修订和完善107项规章制度,进一步建立健全了校院两级管理体制、校务公开制度。五是能力建设工程,结合领导干部作风建设年要求,着力提高校院两级领导班子和领导干部思想政治素质和推进科学发展的能力,进一步强化领导干部八种意识、提高八种能力。六是和谐建设工程,强化以人为本、构建和谐的理念,建立健全促进师生发展成长体系和机制,扎实推进和谐校园建设。按照“边学边改、能改快改”的要求,解决了涉及师生学习、生活、校园环境与学校发展方面的81件惠民实事。

我校将在学习实践活动的基础上,按照市委要求,进一步巩固和扩大活动成果,以更高的要求抓好整改落实工作,推动学校在更高的水平上科学发展。

贯彻落实科学发展观的整改落实方案

自2009年3月19日以来,学校紧紧围绕“树立一流理念,强化办学特色,以改革创新精神推进新大学科学发展”这一主题,扎实推进了开展深入学习实践科学发展观活动(以下简称“学习实践活动”)。

在学习实践活动的各阶段,学校按照“党员干部受教育、科学发展上水平、人民群众得实惠”,以及“边学边改、能改快改”的要求,周密部署,积极行动。有关基层单位在各自业务范围内,完成了45项惠民实事。在学校层面上,完成了36件相关工作及惠民实事(详见附件)。

在整改落实阶段,按照深入学习实践科学发展观活动关于对查摆出来的突出问题和需要完善的制度区别化、目标化、具体化、责任化的要求,现将分析检查报告提出的坚持以科学发展观为指导,全面落实学校第一次党代会提出的各项任务,重点实施信心建设、内涵建设、条件建设、制度建设、能力建设与和谐建设等六项工程的工作要求和主要措施分解细化,落实责任。

一、信心建设工程

信心建设是科学发展的先导,推进学校科学发展上水平必须大力加强信心建设,强化一流理念,坚定发展信心,统一新大学科学发展的思路和步调。

(一)大力宣传第一次党代会精神,进一步形成推动新大学科学发展的共识。

整改目标:深化师生对第一次党代会精神内涵的理解,进一步形成推动新大学科学发展的共识,统一思想,凝聚力量,使广大师生员工继续弘扬顾大局、识大体、同舟共济、迎难而上的精神,倍加珍惜目前学校改革发展的成果，为学校科学发展、创新发展和科学发展奠定坚实的思想基础。

具体措施：

1. 在校院两级中心组理论学习中进一步深入研读第一次党代会党委工作报告，学习、领会第一次党代会精神。

2. 利用新闻网、校报等校内新闻媒体继续宣讲第一次党代会精神提出的有关工作思路、工作任务、发展目标及要求。

3. 适时在社会媒体组织我校贯彻落实第一次党代会精神，推进学校科学发展上水平的专题文章。

4. 在新生入学教育和形势与政策课中安排有关内容。

牵头校领导：郑君礼、刘勇

责任单位：党委宣传部

完成时限：2009 年 12 月

（二）深入贯彻落实第一次党代会精神确定的目标与任务。

整改目标：制定落实学校第一次党代会确定的目标与任务的行动计划。

具体措施及完成时限：

1. 在 2009 年学校暑期中层干部会议上，认真总结学校 2009 年上半年各项工作，在前期深入学习、广泛宣传党代会精神的基础上，认真细化分解党代会提出的各项任务，明确当前及今后一段时期的工作目标和工作任务，为科学制定学校“十二五”事业发展规划奠定扎实基础。（2009 年 8 月）

2. 结合开展深入学习实践科学发展观活动，各单位、各部门围绕党代会确定的目标要求和工作部署，结合自身实际，明确工作思路，制定具体措施。（2009 年 12 月）

牵头校领导：郑君礼、杜林

牵头单位：学校办公室

（三）凝练新大学精神，进一步坚定争创一流的信心与决心。

整改目标：以深入学习第一次党代会精神、贯彻落实科学发展观活动为契机，进一步凝练新大学精神，加强校园和谐文化建设，提升校园文化品位，构建共同愿景，使广大师生员工进一步强化对学校未来发展潜力和“六个一流”的认识，增强建设特色鲜明高水平多科型大学的信心与决心。

具体措施：

1. 出台关于加强校园文化建设的相关工作意见，从总体上提出凝练大学精神的有关目标、思路和工作要求。

2. 结合学校校园文化建设的具体实践及重大活动，开展新大学校园文化建设的理论研究，总结提升新大学校园文化建设的特色，树立品牌、提升品位。

3. 适时召开新大学第一次文化建设与大学精神凝练的工作研讨会。总结近年来新大学取得突破性进展的有关工作领域，提炼精神层面的内涵与特质，加大宣传力度，以统一思想，凝聚智慧，汇聚力量，推动发展。

牵头校领导：郑君礼、刘勇

责任单位：党委宣传部、高教研究室

完成时限：2010 年 3 月

二、内涵建设工程

内涵建设是科学发展的主旨，推进学校科学发展上水平必须进一步加强内涵建设，提升水平、强化特色，构建科学的学科体系和人才培养体系。

（四）召开学科建设工作会议，推进学科建设上水平。

整改目标：以科学发展观为指导，落实

第一次党代会精神,进一步树立学科龙头意识,整合学科资源,优化学科结构,凝练学科方向,汇集学科队伍,搭建学科平台,创新体制机制,实现“学科兴校”战略,进一步推进学科建设。

具体措施:召开学科建设工作会议,形成关于加强学科建设工作的意见,从凝练学科方向、汇聚学科队伍、构建学科平台、加强科学研究工作、加强对外交流与合作和建立与完善学科建设三级管理体制与工作机制等方面采取措施,进一步推动形成学科优势与特色,提升学科对内涵建设的综合效益。

牵头校领导:杜林、孙百生

责任单位:研究生部

完成时限:2009 年 6 月

(五)着力提升本科教学水平,提高应用型人才培养质量。

整改目标:进一步巩固本科教学评估成果,深入实施教学质量工程,进一步创新人才培养体系,完善培养方案,强化实践环节,努力提高教育教学水平和人才培养质量。

具体措施:

1. 认真贯彻落实科学发展观,适应新形势新要求,围绕人才培养目标与定位,展开教育教学思想与观念的大讨论,解放思想,推动观念转变,树立新观念,统一思想,达成共识。通过进一步的调研、研讨、论证,进一步明确我校应用型人才培养目标及内涵。

2. 走出去,请进来,通过开展国内外广泛、深入的调查研究,提出方案,启动试点,推动人才培养模式的改革创新。进一步优化人才培养方案、完善实践教学体系,构建多目标、分层次的人才培养模式。

3. 坚持统筹兼顾和可持续发展原则,积极探索人才培养体制、机制的改革,建立和完善人才培养的长效机制。创新管理体制机制,完善奖励、激励措施,着力解决制约人才培养质量的关键问题。

4. 建立多渠道的协调沟通平台,保证信息畅通,力争统筹兼顾,切实把“以学生为本、服务师生”的思想观念落实在日常教学管理工作中。

牵头校领导:杜林、许晓革

责任单位:教务处

完成时限:2010 年 7 月

(六)加强人才队伍建设。

整改目标:确立人才优先发展战略布局,发挥人才对新大学发展的引领作用,进一步健全人才工作领导小组运行机制和上下联动机制,完善工作格局,提高工作效能。积极推进人事制度改革,发挥校院两级积极性,做到全校人才工作“一盘棋”,努力引进和培养高水平人才,汇聚高端人才,为学校上层次、上水平提供人才资本。

具体措施及完成时限:

1. 健全和完善校院两级人才工作领导机构,明确职责,理顺关系。(2009 年 12 月)

2. 启动编制“十二五”人才发展规划的相关工作。(2010 年 7 月)

3. 制定培养和吸引高层次人才的系列配套政策。(2010 年 7 月)

牵头校领导:郑君礼、杜林、刘筱毅、冯喜春

责任单位:党委组织部、人事处

(七)调整充实部分院处级领导干部和后备干部队伍。

整改目标:全面贯彻落实《中共北京市委组织部关于进一步加强和改进领导班子

思想政治建设的意见》和《北京市2009年区县局级后备干部和市属国有企业后备领导人员集中调整工作意见》精神，按照不断提高各级领导班子的创造力、凝聚力和战斗力，大力培养选拔年轻干部的要求，加强院级领导班子建设，完善干部交流工作制度，改革创新年轻干部选拔任用机制，为学校又好又快发展奠定坚实的组织基础。

具体措施及完成时限：

1.完成部分院处级领导干部调整工作。(2009年12月)

2.充实校内处级后备干部。(2009年12月)

3.启动制定《“十二五”后备干部队伍建设规划》、《关于加强培养选拔年轻干部工作实施意见》的相关工作。(2010年7月)

牵头校领导：郑君礼、刘筱毅

责任单位：党委组织部

（八）大力推进中青年教职工发展平台建设。

整改目标：积极搭建中青年教职工发展平台，帮助中青年教职工尽快成长，促使其在教学、科研等方面协调发展。

具体措施及完成时限：

1.修订《北京信息科技大学教职工进修管理办法》，鼓励教职工在职提升学历层次，为中青年教职工提供国内外交流、培训的机会，有计划选派到国内著名大学学习访问。(2009年12月)

2.积极引导中青年教职工参与科研项目和课题研究，充分利用北京市人才强教项目，向中青年教职工倾斜，吸引中青年教职工参加学术创新、管理创新团队。(2009年12月)

3.积极与市教委科研处沟通，力争增加每年获得资助的项目数，调整北京市教委科研计划项目的推荐原则，向中青年教师倾斜。(2009年7月)

4.适当扩大校科研基金的资助规模，调整校科研基金的申报条件，明确优先资助具有硕士学位及以上、学科专业骨干、具有科研发展潜力的青年教师。(2009年7月)

5.开展申报项目的讲座与指导，积极与有关单位加强沟通与联系，鼓励中青年教职工申报国家和北京市各类纵向项目，为中青年教职工申报项目提供支持和帮助。(2009年7月)

牵头校领导：杜林、冯喜春、韩秋实

责任单位：人事处、科技处

（九）启动并抓紧完成几项人事改革工作。

整改目标：按照“按需设岗、公开招聘、竞争择优、合同管理”要求，尽快启动处以下人员聘任工作，启动教师职务、工程系列专业技术职务聘任，启动岗位设置与分级管理工作，研究提出管理岗位人员绩效工资分档方案。

具体措施及完成时限：

1.在认真调研和广泛征求各方意见的基础上，启动处级以下人员聘任。聘任工作完成后，对聘任至比现岗位高一职级岗位的人员，一次性核发自2009年1月1日起，其现岗位与新聘任岗位的工资待遇差额。(2009年7月)

2.尽快启动教师职务、工程系列专业技术职务聘任工作。聘任工作完成后，对聘任至比现岗位高一职级岗位的人员，一次性核发自2009年1月1日起，其现岗位与新聘任岗位的工资待遇差额。(2009年12月)

3.在测算、数据分析、调研和征求意见

的基础上,启动在专业技术岗位设置与分级管理工作。(2009年12月)

4. 着手研究管理人员绩效工资分档方案,完善管理人员激励约束机制,充分调动广大管理人员的积极性、主动性和创造性。(2009年12月)

牵头校领导:杜林、冯喜春

责任单位:人事处

三、条件建设工程

条件建设是科学发展的基础,推进学校科学发展上水平必须着力推进条件建设,加快推进新校区建设,优化现有资源配置,根本改善办学条件。

(十)加快推进新校区建设。

整改目标:完成新校区立项,完成新校区总体规划,制定新校区建设管理制度,基本理顺新校区建设运行机制。

具体措施及完成时限:

1. 加大工作力度,及时落实市发改委的要求,随时关注审批进程,积极争取市领导和市政府有关职能部门的大力支持,完成新校区立项。(2009年9月)

2. 在对全国知名建筑设计院及有优秀新校区建设经验的兄弟院校进行考察学习和调查研究的基础上,确定设计任务书,完成总体规划方案设计及招标工作。(2009年12月)

3. 成立由校领导组成的新校区总体规划建设工作小组等组织机构,健全和完善基础管理制度、工程业务管理制度、监督保障制度、激励制度等,基本理顺新校区建设领导体制和运行机制。(2009年12月)

牵头校领导:杜林、彭斌柏

责任单位:基建处(新校区建设办公室)

(十一)努力改善学生学习、生活条件。

整改目标:改善办学条件,优化校园环境,提高后勤服务质量。2010年9月基本实现所有学生安排在自有校区居住,一个学院学生住在一个校区。

具体措施及完成时限:

1. 加快完成小营校区、清河校区四个专项的各类审批手续,并抓紧施工建成,为学校的发展建设提供空间保障。(2010年7月)

2. 收回健翔桥校区教二楼六层房产使用权,改善实验教学条件。(2009年11月)

3. 将京电招待所改造为学生宿舍。(2009年9月)

牵头校领导:杜林、彭斌柏

责任单位:基建处(新校区建设办公室)、后勤管理处、健翔桥校区管理办公室、后勤集团

(十二)合理调整办公用房。

整改目标:保证学校中心工作需要,提高办公用房使用效益。

具体措施:成立办公用房调整工作领导小组,研究提出学校办公用房调整原则,完成部分单位的办公用房调整方案。

牵头校领导:杜林

责任单位:学校办公室

完成时限:2009年12月

四、制度建设工程

制度建设是科学发展的关键,推进学校科学发展上水平必须切实加强制度建设,建立并完善符合科学发展观要求的内部管理体制和工作机制。

(十三)修订和完善一批制度。

整改目标:推进管理的制度化、规范化,

增强管理的科学性,提高管理工作的效率和为基层、师生服务的质量水平

具体措施:

1. 制定和完善党委全委会和常委会、校长办公会等学校层面的决策制度和议事规则。

2. 健全和完善学院党政共同负责制等学院决策层面的制度和规则。

3. 修订和完善一批校级管理制度。

4. 完善学生评教办法等教学质量监控相关制度。

5. 修订科技基金管理与科研编制管理办法,使之更易于科研可持续发展。

牵头校领导:郑君礼、杜林

牵头单位:学校办公室

完成时限:2009 年 12 月

(十四)完善学院财务拨款管理办法及学院工作考核办法。

整改目标:推进校院两级管理的科学化、规范化。

具体措施:建立健全校院两级管理的制度和机制,优化目标管理和任务考核制度,修改完善财务拨款和管理办法。

牵头校领导:杜林、冯喜春

牵头单位:学校办公室

完成时限:2009 年 12 月

(十五)调整学校决策咨询机构组成人员。

整改目标:完成校务委员会、校学术委员会、校教学指导委员会、校学位委员会等机构调整工作,进一步明确工作职责和工作任务,健全学校决策咨询和民主管理机制。

具体措施:在认真调查研究和广泛征求意见的基础上,组织实施基层推荐工作,完成学校决策咨询相关机构调整工作。

牵头校领导:郑君礼、杜林、冯喜春

牵头单位:人事处、学校办公室

完成时限:2009 年 12 月

(十六)完善民主管理机制。

整改目标:分别召开工代会、教代会、团代会、学代会,进一步健全和完善学校民主管理机制,进一步发挥工会、共青团、学生会等群团组织作用,进一步拓宽广大师生参与学校管理、学校事务的渠道。

具体措施及完成时限:

1. 召开北京信息科技大学第一届工代会、教代会。(2010 年 3 月)

2. 认真开展教代会提案工作。教代会代表在广泛征集教职工意见,深入进行调查研究的基础上,就学校的改革和发展及教职工普遍关心的问题,提交提案。(2010 年 2 月)

3. 积极开展二级教代会建设,充分发挥二级教代会组织在本单位民主管理中的作用。(2010 年 6 月)

4. 召开团代会和学代会。(2010 年 4 月)

牵头校领导:郑君礼、杜林、刘勇

责任单位:校工会、校团委

五、能力建设工程

能力建设是科学发展的重点,推进学校科学发展上水平必须努力抓好能力建设,提高校院两级领导班子和领导干部思想政治素质和推进科学发展的能力。

(十七)开展中层干部系列培训活动。

整改目标:结合深入学习实践科学发展观,开展新一轮大规模培训干部工作,着力加强处级领导干部的党性修养,着力提高处

级领导干部的能力,着力改进处级领导干部的作风,使干部培训更好地为干部健康成长和学校科学发展服务。

具体措施:

1. 落实好2009年干部培训计划。

2. 结合领导干部作风年建设要求,召开几个小型研讨会。

3. 围绕落实党代会精神和主要任务,组织小范围专题调研活动。

牵头校领导:郑君礼、刘筱毅

责任单位:党委组织部

完成时限:2009年12月

六、和谐建设工程

构建和谐是科学发展的目标,也是科学发展的保障,推进学校科学发展上水平必须扎实推进和谐校园建设,强化以人为本、构建和谐的理念,建立健全促进师生发展成长的体系和机制。

(十八)加速学校人心的深层次融合。

整改目标:把"以人为本"贯彻和体现到教学、科研、管理、服务的各项工作中,深化对"以人为本"理念、新大学精神、新大学发展愿景的认识,促进党群关系、干群关系和师生关系的和谐,促进人心的深层次融合。

具体措施及完成时限:

1. 以广大师生形成对新大学精神、学校发展愿景和科学发展观的高度认同,促进人心融合为目标,加大对新大学精神、学校第一次党代会确定的发展愿景以及科学发展观的宣传力度。(2009年12月)

2. 关心生活困难群体的教职工生活,为他们排忧解难,建立困难教职工帮扶机制。(2009年12月)

3. 维护教职工合法权益,建立教职工诉求表达机制。制定实施《教职工校内申诉处理办法》。(2009年12月)

4. 开展"以学生为本"理念的学生专职干部研讨会和学生为主的座谈会,深化对"以学生为本"认识,促进师生关系和谐,促进人心融合。(2009年10月)

5. 建立与学生沟通的机制与平台,广泛听取同学意见和建议。一是建立校领导与学生交流的固定平台;二是开通学生处处长和学院总支副书记网上信箱以及学生处处长每两个月与学生定期交流的平台;三是每学期召开至少3次学生座谈会。(2009年12月)

6. 建立学生评优奖励和评选三好学生、优秀学生干部、奖助学金以及学生处分及撤销的公示和通报制度,进一步规范学生申请助学贷款、助学金、校外住宿等工作程序。(2009年10月)

牵头校领导:郑君礼、刘勇

责任单位:党委宣传部、校工会、学生工作处

(十九)完善服务学生成长成才体系。

整改目标:"以学生为本",加强大学生思想政治教育,把思想政治教育与解决家庭经济困难学生、学业困难学生、心理健康有问题学生等学生实际问题相结合,加强学生职业生涯规划教育和毕业生的就业指导,加大对学生参加科研工作和科技竞赛活动的组织和支持力度,探索"一站式"学生服务新模式,着力于大学生的全面发展,全面服务学生成长成才。

具体措施及完成时限:

1. 制定大学生职业生涯教育实施方案并组织开展相关活动,进一步改进学校就业网站的各项服务功能,形成多渠道、多形式

的就业指导服务体系，不断拓宽毕业生就业渠道，提高毕业生就业能力和质量。（2009年12月）

2. 以提升学生的人际关系处理能力、心理健康素质水平为重点，开展助学育人“添翼工程”，从励志、培训、实践等方面加大对家庭经济困难学生的教育。（2009年9月）

3. 加大对学生参加科研和科技竞赛活动的支持力度，完善大学生科技创新基金制度，建立资助学生开展学术活动的制度。（2009年10月）

4. 探索“一站式”学生服务新模式，制定相关工作初步方案。（2009年12月）

5. 开展新生心理健康普查和建档；开展心理健康宣传，营造“关注心理健康，关注心理健康素质”的浓厚氛围；开展心理健康三级网络人员的培训和指导；抓好学生关键成长点，做好学生的个体咨询。（2009年12月）

牵头校领导：杜林、刘勇

责任单位：学生工作处、招生就业工作办公室

（二十）建立学校与师生员工沟通的机制与平台。

整改目标：以贯彻落实科学发展观，不断加强“三重一大”校务公开等制度建设，建立和完善适合多校区办学的学校与师生员工沟通的长效机制与平台，促进学校与基层及广大师生员工信息沟通机制的良性有效运行，推动和谐校园建设。

具体措施：

1. 利用电子显示屏、校园网、橱窗、广播站等媒介及时发布、宣传学校重要工作信息。

2. 健全和完善校领导联系党外人士、离退休老同志的有关制度。

3. 健全和完善学校领导与教代会、教师代表、离退休人员代表、学生代表、统战人士代表等不同群体、人士举行工作通报会、座谈会的有关制度。

4. 探索建立学校有关职能部门与教代会相关委员会的对口联系制度，使之成为学校联系教职工、实行民主管理的有效渠道。

5. 实施工会搭台，由教代会代表与学校行政领导及部门领导直接对话、现场办公的接待教代会代表日制度，使教代会代表与学校的沟通实现经常性、广泛性和多样性，使学校及时、准确掌握教职工的所思、所想、所盼、所求。

6. 建立学校发布会制度，保证全校师生的知情权、监督权得到落实。发布会的内容可涵盖学校出台的重大政策文件、重要工作部署、重大活动和重大突发事件。

牵头校领导：郑君礼、刘勇

责任单位：党委宣传部、校工会、离退休工作办公室

完成时限：2010年7月

（二十一）形成及时解决群众问题、维护群众利益的长效机制。

整改目标：及时解决好群众的实际问题，探索形成长效机制。

具体措施：按照“尽力而为、量力而行”的原则，对师生在学习、生活、医疗、校园环境等方面反映突出的民生问题（如不断提高学校食堂伙食质量等），确定目标、落实责任，采取有力措施限时解决。在此过程中，制定出台解决涉及群众问题、维护群众利益的相关规章制度，探索形成长效机制。

牵头校领导：郑君礼、杜林

牵头单位:学校办公室

完成时限:2009 年 12 月

以上整改方案,是学校领导班子和师生员工经过自上而下和自下而上的反复讨论和酝酿研究提出的。其中的问题,有的在近期可以取得进展见到成效,有的需要在一段时间内深入研究,制订方案,逐步加以解决。我们要按照市委学习实践活动指导检查组提出的要求,将解决当前关系师生切身利益问题与明确学校长远发展战略目标紧密结合起来,将具体工作落实与制度建设紧密结合起来,将强调加强领导班子建设与充分调动师生的积极性、主动性、创造性紧密结合起来,努力推动学校科学发展上水平,为建设特色鲜明的高水平多科型大学而努力奋斗!

附件:

学习实践活动以来在学校层面上完成的相关工作及惠民实事

1. 采取多种方式宣传贯彻学校发展战略与思路,引导广大教职工树立一流理念,不断增强建设特色鲜明高水平多科型大学的信心和决心。

2. 为进一步坚持以科学发展观为指导,动员凝聚全校党员和师生员工同心同德为建设特色鲜明的高水平多科型大学而努力奋斗,制定了《关于深入学习宣传贯彻中国共产党北京信息科技大学第一次代表大会精神的意见》。

3. 制定了加强校级领导班子建设整改落实措施。

4. 修订和制定涉及学科建设、人才培养、科技创新、队伍建设、学生职业规划等方面的规章制度 107 项。

5. 建立了新校区建设信息通报机制。

6. 结合北京市委的统一部署,完成了我校新一轮校级后备干部的推荐选拔工作。

7. 按照充分利用学校现有资源,为学生成长成才提供最佳条件的原则,完成了新学年学生住宿安排方案。

8. 调集了 100 台计算机配备给有关学院系部,用于改善教师办公条件。

9. 解决了个别教师反映多年未解决的问题,如购房押金退还问题和职工住宅外墙渗漏问题等。

10. 邀请了一系列高水平学术报告,提升了校园文化层次和品味,浓厚了校园学术氛围。

11. 组织了首届大学生职业规划节,完善了学校就业网站,组织了多场双选招聘会。

12. 延长了教学楼、办公楼晚上关闭时间,对有特殊要求的可采取人性化措施,保证和方便了师生员工的学习与工作。

13. 改进了各校区体育场馆的管理措施,更好地为师生提供优质服务。

14. 调整了校园广播站的播音时间，确保师生正常休息、学习和工作。

15. 举办了第一届教学观摩暨2009年教学基本功比赛，进一步强化了教学工作的中心地位，促进了教师的教学交流、教学能力与整体素质、学校教学水平与教学质量的提升。

16. 举办了以“大力加强师德建设 营造良好育人环境”为主题的第二届师德论坛，为进一步推动教师思想政治素质、职业理想和职业道德水平的提高，促进广大教师弘扬高尚师德，力行师德规范，强化师德教育，建设高素质高水平的师资队伍奠定了良好基础。

17. 小营校区和健翔桥校区清真食堂晚上营业时间延长到11点，清河校区食堂清真窗口暂延长到8点，接管了昌平校区清真食堂，为有关民族学生提供更好的饮食服务。

18. 进一步加强了学校门诊部的内部管理，最大限度延长接诊时间。

19. 加强机动车管理，凭证出入，有序停放，集中整治了校园交通秩序。

20. 解决了学生住宿与培养计划规定的实验教学条件不在同一校区，学生往返交通问题。

21. 解决了教师公休日前往昌平校区上课的交通问题。

22. 在保证教师教学工作及班车安全运行的前提下，班车上的空余座位允许学生乘坐。

23. 完成了清河校区南区家属院消防井和安保监控探头的设计、施工、安装等工作，已经投入使用。

24. 在后勤集团员工中广泛开展了2009年优质服务月活动，提高了后勤服务的质量与水平。

25. 实施学生宿舍内墙粉刷工程，三个校区学生公寓公共区域已经粉刷完毕。

26. 落实了在清河校区三个学生宿舍楼、两个教学楼安装电开水器共16台的有关事宜。

27. 已在小营校区教一楼一层男厕安装了电感应冲水装置，并申请2010年专项经费对排水系统进行改造，从根本上解决厕所异味问题。

28. 面向学生对小营校区浴室开放和开水房计费问题进行了宣传解释工作；在三个校区浴室设立并公布了服务监督电话。

29. 完成了小营校区老干部活动中心改造扩建工程。

30. 为金台路校区老干部活动室安装了新空调，改善了基础条件。

31. 完成了专家公寓和留学生公寓粉刷、装修工程。

32. 完成了清河校区双路供电工程。

33. 完成了小营、清河、健翔桥校区绿化改造工程。

34. 完成了网管中心核心机房供电系统改造工程，彻底消除了安全隐患。

35. 完成了教职工单身宿舍粉刷、配备新家具。

36. 为昌平校区教室全部安装了遮阳窗帘。

学习实践活动整改落实及“回头看”自查报告

2009年3月19日至7月17日,在市委统一部署与市委指导检查组的直接领导下,学校按照“党员干部受教育、科学发展上水平、人民群众得实惠”的总体要求,紧密围绕“树立一流理念,强化办学特色,以改革创新精神推进新大学科学发展”的主题,历经学习调研、分析检查、整改落实三个阶段,顺利完成了学习实践活动的各项任务。我校学习实践活动“三细三实”的主要做法,被中央学习实践活动官方网站专文报道,数十家高校作为参考资料转载印发;通过学习实践活动,全校上下进一步明确了科学发展观提出的新要求,形成了科学发展的共识,得到了上级的充分肯定;在市属高校学习实践活动工作交流部署会上,学校就大力实施六项工程,努力推进学校科学发展上水平进行了交流。

根据市属高校学习实践活动领导小组《关于做好学习实践活动整改落实后续工作及“回头看”工作的通知》(京高校学组发〔2009〕9号)要求,为扎实做好整改落实后续工作,巩固扩大学习实践活动成果,有效推进庆祝新中国成立60周年的服务保障任务,学校认真比照学习实践活动整改落实方案,回顾学习实践活动的整体过程及主要成效,自查整改落实方案确定的工作任务的落实情况。现将整改落实后续工作及“回头看”工作自查情况报告如下。

一、整改落实工作的落实情况

学校党委高度重视整改落实工作,在学校7月17日召开的深入学习实践科学发展观活动总结大会上,对整改落实工作进行了部署,提出了工作要求。许多责任(牵头)部门,在暑假期间,就着手开展整改落实任务的前期准备工作。在8月24至25日召开的全校中层干部会议上,组织全体与会人员认真学习《贯彻落实科学发展观整改落实方案》(校党发〔2009〕38号);全体与会人员围绕贯彻落实科学发展观整改落实方案的具体措施,进行了深入细致的讨论,对如何抓好学习实践活动整改落实方案提出了很多切实可行的意见与建议。9月9日,学校专门召开了学习实践活动整改落实后续工作及“回头看”工作部署会,对相关工作的主要任务、时间安排、具体要求做出了部署。

开学伊始,全校各单位按照日常工作和整改落实工作“两促进,两不误”的要求,积极行动起来,克服时间紧,任务多,在全面完成开学准备工作、防控甲型H1N1流感疫情、迎新工作、国庆群众游行工作等项任务的同时,抓紧时间,围绕《贯彻落实科学发展观整改落实方案》(校党发〔2009〕38号),大力推进整改落实方案的各项工作。截至9月14日的统计,68项整改落实工作,已经完成22项。具体情况如下。

(一)已经完成的整改落实工作(22项)

1. 自我校召开第一次党代会以来,在校院两级中心组理论学习中,一直围绕落实第一次党代会精神,进一步深入研读第一次党代会党委工作报告,学习、领会第一次党代会精神。

2. 利用新闻网、校报等校内新闻媒体继续宣讲第一次党代会精神提出的有关工作思路、工作任务、发展目标及要求。在新闻网中开设第一次党代会专题网站,大力宣传第一次党代会提出的有关工作思路、工作任务、发展目标及要求,以及落实相关工作任务的活动。在校报中,积极围绕落实第一次党代会精神采写报道和采编稿件。

3. 已在新生入学教育和形势与政策课中安排介绍我校发展建设情况等相关内容,促使广大学生尽快了解校情,统一思想,形成共识。

4. 8 月 24 至 25 日学校召开了全校中层干部会议。市委教育工委常务副书记刘建应邀出席会议并做了关于加强北京高校党的建设的专题报告。杜林校长总结了学校 2009 年上半年的工作。5 位校领导分别就学科建设、师资队伍建设、学生工作、基层党建、新校区建设等工作先后做了主题发言。在分组讨论中,与会人员围绕"进一步贯彻落实科学发展观和学校第一次党代会精神,努力推动学校各项事业科学发展"的主题,对如何推进落实学校下半年党政重点工作和学习实践活动整改工作进行了深入研讨。杜林校长从进一步宣传第一次党代会精神,弘扬发展共识,形成"十二五"事业发展思路;贯彻落实学科建设工作会议精神,提升学科发展水平;进一步完善应用型人才培养体系,提高人才培养质量;开辟科学研究新的增长点,推动科技工作协调可持续发展;进一步实施"人才强校"战略,大力加强人才队伍建设;着力改善办学条件,优化办学环境;探索"一站式"服务体系,全面服务学生成长成才;进一步深化学校内部管理体制改革;进一步健全管理体制机制,提升学校决策和管理水平;以人为本,确保学校的和谐稳定等十个方面部署了学校 2009 年下半年重点工作,并明确提出,要进一步宣传第一次党代会精神,弘扬发展共识,形成"十二五"事业发展思路。郑君礼书记在总结讲话中就做好下半年重点工作和落实学习实践活动整改工作任务强调了以下几点意见:一是认清教情校情,进一步坚定创建一流大学的信心与决心;二是要进一步解放思想,分解细化学校第一次党代会提出的各项任务;三是要推进改革创新,不断完善新大学的体制机制;四是要坚持开放办学,充分利用各方面的资源和条件;五是要强化责任意识,认真落实整改方案和下半年工作任务。会议进一步深化了学校各级领导干部对科学发展观内涵的认识、对学校第一次党代会精神的领会,进一步坚定了贯彻落实科学发展观和学校第一次党代会精神,全力推动学校各项事业科学发展的信心与决心。

5. 召开学科建设工作会议,推进学科建设上水平。6 月 19 至 20 日召开了学科建设工作会议,北京市教委副主任郭广生做了题为《北京学位与研究生教育现状与发展思路》的专题报告;杜林校长做了题为《明确目标 坚定信心 理清思路 加强建设 推进新大学学科建设迈上新的台阶》的主题报告;研究生部主任栾忠权对《关于加强学科建设工作的意见》进行了说明,介绍了今后我校学科建设的思路与目标,学科建设的原则以及加强学科建设的主要措施;机电学院院长许宝杰、自动化学院院长李邓化、经管学院院长葛新权、光电学院院长李东结合各自学院学科建设的经验和体会,分别做了大会发言;与会人员就《关于加强学科建设工作的意见》进行了分组讨论;校党委书记郑君礼做了题为《以科学发展观为指导,大力加强我校学科建设》的大会总结报告;会议形成了关于加强学科建设工作的意见,从凝练学科方向、汇聚学科队伍、构建学科平台、加强科学研究工作、加强对外交流与合作和建立与完善学科建设三级管理体制与工作机制等方面采取措施,进一步推动形成学科优势与特色,提升学科对内涵建设的综合效益。

6. 已拟定健全和完善校院两级人才工作领导机构的相关文件,明确了职责,理顺了关系,待经过相关程序审定后发文公布。

7. 积极与市教委科研处沟通,力争增加每年获得资助的项目数。已拟定《北京信息科技大学关于北京市教委科研计划项目的实施细则(试行)》,调整北京市教委科研计划项目的推荐原则,向中青年教师倾斜,待经过相关程序审定后发文公布。

8. 已完成《北京信息科技大学项目管理办法(试行)》的修订工作,适当扩大了校科研基金的资助规模,调整了校科研基金的申报条件,明确优先资助具有硕士学位及以上、学科专业骨干、具有科研发展潜力的青年教师等政策。

9. 在认真调研和广泛征求各方意见的基础上,完成了处级以下人员聘任工作。对聘任至比现岗位高一职级岗位的人员,一次性核发自2009年1月1日起,其现岗位与新聘任岗位的工资待遇差额。

10. 拟定了党委全委会议事规则,修订了党委常委会、校长办公会、书记办公会、党政联席会议事规则等学校层面的决策制度和议事规则,待经过相关程序审定后发文公布。

11. 完成了有关学籍管理、信访工作、档案管理、校园管理、后勤管理、校务公开、公文处理、公务用餐、办公电话等近70个校级管理制度的修订和完善工作。

12. 完成了科技基金管理与科研编制管理办法的修订工作,待经过相关程序审定后发文公布。

13. 完善了学院财务拨款管理办法,拟定了学院工作考核办法,待经过相关程序审定后发文公布。

14. 在认真调查研究和广泛征求意见的基础上,组织实施基层推荐工作,已初步酝酿出校务委员会、校学术委员会、校教学指导委员会、校学位委员会等机构调整建议的名单,待经过相关程序审定后发文公布。

15. 完善了2009年干部培训计划,并付诸实施。

16. 利用各种宣传媒介加大对新大学精神、学校第一次党代会确定的发展愿景以及科学发展观的宣传力度,使广大师生对新大学精神的理解更加深化、学校发展愿景和科学发展观的认同度更加提高,广大师生得人心更加融合。

17. 通过每学期一次的困难补助活动(每年近50人次受益,补助总额约5万元),困难教职工父母、配偶去世慰问,困难教职工生病住院看望,组织关心单亲女职工的活动,元旦春节慰问困难教职工,关心生活困难群体的教职工生活等具体措施,为困难教职工排忧解难,逐步建立起困难教职工帮扶机制。

18. 通过网上校长信箱和每周一次的校

领导接待日，建立起与学生沟通的机制与平台，广泛听取同学意见和建议。开通了学生处处长和学院总支副书记网上信箱，收集学生意见。学生处处长在学生宿舍设床位，每月两次住在学生公寓，提供与学生固定交流的平台。每学期均召开学生党员座谈会、学生生活委员座谈会、毕业生座谈会、少数民族学生座谈会。

19. 在2009年的《学生手册》中，将已建立的学生评优奖励和评选三好学生、优秀学生干部、奖助学金以及学生处分及撤销的公示和通报制度等纳入。进一步规范了学生申请助学贷款、助学金的工作程序。制定了关于学生校外住宿申请的相关办法。

20. 以提升学生的人际关系处理能力、心理健康素质水平为重点，开展助学育人"添翼工程"，从励志、培训、实践等方面加大对家庭经济困难学生的教育。目前已开展了针对家庭经济困难学生，着重开展了励志征文、定期座谈会、系列诚信教育、素质拓展、"自强之星"评选等活动。

21. 新生心理健康普查和建档已形成制度；每学期开展心理健康宣传，营造"关注心理健康，关注心理健康素质"的浓厚氛围；建立了定期心理健康三级网络人员培训和指导的制度；建立了学生个体咨询的制度。

22. 利用电子显示屏、校园网、橱窗、广播站等媒介及时发布、宣传学校重要工作信息。

（二）正在推进的整改落实工作（40项）

1. 适时在社会媒体组织我校贯彻落实第一次党代会精神，推进学校科学发展上水平的专题文章。2009年9月2日，《中国教育报》对我校学习实践活动的典型经验进行了报道。正在联系社会媒体组织，准备围绕我校获得国家科技奖励发布相关报道，待国家科技奖励正式颁发后正式报道。

2. 根据中层干部会议的要求，各单位、各部门围绕党代会确定的目标要求和工作部署，要在深入学习实践科学发展观活动取得成效的基础上，集思广益，分解任务，结合自身实际，明确工作思路，制定具体措施，制定贯彻落实党代会提出的工作目标的具体措施和时间进度表，于2009年10月15日前上报学校。

3. 为出台关于加强校园文化建设的相关工作意见，从总体上提出凝练大学精神的有关目标、思路和工作要求，现正在进行前期谋划及调研工作。完成时限：2010年3月。

4. 结合学校校园文化建设的具体实践及重大活动，开展新大学校园文化建设的理论研究，总结提升新大学校园文化建设的特色，树立品牌、提升品位。在向上级申报立项中，已有1项校园文化建设的理论课题立项；正在撰写校园文化建设相关理论文章。完成时限：2010年3月。

5. 适时召开新大学第一次文化建设与大学精神凝练的工作研讨会。总结近年来新大学取得突破性进展的有关工作领域，提炼精神层面的内涵与特质，加大宣传力度，以统一思想，凝聚智慧，汇聚力量，推动发展。有关筹备工作正在酝酿，预定2010年初召开第一次文化建设与大学精神凝练的工作研讨会。完成时限：2010年3月。

6. 认真贯彻落实科学发展观，适应新形势新要求，围绕人才培养目标与定位，展开教育教学思想与观念的大讨论，解放思想，转变观念，统一思想，达成共识。通过进一步的调研、研讨、论证，进一步明确我校应用型人才培养目标及内涵。正在筹备新大学成立后的第一次教学工作会议,已完成相关前期会议准备工作,通过召开此次会议以及此后的工作落实,达到统一思想,达成共识,明确我校应用型人才培养目标及内涵的预期。完成时限:2010 年 7 月。

7. 走出去,请进来,通过开展国内外广泛、深入的调查研究,提出方案,启动试点,推动人才培养模式的改革创新。进一步优化人才培养方案、完善实践教学体系,构建多目标、分层次的人才培养模式。结合我校人才培养课题,已选定五个专业试点,其中三个专业试点已完成国外调研,两个专业试点正在办理出国调研手续。在调研工作结束后,将着手进行试点专业人才培养方案的改革,并在时机成熟时在全校推广。完成时限:2010 年 7 月。

8. 坚持统筹兼顾和可持续发展原则,积极探索人才培养体制、机制的改革,建立和完善人才培养的长效机制。创新管理体制机制,完善奖励、激励措施,着力解决制约人才培养质量的关键问题。正在起草有关加强教学工作、提高教师教学水平和实践创新能力的有关政策,并将通过征求不同层面的意见和教学工作会议的研讨,出台一系列与应用型人才培养模式改革相配套的管理文件,从而推动教育教学改革工作全面、系统地展开。完成时限:2010 年 7 月。

9. 建立多渠道的协调沟通平台,保证信息畅通,力争统筹兼顾,切实把"以学生为本、服务师生"的思想观念落实在日常教学管理工作中。正在着手整合学校教学资源、教学信息资源以及教学管理软件系统等,构建信息沟通与资源共享相结合的综合教学管理与信息服务平台。完成时限:2010 年 7 月。

10. 正在进行启动编制"十二五"人才发展规划的相关准备工作。完成时限:2010 年 7 月。

11. 正在进行现有培养和吸引高层次人才政策的梳理与分析工作,将在对我校人才队伍现状的摸底与调查的基础上,启动培养和吸引高层次人才的系列配套政策的制定工作。完成时限:2010 年 7 月。

12. 正在酝酿,适时启动部分院处级领导干部调整工作。完成时限:2009 年 12 月。

13. 正在酝酿,适时启动充实校内处级后备干部工作。完成时限:2009 年 12 月。

14. 正在起草《"十二五"后备干部队伍建设规划》、《关于加强培养选拔年轻干部工作实施意见》的征求意见稿。完成时限:2010 年 7 月。

15.《北京信息科技大学教职工进修管理办法》正在修订中。通过《北京信息科技大学教职工进修管理办法》的修订,起到鼓励教职工在职提升学历层次的目的,为中青年教职工提供国内外交流、培训的机会,有计划选派到国内著名大学学习访问。完成时限:2009 年 12 月。

16. 为积极引导中青年教职工参与科研项目和课题研究,已拟定《北京信息科技大学关于北京市教委科研计划项目的实施细则(试行)》送审稿和《北京信息科技大学项目管理办法(试行)》修订稿。拟定于 2009 年 11 月召开我校第一期人才强校计划实施的工作总结暨第二期人才强教计划的工作部署会议,落实北京市人才强教项目向中青年教职工倾斜的相关政策,吸引中青年教职工参加学术创新、管理创新团队。完成时限:2009 年 12 月。

17. 在完成了教师职务、工程系列专业技术职务聘任工作初步测算与准备工作的基础上,抓紧完成详细方案的制订工作,尽快启动教师职务、工程系列专业技术职务聘任工作。聘任工作完成后,对聘任至比现岗位高一职级岗位的人员,一次性核发自2009年1月1日起,其现岗位与新聘任岗位的工资待遇差额。完成时限:2009年12月。

18. 在已经完成前期调研工作的基础上,抓紧完成测算、数据分析和拟定工作方案征求意见稿等工作,启动专业技术岗位设置与分级管理工作。完成时限:2009年12月。

19. 在前期调研工作已经完成的基础上,着手研究拟定管理人员绩效工资分档方案征求意见稿,以完善管理人员激励约束机制,充分调动广大管理人员的积极性、主动性和创造性。完成时限:2009年12月。

20. 在市发改委相关会议已经通过我校新校区立项的基础上,加大工作力度,及时落实市发改委的要求,随时关注审批进程,积极争取市领导和市政府有关职能部门的大力支持,完成新校区立项工作。完成时限:2009年9月(最终要由市政府常务办公会决定)。

21. 已拟定开展总体规划方案设计等的工作方案,待新校区项目正式立项后,开始组织相关工作的实施。完成时限:2009年12月。

22. 在拟定的开展总体规划方案设计等的工作方案中,明确了新校区总体规划建设工作小组等组织机构,建立健全了基础管理制度、工程业务管理制度、监督保障制度、激励制度等,基本理顺新校区建设领导体制和运行机制。完成时限:2009年12月。

23. 清河校区两个专项工程已完成审批手续,并已开工建设;小营校区两个专项工程已经立项,正在办理相关开工手续。完成时限:2010年7月。

24. 已与健翔桥校区教二楼六层现使用人签订协议,约定使用方2009年11月1日前返还,协议各方正在积极履行中。完成时限:2009年11月。

25. 京电招待所已经停业清算,改造方案已设计完成,待落实专项经费后,立即开工。完成时限:2009年9月。

26. 拟定了办公用房调整工作领导小组成员名单,待经过相关程序审定后正式行文;拟定了学校办公用房调整原则,待办公用房调整工作领导小组成立后,研究讨论;拟定了全校机关、后勤集团办公用房调整方案,待办公用房调整工作领导小组成立后,研究讨论。完成时限:2009年12月。

27. 学院党政共同负责制等学院决策层面的制度和规则,正在着手制定中。其中《北京信息科技大学学院党政联席会议制度》已形成初稿。完成时限:2009年12月。

28. 完成了完善学生评教办法等教学质量监控相关制度的前期调研工作,形成了完善学生评教办法等教学质量监控的具体措施,组成了专家工作组进行研究讨论。完成时限:2009年12月。

29. 已拟定北京信息科技大学第一届工代会、教代会筹备工作进程安排,将在进一步调研后制定工作方案,2009年11月完成代表选举等工作。2010年3月召开北京信息科技大学第一届工代会、教代会。

30. 正在进行召开团代会和学代会的筹备工作。完成时限:2010年4月。

31. 结合领导干部作风年建设要求,正

在筹备于2009年12月前分别召开几个小型研讨会。

32. 围绕落实党代会精神和主要任务，准备2009年10月起组织小范围专题调研活动。

33. 为维护教职工合法权益，建立教职工诉求表达机制，在前期调研工作已经完成的基础上，着手起草《教职工校内申诉处理办法》征求意见稿。完成时限：2009年12月。

34. 为深化对“以学生为本”认识，促进师生关系和谐，促进人心融合，拟于2009年10月中旬召开“以学生为本”理念的学生专职干部研讨会和以学生为主的座谈会。

35. 完成了学校就业网站的改版工作，进一步改进学校就业网站的各项服务功能；正在制定大学生职业生涯教育实施方案，并将原有校院两级开展的职业生涯教育等相关活动纳入，形成多渠道、多形式的就业指导服务体系，不断拓宽毕业生就业渠道，提高毕业生就业能力和质量。完成时限：2009年12月。

36. 正在进行完善大学生科技创新基金制度的相关调研工作，将在原有大学生科技奖励办法的基础上建立科技创新基金以及开展学术活动的资助制度。完成时限：2009年10月。

37. 已开展相关的“一站式”学生服务模式探讨，在充分调研后，形成方案，着手实施。完成时限：2009年12月。

38. 校领导联系党外人士的制度正在修订中；已制定《中国共产党北京信息科技大学委员会关于校级领导干部联系老干部的制度》和《中国共产党北京信息科技大学委员会关于进一步贯彻落实老干部工作领导责任制的意见（暂行）》。完成时限：2010年7月。

39. 将在完善学校新闻发布制度、校务公开制度等基础上建立全面的学校发布会制度，保证全校师生的知情权、监督权得到落实。发布会的内容可涵盖学校出台的重大政策文件、重要工作部署、重大活动和重大突发事件。完成时限：2010年7月。

40. 正在开展相应的走访调研工作，按照“尽力而为、量力而行”的原则，认真梳理师生在学习、生活、医疗、校园环境等方面反映突出的民生问题，确定目标、落实责任，采取有力措施限时解决。制定出台解决涉及群众问题、维护群众利益的相关规章制度，探索形成长效机制。完成时限：2009年12月。

（三）受条件因素制约，稍后开展的整改落实工作(6项)

1. 因各类项目的申报工作都在年底至年初开展，为了取得更好的效果，原定在2009年7月开展的申报项目的讲座与指导，调整到2009年11月进行。科技处已经积极与有关单位加强沟通与联系，鼓励中青年教职工申报国家和北京市各类纵向项目，为中青年教职工申报项目提供支持和帮助。完成时限：2009年12月。

2. 在2009年11月选举产生第一届教代会代表后，认真开展教代会提案工作。教代会代表在广泛征集教职工意见，深入进行调查研究的基础上，就学校的改革和发展及教职工普遍关心的问题，提交提案。

3. 已在筹备第一届教代会的过程中体现积极开展二级教代会建设的相关内容，将在召开第一届教代会后开展二级教代会建设等相关工作。完成时限：2010年6月。

4. 校领导与教代会、教师代表通报会座

谈会有关制度将在召开第一届教代会后建立。完成时限:2010 年 7 月。

5. 将在召开第一届教代会后探索建立学校有关职能部门与教代会相关委员会的对口联系制度,使之成为学校联系教职工、实行民主管理的有效渠道。完成时限:2010 年 7 月。

6. 将在召开第一届教代会后建立教代会代表与学校行政领导及部门领导直接对话、现场办公的接待教代会代表日制度,使教代会代表与学校的沟通实现经常性、广泛性和多样性,使学校及时、准确掌握教职工的所思、所想、所盼、所求。完成时限:2010 年 7 月。

与此同时,我校《学习实践活动加强校级领导班子建设整改落实措施》(校党发〔2009〕39 号)中提出的有关加强校级领导班子建设的四个方面 12 项整改落实措施,已经得到落实或正在积极推进中。

二、主要的做法及取得的成效

根据整改落实方案要求,校党委将着力推进整改落实工作作为 2009 年学校暑期中层干部会的主题,并列入学校 2009 年下半年重点工作,进一步细化了工作内容,明确了具体措施,强调了目标要求,有效推动了整改落实工作取得了明显的成效。

第一,强化理念,弘扬共识,广大党员干部特别是各级领导班子和党员领导干部的理想信念更加坚定,推进科学发展的决心更加明确。理想信念的坚定、推进科学发展决心的明确以及现有发展的基础是前提,而理念的强化则至为关键。理想信念具体体现为学校的办学方向、办学定位和办学思路,发展决心则是内在的动力源泉。在近年来学校各个领域取得令人瞩目的发展成果、展示广阔发展潜力和前景的基础上,校党委坚持把强化科学发展理念作为坚定理想信念和明确发展决心的着力点。学校第一次党代会在准确把握时代机遇与挑战、学校发展现状与前景的基础上,明确了新大学的发展目标、发展思路和主要任务;学习实践活动中,学校结合贯彻落实第一次党代会精神,明确了学习实践活动的主题,并着重阐述了科学发展观对高校的具体要求,提出了强化理念、转变观念;提升水平,打造特色;创新体制、完善机制;改善条件、优化环境;抓好民生、构建和谐的五个着力点和重点实施信心建设、内涵建设、条件建设、制度建设、能力建设、和谐建设六项工程的思路和措施;暑期中层干部会则围绕如何贯彻落实整改落实方案的主题进行广泛研讨,形成共识。从第一次党代会到暑期中层干部会,学校层层递进并逐步强化科学发展的理念,使各级领导班子和党员领导干部对科学发展观的科学内涵、精神实质和根本要求,对学校的发展历史、发展现状、发展前景以及办学方向、办学定位、办学思路,对如何落实整改工作任务、推进学校科学发展的认识显著提高,有效弘扬了发展共识,极大促进了人心深度融合,更加坚定了"办人民满意的大学"、"早日达到国内同类高校一流水平"的理想信念,明确了推进科学发展的决心。

第二,明确要求,落实责任,领导班子分析检查报告和整改落实方案中确定的推进科学发展的具体措施已经或正在得到落实。强化科学发展理念不仅要使之内化为推进科学发展的自觉思想,更在于要使之外化为推进科学发展的实际行动,科学发展的成果最终只能体现为实实在在的工作成效中。

领导班子分析检查报告和整改落实方案所确定的六项建设工程,得到了上级部门和有关领导的充分肯定和校内师生的广泛认可,暑期中层干部会的研讨更是进一步明确了落实的措施,加快了落实的步伐。继学习实践活动“边学边改、能改快改”落实的81件惠民实事后,学校已将全面落实整改工作68项任务列入学校2009年下半年重点工作,正在稳步有序推进。自学校整改落实方案制定后,有关责任(牵头)部门利用暑假时间,即已着手开展相关工作任务调研论证等前期准备工作。暑期中层干部会后,各责任(牵头)部门更是按照“两促进、两不误”的要求,迅速投入各项整改任务中。目前,整改落实方案确定的68项工作任务中,22项已经落实完成,40项正在加以推进,6项稍后即将启动。

第三,明晰成因,对症下药,影响和制约学校科学发展的突出问题、群众反映强烈的突出问题已经或正在得到解决。影响和制约学校科学发展及群众反映强烈的突出问题,形成原因多样,表现形态各异,解决必须理清其形成原因,对症下药,才能取得实效。学习调研和分析检查阶段,学校按照信心、内涵、条件、制度、能力、和谐等分门别类梳理突出问题和主要矛盾的形成原因及其表现形态,在整改落实方案中明确了“六项建设工程”的具体思路和措施,并逐步落实到实际工作中。一是信念方面,从党代会到学习实践活动再到暑期中层干部会,科学发展的理念和创建一流的理念逐步深化,并已获得充分认可,广泛深入人心,推进科学发展的信心与决心进一步坚定。二是内涵方面,以强化教学中心地位、学科龙头作用和服务学生成长、提高人才培养质量为核心,已经召开了第一次学科工作会议,正在抓紧落实《关于加强学科建设工作的意见》;制定了2009版学生学籍管理规定,正在筹备召开第一次教学工作会议。三是条件方面,以挖潜增效、改善办学条件为重点,回收了健翔桥校区有关房产使用权,缓解了教学科研用房紧张局面;加快推进校内四项基建改造工程,可确保明年9月昌平校区学生回迁需求(今年新学期已解决部分昌平校区学生回迁问题)。四是以服务教职工发展、促进校园和谐为重点,完成了处以下党政管理与学生工作岗位设置及聘任工作,即将启动教师职务聘任工作。五是以增进团结、形成合力为重点,进一步增强校院两级领导班子和领导干部办学治校的能力。

第四,积极探索,务求实效,学校体制机制创新工作已经或正在取得新的成果。新大学之新,不仅在于形式之新,更在于内涵之新。内涵之新则以体制机制之新为关键。秉承改革创新的时代精神,结合国内外高等教育发展趋势,学校将制度建设列为“六项建设工程”之一,把探索校内管理新模式、新体制和形成适应新大学发展需要的制度体系作为重中之重。在整改落实方案公布时,就已完成包括学校议决事机构的议决事规则在内的70余项规章制度的修订完善;整改方案公布之后,完成了学校决策咨询机构人员的调整方案和健全民主管理机制的日程安排以及校院两级管理改革后续相关办法的酝酿论证工作,学生工作岗位设置及聘任工作的完成,使得集教育、管理、服务于一体的学生工作体系进一步健全和完善。通过整改和建设,校内行政、学术、民主三种权力良性互动的机制日渐完善,教学、科研、管理、服务各条战线共促发展的局面日渐形成,"一站式"服务学生成长成才的新体制日渐健全。

三、主要的经验及存在的问题

就我校整改落实工作的主要做法及取得的成效来看,在整改落实后续工作中务须坚持并加以发扬的经验主要有:一是强化理念、弘扬共识是加快推进整改落实工作的前提。强化理念以确保方向、明确思路,弘扬共识以统一思想、凝聚力量;二是领导带头、全员参与是加快推进整改落实工作的保证。领导带头以表率示范、落实责任,全员参与则形成合力、推进落实。三是循序渐进、务求实效是加快推进整改落实工作的基础。循序渐进以突出重点、稳步有序,务求实效则可固化成果、形成长效机制。

在市委市政府的领导和支持下,学校整改落实工作已经取得了阶段性成效,达到了预期目标。但与市委关于整改落实后续工作及"回头看"工作的要求相对照,我们在工作中还存在一些不足和薄弱环节,主要表现在:个别领导干部存在思想松懈、信心不足、力度减弱的现象,其理论学习深度、思想解放力度和认识问题高度有待进一步增强;各单位推进整改落实工作任务的力度及取得的成效尚不平衡,形成推进整体工作的合力有待进一步加强;有些整改落实工作任务受时间、资源、人力、物力等客观条件的限制,尚未取得明显成效,落实进度有待进一步加快。

四、推进整改落实后续工作的主要思路

为进一步加快推进整改落实后续工作,确保按时保质高效完成整改任务,学校已经印发《学习实践活动整改落实后续工作及"回头看"工作安排》(校学组发〔2009〕12号),明确了推进整改落实后续工作的主要思路和工作安排。

要继续牢牢抓住"党员干部受教育"的基础,把深入学习、提高认识贯穿始终,使科学发展观更加牢固地内化于广大党员干部特别是各级领导干部的思想之中,并自觉投入落实整改任务、推进学校科学发展的实际工作;要在"回头看"工作的基础上,总结推进工作的经验和做法,并进一步细化整改工作内容,建立工作任务台账,落实责任,跟踪问效,确保认识到位、人员到位、工作到位,并明确各责任(牵头)部门2009年底前每个月、2010年起每两个月需向学校办公室汇报本单位整改落实进展情况;要继续按照"科学发展上水平、人民群众得实惠"的要求,广泛听取干部群众对校级领导班子推动科学发展的满意度,将整改工作落实情况纳入校级领导班子民主生活会及校领导年度考核中;要紧密结合领导干部作风建设年活动和学校承担的新中国成立60周年服务保障工作任务,不断建立健全学习科学发展观的长效机制、推动学校科学发展的工作机制和督导检查机制,不断巩固和扩大学习实践活动成果。

希望市委市政府继续给予北京信息科技大学亲切的关怀和有力的支持,学校将进一步总结好的做法与经验,正视和改进存在的问题,按照整改落实方案明确的目标要求、思路措施和规定时限,加快推进整改落实后续工作,确保按时保质完成,有力推进学校的科学发展、创新发展、和谐发展。

国庆 60 周年庆祝活动专题

在北京信息科技大学国庆 60 周年庆祝活动总结表彰大会上的讲话

党委书记　郑君礼

(200 年 11 月 2 日)

“科学发展”方阵总队领导,各位教官,老师们、同学们:

2009 年 10 月 1 日,在党中央、国务院和北京市委、市政府的领导下,举国期盼、举世瞩目的新中国成立 60 周年庆祝活动取得圆满成功,获得国内外的高度评价和广泛赞誉,极大振奋了党心军心民心,极大增强了海内外中华儿女的自信心和自豪感。

国庆当天,我校共有 1029 名师生参加了国庆 60 周年群众游行“科学发展”方阵、46 名师生参加了大学生联欢方阵、100 余名师生参加了各种服务保障工作。你们青春靓丽、朝气蓬勃的身影闪现在天安门广场宏大壮观的群众游行和美轮美奂的国庆之夜中,积极为国庆 60 周年庆祝活动增光添彩。国庆当天的精彩演出,是 1200 多名师生两个多月辛苦训练的结晶,其中更凝聚着昌平总队、群众联欢部第二指挥部、空军 95865 部队、防化指挥学院领导和官兵的辛劳和汗水。

今天我们隆重召开学校国庆 60 周年庆祝活动总结表彰大会,目的就是对参与庆祝活动国庆平安行动的广大师生进行表彰,总结经验,提炼精神。在此,我代表学校党委和行政向为国庆 60 周年庆祝活动和平安行动辛勤付出和无私奉献的师生员工致以崇高的敬意! 向关心、支持、指导我校工作的上级领导,部队领导和教官们表示衷心感谢! 向受到表彰的单位和师生表示热烈的祝贺!

回顾我校国庆 60 周年庆祝活动的过程,不仅结果圆满成功,过程更令人感动。一是,学校坚持以科学发展观为统领,大力弘扬奥运志愿服务精神,周密部署、精心组织,建立了科学合理的组织训练工作机制,并积极与空军 95865 部队教官和防化指挥学院教官沟通协调,制定了切实可行的组织训练工作计划,有效组织训练,使整个训练工作有条不紊开展并一直保持良好的训练效果。二是,学校坚持以人为本,扎实细致地为参训师生、教官、标兵进行周到服务,充分保障参训师生的生活、思想辅导、甲型 H1N1 流感防控、医疗服务等各个环节。三是,学校以“建设平安校园、服务科学发展”为主题,健全组织体系,落实各项防控措施,深入开展安全隐患排查整改和矛盾纠纷排查化解,确保国庆 60 周年庆祝活动的绝对安全。我校大队整个训练过程、三次天安门综合演练以及国庆当天表演,事故率为零,得到了总队的高度评价。四是,坚持以正确的舆论引导人、以共鸣的情感凝聚人、以适当的奖评激励人、以浓厚的氛围感染人、以细致的服务温暖人,精心组织开展“齐步走”系列宣传激励活动,极大增进了师生感情,提升了训练热情。五是,在两个多月的训练工作中,广大参训师生始终以高度的责任感和使命感,不言苦,不言累,积极参与训练,涌现了许许多多感人的事迹。

广大参训师生的辛苦付出值得充分肯定,你们体现出的宝贵精神更值得大力弘扬。

一是为国争光、献身祖国的爱国精神。胡锦涛同志指出,以爱国主义为核心的民族精神,是中华民族生生不息、薪火相传的精神支撑,是中华民族不断开辟新征程、开创新未来的不竭精神动力。我校一直秉承为国争光、献身祖国的优良传统。北京奥运会、残奥会,我校共有2430名志愿者参与并高质量完成了8个志愿服务运行团队的工作任务。国庆60周年庆祝活动,我校又有2000多名师生积极参与其中。正是保持与祖国共奋进、同命运的坚定信念,大家面对高温酷暑、日晒雨淋、舟车劳顿,没有抱怨与退缩,依然精神抖擞、英姿飒爽,刻苦训练、齐步向前,以良好的精神风貌接受党和国家领导人与全国人民的检阅。

二是服从大局、刻苦训练的奉献精神。广大参训师生、工作人员充分认识到圆满完成国庆60周年庆祝活动是一项光荣而艰巨的任务,是向世界人民展示中国当代大学生风采、向全国人民展示北京信息科技大学师生良好精神风貌的难得契机,使命崇高而神圣,责任重大而光荣。你们自觉服从安排、顾全大局,听从指挥、严守纪律,坚守岗位、刻苦训练。在训练中,大家冒着酷暑、扎实训练,克服困难、连续作战,“流血流汗不流泪,掉皮掉肉不掉队”。经过两个多月的刻苦训练,成为了一支体能强、位置对、纪律严、风貌好的队伍。

三是精益求精、争先创优的敬业精神。新大学组建以来,全校师生在工作中精益求精、争先创优、挑战自我,各条战线捷报频传。国庆60周年庆祝活动中的参训师生更是秉承精益求精、争先创优的敬业精神,始终以饱满的热情投入训练,不怕苦、不怕累,攻坚克难,连续作战、不甘人后。正因为大家追求卓越,尽管我校大队训练工作起步较晚,但在7月末总队三次合练与会操评比中,都得到了总队的充分肯定与高度认可。

四是团结协作、密切配合的团队精神。众擎共举、团结协作是新大学建设发展不断取得优异成绩的法宝。在国庆60周年庆祝活动中,学校多个部门整体联动、协同作战,分解任务、各负其责,密切配合、相互帮助,积极参与各项筹备与训练工作,共同为参训师生服务。各位教官、标兵们,各个中队、各临时党支部、各团支部,众志成城共奋进、携手并肩齐步走,增强了整个团队的凝聚力、执行力、创造力。精诚团结的训练队伍以及优质可靠的服务保障,谱写了一曲齐步走向新胜利的壮歌。

所有这些精神,都是学校的宝贵精神财富,是推动学校改革建设发展的强大精神动力,我们要认真加以提升与传承。

首先,要积极固化国庆工作成果,有效

整合资源,形成工作合力。国庆60周年庆祝活动为我们积累了丰富的精神财富和宝贵的工作经验,我们一定要认真总结、倍加珍惜、大力发扬,并以此为契机,有效整合资源,全面总结工作中蕴含的德育内涵,引导更多青年学生积极投身到为国争光、奉献社会的工作中,使他们在实践中开拓视野、增长才干、提升素质、成长成才;进一步增强使命感和责任感、紧迫感,把工作中积累的积极经验和焕发的可贵精神转化为推动学校科学发展的强大动力,抓住机遇,同心同德,群策群力,开拓创新,为学校建设发展再立新功。

其次,要强化爱国主义教育,努力使爱国主义教育具体化、经常化、制度化、规范化。爱国主义教育是高校德育的基础和重要组成部分,在培养高素质的社会主义建设专门人才方面起着基础的和导向性的作用。我们要坚持以培养有理想、有道德、有文化、有纪律的社会主义新人为目标,坚持爱国主义教育与正确的世界观、人生观、价值观教育相结合,坚持以政治理论课和思想品德课为主渠道,以社会实践和校园文化为载体,以制度管理为保证,以教书育人为动力,全面推动爱国主义教育在活动内容、参与程度、行为培养、理论探索等方面上新台阶。

第三,要实现实践育人广覆盖,全面促进学生成长成才。奥运志愿服务工作和国庆60周年庆祝活动,都在实践育人方面取得了丰富的成果。我们要在这些成果基础上,以科学发展观为指导,广泛利用社会资源,为学生建立实践基地,在全校范围内形成社会实践与专业学习、服务社会、择业就业、创新创业相结合,假期实践、见习实习、志愿服务三种形式的实践育人体系,强化实践育人工作,全面促进学生成长成才。

老师们、同学们,国庆60周年庆祝活动已经圆满结束,但是全校师生不会忘记你们的艰辛付出,全国人民不会忘记你们的精彩表现。让我们以更加高昂的斗志、务实的举措、优良的作风,继续解放思想、坚持改革创新、促进学校和谐,共同为推动我校谋求新发展、取得新突破、实现新跨越做出新的更大的贡献,为全面建设小康社会、实现中华民族伟大复兴而不懈奋斗。

关于表彰国庆60周年庆祝活动及平安行动有关单位和人员的决定

(校党发〔2009〕47号)

举世瞩目、举国期盼的国庆60周年庆祝活动取得了圆满成功,实现了“隆重、喜庆、节俭、祥和”的总要求和“高质量、有创新”的目标,得到了国内外的高度评价和广泛赞誉。在市委市政府的领导下，我校认真贯彻落实首都国庆60周年群众游行指挥部、第二分指挥部、“科学发展”标语方阵总队和群众联欢第二指挥部的工作部署，在中国人民解放军防化指挥工程学院和空军95865部队各位教官和标兵的悉心指导和精心训练下，我校师生积极参与国庆、服务国庆、奉献国庆，众擎共举、全力奋战，高质量地完成了国庆群众游行工作和国庆联欢晚会群众联欢大学生联欢板块工作，得到了上级单位的充分肯定和社会各界的广泛好评，充分展示了北京信息科技大学师生的良好形象，集中体现了为国争光的爱国精神、刻苦训练的拼搏精神、精益求精的敬业精神、勇攀高峰的创新精神和团结协作的团队精神。学校健全组织体系，落实各项防控措施，实现了我校国庆平安行动的工作目标。

我校师生在完成国庆庆祝活动中取得的优异成绩，凝聚了全校师生员工的智慧和心血。有1029人参加了国庆群众游行“科学发展”标语方阵的训练和演出工作，46人参加了国庆联欢晚会群众联欢大学生联欢板块的训练和演出工作，8个工作组130多名师生参加了服务保障工作。在国庆60周年庆祝活动和平安行动的工作中，我校师生不负重托、不辱使命，以强烈的使命感、高度的责任感，全面展现了师生们强烈的爱国主义热忱、良好的精神状态、饱满的工作热情和扎实的工作作风，为新大学增添了新的荣光，并形成了宝贵的精神财富。

为总结成功经验和发扬可贵精神，表彰先进、树立典型，学校决定对全体参与国庆群众游行“科学发展”标语方阵、国庆联欢晚会大学生联欢板块、国庆平安行动以及为国庆庆祝活动提供服务保障等工作的单位和个人予以表彰。

决定授予在国庆庆祝活动中，精心选拔参训人员、全程跟踪支持训练演出、做出突出贡献的机电工程学院、光电信息与通信工程学院、自动化学院、计算机学院、经济管理学院、信息管理学院、人文社科学院、外国语学院和理学院等九个学院“北京信息科技大学国庆60周年庆祝活动最佳组织奖”；授予在国庆庆祝活动和平安行动中通力合作、密切配合、高质量完成了任务、做出突出贡献的体育部、学校办公室、党委宣传部、教务处、财务处、学生处、后勤管理处、保卫处、校工会、校团委、网络管理中心、后勤集团等十二个部门和单位“北京信息科技大学国庆60周年庆祝活动突出贡献单位奖”；授予在群众游行“科学发展”标语方阵和国庆联欢晚会大学生联欢板块中担任中队长、副中队长、小队长职务，参与大量管理工作，表现突出的曹锦平等225名同学“北京信息科技大学国庆60周年庆祝活动突出贡献奖”；授予克服困难，积极参加训练，认真完成任务，取得优异成绩的刘玉珠等883名同学“北京信息科技大学国庆60周年庆祝活动贡献奖”；授予在国庆庆祝活动和平安行动中做了大量组织、运行、管理、服务、保障工作的唐清辉等63位干部教师“北京信息科技大学国庆60周年庆祝活动突出贡献奖”；授予李志远等50位同志“北京信息科技大学国庆60周年庆祝活动贡献奖”。

学校希望受到表彰的师生再接再厉，继续为学校赢得新的荣誉。学校号召全体师生员工积极学习受表彰师生的可贵精神、先进事迹与成功经验，高举中国特色社会主义伟大旗帜，以邓小平理论和“三个代表”重要思想为指导，深入贯彻落实科学发展观，围绕学校中心工作,开拓进取、扎实工作,创先争优、建功立业,为在新的起点上,实现学校又好又快的发展而共同努力奋斗!

附件1:

北京信息科技大学国庆60周年庆祝活动突出贡献奖学生名单

一、机电工程学院(28人)

于凯琳　广　廓　马国振　王　乐　王　辉　王　震　白　杨　刘　政　刘晏端
刘景礼　孙博伟　许岩梅　张　超　张建华　李　昂　杨　帅　杨晓川　陈　杰
陈飞卿　段利娇　祖昌鹏　禹　艳　徐　波　郭鑫宇　高常杰　黄天祎　褚佳冀
靳亚楠

二、光电信息与通信工程学院(38人)

王　冉　王　岩　王　鹏　王好亮　王利阳　王祎晨　邓伟华　刘国军　刘彩春
孙克诚　齐　彦　吴　斌　张宇冲　张若一　张青政　张起豪　张馨冉　李　闯
李　珉　李一民　李国征　杨婉秋　肖昀韬　苏雅康　陆海明　周宏伟　武文斌
郁志超　郑　伟　郑天宇　郑海晶　胡月龙　展　鑫　郭保旭　盛立国　焦晨静
廖业雄　瞿　浩

三、自动化学院(24人)

丁哲壮　王　强　王志鹏　付芳芳　刘　鑫　刘宝帝　成钊松　宋　梂　张　静
李　飞　邹思旻　周婷丹　孟晓炜　季　林　金晓凤　侯　佳　赵庆松　钟　丽
秦　琨　秦　琼　崔宇昆　梁　钊　梁　爽　雷文静

四、计算机学院(28人)

丁　汀　刘　寅　刘丽媛　安永跃　汤　锐　闫　冉　闫晨辉　冷东辉　宋　林
宋得明　张泽强　张茂辉　李　钊　李天航　杨　钢　汪正江　林大飞　赵　飞
徐宗开　贾占宇　郭佳祺　高艳花　高瑜蔚　曹　洋　梁伟健　黄　珏　曾　斌
董末初

五、经济管理学院(41人)

丁　丁　亓宁宁　孔　丹　文遇炎　王久庚　王天一　王东霞　王海楠　关　飒
刘　畅　刘　佳　刘　淼　吕文涛　江明珠　吴海丽　吴　霞　张士云　张　旭
张洁明　李　进　李　帅　李秋石　李雅潇　汪　涵　汪　超　苏　越　陈羽霏
陈欣然　林　媛　赵　冉　赵亚楠　郝小品　徐鹏翱　贾艳华　曹胡蝶　曹锦平
梁　洁　谢　峥　韩　旭　谭冬霖　頼世宗

六、信息管理学院(23 人)

方想想　王登峰　王雅娟　左　腾　刘　昂　刘玉珠　闫　弘　闫晓蔚　宋　文
张　蒴　张秀峰　张勤琼　李　轩　李龙阳　杨晓玉　周丽丽　胡　磊　赵　丽
赵　凯　柴晓博　程旖婕　董　玢　蔡冬梅

七、人文社科学院(13 人)

马金龙　王　颖　王翠丽　冯鹏飞　石　晓　任　淼　李浩思　郎兰兰　晋玲玉
高　宇　崔　媛　曹一帆　解秋礼

八、外国语学院(6 人)

刘　正　刘若辰　杜　朴　唐　萌　崔　雪　焦逸洲

九、理学院(9 人)

冯宇然　刘红军　成　龙　纪榕影　闫　威　郑　盟　侯成龙　封娇洁　曹璐璠

十、首都国庆 60 周年联欢晚会群众联欢大学生板块(3 人)

王冬玉　朱旭东　赵　妍

十一、综合协调组(2 人)

田　昕　张　泽

十二、后勤保障组(3 人)

王　涛　张宝印　梁　岩

十三、宣传激励组(2 人)

范　霖　郭锦鹏

十四、车辆引导员(3 人)

孙　诤　孙　逊　郭　娇

十五、驻总队联络员(2 人)

王　晗　岳建坤

附件 2:

北京信息科技大学国庆 60 周年庆祝活动贡献奖学生名单

一、机电工程学院(98 人)

乙梦超　于小飞　于福东　勾杨　尤文勇　王飞　王冰　王凯　王征
王涛　王涛　王维　王锋　王瑶　王潭　王鑫　王明亮　王璐瑶
田洪芳　刘飞　刘月　刘旭　刘峥　刘昕楠　刘晓远　吕中和　孙京
孙华龙　朱凯　朱桂昌　汤创业　许可　邢昆　闫实　何凯　何珊
何振威　张爽　张翔　张瑜　张欢欢　张海松　张秦晋　李江　李磊
李文君　李兴超　李胜鹏　杜东海　杨朕　杨斯超　杨裕平　汪明洋　苏灵慧
陈平　陈龙　陈阳　陈天一　陈宇航　单进　孟磊　宗然　明彦琴
林琳　武连斌　罗英俏　郑一鸣　娄剑　娄磊　柯云　柳泓蛰　禹兴权
胡京楠　胡晨夕　赵旭濛　赵竹梅　郝宏霞　唐众　徐洁　耿国超　袁正
袁铭　贾剑　贾然　顾天婋　高凯　高春雨　崔艳　曹力　龚鹏
彭晓丹　董磊　谢明威　满金哥　詹绍通　熊玮　濮祥龙　瞿烨

二、光电信息与通信工程学院(126 人)

卜文昊　于传玉　于君君　于明伟　于金涛　于海宗　马鑫　马明亮　孔凡辉
方昕　方栖泽　牛凌洋　王宁　王达　王彪　王贺　王贺　王晔
王骏　王淞　王媛　王惺　王聪　王怀爽　王欣欣　王振飞　王晓坡
王逸宁　王紫瑶　王鑫龙　付征　冯立　史建新　田叶　申思雨　申雪松
白茜　石鹏娟　艾伟　龙丹　任平安　刘贺　刘哲　刘悦　刘桢
刘小雪　刘建平　刘松溪　刘海涛　刘联盟　刘嘉琦　吕行　吕云轩　吕莎莎
孙奇　孙亮　孙超　成于谨　朱宏浩　许祎飞　邢志聪　闫雷　齐诗洋
何晓　吴双　宋艳竹　张博　张超　张鹏　张磊　张鹤　张鑫
张建朝　李洋　李腾　李豫　李一心　李云强　李明达　李金钊　李思然
李春荣　李贵兵　李新杰　沙晓莹　肖强　肖文华　谷硕　邸立鹏　陈洁
陈龙光　陈建军　陈勇岳　陈玲燕　周天择　周丽新　武龙　武峥　姜瀚
律昊　胡泽龙　赵晨　赵嵘　赵玉山　赵逸兴　唐斌　唐明乐　展鹤
徐彬　耿东哲　郭晋越　高琦　高胜寒　高谦奎　梁志一　率红岩　黄鹏
彭文欢　彭立昕　董达　韩潇　蒲朝侠　靖鑫　颜旭　薛娇阳　魏长浩

三、自动化学院(74 人)

丁毅　于承志　于浩波　马辉　王发　王平　王婧　王然　王立梅
王陈凤　王秋辉　王骁康　邓大伟　付秋臣　叶根圣　乔爱强　刘静　刘士兴
刘爱华　刘梦石　刘喜文　刘颖强　危文　安斯文　成常宝　邬银军　余凡

佟　玲　张志奇　张佳伟　张诗剑　张振民　李　旺　李　祥　李　晨　李东洋
李龙成　李笑梅　李满征　李蒙蒙　杜　姣　杨晨辰　肖　爽　肖必成　肖永兴
谷　宇　陈　丽　陈　庚　陈　威　陈龙伟　陈艳梅　周　佳　林明泉　武海梦
罗　天　金　迪　胡　岳　荣倩楠　赵　东　钟　丽　徐兴磊　耿晓雅　贾惟宜
常　昊　梁　冰　梁瑞东　程楠楠　韩永琪　韩娟娟　翟海新　蔡建硕　魏琳达
徐一新　董文爽

四、计算机学院(97 人)

丁肇辉　马　龙　马妙峰　王　刚　王　欢　王　宏　王　维　王　菲　王小乐
王立志　王自平　王欣硕　王思怡　王恩靖　王海龙　王煦冬　代丽平　冯　沁
史佳琳　宁国东　田学朋　石　猛　龙海楠　刘　冬　刘　达　刘　博　刘　琨
刘子淏　刘井超　刘乾坤　孙　月　安　琪　朱晉宾　朱超群　迈　乐　邢志山
何祎帆　吴　熠　宋世达　张　月　张　倩　张　琪　张　颖　张文跃　张冬乐
张轶鸣　张尉峥　时　宇　李　军　李　慧　李长顺　李雪楠　李鸿鹤　李燕杰
杜思宇　杨　博　汪　昶　连　超　邵凯鸣　陈　媛　陈华兴　陈清峰　单　翔
季　祥　岳　明　林伟杰　林思民　武　佳　郑　斌　郑正强　查隆冬　段昆然
洪宏足　祝振宇　胡佳祺　赵　旺　赵维佳　唐　源　夏连军　徐　飞　秦　莹
郭　娜　高　鹏　高　儒　崔晓兵　常亚男　梁海亮　续　冲　彭　程　曾　文
蒋金利　谢孔凯　韩　磊　韩旭臻　詹玉婷　潘　博　戴　兵

五、经济管理学院(191 人)

丁　欢　于灵玉　于思淼　于澳国　马　诺　马　萌　马　超　仇　曼　尹广景
牛娇娇　王　爽　王　子　王　帅　王　闯　王　彤　王国林　王　坤　王　旻
王奕丁　王　娇　王弈枰　王倩雯　王晓宇　王晓枫　王　梦　王　喆　王　琼
王　锐　王新蕊　王瑞雪　王　熙　包红玲　卢　阳　卢　静　古宗莹　史雁茹
叶振华　田　明　田海燕　乔　广　乔宇倩　任秋菊　任琴琴　任蕴慈　刘玉玲
刘　杨　刘　波　刘雨陶　刘青波　刘　昳　刘　恋　刘　悦　刘　菁　刘　震
吕　娜　孙　璐　孙之伟　孙　丽　孙　娜　庄　鑫　成佳明　朱旭东　朱　怡
米志强　许欣娜　闫　红　齐春苗　齐　慧　何　山　何海红　吴　思　宋　伟
宋　歌　张　佳　张小桐　张　丹　张　宁　张宁宁　张亚楠　张宇菲　张　羽
张君瑶　张京艳　张国庆　张雨贺　张勇杰　张珍贞　张　倩　张琰明　张　瑜
张濛濛　张　蕾　张懿聪　时伟亮　李　超　李　楠　李　丹　李王莹　李艺萌
李　兵　李建楠　李玥霖　李金凤　李星瑶　李茜茜　李继超　李　菲　李营营
李　媛　李新新　李　鹤　杨　蕊　杨　文　杨　祎　杨　茜　杨　茜　杨　爽
杨辉涛　谷　丽　郤　茜　邵长平　陈　乐　陈京霞　陈佳川　陈素梅　陈　晨
陈　燕　周方舟　周杨威　周　旋　孟　菲　金长鹏　姚晶晶　姜　洋　柳晓萌

胡　月　胡耀楠　贺　祺　赵月超　赵　欢　赵　阳　赵晓曦　赵乾坤　赵瑛聘
赵　静　夏　迪　夏柳曼　徐　帆　徐　芳　徐梦媛　徐璎玢　秦玉珍　翁国云
袁赵丽　郭　娜　郭艳慧　郭　莹　钱　墨　顾　娟　高圣寒　高　妍　高　娜
曹　珊　曹　航　曹　雯　梁玉竹　梁　言　喻　菁　嵇文明　曾　卉　曾庆羽
滑建龙　程　丹　程素芬　程　雪　董思彬　董晓晨　董雯霏　蒋　坤　谢雅丽
谢德英　韩　颖　韩　苗　韩艳红　鲁　倩　詹博璟　翟丹劲　谭培建　颜舒凯
穆颖楠　魏海然

六、信息管理学院(112 人)

于江滨　马　岚　马宇红　马爱丽　孔　颖　尹振超　支明霞　王　莉　王　旋
王　喆　王子龙　王乐陶　王秀芳　王炜晶　王海楠　王艳成　王珺莹　王嵩睿
邓严华　田　彪　申海文　白　尹　刘　从　刘　颖　刘宗汛　刘席席　刘梦婷
刘雪男　孙　硕　孙育惠　孙顺旌　孙熹畅　朱　妍　朱海旭　许　源　邢　赛
闫　研　闫艺玲　齐　淼　何明蔚　吴　鑫　吴晓彤　吴海蓉　宋丽荣　宋鹏飞
张　祎　张　婧　张　薇　张小童　张文文　张园园　张京京　张晓炜　张海玉
张竟鸥　李　宁　李　乔　李　悦　李　翀　李　强　李　晴　李泽彤　杜靖蓉
杨　彬　杨　铮　杨牧天　沈　乐　肖　毅　苏　凡　苏义超　连振远　陈　凯
陈晶晶　单麟淇　周兴宇　周向征　罗　静　苗思宇　苗海峰　郄丹婷　郑晓磊
金　焕　金　甜　金　博　侯芳芳　姜景竹　姜智飞　段海娇　贲有为　赵　迎
赵文娟　赵新颖　郝丰澧　郝静怡　项雅洁　秦莉莉　郭珊珊　高　辰　崔玉东
崔建贺　梁　佳　梁美明　隗　娟　彭信儒　蒋思妤　韩　啸　韩　磊　甄海云
蔡文静　潘　钰　藏锦希　魏家武

七、人文社科学院(38 人)

于海澜　马晓龙　王　云　王思旸　王超男　刘　庆　刘　佳　刘　蕾　刘建辉
刘晨曦　安　龙　吴爱琳　张　琳　张艳娇　张惠玲　李小飞　李文睿　杜　杰
杨　静　杨静茹　陈　瑶　苑明玥　郑　阳　郑　爽　金　平　段晨强　胡金池
荣亚姣　赵　宁　郝英男　徐　晨　高乃明　寇莹莹　曾庆璇　程　英　韩京晏
翟　腾　冀呈莹

八、外国语学院(24 人)

于　萍　任江斌　刘　璐　刘丽媛　刘雨桐　孙笑飞　朱　帅　张紫楠　李　明
李亚婧　李珊珊　陈丹墨　郑　爽　金立雯　姚　森　徐　冉　贾萌萌　郭　健
郭青兰　高　颖　黄　杰　董雷杰　雷晓璐　臧良欣

九、理学院(37 人)

马　峰　文泽斌　王　尧　王　淦　王风锦　王佳信　王振澍　刘　健　刘　钰

安东明　朱凤叶　吴英俊　张　珏　张　鑫　李　宇　李　培　李　维　杨金潭
周　欢　范海珍　郑　盟　段鹏飞　胡经纬　赵　芳　郝　超　徐　轩　晁　喆
袁　迪　郭学帅　高亚男　高丽佳　高国翔　崔　兵　崔飞飞　黄文慧　谢芷晴
谢欣龙

十、首都国庆 60 周年联欢晚会群众联欢大学生板块(41 人)

马良承　毛杉杉　王永龙　王连颖　王晓婉　田　园　田　堃　刘　冬　刘　彤
吕思芸　许泓立　闫　研　闫墨丹　吴存洁　张　泽　张　倩　张　楠　张　静
张良驹　张鹏飞　李　昂　李元春　李月阳　李新宇　汪梦蕾　苏海娇　陈　彪
陈胤鹏　宫国浩　荣广川　赵　宇　赵小英　耿伟红　袁子健　诸钧鸿　崔　畅
常学强　温叶青　谢海音　颜　弋　魏振雄

十一、综合协调组(5 人)

邓碧辉　毕　竞　李思蒙　陈　维　陈赞君

十二、后勤保障组(17 人)

王永龙　叶时金　刘　佳　刘旻晖　许文俊　吴存洁　张　雄　张春伟　李大明
肖　烨　岳纪伟　金月丽　姚　辰　胡　皓　彭　强　董　鑫　颜　戈

十三、宣传激励组(10 人)

于　路　王小栋　王鹏飞　田　园　刘　冉　张泽耀　李凯頔　李庭煊　陈　征
周一辰

十四、车辆引导员(6 人)

马　瑶　王　蓉　闫　梦　张翰文　范惠夏　隋昊言

十五、英才学校国庆背景表演骨干志愿者(7 人)

孙　鹤　汤湘君　李　煊　李奕明　杨智源　赵　洋　韩　森

附件 3:

北京信息科技大学国庆 60 周年庆祝活动突出贡献奖教工名单(63 人)

于　岩　于春禹　马　众　马绍辉　毛江一　牛志英　王　瑾　王义和　王兴芬
王向旭　王肖楠　王宗广　王继强　刘云风　回世勇　孙豆豆　孙　晨　权菊娥
江益民　吴俊法　张　艳　张曼萍　李丛建　李伟彪　李华涛　李庆林　李哲谦
杜世智　肖　潇　苏　灿　邵　飞　邵长生　周　宇　周淑一　孟李辛　孟宪青
林国策　郑召义　郑晓明　胡　滔　贺　芳　赵　勇(人文)　赵　勇(机电)
赵　洁　赵双树　唐清辉　郭　颖　郭严俊　郭银辉　高凌风　崔　凯　崔宏利

谌　兵　龚汉明　焦丽华　谢　司　谢南贵　韩俊彦　鲁　雷　翟新权　樊石生
薛承军　魏元燃

附件4:

北京信息科技大学国庆60周年庆祝活动贡献奖教工名单(50人)

王凤展　王东升　王玉华　王立新　王吉山　王素容　冯　斑　田立柱　边绍琴
伍　银　刘兰凤　刘占海　刘玉强　刘京玲　刘金福　孙志强　孙昭智　孙淑玲
曲　正　朱宝山　朱淑芬　吴爱国　李　颖　李东雁　李志远　李振英　杨　安
杨厚云　沈　平　陈利源　林辰珍　范秀华　范明利　郑小博　郑丽珠　郑灿喜
金培欣　战　岩　赵双林　钟名扬　原　洁　徐　捷　秦顺红　郭　凯　郭慧峰
崔天佑　崔宝才　程国斌　鄢自刚　薛　涛

北京信息科技大学国庆60周年庆祝活动工作综述

在我校开展深入学习实践科学发展观活动过程中，我校光荣地承担了庆祝建国60周年群众游行和国庆联欢晚会大学生联欢任务，直接参加此项工作任务中的师生达1200余人。

我校以高度的政治责任感，精心组织，科学规划，合理安排，统筹推进。认真落实上级工作部署和有关要求，在我校所在的“科学发展”方阵总队的主责单位，在市委市政府、市委教工委的领导下，在昌平区委、区政府的统一指挥和协调下，在学校党委和行政的高度重视和领导下，在全体参训师生的共同努力下，经过近三个月的刻苦训练，圆满完成了承担的各项任务，为国庆60周年庆祝活动“很出色，很成功”地举办做出了应有的贡献。按照“隆重、喜庆、节俭、祥和”的方针和“高质量、有创新”的工作原则，我校提出要通过科学、系统的组织工作和高效、严格的训练工作，建设一支体能强、动作准、位置对、纪律严、风貌好的群众游行队伍，确保安全、准时、有序地完成国庆当天群众游行工作任务。在统筹规划、精心组织国庆任务的过程中，我校始终坚持以人为本的工作方针，坚持统筹兼顾的工作原则，坚持将学习实践科学发展观活动的工作成果应用到全力以赴做好国庆60周年群众游行“科学发展”方阵和国庆60周年联欢晚会大学生联欢方阵工作中去。

一、学校领导高度重视国庆游行和大学生联欢方阵工作，全校师生同心协力与祖国共奋进

按照上级关于庆祝建国60周年总体工作部署，为完成好我校承担的国庆60周年群众游行和联欢晚会大学生联欢方阵任务，学校党委常委会先后多次进行专题研究，制定了《北京信息科技大学国庆60周年群众游行队伍组织训练工作实施方案》，成立了国庆60周年群众游行队伍组织训练工作领导小组，由党政一把手担任组长，有关校领导任副组长，相关职能处室领导任成员。

7月11日上午9点，“科学发展”方阵总队北京信息科技大学大队在大学生活动中心举行了隆重的誓师大会。校党委郑君礼书记在大会上对我校国庆游行工作提出了明确要求：一是要全面贯彻落实科学发展观，全面把握时代精神；二是全校各部门要密切配合训练的进行，提供各方面的优质服务与保障，营造和谐稳定的训练氛围；三是全体参加训练的同学要以饱满的政治热情，积极的学习态度投身到训练中去，严格要求、刻苦训练，服从指挥。以高度的责任感和使命感完成好祖国和人民赋予的神圣使命。

校内训练正式开始之后，郑君礼书记、杜林校长多次带队看望全体训练同学。校纪委书记、大队长刘勇同志坚持每天到操场

观看训练情况,并及时了解并解决训练过程中老师、同学们遇到的困难。

在我校的暑期中层干部会上,学校进一步提出要求,将做好国庆60周年群众游行和大学生联欢方阵工作列入学校下半年重点工作。在各级领导的关怀指导下,我校训练工作组织得力,训练成绩显著进步,在晚训一周的情况下圆满完成了“科学发展”方阵总队合练前的训练任务。

二、全面贯彻落实科学发展观,以统筹兼顾的思想为指导,建立了科学合理的组织训练工作机制

学校建立了完善的组织训练工作体系,“科学发展”方阵总队北京信息科技大学大队大队长由分管学生工作的校纪委刘勇书记担任,团委书记任常务副大队长。同时设置了8个工作组,分别负责综合事务协调、组织训练、后勤保障、宣传激励、装备道具、学生思想教育、集结疏散和安保交通等工作,还根据队列情况设置了18个中队,每个中队成立了临时党支部和团支部,充分发挥党团组织的模范带头作用。8个工作组同时服务于大学生联欢方阵工作。学校办公室、党委宣传部、教务处、学生处、后勤管理处、后勤集团、团委、网管中心、体育部和各学院都有教师参与此项工作。全校相关职能部门的积极参与形成了集全校之力做好国庆工作的工作机制,使我校服务国庆60周年群众游行和大学生联欢方阵工作的教职员工超过100人,其中直接进入工作组的达到55人,进入游行方阵参加组织训练和队伍管理的教师达到16人,进入大学生联欢方阵队伍负责组织训练的教师达3人。

学校把全力做好庆祝建国60周年的各项任务列为学校学习实践科学发展观整改落实方案和学校下半年党政重点工作之一。全面贯彻落实科学发展观,把落实学习实践活动整改任务与承担的国庆任务有机结合起来;全校各部门紧密配合参训师生的训练工作,提供各方面的优质服务与保障,营造了和谐稳定的训练氛围。

三、克服实际工作困难,招募工作深入发动,思想工作到位,同学们积极报名参加国庆工作

根据国庆60周年庆祝活动工作要求,我校需选拔1029人参加国庆60周年群众游行“科学发展”方阵的训练工作,选拔46人参加大学生联欢方阵工作,国庆游行方阵中正式人员1010人、机动人员19人,大学生联欢方阵队伍中正式人员40名,机动6名。6月中旬,我校正式接到国庆相关工作任务时,我校正值处级以下干部岗位聘任工作的关键时刻,广大同学也处在期末考试时期。学校主管领导立即召开了相关部门负责人和各学院党总支副书记、团总支书记参加的工作会议部署有关工作,强调了“三个确保、六个优先、一个集中”的招募选拔原则,要求负责此项工作的有关老师在此次招募工作中要全面贯彻落实科学发展观,用统筹兼顾的方法,处理好人员招募和岗位聘任、日常工作等之间的关系,克服一切困难完成人员招募工作。我校根据国情60周年庆祝活动工作要求,在招募选拔参加国庆60周年群众游行和参加大学生联欢方阵学生的过程中,注重做好思想发动工作。学校党委强调,要抓住这一有利契机,大力加强学生思想政治教育和爱国主义教育,坚持“三个确保、六个优先、一个集中”的招募选拔原则,坚持“深入发动,自愿参加”的工作原则。招募工作的扎实深入开展,广大同学满怀对祖国的深情热爱,积极踊跃、主动报名自愿参与,为后期组织训练工作打下了坚实的基础

四、组织训练工作推进有序,训练计划安排科学,训练效果显著

按照“科学发展”方阵总队组织训练工作的要求,我校精心选拔了以体育部主任和两位有丰富训练经验的转业军人组成了组织训练组,为组织训练工作的有序推进打下了坚实的基础。在“科学发展”方阵总队的4个大队中,其他3个大队是全程由防化指挥学院的标兵负责训练工作,这样训练的延续性就非常强,而我校是分别由空军95865部队教官和防化指挥学院标兵先后负责指导训练工作,这对我校组织训练工作提出了更高的工作要求。为做好工作衔接,顺利完成校内组织训练工作,我校组织训练组勇挑重担,制定了详细的训练计划,坚持以校为主的工作模式,制定了换教官不改训练计划的工作原则。组织训练组三位老师每天在现场协调教官进行训练,并在校内训练中增加了站军姿等训练内容,使我校同学在训练中一直保持了良好的训练效果。为保证校内训练的效果,组织训练组和综合协调组克服了7、8月高温多雨的天气影响,在运动场先后6次画线,用掉石灰粉2吨。

五、沟通顺畅、保障到位、坚持以参训师生为本、扎实细致、温情创新地开展后勤保障工作

参训同学能否全身心投入训练工作,后勤保障工作显得尤为重要。后勤保障工作到位与否,既关系到参训人员的切身利益,又是稳定大家情绪的重要因素。为做好总体服务工作,综合协调组在组建之初就针对师生实际需求,组织训练服装、水、奶等物资的招标会,保障后勤物资及时到位。我校还为参加国庆游行和大学生联欢方阵工作的人员制定了集中住宿、免费洗浴、餐饮补助等政策,训练期间给每个同学定做了2件训练T恤衫,每天提供免费绿豆汤、矿泉水和牛奶帮助同学补充水分和营养,发放训练服4116件,训练裤2058件,训练鞋1027双,训练装备2058件,演出服装9216件,演出鞋1024双,道具2400余套。训练期间校医全程陪同,遇紧急情况及时处理,所需药物免费提供。食堂、浴室、公寓根据训练时间的调整全天候做好优质服务。

我校后勤保障工作呈现出三个特点:

第一是服务工作以“参训师生”为本。从衣食住行等方方面面为参训师生提供高质量的服务。我校原计划要在今年暑期改造小营校区的浴室,已经完成了招标,学校领导为保证一千多名参训师生较好洗浴条件,将该项工作推迟。为保证同学们集结疏散的安全,学校在操场增加了照明设备,在女生楼前安排专人用强光灯照明。

第二是服务工作扎实细致。后勤保障组根据每日训练时间调整物资发放进度,各个中队持“物资卡”领取分配物资;后勤保障组工作人员现场为训练同学提前凉好绿豆汤,节省了队员们等待时间;两次为参训师生发送水果;了解到同学们的马扎有坏的马上联系维修和更换;找修鞋匠到操场为同学们现场修理表演鞋;每次合练提前分好冷餐包,尽力满足大家的各项合理需求。

第三是服务工作温情创新。后勤保障组为每位队员配备一张印有“我与祖国共奋进”、“祖国利益高于一切”和个人姓名的“免

费洗浴卡”,既能方便学生洗浴,又起到了激励和纪念的作用。

细致入微的服务工作让参训同学感受到了学校的关爱,很多同学在座谈会上用“感动”2 个字评价学校的国庆后勤保障工作。

六、宣传激励工作贴近师生,“齐步走”系列活动深入人心

1. 精心创办“齐步走”专刊,以正确的舆论引导人

在严格做好保密工作的同时,大队精心创办了“齐步走”专刊。专刊四开四版,约 3 至 4 天一期,分为“精彩”“心声”“视角”“映像”等版面,现已出版 6 期。

2. 强化携手并肩共奋进意识,以共鸣的情感凝聚人

在宣传激励工作中,大队高扬爱国精神,“我与祖国共奋进”“祖国利益高于一切”等口号精神深入人心。7 月 30 日晚,大队还举办了国庆游行方阵“齐步走”文艺晚会,参训师生、空军 95865 部队教官、防化指挥学院标兵济济一堂、其乐融融,进一步沟通了感情、提升了爱国热情。防化指挥学院标兵入住我校开始负责训练工作后,大队适时出版了“携手并肩齐步走,同甘共苦一家人”的专刊专版,迅速制作了 2. 5 × 16m 参训师生与标兵们训练的宣传画,进一步拉近了参训师生与标兵们的心理距离。

3. 认真做好训练工作评比,以适当的奖评激励人

根据“科学发展”方阵总队评比要求,我校大队制定了优秀中队、优秀队员评比细则。根据训练的实际情况,开展了 5 次评比活动。同时,大队要求临时党支部书记认真记录队员训练表现,这些记录与优秀队员评比结果将都作为推荐优秀队员作党的发展对象工作的重要考核依据。

4. 营造良好的训练场景,以浓厚的氛围感染人

我校大队积极利用各类载体,积极营造浓厚的训练氛围。制作了近 50 条横幅,其中包含大队整体训练的各类宣传口号,18 个中队自己拟定、经过大队审核的口号;根据训练情况的变化,大队适时制作新的横幅,如在空军 95865 部队训练的中期,大队制作了落款为“全体参训师生”、内容为“教官,您辛苦了!”的大幅横幅,在防化指挥学院标兵入住我校后,为加强标兵与参训师生的紧密融合,大队制作了“携手并肩齐步走,同甘共苦一家人”的大幅横幅。制作了 3 副 2. 5 × 16m 的宣传画,充分展现了参训师生、空军 95865 部队教官、防化指挥学院标兵的训练风采。将设计制作好的大队、各中队的队旗插在运动场四周,训练场上彩旗猎猎。

5. 积极提供各类温馨关怀,以细致的服务温暖人

在宣传激励工作中,大队以参训师生为本,积极提供各类温馨关怀。向在训练期间过生日的参训师生赠送生日礼物与国庆游行方阵大队长、校纪委刘勇书记写上祝贺语的贺卡;精心制作“留言板”,开展了以“我与祖国共奋进”为主题的征文比赛,让参训师生能充分表达训练感悟与建议;设立“齐步走”点歌台,让大家在点播歌曲中进一步沟通感情、传播温馨;与西三旗街道电影队联系在露天或室内放映与训练工作有关的电影,在娱乐师生的同时,提高了他们的训练热情。

七、用科学发展以人为本的思想指导工作，多途径了解参训师生需求，多管齐下及时掌握同学的思想动态，以最快速度为参训同学排忧解难

我校学生工作组通过组织学院党总支副书记深入队员宿舍慰问、每日到训练场轮流巡视为大家打气、为大家安排专业心理咨询教师进行心理辅导等活动，确保参训同学思想稳定、训练积极。我校还给每位学生家长写了一封感谢信，争取学生家长对国庆60周年群众游行和大学生联欢方阵工作的支持。

在训练过程中，我校坚持多管齐下做好学生思想政治工作。通过实行辅导员进队伍的工作模式，安排12名辅导员老师进入国庆游行方阵队伍担任中队长，及时了解掌握学生的思想动态。通过综合协调组经常组织召开学生代表座谈会、中队长例会和工作组会议，每天到训练场收集同学留言及建议等工作方式，了解师生训练和生活中的遇到的实际问题和思想动态，反馈给各相关工作组。学校相关部门、各工作组都以最快的速度来解决相关问题。

八、提前谋划、精心组织全力做好合练、天安门演练和正式演出的集结疏散及交通保障工作

在每一次合练任务到来之前，集结疏散组都要详细掌握车辆、路线、场地等各种信息，并根据合练性质、学生参与人数等实际情况制定工作计划。在保证绝对安全的前提下，本着最大程度上方便参演人员的工作原则，反复论证各个细节，车辆安排细致到专人专座，校内外疏散路线每次都要提前实地考察，提出最优方案。在我校合练期间，集结疏散组共组织15次外出训练演练，编写出行方案13个，组织车辆300余辆。在三次长安街合练及十一当天的疏散线路工作中，集结疏散组老师带领18个车辆学生引导员把集合和返校工作做得秩序井然，由于疏散路线较为复杂而且多次变化，个别高校出现“走错路”的现象，影响集结速度，我校在整个训练及参演过程中事故率为零，得到总队的表扬。

每次总队、分指和总指的合练，我校每次都要来19～24辆大车接送同学，暑假期间学校正在进行路面施工，这么多大车按时进出学校是一项大工程，安保和交通保障组根据我校情况合理的安排了车辆的编排，做到了车辆定点停放，因此同学们合练过程上车非常方便，车辆进出校门一直非常顺利。工作期间，安保和交通保障组联系了三个车队公司，安排299辆巴士、80辆公交，出行1800余公里，运送方阵队员及工作人员共计17300余人次，保证了人员能安全准时顺利的出发、到达，顺利完成合练及表演任务。

九、学校细致的工作和同学们的刻苦训练，使我校承担的国庆60周年庆祝活动任务获得了优异的训练成绩

国庆游行方阵自自我校7月11日开始训练至10月1日参加国庆群众游行表演一共历时84天，其中校内训练约30天，总队合练11天，二分指合练5天，天安门演练3次。我校全体参训师生在国庆60周年庆祝活动中克服了高温酷暑、生病受伤、通宵作战、假期不能回家等种种困难，顺利达到了有关训练工作的要求，取得了优异的训练成绩，得到了总队领导和第二分指挥部领导的充分肯定和高度评价。7月27日，“科学发展”方阵总队进行了会操评比,在有四所院校参加的总队 6 项评比中,我校取得了 3 项第一和 1 项第二的优异成绩,我校大队被授予优秀大队荣誉称号;8 月 4 日,在第二分指挥部第一次合练中,“科学发展”方阵总队获得了考评第二名的优异成绩(第一名为部队方阵),昌平区委、区政府领导高度评价我校师生在“科学发展”方阵总队中所起的示范和带动作用。

在二分指、总队合练之外我校训练大队继续在校内加强训练,整个 8 月仅仅根据总队安排休息了 1 周。外地同学整个暑假没能回家,很多大三的同学说“我们大学四年 3 个暑假,08 年的暑假献给了奥运,09 年的暑假献给了国庆,明年的暑假我们可以正常休息了,虽然很累,但是我们很光荣。”同学们饱满的爱国热情让每位参加国庆游行工作的老师都很感动。

国庆联欢晚会大大学生联欢方阵所有参演人员从 8 月份初就开始在大学生活动中心统一训练,为祖国六十华诞而筹备,直到国庆任务的圆满完成,同学们一起奋斗,相互帮助,留下一段精彩而难忘的回忆。在历次合练和国庆演出中也做出了突出表现,获得了有关方面的高度评价。

十、详细制定工作预案,积极做好防控甲型 H1N1 流感工作

为做好甲型 H1N1 流感防控工作,校门诊部制定了《北京信息科技大学“科学发展”方阵防控甲型 H1N1 流感方案》,我校国庆游行大队安排后勤保障组老师和门诊部大夫两人专门负责防控工作,通过每天早晚两次的体温测量和体温异常随时上报并紧急处置全力做好防控工作。同时,在训练过程中,我校坚持每次训练校医到场,以便遇到情况及时处理。

十一、全体参训师生在参与国庆庆祝工作的过程中深受教育,自身素质都到全面提升

1. 进一步增强了爱国情怀和建设新大学的主人翁意识

通过大队训练、总队合练、分指合练和天安门综合演练,我校各参训师生进一步深刻了解了新中国60 年来取得的伟大成就,抒发了对祖国的深厚感情和建设祖国的壮志豪情。同时,进一步提升了全体参训师生的自豪感、责任感、使命感和建设好新大学决心和信心。

2. 形成了严明的纪律,磨砺了坚强的意志

我校处在“科学发展”方阵总队,训练要求高、训练时间长、训练任务重,全体参训师生坚持从大局出发,听从指挥、服从命令,通过高效、严格的训练,达到“动作准、位置对、纪律严、风貌好”的要求,在此过程中,磨砺了坚强的意志、形成了严明纪律。

3. 增强了大型活动的组织管理能力,开阔了眼界

我校大队在组织训练工作中,注重发挥各学生中队长、副中队长、小队长的组织管理作用,发挥临时党团组织的战斗堡垒作用和学生党员的先锋模范作用,使1029 人能够形成一个纪律严明、作风顽强、服从大局、听从指挥的钢铁团队,这批参与管理的同学超过 200 人,大家在管理和服务的过程中增强了大型活动的组织管理能力,很多同学在今年的各级学生组织换届中被选拔为主要学生干部。我校学生在参加总队、分指、总指

的合练过程中，要经常和昌平总队其他3所高校，以及其他方阵的高校进行交流，在这个过程中，同学们通过互相比较、学习，会自发的总结、进步，开阔了眼界，提高了能力。

4. 增强了师生体能

自7月11日以来，我校参训师生每天早上6点半开始进行3000米的长跑训练，经过两个多月的不断努力，所有参训师生的体能明显增强。

十二、我校筹备、服务国庆60周年庆祝活动的成功经验

1. 深入学习实践科学发展观活动取得的工作成果，为我校做好国庆60周年相关工作打下了坚实的基础

自我校开展深入学习实践科学发展观活动以来，全校广大党员干部进一步解放了思想，更新了观念，深化了对科学发展观的理解和认识，增强了贯彻落实科学发展观的自觉性和坚定性，也激发了广大教职工参与国庆工作，奉献国庆工作的自觉性和主动性，为我校完成好国庆工作打下了坚实的基础。

2. 我校逐步形成了开展重大项目的良好机制和队伍

近几年来，我校先后开展了党建与思想政治工作评估、学校成立庆祝活动、迎接过教育部的本科教学评估以及积极参与了2008年“无与伦比”的北京奥运会残奥会志愿服务工作，这些大型活动的开展形成了我校开展重大工作项目的良好运行管理机制，学校各个部门建立了良好的沟通、配合工作的模式，同时我校也培养了一批勇担重任、顽强拼搏、齐心协力、团结协作的干部队伍。在学校党委和行政的领导下，我校各相关职能部门和领导，把国庆60周年庆祝活动作为重大政治任务，精心筹划，精心组织，精心指挥，狠抓落实，表现出强烈的使命感和责任感，广大参训师生挑战极限、超越自我，吃苦耐劳、连续作战，刻苦训练、严格要求，表现出顽强的战斗作风和拼搏精神。各相关部门互相支持、团结协作，表现出很强的大局观念和纪律意识。

3. 广大师生高尚的爱国情操和“祖国利益高于一切”的伟大信念指引我们出色地完成了国庆相关工作

中华民族是富有爱国主义光荣传统的伟大民族。在我国历史发展的漫漫长河中，爱国主义是中华民族百折不挠、自强不息的民族精神的核心，是中华文明几千年发展和进步的重要力量源泉。国庆60周年系列活动的举行，极大地激发了每位中国人的爱国情怀和民族自豪感，我校师生员工自觉地将参加国庆60周年活动当作一项使命来完成，广大参演师生也自然地将国庆活动训练任务的“要我练好”，变成了“我要练好”！将优异训练成果作为献给祖国母亲60岁生日最好的礼物，是每个参演师生的心声。

在市委市政府、市委教工委的领导下，在昌平总队的指导和大力支持下，在95865部队教官和防化指挥学院标兵的精心训练下，我校认真贯彻落实首都国庆60周年群众游行指挥部、第二分指挥部和昌平总队的工作部署，圆满完成了国庆60周年群众游行工作和国庆60周年大学生联欢方阵工作，受到了上级单位的高度赞许和社会各界的广泛好评，充分展示了北京信息科技大学师生的良好形象。我们的努力为新中国成立60周年庆祝活动取得圆满成功做出了应有的贡献。我校在参与新中国成立60周年庆祝活

动中取得的成功,凝聚了全校师生员工的智慧和心血。

在今后的工作中,我校师生将继续发扬在国庆活动中表现出的为国争光的爱国精神、艰苦奋斗的奉献精神、精益求精的敬业精神、勇攀高峰的创新精神、团结协作的团队精神,为谱写新大学建设,社会和谐进步,祖国繁荣发展新篇章而努力奋斗!

在学校荣获2008年度国家科技奖励表彰大会上的讲话

校　长　杜　林

(2009年1月15日)

尊敬的赵凤桐书记,尊敬的郭主任、陈委员,老师们、同学们、同志们:

大家下午好!

去年1月23日,我们召开了学校获得国家级科技奖励表彰大会,表彰为我校以第一完成单位获得2007年度国家科技进步二等奖做出突出贡献的单位和个人。时隔一年,我校在2008年获得国家级科技奖励上又取得了新的突破,以第一完成单位获得国家技术发明二等奖1项和国家科技进步二等奖1项。今天,我们隆重召开2008年度获得国家级科技奖励表彰大会,表彰为我校获得2008年度两项国家级科技奖励做出突出贡献的单位和人员。

首先,我代表学校党政领导和全体师生员工对参加表彰大会、视察指导学校工作的市委常委、市委教育工委赵凤桐书记和市教委郭主任、市科委陈委员表示衷心的感谢!向获得国家技术发明二等奖的张福学教授、苏中教授、李擎教授和张伟同志,以及获得国家科技进步二等奖的葛新权教授和张健副教授表示热烈的祝贺!向在科研一线工作的全体教师和科技工作者致以诚挚的问候和崇高的敬意!向长期关心、支持学校科技工作的上级部门和领导表示衷心的感谢!

2008年,我们学校以第一完成单位完成的国防军工项目获得国家技术发明二等奖,以第一完成单位完成的项目"消费类产品中有毒有害物质的评价技术平台"获得国家科学技术进步二等奖,这是继2007年学校以第一完成单位获得国家科技进步二等奖之后,我校再次取得的具有重大意义的标志性成果。北京市委市政府做出组建北京信息科技大学的决策,为我们学校提供了更大的发展平台和更广阔的发展空间,为我们提高水平、发展特色、多做贡献提供了更大的支持和更多的条件。我校2008年获得两项国家级科技奖励,是在市委市政府的亲切关怀、市教委、市科委长期以来的悉心指导和全力支持下取得的成果;是新大学从国家和产业发展需求出发,坚持正确的科技工作方针,充分发挥特色优势,整合力量、统筹资源,优势互补、强强结合,取得的成果;是以张福学教授、葛新权教授为主持人的两个项目课题组全体成员坚持自主创新，勇于实践，克服困难，奋力拼搏，经过不懈努力取得的成果。这不仅是两个项目课题组全体成员的光荣，也是北京信息科技大学全体师生员工的光荣！

新大学组建以来，学校坚持创新建校，质量立校，学科兴校，人才强校，努力建设在电子信息、现代制造与光机电一体化、知识管理与技术经济等领域特色鲜明，立足北京、面向全国，培养应用型人才为主，教学科研协调发展的高水平多科型大学。我校获得国家级科技奖励的两个项目课题组，从国家和产业发展需求出发，充分发挥学科特色与优势，通过产学研合作，在国家、北京市及企业的支持下，依托一批科研项目，开展了长期系统深入的研究。两项国家级科技奖励的获得，是两个项目课题组全体同志集体智慧的结晶。多年来，他们坚持服务于国防和国家经济社会发展的需要，艰苦奋斗、努力进取，在长期积累的基础上，攻克了一个又一个技术难关；他们默默奉献，辛勤耕耘，克服了各种困难，付出了巨大的心血。张福学教授和葛新权教授作为两个奖项主要获奖人，既是自主创新的典范，又是为人师表的榜样。他们求真务实、严谨治学，勇于创新、百折不回，不慕虚华、淡泊名利，用自己出色的创造性劳动，书写了科技创新的新篇章，锻炼出团结奋进、勇于攻关的科研团队；他们以自己高尚的情怀和突出的业绩，赢得了大家的尊敬，是值得我们全体师生学习的榜样。

两项国家级科技奖励的获得，标志着我校科学研究达到了新的水平。新大学组建以来，学校按照发展规划确定的目标，坚持以应用研究和技术开发为重点，面向首都经济社会发展，保持和进一步发挥在行业特别是在国防军工领域的特色与优势，大力开展科学研究，在优势特色领域，集中力量，认真组织，全力以赴，着力开展重大项目的立项与研究开发。几年来，学校科学研究取得了显著的成绩，保持了持续快速增长的良好势头。学校科研总经费、专利授权、科研获奖水平、发表论文与出版专著数量等指标不断改写历史最好成绩。在刚刚过去的2008年，学校科研总经费达到6818万元，新增科研项目207项、其中纵向项目126项，还获得了行业和北京市级科技奖励3项。学校科研总经费、科研获奖、发表论文等指标已提前达到“十一五”规划确定的目标。

老师们、同学们，2008年，在市委市政府的正确领导和大力支持下，全校广大师生员工乘新大学成立的东风，共同努力，顺利通过教学评估并取得优秀的成绩，圆满完成奥运志愿服务和平安奥运的各项任务，学科建设取得了新的突出成绩，各项工作取得了显著成效。学校连续两年获得3项国家科技级奖励以及新大学发展建设取得的一系列成果，必将极大地鼓舞全校的师生员工。我们要继续坚持为探索知识、追求真理而埋头苦干、勇于奉献的精神，坚持脚踏实地、实事求是的优良学风，努力营造尊重知识、尊重科学、尊重人才、尊重创造的良好氛围，坚持学术民主，倡导百家争鸣，浓厚学术气氛，为优秀人才脱颖而出和大力开展科学研究创造良好的环境。我们要以获奖教师群体为榜样，发扬求真务实、勇于创新的科学精神，不畏艰险、勇攀高峰的探索精神，团结协作、淡泊名利的团队精神，努力创造出更多的高水平优秀成果，为首都和国家的经济社会发展做出更大的贡献，再创新大学发展建设的新业绩、新辉煌！

明确目标 坚定信心 理清思路 加强建设 推进新大学学科建设迈上新的台阶

——在第一次学科建设工作会议上的讲话

校　长　杜　林

(2009年6月19日)

各位领导,各位老师,同志们:

大家下午好!

根据学校学习实践活动领导小组和学校党委的部署,今天召开学校学科建设工作会议。这次会议是新大学筹建以来的第一次学科建设的工作会议,是落实学校第一次党代会精神的一个重要举措,是学习实践活动整改落实阶段的一项重要任务,是推动学校科学发展的重要工作,会议对学校的长远发展将有重要的作用。这次会议的任务,是根据学校第一次党代会确定的学校学科发展建设的目标和任务,进一步提高认识、统一思想,树立学科兴校理念和学科龙头意识,明确工作思路,完善体制机制,研究有力措施,推动我校学科建设又快又好的发展。

下面我讲五个问题,一是学校学科建设工作的简要回顾,二是学校学科建设面临的形势和任务,三是关于对学科重要性以及学科建设重要性的认识,四是关于加强学科建设的思考,五是学校加强学科建设的主要思路。

一、关于新大学学科建设工作的简要回顾:以科学发展观为指导,学科建设取得了显著的成绩

学校从新大学筹建伊始,通过制定10年发展规划、“十一五”规划确定了以学科建设为龙头的指导思想,坚持把学科建设作为提升新大学水平与质量的内涵建设的核心,并且在办学和发展实践中不断深化,确立了“创新建校、质量立校、学科兴校、人才强校”的办学指导思想。确定了学科发展与建设的目标,初步凝练了学科特色,不断加强了学科建设工作,学科建设取得显著成效。

五年来,我们完成了学院设置与学科专业调整工作,初步形成了可持续发展的学科体系。学校新增一级学科硕士点2个、二级学科硕士点7个,硕士点覆盖工、管、经、理、法等5个学科门类。获得了工程硕士专业学位授予权、新增工程硕士授权领域3个。新增教育部重点实验室1个、北京市哲学社会科学研究基地1个、北京市重点建设学科4个,拥有教育部重点实验室和北京市重点学科的数量排在北京市属高校前列。

五年来,学校的科学研究保持持续快速发展的良好态势,我们学校以第一完成单位

获得了国家级科技奖励3项和省部级科技奖励25项，其中国家技术发明二等奖1项、国家科技进步奖2项，今年又有2项科研成果已经通过国家科技进步二等奖的大学科组评审，将于今年年底公布、明年年初颁奖，其中以第一完成单位完成的1项、以第二完成单位完成的1项。科学研究的成果和科研经费总量排在北京市属高校的前列，单项指标超过北京市属“211工程”大学。这些高水平的科研成果都是我们学校的特色优势学科所取得的，标志着我们的优势特色学科的科研水平有了较大的提高，学科的科研能力有了较大的增强，学科发展的能力有了较大的提升。

五年来，我们引进了“双聘院士”2人，学校的高级职称人数增加45.2%，博士学位人员增加4.5倍，硕士生导师和兼职博士生导师分别增加2倍和1倍。新增市属高校学术创新团队7个、拔尖创新人才8人、优秀中青年骨干教师59人。师资队伍的结构，高级职称教师的数量、高学历高学位教师的数量排在北京市属高校的前列。在新大学师资队伍的建设中，学校的学科队伍在数量上得到了补充，结构上得到了改善，整体素质得到了加强。

五年来，学校投入1.02亿元用于学科建设和科研基地与平台建设，极大地改善了学科科研基地的研究条件，为提升科研水平提供了必要的保证，学科团队的科研条件特别是硬件条件和研究手段有了较大的改善与提高。

五年来，学校内涵建设特别是学科建设的显著成绩，学校的整体水平和办学质量大幅度提升，使我们学校许多重要的指标排在北京市属高校前列，个别的单项指标超过北京市属“211工程”大学。学校取得这些显著成绩正是学校第一次党代会确定稳居北京市属高校前列、力争全国同类高校一流目标的基础和依据，也是我们树立争创一流理念、实现争创一流目标的信心和决心的基础和依据。

二、学校学科建设面临的形势和任务

（一）贯彻落实科学发展观对大学提出了新要求

贯彻落实科学发展观要求高等学校要在人才培养、科学研究、社会服务和师生发展不断提升水平和质量。

一是要求我们的人才培养工作适应首都和国家经济社会发展的需要，适应国家和首都大众化、普及化高等教育阶段受教育群体的需要，人才培养的质量与水平显著提高。

二是要求我们的科学研究紧密贴近首都和国家经济社会发展与现代化建设的主战场，科技创新、技术开发的能力不断增强、水平不断提高，服务于首都和国家经济社会发展与现代化建设的科技贡献率显著提升。

三是要求我们充分利用大学的知识优势、科技优势、智力优势、资源优势、文化优势，服务首都和国家经济社会发展与现代化建设的能力不断增强，领域不断拓展，贡献率显著提升。

四是要求我们不断完善和优化服务师生全面发展的软硬件环境和服务体系，服务师生发展的能力不断增强，师生全面发展的水平显著提升。

为了支撑以上4个方面的功能，还必须有资源环境的保证，就是学术资源和条件资源的保证，尤其是学术资源的保证。学术属性是大学的根本属性,学科是大学的根基,学科是大学存在发展的学术资源和学术生态环境,学科决定了高校科学发展的学术内涵的可持续性。因此,科学发展要求支撑大学发展需要的学科体系不断完善,高水平的学科高峰、学科高地、学科高原不断建立,学科的支撑能力显著提升,支撑大学全面协调可持续发展的学术内涵得到不断地丰富与拓展。

(二)第一次党代会对内涵建设提出了新任务

学校第一次党代会明确提出学校今后几年的奋斗目标是教育教学水平和人才培养质量进一步提高,学术竞争力、科技创新能力进一步增强,学校的综合实力、办学效益和服务首都的能力进一步提高,在电子信息、现代制造与光机电一体化、知识管理与技术经济等领域的优势与特色更加突出,综合办学实力稳居北京市属高校前列,并早日达到国内同类高校的一流水平。

第一次党代会提出了要大力加强建设、为取得博士学位授权奠定坚实基础的要求,确定了要进一步明确学科建设思路、搭建高水平学科平台、大力引进培养高水平师资、强化学科特色优势、奋力冲击博士点、努力增加硕士点及重点学科、建立科学有效的管理机制等学科建设的一系列新任务。

(三)学校目前的学科水平与争创一流的目标还有较大的差距,学科建设工作中还存在比较突出的问题

通过学习实践活动的学习调研、分析思考以及不断深入研究,我们查找出了学校学科建设方面存在的问题,主要的有,学科龙头意识尚未确立,对学科建设为龙头的指导思想认识上不统一、在办学实践的落实和体现尚不明显;学科水平总体上不高,学科竞争力比较薄弱,初步形成特色优势的学科也不同程度地存在方向单一或分散、优势不够突出鲜明、学术队伍单薄或缺乏后劲、学术团队尚未形成等等问题;目前纳入学科体系中的一些学科从内涵上来看,还没有形成真正意义上的学科;对学科发展的规划以及对完善发展学科体系的工作比较薄弱,工作不够到位;学科建设的引领支撑作用不明显,学科建设与本科人才培养结合的不紧密、学科建设对本科人才培养的辐射、引领不突出,科学研究中反映学科建设内涵的集中度还不够高、分散性还比较突出、学科的科研能力和科研水平还需要进一步提高,师资队伍建设整体上与学科发展建设结合不紧、师资队伍建设的工作还没有从教学拉动型转变为学科建设引导型;有利于学科发展和有利于加强学科建设的管理体制和运行机制尚不到位。在学科发展的资源与环境上也存在较大差距,空间不足、用房资源短缺已经成为制约学校学科发展与建设的重要瓶颈,需要我们加快解决。

(四)学科发展面临新的压力,学科建设面临新的困难

关于学校以及学科建设面临的发展机遇与条件,已经在学校的党代会报告中做了比较系统的阐述,这里就不再赘述了。着重从挑战和压力的方面做一些分析。

一是随着就业市场和高等教育市场的日益开放,受教育者、社会、政府等各个方面对大学办学特色特别是大学学科特色的要求和期望值越来越高;二是学科特色的形成、培育和发展越来越难,尤其是在其他领域利用“后发优势”、后来居上的经验在学科建设与发展上更为困难;三是政府对学科建

设的标准越来越严格，对学科发展和学科建设的“准入条款”越来越苛刻，如不再按二级学科申报与评审学位点，而是改为按一级学科申报和评审博士学位点和硕士学位点，如在一类地区严格控制增扩博士学位授权单位，如不在无博士学位点的学科评审重点学科等等；四是大学之间学科的竞争、高水平学术人才的竞争越来越激烈，在学位点和重点学科处于劣势的一般院校的人才聚集越来越困难；五是在各方面竞争中以学科为主要标志的特征越来越显著、越来越突出，对以往一本科教学为主的一般院校的压力越来越大、困难越来越多、越来越处于劣势地位（如教学质量工程的名师、特色专业、团队）。此外，由于本科生扩招等多方面的历史原因，我们真正意义上的学科建设还是处于起步阶段，许多工作刚刚开展，也是我们存在思想不够统一、认识不够深刻、工作不够到位、成效不够明显的不容忽视的问题。

以上的新形势使得我们这一层次的大学面临学科建设的新问题、新压力、新挑战，我们必须认真研究、认真解决、认真应对。

三、充分认识学科的重要性，充分认识学科建设的重要性

提高认识，统一思想，充分认识学科的重要性和学科建设的重要性，是牢固树立学科意识、确立学科建设为龙头理念的前提。

我们讲学科建设为龙头，每天讲学科建设、讲水平、讲特色、讲学科，但是许多人包括我们的干部和教师对“什么是学科建设”、“什么是学科水平”、“什么是学科特色”、“什么是学科”这些问题的认识并不统一、甚至存在误区，经常听到一些同志在谈到学科建设时讲本科专业、讲本科教学的问题。因此，我觉得有必要再重复和强调以下这些问题。

学科建设不难理解，学科建设就是建设学科，就是要通过建设形成完善的学科体系和构成这个学科体系的高水平的学科。

什么是学科、什么是学科特色、什么是学科水平呢？从纯粹的学术研究出发，“学科”这个名词有多种定义和含义，比如专门知识的领域、在特定知识领域从事学术活动的规范与规制、从事学术活动的组织、学术组织与外部联系的形式与方式。搞清楚这些纯粹的关于“学科”的定义和解释对回答和解决我们的学科建设问题没有实际的意义。需要明确的是，在不同的使用场合与不同范畴，学科的内涵会有所不同，有的内涵差异还相当的明显，如果不澄清也会影响我们对学科建设工作的理解和落实。

学科这个词的最原始的意义是对专门化的知识领域进行的划分以及在不同专门化的知识领域进行学术活动的规制与约束。但是随着科技的发展和时代的变迁，学科的意义也在不断丰富。从人们使用学科这个名词的场合与范畴来看，根据我自己的学习理解，首先，学科这个名词术语本身的属性是知识的属性、学术的属性，是在知识与学术这个特定领域使用的名词；其次，根据对知识的作用不同，学科这个名词或术语主要在研究知识和应用知识这两个意义上使用，传授知识包括在应用知识之中。我们现在研究的学科以及学科建设的问题，是在知识研究的范畴，因此，我们所讲的学科水平主要就是科研水平，学科特色主要就是科研特色，而在这个意义上学科的本质是人、是在特定知识领域从事科学研究的团队。正式从这个实践的意义上看，对于单纯教学型的大学而言,因为他们没有对知识的研究,所以事实上他们没有我们现在所讨论的学科的概念,因此对单纯教学型大学而言也就没有实践意义上学科建设的概念,或者说对单纯教学型大学讲学科和学科建设没有任何实际的意义。只有当一所大学具备了一定水平、达到了一定水准之后,学科和学科建设才有了实践意义上的内涵和实际的意义,我在后面会比较详细地说明这一点。

首先要充分认识学科的重要性。

1. 拥有高水平的学科,是高水平大学的重要特征。高水平的大学一定拥有高水平的学科,一流的大学一定拥有一流的学科。

2. 高水平的学科是高水平大学的核心竞争力,是高水平大学在日益激烈的人才市场竞争和科技市场竞争中取得成功的主要的关键性因素。

3. 拥有完善并不断优化的学科体系是高水平大学持续发展的保证,是高水平大学得以持续发展的学术内涵和学术资源。

4. 学科的水平是政府、社会以及大学同行评价一所大学水平与声誉的主要内容和依据。

以中国网大对国内的大学排名为例。中国网大使用的指标体系应该说与其他各类大学排名的指标体系大同小异,网大的指标体系共有六个一级指标。一是学校声誉,通过在院士、知名专家学者以及大学校长中调查做出评价。二是学术资源,包括博士点、硕士点、国家级重点学科、国家级重点实验室等。三是学术成果,包括 SCI、EI、SSCI、CSSCI 检索论文等。四是学生,包括新生高考成绩、研究生比例。五是教师,包括高级教师职务职称比例、院士数量、长江学者数量、生师比等。六是物质资源,包括科研经费、图书、校舍等。在这六项以及指标中,学校声誉由学科水平决定,反映了学科的水平;学术资源全部是学科的内容;学术成果是学科水平内涵的具体化和体现;学生中研究生的比例反映了学科的总体状况;教师反映的是学科队伍的状况;物资资源中科研经费是学科水平的重要标志。在六项一级指标共计 100 分中直接和间接与学科水平相联系的有 72 分,也就是说学科的水平在对大学评价排名中占的分量超过 70%,可见学科以及学科建设的重要作用。

5. 学科特色是大学最重要的办学特色,也是其他特色不能取代和替代的。人们通常所说的某某大学的特色重要地也是说这个大学的学科特色。

6. 高水平的学科是高水平人才培养的决定性因素和最为重要的保障。培养学生的创新意识、创新精神和创新能力,没有高水平的学科支撑是无法实现的,是根本不可能的。高水平学科的学科带头人和学术骨干们站在科学研究领域的前沿,了解最新的科技成果和最新的科技发展动态,可以直接或间接地转化为教学的成果或教学的方法,直接作用在培养学生的创新意识、创新精神和创新能力上。在发达国家的大学和许多高水平的重点大学,本科学生参加教师科研课题的研究和工作是培养计划中必不可少的环节,高水平学科的学科带头人和学术骨干们的科研工作直接提升了本科人才实践动手能力和创新能力。而高水平学科的学科带头人和学术骨干们在创新活动中培养形成激情与活力,对培养学生的创新意识、创新精神和创新能力,更是那些简单地照本宣科讲授他人成果和前人经验无法比拟的,对培养学生的创新意识、创新精神和创新能力作用更是其他途径方式难以替代的。

在以上认识的基础上，我们不难看出学科建设的重要性。学科建设就是强化大学持续发展的基础，建设大学的核心竞争力，建设大学的特色，建设高水平的学科是为提高大学人才培养质量与水平、提升大学的社会声誉创造最重要的条件，因此可以说，学科建设是大学根本的建设，更是高水平大学、一流大学最重要的建设，正是在这个意义上，我们说学科建设是龙头，更准确地说对于高水平的大学而言学科建设是龙头，对于建设一流的大学而言学科建设是龙头。这正是我们从新大学筹建伊始就明确提出以学科建设为龙头的指导思想的初衷之所在，确定了学校发展的一种定位，表明了我们要争创高水平、争创一流的信心和决心。

四、关于加强学科建设的一些思考

反思学校几年来学科建设的工作，我们重视学科建设，但是学科建设的工作总体上还有不少差距，学科建设工作的成效仍然不尽理想，主要是我们对学科建设内涵的把握还不准确、不到位。

（一）对学科内涵的反思与理解

从实践的意义上看，学科的本质是人，是由特定的个体组成的团队，是有着特定学术内涵的团队，这个特定的团队的领军人物就是学科带头人。这一个特定群体、一个特定团队，是指在相同或相近学术领域持续稳定从事科学研究的一个群体，是在相同或相近学术领域持续稳定从事科学研究的一个团队。而高水平的学科实质上就是指在这样的学术领域或知识领域持续稳定从事科学研究并且不断取得高水平科研成果的团队。

因此，在我们讲学科建设谈到“学科”这个概念时，其中的关键词有三个，即人与团队、科学研究、相同学术领域。

首先是一个群体、一个团队、一个整体，不是一个人，也不是分散的个人，更不是各自为政、单打独斗的松散集合。

第二，科学研究，是指这个团队的所有成员都在从事科学研究，而且是所有成员都持续地在相对稳定的学术领域进行科学研究，不是指从事其他学术活动，如果一个团队只在进行本科教学，即便是在相同本科专业或相近本科专业的学术领域从事教学工作，他们仅仅是一个教学的团队，而不是一个学科意义上的团队，也就不能构成具有实际意义的学科，不能成为我们所强调的学科的概念。

第三，相同学术领域，指的是这个团队的全体成员的主要的科学研究应该是在相同或相近的学术领域，不是各自在相关性较差、距离较远的学术领域分散地进行科学研究，换句话，就是这个团队的所有成员的科学研究主要地集中在有限的学科领域—学科方向上。

（二）对学科建设内涵的反思和重新认识

根据以上的理解，可以将我们通常所说的“学科建设工作”的三句话，即“凝练学科方向、汇聚学科队伍、构建学科平台”，进一步地具体化。

凝练学科方向。就是要根据首都、行业和国家经济社会发展社会需要，科技发展前沿与方向，以及我们已有的科研基础和资源保证的实际情况，依靠学科带头人的学术洞察力、学术远见以及学校科学的学术决策确定可以形成优势特色、产出高水平成果的有限领域—学科方向，集中学术资源（包括人力资源、资金资源、设备资源等等)开展科学研究,从而达到出成果、上水平、显特色。因此,凝练学科方向的要求就是集中学术资源在有限的领域即学科方向上开展噶水平、有特色的科学研究。

汇聚学科队伍。就是要紧密围绕凝练出来的学科方向的需要建设学科团队,包括引进和培养学科的带头人、学科方向的带头人、学科方向的学术骨干和学术后备等。因此,汇聚学科队伍的要求,就是按照学科方向的需要打造学科团队。

构建学科基地。就是要紧密围绕学科方向的学科团队开展科学研究的需要,加大力度建设学科方向需要的学科平台、学科条件、学科基地以及各种保障手段,保证学科方向的学术团队开展高水平科学研究的需要。因此,构建学科基地的要求,就是为学科方向的学术团队开展高水平、有特色的科学研究提供条件支持与保障。

由此可见,按照上述的理念进行学科建设,我们就可以用学科建设统领师资队伍建设、科学研究、条件资源建设以及学术软环境建设,如果我们能够很好地把学科、科研、教学各个方面统筹协调起来,学科的龙头作用、学科建设的龙头作用就能很好地发挥出来,这也是我们坚持以学科建设为龙头推动内涵建设的意义之所在。

五、加强学科建设的主要思路——学科建设工作的着力点

我们要从学科的本质和学科建设要实现的目标,来确定学科建设工作的着力点,理清学科建设工作的思路。上面已经强调了,在实践的意义上,学科的本质是人,是学科的学术团队,关键是高水平的学科带头人。而学科建设要实现的目标可以用四句话来概括,一是学科体系不断完善,二是学科特色不断强化,三是学科水平不断提高,四是学科持续发展能力不断增强,其中最重要的是完善学科体系和强化学科特色,关键在人、在高水平的学科带头人和学科团队。从这些目标就不难明确我们加强学科建设工作的着力点。

(一)加强学科规划,不断完善学科体系。根据首都、行业和国家的经济社会发展需要,学校已有的学科与科研基础以及现有资源条件支撑的实际情况,集中高水平专家学者智慧,不断形成新的学科增长点、交叉学科、特色学科,增强学科之间的支撑能力,发挥学科体系的整体优势。学科体系的规划,完善学科体系的顶层设计主要是学校层面的职责。

(二)大力引进和培养学科带头人、学科方向带头人。学科带头人、学科方向带头人的确立不能投票选举产生,更不能靠行政权力、行政命令"任命",靠的是他们自身的学术成就、学术声誉、学术影响力以及个人的人格与魅力。成为学科的带头人,不仅要有很高的学术水平,而且要有带领团队开展科研的组织领导能力和团结团队所有成员共同奋斗的人格魅力。

(三)凝练学科方向。学科方向的凝练也是动态的、与时俱进的,要在学院、学科的层面不断地研究、调整、优化,也需要不断的统一认识、形成共知。凝练学科方向的工作主要在学院、在学科、在学科带头人,凝练学科方向主要是学院、学科和学科带头人的职责。

(四)打造高水平的学科团队。要根据学科和各个学科方开展科学研究的需要,配备和强化学科团队,引进和培养相结合,努力形成年龄结构、学历职称结构、学缘结构合理,有持续发展后劲的学科梯队。

(五)努力形成学科特色。学科特色主要体现在学科方向上,体现在学科方向的高水平科学研究上。要形成优势的学科方向,在优势方向上取得突出的胜人一筹的成果,形成他人不可替代的研究特色。

(六)大力开展科学研究。特别是要努力集中学术资源、加大支持力度、加强组织协调,推动各个学科尤其是优势特色学科和学科方向大力开展科学研究,特别是要积极地多争取大项目,要多出大成果、多出高水平成果。

(七)狠抓学科的对外开放和国际交流。要鼓励和推动各个学科和学科方向走出校门、走出市门、走出国门,开展国际交流与合作,拓宽学术视野,扩大学术影响力,在更加广阔的舞台上使我们的学科得到学术同行的认同和肯定,在开放和国际化的背景下提升学科的水平。

(八)完善体制机制,优化有利于学科建设发展的环境。其中主要的应该包括加强学科建设的管理体制和工作机制,有利于强化学科优势特色的激励机制、人才引进机制、学术骨干和学术后备的培养机制,推动学科交叉、推动形成学科新增长点的激励机制等等。

最后,我还要强调的是,学校的学科建设是事关学校发展建设全局的是,学校的各个方面都有着各自不同的责任和任务,都是不可缺少的一部分。学科建设工作的基础和重心在学院、在学科,但是,没有学校的引导、支持,没有学校各部门的配合支持和帮助,学科建设的许多工作就不可能顺利地开展。明确学校以及学校各个部门在学科建设工作中职责和任务,落实各个层面在加强学科建设方面的责任任务,是我们学校加强学科建设的重要环节。学校在加强学科建设方面承担的责任和任务,一是学科体系的完善,包括规划学科体系、制定学科体系顶层设计方案、推动学科体系调整与完善的实施;二是为学科发展和加强学科建设提供支持和保障,包括软硬件环境、制度保障、投入支持、政策支持、队伍建设支持,以及对新兴、交叉学科的倾斜和支持等等;三是对大师级高水平学科带头人引进和条件保障。目前,这些方面都需要进一步加强。(以上的内容,侧重在认识、理念层面,以避免与研究生部具体展开介绍学校有关加强学科建设的意见出现重复)

同志们,回顾几年来学校的学科建设工作,我们既看到了显著的成绩,也看到了面临的严峻挑战。以往工作的成绩为我们实现争创一流的目标奠定了坚实的基础,我们要在学校党委的领导下,进一步树立争创一流的理念,坚定争创一流的信心,理清思路、加强建设,不断完善学科体系,不断强化学科特色,我们大家的共同努力就一定能够实现学校第一次党代会确定的学校学科建设的目标,为学校又好又快科学发展做出新的贡献!

深入贯彻落实科学发展观 切实做好我校反腐倡廉建设工作

——在学校党风廉政建设工作会议上的讲话

党委书记 郑君礼

(2009年3月20日)

同志们:

在我校胜利召开第一次党代会之后,全面启动深入学习实践科学发展观活动之际,今天召开我校2009年党风廉政建设工作会议,具有重要意义。刚才,杜校长部署了我校2009年党风廉政建设和反腐败工作;纪委刘勇同志传达了中央纪委十七届三次会议的主要精神,总结了2008年我校党风廉政建设和反腐败工作;我和杜校长与分管和联系的部门和单位党政主要负责同志签订了《党风廉政建设责任书》;会后,全体校领导将分别与分管部门和联系的单位党政主要负责同志签订《党风廉政建设责任书》,全体处以上干部还要签署《领导干部廉政承诺书》。

下面,我就贯彻中纪委十七届三次会议精神,落实我校2009年党风廉政建设责任制,推进反腐倡廉工作,讲几点意见。

一、认真学习贯彻落实胡锦涛总书记重要讲话精神

中央纪委十七届三次全会是在全党全国深入贯彻落实党的十七大和十七届三中全会精神、深入学习实践科学发展观形势下召开的一次十分重要的会议。胡锦涛总书记在中央纪委十七届三次全会上发表了重要讲话,从党和国家事业发展全局和战略的高度,全面分析了当前反腐倡廉形势,明确提出了深入推进党风廉政建设和反腐败斗争的总体要求和主要任务,深刻阐述了新时期加强领导干部党性修养、树立和弘扬优良作风的重要性和紧迫性以及基本要求和工作重点。强调必须坚持不懈地加强领导干部党性修养,使各级领导干部始终保持共产党人的政治本色,发扬党的光荣传统和优良作风,树立和坚持正确的事业观、工作观、政绩观,以良好的作风带领广大党员、群众迎难而上、锐意改革、共克时艰。

胡锦涛总书记的重要讲话,是我们党关于党的建设和执政规律的新的理论思考,是党中央向全党提出的一项重大而紧迫的政治任务,具有很强的现实针对性和指导性,是指导当前和今后一个时期党的作风建设和反腐倡廉建设的纲领性文献,对于深入开展党风廉政建设和反腐败斗争,全面推进党的建设新的伟大工程,具有重大而深远的意义。

我们要认真学习、深刻领会胡锦涛总书记的重要讲话精神,在当前形势下,要全面认清反腐倡廉面临的严峻形势,深刻认识加强领导干部党性修养和弘扬良好作风的重

要性和紧迫性。学习贯彻中央纪委十七届三次全会精神着重把握两个要点，一是严肃党的政治纪律。要切实抓好中央纪委十七届三次全会和市纪委十届五次全会精神的学习、宣传和贯彻落实，深入开展政治纪律的宣传和教育工作，促使广大党员干部增强政治意识、政权意识、责任意识、忧患意识，切实在思想上、政治上和行动上与党中央保持高度一致。二是切实加强领导干部党性修养，弘扬优良作风。要结合我校开展的深入学习实践科学发展观活动，切实加强领导干部作风建设。领导干部要加强学习，把主要精力放在干事业上，兢兢业业做好本职工作。要通过开展“干部作风年”活动，使广大领导干部树立正确的事业观、工作观、政绩观，坚持以人为本，关注民生，增强贯彻落实科学发展观的自觉性和坚定性。

学习贯彻中央纪委十七届三次全会精神，要紧密结合学校中心工作，深入学习宣传贯彻学校第一次党代会精神，结合开展深入学习实践科学发展观活动，着力强化领导干部的政治意识、学习意识、创新意识、服务意识、责任意识、自律意识，着力改进作风、提高能力、解决问题、健全机制，努力建设善于领导学校科学发展、推进学校科学发展的校院两级领导班子，不断提升领导干部的党性修养，大力弘扬党的优良作风。要坚持党的群众路线，从我校实际出发，深入调查研究，解决突出问题，拓展发展空间，提高推进改革创新、破解发展难题的能力；深化学校内部管理体制改革，推进权力公开透明运行，规范权力行使，提高行政效能，营造廉洁高效、公正透明、富有活力的发展环境；提高变思路为行动、变行动为效果的执行力，以强烈的事业心和责任感推进学校科学发展；保持蓬勃向上、开拓进取的朝气和敢于创新、勇于担当的勇气，创造性地完成学校第一次党代会提出的各项工作任务，全面推进学校党的建设和各项事业取得新进展、新成效。

二、全面落实党风廉政建设责任制，完成好反腐倡廉各项任务

全面学习贯彻胡锦涛总书记重要讲话和中央纪委十七届三次全会精神，要着眼推进学校科学发展。在刚才杜校长对学校2009年党风廉政建设和反腐败工作部署的基础上，我再强调以下几个方面工作：

第一，要严格执行党风廉政建设责任制。党风廉政建设责任制是党风廉政建设的根本制度，要进一步强化党风廉政建设责任制，各级领导干部一定要以身作则，率先垂范，既要严格遵守廉洁自律的各项规定，又要切实抓好职责范围内的反腐倡廉建设工作，要切实做到“一岗双责”。各单位党政“一把手”要进一步增强党风廉政建设第一责任人的意识，对职责范围内的党风廉政建设负直接领导责任，对职责范围内的“人”和“事”负起全面责任。对“人”负责，就是要加强教育、经常提醒、严格管理、事事监督；对“事”负责，就是要明确目标、健全制度、督促检查、层层落实。学校要加强对各部门、各学院领导班子和领导干部党风廉政建设情况的考核，并把考核结果作为业绩评定、奖励惩处、选拔任用的依据。

第二，要进一步抓好领导干部的反腐倡廉教育。抓好思想理论学习，加强反腐倡廉教育，是加强党风廉政建设和反腐败工作的基础性工作。要进一步完善党委统一领导、纪检监察综合协调、部门共同参与的反腐倡廉宣传教育工作格局,结合深入学习宣传贯彻学校第一次党代会精神和开展深入学习实践科学发展观活动,采取多样化的形式和渠道,深入开展思想政治教育、党性党风党纪教育、廉洁从政教育,引导广大领导干部形成优良的思想作风、学习作风、工作作风、领导作风和生活作风。要把反腐倡廉教育同干部的培养、选拔、管理、使用等结合起来,认真落实“八个坚持、八个反对”的要求,大力倡导八个方面的良好风气,大力营造勤政廉政的环境氛围,强化党风廉政教育的针对性和实效性。要注重整合资源,吸引群众参与,加强指导保障,及时推出有深度、有广度、有影响的廉政文化活动和主题教育活动,使广大领导干部自觉改造主观世界,从思想上筑牢反腐倡廉、拒腐防变的防线,自觉抵制各种腐败现象,做到常怀律己之心,常排非分之想,做到认认真真学习、老老实实做人、干干净净做事。

第三,要大力加强新大学制度建设。学校改革建设发展越是深化,就越发凸显制度建设和规范管理的保障作用。要把加强党风廉政建设和反腐败工作同新大学制度建设紧密结合起来,深入贯彻落实中央《建立健全惩治和预防腐败体系2008~2012年工作规划》和北京市《建立健全惩治和预防腐败体系2008~2012年实施办法》、《关于加强北京普通高等学校惩治和预防腐败体系基本制度建设的意见》,通过开展深入学习实践科学发展观活动,切实加强我校的制度建设,取得一批制度建设成果,初步形成适应新大学发展需要的制度体系。强化制度在领导干部教育、监督和管理过程中的作用,在加强学校党风廉政建设和反腐败工作中的作用,在推进学校科学发展中的作用。

第四,要坚持不懈地加强监督,惩治腐败。建立决策、执行、监督三个环节既相互协调又相互制约的权力运行机制,促进依法办学、依法治校,做到权力运行到哪里,反腐倡廉工作就延伸到哪里。要加强对党风廉政建设和反腐败工作重点部位和关键环节的监督,健全监督机制,拓宽监督渠道。要严格执行党内监督体例,认真落实民主生活会、述职述廉、谈话等制度。要加大对信访举报查处的力度,对确有违纪违法的领导干部坚决按照党纪政纪条规严肃处理。

第五,要切实坚持以人为本,关心广大师生切身利益。要树立宗旨意识,增强立党为公、执政为民的自觉性和坚定性,做到全心全意为人民服务,密切联系人民群众。从实际出发,牢固树立群众观念,坚持群众利益高于一切,深入基层,联系群众,主动赢得群众的信任和支持,杜绝种种脱离群众的现象,克服形式主义和官僚主义,积极为群众办实事、做好事、解难事,不断实现好、维护好、发展好最广大人民的根本利益。以开展深入学习实践科学发展观活动为契机,围绕活动主题和拟解决的主要问题,深入开展调查研究,查找和解决影响和制约学校科学发展的突出矛盾和主要问题,在积极推动学校科学发展的同时,要关心广大师生工作、学习和生活,切实让广大师生共享学校发展成果,切实把党风廉政建设和反腐败工作转化为解决广大师生最关心、最直接、最现实利益问题的实际行动,促进校园和谐。

三、大力加强党风廉政建设和反腐败工作,推进学校科学发展

党风廉政建设和反腐败工作,关系党的形象,关系人心向背,关系事业成败。在新的历史时期,加强党风廉政建设和反腐败工作,是加强党的执政能力建设和先进性建设的重要内容,是党要管党、从严治党的内在要求,是贯彻落实科学发展观的重要保证。科学发展观是我国经济社会发展的重要指导方针,是发展中国特色社会主义必须坚持和贯彻的重大战略思想,科学发展观对党的建设特别是党风廉政建设和反腐败工作提出了新的更高要求。

从总体上说,我校党风廉政建设和反腐败工作的状况是好的,为各级党组织和广大领导干部带领全体党员和师生,顾大局、识大体,求真务实、同心同德、开拓进取、迎难而上,推动学校科学发展提供了有力的保障。在学校基础条件相对比较薄弱,新大学合并调整、改革建设发展稳定的任务十分繁重的背景下,这是非常难能可贵的,应当给予充分肯定。但从近几年部分高校发生的案件表明,高校腐败现象越来越严重。随着高校经费投入不断加大、办学自主权不断扩大以及与社会联系越来越紧密,使高校面临的党风廉政建设和反腐败工作的形势更加严峻,要求也不断提高。学校各级党组织和广大领导干部一定要深刻认识党风廉政建设和反腐败工作的长期性、复杂性和艰巨性,增强责任意识和忧患意识,齐心协力,共同努力做好我校党风廉政建设和反腐败工作,为推动学校科学发展提供有力保证。

加强党风廉政建设和反腐败工作,推进学校科学发展,关键在于加强领导,关键在加强领导干部自身建设。

一方面,加强领导是要坚持校党委对党风廉政建设和反腐败工作的领导。校党委是加强党风廉政建设和反腐败工作的责任主体,要坚持党要管党、从严治党,担负起全面领导党风廉政建设和反腐败工作的政治责任,以更加坚决的态度、更加有力的措施推进党风廉政建设和反腐败工作,以更加扎实的工作、更加明显的成效取信于广大干部群众;要加强对纪检监察工作的指导,支持纪检监察部门的工作。学校党政主要领导要履行第一责任人的职责,党政领导班子其他成员要履行分管范围内反腐倡廉建设的责任。纪检监察部门要在党委和行政的领导下,组织协调反腐倡廉工作,抓好领导干部党性党风党纪教育。相关职能部门要各负其责,做到谁主管、谁负责,一级抓一级,层层抓落实。各单位党政领导干部要切实担负起党风廉政建设的领导责任,坚持"一岗双责",把反腐倡廉工作纳入本单位总体工作计划,通盘考虑,统筹规划,协调推进;要抓好责任分解、责任考核、责任追究三个环节,坚决做到重要工作亲自部署、重大问题亲自过问、重点环节亲自协调,把管人与管事相结合,管业务与管党风廉政建设相结合,实现同部署、同落实、两促进,以自身的良好形象带好一个班子,带好一支队伍,坚决避免出现违规违纪和违法问题。

另一方面,加强领导意味着领导干部自身要加强党性修养,树立和弘扬党的优良作风。政治坚定、作风优良、纪律严明、勤政为民、恪尽职守、清正廉洁是对领导干部的要求,正人必先正己,公生明、廉生威,只有各级领导干部自己廉洁自律,才能服众,才能领导本单位开展好党风廉政建设的各项工作。学校各级领导干部要认真贯彻胡锦涛总书记重要讲话精神,认真落实学校第一次党代会精神和推进学校科学发展的要求,牢记两个"务必",大力发扬艰苦奋斗精神,坚持求真务实、真抓实干,自觉提高党性修养,树立和弘扬党的优良作风。

作为各级领导干部,在加强党风廉政建设和推动学校科学发展的过程中,要做到以下几点:一要增强宗旨观念,切实做到立党为公、执政为民;二要提高实践能力,切实用党的科学理论指导工作实践;三要强化责任意识,切实履行好党和人民赋予的职责;四要树立正确政绩观,切实按照客观规律谋划发展;五要树立正确利益观,切实把人民利益放在首位;六要增强党的纪律观念,切实维护党的团结统一。

各级党组织要真正承担起党风廉政建设和反腐败工作的职责,把党风廉政建设责任制落到实处。以学习实践科学发展观活动为契机,结合学习宣传贯彻学校第一次党代会精神,大力开展“干部作风建设年”活动,把解决领导班子、领导干部党性修养和作风建设的问题,作为开展深入学习实践科学发展观活动学习调研阶段、分析检查阶段、整改落实阶段的重点内容之一,提高领导班子、领导干部的党性修养水平,筑牢拒腐防变思想防线,推进党风廉政建设和反腐败工作取得新进展,保证科学发展观的贯彻落实。

同志们,加强党风廉政建设和反腐败工作,是一项长期的工作,我们要按照学校党委的部署和要求,解放思想,与时俱进,开拓创新,奋发努力,真抓实干,加强自律,以党风廉政建设和反腐败工作的新成效,为加快推进第一次党代会提出的各项工作任务提供有力的政治保证。

2009年党风廉政建设和反腐败工作主要任务分工

为深入贯彻党的十七届四中全会和中央纪委十七届五次全会,以及全国教育系统党风廉政建设工作会议精神,贯彻落实中纪委、教育部、监察部《关于加强高等学校反腐倡廉建设的意见》(教监〔2008〕15号),严格执行党风廉政建设责任制,进一步加强反腐倡廉建设,为顺利完成学校第一次党代会确定的各项工作任务提供坚强有力的政治保证,结合学校本年度重点工作,现就2010年党风廉政建设和反腐败工作主要任务分工如下:

一、深入贯彻落实党风廉政建设责任制

主要任务和要求:

(一)校、院(部、处)两级党政领导班子要认真执行党风廉政建设责任制,坚持集体领导与个人分工负责相结合,谁主管,谁负责,一级抓一级,层层抓落实,确保反腐倡廉各项任务落到实处。

(二)继续坚持实行学校党政正职听取校级领导班子成员反腐倡廉工作任务完成情况汇报制度,班子成员听取分管(联系)部门和单位反腐倡廉工作任务完成情况汇报制度。

（三）把反腐倡廉的要求与本单位工作一起部署，一起落实，一起检查，一起考核。牵头单位要制定工作计划，明确责任和措施，切实担负牵头开展工作、完成任务的责任；协办单位要保证本单位的责任到位、任务落实，确保协办任务按时保质完成；各单位年底提交书面工作总结。

（四）认真落实党风廉政建设责任制考核工作。年底学校党风廉政建设责任制领导小组将对承担任务的牵头单位进行考核，考核结果列入领导班子和领导干部考核评价范围，作为工作实绩和奖惩的重要内容。

主管领导：郑君礼、杜林

协助领导：刘勇

牵头单位：纪委办公室（监察处）

协办单位：全校各单位

二、深入开展反腐倡廉宣传教育，促进校园廉政文化建设

主要任务和要求：

（一）进一步完善反腐倡廉大宣教工作格局。把反腐倡廉教育纳入学校党委宣传教育总体部署，纪检监察、组织、宣传、人事、学生等部门协同配合，把反腐倡廉宣传教育纳入年度工作计划，作出部署。进一步优化校园环境，推进廉政文化进校园，将廉政文化纳入校园文化建设，营造风清气正的校园环境。充分发挥党风廉政宣传教育月活动等载体的作用，将集中教育和经常性教育相结合，有针对性地开展多层次、多类型的主题教育、警示教育。

主管领导：刘勇

牵头单位：宣传部

协办单位：纪委办公室、组织部、人事处、学生处、研究生部党总支、团委

（二）加强对领导干部的反腐倡廉教育。认真贯彻中央纪委十七届五次全会精神和市纪委十届六次全会工作要求，以党性党风党纪教育为重点，加强对党员干部的理想信念教育和廉洁从政教育。把反腐倡廉教育列入校、院两级理论中心组学习内容，列入干部教育培训计划。

（三）以开展党员干部作风建设年活动为载体，继续推进领导干部作风建设。大力弘扬密切联系群众之风、求真务实之风、艰苦奋斗之风、批评和自我批评之风，以优良的党风促教风、带校风。

（四）定期召开领导干部民主生活会，检查严格遵守党的纪律、自觉执行民主集中制和“三重一大”、《中国共产党党员领导干部廉洁从政若干准则》等各项制度执行情况，检查领导干部自身在思想作风、学风、工作作风、领导作风和生活作风以及廉洁自律方面的情况，针对存在的问题提出措施并认真整改。

主管领导：刘筱毅

牵头单位：组织部

协办单位：纪委办公室、学校办公室、宣传部、机关党委、各党总支、直属党支部

（五）切实加强以“学为人师、行为世范”为准则的师德建设，加强对学术带头人、科研项目负责人、评审专家等人员的廉洁教育和诚信教育，大力开展表彰和树立优秀教师先进典型等宣传教育活动。

主管领导：冯喜春、韩秋实

协助领导：刘勇

牵头单位：人事处、科技处

协办单位：纪委办公室、财务处、审计处、教务处、研究生部、工会、宣传部

（六）加强对重要岗位、重点部位工作人

员的反腐倡廉教育。坚持示范教育和警示教育相结合、自律与他律相结合,开展法律法规、财经纪律等内容的教育,树立遵纪守法观念,增强拒腐防变意识。

主管领导:刘勇

牵头单位:纪委办公室

协办单位:宣传部、人事处、财务处、审计处、机关党委、各党总支、直属党支部

(七)加强学生廉洁教育。建立健全廉洁教育工作机制,充分发挥专业教师队伍的主导作用、思想政治工作队伍的引导作用和学生骨干队伍的示范作用,充分利用新生入学教育、毕业生教育、党课等形式和各种校园文化活动,深入开展校园廉政文化建设。开展合格公民、遵纪守法、诚实守信教育。

主管领导:刘勇

牵头单位:学生处、研究生部党总支

协办单位:组织部、宣传部、纪委办公室、团委、各学院党总支

三、加强领导干部廉洁自律工作

主要任务和要求:

(一)认真落实《中国共产党党员领导干部廉洁从政若干准则》,切实贯彻落实中纪委十七届五次全会精神,重点抓好以下几项规定的落实:

1. 严禁违反规定为配偶、子女及其他特定关系人在就业、投资入股、经商办企业等方面提供便利谋取不正当利益;

2. 严禁违反规定私自从事营利性活动;

3. 严禁违反规定收送现金、有价证券、支付凭证和收受干股;

4. 严禁大操大办婚丧喜庆事宜或借机敛财;

5. 严禁用公款或接受与其行使职权有关系的单位和个人邀请进行高消费娱乐、健身活动。

(二)严格执行领导干部个人收入申报、礼品登记上交、报告个人有关事项、述职述廉、民主评议、谈话和诫勉等制度。

主管领导:郑君礼、杜林

协助领导:刘筱毅、刘勇

牵头单位:纪委办公室、组织部

协办单位:学校办公室

四、全面落实上级部署,扎实推进惩防体系制度建设

主要任务和要求:

(一)以制度体系建设为核心,继续落实学校《惩防体系基本制度建设检查工作方案》(校党发〔2009〕36号),各责任单位要在上半年完成所承担的制度建设任务。

(二)狠抓各项制度落实,切实增强领导干部带头执行制度的自觉性。加大对制度执行情况的检查力度,重点检查党风廉政建设责任制、民主集中制、“三重一大”、校院两级校(院)务公开等制度的执行情况,重点检查招生、基建、采购、财务、科研经费、后勤服务等重点领域制度完善和执行情况。检查结果将作为各单位年度党风廉政建设责任制落实情况考核的重要依据之一。

主管领导:郑君礼、杜林

协助领导:刘筱毅、刘勇、冯喜春、韩秋实、孙百生、许晓革、彭斌柏

牵头单位:纪委办公室(监察处)

协办单位:学校办公室、组织部、宣传部、教务处、科技处、研究生部、人事处、财务处、学生处、招就办、资产处、审计处、后勤处、基建处、工会、各学院、继续教育学院、图书馆、后勤集团

五、深入推进廉政风险防范管理工作

主要任务和要求：

（一）按照市委的总体要求，在认真总结我校廉政风险防范管理试点单位经验的基础上，今年将在人、财、物管理等职能部门全面开展廉政风险防范管理工作，相关校、处、科级干部要认真查找所在岗位的思想道德、岗位职责、业务流程、制度机制和外部环境、“三重一大”事项等方面可能发生腐败行为的风险点，按照风险发生的几率或危害损失程度确定风险点等级，制定风险防范措施，画出廉政风险防控流程图。

主管领导：刘勇

牵头单位：纪委办公室（监察处）

协办单位：组织部、教务处、科技处、研究生部、人事处、招就办、资产处、后勤处、继续教育学院、后勤集团

（二）继续实施我校《关于强化廉政风险防范重点部位和关键环节监督管理办法（试行）》（校党发〔2009〕21 号），加强对重点领域、重点部门、重点工程、重点环节的监督管理。各责任单位在具体工作中要强化日常监督和自我监督意识，切实加强“过程监督”。对重点部位和关键环节涉及的相关工作要根据工作进展情况填写《重点部位工作履行程序自我规范表》，发现问题及时纠正，以保证重点部位和关键环节的各项工作严格执行规范的工作程序。各责任单位年底要对工作整体情况对照监督指标进行自查，认真填写《廉政风险防范重点部位和关键环节监督管理工作自查表》，并接受学校纪委的集中检查，检查结果将作为各单位年度党风廉政建设责任制落实情况考核的重要依据之一。

主管领导：刘勇

牵头单位：纪委办公室（监察处）

协办单位：组织部、教务处、科技处、研究生部、人事处、财务处、招就办、资产处、后勤处、基建处、继续教育学院、图书馆、后勤集团

六、认真做好查办案件和信访举报工作

主要任务和要求：

坚持依纪依法办案，严格遵循“事实清楚，证据确凿，定性准确，处理恰当，手续完备，程序合法”的办案方针。进一步加强信访和案件查办工作，加强责任追究。认真受理群众信访举报问题，完善纪检监察信访工作制度，加大信访件督办力度，服务校园和谐建设。

主管领导：刘勇

牵头单位：纪委办公室（监察处）

协办单位：有关部门

七、继续开展专项治理工作

主要任务和要求：

（一）进一步规范教育收费行为，切实加强学费、住宿费的管理。坚持学生自愿和非营利原则，完善规范服务性收费和代收费管理办法。认真落实教育收费公示制度，建立经费收支定期审计制度。

主管领导：冯喜春

协助领导：刘勇

牵头单位：财务处、监察处、审计处

协办单位：学校办公室、教务处、研究生部、保卫处、后勤处、招就办、继续教育学院、图书馆、体育部、计算中心、网管中心、后勤集团

（二）巩固“小金库”专项治理工作成果，进一步加强日常监督检查和查处力度。加

强治理“小金库”长效机制建设,针对“小金库”治理中发现的问题,制定有针对性的预防措施。

主管领导:冯喜春

协助领导:刘勇

牵头单位:财务处、审计处、监察处

协办单位:全校各单位

八、进一步加强招生考试管理与监督

主要任务和要求:

(一)继续实施招生“阳光工程”,进一步加大信息公开力度,规范和细化信息公开内容,对参与招生工作的人员进行纪律教育。抓好研究生招生考试的管理与监督,加强监督检查,有效防范违规录取等行为的发生。

(二)进一步规范学籍管理,切实做好新生审核备案、毕业生学历、学位证书电子注册以及学生学年电子注册工作。

主管领导:许晓革、孙百生

牵头单位:招生就业办、研究生部

协办单位:教务处、监察处、各学院

九、加强对科研经费的管理和监督

主要任务和要求:

(一)认真执行《北京市属高等学校科学研究项目管理办法(暂行)》(京教研〔2007〕4号)等制度,加大对科研经费管理力度,加强对科研经费使用情况的监督和检查,避免出现违规行为;抓好高层次人才培养、科研立项、科研基地建设和重大科技成果转化过程中的学风工作,加强学术道德和学风建设,做好立项评估和项目执行后的绩效考评,防止弄虚作假,提高科研经费的使用效益。

(二)加强科研经费使用的管理和监督,保证科研项目资金安全合理使用,对科研经费使用中的违规行为,要根据相关规定,追究有关人员的责任。

主管领导:韩秋实、冯喜春

牵头单位:科技处、财务处

协办单位:审计处、监察处

十、进一步加强对财务的管理和监督

主要任务和要求:

(一)进一步加强预算管理,不断完善大额度资金使用管理制度;严格财经纪律,全面落实“收支两条线”规定。

(二)强化对教育经费使用的监督,进一步健全完善财务收支内控制度,切实加强财务管理,确保资金安全,提高教育经费使用效益,促进职责、权力、义务清晰的校、院两级财务管理体制建设。加强对财会人员的财经法规、制度的培训,不断提高财会人员的业务素质和工作水平。

主管领导:冯喜春

牵头单位:财务处、审计处

协办单位:监察处、各学院

十一、加强对基建工程、维修工程的管理和监督

主要任务和要求:

进一步完善基本建设管理和监督,开展工程领域专项治理工作。加强工程建设中的廉政建设,完善廉政责任制,实行与施工方、监理方签订廉政责任书制度。加强对工程建设、施工、监理等各个环节的监督,预防干预招标、规避招标等问题的发生,完善招投标制度和实行政府采购的管理办法。根据新校区建设进程,建立健全相应的组织机构、制订岗位职责、工程管理和监督等管理制度;加强对学校基建和维修资金的管理和监督。

主管领导:彭斌柏

协助领导:刘勇

牵头单位:基建处、后勤处、后勤集团、监察处

协办单位:审计处、财务处

十二、加强对干部人事制度改革的管理和监督

主要任务和要求:

(一)全面贯彻《党政领导干部选拔任用工作条例》(中发〔2002〕7号)和《党政领导干部选拔任用工作监督检查办法(试行)》等政策规定,不断深化干部人事制度改革。坚持民主、公开、竞争、择优,形成干部选拔任用科学机制。规范干部任用提名制,完善公开选拔、竞争上岗、差额选举办法。增强干部工作中民主推荐、民主测评的科学性和真实性。认真贯彻《党政领导干部交流工作的暂行规定》,完善干部交流机制,加大干部交流力度。健全领导干部民主评议制度,完善干部考核评价体系,发挥考核结果在干部任用和监督管理中的作用。加强对干部选拔任用工作全过程监督,提高选人用人公信度。

主管领导:刘筱毅

牵头单位:组织部

协办单位:学校办公室、监察处

(二)继续推行教师职务聘任制改革,严格执行我校教师职务聘任有关规定和工作程序,坚持公开、公平、公正的原则,切实做好教师职务聘任工作。

(三)深化分配制度改革,建立健全科学完善的教师绩效考核指标体系,将党风廉政建设和反腐败的要求融入考核内容,充分体现考核指标的激励性和约束性的有机统一。

主管领导:冯喜春

牵头单位:人事处

协办单位:财务处、审计处、监察处、各学院

十三、深入推进校(院)务公开工作,开展基层党务公开工作

主要任务和要求:

(一)进一步推进校(院)务公开工作,继续推行校务公开目录,规范校(院)务公开的程序和内容,把学校工作的重点、难点、师生员工和社会关心的热点问题作为校务公开的重要内容,不断提高校(院)务公开制度化和规范化水平。

(二)积极探索推进党务公开特别是基层党务公开工作,落实党员的知情权、参与权、选举权、监督权。

主管领导:郑君礼、杜林

牵头单位:学校办公室

协办单位:全校各单位

十四、进一步加强内部审计监督工作

主要任务和要求:

(一)认真贯彻执行内部审计工作有关规定,加强领导,完善制度,加大对科研经费及其他各类专项经费和资金的审计力度,继续实施预算执行与决算审计,加强对基建修缮工程项目审计,进一步加强领导干部经济审计,努力探索开展管理审计,维护财经纪律,防范经济风险,促进规范管理,提高经费使用效益和效果。

(二)审计实施过程中,审计部门要对重要的违法违规情况或线索进行重点核查,需移送纪检监察部门的案件线索,及时移交,相关部门要将处理结果及时反馈审计部门。

主管领导:冯喜春

牵头单位:审计处

协办单位:纪委办公室(监察处)、财务处、有关单位

十五、深入推进校办产业规范化管理

主要任务和要求:

规范校办企业管理制度,重点检查校办企业规章制度的落实和执行情况。加强校办企业的内部审计监督工作。

主管领导:韩秋实、彭斌柏

牵头单位:科技处、后勤集团

协办单位:审计处、财务处、监察处、有关单位

全面贯彻落实科学发展观 全力推进学校事业科学发展

——暑期中层干部会议综述

8月24至25日,学校2009年暑期中层干部会议召开。会议进一步深化了各级领导干部对科学发展观内涵的认识、对学校第一次党代会精神的领会,进一步坚定了贯彻落实科学发展观和学校第一次党代会精神,全力推动学校各项事业科学发展的信心与决心。市委教育工委常务副书记刘建应邀出席会议并作专题报告。全体在校校领导出席会议,全体中层干部参加会议。学校党委书记郑君礼、校长杜林对上半年工作做了简要总结,对下半年党政重点工作进行了全面部署。

市委教育工委刘建常务副书记在会议上做了关于加强北京市党建工作的专题报告。刘建副书记简要介绍了北京市党建工作基本情况,总结了北京市高校党建工作取得的主要成绩与基本经验,并指出了存在的问题。最后,她紧密结合贯彻落实科学发展观,进一步提出了加强北京市高校党建的工作思路。

副校长孙百生、副校长冯喜春、校纪委书记刘勇、校党委副书记刘筱毅,副校长彭斌柏等五位校领导分别就学科建设、师资队伍建设、学生工作、基层党建、新校区建设等工作先后做了主题发言。在分组讨论中,与会人员围绕"进一步贯彻落实科学发展观和学校第一次党代会精神,努力推动学校各项事业科学发展"的主题,对如何推进落实学校下半年党政重点工作和学习实践活动整改工作进行了深入研讨。大家认为,学校近年来工作成效显著,目前拥有很好的发展势头;五个主题发言思路清晰,重点突出,目标明确,措施可行,展现了学习实践活动的调研成果,与会人员深受启发;学习实践活动整改落实方案目标、时限、责任、措施明确,做好整改落实工作,对实现学校第一次党代会确定的发展目标具有重要的现实意义。他们还就如何抓好学习实践活动整改落实方案提出了很多切实可行的意见与建议。

杜林校长在讲话中指出,上半年学校圆满完成了三件大事并取得了良好成效:一是

胜利召开了第一次党代会,为推进学校科学发展奠定了坚实的政治、思想、组织保障;二是深入开展了学习实践活动,进一步梳理了影响和制约学校科学发展的突出问题,就科学发展观对学校提出的新的更好的要求以及事关学校科学发展的重大问题凝聚了新共识,形成了贯彻落实第一次党代会精神、推进学校科学发展的整改落实方案;三是召开学校第一次学科建设会议,就学科建设的内涵形成了共识,明确了加强学科建设的工作思路。内涵建设取得了新进展,大力实施质量建设工程,进一步提高人才培养质量;加强科学研究,今年又以第一完成单位获得一项国家级科技奖励;服务首都社会经济建设,在市属高校中率先取得中关村科技开发区股权激励单位的资格;等等。外延建设取得了新成效,新校区立项工作得以积极推进,现有校区办学条件得到改善。探索推进的两项改革取得了阶段性成果,顺利完成了处级以下党政管理与学生工作岗位聘任工作,推进校院两级管理体制改革。杜林校长指出,2009 年下半年,全校各部门、各单位要按照“巩固、融合、提高、发展”的总体要求,进一步贯彻落实学校第一次党代会精神,固化学校学习实践活动成果,落实学习实践活动整改方案,继续完成好学校 2009 年党政工作要点确定的各项工作任务,着力落实好以下重点工作:一是进一步宣传第一次党代会精神,弘扬发展共识,形成“十二五”事业发展思路;二是贯彻落实学科建设工作会议精神,提升学科发展水平;三是进一步完善应用型人才培养体系,提高人才培养质量;四是开辟科学研究新的增长点,推动科技工作协调可持续发展;五是进一步实施“人才强校”战略,大力加强人才队伍建设;六是着力改善办学条件,优化办学环境;七是探索“一站式”服务体系,全面服务学生成长成才;八是进一步深化学校内部管理体制改革;九是进一步健全管理体制机制,提升学校决策和管理水平;十是以人为本,确保学校的和谐稳定。

校党委书记郑君礼在总结讲话中指出,近年来,面对新形势新任务新要求,学校党委认真贯彻落实党的十七大精神,坚持以科学发展观为指导,以新大学成立和召开学校第一次党代会为契机,在全面贯彻落实学校“十一五”事业发展规划的基础上,进一步深入谋划新大学发展,以改革创新精神加强党的建设,各项工作有了新的进展,取得了新的成绩。上学期,全校各级党组织和广大党员干部始终将学习实践活动作为推进学校科学发展、贯彻落实第一次党代会精神的难得机遇,以科学发展上水平为核心,坚持进度服从质量、形式服从效果,原原本本学习材料、认认真真分析检查、扎扎实实落实整改,使学习实践活动进展顺利、扎实有效,形成了推进学校科学发展的强大动力。所有这些成绩的取得,是原两校多年来奠定的良好工作基础的结果,是市委市政府在合并组建过程中大力支持的结果,是各级党组织、全体党员和广大师生智慧与力量、心血与汗水的结晶,更是全校师生抢抓机遇、迎难而上、争先创优、挑战自我的结果。郑君礼书记就做好下半年重点工作和落实学习实践活动整改工作任务强调了以下几点意见:一是认清教情校情,进一步坚定创建一流大学的信心与决心;二是要进一步解放思想,分解细化学校第一次党代会提出的各项任务;三是要推进改革创新,不断完善新大学的体制机制;四是要坚持开放办学,充分利用各方面的资源和条件;五是要强化责任意识,认真落实整改方案和下半年工作任务。为此,郑君礼书记强调,各级领导干部要继续以奋发的精神风貌和良好的工作状态投入到落实整改方案和下半年工作任务中,要注意处理好改革、稳定和发展的关系,要加强对处级以下党政管理人员的业务培训,推进各项具体工作的落实。

郑君礼书记、杜林校长希望各级领导干部继续发扬改革创新、开拓进取的奋进精神,继续保持艰苦奋斗、立足本职的工作作风,推进学校科学发展,以优异的成绩向新中国成立60周年华诞献礼。

确保教学中心地位　创新人才培养模式

——应用型人才培养研讨会综述

12月25至26日,学校召开应用型人才培养研讨会,就应用型人才培养模式改革创新进行深入研讨。学校党委书记郑君礼、校长杜林、副校长冯喜春出席会议。学校应用型人才培养研究课题组成员、教学工作委员会成员、各学院院长、赴美大学专业调研组成员、各专业负责人、各系主任及负责人以及其他相关人员近100人参加会议。会议由副校长许晓革主持。

会上,学校四个赴美"应用型人才培养考察团"的教师代表分别介绍了美国大学应用型人才培养的教育理念、操作模式以及有益经验。"北京市属市管高校应用型人才培养研究"课题各子课题组代表分别就应用型人才培养的国内外比较研究、实践教学体系研究、质量评价与监控研究、通识教育研究、教师素质要求与培养途径研究等的研究成果进行了汇报,并着重对学校应用型人才培养模式的改革创新提出了参考意见。理学院介绍了我校将于2010年设置的数理实验班人才培养模式的构想与思路。

与会人员紧密围绕应用型人才培养模式的改革创新的议题,分组进行了深入研讨,就应用型人才培养模式的改革达成了共识、统一了思想,并从应用型人才培养的培养方案、课程体系、教学内容、教学方法、教学手段等方面对我校应用型人才培养模式的改革创新提出了积极建议。

许晓革副校长在讲话中全面回顾了学校自合并筹建以来在探索应用型人才培养方面所开展的主要工作及取得的主要成效,并总结了工作经验。

杜林校长在讲话中指出,学校召开应用型人才培养探讨会,目的是交流、分享调查研究成果,促进教育教学理念的转变,探索切实可行的工作思路,从而推动教学改革与实践;应用型人才培养模式的改革创新,解放思想、转变理念是先导。他着重阐述了学校应用型人才培养模式改革创新的方向,并提出了工作思路,要求大家深入开展学校应用型人才培养模式研究，积极推进试点工作，循序渐进，不断创新人才培养模式。

郑君礼书记在总结讲话中指出，根据国内高等教育发展趋势和学校自身实际，人才培养模式的改革创新作为高等教育改革的核心，作为学校改革建设发展的关键，具有重要的现实意义。他提出了我校人才培养模式改革的总体要求，强调了我校人才培养模式改革的着力点：一是加大支持力度，进一步强化教学工作中心地位；二是深入实施教学质量工程，形成人才培养特色；三是各部门密切配合、通力合作，全员参与推进人才培养模式的改革创新。

会上，与会领导还为2008年校级优秀教育教学成果奖获奖教师颁发了证书。

创新人才培养和创新团队建设工作研讨会综述

为进一步加强师资队伍建设，创新团队建设和创新人才的培养，学校于2009年12月11日下午至12月12日上午召开了创新人才培养和创新团队建设工作研讨会。学校党委书记郑君礼、校长杜林，副校长韩秋实、孙百生出席会议，党委组织部、教务处、科技处、研究生部、人事处、财务处负责人，各学院院长，入选北京市人才强教计划和深化计划的拔尖人才、创新人才、创新团队负责人和创新团队成员以及中青年骨干教师代表参加了会议，会议由冯喜春副校长主持。

郑书记在讲话中充分肯定了我校的人才强教工作在切实加强师德建设、加强教师思想道德修养，在高层次人才引进、全面提升教师综合素质，在提供平台、积极汇集学术大师，在整合人才资源、形成一批学术梯队和学术团队等方面取得的成绩。郑书记强调，要进一步做好工作应从以下三方面着力：一是坚持党管人才，以科学发展观统领人才全局，加大统筹力度，把以人为本理念和人才是第一资源理念落到实处；二是坚持改革创新，不断完善人才成长的体制和机制，营造人才发展环境；三是坚持突出重点、整体推进的原则，全面促进人才队伍整体素质的提高。

杜林校长首先代表学校感谢为学校近几年取得突出成绩做出贡献的所有老师，感谢创新人才、创新团队等在人才建设方面做出的贡献，感谢大家对学校工作提出的建议。杜校长指出我们要在新的发展阶段、在新的历史起点上谋划学校的发展，并希望大家争做科学研究的表率；争做本科教学工作的表率；争做学科建设的表率；争做服务学校、学院学术建设的表率以及师德的表率。

冯副校长从北京市人才强教的实施背景、整体情况以及我校人才强教工作情况三个方面介绍了人才强教工作的总体情况，并强调人才是第一战略资源的思想。冯副校长指出，我们要着力培养和引进学术大师和带头人作为领军人物;努力培养中青年骨干来加强中坚力量;大力加强团队建设,使人才队伍建设上层面、上水平,提高学校核心竞争力。

研讨会上,人事处赵晓林副处长分五部分详细介绍了我校人才强教计划开展情况,财务处任立乾副处长从财务角度介绍了执行人才强教计划和其他专项的工作情况,机电学院许宝杰院长、光电学院刘桂礼副院长、自动化学院李邓化院长和经管学院葛新权院长分别介绍了学院创新人才和创新团队的工作思路、做法、经验及设想,创新团队带头人代表徐小力教授、王丽坤教授和创新人才代表唐五湘教授从不同的角度,围绕创新人才和创新团队培养的工作思路、做法、经验及下一步的工作目标进行了交流和探讨。分组讨论中各小组成员都踊跃地发言,对学校的创新人才培养和创新团队建设工作提出了宝贵的意见和建议。

本次研讨会在有关职能部门和各学院的大力支持下取得了显著的效果,为进一步做好我校创新团队建设和创新人才的培养工作打下了坚实的基础。

(许　波)

学校党政工作要点

2009年是新中国成立60周年,也是新大学成立之后的开局之年。面对新大学、新形势提出的新任务、新要求,2009年学校工作的总体思路是:坚持以邓小平理论和“三个代表”重要思想为指导,以科学发展观统领学校全局,以新大学第一次党代会为契机,认真贯彻落实第一次党代会精神,加快推进学校的科学发展、创新发展、和谐发展。坚定“稳居市属高校前列、早日达到国内同类高校一流”的目标,树立一流理念,强化危机意识和忧患意识,抓住内涵发展与外延建设两条主线,强化办学特色,突出质量工程、学科建设、新校区建设等重点,切实抓好组织建设、制度建设、和谐校园建设,继续深化人事制度、教师职务聘任、校院两级管理、后勤服务、用人与分配制度等领域的改革,全面推进学校各项事业取得新成效、新发展。

一、开好学校第一次党代会,认真贯彻落实第一次党代会精神

继续做好学校第一次党代会各项筹备工作,确保年初圆满召开。

认真贯彻落实学校第一次党代会精神。周密组织各级党组织、全体党员和全校师生认真学习宣传党代会精神,认真细化分解党代会提出的各项任务,明确2009年的阶段性工作目标和工作任务。各单位、各部门要围绕党代会确定的目标要求和工作部署,结合自身实际,明确工作思路,制定具体措施,确保取得阶段性成效。要利用各种途径和渠道,大力宣传党代会的精神及取得的成果,使全体师生明确第一次党代会确定的奋斗目标、发展思路和主要任务，形成努力建设特色鲜明的高水平多科型大学的共识，增强全体党员和广大师生贯彻党代会精神、推动学校发展的主动性和积极性。结合开展深入学习实践科学发展观活动，通过基层党组织和党代会代表，落实好党代会精神的学习宣传活动，充分发挥各级党组织和党员的作用，把党代会精神落实到各项工作中。

二、以开展深入学习实践科学发展观活动为重点，全面加强党的建设

根据中央和市委的有关工作部署，紧紧围绕“党员干部受教育、科学发展上水平、人民群众得实惠”的要求，组织全校党员特别是校院两级领导班子和党员领导干部开展深入学习实践科学发展观活动，使广大党员、干部深刻理解和全面把握科学发展观的科学内涵、精神实质、根本要求，转变不适应、不符合科学发展的思想观念，增强贯彻落实科学发展观的自觉性和坚定性。进一步解放思想，创新形式与途径，突出实践特色，围绕学校中心工作和重点工作，坚持群众路线，紧紧依靠广大师生，自觉查找制约和影响学校科学发展以及师生反映强烈的主要矛盾和突出问题，切实做到实现好、维护好、发展好广大师生的根本利益。加强引导，注重实效，在实践中把握科学发展观的真谛，努力推动学校科学发展上水平，使广大师生得实惠、享成果。

加强校院两级领导班子建设和干部队伍建设。加强思想政治理论学习，深化校院两级领导班子对科学发展观的理论认同、政治认同和情感认同，突出对干部进行科学发展观的培训，加强对党员干部进行党风廉政和党性党风党纪教育，着力提升校院两级领导班子和领导干部贯彻落实科学发展观的能力和水平，努力把学校各级党组织建设成为贯彻落实科学发展观的坚强堡垒、把干部队伍建设成为贯彻落实科学发展观的骨干力量，为推动学校科学发展提供坚强组织保证。

大力开展宣传思想政治工作。坚持贴近中心工作、贴近校园生活、贴近师生实际，通过专题网站、校报专栏等多样化的形式和载体，充分发挥宣传主渠道作用，牢固占领宣传主阵地，围绕学校开展深入学习实践科学发展观活动的主题，加大对科学发展观的宣传力度，促进学习讨论、信息沟通和经验交流，努力营造良好的学习实践科学发展观的环境氛围，使科学发展观学习实践活动深入师生人心，取得实效。

积极推进基层党组织建设。按照实施校院两级管理、优化组织设置、合理划分管理权限、确保良性运行的原则，进一步健全和完善学院工作体制和运行机制。积极探索加强基层党组织建设的有效途径，强化基层党组织统领师生思想、推进事业发展、协调各方利益、服务人民群众、建设党员队伍、发展党内民主等职能，加强党内民主建设和发展党员工作。加强基层党建研究，强化创新意识，激发创新热情，积极探索基层党建的新观念、新思路、新途径、新机制，继续推进基层党建工作的规范化、制度化和科学化建设，进一步凝练和强化基层党建工作亮点和特色。

以开展深入学习实践科学发展观活动为契机，突出重点，注重实效，加强对学生党员学习实践科学发展观活动的引导。努力增强大学生思想政治教育的针对性和有效性，围绕新中国成立 60 周年和“五四”运动

90周年,组织开展“见证60年”和“弘扬五四精神、承担时代责任”等主题系列教育活动,加强对大学生的理想信念教育、爱国主义教育、社会主义核心价值体系教育。加强校园文化建设,加强校风学风建设,加强心理健康教育和心理辅导,加大学生职业生涯、学业发展、心理健康等方面的服务力度,努力构建和谐育人环境,服务学生成长成才。

三、继续大力实施“质量工程”和“创新工程”,提高人才培养质量

按照巩固评建成果、建设长效机制,强化理念更新、创新培养模式,夯实教学基础、着力建设亮点的本科教学工作思路,继续大力实施教学质量工程,不断提升教学工作整体水平。进一步建立健全教学工作、教学管理与教学改革的长效机制;进一步更新教育理念,转变教育思想,深化教学改革,创新培养模式;加强教学基础工作,强化教学基本环节特别是强化实践教学环节,着力解决影响和制约教学质量与水平的突出问题;以提高质量和突出特色为重点,强化人才培养特色,建设教学质量工程的亮点;着力夯实教学基础,加大教学投入,强化教学管理,切实提高本科教学水平和质量;进一步优化专业结构,加强特色专业、新专业建设,使特色专业的优势更加明显,新专业的实力显著提高。适时筹备召开学校第一次教学工作会议。

继续大力实施“科学技术与研究生教育创新工程”,着力培养和提高研究生的科研能力、实践能力和创新能力,全面提高研究生培养质量。

加强对就业工作的领导,在人力、物力、财力和环境上给予大力支持,开拓思路,创新途径,努力提高毕业生就业率,以较高的毕业生就业率提升学校的社会声誉。

四、以人才队伍建设为切入点,推动学科建设取得新成效

以人才队伍建设为切入点,按照强化优势学科,扶持新建学科,培育新兴学科的要求,促进学科资源整合,促进学科交叉融合,促进学科特色凝练,推动学科建设取得新成效。以召开学科建设工作会议为契机,谋划学科发展,明确目标,统筹资源,集中力量。精心组织,积蓄力量,做好增列硕士点的各项工作,力争新增一级学科硕士点1~2个,为申报博士点奠定坚实的基础。

五、承继良好发展态势,保持科学研究持续稳定发展

按照“优化环境、集成优势、打造团队、持续发展”的思路,继续贯彻落实“科学技术与研究生教育创新工程”的要求,进一步凝练科研方向,着力打造科技创新团队,强化科研特色与优势,努力寻找科研工作新的增长点,积极推进产学研结合,努力保持科研工作持续稳定协调发展。2009年新增科研总经费达到5000万元、实到经费超过3200万元,发表学术论文750~800篇,力争科研经费和发表论文超过2008年的总体水平。继续积极组织申报高级别科研奖励。

六、加大工作力度,继续推进人才队伍建设

根据学科建设、教学工作和科研工作的需要,着眼加强学科建设、提高教学质量、提升学术水平,加大高层次、高水平师资引进和培养力度。着力培养和引进高水平学科带头人,加强团队建设,加速人才资源的融合与整合，带动学校整体人才队伍建设，促进教学、科研、管理、教辅、服务等各级各类人才协调发展，努力提高人才队伍的综合素质和工作水平。认真落实北京市人才强教深化计划2009年项目的执行工作和各学术团队、创新团队、创新人才、高层次人才等项目的实施工作。

七、全力推进新校区建设，改善现有办学条件

切实把新校区建设作为学校发展的重中之重，全力加以推进，取得阶段性成果。完成新校区建设有关环评、交评及安评等项目立项前期工作，争取市发改委支持，使项目立项进入“绿色审批通道”程序。编制并通过新校区建设项目可行性研究报告。启动新校区校园总体规划设计、建设土地预审和年度供应计划申报工作。完成现有校区土地储备整理需要的产权分割工作。

优化各校区存量资源，努力改善办学条件，最大限度地满足教学、科研、服务和管理需要，为师生工作、学习、生活创造更好的环境和条件。加大投入，对健翔桥校区、清河校区的教学楼、体育场、食堂及道路进行改造。挖掘潜力，做好小营校区周转房建设工作。系统调整相关实验室建设与资源布局。努力做好各校区的环境美化与整治工作。

八、进一步健全和完善新大学工作机制和规章制度

加强制度建设，加快推进新大学制度化、规范化建设。筹备召开学校第一次教代会、工代会、团代会、学代会，为加强学校对工会、教代会、共青团、学生会的领导，完善各项体制机制，推进学校民主建设奠定坚实基础。适应新形势、新要求，进一步健全和完善学校的各项工作制度，基本形成适应学校发展需要的制度体系。

九、继续深化校内管理体制改革

积极贯彻“依法治校、科学管理、强化服务、优化校风、促进和谐”的工作思路，继续推进内部管理体制改革。

以人事分配制度和内部管理体制改革为重点，加快推进校内人事制度改革，强化竞争激励机制，优化分配机制，促进人事工作水平提高，激发整体办学活力。力争2009年上半年完成专业技术岗位分级与聘任工作；适时启动教师职务新一轮聘任工作和责任岗位的教师职务聘任；启动并完成学校新一轮处级以下党政管理人员聘任工作；适时启动非教师职务系列的其他专业技术岗位的职务聘任和岗位聘任工作；适时启动学校全员聘任制改革，积极稳妥推进全员岗位合同聘用制的有关工作；稳妥推进分配制度的改革与调整。

在2008年启动校院两级财务管理改革的基础上，进一步健全和完善校院两级管理改革的各项规章制度，取得阶段性成效。加强财经和资产管理，强化监察、审计监督，提高学校经费、资产的使用效益，有力推进校院两级各项事业发展，不断提高学校办学效益和办学水平。

根据“安全有序运行、高效满意服务”的总体要求，进一步健全和完善后勤管理体制和工作机制，确保后勤工作安全有序稳定运行。进一步挖潜增效，厉行节约，推进节约型后勤建设。树立全局观念，面向全体师生，围绕教学科研，强化服务意识，创新运行机制，改进服务方式，改善服务环境，提高服

务质量,全面提升后勤服务水平和保障能力。

十、切实维护安全稳定大局,努力构建和谐校园

认真分析2009年里重大纪念日集中、经济社会领域存在诸多不确定和不稳定因素使学校安全稳定工作面临的新形势,努力做好维护校园安全稳定工作。坚定不移地贯彻稳定压倒一切的工作方针,进一步强化各级领导班子和领导干部作为维护学校安全稳定第一责任人的意识,以求真务实的精神,全面夯实安全稳定的思想基础。坚持预防为主、标本兼治、整合资源、严格管理、优质服务的原则,加强领导,明确任务,落实责任,确保安全稳定投入到位、人员到位、措施到位、工作到位。深化"建设平安校园、服务科学发展"主题,以"平安校园"建设为载体确保校园持续安全稳定,以服务发展为职责促进新大学稳定持续发展。关注民生,及时排查和化解各种矛盾和问题,着力增进校园和谐的有利因素,尽力减少影响校园和谐的不利因素,努力构建和谐校园。

学校党政工作总结

2009年是新中国成立60周年,也是新大学成立之后的开局之年。在校党委的领导下,全校师生坚持以邓小平理论和"三个代表"重要思想为指导,以科学发展观为统领,认真贯彻落实第一次党代会精神,着力开展深入学习实践科学发展观活动,抓住内涵发展与外延建设两条主线,创造性地开展质量工程、学科建设、科学研究、队伍建设、新校区建设等重点工作,以高度的使命感和责任感,求真务实,同心同德,艰苦奋斗,锐意进取,较好地完成了学校党政工作要点和下半年重点工作中确定的各项任务,学校科学发展、创新发展、和谐发展取得新成绩。

2009年是学校建设与发展速度较快、取得成果较多的一年,各项事业呈现出良好的发展态势。胜利召开了学校第一次党代会,全面谋划了学校的发展蓝图;圆满完成深入学习实践科学发展观活动,取得预期效果;大力实施"质量工程"和"创新工程",内涵建设成效显著并取得标志性成果;再次获得国家级科技奖励,科研工作保持良好的发展势头。各项成绩的取得,标志着我校正以坚定的步伐向特色鲜明的高水平大学迈进。

一、优质、高效地完成了三项重点任务

(一)圆满召开学校第一次党代会,大力宣传贯彻落实党代会精神

依靠全校各级党组织和广大共产党员的共同努力,中国共产党北京信息科技大学第一次代表大会取得圆满成功。大会全面回顾总结了几年来筹建新大学取得的成绩,

全面谋划了学校改革建设发展的蓝图，确定了今后一个时期学校的奋斗目标、工作思路和主要任务，为学校进一步又好又快发展奠定了坚实的政治基础、思想基础；选举产生了第一届党的委员会和纪律检查委员会，健全和完善了党的领导体制和工作机制，为学校今后的长远发展，提供了组织保障。第一次党代会的召开，激发了全校师生员工的积极性，对进一步加强党对学校工作的全面领导，推进新大学各项事业的全面协调可持续发展，具有十分重要的意义。

以宣传学校第一次党代会精神为契机，大力开展宣传教育工作和精神文明建设。多途径、多渠道宣传党代会的精神，周密组织各级党组织、全体党员和全校师生认真学习党代会精神，使全体师生了解第一次党代会确定的奋斗目标、发展思路和主要任务，进一步形成努力建设特色鲜明的高水平多科型大学的共识，增强了全体党员和广大师生贯彻党代会精神、推动学校发展的主动性、积极性、创造性。坚持正确的舆论导向，全面宣传学校改革建设发展中的重大活动和重大事件，着力突出主旋律和大方向，营造良好的舆论氛围和育人环境，促进了学校的稳定与和谐。2009 年，《北京日报》、《中国教育报》、《首都教育》、北京电视台、新华网、中央学习实践活动官方网站、市属高校学习实践活动网站等主流媒体对我校重点工作和特色工作进行了大量报道，学校的社会声誉进一步提升。坚持以丰富的校园文体活动为载体，围绕中心，服务大局，广泛深入开展群众性精神文明创建活动，着力巩固精神文明创建成效，学校再次荣获“首都文明单位”称号。

（二）紧密围绕活动主题，坚持突出实践特色，学习实践科学发展观活动取得显著成效

根据中央和市委统一部署，学校党委认真筹划，周密部署，高质量完成了学习实践活动任务。制定了学习实践活动学习调研、分析检查、整改落实三个阶段的工作计划。学校领导深入基层，各级党组织扎实推进，广大党员干部积极参与，形成了“三细三实”、“六项工程”等特色鲜明的亮点，被中央学习实践活动官方网站报道，在市属高校学习实践活动工作交流部署会上做了经验交流，在全市第二批学习实践活动总结大会上作了书面经验交流，得到了上级领导部门的充分肯定与兄弟单位的高度认同，学习实践活动取得显著成效，实现了“树立一流理念，强化办学特色，以改革创新精神推进新大学科学发展”的预期目标。

学校始终将突出实践特色，集中解决突出问题摆在重要位置。在开展学习实践活动过程中，学校层面完成了 81 件惠民实事；在整改落实方案中，确定了 68 项工作任务，到 2009 年底，已按计划完成 49 项，将在 2010 年上半年完成的 19 项整改落实任务正在积极推进。

（三）以庆祝国庆 60 周年为契机，深入开展爱国主义教育

在市委市政府的领导下，认真贯彻落实上级关于首都国庆 60 周年群众游行的工作部署，1029 人参加国庆群众游行“科学发展”方阵的训练和演出工作，46 人参加天安门广场联欢训练和演出工作，8 个工作组 130 多名师生参加服务保障工作。全体参演师生全力奋战，各学院各部门全力配合支持，高质量地完成了国庆群众游行工作和国庆联欢晚会群众联欢大学生联欢板块工作，全面

展现了师生们强烈的爱国主义热忱,赢得了上级单位及领导的高度认可和社会各界的广泛赞誉。

以庆祝新中国成立60周年为契机,大力开展四大主题教育活动。充分调动广大师生参与的积极性,大力开展学习先进典型活动,深入开展丰富多彩的校园文化活动,弘扬了以爱国主义为核心的民族精神和以改革创新为核心的时代精神。

二、人才培养质量与水平不断提高

(一)本科教学工作进一步加强

积极探索人才培养模式创新的新途径,加快教育思想与教育观念更新,努力推动教学研究与教学改革。召开了应用型人才培养研讨会,开展了第一次本科教学工作会议的筹备工作。2009 年组织开展了校级优秀毕业设计(论文)的评选工作,评选出校级优秀毕业设计(论文)25 篇。

强化特色专业建设过程的监督与管理,加大特色专业建设点建设任务和年度检查工作力度,加强现有国家级、北京市特色专业建设点以及校级重点专业的建设,大力开展了国家级、市级特色专业建设点的申报与推选工作。2009 年,被评选为国家级特色专业建设点和市级特色专业建设点专业各 2 个。加快推进校级精品课程、精品建设课程、重点建设课程建设进度,加大建设质量的监控力度,积极做好建设期将满验收和新一轮评选的各项工作。2009 年,2 门课程被评选为市级精品课程。

努力构建国家、市级、校级三层次实验教学示范中心体系,打造培养学生实践创新能力的重要基地。不断加强实验教学中心内涵建设,促进实验教学改革,实验教学质量进一步提高。整合实验教学资源,搭建文管综合实践教学中心,并被评为"北京高等学校实验教学示范中心"。

大力加强校外人才培养基地建设与申报评选工作,3 个校外实习基地被评为校级校外人才培养示范基地。学校与中国电子科技集团公司第十五研究所联合共建的"信息类专业校外实践教学基地"被认定为第二批北京市高等学校市级校外人才培养基地;学校被市商务委和市教委联合认定为第一批服务外包人才培训机构,"以信息类为主的特色专业应用型人才培养模式创新试验区"被评为 2009 年北京高等学校市级人才培养模式创新试验区。

进一步加强教学队伍建设,举办青年教师教学基本功比赛和实验教学基本功比赛,组织教学观摩活动,推动广大教师特别是青年教师教学水平的提高。组织开展校级优秀教学团队建设立项工作和市级优秀教学团队申报工作,推动本科教学质量的提升。2009 年,获北京高校第六届青年教师教学基本功比赛理科组二等奖、文科组三等奖各 1 人,2 个教学团队被评为市级优秀教学团队,7 个教学团队被评为校级优秀教学团队。

完善与规范教学管理制度,提高教学管理水平。修订实施了新的学籍管理规定,成立了编制学生评教办法的工作小组,研究提出了学生评教办法的初步方案。

完善学科竞赛体系,加强学科竞赛管理。立项 31 个学科竞赛项目,着力推进分层次有重点的过程管理,顺利完成重大赛事的预赛和培训,学生在各项重大赛事中取得优异成绩。除获得 2009 国际 Robocup 机器人公开赛总积分世界排名第七、中国排名第一,第三届 Honda 节能竞技大赛最佳技术奖等优异成绩外，还获得各类学科、课外科技活动全国性竞赛一等奖9项（人次），二等奖43项（人次），三等奖74项（人次）；获得北京市（行业）竞赛一等奖7项（人次），二等奖6项（人次），三等奖18项（人次）。

此外，我校在国家以及北京市教育教学成果奖（高等教育）评选中，作为主要参与单位获国家级教育教学成果一等奖1项，获北京市级教育教学成果一等奖3项、二等奖7项。

（二）招生和就业工作进展顺利

认真做好招生宣传工作，精心组织招生录取工作，完成2009年全日制普通本科生的招生计划。2009年在26个省（市、自治区）招收全日制普通本科学生2680人，招生录取情况总体良好。新增3个专业进入北京地区第一批招生，使在京一批招生的专业达到10个，在京一批招生人数比例达到北京生源的47.7%。在北京的理科招生计划中，第一批次招生录取的人数超过第二批次招生录取人数，改善了学校北京生源结构；大部分省（市、自治区）的文理科平均分数超过当地的一本线。

大力做好毕业生就业工作。面对2009年本科毕业生就业工作任务重、压力大、困难多的严峻形势，学校学院党政领导高度重视毕业生就业工作，把毕业生就业工作放到重要位置抓紧、抓实。学校学院加大了对毕业生的思想教育，开展相关就业指导教育工作，积极动员各方面力量参与毕业生就业工作，深化校企在就业领域里的合作，广泛收集需求信息，积极向毕业生推荐就业岗位，进一步加大了对毕业生就业各项服务的力度。2009年，我校暑期本科毕业生2985人，一次就业率达97.89%，列全市高校第5名。

（三）研究生培养工作进一步加强

大力实施“科学技术与研究生教育创新工程”，着力培养和提高研究生的科研能力、实践能力和创新能力，全面提高研究生培养质量。全面修订有关研究生培养与管理的相关制度，规范研究生培养工作，保证研究生教育的培养质量与水平。进一步加强硕士研究生导师队伍建设，新增硕士研究生导师33人、总数达157人。

2009年，招收硕士研究生288人，其中全日制工程硕士研究生24人，毕业197人，在校硕士研究生693人，就业率达95.91%。

（四）继续教育教学工作进展顺利

积极推进教育教学改革，探索培养模式改革，加强专业建设，继续教育的教学质量和水平得到提高。调整和优化学校函授教育布局、完善函授站管理制度、规范管理流程、提高函授站的教学质量。充分发挥网络宣传、信息传送的优势，积极开展网站与信息平台建设工作，实现教学资源与互联网对接，为最终实现网络教学和函授站远程管理打下基础。开展多种形式的宣传活动，加强与各省市成人教育和社会各类培训机构的横向联系，大力发展非学历教育。

（五）大学生思想政治教育和服务管理工作进一步加强

努力做好学生党建工作，不断加强学生党员的教育管理，增强学生党员的党性修养。大力开展学生的诚信教育、爱国主义、集体主义、社会主义教育等，引导学生形成正确的世界观、人生观、价值观。积极开展主题教育活动，唱响时代主旋律，引导青年学生增强报效祖国、服务人民的责任感和使命感，引导广大学生把爱国之情、报国之志转化为促进成长成才、立志为社会做贡献的实际行动。继续推进“新大学、新形象”校风学风建设工程,学风氛围日益浓厚。进一步完善资助工作体系,家庭经济困难学生资助工作不断加强。开展丰富多彩的心理健康教育活动,大学生心理健康教育工作稳步推进。学生教育管理与促进学生全面发展并举,努力实践管理育人、服务育人。大力实施“学工队伍建设工程”,逐步形成一支适合时代和学生发展需要的学生工作队伍。

以纪念新中国成立60周年、“五四”运动90周年等为契机,开展系列主题活动,成立大学生科学发展观学习实践会,进一步深化“青年马克思主义者培养工程”,加强大学生思想政治教育工作。坚持以理想信念教育为核心,用科学发展观的重要理论构筑团员青年的精神支柱,开展内容丰富、形式多样的宣传教育活动,帮助青年树立正确的世界观、人生观和价值观。以开展增强团员意识教育活动和团干部能力素质建设为契机,完善工作机制,加强共青团自身能力建设。强化校园文化活动阵地建设,用先进的文化吸引人、培养人。大力推进后奥运时期的志愿者工作,积极整合校内外资源,扩大我校志愿服务工作的影响力,发挥志愿服务工作的育人功能。继续大力开展大学生科技创新活动,为培养具有较高创新能力的高素质应用型人才夯实基础。继续加强学生社团管理的机制建设,打造学生社团活动品牌,构建新的校园文化体系。加强共青团工作研究,推进共青团工作在新的形势下不断创新。

三、创新能力与学术水平进一步提升

(一)学科建设取得新进展

召开了新大学首次学科建设工作会议,进一步强化了学科兴校理念,提高了我校学科建设的全员参与意识,进一步明确了学科建设的目标和任务,确定了今后一段时期学科建设的工作思路,对于全面谋划学科发展,发挥学科建设龙头作用,促进学科方向、队伍、基地、科研等方面的可持续发展,推动建设特色鲜明高水平的多科型大学具有积极的推动作用。2009年,光电信息与仪器工程技术研究中心通过了北京市教委组织的首批“北京高等学校工程研究中心”评审,同时开展了申报博士点和新增硕士点的各项准备工作。新增“控制工程”专业工程硕士学位授权领域,使我校的工程硕士学位授权领域由3个增加至4个。

(二)科技创新水平持续提升

坚持“巩固成果,整合资源,交流合作,完善体系,提高水平,抓主线,抓重点,抓特色”的科研工作思路,进一步凝练科研方向,着力打造科技创新团队,强化科研工作特色与优势,努力寻找科研工作新的增长点,积极推进产学研用结合,保持了科研工作持续稳定协调发展。2009年新增各类科研项目234项;新增国家自然科学基金7项、国家社科基金项目1项、国家973项目1项、国家科技计划项目和科技重大专项项目6项、教育部人文社科项目4项、北京市自然科学基金等各类省部级项目13项。

2009年,科研总经费达5560万元,实到科研经费3565万元;获得行业及省部级以上科技奖励6项,其中获国家科技进步二等奖1项,这是我校连续三年以第一完成单位获得的第4项国家级科技奖励;获全国商业科技进步奖一等奖1项;获国防科技进步奖三等奖和国防技术发明奖三等奖各1项;获中国人民解放军科技进步奖二等奖1项;获中国电子学会信息科学技术二等奖1项；发表学术论文890篇，其中进入三大检索论文203篇；获各类专利授权43项，其中发明专利4项；出版学术专著17部。

我校以市属高校第一名成绩通过北京市大学科技园评审，成为“中关村国家自主创新示范区”首批6家股权激励试点单位之一。新大学学报经新闻出版署审批，正式更名改版为《北京信息科技大学学报（自然科学版）》。

（三）师资队伍整体素质与水平不断提高

召开创新人才培养和创新团队建设工作研讨会，交流研讨创新人才和创新团队培养的工作思路、做法、经验，进一步明确了今后的工作目标和任务。注重优化结构和提高水平，师资队伍建设得到进一步加强。2009年，接收应届研究生22人，其中博士16人，硕士6人，专任教师中具有研究生学历学位人数的比例达到73.41%；引进教授1人；在职攻读博士学位18人；组织教师参加各类培训300余人；新增全国优秀教师1人、北京市优秀教师3人、北京市优秀教育工作者1人、国务院批准享受政府特殊津贴2人。

大力实施人才强教计划以及深化计划，引进外籍特聘教授1人，讲座教授1人；作为市属高校获得学科首席专家岗位的首批三所高校之一，获学科首席专家岗位1个，入选北京市学术创新人才3人、中青年骨干人才27人、学术创新团队2个、教学创新团队2个、管理创新团队1个。

（四）国际交流合作继续扩大

继续加强国际交流合作，与澳大利亚维多利亚大学签署建立双语教师培训基地合作协议，与美国蒙哥马利奥本大学、维斯康辛大学签署建立管理干部培训基地合作协议，开发韩国锦湖轮胎公司中层管理人员汉语培训项目。与澳大利亚拉筹伯大学联合培养国际商务硕士研究生（MIB）项目成功招收第一批学生18人；扩大学生中外交流规模，我校首批赴美交流学生已圆满回国。圆满完成出访计划，派出访问团组16个，共100人。努力做好国外来校学习交流工作，成功接待来自8个国家友好合作院校访问120余人次。引进长短期外籍专家16人；招收留学生120余人次，生源已扩大到欧美和澳洲，争取留学生奖学金70万元。完成“全球中小企业2009年年会”国际会议的报批、组织等相关工作。

四、办学条件逐步得到改善

2009年，投入4320万元用于教学平台建设；投入2914万元用于学科建设和科研平台建设；投入1004万元进行基础设施的改造与维修；投入278万元实施了清河校区图书馆、食堂等改建项目；投入638万元用于图书文献资源建设；积极推进小营校区办公周转房、机电实习中心两项改建工程的前期工作。校园“一卡通”工程顺利投入使用，在提高教学科研管理服务水平方面发挥了重要作用，学校因此被评为北京市教育信息化工作先进单位，并成为首批北京市属市管高校数字校园建设示范校。

完成了新校区建设有关环评、交评及安评等项目立项前期工作，以及新校区总体规划设计工作方案的起草、制定，初步完成现有校区土地储备整理需要的产权分割等，新校区建设立项已经市发改委主任办公会讨论通过。

五、深入推进校内管理体制改革，工作成效不断显现

继续贯彻“依法治校、科学管理、强化服务、优化校风、促进和谐”的工作思路，推进内部管理体制改革。以人事分配制度和内部管理体制改革为重点，着力推进校内人事制度改革，加强财经和资产管理，强化监察、审计监督，提高学校经费、资产的使用效益，有力推进校院两级各项事业发展，不断提高学校办学效益和办学水平。

(一)校内管理体制机制改革逐步深入

完成了学校新一轮处级以下党政管理人员聘任工作及相关培训工作。启动并稳步推进新一轮教师职务聘任工作。完成了工程技术系列专业技术职务聘任制改革实施的准备工作。进一步健全和完善校院两级管理改革的各项规章制度，通过试行校院两级预算管理模式，确定拨款定额并下达预算总额，各学院根据教学计划和发展规划制定本单位预算并严格实施，预算执行情况总体较好。

(二)财务运行平稳有序

2009 年面临的新大学发展建设工作较多，校院两级预算改革，使经费需求大于上年。通过深化财务管理改革，规范经济秩序，合理控制预算支出进度，提高资金使用效益，保障了新大学发展建设的经费运行。继续深化校、院两级财务管理体制改革，加大学院经费支配权力，调动学院的积极性、主动性，促进了学院的自主发展、科学发展。

(三)资产管理工作不断加强

认真落实上级关于进口产品采购申报的文件精神，积极组织各类新增资产验收入库登记和责任落实工作，进一步规范废旧资产的处置环节，2009 年，完成设备购置专项 49 项，金额 11551 万元；完成进口产品 1145 万元的报批和采购工作；入账资产 7633 台件，金额 8135 万元；处置废旧设备、家具 3773 台件。

(四)审计监督工作力度不断加大

坚持“全面审计、突出重点”的原则，强化监督与服务意识，进一步加大审计工作力度，努力提高资金使用效益。完成 2 个校办科技企业财务收支和经营状况的审计，完成后勤集团下属京电招待所的停业审计，完成 3 个二级学院 2009 年度预算执行情况的审计，完成了 29 项总造价 941 万元的修缮工程审计，完成了 32 项审签金额 353 万元的科研项目审签，完成了 4 个总金额 134 万元的基建合同费用审计。

(五)后勤管理与服务水平进一步提升

根据“安全有序运行、高效满意服务”的总体要求，进一步健全和完善了后勤管理体制和工作机制，后勤管理与服务工作运行有序。坚持“安全、高效、满意、质量”的工作思路，着力规范服务标准，改善服务环境，践行“以人为本”的管理与服务理念，积极开展“优质服务月”活动，为教学科研管理提供了高水平高质量的服务保障。

全力做好甲型 H1N1 流感防控工作。大力开展相关知识宣传，制订应急预案，严格执行诊疗、隔离、消毒、预防接种等各项工作规程，在出现甲型 H1N1 流感确诊病例的情况下，保证了国庆群众游行和学校正常的工作学习秩序。

(六)各校区工作水平和效率不断提高

不断完善多校区管理的工作模式和运行机制。各校区以安全稳定为重点，综合协调为主线，在后勤保障、完成重大任务、沟通地方政府等方面的工作水平和效率不断提高，保证了各校区工作的正常运转与和谐稳定的局面，为学校改革建设发展做出了应有的贡献。

六、党建工作取得明显成效

（一）校院（处）两级领导班子建设取得实效

第一次党代会后，学校进一步制定并完善了议事决策制度，制定并完善了全委会、常委会、校长办公会、书记办公会和党政联席会议事规则，以及关于执行“三重一大”制度的规定等重要制度。加强干部队伍建设，坚持组织开展多形式的领导干部培训、校外交流和挂职，进一步增强了领导班子和领导干部的大局意识、责任意识、服务意识、合作意识和廉政意识，政治理论素养和依法行政能力不断提高。开展处级干部集中培训，在学工、保卫、后勤、校区等系统处级干部中组织了专题培训。为进一步理顺学院工作体系和运行机制，组织开展了“学院党政共同负责制机制探讨”专题研究。坚持主动适应学校发展建设需要，不断优化干部队伍结构，完成了新一轮处级后备干部队伍调整工作。

坚持理论联系实际，认真学习党的十七大精神，以加强学习、改进作风、完善制度、提高能力为重点，运用科学发展观指导解决学校改革建设发展中的实际问题，在解放思想、改革创新、科学发展、构建和谐中不断增强校院（处）两级领导班子统揽全局、推动发展的能力。坚持党的民主集中制原则，坚持实事求是的思想路线和求真务实的工作作风，坚持密切联系群众，深入开展调查研究，注重倾听群众的意见与建议，坚持校领导接待群众制度，为着力解决科学发展与构建和谐中涉及的矛盾与问题奠定了坚实基础。

（二）基层党组织建设稳步推进

大力创新工作方法，完善工作制度，进一步提升党组织活动的成效。坚持用马克思主义中国化最新成果武装全体党员，教育广大师生员工，积极开展社会主义核心价值体系的主题教育活动，牢固树立广大党员干部的马克思主义世界观、人生观和价值观。组织开展党支部书记、专职党务秘书、预备党员专题培训，大力提高了党务工作者和预备党员的思想政治素质，增强了社会责任感和历史使命感。大力推动基层党组织的政治核心和战斗堡垒作用的进一步发挥，对全校600名新党员举办了“坚定理想信念、牢记党的宗旨、培养奉献精神”专题培训。开展“解问题，办实事，服务师生发展”主题党日活动，进一步增强了基层党组织服务党员、群众的功能，努力实现党组织由“管理型”向“管理服务型”转变，对党员和群众精神上关爱、组织上关心、生活上关怀。

高度重视党员的教育管理和发展工作，大力实施发展大学生党员公开答辩制，严把入党质量关，学生党员队伍规模稳步发展。继续坚持校院（处）两级培训入党积极分子的模式，坚持把发展大学生党员工作的着力点放在入党积极分子的培养教育上，着眼于提高素质和质量，全年校级党课培训入党积极分子1050人，发展学生党员895人，本科生党员的比例达到14.56%，研究生党员的比例达到59.08%，35岁以下青年教师党员的比例达到72.93%，在北京市属高校中名列前茅。

（三）围绕中心，抓好思想理论建设

按照武装头脑、指导实践、推动工作的要求，继续把学习贯彻十七大精神引向深入，结合科学发展观学习实践活动和中共北京市委开展领导干部作风建设年的有关工作要求，采取理论中心组学习、专题学习、在线学习、自主学习等模式，全面加强师生的思想理论学习，不断提高思想理论学习的实效性。

（四）党风廉政建设和反腐败工作力度加大

切实做好上级关于惩治和预防腐败体系基本制度建设检查工作，进一步完善惩防体系制度。认真落实学校《2009 年党风廉政建设和反腐败工作主要任务分解》确定的党风廉政建设和反腐败工作的各项任务。继续坚持贯彻落实党风廉政建设责任制，组织签订《党风廉政建设责任书》和《领导干部廉政承诺书》。圆满完成我校试点单位廉政风险防范管理工作启动阶段和分层排查廉政风险阶段的各项任务，为制定廉政风险防范措施奠定了基础。加强党风廉政建设和反腐败工作的督促检查工作，狠抓工作落实，我校党风廉政建设和惩防体系建设，得到了市委教育工委、市教委党风廉政建设责任制检查组的充分肯定。落实了高考招生阳光工程，加强了治理教育乱收费的宣传教育和自查自纠工作，严格规范了招生和教育收费行为。扎实做好群众信访工作，切实解决实际问题。

（五）统一战线、工会、教代会工作进一步加强

紧紧围绕学校中心工作，推进民主党派搞好政治交接和自身建设，培养和举荐党外代表人物，充分发挥了民主党派、少数民族等统战成员的积极性，在增进团结，凝聚力量，促进学校团结、稳定和社会和谐发展中做出了一定成绩。

以党的十七大精神及中国工会十五大精神为指导，不断加强工会自身建设。完成了第一届教职工代表大会暨第一届工会会员代表大会的前期筹备工作。进一步推进学校师德建设，举办师德论坛，弘扬爱岗敬业精神，塑造师德风范，建立良好育人环境。广泛开展各类主题文化体育活动，促进校园文化建设。坚持以人为本，送温暖，献爱心，为职工办实事好事。

（六）安全与稳定、保密工作成效明显

认真贯彻落实上级关于维护安全稳定的工作部署和要求，坚定不移地贯彻稳定压倒一切的工作方针，积极推进“平安校园”建设，围绕“国庆平安行动”和学校中心工作，狠抓安全稳定各项机制制度建设、狠抓安全稳定各项机制制度建设、队伍建设、硬件基础条件建设和工作措施的落实，国家安全和政治稳定工作的大好局面进一步巩固和提高；强化了校园安全防范和管理，“平安校园”建设工作顺利推进；校园应急管理得到加强，突发事件处置能力不断提高；深化大学生安全教育，师生安全防范意识和能力进一步提高；实施科技创安深化工程，进一步强化了安全稳定工作基础；深入开展“国庆平安行动”，实现了国庆平安目标，实现了“不出大事，减少小事，有事及时妥善处置，把危害和后果减小到最低程度”的工作目标。被北京市评为“2009 年度首都国家安全工作先进集体”，荣获北京市公安局授予的集体三等功一项。被评为海淀区社会治安综合治理先进集体，海淀区交通安全先进单位。

坚持以服务持续发展、和谐稳定为目标，以宣传教育为基础，以制度建设为保证，以计算机安全管理为重点，深入开展保密宣传教育，全面增强领导干部和涉密人员的保密意识和技能；进一步严格执行保密规章制度，严格各项审批程序，大力推进了保密工作科学化规范化制度化；强化涉密计算机的保密管理，加强涉密单位和涉密介质的保密管理，加大对保密要害部门部位的督促检查力度，加强重要涉密会议和重大涉密活动中的保密工作，全年无泄密、窃密事件发生，确保了国家秘密安全。

（七）离退休工作逐渐形成特色

深入贯彻落实上级关于老干部工作的各项方针政策，紧紧围绕学校工作大局，深入开展调查研究，了解新情况，解决新问题，思想到位，认识到位，求真务实，开拓创新，从政治上、思想上、生活上关心和照顾好老干部，全面落实老干部的政治待遇和生活待遇。努力为广大离退休干部办实事，做好事，解决实际问题。注重发挥离退休人员发挥在推动学校工作、关心教育青年学生、构建和谐校园中的作用，促进了学校的稳定与和谐。我校离退休工作，得到了市教育系统老干部工作领导小组的充分肯定，认为很多好的做法与经验值得发扬与推广，并指定我校在北京市教育系统老干部工作座谈会上做大会交流发言。

回顾过去一年的工作，在市委市政府的领导下，学校党政领导班子的带领下，在全校师生的共同努力下，学校各项工作取得了较好的成绩，但是我们也应该清醒看到，学校的工作与科学发展观的要求，与上级确定的目标，与广大师生员工的期望还存在差距。我们还需要进一步解放思想、与时俱进，提高科学判断、总揽全局的能力；进一步加快推进学校的改革建设与发展，全面完成学校“十一五”规划确定的目标任务；进一步加大改革创新力度，集中力量、全面突破工作中的重点、难点、弱点；进一步妥善处理好涉及广大师生员工切身利益的各类问题，把维护和实现广大师生员工的根本利益工作做实做好。

展望新的一年，任务艰巨，使命重大，我们要全面贯彻党的十七大精神，深入学习实践科学发展观，认真落实第一次党代会精神，加强党建和思想政治工作，加快内涵建设与外延发展，推进校内管理体制改革与创新，圆满实现学校“十一五”事业发展规划确定的目标与任务。全校师生员工要坚定信心，发扬成绩，同心同德，开拓创新，努力开创建设特色鲜明高水平多科型大学新局面。

学校十大新闻

1. 召开第一次党代会,进一步明确学校的发展战略、办学定位和发展思路

2月28日至3月1日,中国共产党北京信息科技大学第一次代表大会胜利召开。大会的主题是:高举中国特色社会主义伟大旗帜,以邓小平理论、“三个代表”重要思想和党的十七大精神为指导,以科学发展观为统领,立足新的历史起点,坚持解放思想,勇于改革创新,推动科学发展,促进校园和谐,为建设特色鲜明的高水平多科型大学而努力奋斗。中共北京市委教育工委常务副书记刘建出席大会开幕式,代表中共北京市委教育工委、北京市教委对大会的召开表示热烈祝贺并发表讲话。清华大学、北京大学等45所高校党委向学校党委发来贺信。校党委书记郑君礼代表学校党委做了题为《解放思想 改革创新 科学发展 构建和谐 为建设特色鲜明的高水平多科型大学而努力奋斗》的工作报告。第一次党代会进一步明确了学校发展战略和办学定位、今后几年发展的指导思想和总体工作思路,提出了“学校在电子信息、现代制造与光机电一体化、知识管理与技术经济等领域的优势与特色更加突出,综合办学实力稳居北京市属高校前列,并早日达到国内同类高校的一流水平”的奋斗目标。全体代表一致通过了《中国共产党北京信息科技大学第一次代表大会关于党委工作报告的决议》、《中国共产党北京信息科技大学第一次代表大会关于纪委工作报告的决议》,以无记名投票的方式差额选举出了中国共产党北京信息科技大学第一届委员会和纪律检查委员会。随后召开的党委全委会、纪律检查委员会第一次会议选举产生了新大学第一届委员会书记、副书记和常委,纪委书记、副书记。

2. 学习实践科学发展观活动呈现“三细三实”特点,受到广泛关注

学校按照党员干部受教育、科学发展上水平、人民群众得实惠的总体要求,紧密围绕“树立一流理念,强化办学特色,以改革创新精神推进新大学科学发展”的主题,开展深入学习实践科学发展观活动,形成了贯彻落实学校第一次党代会精神,推进学校科学发展的强大动力。学习实践活动始终注重在抓细和抓实上下功夫。《中国教育报》、中央学习实践活动官方网站等专文报道了学校学习实践活动部署细密、方案细化、工作细致,结合实际、务求实干、注重实效的“三细三实”特点,数十家高校作为学习素材或参考资料转载印发。学校大力实施信心建设、内涵建设、条件建设、制度建设、能力建设、和谐建设等“六项工程”,着力强化理念、转变观念,提升水平、发展特色,改善条件、优化配置,创新体制、完善机制,改进作风、提升能力,注重民生、构建和谐,切实推进了学校科学发展上水平。学习实践活动形成了一批惠民整改成果,学校按照“边学边改、能改快改”的要求,下大力气解决了涉及师

生学习、生活、医疗、校园环境与学校发展方面的83件惠民实事。

3. 再获国家科技奖励，科学研究成果丰硕

光电信息与通信工程学院祝连庆教授主持完成的“非牛顿流体流变学特性测试技术研究及应用”项目获得2009年度国家科技进步二等奖；学校在国家社科基金立项工作中实现零的突破，中文中心吕学强博士申报的“搜索引擎用短语词典的语法理论和构建方法研究”入围2009年度国家社科基金青年项目；在2009年度国家自然基金项目评审工作中，7个项目获得资助，总经费232万元，获资助项目数和经费总额创历史新高；光电信息与通信工程学院朱希安副教授为组长的课题组获得“煤层气产业信息化工程数据库建设与软件系统开发”科研课题，签约额为440万元，是近年来学校获得的额度最大的重大纵向科研项目课题；在2009年度教育部人文社会科学研究项目评审中，学校4个项目获得资助，获资助项目数和资助经费为历年最高。

4. 教学质量与教学改革工程取得标志性成果

自动化、计算机科学与技术两个专业获批为第四批国家级特色专业建设点，机械设计制造及其自动化、软件工程两个专业获批为北京市级特色专业建设点；《机械制造技术基础》、《软件工程》两门课程被评为北京市精品课程，《linux基础教程》、《实用数据结构》被评为北京市精品教材建设立项项目；10项成果获得2008年北京市教育教学成果奖，其中以第一完成单位获得一等奖2项、二等奖7项，作为参与完成单位获得国家级教学成果一等奖1项；“以信息类为主的特色专业应用型人才培养模式创新试验区”被认定为北京市人才培养模式创新试验区，学校与中国电子科技集团公司第十五研究所多年联合共建的“信息类专业校外实践教学基地”获批为市级校外人才培养基地建设项目。

5. 获准设立北京市学科首席专家岗位，高层次人才队伍建设取得新突破

传感器重点实验室在10个北京市学科首席专家岗位的首批3个岗位中占有一席；现代测控技术实验室徐小力教授荣获2009年“全国优秀教师”称号；数据恢复研究所所长张京生高级工程师当选2008年度“首都十大教育新闻人物”；学校教师在教育部新世纪人才支持计划、北京市2008年新世纪百千万人才工程中实现零的突破，传感技术研究中心朴林华副教授成功入选。在2010年度北京市属高校人才强教深化计划评选结果中，学校获得1名特聘教授、1名讲座教授岗位。

6. 研究基地和平台建设再上新台阶，服务首都社会经济发展迈出新步伐

学校科技园获批为北京市大学科技园，为学校科研及其成果转化提供了重要平台；学校获批北京市光电信息与仪器工程研究中心和北京市数字化校园示范校以及中关村国家自主创新示范区首批股权激励试点单位、第一批中国服务外包人才培训中心(北京)服务外包人才培训机构。

7. 召开首次学科建设工作会议，学校学科建设定位和思路有了新提升

6月19至20日，学校召开第一次学科建设工作会议。会议全面分析了学校学科建设工作取得的成绩，面临的形势和任务，明确了今后学科建设的目标和主要思路以

及加强学科建设的原则与主要措施。会议指出,全校要进一步树立争创一流的理念,坚定争创一流的信心,强化“学科兴校、人才为本、特色发展、开放办学”四个办学理念,创新学科发展途径,在原来传统优势的基础上加强特色建设,有重点、分层次建设培育;加强人才引进的规划性,加大学科带头人培养力度;加强对学科建设的统筹,加强对学科建设的投入;加强制度建设和文化建设,最终形成以特色、优势学科为核心,凸显学校办学特色的学科布局。

8. 人才培养质量进一步提高,学生在各类学科科技竞赛中捷报频传

学生在市级以上各类学科科技竞赛中捷报频传,全面展现了学校培养高素质应用型人才的成果。据统计,共有290人次获奖,其中1人次获得特等奖、30人次获得一等奖、85人次获得二等奖,包括全国大学生英语竞赛一等奖3项;第26届全国部分地区大学生物理竞赛“非物理B”一等奖2项;2009国际Robocup机器人公开赛总积分世界排名第七、中国排名第一;第三届Honda节能竞技大赛中最佳技术奖;2009中国机器人大赛暨RoboCup公开赛一等奖2项;全国普通高校信息技术创新与实践活动一等奖1项;第五届首都“挑战杯”大学生课外学术科技作品竞赛特等奖1项。在2009ROC世界车王争霸赛暨首届北京国际赛车节中,学校学生志愿者充分发挥专业优势,积极弘扬志愿服务精神,承担了赛道搭建、通讯保障、媒体接待、勤务礼仪、多媒体支持、美工设计等多项工作任务,为大赛增添了一道亮丽的风景线,赢得了大赛组委会和主办单位以及观众的高度评价。

9. 祖国荣誉高于一切,1200余名师生在首都国庆60周年庆祝活动中展现风采

10月1日,在举国期盼、举世瞩目的新中国成立60周年庆祝活动中,学校共有1029名师生参加了国庆60周年群众游行“科学发展”方阵、46名师生参加了大学生联欢方阵、100余名师生直接参加了各项服务保障工作。他们青春靓丽、朝气蓬勃的身影闪现在天安门广场宏大壮观的群众游行队伍和美轮美奂的国庆之夜中,充分展示了新大学师生的良好精神风貌,赢得了上级单位及领导的高度认可和社会各界的广泛赞誉。在之前近3个月的国庆方阵训练和平安行动工作中,学校认真贯彻落实上级工作部署,师生们在中国人民解放军95865部队和防化指挥工程学院各位教官和标兵的悉心指导和精心训练下,积极参与国庆、服务国庆、奉献国庆,众擎共举、全力奋战,集中体现了为国争光的爱国精神、刻苦训练的拼搏精神、精益求精的敬业精神、勇攀高峰的创新精神和团结协作的团队精神,为新大学增添了新的荣光。学校以“建设平安校园、服务科学发展”为主题,健全组织体系,落实各项防控措施,确保学校国庆60周年庆祝活动的绝对安全。学校荣获“首都国庆60周年群众游行优秀组织单位”奖。

10. 再获“首都文明单位”称号,精神文明建设成效显著

继首都精神文明建设办公室在2008年评选2007年度“首都文明单位”工作中,学校荣获“首都文明单位”之后,在2009年评选2008年度“首都文明单位”工作中,学校再次荣获“首都文明单位”称号,标志着新大学精神文明建设再上新台阶。在本年度工作中,学校以发展为主题,以提高人才培养质量与办学水平为核心,以加强内涵建设为

重点，以构建和谐校园为目标，结合重大工作，坚持解放思想、求真务实、与时俱进，积极推进精神文明创建工作，取得了新成绩，保证了学校各项工作的顺利开展。在北京市高校红色“1 + 1”示范活动评审中，2 个党支部分别获得二等奖和三等奖；1 项成果获得首都大学生思想政治教育工作实效奖三等奖；学校落实党风廉政建设责任制、推进惩防体系建设和贯彻落实《北京市老干部工作领导责任制》等工作，都获得了上级部门的高度评价。

机构与干部

校级党政领导

中共北京信息科技大学委员会

党 委 书 记:郑君礼

党委副书记:闫　成(3.11 止)　刘筱毅

党 委 常 委:郑君礼　杜　林　闫　成(3.11 止)　刘筱毅　刘　勇　冯喜春　韩秋实　孙百生　邵长生(3.5 任)

党 委 委 员:郑君礼　杜　林　闫　成(3.11 止)　刘筱毅　刘　勇　冯喜春　韩秋实　孙百生　许晓革　彭斌柏　邵长生　冯晓春　林国策　鲁　雷　栾忠权　孙福友　卢玲军　赵书阁　葛新权

注:党委委员自 3 月 5 日任。

中共北京信息科技大学纪律检查委员会

纪 委 书 记:刘　勇

纪委副书记:李　燕

纪 委 委 员:刘　勇　李　燕　徐　燕　崔仲凯　韩俊彦　刘小河　刘永成　滕功清　邢济收

注:纪委副书记、委员均自 3 月 5 日任。

北京信息科技大学校长　副校长　校长助理

校　　长:杜　林

副 校 长:冯喜春　韩秋实　孙百生　许晓革　彭斌柏

校长助理:冯晓春

专门委员会和专门工作组

校务委员会

(校(筹)党发〔2006〕18 号 2006 年 5 月 11 日)

主 任:郑君礼

副主任:杜 林 刘志东 甘圣予 林少岩

委 员:(以姓氏笔画为序)

王建华 王 蕾 王 鹰 冯喜春 邝孔武 关仲和 刘小河 刘建兰
刘建宾 刘 涛 吕乃光 孙百生 闫 成 何深思 吴钦刚 张玲莉
张 虹 张福学 李邓化 李 忱 杨兴林 肖洪森 肖笃生 苏 中
周维真 侯吉成 施水才 赵维纶 郝静如 唐五湘 徐小力 郭锡伯
高锦宏 黄中文 葛新权 谢冬秀 韩秋实 翟天利 滕功清

校务委员会办公室设在党委办公室和校长办公室。

民族宗教工作领导小组

(校(筹)党发〔2006〕56 号 2006 年 12 月 28 日)

组 长:闫 成

副组长:林国策 刘 勇

组 员:刘筱毅 赵平生 邵长生 马瑞芳 郑召义 韩 光 田杨萌 范秀华
王 蕾

领导小组下设办公室,办公室设在党委统战部。

老干部工作领导小组

(校党发〔2009〕16 号 2009 年 4 月 20 日)

组 长:郑君礼 杜 林

副组长:刘筱毅

成 员:邵长生 林国策 王 鹰 杜世智 姜玉勇
孙福友 鲁 雷 郑召义

老干部工作领导小组办事机构设在党委老干部工作部。

大学生思想政治教育工作领导小组

（校(筹)党发〔2007〕13 号　2007 年 4 月 10 日）

组　长:郑君礼　杜　林

副组长:冯喜春　闫　成　高锦宏　孙百生　刘　勇

成　员:崔仲凯　刘筱毅　林国策　赵平生　田杨萌　许晓革　王志伟　姜伟华
韩　光　邵长生　马瑞芳　栾忠权　曲振国　姜玉勇　卢玲军　武　装
刘永成

人才工作领导小组

（校(筹)党发〔2007〕22 号　2007 年 6 月 27 日）

(一)人才工作领导小组

组　长:郑君礼

副组长:杜　林　冯喜春

成　员:刘筱毅　邵长生　许晓革　栾忠权　许宝杰

人才工作领导小组下设办公室和工作小组。

人才工作领导小组办公室设在人事处、党委组织部,由人事处和组织部有关工作人员组成,完成领导小组交办的日常工作。

(二)人才工作小组

组　长:冯喜春

成　员:邵长生　许晓革　许宝杰　栾忠权　刘筱毅　赵平生　葛新权　郝静如
吕乃光　李邓化　刘小河　周维真　李　忱　刘永成　肖洪森　李祥贵
王　鹰　胡克旺

师德建设领导小组和工作小组

（校(筹)党发〔2008〕9 号　2008 年 3 月 19 日）

一、师德建设领导小组

组　长:郑君礼　杜　林

副组长:冯喜春　闫　成　刘筱毅

成　员:党委组织部　党委宣传部　党委学生工作部　党委研究生工作部
校工会　教务处　科技处　人事处等部门的主要负责人

学校师德建设领导小组办公室设在人事处。

二、师德建设工作小组

组　长:冯喜春

副组长:刘筱毅

成　员:党委组织部　党委宣传部　党委学生工作部　党委研究生工作部　校工会　教务处　科技处　人事处等部门的主要负责人　各学院(部)党总支(直属党支部)书记

党校校务委员会

(校党发〔2008〕1 号　2008 年 4 月 21 日)

校务委员会主任:郑君礼

校务委员会副主任:冯喜春　闫　成

校务委员会委员:(按姓氏笔画为序)

卢玲军　田杨萌　刘　勇　刘永成　孙福友　李　燕　杨兴林

邵长生　姜伟华　胡　滔　唐清辉　崔仲凯　韩俊彦　鲁　雷

党校校长:郑君礼(兼)

党校常务副校长:姜伟华

党校副校长:杨兴林(兼)

党校日常工作机构设在党委组织部。

中国共产党北京信息科技大学第一次代表大会代表资格审查小组

(校党发〔2008〕23 号　2008 年 9 月 16 日)

组　长:刘　勇

成　员:(按姓氏笔画为序)

吴俊法　李　哲　李　燕　姜伟华　郭小兵

中国共产党北京信息科技大学第一次代表大会党费收支情况审查小组

(校党发〔2009〕2 号　2009 年 1 月 9 日)

组　长:徐　燕

成　员:李　燕　姜玉勇　姜伟华　崔仲凯　谢瑞峰

学校保密委员会

（校党发〔2009〕5 号　2009 年 1 月 15 日）

主　　　任：刘　勇
副　主　任：韩秋实　冯晓春
委　　　员：（按姓氏笔画为序）
马瑞芳　戈新生　王　鹰　王丽坤　王学文　吉莉莉　邵长生　林国策
范玉涛　姜玉勇　钟　玲　栾忠权　高国伟　龚汉明　韩俊彦　鲁　雷
办公室主任：马瑞芳

关心下一代工作委员会

（校党发〔2009〕15 号　2009 年 4 月 16 日）

名誉主任：郑君礼　杜　林
主　　　任：甘圣予
常务副主任：刘筱毅
副　主　任：孙毓仁　张鸣岐　唐树艺　张银增　陈　虎　林少岩
委　　　员：翟友民　黄永水　钱崇越　杜振祁　腾　启　张福学　邵长生
孙福友　胡　滔　王志伟　鲁　雷　田杨萌　唐清辉
秘　书　长：孙福友　唐清辉
关心下一代工作委员会下设办公室，办公室设在离退休工作办公室。

《北京信息科技大学年鉴》编纂委员会和编辑部

（校党发〔2009〕23 号　2009 年 5 月 15 日）

（一）年鉴编委会
主　任：郑君礼　杜　林
副主任：刘筱毅　刘　勇　冯喜春　韩秋实　孙百生　许晓革　彭斌柏
委　员：学校副处级及以上独立设置机构的党政负责人
（二）年鉴编辑部
主　　任：林国策
副 主 任：王立民
责任编辑：王明涛

编　　辑:学校副处级及以上独立设置机构具体负责年鉴组稿的工作人员名单（各部门指定）

编辑部设在学校办公室。

财经工作领导小组

(校党发〔2009〕26号　2009年6月9日)

组　长:杜　林

副组长:冯喜春

成　员:财务处处长　审计处处长　监察处处长　资产管理处处长　学校办公室主任

安全稳定工作领导小组

(校党发〔2009〕42号　2009年7月18日)

组　　　长:郑君礼　杜　林

副　组　长:冯喜春　刘　勇

成　　　员:刘筱毅　韩秋实　孙百生　许晓革　彭斌柏　邵长生　冯晓春
学校办公室、宣传部(统战部)、纪委办公室、研究生部、财务处、学生处、国际交流合作处、后勤管理处、保卫处、离退休工作办公室、工会、团委、继续教育学院、后勤集团以及各校区的主要负责人

办　公　室:设在学校办公室

办公室负责人:学校办公室主任

国家安全工作领导小组

(校党发〔2009〕42号　2009年7月18日)

组　　长:冯喜春

副 组 长:刘　勇

成　　员:学校办公室、组织部、宣传部(统战部)、保密办公室、科技处、研究生部、学生处、国际交流合作处、保卫处、继续教育学院、网络管理中心的主要负责人

办 公 室:设在保卫处

办公室主任:保卫处处长

社会治安综合治理委员会

（校党发〔2009〕42 号　2009 年 7 月 18 日）

主　　任：冯喜春

副 主 任：彭斌柏

委　　员：学校办公室、宣传部、研究生部、财务处、学生处、后勤管理处、保卫处、工会、团委以及各校区的主要负责人，机关党委、直属单位党总支、体育部、继续教育学院、后勤集团以及各学院党总支（直属党支部）书记

办 公 室：设在保卫处

办公室主任：保卫处处长

处理"邪教"问题领导小组

（校党发〔2009〕42 号　2009 年 7 月 18 日）

组　　长：冯喜春

副 组 长：刘　勇

成　　员：冯晓春，组织部、研究生部、人事处、学生处、保卫处、继续教育学院的主要负责人及相关单位党组织主要领导

办 公 室：设在保卫处

办公室负责人：保卫处处长

防火安全委员会

（校党发〔2009〕42 号　2009 年 7 月 18 日）

主　　任：冯喜春　彭斌柏

副 主 任：保卫处、后勤管理处主要领导

委　　员：学校办公室、教务处、科技处、研究生部、学生处、基建处、各校区、后勤集团主要负责人，保卫处安全科科长健翔桥校区保卫科科长，后勤集团分管饮食服务和分管学生公寓的负责人

办 公 室：设在保卫处

办公室负责人：保卫处安全科科长

交通安全委员会

(校党发〔2009〕42号 2009年7月18日)

主　　　任:冯喜春　彭斌柏

副　主　任:保卫处、后勤集团主要负责人

委　　　员:学校办公室分管车辆的领导,宣传部、学生处、后勤管理处、工会、团委和各校区主要负责人,研究生部继续教育学院党总支书记,离退休工作办公室副主任,保卫处安全科科长,后勤集团运输部经理岗负责人

办　公　室:设在保卫处

办公室负责人:保卫处安全科科长

外来人口管理领导小组

(校党发〔2009〕42号 2009年7月18日)

组　　　长:冯喜春　彭斌柏

副　组　长:后勤管理处　保卫处　后勤集团主要负责人

成　　　员:人事处　各校区的主要负责人　后勤集团其他领导　保卫处社会治安综合、治理管理岗负责人

办　公　室:设在保卫处

办公室负责人:保卫处社会治安综合治理管理岗负责人

信访工作领导小组

(校党发〔2009〕58号 2009年11月26日)

组　长:郑君礼　杜　林

副组长:刘筱毅　刘　勇

成　员:冯喜春　许晓革　彭斌柏　林国策　李　燕　胡　滔　孙福友　王兴芬

信访工作领导小组下设办公室,办公室设在学校办公室

主　任:林国策(兼)

成　员:李　萍　李小平　李蒙丝

信息化工作领导小组

（校（筹）发〔2006〕24 号　2006 年 1 月 13 日）

组　长：杜　林

副组长：闫　成　韩秋实

成　员：（按姓氏笔画排序）

戈新生　王兴伟　王　鹰　冯晓春　刘小河　刘　勇　吕乃光　曲振国

许宝杰　许晓革　何深思　张自求　张玲莉　张树藩　张　虹　李邓化

李　忱　肖洪森　邵长生　周维真　林国策　武　装　姜玉勇　胡克旺

赵平生　郝静如　栾忠权　崔仲凯　黄中文　葛新权　翟天利　滕功清

信息化工作领导小组下设办公室，网络信息安全管理工作组和信息化建设、运行及维护工作组。

信息化工作领导小组办公室设在校长办公室。信息化工作领导小组办公室负责学校信息化的日常工作和信息化工作的综合协调。

办公室主任：崔仲凯（兼）

办公室副主任：林国策（兼）　武　装（兼）

办公室成员：王明涛　王　晋　杨厚云　周　竞

网络信息安全管理工作组负责信息安全及管理。

组　　长：林国策（兼）

成　　员：王肖楠　周　竞

信息化建设、运行及维护工作组负责学校信息化建设的日常工作和校园计算机网络的运行与维护。

组　　长：武　装（兼）

成　　员：王遵刚　伍　银　郑小博

学术委员会

（校（筹）人字〔2005〕29 号　2005 年 3 月 1 日

校（筹）发〔2006〕174 号　2006 年 9 月 28 日）

主　任：韩秋实

副主任：关仲和　张福学

委　员：（按姓氏笔画排序）

戈新生　王久和　王东兴　王永生　王丽坤　甘润今　李　东　李　宁

杜　林　杨兴林　邱国旺　施水才　唐五湘　徐小力　栾忠权　傅正华

刘　宇　谢冬秀

“校园一卡通”建设专项工作领导小组

(校(筹)发〔2007〕112号　2007年7月11日)

组　长:杜　林

副组长:高锦宏　韩秋实

成　员:(以姓氏笔画为序)

戈新生　曲振国　许宝杰　许晓革　邵长生　周长胜　武　装　郑召义　姜玉勇　崔仲凯

期末考试工作领导小组

(校(筹)发〔2008〕4号　2008年1月4日)

组　长:杜　林

副组长:闫　成　孙百生

组　员:(以姓氏笔画为序)

冯晓春　刘　勇　许晓革　胡　滔　鲁　雷　邢济收　郝静如　邓文怡　李邓化　周维真　葛新权　李　忱　刘永成　肖洪森　李祥贵

教学工作委员会

(校(筹)发〔2008〕28号　2008年3月3日)

主　任:杜　林

副主任:许晓革

成　员:(以姓氏笔画为序)

王久和　王兴芬　王学文　刘建宾　刘桂礼　任维平　邢济收　肖洪森　张　健　张世忠　周金和　周维真　徐晓敏　郭春燕　黄　民　黄中文　盛炎平

教学督导组

(校发〔2009〕1号　2009年3月4日)

组　长:陈维兴

副组长:郝静如

成　员：（按姓氏笔画排序）

于惠庄　毕万全　刘伟霞　孟庆昌　佟丽娟　姜长来　郭　钦　铁慧琴　梁福平

第二届学校教师职务聘任委员会

（校发〔2009〕22 号　2009 年 3 月 16 日）

主任委员：杜　林

副主任委员：韩秋实　孙百生（3.16 止）　冯喜春（3.16 任）

委　　员：（以姓氏笔画为序）

戈新生（3.16 任）　王　鹰　许宝杰（3.16 止）　许晓革

刘建兰（3.16 止）　张福学　栾忠权　唐五湘　崔　巍

第二届校聘委会的任期至 2009 年 7 月 6 日。

第三届学校教师职务聘任委员会

（校发〔2009〕22 号　2009 年 11 月 12 日）

主任委员：杜　林

副主任委员：冯喜春　韩秋实　许晓革

委　　员：（以姓氏笔画为序）

戈新生　王　鹰　王兴芬　张福学　栾忠权　唐五湘

崔　巍

第三届校聘委的任期至 2010 年 11 月 10 日。

教师职务聘任争议调解处理委员会

（校发〔2009〕3 号　2009 年 3 月 30 日）

主　任：刘　勇

委　员：（按姓氏笔画排序）

卢玲军　李　萍　李　燕　邵长生　韩俊彦　鲁　雷

委员会下设办公室，办公室设在校工会

办公室主任：范秀华

秘　书：于　洋

全日制普通高等教育本科招生工作领导小组及相关机构

(校发〔2009〕5 号 2009 年 5 月 14 日)

招生工作领导小组

组　　　长:校长

副　组　长:分管监察工作的校领导　分管招生工作的校领导

成　　　员:招生就业办主任　监察处处长

招生工作领导小组下设办公室和监察办公室。

办 公 室 主 任:招生就业办主任(兼)

监察办公室主任:监察处处长(兼)

毕业生就业工作领导小组

(校发〔2009〕6 号 2009 年 5 月 18 日)

组　长:校党委书记　校长

副组长:分管毕业生就业工作的校领导　分管教学工作的校领导

成　员:招生就业办主任　研究生部主任　学生处处长　教务处处长　宣传部部长　团委书记

毕业生就业工作领导小组下设办公室,办公室主任由招生就业办主任兼任。

思想政治工作高级专业职务推荐评议组

(校发〔2009〕7 号 2009 年 5 月 20 日)

组　长:冯喜春

成　员:刘筱毅　刘　勇　邵长生　冯晓春　鲁　雷　崔仲凯　刘小河　谢瑞峰　刘永成　张　清

新生入学资格审查工作领导小组

(校发〔2009〕9 号 2009 年 5 月 18 日)

组　长:许晓革

副组长:刘　勇

成　员:招生就业办主任　教务处处长

应届毕业生入伍预征工作领导小组

（校发〔2009〕10 号　2009 年 6 月 3 日）

组　长:杜　林

副组长:刘　勇

成　员:学生处处长　宣传部部长　招生就业办主任　学生处副处长
　　　　各学院党总支副书记

入伍预征工作领导小组下设办公室,办公室设在学生处。

成　员:学生处有关工作人员

现代测控技术教育部重点实验室学术委员会

（校发〔2009〕12 号　2009 年 6 月 22 日）

主　任:高金吉(院士　北京化工大学)

副主任:张福学(教授　北京信息科技大学)
　　　　韩秋实(教授　北京信息科技大学)

委　员:(按姓氏笔画排序)
　　　　王子才(院士　哈尔滨工业大学)
　　　　戈新生(教授　北京信息科技大学)
　　　　卢秉恒(院士　西安交通大学)
　　　　石照耀(教授　北京工业大学)
　　　　高金吉(院士　北京化工大学)
　　　　张钟华(院士　中国计量科学研究院)
　　　　张福学(教授　北京信息科技大学)
　　　　徐滨士(院士　装甲兵工程学院)
　　　　徐春广(教授　北京理工大学)
　　　　徐小力(教授　北京信息科技大学)
　　　　韩秋实(教授　北京信息科技大学)
　　　　褚福磊(教授　清华大学)
　　　　樊尚春(教授　北京航空航天大学)

秘书长:王红军(教授　北京信息科技大学)

科技园管理委员会

(校发〔2009〕14 号　2009 年 6 月 15 日)

主　　　任:杜　林

常务副主任:韩秋实

副　主　任:冯喜春　彭斌柏

委　　　员:姜玉勇　王　鹰　戈新生　钟　玲

管委会下设科技园管理办公室,负责大学科技园日常事务管理,挂靠科技处。

办公室主任:钟　玲(兼)

后勤集团董事会和监事会

(校(筹)党发〔2007〕2 号　2007 年 1 月 17 日;校发〔2009〕17 号　2009 年 10 月 15 日)

一、后勤集团董事会组成人员

董 事 长:彭斌柏(兼)

副董事长:叶　超　李荣华

董　　事:曲振国　郑召义　姜玉勇　邵长生　麦　苗　赵平生　赵志强

二、后勤集团监事会组成人员

主　　席:吕建成

副 主 席:徐　燕

监　　事:卢玲军　姜伟华　刘　挺

住房补贴工作领导小组

(校发〔2009〕18 号　2009 年 10 月 22 日)

组　长:彭斌柏

成　员:监察处处长　离退休工作办公室主任　工会常务副主席　后勤管理处处长　人事处主管劳资工作副处长　财务处副处长　后勤管理处副处长　健翔桥校区副主任　清河校区主任　金台路校区主任　酒仙桥校区主任

公费医疗管理委员会

(校发〔2009〕19 号　2009 年 10 月 22 日)

一、公费医疗管理委员会

主　　任：彭斌柏

成　　员：学校办公室主任　监察处处长　学生处处长　审计处处长
离退休工作办公室主任　工会常务副主席　后勤管理处处长
人事处主管劳资工作副处长　财务处副处长　后勤管理处副处长
门诊一部主任　门诊二部主任

二、公费医疗管理委员会办公室

办公室设在后勤管理处

办公室主任：后勤管理处副处长（兼）

副　主　任：门诊一部主任　门诊二部主任

工程技术系列专业技术职务聘任委员会和
工程技术系列专业技术职务考核推荐组

（校发〔2009〕20号　2009年10月23日）

一、学校工程技术系列专业技术职务聘任委员会

主任委员：杜　林

副主任委员：冯喜春　韩秋实

委　　员：（以姓氏笔画为序）
戈新生　王　鹰　王兴芬　许宝杰　李　东　李邓化　周维真　栾忠权

二、学校工程技术系列专业技术职务考核推荐组

组　　长：冯喜春

组　　员：（以姓氏笔画为序）
马振平　王吉芳　刘　伟　刘建宾　汪毓铎　武　装　赵晓林　徐小力

以上人员的任期至2010年10月20日。

校办企业规范化建设领导小组

（校发〔2009〕25号　2009年11月20日）

一、校办企业规范化建设领导小组

组　长：郑君礼　杜　林

副组长：冯喜春　韩秋实　彭斌柏

成　员：监察处　科技处　人事处　财务处　资产管理处　审计处　后勤管理处
后勤集团主要负责人

二、校办产业规范化建设领导小组办公室

主　任：钟　玲（兼）

大学英语四、六级考试管理工作领导小组

(校发〔2009〕28 号 2009 年 12 月 15 日)

组 长:许晓革

副组长:教务处处长 教务处副处长

成 员:学校办公室主任 宣传部部长 监察处处长 学生处处长 后勤管理处处长 保卫处处长 外国语学院院长 外国语学院副院长

学校公用房屋使用管理工作领导小组

(校发〔2009〕29 号 2009 年 12 月 25 日)

组 长:杜 林

副组长:学校办公室主任

成 员:学校办公室副主任(分管办公用房工作) 教务处处长 科技处处长 研究生部主任 资产管理处处长 后勤管理处处长

领导小组下设办公室,办公室设在学校办公室。

图书馆工作委员会

(校教发〔2009〕42 号 2009 年 5 月 31 日)

主 任:孙百生

常务副主任:图书馆馆长

副 主 任:图书馆工作委员会推选产生

成 员:各学院主管教学或科研的院长,图书馆副馆长;资产管理处、教务处、研究生部、科技处、学生处、继续教育学院、高教研究室、财务处、监察处负责人

秘 书:图书馆工作人员

大学生学科竞赛管理委员会

(校教发〔2008〕62 号 2008 年 11 月 14 日)

主 任:许晓革

副主任:王兴芬

委 员:(按姓氏笔画排序)

王久和 刘建兰 苏 中 杨庆东 邱国旺 张 虹 杨曙辉 周维真

胡　滔　徐晓敏　唐清辉　盛炎平
秘　书:董丽萍

大学生物理实验竞赛组织委员会

(校教发〔2008〕63 号　2008 年 12 月 8 日)

主　任:许晓革
副主任:李祥贵　滕功清
委　员:王兴芬　盛炎平　于肇贤　杨　虹　姜　峰
组委会办公室
办 公 室 主 任:华树银　董丽萍
办公室工作人员:赵　华　张文格
竞赛专家小组
组　长:滕功清
副组长:盛炎平　于肇贤
成　员:杨　虹　姜　峰

毕业设计(论文)工作领导小组

(校教发〔2009〕19 号　2009 年 3 月 16 日)

组　长:许晓革
副组长:王兴芬
组　员:许宝杰　李　东　李邓化　周维真　葛新权　李　忱　郭春燕　肖洪森
　　　　李祥贵　胡　滔
秘　书:董丽萍

《北京信息科技大学学报》编委会

(校技发〔2009〕1 号　2009 年 6 月 22 日)

主　任:韩秋实
副主任:徐小力　戈新生　葛新权　施水才　康　劲
委　员:李　宁　张仰森　李　忱　李邓化　刘小河　李祥贵　于肇贤　李　东
　　　　周金和　许宝杰　杨庆东　唐五湘　栾忠权　高国伟　张福学　王丽坤

《北京信息科技大学学报》主编、副主编

(校技发〔2009〕2 号 2009 年 6 月 22 日)

主　　编:徐小力
常务副主编:康　劲
副　主　编:施水才

学位评定委员会

(校(筹)人字〔2005〕29 号 2005 年 3 月 1 日)

主　任:杜　林
副主任:孙百生
委　员:(按姓氏笔画排列)
王久和　王丽坤　邓文怡　刘小河　许宝杰　张奇志　李　宁　李　忱
李邓化　李祥贵　杨兴林　杨庆东　陈维兴　姚文席　郝静如　唐五湘
葛新权　滕功清

现代测控技术教育部重点实验室建设管理委员会

(校人发〔2008〕10 号 2008 年 11 月 14 日)

主　任:杜　林
副主任:韩秋实
成　员:戈新生　王　鹰　姜玉勇　麦　苗　栾忠权
教育部重点实验室建设管理委员会下设办公室,办公室设在科技处。
办公室主任:戈新生(兼)

成人教育学位评定分委会

(校学位发〔2009〕1 号 2009 年 3 月 18 日)

主　任:孙百生
副主任:邢济收
委　员:(按姓氏笔画排列)
王兴芬　吉莉莉　悦　再　韩　光　谢瑞峰
秘　书:吉莉莉(兼)

治理教育乱收费工作领导小组和治理教育乱收费工作办公室组成人员

（监发〔2008〕1号　2008年6月10日）

一、治理教育乱收费工作领导小组

组　长：校长

副组长：纪委书记　主管财务的校领导

成　员：监察处处长　财务处处长　审计处处长

二、治理教育乱收费工作办公室

主　任：监察处处长（兼）

成　员：财务处处长　审计处处长　学校办公室常务副主任　教务处常务副处长　研究生部主任　学生处处长　招生就业办主任　后勤处长　保卫处处长　图书馆馆长　继续教育学院院长　计算中心主任　网管中心主任　机电实习中心主任　后勤集团总经理　体育部主任

党政组织机构设置及负责人

表3-1 机关处级机构负责人一览表

部门	职务	姓名
学校办公室	主任	刘 勇(1.1~10.14)(兼) 林国策(10.14任)
	常务副主任	林国策(1.1~10.14)(正处职)
	副主任	王立民
		李 萍
		邱明晓
组织部	部长	邵长生
	副部长	姜伟华 (兼党校常务副校长)
宣传部	部长	鲁 雷
	副部长	王 蕾 (兼新闻中心主任)(正处级)
		赵爱玲
统战部	部长	鲁 雷(兼)
纪委办公室	主任	李 燕
	纪检员	李小平(副处职)
保密工作办公室	主任	马瑞芳
学生工作部	部长	胡 滔
	副部长	吴俊法
		李华涛(兼)
武装部	部长	胡 滔
	副部长	李华涛
保卫部	部长	韩俊彦
	副部长	樊石生
研究生工作部	部长	田杨萌
老干部工作部	部长	孙福友

续表

部　门	职　务	姓　名
教务处	处　长	许晓革(1.1～11.24)(兼) 谢瑞峰(11.24任)
	副处长	王学文
		张健(兼教学评估工作办公室主任)
		王兴芬
科技处	副处长	戈新生(11.24起主持工作)
		钟　玲
		王久和
		孙卫国(2009.09.10～2010.01.15)
研究生部	主　任	栾忠权
	副主任	田杨萌(兼)
		侯军岐
人事处	处　长	刘筱毅(1.1～10.14)(兼) 王　鹰(10.14任)
	常务副处长	王　鹰(1.1～10.14)(正处职)
	副处长	赵晓林
		谢新伟
财务处	处　长	姜玉勇
	副处长	任立乾
学生工作处	处　长	胡　滔
	副处长	吴俊法
		李华涛(兼)
招生就业工作办公室	主　任	王志伟
	副主任	刘　斌
国际交流合作处	调研员	范玉涛(正处级)
资产管理处	处　长	麦　苗
	副处长	邱绪君
审计处	处　长	徐　燕
监察处	处　长	李　燕
后勤管理处	处　长	杜世智
	副处长	王　辉

续表

部　门	职　务	姓　名
基建处(与新校区建设办公室合署办公)	处　长	刘　伟(兼新校区建设办公室主任)
	副处长	金宝东(兼新校区建设办公室副主任)
		朱亚媛(兼新校区建设办公室副主任)
保卫处	处　长	韩俊彦
	副处长	樊石生
离退休工作办公室	主　任	孙福友
	副主任	李宗生

(李相豸)

表3－2　直属单位、校区负责人一览表

单　位	职　务	姓　名
健翔桥校区管理办公室	主　任	冯晓春(兼)
	副主任	赵志强
清河校区管理办公室	主　任	程连生
金台路校区管理办公室	主　任	孟创立
酒仙桥校区管理办公室	主　任	张树人
昌平校区综合办公室	主　任	王兴伟
	副主任	赵立胜
		李丛建
高教研究室	主　任	杨兴林
	副主任	曹晋红
图书馆	馆　长	王吉芳
	副馆长	张玉忠

(李相豸)

表3－3　群团组织负责人一览表

部　门	职　务	姓　名
工　会	常务副主席	卢玲军
	副主席	范秀华
	副主席	薛承军(11.17任)
团　委	书　记	唐清辉

(李相豸)

表 3－4　学院(部、中心)行政负责人一览表

学院(部、中心)	职　务	姓　名
机电工程学院	院　长	许宝杰
	副院长	杨庆东
		黄　民
光电信息与通信工程学院	院　长	李　东
	副院长	刘桂礼
		杨曙辉
自动化学院	院　长	李邓化
	副院长	张奇志
		苏　中
计算机学院	院　长	周维真
	副院长	李　宁
		周长胜(兼)
经济管理学院	院　长	葛新权
	副院长	刘　宇
		张　虹
信息管理学院	院　长	李　忱
	副院长	蒋文保
		徐晓敏
人文社科学院	副院长	郭春燕(主持工作)
		何深思
		刘建兰
外国语学院	院　长	肖洪森
	副院长	梁淑新
		邱国旺
理学院	院　长	李祥贵
	副院长	盛炎平
		于肇贤
体育部	主　任	牛志英(保留正处级)
继续教育学院	院　长	刑济收
	副院长	李侃卓
		吉莉莉
计算中心	主　任	周长胜
机电实习中心	主　任	郑　军

续表

学院(部、中心)	职　务	姓　名
电工电子实验教学中心	主　任	李邓化(兼)
	副主任	高晶敏

(李相豸)

表3-5　基层党组织负责人一览表

部　门	职　务	姓　名
机关党委	书　记	崔仲凯
	副书记	林国策
研究生党总支	书　记	田杨萌
离退休党总支	书　记	孙福友(兼)
	副书记	孙毓仁
直属单位党总支	书　记	曲振国
	副书记	曹晋红
昌平校区党总支	书　记	王兴伟(兼)
继续教育学院党总支	书　记	韩　光
后勤集团党总支	书　记	叶　超
	副书记	李荣华(10.14任)(兼)
机电工程学院党总支	书　记	张怀存
	副书记	回世勇
光电信息与通信工程学院党总支	书　记	赵书阁
	副书记	薛承军
光电信息与通信工程学院党总支	书　记	刘小河
	副书记	刘云风
计算机学院党总支	书　记	赵　刚
	副书记	王宗广
经济管理学院党总支	书　记	谢瑞峰
	副书记	孙　晨
		郭银辉
信息管理学院党总支	书　记	李　健
	副书记	张曼萍
人文社科学院党总支	书　记	刘永成
	副书记	郭严俊
外国语学院党总支	书　记	谭胜国
	副书记	张　艳

续表

部　门	职　务	姓　名
理学院党总支	书　记	滕功清
	副书记	贺　芳
体育部直属党支部	书　记	郭小兵
计算中心直属党支部	书　记	张　清

（李　哲）

表 3－6　后勤集团负责人一览表

职　务	姓　名
总经理	郑召义(保留正处级)
副总经理	陈建伟(保留正处级)
	马洪祥(保留副处级)(12 月 24 日止)

（李相豸）

学科建设与教育教学

学科建设与研究生教育

【概况】研究生部贯彻执行国家、学校有关研究生教育工作的政策和规定，负责起草我校研究生工作的规章制度并组织实施；负责研究生的招生、培养、学籍、学位、就业、学科建设和思想教育等方面工作。研究生部下设招生就业、学籍与培养、学生工作、学科与学位、行政工作五个办公室，工作人员 8 人。

2009 年，坚持以学科建设为工作重点，按照“优化体系、整合资源、凝练方向、寻求突破”的总体原则，以经济社会发展需要和学科发展前沿为导向，着眼于首都和行业需求，立足学校定位与发展目标，强化优势学科，扶持新建学科，培育新兴学科，鼓励学科交叉、渗透与融合，依托工、管优势学科，发展特色学科为指导思想。重视学生工作，坚持以科学发展观作为指导，坚持以人为本为核心，引导研究生全面、协调地与不断发展的社会同步前进。

（阎为民）

【学科建设】（1）召开首次学科建设工作会议。深入贯彻落实科学发展观和学校第一次党代会精神，树立学科兴校理念，提高学校学科建设的全员参与意识，以学科建设为龙头全面推进各项工作，以改革创新精神推动新大学的科学发展，根据学校学习实践活动领导小组和学校党委的部署，完成全校学科建设现状调研工作，成功召开新大学筹建以来的第一次学科建设工作会议。校领导、各学院院长及副院长、在岗教授和部分行政部门负责人共计 110 余人参加会议。

（2）以突破博士授权资格为目标，重点学科建设工作和学位点建设工作得到推进，积极做好硕士点的申报准备工作。组织完成专业硕士授权领域的申报工作，控制工程领域的工程硕士点获得批准，学校专业硕士授权领域达到 4 个，学校控制学科有了加强与企事业单位合作培养工程应用型高层次人才的新平台。

（3）组织完成新增硕士生导师的遴选工作，新增导师 33 人，硕士生导师数达到 157 人。组织完成新导师的培训工作，促进新硕士生导师尽快了解研究生培养特点，熟悉学校研究生培养流程。

（4）正式启动优秀硕士学位论文推选工作，各分委员会根据硕士论文的学术水平、创新性等方面，推选优秀硕士学位论文 11 篇。组织完成硕士论文开题、盲审、答辩、学位授予工作。2009 年，授予硕士学位 197 人，其中 34 人被抽查盲审或指定盲审，并对推优论文和部分普通论文进行了学术不端行为检测。

（崔新红）

【研究生培养】注重强化培养过程，提高培养质量。研究生培养按照学校的要求，认真学习领会教育部有关文件精神，依靠并配合各学院和导师，把质量意识融入研究生培养管理的各个环节。加强教学管理制度的建设，在教学管理中确立教学的核心地位，健全、规范和完善教学管理制度、程序和监督机制，规范教学管理手段，建立完善的档案管理制度，使各项教学管理工作做到有章可循、有“法”可依，对已形成的规章制度严格执行，切实起到“规范”的效果。

完成 2009 版硕士研究生培养方案修订工作。新修订的《北京信息科技大学硕士研究生培养方案》在培养方案的基本框架设计和内容上进行了新的探索,并首次按一级学科制定培养方案,目前已在2009级研究生中全面施行。根据教育部全日制工程硕士培养方案制定精神,结合学校实际,制定2009年新增加的全日制工程硕士领域培养方案实施细则、《北京信息科技大学全日制工程硕士培养方案》、《2009级研究生导师分配原则》,认真组织研究生与指导教师的双向选择的工作。2009级新生共有287人,涉及19个硕士点和3个硕士领域。组织2009级硕士研究生填写个人培养计划,收齐汇总后认真审查是否符合研究生培养方案的要求,根据每位研究生的培养计划严格执行已确定的培养计划及监控研究生培养计划的落实情况。安排好2009级学生课程学习。做好2009级学生本学期开课计划,落实下学期开课计划,向相关学院下达教学任务,组织各学院安排任课教师。根据培养计划作出学生选课名单、排课表、打印教师任务书等教学文件。学期中和学期末进行试卷的印刷、考试安排、成绩录入等考务工作,为在校生提供成绩单。汇编研究生课程教学大纲。对在校研究生做好考试补考,重修选课,研究生课程进修班学员选课等工作。进一步健全命题、试题交接、保密等管理工作程序,维护研究生考试的安全性、权威性和公正性。重视公共课的教学效果,协调沟通安排好公共课的任课教师。坚持中期检查制度并认真执行已制定的中期检查规定。确保研究生培养规模与质量的协调发展。

认真完成研究生的入学注册报到工作和日常的研究生学籍管理工作。新生入校后,组织学生填写学籍卡片、制作学生证、注册学生证,收集学生相关信息。圆满完成教育部对新生所有信息数据的上传工作,做好新生的学籍电子注册工作,维护好在校生的教育部学籍网的电子注册工作,平时随时对学生的学籍异动进行电子注册维护。

认真核算各学院教师教学工作量并报人事处。毕业生答辩后制作研究生毕业证书。组织好研究生的四、六级考试和英语学位统考工作。做好北京市教委学籍管理处与学籍有关的沟通协调工作。

(王　贺)

【研究生教育】(1)进一步完善各种规章制度,大力开展思想和组织建设,重点抓好研究生党员的发展工作,2009年度发展研究生党员92名,截至2009年12月底研究生党员已达410名,占在校研究生的59.25%。

(2)加强对支部书记、预备党员和积极分子的培训,加强支部组织建设和制度建设,指导研究生党支部组织研究生党员和积极分子开展大量形式新颖的组织活动,并选派研究生党员骨干参加相关业务学习培训、校际间工作交流、考察活动,提高其政治素质和党务工作水平。

(3)加强对研究生共青团工作的指导,加强研究生素质教育、文体活动和科技创新能力的培养,积极创造条件,鼓励、支持研究生、研究生联合本科生参加各类北京市、全国性科技竞赛,2009年度有30名研究生在全国性科技竞赛中获奖。其中,苗鱼同学在第四届全国大学生“飞思卡尔”杯智能汽车竞赛中荣获华北赛区摄像头组三等奖;张志新、周枫同学在第九届全国机器人暨2009年FIRA世界杯机器人大赛中国队选拔赛中荣获二等奖3项、三等奖2项,创新奖1项的佳绩；由陈伟曹、张文等 18 名研究生组成的 6 支研究生参赛队伍，在第六届全国研究生数学建模竞赛中均荣获三等奖；在 2009 中国机器人大赛暨 RoboCup 公开赛中，张建丽、李萌等组成的微软（MS）3D 类人仿真队伍荣获全国二等奖，由包华、郭琴琴等组成的微软（MS）轮式微型机器人队、微软（MS）轮式微型机器人队伍均荣获优胜奖。

（杨　菁）

【硕士研究生指导教师】

机电工程学院（30 人）：

韩秋实　徐小力　郝静如　戈新生　杨庆东　王建华　许宝杰　王科社　孙百生
黄　民　栾忠权　王红军　王吉芳　郝南海　林慕义　高锦宏　姚文席　王国权
陈　勇　张怀存　邢济收　钟建琳　高炳学　张瑞乾　刘　泉　贺敬良　李天剑
米　洁　童　亮　龚国庆

光电信息与通信工程学院（26 人）：

吕乃光　邓文怡　李　东　祝连庆　董明利　范　京　汪毓铎　周金和　刘桂礼
刘国忠　王晓飞　吕　勇　马牧燕　娄小平　燕必希　郭阳宽　李月强　王艳林
王晓玲　陈青山　张晓青　杨曙辉　缪　旻　朱希安　李红莲　曹　林

自动化学院（21 人）：

刘小河　张奇志　白连平　李邓化　王久和　恒庆海　申闫春　苏　中　李　擎
高国伟　厉　虹　胡平平　周亚丽　管　萍　马　洁　高晶敏　朱嘉林　杨秀媛
曹荣敏　艾　红　李　娟

计算机学院（19 人）：

李　宁　牟永敏　刘建宾　徐雅斌　张仰森　李淑琴　施水才　都云程　杨根兴
杨大利　周长胜　马力妮　殷　旭　肖诗斌　吕学强　武　装　蔡　英　秦奕青
施运梅

经济管理学院（25 人）：

唐五湘　葛新权　谢瑞峰　张志凤　刘　宇　王信东　侯军岐　卢　静　刘　春
曲　立　周脉伏　李雁玲　王　斌　负晓哲　李静文　谢　群　贾艳萍　黄中文
徐文彬　杭建平　梁栩凌　金春华　周秀玲　张　健　谭祖卫

信息管理学院（10 人）：

李　忱　杨孔雨　王兴芬　尹春华　陈　昕　康海燕　蒋文保　孙志恒　卢华明
赵　刚

人文社科学院（6 人）：

刘建兰　傅正华　杨兴林　何深思　王　媛　张云筝

理学院（20 人）：

谢冬秀　杨毅恒　李祥贵　侯吉成　盛炎平　李国成　许晓革　滕功清　张福学

王丽坤　田杨萌　于肇贤　邱　钧　吴秋新　张永林　薛春艳　田文杰　朴林华　邹小平　其木苏荣

（崔新红）

【兼职博士生导师情况】

表4－1　兼职博士生导师一览表

序号	导师姓名	学科门类	研究方向	任兼职博导单位	备注
1	张福学	工学	物理电子学	北京邮电大学	
2	孙百生	工学	机械工程	北京邮电大学	
3	韩秋实	工学	机械工程	机械科学研究总院	
4	徐小力	工学	机械工程	北京理工大学	
5	吕乃光	工学	仪器科学与技术	北京邮电大学	
6	刘小河	工学	控制科学与工程	北京交通大学	
7	侯军岐	管理学	农业经济管理	西北农林科技大学	
8	杨毅恒	理学	数学	吉林大学	
9	戈新生	理学	一般力学	北京交通大学	
10	葛新权	管理学	企业管理	北京交通大学	
11	李邓化	工学	交通信息工程及控制	北京交通大学	
12	卢秉恒	工学	机械工程	西安交通大学	兼职教授
13	王子才	工学	控制科学与工程	哈尔滨工业大学	兼职教授
14	姜　澜	工学	机械工程	北京理工大学	兼职教授

（崔新红）

【研究生招生与就业】2009年，研究生教育规模继续扩大、质量稳步提高。2009年共招收研究生297名，比2008年增加28.02%，在校研究生已达692人。授予硕士学位196人，比2008年增加6.52%。加强对毕业研究生的就业指导工作，在遭遇金融危机使就业形势非常严峻的情况下，研究生的就业情况继续保持良好态势，就业率达到98.46%以上，在市属市管院校中名列前茅。

表 4－2　2009 年硕士研究生录取情况一览表

招生专业	录取人数	录取分数线	录取人数(类别)				录取人数(生源)		男生人数	女生人数	考研满分
			非定向生	定向生	委培生	自筹经费生	非应届人员	应届本科生			
国民经济学	9	315	6			3	5	4	2	7	500
数量经济学	7	315	4			3	5	2	5	2	500
马克思主义中国化研究	6	315	4			2	5	1	4	2	500
应用数学	8	280	5			3	3	5	3	5	500
机械制造及其自动化	9	275	7			2	2	7	6	3	500
机械电子工程	22	275	15			7	5	17	12	10	500
机械设计及理论	8	275	6			2	3	5	3	5	500
车辆工程	7	275	5			2		7	2	5	500
精密仪器及机械	9	275	5			4	4	5	5	4	500
测试计量技术及仪器	24	275	13			11	11	13	14	10	500
微电子学与固体电子学	15	275	9			6	6	9	11	4	500
信号与信息处理	16	275	8			8	4	12	11	5	500
控制理论与控制工程	17	275	11			6	6	11	8	9	500
检测技术与自动化装置	19	275	11			8	8	11	11	8	500
模式识别与智能系统	6	275	4			2	4	2	3	3	500
计算机应用技术	50	275	23			27	14	36	30	20	500
管理科学与工程	19	315	11			8	9	10	8	11	500
企业管理	13	315	9			4	3	10	5	8	500
技术经济及管理	9	315	6			3	5	4	5	4	500
机械工程	3	275				3	1	2	3	0	500
仪器仪表工程	11	275				11	1	10	5	6	500
工业工程	10	275				10	5	5	2	8	500
合计	297		162			135	109	188	158	139	

表 4 - 3　2009 届硕士研究生就业情况一览表

专业	毕业生人数	减派				可分毕业生	其中二分	实际签约数	地区分布							隶属部门			工作性质										
		考取研究生	出国	申请不就业	其他减派				北京	其中		西部生源	其中		北京生源去外省	北京市	其他省市	中央部门	机关	军队	企业	其中			事业	其中			
										京外生源	去远郊就业		北京生源	支援西部数								国有企业	三资企业	其它企业		高教	其它教学单位	科研	基层
合计	196	8	2	0	0	186	30	155	105	95	11	3	0	1	0	66	38	51	7	2	120	37	2	81	24	8	0	10	2
计算机应用技术	37	0	1	0	0	36	6	30	24	23	1	1	0	0	0	17	5	8	1	0	22	4	1	17	7	5	0	1	0
机械电子工程	17	0	0	0	0	17	0	17	14	14	1	0	0	0	0	9	2	6	0	1	14	3	0	11	2	0	0	2	0
检测技术与自动化装置	21	2	0	0	0	19	4	15	10	8	0	1	0	1	0	4	4	7	1	0	12	5	0	7	2	2	0	0	0
测试计量技术及仪器	16	1	0	0	0	15	2	13	10	10	3	1	0	0	0	8	3	2	0	0	11	5	0	6	1	1	0	0	1
机械制造及其自动化	14	0	0	0	0	14	2	12	11	10	1	0	0	0	0	6	1	5	0	0	11	6	0	5	1	0	0	1	0
微电子学与固体电子学	16	3	0	0	0	13	4	9	4	4	0	0	0	0	0	3	4	2	1	0	8	2	0	6	0	0	0	0	0
技术经济及管理	13	0	0	0	0	13	0	13	4	4	1	0	0	0	0	4	7	2	1	0	8	0	0	8	3	0	0	2	1
控制理论与控制工程	18	1	0	0	0	17	6	11	8	6	2	0	0	0	0	3	2	6	0	0	8	4	0	4	3	0	0	3	0
企业管理	12	0	1	0	0	11	1	9	7	5	0	0	0	0	0	4	1	4	1	0	7	4	0	3	1	0	0	0	0
管理科学与工程	11	1	0	0	0	10	0	10	3	1	0	0	0	0	0	1	5	4	0	2	7	2	0	5	2	0	0	0	0
机械设计及理论	10	0	0	0	0	10	2	8	6	6	2	0	0	0	0	4	2	2	0	0	7	1	1	5	1	0	0	1	0
国民经济学	8	0	0	0	0	8	2	6	3	3	0	0	0	0	0	2	2	2	2	0	4	1	0	3	0	0	0	0	0
车辆工程	1	0	0	0	0	1	0	1	1	1	0	0	0	0	0	1	0	0	0	0	1	0	0	1	0	0	0	0	0
应用数学	2	0	0	0	0	2	1	1	0	0	0	0	0	0	0	0	0	1	0	0	0	0	0	0	1	0	0	0	0

（张华杰）

本科教育

【概况】教务处是本科教学管理的重要职能部门，负责全日制普通高等教育本科学生的专业建设与培养方案管理、课程和教材建设、教学改革与教学管理的研究、教学运行管理等工作。教务处下设教学研究科、教务科、实践教学管理科、综合办公室、电教中心、教材科和教学评估办公室。

2009 年，教务处以科学发展观为指导，紧紧围绕“树立一流理念，强化办学特色，以改革创新精神推进新大学科学发展”的主题，深入贯彻、落实《关于实施北京高等学校教学质量与教学改革工程的意见》（京教高〔2008〕1 号）文件精神，根据学校 2009 年党政工作要点所确定的本科教学工作目标任务，在校党委和行政的正确领导下，坚持“巩固评建成果、建设长效机制、强化理念更新、创新培养模式、夯实教学基础、突出建设亮点”的工作思路，以提升教学质量为目的，以保证教学秩序稳定为基础，大力加强教学内涵建设，在教学基本建设、教学改革、教学管理等方面取得明显成效。

（陈 伟）

【专业建设与教学计划管理】着力加强现有国家级、北京市特色专业建设点以及校级重点专业等优势专业的建设，制定《北京信息科技大学关于加强特色专业建设点建设与管理的原则意见》，明确特色专业建设的目标、任务和建设实施过程的监督与管理，启动制定特色专业建设点建设任务和年度检查工作。根据《北京市教育委员会关于开展2009年市级特色专业建设点评审的通知》（京教函〔2009〕243号）以及《北京市教育委员会关于开展推荐2009及2010年度国家级特色专业建设点工作的通知》要求，组织开展了2009年国家级、市级特色专业建设点的申报推选工作。最终，学校自动化、计算机科学与技术专业被评选为国家级特色专业建设点，机械设计制造及其自动化、软件工程2个专业被评选为市级特色专业建设点。

（陈 伟）

【课程和教材建设】加强对校级精品建设课程、校级精品课程以及校级重点建设课程的建设进度以及建设质量的监控力度，确保完成预定建设任务，达到建设目标。2009年初对这些课程进行年度检查，针对检查中发现的问题，向相关教学单位反馈，并限期整改。2009年底，启动对建设期将满的校级精品课程、精品建设课程、重点建设课程的验收工作，为新一轮的校级精品课程、精品建设课程以及重点建设课程的评选做准备。结合课程建设的年度检查，根据《北京市教育委员会关于做好2009年度北京市级精品课程申报工作的通知》（京教函〔2009〕242号）要求，在专家与各教学单位推荐的基础上，召开精品课程建设汇报会，开展2009年市级精品课程的推选工作。经北京市评审，学校推荐的3门课程有2门被评选为市级精品课程。加强教材建设工作。进一步完善教材评审、评价、选用、供应等制度，按照学校人才培养目标，选用和编制高质量的教材，逐步建立起有我校特色、适应培养面向21世纪的富有创新精神的应用型人才的教材体系。

（陈 伟）

【教学改革与教学管理】更新理念，统一思想，开展应用型人才培养的大讨论。为进一步更新教育思想与教育观念，提高认识、统一思想，实现人才培养模式与应用型人才培养目标的紧密契合，结合学校北京市教育科学"十一五"规划重点课题——"北京市管高校应用型人才培养研究"的前期研究成果，积极配合课题组筹备召开应用型人才培养研讨会，并圆满召开。精心谋划、筹备召开第一次本科教学工作会议，目前已完成关于加强本科教学工作的意见（征求意见稿）、关于开展教师实践能力培训的暂行办法（征求意见稿）、关于修订2010级部分本科专业培养计划的指导性意见（讨论稿）等文件的起草工作。

（1）召开第一届教学观摩暨2009年教学基本功比赛颁奖大会。为促进教学研究的开展，同时表彰在教学基本功比赛中获奖的教师与单位，增进教师的学习交流，开阔视野，启迪思路，促进教学水平的提高，进一步提高教学质量，6月24日召开学校第一届教学观摩暨2009年教学基本功比赛颁奖大会，对在首届实验教学基本功比赛以及第三届青年教师教学基本功比赛中获奖的教师进行表彰，同时，观摩我校1名市级教学名师、2名校级教学名师、2名青年教师教学基本功获奖教师的课堂教学以及实验教学基本功部分获奖教师的实验课堂教学。全体校领导,各教学单位院长(主任)、主管教学院长(主任),各教学单位系主任、教研室主任、实验室主任,第三届青年教师教学基本功比赛以及首届实验教学基本功比赛获奖教师出席会议,近300名教师参加会议。此次大会的圆满召开,不仅促进了教师间的学习与交流,且激发了教师投入教学的积极性与主动性。今后,学校将作为一项全校性的教学研究活动继续开展下去。

(2)积极探索人才培养模式改革。以2009年北京市首次启动市级人才培养模式创新试验区为契机,在前期特色专业建设、试点专业调研基础上,进一步推进应用型人才培养模式的改革与创新,根据《关于开展市级人才培养模式创新试验区建设工作的通知》(京教函〔2009〕241号)精神,组织机电、光电、自动化、计算机、经管和信管等学院相关专业,申报"以信息类为主的特色专业应用型人才培养模式创新试验区"。经申报、答辩、评审、终评,被评为2009年北京高等学校市级人才培养模式创新试验区。今后,学校将根据试验区的建设规划,进一步开拓思路,整合资源,理顺机制,扎实推进试验区的各项建设工作,带动我校人才培养模式的改革,为首都经济社会发展培养更多的高素质应用型人才。

(3)进一步推进教育教学改革、培养具有较强实践能力的高素质应用型人才、促进相关专业学生的就业,根据《北京市商务委员会 北京市教育委员会关于申报北京市服务外包人才实习实训基地和培训机构的通知》(京商务服贸字〔2009〕11号)精神,在学校统一部署下,由计算机学院牵头,信息管理学院、经济管理学院和外国语学院共同努力,我校成功被市商务委和市教委联合认定为第一批服务外包人才培训机构。

(4)不断深化教学改革,培育教学成果。为加强对教改项目的建设与管理,上半年对2005、2006、2007年的60个校级教改项目进行结题验收,经专家组评审,53个项目通过结题验收(其中5个项目为优秀),1个项目暂缓结题,同意6个项目延期结题。下半年,重新修订印发《北京信息科技大学教学改革立项项目管理办法》(校教发〔2009〕74号),并根据文件要求下发《北京信息科技大学关于组织申报我校2009年度教学改革项目的通知》(校教发〔2009〕75号),开展本年度的教学改革立项申报工作。为加强教学改革,凝练教学成果,确保实效性,本次申报对项目建设成果提出明确要求。在多年开展教学改革,积累教学成果的基础上,学校在国家以及北京市教育教学成果奖(高等教育)评选中,作为主要参与单位获得国家级教育教学成果一等奖1项,获得北京市级教育教学成果一等奖3项、二等奖7项。

(5)教学管理水平不断提高。积极推进我校教学管理的信息化、网络化建设,目前已完成前期调研和教务处网站的改版设计工作,下一步将细化设计、逐步构建一体化的教学信息管理网络平台,不断提高教学管理工作效率。另外,在主管校长的组织带领下,申报的"教学管理创新团队"获批为2009年北京市人才强教深化计划中的管理创新团队建设项目。

(陈　伟)

【教学质量管理与评价】教学质量监控进一步强化。2009年,对教学督导、学生评教、学生信息员等各项教学质量监控机制不断进行完善,进一步加强了反馈力度。修订并印发《北京信息科技大学教学督导组工作条例》(校教发〔2009〕7 号),顺利完成教学督导组的换届工作。新一届教学督导组在坚持开展日常听课,并加强听课力度的同时,重点对实验课、课程设计以及大学体育进行检查。通过检查,学校对一线教学,特别是实践教学、大学体育的教学状况有了更加深入的了解,有利于学校有的放矢地开展工作;针对学生评教工作中存在的问题,在前期国内外高校广泛调研的基础上,学校专门成立学生评教工作小组,通过多次的研究与沟通,已形成初步方案。目前,正在召开学生、教师以及学工部门有关人员的座谈会,在广泛征求意见;修订《北京信息科技大学学生教学信息员评教评学制度管理办法》(教发〔2009〕26 号),开展新一轮的学生信息员聘任工作,召开学生教学信息员换届会;对一线教学中查找出的问题,通过现场沟通、召开各类座谈会、编写督导简报与教学简报、教学例会通报等方式与有关单位加强了沟通与反馈。

(陈　伟)

【教学运行管理】进一步细化教学运行管理的相关文件。在多方调研的基础上,上半年起草了《北京信息科技大学与国外合作培养学生学籍管理规定暂行办法》、《北京信息科技大学赴国外大学进修学习学生学籍管理暂行办法》。启动课程重修管理、选修课管理等文件的制定工作。依据学校本科学生转专业的细则,组织各学院完成各学院转专业工作实施细则的制定,开展2009 年的普通高等教育本科学生的转专业工作,最终有 13 名同学调整专业。

(陈　伟)

【学籍与毕业管理】结合现有教学管理制度的实际执行与实施情况,加以补充、修订,推动管理制度的完善与规范,进一步提高教学管理的科学化、制度化水平。在广泛听取意见,经多次教学工作委员会讨论,报校长办公会审议,完成《北京信息科技大学全日制普通高等教育本科学生学籍管理规定》(校教发〔2009〕50 号)的修订工作,以有利于学风建设和教学质量提高、"以学生为本"实现教学管理为学生成才服务为出发点,对修课管理、考核与成绩评定、留(降)级、退学、毕业管理等方面进行修订完善。

(陈　伟)

【实践教学环节的建设与管理】(1)加强毕业设计(论文)的管理,切实提高毕业设计(论文)质量。为确保毕业设计题目符合培养目标、紧密联系实际,组织开展 09 届本科生毕业设计(论文)的选题及任务书审查工作,在学院自查的基础上,聘请校外专家对 10 个专业的毕业设计题目及任务书进行抽查,并于 3 月初将情况向各学院进行反馈,对审查不合格的题目进行了整改。在毕业设计领导小组的领导下,进一步加强对各学院毕业设计工作的指导和检查,并通过教学例会和教学座谈会等形式,研究毕业设计工作,解决实际问题,为毕业设计(论文)的质量提供保障。开展 2009 年校级优秀毕业设计(论文)的评选工作,经专家评审有 31 篇被评选为校级优秀毕业设计(论文)。在对 2009 年毕业设计(论文)手册修订基础上,完成 2010 年毕业设计(论文)手册的编印工作。

(2)启动各校区实验室资源调整工作。为合理利用和配置教学场地,为本科教学提供良好的运行环境,在前期工作基础上,形成实验室用房调整和相关实验室在校区间置换的初步方案。在后勤处的大力支持下,完成各校区实验用房的改造规划及2010年专项申报工作。

(3)进一步完善学科竞赛体系。按照《北京信息科技大学大学生学科竞赛管理办法》的有关规定,有计划地开展2009年学科竞赛工作。对于2009年度立项的31个学科竞赛项目,通过开展分层次有重点的过程管理,顺利完成本年度各项重大赛事的预赛和培训,在全国性的重大赛事中取得了优异的成绩,同时通过组织校、院级学科竞赛项目,鼓励更多的同学参与到学科竞赛和科技创新活动中来,扩大了竞赛的参与面,初步形成了以赛促学的良好局面。

(4)实验教学示范中心建设。根据《教育部关于开展高等学校实验教学示范中心建设和评审工作的通知》(教高〔2005〕8号)、《教育部关于开展高等学校实验教学示范中心建设和评审工作的补充通知》(教高〔2007〕10号)以及《北京市教育委员会关于开展高等学校实验教学示范中心建设和评审工作的通知》(京教高〔2005〕17号)精神,在校领导的高度重视和支持下,学校积极开展实验教学示范中心的申报及建设工作。现已有国家级教学示范中心1个,北京市级实验教学示范中心3个。

(5)校外人才培养基地建设。在2008年的基础上新增加3个校外实习基地,我校校外实习基地总数达到56个,覆盖了全校所有本科专业。进一步加强实践教学,培养大学生实践能力、创新能力和创业能力,按照我校实际情况,3月17日启动2009年校外人才培养示范基地的申报和评审工作,下发《关于开展北京信息科技大学校外人才培养示范基地评审工作的通知》(校教发〔2009〕21号)文件,在校内组织开展申报和评审工作,共评选出3个校外人才培养示范基地。在校级示范基地建设的基础上,根据市教委《关于做好2009年北京高等学校市级校外人才培养基地申报工作通知》要求,学校遴选推荐,经北京市教委评审,"信息类专业校外实践教学基地"被认定为2009年北京高等学校市级校外人才培养基地建设单位。

(陈　伟)

招生就业

【概况】招生就业工作办公室是学校招生就业工作的主管部门,承担全校本科新生的招生录取工作和本科毕业生就业工作。下设招生办公室和毕业生就业指导中心,分别负责学校每年本科生招生计划的制订、招生宣传、本科生录取工作和学校应届本科毕业生的就业指导、就业咨询、各种招聘会的举办、就业派遣工作等。

2009年招生就业工作办公室在学校党政的领导下,坚持以科学发展观为指导,踏实工作、开拓创新,招生就业工作取得了良好的工作成绩。在保证招生总体规模基本稳定的同时,继续增加在京一本招生专业,不断提高生源质量;积极开拓渠道,克服金融危机的影响,提高就业工作服务质量,使我校毕业生就业率稳步上升。保证学校"进出口"畅通,为学校发展奠定坚实基础。

(王瑛月)

【招生工作】2009年,学校招生计划2680人,招生规模基本保持稳定,一本、二本计划分布上有所变化，在2008年的基础上继续增加在京一本招生专业和规模，增加车辆工程、财务管理、信息安全3个专业，一本招生专业达10个，招生人数共886人，占总招生计划的33%。2009年，学校理科招生的25个外地省市自治区中8个省市自治区录取最低分超过当地的一本线，16个省市自治区的平均分超过了当地的一本线；文科招生的16个外地省市自治区，共有7个省市自治区录取最低分超过当地的一本线，11个省市自治区的平均分超过了当地的一本线。

（王瑛月）

【录取情况】

表4－4　2009年理工类普通本科各地录取情况一览表

招生地区	当地分数线		最高分	最低分	平均分	招生人数	男生人数	女生人数	高考满分
	重点院校	一般院校	本科	本科	本科	本科			
北京一批	501	459	600	501	518.64	857	464	393	750
北京二批	501	459	574	478	491.41	854	579	275	750
天津	502	435	520	473	491.83	12	8	4	750
河北	569	524	618	579	586.58	43	26	17	750
山西	547	505	591	553	564.15	27	17	10	750
内蒙古	501	444	562	507	534.95	22	17	5	750
辽宁	520	439	542	519	527.41	27	20	7	750
吉林	539	466	545	530	535	25	18	7	750
黑龙江	538	464	582	534	555.75	20	11	9	750
江苏	348	326	352	342	345.79	38	29	9	450
浙江	605	429	569	550	557.72	28	21	7	750
安徽	579	520	615	593	599.39	36	31	5	750
福建	569	500	593	572	577.66	31	20	11	750
江西	518	466	560	508	528.56	27	24	3	750
山东	586	557	650	600	609.88	40	27	13	750
河南	567	520	637	587	598.11	44	36	8	750
湖北	540	506	572	523	545.24	33	25	8	750
湖南	534	471	548	531	536.57	28	22	6	750
广东	585	530	582	547	562.57	14	10	4	750
广西	507	443	532	506	511.9	22	16	6	750
重庆	557	502	597	522	559.06	18	16	2	750
四川	498	436	521	470	488.4	30	22	8	750

续表

招生地区	当地分数线		最高分	最低分	平均分	招生人数	男生人数	女生人数	高考满分
	重点院校	一般院校	本科	本科	本科	本科			
贵州	477	422	494	473	482. 3	10	9	1	750
云南	500	442	510	503	505. 44	10	7	3	750
甘肃	521	470	555	506. 5	517. 53	22	9	13	750
陕西	537	495	601	502	530. 05	20	14	6	750
新疆	480	426	609	446	486. 5	16	11	5	750
合计						2354	1509	845	

表 4－5　2009 年文史类普通本科各地录取情况一览表

招生地区	当地分数线		最高分	最低分	平均分	招生人数	男生人数	女生人数	高考满分
	重点院校	一般院校	本科	本科	本科	本科			
北京	532	489	539	489	511. 83	141	47	94	750
河北	539	502	556	545	550. 58	12	7	5	750
山西	548	507	564	530	543	11	6	5	750
辽宁	559	495	588	558	565. 5	10	5	5	750
吉林	530	466	548	518	532. 5	8	1	7	750
黑龙江	531	467	539	485	515. 75	8	2	6	750
江苏	348	326	346	340	342. 5	8	3	5	450
浙江	606	478	571	558	563. 02	8	2	6	750
安徽	543	501	552	545	549. 13	8	3	5	750
福建	582	518	602	585	588. 87	8	4	4	750
江西	515	482	530	514	520. 5	8	4	4	750
山东	596	576	617	601	606. 5	10	1	9	750
河南	552	510	586	555	562. 64	11	4	7	750
湖北	518	491	557	518	525. 4	10	3	7	750
湖南	554	507	565	551	554. 75	8	5	3	750
重庆	546	480	564	546	552. 75	4	2	2	750
四川	540	480	541	513	531. 5	10	5	5	750
合计						283	104	179	-

（王瑛月）

【就业工作】2009 年，学校共有暑期本科毕业生 2985 人，涉及专业达 28 个，涵盖工学、理学、管理学、经济学、文学等五个学科门类。就业指导中心认真开展就业指导，编印《毕业生就业指导手册》,免费发放给毕业生;广泛收集需求信息,深化校企合作,在就业周期内共组织大型双选招聘会6场,参会用人单位最多的一场达160余家。截至当年8月31日,全校就业率为97.89%,签订三方协议2297人,占毕业生总数的比例为76.95%;考取研究生163人,比例为5.46%,出国30人,比例为1.01%,灵活就业人432,比例为14.47%。

(王瑛月)

【就业情况】

表4-6 2009年普高毕业生就业情况一览表

专业	毕业生人数	减派		可分毕业生	其中		实际就业数	地区分布					隶属分布			工作性质										
		考取研究生	出国		待分	二分		北京	其中		西部省市	北京生源去外省	北京市	其他省市	中央部门	机关	军队	企业	其中			事业	其中			基层
									京外生源	去远郊就业									国有企业	三资企业	其他企业		高教	其他教学单位	科研	
合计	2985	163	30	2792	27	468	2297	1690	67	195	19	52	1431	507	359	19	7	1994	358	71	1565	106	3	13	28	38
机械设计制造及其自动化	222	9	2	211	2	45	164	122	4	27	1	2	110	39	15	1	0	154	47	9	98	1	0	1	0	1
车辆工程	92	4	0	88	0	29	59	47	2	10	1	1	38	10	11	0	0	57	18	5	34	0	0	0	0	1
工业设计	80	5	0	75	0	14	61	43	0	1	0	1	41	15	5	0	0	54	6	0	48	2	0	0	1	1
工业工程	38	2	1	35	0	6	29	19	0	7	4	0	15	9	5	0	0	26	7	1	18	0	0	0	0	1
测控技术与仪器	105	6	0	99	1	16	82	61	0	3	1	4	57	16	9	0	0	75	10	1	64	2	0	0	0	0
电子信息工程	197	17	1	179	1	15	163	120	6	8	2	2	98	34	31	3	0	144	18	0	126	6	0	1	5	0
通信工程	133	12	3	118	2	7	109	78	0	2	1	2	68	27	14	1	0	98	11	10	77	6	0	0	5	0
光信息科学与技术	39	0	1	38	0	9	29	21	1	3	0	1	17	7	5	1	0	23	3	1	19	2	0	0	1	0
自动化	223	18	0	205	1	26	178	137	4	15	4	3	121	36	21	1	0	164	35	7	122	6	0	1	2	2
计算计科学与技术	280	19	5	256	3	45	208	155	11	18	1	4	125	42	41	0	1	175	31	2	142	10	1	0	3	8
软件工程	69	6	1	62	0	12	50	35	0	3	0	0	29	15	6	0	0	46	7	1	38	2	0	0	1	0
会计学(注册会计师)	72	2	0	70	1	13	56	42	5	6	0	1	24	12	20	2	0	46	13	4	29	2	1	0	0	1
会计学	102	4	0	98	2	28	68	59	5	6	0	0	48	7	13	2	0	57	14	2	41	5	0	1	0	0
财务管理(证券与投资)	63	1	1	61	2	13	46	32	0	1	1	0	26	15	5	2	0	39	5	2	32	3	0	2	0	1
财务管理	39	3	1	35	1	10	24	17	1	0	0	1	12	6	6	1	1	19	4	1	14	1	0	0	0	0
市场营销	74	1	0	73	0	29	44	36	2	3	0	1	31	5	8	0	0	38	9	0	29	1	0	0	1	2
工商管理	140	7	1	132	4	19	109	84	1	17	1	3	71	18	20	2	0	86	19	4	63	8	0	1	1	2
经济学	123	2	2	121	0	25	96	72	3	10	0	0	63	19	14	1	0	78	12	2	64	7	0	2	0	0
人力资源管理	68	4	0	64	0	10	54	44	2	7	0	0	40	10	4	1	0	41	10	1	30	10	0	2	0	2
信息管理信息系统	201	13	0	188	3	15	170	120	7	16	1	4	101	45	24	0	2	151	25	3	123	10	1	0	3	3
电子商务	32	1	0	31	0	2	29	20	0	0	0	1	17	7	5	0	0	27	2	2	23	0	0	0	0	0
信息安全	62	3	1	58	0	9	49	31	0	4	0	5	25	13	11	0	0	40	9	2	29	3	0	1	0	1
审计学	33	1	0	32	0	3	29	21	0	0	0	0	21	8	0	0	0	27	2	0	25	2	0	0	0	0
管理科学	32	0	0	32	1	4	27	18	0	3	0	1	16	8	3	0	0	23	3	3	17	0	0	0	0	3

续表

专业	毕业生人数	减派		可分毕业生	其中		实际就业数	地区分布					隶属分布			工作性质										
		考取研究生	出国		待分	二分		北京	其中		西部省市	北京生源去外省	北京市	其他省市	中央部门	机关	军队	企业	其中			事业	其中			基层
									京外生源	去远郊就业									国有企业	三资企业	其他企业		高教	其他教学单位	科研	
行政管理（办公自动化）	75	2	0	73	2	13	58	39	3	2	0	6	31	10	17	0	0	45	5	3	37	2	0	0	1	2
行政管理（电子商务）	36	3	0	33	0	6	27	17	0	4	1	2	16	6	5	0	0	20	3	0	17	1	0	0	0	2
英语(商务英语)	95	6	9	80	0	13	67	45	4	6	0	4	30	17	20	0	1	52	8	1	43	7	0	1	1	1
信息与计算科学	166	2	0	158	1	24	133	96	3	6	0	2	86	34	13	0	2	118	13	4	101	6	0	0	3	2
电子信息科学与技术	63	4	1	58	0	3	55	41	2	2	0	1	37	11	7	1	0	50	5	0	45	0	0	0	0	1
统计学	29	0	0	29	0	5	24	18	1	5	0	0	17	6	1	0	0	21	4	0	17	1	0	0	0	1

（王瑛月）

科学研究

科学研究

【概况】科技处是负责学校科技管理、科研基地建设、学术交流、科技产业管理的工作机构。现有工作人员11名，其中含学报编辑部3人。

2009年，科学研究工作依托北京市重点实验室、北京市人文社科基地、北京高校工程研究中心以及校院科研机构，整合科技资源，凝聚科研方向，在现代制造与光机电一体化、信息与计算机技术应用、知识管理与技术经济等研究领域，以提高科技创新能力和科研成果水平为重点，面向首都经济建设和社会发展，保持和进一步发挥在行业、尤其是国防、军工领域的科研特色与优势，大力开展科研工作。

2009年，科研工作主要思路是：巩固成果，整合资源，交流合作，完善体系，提高水平，抓主线，抓重点，抓特色，巩固学校科研发展基础，保持学校科研工作的良好发展态势。继续科研政策的导向作用和科研专项经费的支持，创造良好的科研条件和环境，不断提高学校总体科研规模、水平和学术知名度，提升学校科技创新能力。

（董 亮）

【科研项目】2009年，新增各类科研项目234个，较2008年增长27个。其中，纵向项目136个、军工项目4个、横向项目94个。新增国家自然科学基金7个，立项数创新大学成立以来新高，申请通过率高于全国平均水平；新增国家社科基金项目1个，在我校发展史上，实现了零的突破；国家科技计划项目和科技重大专项项目6个；教育部人文社科项目4个，立项数创新大学成立以来新高；北京市自然科学基金等各类省部级项目13个，保持稳步增长。

（董 亮）

【科研经费】在北京市科技经费投入大幅减少的情况下，2009年度科研总经费达5559.8万元，其中实到科研经费3564.8万元（纵向项目经费1702.0万元、国防项目经费252万元、横向项目经费1610.8万元）。

（董 亮）

【科研成果及获奖】2009年，国内外公开发表学术论文890篇，其中：进入三大检索论文203篇，其中SCI收录31篇、EI收录141篇、ISTP收录31篇；出版学术专著17部。获各类科技奖励6项，其中，以第一完成单位获国家科技进步二等奖1项、中国电子学会信息科学技术二等奖1项、中国商业科技进步一等奖1项、中国服务业科技创新二等奖1项；以第二完成单位获中国人民解放军科学技术进步二等奖1项、广东省科学技术奖三等奖1项。获各类专利授权44项，其中：国家发明专利4项，软件著作权专利35项，实用新型专利4项、外观设计专利1项。

（董 亮）

【科研机构】现有科研机构26个，其中：省部共建教育部重点实验室1个，北京市重点实验室2个，北京高校工程研究中心1个，北京市哲学社会科学研究基地1个，信息产业部重点实验室2个，财政部共建开放实验室2个，机械工业重点建设实验室2个，其他校级科研机构3个，院级科研机构12个。

（董 亮）

【新大学学报】6月，新大学学报正式更名改版为《北京信息科技大学学报（自然科学版）》。全年出版发行4期，刊登学术论文84

篇,合计 374 页。

(董　亮)

【其他重要事项】(1)祝连庆教授带领的学术团队完成的“非牛顿流体流变学特性测试技术研究及应用”项目以第一完成单位获国家科技进步二等奖,项目完成人包括祝连庆、董明利、唐五湘、郭阳宽、陈青山。

(2)7 月,学校成为“中关村国家自主创新示范区”首批 6 家股权激励试点单位之一,并在北京科信机电技术研究所率先实施。

(3)10 月,学校科技园顺利通过了市科委、市教委、中关村管委会组织的北京市大学科技园评审评审,在参评高校中,位列市属高校第一名。

(4)11 月,光电信息与仪器工程技术研究中心成功申报、通过了北京市教委组织的首批“北京高等学校工程研究中心”评审,位列学科组第一名。

(5)11 月,北京市传感器和机电系统测控重点实验室接受并顺利通过了北京市教委组织的“北京市重点实验室”建设计划项目验收,考核合格。

(6)11 月,知识经济与管理研究基地接受并通过了北京市哲学社会科学规划办公室和北京市教委联合组织的“北京市人文社科基地”建设规划项目联合评审,考核优秀。

(7)学校获得的 7 项国家自然基金项目资助涉及国家基金委七个学部中的数理科学部、工程与材料科学部、信息科学部,资助总经费达到 232 万元,与往年相比获资助项目数和经费总额创历史新高。

(董　亮)

表 5-1　科研机构及负责人一览表

序号	机构名称	机构属性	挂靠学院	负责人
1	现代测控技术实验室	教育部重点实验室		徐小力
2	传感器实验室	北京市重点实验室	理学院	张福学
3	机电系统测控实验室	北京市重点实验室		徐小力
4	光电信息与仪器工程研究中心	北京高校工程研究中心	光电信息与通信工程学院	祝连庆
5	北京知识管理研究基地	北京市哲学社会科学研究基地	经济管理学院	葛新权
6	信息与通信系统实验室	信息产业部重点实验室	光电信息与通信工程学院	范　京
7	信息获取与检测实验室	信息产业部重点实验室	自动化学院	高国伟
8	TRS 软件开放实验室	财政部与北京市共建的开放实验室	计算机学院	施水才
9	计算机开放系统实验室	财政部与北京市共建的开放实验室	计算机学院	李　宁
10	多轴复合机床关键部件研究应用技术实验室	机械工业重点建设实验室	机电工程学院	杨庆东

续表

序号	机构名称	机构属性	挂靠学院	负责人
11	现代测试技术实验室	机械工业重点建设实验室	光电信息与通信工程学院	吕乃光
12	数字化设计与制造研究所	院级	机电工程学院	郝静如
13	精密测试技术与仪器研究所	院级	光电信息与通信工程学院	吕乃光
14	信息微系统研究所	院级	光电信息与通信工程学院	缪　旻
15	通信新技术研究所	院级	光电信息与通信工程学院	杨署辉
16	电力电子技术研究所	院级	自动化学院	王久和
17	检测技术研究所	院级	自动化学院	李邓化
18	智能控制研究所	院级	自动化学院	李　擎
19	虚拟现实与系统仿真研究所	院级	计算机学院	申闫春
20	智能信息处理研究所	院级	计算机学院	张仰森
21	知识管理研究所	校级	经济管理学院	葛新权
22	企业成长研究中心	院级	经济管理学院	黄中文
23	信息系统研究所	校级	信息管理学院	李　忱
24	公共策略研究所	院级	人文社科学院	刘建兰
25	跨文化研究所	院级	人文社科学院	梁冬梅
26	数据恢复研究所	校级		张京生

（董　亮）

表 5－2　2009 年度科研获奖一览表

序号	成果名称	奖励名称	所属单位	获奖作者	获奖级别	获奖等级	单位排序
1	非牛顿流体流变学特性测试技术研究及应用	国家科学技术进步奖	光电信息与通信工程学院	祝连庆 董明利 唐五湘 郭阳宽 陈青山	国家	二等奖	1
2	软件测试方法和技术研究	中国人民解放军科学技术进步奖	计算机学院	牟永敏	省部	二等奖	2
3	《现代压电学》（上、中、下册）	中国电子学会信息科学技术奖	传感器实验室	张福学 王丽坤	行业	二等奖	1

续表

序号	成果名称	奖励名称	所属单位	获奖作者	获奖级别	获奖等级	单位排序
4	食品质量安全检测与追溯体系建设	中国商业科技进步奖	经济管理学院	张 健	行业	一等奖	1
5	知识挖掘与服务应用系统研究	中国服务业科技创新奖	经济管理学院	刘 宇 周飞跃	行业	二等奖	1
6	电子电器行业有毒有害物质的评价技术平台	广东省科学技术奖	经济管理学院	张 健	省部	三等奖	2

(董 亮)

表 5-3 2009 年度专利情况一览表

序号	专利名称	所属单位	主要完成人	专利类型
1	多基元压电复合材料及其制备方法	传感器实验室	王丽坤	发明专利
2	Piezoelectric Quartz Level Sensor	传感器实验室	张福学	发明专利
3	管材剪切装置	机电工程学院	郝南海	实用新型
4	数码娱乐相机	机电工程学院	李洪海	外观设计
5	一种探伤系统	理学院	倪晓明	实用新型
6	可组网的火灾报警系统	自动化学院	艾 红	实用新型
7	压电复合式水听器	自动化学院	李邓化	实用新型
8	新型振动加速度传感器	自动化学院	李邓化	发明专利
9	同时满足格式和内容分离与混排需求的文档记录方法	计算机学院	李 宁	发明专利

(董 亮)

表 5-4 2009 年度软件著作权情况一览表

序号	专利名称	所属单位	主要完成人
1	基于 Lucene 的全文信息检索系统 V1.0	TRS 软件开放实验室	吕学强
2	基于多线程的下载软件 V1.0	TRS 软件开放实验室	吕学强
3	基于万维网的网络浏览工具软件 V1.0	TRS 软件开放实验室	吕学强
4	图书管理系统软件 v1.0	TRS 软件开放实验室	吕学强
5	网络嗅探器软件 V1.0	TRS 软件开放实验室	施水才
6	网上购物系统软件 V1.0	TRS 软件开放实验室	施水才
7	基于流式细胞测试技术的分子生物学图像分析系统	光电信息与通信工程学院	祝连庆
8	数控转台位置精度自动检测系统 V1.0	光电信息与通信工程学院	燕必希

续表

序号	专利名称	所属单位	主要完成人
9	双磁路光电磁珠法血液凝固分析系统	光电信息与通信工程学院	祝连庆
10	单色仪控制采集系统 V1.2	机电系统测控实验室	谷玉海
11	单色仪控制系统 V1.2	机电系统测控实验室	谷玉海
12	取水厂水泵机组在线监测系统	机电系统测控实验室	徐小力
13	油田注水机组在线状态监测系统 V1.0	机电系统测控实验室	徐小力
14	混沌分形趋势预测系统	机电系统测控实验室	徐小力
15	e - House 房屋销售管理信息系统	计算机学院	李宝安
16	e - Shopping 网络化商品销售管理系统	计算机学院	李宝安
17	OpenCRM 客户关系管理信息系统	计算机学院	李宝安
18	PASCAL 程序结构图编程工具软件	计算机学院	刘建宾
19	PetroMeasure 石化计量管理信息系统	计算机学院	李宝安
20	PetroSales 石化销售管理信息系统	计算机学院	李宝安
21	PowerCost 电厂低成本运营管理信息系统	计算机学院	李宝安
22	UniAudit 企业财务审计管理信息系统	计算机学院	李宝安
23	UniRES 高校科研成果管理信息系统	计算机学院	李宝安
24	北信科大电子病历系统	计算机学院	徐雅斌
25	北信科大市民投诉管理系统	计算机学院	徐雅斌
26	北信科大政府集中审批管理系统	计算机学院	徐雅斌
27	基于 B/S 结构的智能化立体仓库 WMS 软件系统 v1.0	计算机学院	张仰森
28	基于 C/S 结构的智能化立体仓库管理信息系统 V1.0	计算机学院	张仰森
29	基于 Web 的科研管理信息系统软件	计算机学院	蔡　英
30	中文文本自动校对系统 v1.0	计算机学院	张仰森
31	电子汽车衡称重微机管理系统	计算中心	黄改娟
32	基于聚类分析算法的毒品成份分析系统 V1.0	经济管理学院	田肇云
33	NetTrust 基于信任协商的网络协同攻防游戏软件	信息管理学院	蒋文保
34	多点温度检测装置软件	自动化学院	艾　红
35	硅微机械陀螺仪姿态解算软件	传感器实验室	张福学

（董　亮）

国际交流与合作

国际交流与合作

【概况】国际交流合作处，是执行涉外政策、协调学校国际交流与涉外事务的归口管理部门，下设外专管理办公室与留学生办公室。主要职责包括：起草全校国际合作工作的发展规划；承办和协调全校外事活动，负责重大外事接待活动的策划、实施；校际交流计划的统筹管理，交流项目的实施；外国留学生和研究学者的归口管理；外国专家的聘请、报批、涉外事务和生活管理；教职工因公出国（境）护照、签证（港澳通行证）的办理。

2009年，以继续加强国际交流，促进合作办学项目的开发实施，积极引进外国专家及交流学者，扩大留学生招生规模为指导思想，与爱尔兰考克大学新签署了校际交流协议；接待来自美国、德国、澳大利亚等多个国家的友好合作院校专访顺访共120余次人；共派出访问团组16个，人数达100人；协助经济管理学院成功举办了第六届中国北京“全球经济中的中小企业2009年年会”；派出5个学科专业团组赴美国多所高校进行考察调研，以学习借鉴美国高校培养应用型人才的经验；执行了与爱尔兰格利菲斯都柏林大学（GCD）为我校免费培训工商管理专业教师的协议；与澳大利亚拉筹伯大学联合培养国际商务硕士研究生（MIB）项目成功招收第一批学生18人；接待澳大利亚维多利亚大学交流师生20余人次，选送赴日本福井大学进修生、德国耶拿应用技术大学本硕连读项目学生及美国威斯康辛大学交换生；完成了外籍教师聘请工作；共招收来自韩国、德国、澳大利亚等国家语言生、进修生、交换生等留学生120余人次。

（张　雅）

【国际交流与合作办学】

表6-1　国际交流与合作办学情况一览表

国别	学校名称	办学形式	起始时间
日本	福井大学	学生交流，每年派遣2-3名本科生赴日学习	2000年
韩国	徐罗伐大学	学生交流，派遣学生来我校学习汉语，续读本科	2002年
韩国	金帆交流中心	派遣学生来我校学习汉语	2002年
爱尔兰	格里菲斯都柏林大学	工商管理专业2+2联合办学，青年教师培训	2002年
澳大利亚	商旅学院	培养国际商务硕士；研究生前期课程教学	2005年
澳大利亚	拉筹伯大学	联合培养国际商务硕士；教师专业培训	2005年
英国	拉夫堡大学	学生、教师交流；联合培养本科生、研究生	2006年
德国	耶拿应用技术大学	机械工程专业本硕连读项目	2006年
英国	桑德兰大学	车辆工程专业2+2联合办学；英语教师培训	2006年
爱尔兰	沃特福德大学	学生和教师交流；联合培养本科生、研究生	2007年
德国	特里尔大学	学生、教师交流	2007年

续表

国别	学校名称	办学形式	起始时间
澳大利亚	邦德大学	学生、教师交流;合作科研	2007 年
澳大利亚	卧龙岗大学	信息安全专业 2 +2 联合办学,青年教师培训	2008 年
澳大利亚	维多利亚	学生、教师交流;教师培训	2008 年
美国	威斯康辛大学帕克赛德分校	学生、教师交流	2008 年
美国	蒙哥马利奥本大学	学生交流;教师培训	2008 年
美国	巴尔的摩大学	学生交流;教师培训	2008 年
爱尔兰	考克大学	经济类专业 2 +2 联合办学	2009 年

(张　雅)

【外专外教聘请】

表 6 -2　外专外教聘请情况一览表

姓名	国别	任教期间
金井五郎	日本	1 至 12 月
麦克(Mike George Ceil)	美国	7 至 12 月
马丁(Martin Francis Parnell)	英国	1 至 7 月
迈克尔(Derabo Michael Anthony)	美国	1 至 12 月
李驰(Lynch Charles Patrick)	美国	1 至 12 月
詹姆斯(James Michael Callahan)	美国	1 至 12 月
沃提斯(Vatis Ioannis)	希腊	9 至 12 月
马丁(Martin Eian)	挪威科技大学(挪威)	短期合作与学术交流活动
洛克曼(Klaus Lochmann)	耶拿应用技术大学(德国)	短期合作与学术交流活动

(张　雅)

【因公教育培训】

表 6 -3　因公教育培训情况

国家/地区	人数	出访团组	出访目的	出访日期
中国香港	21	高等教育管理团组	教育培训	2 月 8 至 17 日
美国	4	应用型人才培养课题团组	教育培训	4 月 15 日至 5 月 15 日
美国	4	应用型人才培养课题团组	教育培训	5 月 11 日至 6 月 10 日
美国	4	应用型人才培养课题团组	教育培训	6 月 16 日至 7 月 15 日
美国	4	应用型人才培养课题团组	教育培训	11 月 7 日至 12 月 7 日
澳大利亚	6	外国语学院团组	教育培训	7 月 24 日至 10 月 20 日

续表

国家/地区	人数	出访团组	出访目的	出访日期
爱尔兰、德国	5	经济管理学院团组	学术交流	5月15至24日
澳大利亚	10	双语教师培训	教育培训	7月24日至8月21日
澳大利亚	3	拉筹伯大学教师交流项目	教育交流与培训	8月1日至10月23日
澳大利亚	6	经济管理学院团组	学术交流	10月31日至11月6日
澳大利亚	6	研究生教育交流团组	学术交流	11月7至14日

（张　雅）

【留学生】

表6－4　留学生情况一览表

所属大洲	学习类别	人数
亚洲	学历生	8
亚洲	语言生	96
欧洲	语言生	1
大洋洲	交流生	22
欧洲	交流生	1

（张　雅）

【培训基地】

表6－5　培训基地情况一览表

基地名称	地点	国别	创建时间
双语教师培训基地	维多利亚大学	澳大利亚	2006年
英语教师培训基地	桑德兰大学	英国	2006年
管理干部培训基地	香港理工大学	中国香港	2008年
青年教师培训	美国威斯康辛大学	美国	2009年

（张　雅）

管理与服务

学校管理

【综合协调与服务】学校办公室以学校重点工作为导向，完成学校重大活动的组织协调保障及会务服务工作。圆满完成学校第一次党代会有关筹备工作及会场布置和会务服务工作，向上级领导兄弟院校发出邀请函60份，收到45封贺信；在党代会期间加班加点赶印各类党代会材料近5000份。完成田径运动会会场布置协调工作，完成学校学习实践科学发展观动员大会、中层干部集中培训、暑期中干会、学习实践科学发展观总结暨测评大会等系列活动的会场安排和会务服务以及学校“七一”表彰大会和学校学科建设大会等会务服务协调工作。认真做好学校国庆60周年庆祝活动的组织协调工作。学校办公室荣获北京信息科技大学国庆60周年庆祝活动突出贡献单位奖；1人荣获北京信息科技大学国庆60周年庆祝活动突出贡献奖；1人荣获北京信息科技大学国庆60周年庆祝活动贡献奖。完成学校党政领导集体性日常活动的总体协调与安排，完成元旦、春节期间走访慰问各校区活动，学校运动会、毕业典礼、开学典礼等活动的综合协调及校领导的活动安排工作。完成毕业生离校工作、昌平学生回迁、多项校内基础设施改造工程等工作的综合协调任务。完成学校寒暑假以及国家节假日的安排、学校总值班室的排班及有关管理工作。

行政事务管理与服务工作。完成校领导的各类日常事务管理和服务工作。完成学校办公室、各校区、保卫处、基建处、后勤运输部20辆车的过户、更名、保险、登记证书、加油卡、车辆信息变更工作及速通卡的申领工作；组织协调学校通勤班车线路规划及运行工作；完成学校大型活动和事务的车辆安排和组织调度工作，完成下半学期各学院实验教学用车工作，完成学校各部门的电话调整安装、变更名称、日常管理等相关工作，以及全校公用话费的日常管理工作；完成学校行政用印（包括校内外行文、各类学生用印）的审核、登记、管理，用印共计10万人次；做好行政公函和介绍信、证明信的管理工作；完成学校会议室的管理工作及学校日常会议的会务服务工作；完成节假日及特定时期的信息上报工作，完成安全稳定状况和H1N1疫情上报工作；完成学校办公室车辆维修的网上申报、确认、维修费统计，各部门使用租用车辆经费转账统计工作以及司机的管理工作；完成学校办公室外聘员工及勤工助学学生的管理工作。

（李　颖）

【公文处理及机要管理】认真完成了2009年党政公文的制发报送，以及其他文件的运转和管理工作，规范校级公文印发程序，完善公文处理办法，强化规范管理，起草印发《北京信息科技大学党政公文处理办法》、《关于规范校级公文印发程序的通知》。全年印制668个文件，其中党委外发文件6个，党委校发文件91个，党委处级文件50个。行政外发文件70个，行政校发文件342个，行政处级文件104个，全年印发文件约46500份。

进一步规范收文程序，严格机要文件管理，做好学校领导批文的登记、转办、催办、办结和存档工作，确保领导对公文的每个批示意见能够及时、准确无误地传达给承办单位，保证在规定的时间内完成工作；严守党和国家的秘密，严格按规定范围传阅文件，按照学校保密工作的有关规定，认真做好密级文件的收发、传阅、制作、复制、清退、销毁、移交等工作。2009年收到上级文件946件(其中党的机关公文469件，行政机关公文477件)，其中机要文件470件(其中党的机关公文255件，行政机关公文215件)；督办133件(其中党的机关公文59件，行政机关公文74件)，办结115件(其中党的机关公文52件，行政机关公文63件)，传阅文件5941人次(其中党的机关公文3339件，行政机关公文2602件)；收到校内请示(报告)184件，办结173件，传阅846人次；归档2008年文件89卷；清退2008年机要文件290份，销毁2008年及以前机要文件、内部刊物等1492份，其中涉密文件319份；销毁过期文件资料8000份。截止到11月底共核对上级清退表3次，清查390份文件，均核对无误。

(楚彦丽　孙佳秋)

【文秘及信息工作】围绕学校的中心工作和重点工作，以及学校办公室的工作，除各专项工作文稿之外，2009年主要起草了报告、领导讲话、致辞等稿件，约16万字；起草学校2008年党政工作总结、2009年度党政工作要点、2009年学校上半年党政工作总结、党政领导班子任期目标报告书、党委书记任期目标报告书、校长任期目标报告书等重要文件；完成党委常委会、校长办公会、书记办公会、党政联席会等会议的筹备、服务和会议记录等工作，并撰写会议纪要。共整理党委常委会会议记录34份、校长办公会会议记录23份、党政联席会会议记录1份、党委扩大会会议记录1份；书记办公会会议记录1份。另外整理了党代会主席团会议记录4份、学习实践活动领导小组会议记录5份。起草党委常委会会议纪要34个，约52600字，制发会议纪要510余份；校长办公会会议纪要23个，约43500字，制发会议纪要360余份。党政联席会会议纪要1个，约1200字，制发会议纪要15份。党委扩大会会议纪要1个，约780字，制发会议纪要30份。书记办公会纪要1个，约600字，制发会议纪要15份。

及时、准确报送学校改革发展与建设中的重要情况，共向市教育工委市教委《北京教育信息》上报《北京信息科技大学信息简报》15期，55条信息。积分排位在《北京教育信息》156个信息报送单位前列。

(王智勇　刘永林)

【依法治校工作】继续推进学校各项管理规章制度的更新、补充和完善。2009年制发有关学科建设、人才培养、科技创新、队伍建设以及围绕规范管理秩序等方面规章制度共148项。按照学校发展建设需要，学校办公室与有关部门多次沟通协调，对学校现有委员会和专门工作组进行清理和调整。2009年共对校内27个专门委员会和工作组进行调整，新成立11个专门机构。为推动学校层面议事及决策的科学化、规范化，学校办公室起草了全委会、常委会、校长办公会、党政联席会和书记办公会的议事规则。

完成大量法律事务的组织协调工作。全年具体组织协调案情讨论会和案件总结会15次；办理案件的委托代理手续与提供出庭相关材料4次；整理撰写案情总结汇报3万余字；还做了大量与律师、法院、对方当事人沟通联系工作处理案件终审后的善后工作以及案卷整理归档工作。全年具体协调学校相关部门联系或接待律师近50次，通过现场或电话等方式进行法律咨询、解决与处理法律问题36件。

（孙佳秋 刘永林）

【年鉴工作】组建年鉴编纂的组织机构，加强学校年鉴工作的领导。学校成立年鉴编委会，组建年鉴编辑部，编辑部以学校办公室人员为主，联合学校副处级及以上独立设置机构具体负责年鉴组稿的工作人员共同参与编纂。主要撰稿人为校内各单位负责同志和熟悉情况的工作人员。年鉴编纂工作于2009年4月启动，办公室完成了年鉴2009的框架编制、任务分解，组建年鉴编辑部、工作动员、培训、校核稿、彩页图片编辑、排版等工作，为更好地反映学校2008年的全面工作，发挥年鉴承载历史、教育研究、承前启后的功能，年鉴2009在原有基础上增加“科学研究”、“管理与服务”、“党建与思想政治工作”、“教学单位”、“媒体报道”等单元。12月初完成全部年鉴送审稿，全书近60万字。

完成了编写《北京教育年鉴2009卷》北京机械工业学院、北京信息工程学院、北京信息科技大学条目内容。共报送条目45条、10479字，是历年来报送并采纳最多的一年。

（刘永林）

【综合统计工作】全面完成学校2009年度的教育统计工作。召开学校2009～2010学年初高等教育事业基层统计报表填报工作会议，全面部署高基报表的填报工作。组织全校18个相关单位完成基础数据报送、数据整理、录入、校验、统稿、送审等环节，按时报送《北京信息科技大学2009～2010学年初高等教育基层统计报表》，完成学校办学条件情况和监测办学条件情况测算；在统计台账中录入2009～2010学年初学校统计数据，重新核验2009～2010学年初以前的学校统计数据；向全体校领导报送学校2009～2010学年初高等教育基层统计报表、学校统计台账以及办学条件指标的情况说明等，向部分行政职能部门提供了高基报表复印件，以便在工作中参考。

完成原北京信息工程学院的统计登记证的注销及新大学统计登记证的办理工作。

（刘永林）

【信访工作】加强制度建设，规范信访工作。2009年按照学校制度建设工作的要求，制定并印发学校信访工作实施细则，强化现有的信访工作流程和操作环节，信访件分类更加细致、信访件登记流水号更加科学、增加了承办单位签收及办理情况环节、校领导批示转办信件到达的具体部门及学校信访办督办环节等程序。注重学习提高，加强信访调研。通过学习实践科学发展观的活动，在调研阶段，走访党委组织部等八个职能部门进行征求意见的调研工作，共征求11位同志对学校办公室及学校信访工作的意见和建议，不断完善信访工作的各种功能，提高信访工作效率。

2009年受理各类信访事宜235项次。其中安排校领导接待日45次；处理上级有关部门转办的信访函件4封；信访办接访40次，接待来访33人次，处理事项33项；电话接访36次；督办事项26次。处理群众来信110封，内容主要涉及人事、教学、后勤、学生等工作，其中来自教职工60封、来自学生及家长45封、来自社会人员或机构5封、呈校领导阅示信件92封、直接转交相关职能部门的信件18封；全年办结事项197项次，材料已收存，有11项次仍在处理中。

（李 萍 李蒙丝）

【党、校务公开】按照学校校务公开领导小组的要求,学校主要部门较好地履行了校务公开实施办法中的要求,总体状况良好。网络公开的比重明显加大是一个突出的特点,如:组织部、人事处等部门,利用校内办公系统,及时公布党代会、学习实践科学发展观活动和处以下人员聘任工作的实事动态。宣传部协助校内各部门利用显示屏及时发布校内信息,受到广大师生的好评。学期末,财务处加装了LED显示屏,对进一步加大财务公开力度将起到重要作用。2009年学校校务公开实施办法中要求公开的55项公开项目有52项已得到落实(内容涉及学校发展规划、改革方案、专项经费使用、教学管理、干部管理、职称评定、学生管理、科研工作、基建等工作),未到公开时限的项目3项。

(李　萍　李蒙丝)

【档案管理】加强制度建设。修改完善档案管理相关工作制度,起草《档案管理实施办法》、《档案工作突发事件应急处置工作预案》等相关文件。发挥兼职档案员队伍的作用,在实际工作中,加强对兼职档案员业务工作的指导,使日常工作所形成文件的收集、整理、保管、预立卷、移交归档等逐步达到规范化、科学化。做好日常档案利用服务工作。严格档案利用的登记、签字等手续。今年,档案室提供各种档案利用服务863卷次,接待608人次,复印档案资料12199页。2009年,学校办公室加大了对档案室的经费投入力度,使用专项经费,利用暑假对档案室进行大规模的设备改造,安装档案存放专用设备——手动密集架,大大增加了存放档案的空间和容量,改善了学校档案工作的基础条件,使之现有条件逐步适应新大学的建设和发展。做好保密工作。完成涉密档案管理及归档工作,2009年共归档涉密档案20卷。圆满地完成了每年学校组织的各类考试试卷的保管工作。如:全国硕士研究生入学考试;全国计算机等级考试;北京地区成人本科学士学位英语统一考试;中央机关及其直属机构2010年度考试录取用公务员公共科目笔试;全国英语四六级考试。档案其他工作。今年学校档案室共归档各类纸质档案3805卷,实物档案30件,废旧公章42枚;按照有关规定并履行相应手续销毁过期档案1466卷;2009年档案信息数字化建设工作已录入9026条数据,目前共有47304条电子档案数据;及时准确地完成了向北京市档案局上报200年度档案数据统计年报工作。

(徐　铭)

【党支部建设】学校办公室党支部在建设实践过程中,始终把加强政治思想教育,提高党员政治素质、理论水平和加强对党员教育管理作为支部的中心工作。本学期通过全体职工大会、全体党员大会、处务会、支委会、各党小组会等多种形式以及主题党日活动、召开专题组织生活会等形式,以学习实践科学发展观为主线,认真组织党员学习党的十七届四中全会和学校第一次党代会精神,提高党员及工作人员的政策水平和思想素质,不断增强支部成员的理想信念与宗旨意识。

认真完成党代会相关工作。学校办公室党支部以高度负责的态度,认真组织党员同志参加学校第一次党代会党代表候选人提名推荐工作、党代表选举工作。党支部共有3名党员被选举为党代表。

学习贯彻党代会精神。党代会召开后,

支部及时组织党员和办公室其他同志深入学习党代会精神，认真研读党委工作报告和纪委工作报告，充分认识学校五年来取得的主要成绩和经验启示，充分认识学校今后几年的主要任务和奋斗目标，凝聚全体工作人员，切实把思想统一到第一次党代会精神上来；支部委员会及学校办公室班子结合党代会提出的各项任务目标，以及学校“十一五”事业发展规划及其子规划的落实，明确思路，落实责任，逐项研究和落实，认真做好任务分解，将党代会有关任务目标落实到办公室年度工作计划中去，进一步明确本单位在建设特色鲜明的高水平多科型大学过程中承担的职责和任务。

认真开展学习实践活动。自3月19日学校开展深入学习实践科学发展观活动以来，学校办公室党支部委员会在学习学校及机关党委关于开展深入学习实践科学发展观活动的有关精神后，通过认真研究，紧密结合办公室工作实际，制定党支部的学习实践活动实施方案以及分阶段计划。召开支部深入学习实践科学发展观活动部署工作会，对党员提出了要求，确定了1名同志为支部信息员。在学习实践活动中，办公室共集中学习5次，参加学习实践活动的党员达90人次，75人次参加集中培训，全体党员还参加了学校组织的辅导报告等学习。

学校办公室党支部非常重视调研工作，结合负责工作到各职能部门和相关学院调研撰写调研报告外，还积极参加学校调研组的调研、座谈和调研报告的撰稿工作。党支部围绕学校学习实践活动主题和干部能力素质建设、机关作风建设等方面，开展解放思想讨论和建言献策活动，并组织党员积极参加学校及机关党委开展的党日实践活动。在学习实践活动中，支部共向兄弟单位发放10份征求意见表，参加10个征求意见座谈会，有25人次受邀参加调研座谈，发放20份建言献策表，共汇总整理出28条建议意见。

按照学校党委和机关党委的要求认真开展处级领导民主生活会和党员专题民主生活会，认真分析查找自身党性党风和工作作风等方面的差距和不足。支部结合第一阶段调研成果，第二阶段的深入分析与检查情况，对影响和制约学校办公室发展的问题及原因进行梳理，结合“解问题，办实事，服务师生发展”为主题的实践活动，制定整改方案。至年底学校办公室已经全部完成整改方案中部门承担的任务。

进一步加强组织建设。根据学校办公室实际，通过落实支委会例会、信息通报、党员学习和关心党员职工制度，以及支委会、党小组、党员大会三级模式推动落实党组织活动及各项工作；重视新党员的培养发展工作，遵循“坚持标准，保证质量、改善结构、慎重发展”方针，制定党员发展、培养计划，坚持成熟一个发展一个，2009年，支部发展2名同志为预备党员。随着处级以下党政管理人员与学生工作岗位设置及聘任工作的结束，学校办公室党员组成人员发生变动，为更好地开展支部工作，2009年9月16日，支部大会选举产生了新一届学校办公室党支部委员会委员5名，其中支部书记1名、副书记1名。根据办公室党员工作岗位，调整了党小组成员。

按照服务型组织的要求，支部成员同心协力，共同推进作风建设。结合办公室工作繁杂，突发性事务多、任务重的特点，以工作需要为标准,继续倡导“只争朝夕的拼搏精神,无私无怨的奉献精神,同舟共济的团结精神,周到精细的至善精神,誓争优秀的向上精神,高度负责的主人翁精神,善打硬仗的勇敢精神,连续作战的顽强精神”八种精神,激励党员同志和其他干部职工立足本职工作岗位,树立服务意识,改进工作作风。2009年学校办公室党支部被评为学校先进党支部,1名同志被评为学校优秀党员,1名同志被评为学校优秀党务工作者,1名同志被评为机关党委优秀党员。

(王立民)

【其他工作】1. 学校办公室作为学校信息化建设工作领导小组办公室协调后勤管理处、后勤集团等部门,完成网管中心核心机房供电系统改造工程,彻底消除了安全隐患。积极参加北京市属高等学校数字校园示范校建设单位的申报工作,参评北京市教育信息化工作先进单位。

2. 完成了2009年通用设备的部分采购和分配工作,改善了学校整体办公条件。在学习实践活动为群众办实事活动中,组织调配了100台计算机发放到7个学院和急需部门,缓解了这些单位办公设备紧张的状况;解决金台路校区离退休老同志活动室、小营校区和健翔桥校区变电站、国际交流合作处留学生教室等的空调安装问题;协助离退休工作办公室完成小营校区老干部活动室的家具和空调的配备。

3. 对校内房屋资源进行清理、加强对资源的统筹协调和管理。办公室对全校办公用房进行重新统计、分配和调整,协助基建处完成了学校新建办公区等4项工程的规划设计工作;对清河校区综合楼部分办公用房进行回收和重新分配;对9个学院的办公用房面积进行重新核算,为学校重新聘任后学院办公用房的调整做好准备;协调后勤集团及有关学院,落实2009级学生住宿方案,改善人才培养条件;与健翔桥校区配合,多次与中国电子科技集团公司信息化工程总体研究中心沟通,签订收回健翔桥校区教二楼六层房产使用权的协议。拟定学校公用房屋使用管理工作小组名单和机关、后勤办公用房调整方案。

4. 做好学校办公室归口管理的专项项目的申报、实施和验收等工作。完成2008年归口管理项目15项共计2082万元的组织专家验收和汇报工作,其中学校办公室具体实施的项目有3项247万元;部分完成2009年归口管理项目19项共计2626万元的组织实施工作,学校办公室具体实施的包括有通用设备的政府采购和分配,办公家具的招标采购和分配等;已组织完成2010年归口管理的专项项目共计17项3532万元的申报、评审和汇报工作,经过初审最终上报北京市财政的项目为15项2557万元。

(邱明晓)

人事管理

【概况】人事处是学校人力资源管理的重要职能部门之一,主要负责贯彻执行国家、上级主管部门和学校颁布的有关人事干部、劳动、工资等方面的法律、法规、政策和规定,负责全校人事管理政策的研究与制定;人员编制、岗位设置和校内各种津贴的发放;师资队伍建设与人才引进;行政科级机构设置;人事调配与管理;劳动工资管理;专业技术职务岗位聘任；人才交流和编外人员管理；职工培训、考核、奖惩、评优；办理退休、保险福利等工作。

2009 年是学校新大学建设和推进学校“十一五”事业发展规划关键的一年，人事处以邓小平理论和“三个代表”重要思想为指导，深入落实科学发展观，在校党委、行政的领导下，围绕学校中心工作，以师资队伍建设为重点，大力加强高层次、高水平师资培养和引进，不断优化师资队伍结构，继续规范和完善人事管理制度，平稳推进收入分配制度改革，提高人事管理与服务工作水平，为学校建设和发展提供优质人力资源保障。

（许　波）

【人才引进】2009 年，学校新增人员 31 人。其中：调入 4 人、军转安置 4 人、上级任命 1 人、接收应届毕业生 22 人；具有博士学位 17 人、硕士学位 13 人；具有正高级职称 1 人、副高级职称 2 人、中级职称 1 人。调离学校 14 人。其中：副高级 4 人、中级及以下 10 人；具有博士学位 4 人、硕士学位 2 人。学校解决 4 位职工夫妻两地分居问题。

（陈义平　许　波）

【师资管理】（1）新教师培训。10 月，学校举办新教师岗前培训。学校党委书记郑君礼、校长杜林发表重要讲话，有关职能部门负责人分别作专题报告。培训内容主要有学校基本情况，包括历史沿革、发展概况、未来前景，以及教学管理、科研工作等内容，并邀请教育专家进行了专题讲座，同时组织了骨干教师的教学观摩、拓展训练等活动，参加培训教师 23 人。

（2）教师国内进修培训。2009 年，学校在职攻读博士学位 59 人；在职攻读硕士学位 18 人；参加北京市高师培训中心岗前培训 23 人；新派出国内访问学者 2 人、获得国内访问学者证书 2 人；与北京市高师培训中心联合组织高校多媒体课件设计培训教师 158 人；组织 2009 年处级以下党政管理干部培训 213 人；举办两期学校 2009 年教师口语提高班，培训教师 30 余人；组织参加北京市学科专业和教学名师高级研究 5 人；与人文社科学院联合组织两课教师 36 人考察社会主义新农村感受改革开放三十年的成果；与自动化学院联合组织电工电子实验教师 10 人到东南大学、武汉大学调研学习。

（3）教师境外培训。2009 年，组织多项骨干教师境外培训，包括组织机械设计制造与自动化、软件工程、工商管理、测控技术与仪器等专业的 16 名教师分四组赴美国辛辛那提大学、伊利诺伊理工大学等高校就教学理念、人才培养模式、课程设计、专业教学和基础教学的结合方式等问题进行学习调研；组织 10 余名骨干教师赴澳大利亚维多利亚大学进行学校第三期双语教学培训；组织外国语学院 6 名骨干教师到澳大利亚维多利亚大学进行为期 3 个月的语言能力和英语教学技能培训；组织参加国家留学基金委访问学者项目 2 人；参加北京市国外双语教学培训 1 人；北京市国外访问学者 2 人。各类培训坚持了学用一致、注重实效的原则，使教师的教学技能、业务能力、管理能力得到大幅提升。

（4）教师资格认定。2009 年度，学校共有 20 名教师经认定获得高等学校教师资格证书。

（冉　屏　许　波）

【人才强教计划】（1）2009 年，学校组织申报北京市属市管高等学校“人才强教”深化计划项目，争取“人才强教”专项资金

809.08 万元。

(2)组织实施2008、2009年人才强教深化计划——教师教学技能和职业道德培训等项目;组织实施2009年资助的人才强教2名讲座教授、1名高层次人才、4个学术创新团队、1个管理创新团队、4名创新人才、59名中青年骨干教师项目。

(3)完成北京市对学校2005~2006年人才强教计划中拔尖创新人才5个项目、学术创新团队3个项目和中青年骨干教师59个项目的结题验收工作。

(4)积极组织申报2010年北京市属高等学校人才强教深化计划资助项目,共有2人入选北京市属高等学校人才强教深化计划讲座教授、1人入选高层次人才、4个团队入选学术创新团队、24人入选中青年骨干人才。

(冉 屏 许 波)

【教师职业道德建设工作】2009年,人事处、工会、宣传部联合举办主题为“大力加强师德建设营造良好育人环境”第二届师德论坛。进一步推进学校师德建设,弘扬爱岗敬业精神,提高教育教学质量和管理、服务水平,促进广大教职员工在教育教学中弘扬高尚师德,营造良好育人环境。

(冉 屏 许 波)

【专业技术职务聘任】(1)召开教师职务聘任工作会议。9月22日,学校在小营校区第二会议室召开教师职务聘任工作会议,会议从学校2009年教师职务岗位聘任工作的聘任范围、岗位设置、岗位核定原则以及需要说明的问题等四个部分对学校教师职务岗位聘任工作做了详细说明,使各单位对上级有关政策和要求以及学校的总体安排有了全面了解,标志着学校2009年的教师职务聘任工作开始在学院层面启动。

(2)召开教师职务聘任工作动员大会。12月2日,学校在小营校区大学生活动中心召开教师职务聘任工作动员大会。会议对教师职务聘任制的客观背景,岗位核定的有关背景,学校教师职务岗位总量等情况进行了介绍;详细介绍了学校教师职务聘任岗位核定与下达情况;教师职务岗位设置的原则、岗位设置类型、岗位分类、岗位职责;2009年教师职务聘任工作安排的聘任顺序、聘任条件、聘任程序、教学工作与教学效果综合评价、学术成果、教学质量一票否决和师德一票否决及有关政策。

(3)组织推荐教育管理高级专业技术职务。9月17日,根据北京市教委人事处通知要求,启动学校2009年教育管理高级专业技术职务推荐工作。根据学校教育管理高级专业技术职务任职条件推荐评议办法,严格执行推荐评议程序,完成了推荐评议工作。

(4)做好2009年度政工职评工作。按照北京市职评办京政职办〔2009〕1号文件精神,根据我校《思想政治工作高级专业职务推荐评议办法》(校(筹)人字〔2005〕96号)的有关规定,认真组织我校2009年度思想政治工作高级专业职务推荐评议工作,组织推荐高级政工师1人。

(5)积极做好工程系列专业技术职务聘任准备工作。对现有队伍进行统计分析,与网管中心、图书馆、教务处、科技处等部门进行沟通交流、了解情况,调研北方工业大学、北京工商大学、北京石油化工学院、首都经济贸易大学、北京印刷学院等高校工程系列聘任工作开展情况和做法,为学校开展工程系列专业技术职务聘任工作做好了准备。

(6)开展新晋升教师年度工作考核。经学校同意,在前期学院上报新晋升教师考核办法的基础上,2008年涉及的新晋升的教师考核与2009年的考核一并进行,对2008年采取认定方式,人事处与各单位进行了沟通,各单位进行了统筹考虑,并最终上报了2008年新晋升教师考核情况。

(英树志　许　波)

【劳动工资和福利管理】(1)工资与福利。2009年,全年在职职工工资总额11772.78万元,其中在岗职工工资11498.20万元,返聘离退休人员劳动报酬74.12万元,聘请港澳台和外籍人员劳动报酬23.21万元,其他从业人员劳动报酬29.21万元,不在岗职工生活费78.76万元。离休人员离休费570.14万元,退休人员退休费3068.63万元。

(2)社会保险。在编人员社会保险。根据社会保险有关规定,学校在编人员需缴纳失业保险和工伤保险,以参保职工本人2008年1月至12月实际发生工资总额(税前)的月平均工资核定2009年度社会保险缴费基数。2009年学校共缴纳在编人员养老保险(合同制工人)12.24万元、失业保险98.40万元、工伤保险49.20万元。外聘人员社会保险。根据社会保险有关规定,学校外聘职工需缴纳养老保险、医疗保险、失业保险和工伤保险。2009年学校共缴纳外聘职工养老保险44.52万元,医疗保险20.52万元,失业保险2.28万元,工伤保险2.16万元。

(3)离退休工作。截止到2009年12月31日,学校共有离退休人员870人,其中离休人员72人、退休人员798人。学校全年共办理61人退休。经过校长办公会研究和校内公示,上报并获批延长退休年龄人员4人,提高退休费计发比例人员5人。

(4)残疾人就业保障金。根据《残疾人就业条例》、《北京市按比例安置残疾人就业办法》等有关规定,本市各类用人单位,均应按照本单位在职职工总数不少于1.7%的比例安排残疾人就业,未按规定完成安排残疾人就业任务的,应缴纳残疾人就业保障金。学校应安排29名残疾人就业,实际安排11名残疾人就业,缴纳残疾人就业保障金37.74万元。

(葛春会　许　波)

【高级专业技术职务任职资格人员名单】

机电工程学院(41人):

教　　授:王红军　王国权　王建华　王科社　孙志永　许宝杰　杨庆东　陈　勇　林慕义　姚文席　郝南海　郝静如　黄　民　腾　启

副 教 授:邓春芳　孙江宏　朱春梅　祁志生　米　洁　严　乐　张志强　张怀存　张瑞乾　李天剑　李启光　李晓民　杨冬梅　杨　莉　陈秀梅　姜　可　赵秋玲　郝育新　钟建琳　高炳学　盖雨聆　童　亮　戴丽萍

副研究员:刘　泉　贺敬良　龚国庆

高级实验师:王雪雁

光电信息与通信工程学院(38 人):

教　　授:邓文怡　吕乃光　李　东　汪毓铎　周金和　范　京　祝连庆
梁福平　董明利

副 教 授:马牧燕　王晓飞　王晓玲　王艳林　刘国忠　刘　南　刘桂礼
吕　勇　吕淑琴　吴韶波　张　玲　张晓青　李月强　李红莲
杨曙辉　娄小平　郭阳宽　曹　林　焦瑞莉　缪　旻　燕必希

副研究员:赵书阁

高级工程师:刘　刚　刘秀英　朱希安　郑青玉

高级实验师:陈青山　赵双琦

高级政工师:甄同树

自动化学院(30 人):

教　　授:王东兴　厉　虹　申闫春　刘小河　白连平　张奇志　李邓化
李　擎　苏　中　恒庆海

副 教 授:马　洁　刘丽华　刘文静　朱　涛　朱嘉林　李　娟　李　慧
杨秀媛　周亚丽　胡平平　高晶敏　曹荣敏　管　萍

高级工程师:王学金　艾　红　任小军

高级实验师:关静丽　寻宪生　李　萍　郭　健

计算机学院(27 人):

教　　授:刘建宾　牟永敏　张仰森　李淑琴　杨根兴　周维真　林亨利
徐雅斌

副 教 授:马力妮　王铁峰　刘均梅　何玉洁　杨大利　沈美娥　侯凌燕
施运梅　赵　刚　殷　旭　秦奕青　彭克勤　程　荷　蔡　英

研 究 员:李　宁

高级工程师:刘京志　胡信裕　胡景凡

高级实验师:高　卓

经济管理学院(49 人):

教　　授:王永生　王信东　卢　静　刘　宇　刘　春　曲　立　张志凤
周脉伏　唐五湘　葛新权　谢瑞峰

副 教 授:于生生　王建梅　王　斌　王　慧　叶小玲　田淑英　任丽明
刘　冷　张　虹　张　健　李红娟　李雁玲　李静文　李慧思
杨闻萍　沈银萱　周秀玲　岳宝宏　杭建平　金春华　侯风萍
贠晓哲　赵　伟　梁栩凌　黄中文　黄平生　程桂枝　粟国敏
谢　群　韩之怡　黎　枫

副研究馆员:郑　玮

高级工程师:陈元凤　段文军
高级经济师:徐文彬　谭祖卫
高级实验师:王景增　刘　青

信息管理学院(20 人):
教　　授:尹春华　李　忱　杨孔雨　崔　巍
副 教 授:卢华明　孙志恒　孙若莹　徐晓敏　何文君　李　健　陈立南
陈　昕　林小茶　郁红英　胡　矩　赵　刚　康海燕
副研究员:蒋文保　蒋洪伟
高级实验师:宋燕林

人文社科学院(22 人):
教　　授:石冀平　傅正华　何深思　刘建兰　李　钢　梁冬梅
副 教 授:王　媛　伊　强　刘永成　刘建华　张云筝　杨玉珍　杨丽娟
杨诚虎　汪　帆　庞淑萍　敖云波　郭春燕　曹　霞　曾毅红
董丽萍　韩剑英

外国语学院(18 人):
教　授:任维平　肖洪森　邱国旺
副教授:马月英　方　元　王朝晖　刘　悦　刘　颖　张广奇　李淑琴
陈　燕　郝永辉　贾红霞　郭丽萍　梁淑新　盛晓兰　赖　瑜
谭胜国

理学院(40 人):
教　　授:于肇贤　王见定　王丽坤　刘伟霞　齐臣杰　张福学　李国成
李祥贵　杨毅恒　侯吉成　盛炎平　谢冬秀　滕功清　其木苏荣
副 教 授:王宏伟　王彩霞　王晶杰　田文杰　田　茹　龙晶凡　刘凤敏
庄建红　朴林华　吴光旭　吴秋新　张丹萍　张永林　张炳江
杨　虹　邱　钧　黄小丽　程希明　解文龙　雷纪刚　薛春艳
高级工程师:吉　萍
副研究员:杨志耘　邹小平　钟新华　解炳昊

体育部(4 人):
教　授:王慧丽
副教授:张铁城　娄玉柱　席　军

科研单位(15 人):
教　　授:徐小力
研 究 员:高国伟

副　教　授:吕学强

高级工程师:王小川　王为真　王弘蔚　王　涛　张京生　汪中夏　肖诗斌　都云程

副 研 究 员:刘克勤　李渝勤

高级实验师:王美华

教授级高工:施水才

直属单位(31 人):

教　　　授:王吉芳　杨兴林

副　教　授:马　丁　王裕民　刘梅彦　邢济收　张英杰　迟燕丽　周长胜　武　装　胡延平　悦　再　贾艳萍　曹晋红

研　究　员:柴鸿斌

副 研 究 员:刘乐明　曲振国　郁海燕

副研究馆员:江　珊　张玉忠　陶靖中

高级工程师:宋利强　郑　军　黄改娟

高级政工师:张　清　冯晓春

高级实验师:王　伟　李　沛　李桂芝　侯晓霞　高　宁

党政机关(40 人):

教　　　授:戈新生　王久和　王兴芬　田杨萌　孙百生　许晓革　杜　林　侯军歧　康　劲　韩秋实

副　教　授:于　洋　王　雁　王　鹰　任立乾　刘筱毅　陈义平　麦　苗　赵晓林　赵爱玲

研　究　员:冯喜春　关仲和　郑君礼　栾忠权

副 研 究 员:王志伟　王学文　刘　勇　邵长生　范玉涛　钟　玲　崔仲凯　黄宁军　彭斌柏　韩俊彦　鲁　雷

高级工程师:马振平　刘　伟　李　燕

主 任 医 师:才秀芬

高级会计师:权菊娥

副主治医生:李云霞

注:1. 以上人员均按姓氏笔画排序,共计 375 人;

2. 人员职称情况统计截至 2009 年 12 月 31 日。

(英树志　许　波)

【2009 年从事教育工作满三十年教龄人员名单】

张怀存　王裕民　卢　禾　桑元薇　甄同树　吕淑琴　翁　勤　薛玉梅　马德云　王建生　赵双林　关宝才　康崇华　吴春慧　申治国　方光杰　程祖庆　吕　宏

刘桂美　郑淑英　王美华　及志平　李小平　保超美　王　辉　陈亚菲　狄海燕

（于　洋）

财务管理

【概况】财务处是学校唯一的一级财务机构。主要职能：贯彻执行国家有关法律、法规和财经政策和财务规章制度；依法组织和领导全校财务管理和会计核算工作；根据学校事业发展计划编制年度预算，并协调预算执行、组织决算；依照财务制度规定，办理学校各项经费收支核算；建立健全学校财务规章制度，规范校内经济秩序；依法多渠道筹措资金，满足学校运行和发展需要。下设预算管理和会计核算两个科室：预算管理科负责学校预算编制、预算执行监督以及组织决算等相关管理工作；会计核算科负责学校各项经费收支核算等相关工作；此外，学校的专项经费管理、科研经费及税务管理、公费医疗及工资发放、票据结算、收费管理、财务系统维护建设以及其他各项综合事务等均安排专门人员负责。现有正式职工16人，分别在小营校区、健翔桥校区和金台路校区办公，其中处长1人，副处长1人。

2009年，学校财务工作按照学校党政“保中心、保重点”的财经工作部署，在紧密围绕学校教学、科研等中心任务开展工作的同时，积极为国庆60周年活动、学校党代会召开等重点工作提供有力经费支持；同时，财务处积极推行校院二级财务管理体制改革，顺利完成新大学校内账务系统、财政拨款账户、税收账户、公费医疗账户以及银行账户等账户的财务体系合并建设工作，圆满完成了本年度各项财经工作任务。

（郑彩云）

【财务收支状况】2009年全年总收入46126万元，比上年增加1138万元，增长2.53%。总支出44021万元，比上年增加4514万元，增长11.43%。在总收入中，财政拨款除取得市教委拨付的定额经费和专项经费以外，还取得北京市财政局拨付的新校区建设前期基建经费500万元，自筹收入增加中包括学校第一次举办国际工商硕士班收入48.6万元和第一次取得TRS公司往年累计分红308万元。

表7-1 北京信息科技大学总收入增长对比分析一览表

项目＼年份	2008年	占总收入比重(%)	2009年	占总收入比重(%)	本年比上年增减额(万元)	本年比上年增减(%)
合计	44988	100.00	46126	100.00	1138	2.53
财政补助收入	33940	75.44	35693	77.38	1753	5.16
自筹非财政收入	11048	24.56	10433	22.62	-615	-5.57

表7-2 北京信息科技大学总支出增长对比分析一览表

项目＼年份	2008年	占总收入比重(%)	2009年	占总收入比重(%)	本年比上年增减额(万元)	本年比上年增减(%)
合计	39507	100.00	44021	100.00	4514	11.43
财政补助支出	30609	77.48	40643	92.33	10034	32.78
自筹非财政支出	8898	22.52	3378	7.67	-5520	-62.04

(郑丽珠)

【预算管理工作】2009年预算依据2008年预算及执行情况综合编制,在预算的安排上保证了人员、水电暖等各项刚性支出,保证了学校重点工作支出,同时也为学校发展建设、教学科研发展、国庆节、党代会等特殊重大事项留有资金。2009年是学校实施校院两级财务管理的第一年,对学院分配的预算依据学生数、教学工作量、学科建设情况、科研工作情况量化编制。为编制各学院预算制定了定额标准,从分配预算到执行结果表明定额标准科学真实地反映了学院教学工作情况。预算编制在增量预算、零基预算基础上引进了定额预算方法,预算编制水平大幅度提高。2月26日,北京市教委批复学校预算指标,3月9日,财务处将经党委常委会批复的预算指标下达到各个部门,经过一年运行,执行状况良好,预算总体上收支平衡略有结余。5月26日,北京市财政局、北京市审计局下达关于压缩2009年出国费等三项经费预算支出的通知,根据文件精神,学校对2009年出国、车辆运行、公务接待事项进行统筹规划,完成经费压缩任务。10月21日,完成2010年部门预算的申报工作。12月16日,取得建设银行紫竹桥支行贷款3000万元,当年学校归还了以前年度贷款3000万元并取得新的贷款。

(郑丽珠)

【会计核算工作】会计核算工作质量明显提高,较好完成全年核算任务,各项工作进展顺利。启用北京信息科技大学账务系统,同时停用原北京信息工程学院账务系统和原北京机械工业学院账务系统,结束合校过渡期三套账务系统进行会计核算的过渡局面,初步整合了会计科目。注销原两校使用的基本账户、财政授权支付零余额账户、非税收入零余额账户、一般账户及基建专用账户等10个账户,开立了新大学的基本账户、财政授权支付零余额账户、一般账户、基建专用户、科研专用户等8个账户，同时启用了“北京信息科技大学”新的银行印鉴。6月份通过财务处岗位重新聘任，调整了业务分工，明确了各岗位具体内容，重新梳理了业务办理流程，使之更加规范合理。会计账务处理更加及时，消除了票据积压现象。加强了对会计业务的交流和讨论，加深了对各项会计政策制度的理解和把握，统一了相同业务的处理办法和口径。支付令的查号和粘贴工作进入常态化，对外信息查询服务质量明显提高。加强了科研资金的到款管理，设计了“科研到款通知单”，能够及时与科技处进行信息沟通。加强了支票接收业务的管理，建立了“支票受理”登记本，杜绝了以往存在的问题。加强了银行对账工作，每月都及时与银行核对各账户余额，发现问题及时核对调整，保证了各账户资金的安全和年终决算的顺利进行。加强了对往来账户的清理工作，“部门借款”科目余额由3000多万元减到了130多万元。全年共做会计凭证24923份，现金付款4144万元。

（权菊娥）

【专项经费管理】2009年教委下达专项经费14433.61万元，其中年初下达13697.2万元，2009年专项支出11010.05万元，项目总数122个。项目类别涵盖本科教学、研究生教育、科学研究、基础设施改造、信息化建设、图书馆建设、人才强教、设备购置等学校事业建设的方方面面。3月5日，财务处下发了文件《关于2009年专项经费预算指标的批复》，将2009年年初专项经费额度及时下达到各归口管理部门，顺利启动2009年专项经费支出工作。4月2日，在财政局组织的2008年度项目绩效考评工作中，学校保卫处承担的项目“基础设施改造－安全防范系统改造扩容工程项目”参加了本次财政考评，最后获得优秀的好成绩。2009年，在专项经费管理上，继续深化、细化管理，加强立项、论证、申报、执行、验收每个环节的过程管理，进一步强化专项经费管理办法在项目管理中的指导作用。

（1）3月份在网上公布年度批复项目和上年结余项目，定时公布项目执行进度。

（2）提早启动下一年度项目立项申报工作。要求各单位在2009年4月底前完成2010年项目的立项工作。

（3）要求各归口管理部门组织专家论证组，对分管范围内的项目进行论证。

（4）加强学校对项目立项的审查力度。7月24日，召开了2010年专项工作专题汇报会。会上，杜林校长、冯喜春副校长听取了各部门对2010年拟申报项目整体情况的汇报，教务处、科技处、研究生部、后勤管理处、学校办公室、人事处、基建处、保卫处的部门领导对本部门2010年拟申报项目作了专题汇报。

（5）加强对项目的验收考评工作。6月11日，下发文件，安排2008年度项目的校内绩效考评工作，本次考评抽取了部分教学、科研、图书馆和基础设施改造类项目，共计7个项目，金额1177.27万元，聘请了北京工业大学等兄弟院校的财务和业务专家五人，成立考评专家小组，专家组对项目进行了认真考评，并提出了宝贵的意见和建议。上述改进措施进一步提高了学校专项经费管理的水平。2009年10月21日，顺利完成了2010年部门预算的项目申报工作，2010年专项经费预算申报金额7897.11万元，项目总数99个。

（郭慧峰）

【收费管理工作】按照北京市教委和市财政的要求,继续推进非税收费改革工作。1月1日,正式启用北京信息科技大学非税收费系统,同时停用原北京信息工程学院非税收费系统和北京机械工业学院非税收费系统。7月12至26日,协调北京银行相关人员,为2009年新招录学生2741人代理开办银行卡,在收费系统录入新生相关信息,按照收费政策设定全校学生应收学费标准。8月23至25日,采用"银行批扣"收费方式,完成全校学生收费6986人次,收费金额3317.50万元;同时,配合多校区办学需要,代收昌平校区学生854人住宿费119.56万元。9月1日,配合学校迎新工作部署,完成小营、清河、昌平多校区现场收费工作,其中清河、昌平两校区现场收费合计439人次,收费金额239.60万元。12月25至31日,完成收费系统、账务系统和财政局相关系统三个系统的收费数据核对,核对数据完全相符。全年累计处理收费票据22873份,累计实现学费住宿费收入6229.75万元;收费资金即时全额上交市财政,年底财政全额返还;非税收费票据使用完全合格,顺利通过市发改委的年度验收检查。积极协调各处室部门,处理学生学籍异动问题221人次,收回以前年度欠缴学费477.82万元。按照税务部门要求,在经营业务范围内开具营业税票402张,涉票金额1779.04万元。

(郑彩云)

【科研经费管理】学校到账的科研课题205个,到款金额2441.11万元,其中纵向课题立项75个,立项金额达945.95万元;横向课题立项130个,立项金额达1486.16万元。截止2009年12月31日,学校在研课题数达861个。借助岗位调整,安排专门人员办理科研课题立项、税收减免等手续办理,通过与科研处的沟通协调,初步建立了办理科研课题立项和税收减免的流程,并通过与主管税务机关沟通,确定了办理科研经费中"四技"课题的税务备案和免税手续,涉及免税课题金额达1157.19万元。学校支持科研工作,拨付科研编制奖励资金385万;经过努力争取,由葛新权主持的"消费类产品中有毒有害物质的评价技术平台"项目获国家科学技术进步奖,由张福学主持的名称涉密项目获国家科学技术发明奖,这2个大型项目共获国家奖励计20万元,同时获得学校配套奖励20万元。

(郑丽珠)

【公费医疗管理】学校公费医疗经费与其他经费分属不同渠道,管理模式也不相同。2009年,协同学校门诊部等有关部门对公费医疗门诊费的报销方式做了改革,将原由教工学生将发票经学校门诊部业务审核再来财务处进行金额审核后报销的方式改变为教工学生定期将发票交给学校门诊部,门诊部审核后交财务处审核再由财务处定期打入报销人银行卡中,这一改革减少了报销人的排队等候时间,部门间的审核手续更加协调,减少了报销现金流量。2009年,按期申报并取得公费医疗标准费拨款118.71万元,医疗照顾人员补助107.4万元,住院费补助335.47万元,大病补助728.1万元。公费医疗门诊、住院、单位药品等全年共支出1399.54万元。2009年4月,接待北京市卫生局医保中心大学部对学校公费医疗管理工作的年度检查,并被评定为优秀。

(郑丽珠)

【财经制度建设】在加强财务管理体系建设的同时,重新修订发布了学校财经管理文件13

项,包括:修订并发布了《北京信息科技大学预算管理规定》、《北京信息科技大学校内收费管理规定》、《北京信息科技大学关于经费支出审批权限的规定》、《北京信息科技大学基本建设财务管理规定》、《北京信息科技大学借款管理办法、《北京信息科技大学审核报账原始凭证的规定》、《北京信息科技大学领用转账支票的规定》、《北京信息科技大学教育培训服务收费管理办法(暂行)》、《北京信息科技大学专项管理办法(试行)》、《北京信息科技大学差旅费管理办法》、《北京信息科技大学校院两级财务管理办法(试行)》、《北京信息科技大学学院预算管理规则(试行)》。

(郑彩云)

资产管理

【概况】国有资产管理处成立于2004年9月,2007年更名为资产管理处,是学校土地、房产和固定资产的产权管理职能部门。主要职责是:贯彻执行国家资产管理法规,结合学校实际建立健全相关的管理办法及规章制度,并对国家和学校资产管理办法及规章制度的落实情况进行监督检查;土地和房产管理。负责学校拥有的土地、房屋的登记、清查和日常管理,监控学校土地、房产的增值和保值,监管学校各类房产的使用情况,负责学校土地和房产置换的相关工作,负责学校人防工程和地下室的管理;固定资产管理。负责学校实验室的仪器、设备和各类固定资产的登记、清查、处置和产权管理;招投标管理。负责所管资产购置的招投标工作,负责学校招投标工作委员会的日常工作;其他管理。负责学校资产信息库的建设和维护,负责向学校汇报学校土地、房屋和固定资产的使用情况;完成学校交办的其它工作任务。截至2009年12月31日,学校实有仪器设备43480台件,原值386248502.77元。2009年全年新登记资产7633台件,金额81348747.84元。全处现有处长1人、副处长1人、管理干部5人。

2009年,资产处处置废旧设备、家具3773台(台件),原值16965528.36元,收回残值70700元,无偿上交市财政局指定回收公司报废资产1403台件;为提高仪器设备利用率,将计算中心闲置未达到报废标准60余台计算机进行校内调拨;按时完成京电招待所停业资产处置工作;按北京市财政局要求,完成我校4辆黄标车处置工作。

(周　竞)

【专项采购】全年完成设备购置专项49项,其中项目采购专项41项,金额115510988.46万元。全年进行政府公开招标26次,公开招标金额102107786.46元,中标金额98019227.94元,结余金额4088558.52元。全年政府协议采购13403202元。设备专项通过政府采购形式进行采购率达100%,签订政府采购合同427份,其中政府公开招标采购合同231份,政府协议采购合同196份。

(周　竞)

【清理登记土地、房屋产权】全年协助完成北京邮政局与金台路校区土地指界,完成健翔桥校区楼门牌号和房屋测量,正在办理健翔桥校区新房产证。为保证国庆60周年安全,按照上级主管部门要求,对全校防空工程和普通地下室进行安全检查并签订安全协议,协调保卫处、后勤集团调整地下室保安、临时工宿舍,达到安全使用标准。

截止2009年12月31日,学校现有土地333178.55平方米、房屋326126.27平方米(其中有房产证面积213085.45平方米、无房产证面积113043.82平方米)、待报废3663.78平方米、正在办理房产证书50985.46平方米、无法办理房产证41102.14平方米。

(周　竞)

审计工作

【概况】审计处是依照国家法律、法规和政策以及学校的规章制度,对学校及所属部门、单位财务收支及其有关经济活动的真实、合法和效益情况依法实施内部审计监督的专门机构。审计处是学校处级建制单位,现有处长1人,专职审计人员3人。

2009年,学校审计工作在学校党委行政的高度重视和直接领导下,坚持以邓小平理论和"三个代表"重要思想为指导,以科学发展观为统领,与时俱进,开拓创新,紧紧围绕学校的中心工作依法开展内部审计。审计处认真履行内部审计工作职责,做好各项经济监督及服务工作,在加强审计监督,堵塞管理漏洞,防止国有资产的流失方面,较圆满地完成了2009年审计工作目标和学校领导及上级有关部门交给的各项审计任务。

(曹开东)

【预算执行与财务收支审计】审计处高度重视财务收支与预算执行审计工作,有效发挥了审计监督作用。

(1)为了进一步加强和改进预算管理,切实推进预算公开,增强预算的约束力和严肃性,根据学校今年首次实行的《北京信息科技大学校院两级财务管理办法(试行)》,审计处完成了对学校三个学院(经济管理学院、机电工程学院和计算机学院)2009年度预算执行情况的审计。通过这次审计,发现了一些预算执行中需要改进的问题,提出7条整改建议,为规范二级学院的财务管理打下了基础,并使学校的办学资金能够更符合各学院的实际发展需要,发挥出更大的效益。

(2)完成了对后勤集团下属京电招待所截止至2009年8月的财务状况审计。通过审计,摸清了京电招待所的资产、负债和所有者权益状况,对其2008、2009年度的经营状况和财务状况做出了客观评价并提出了具体的审计建议,在审计报告中提示了可能存在的风险,为学校领导层下一步的决策提供了审计方面的依据。

(3)完成了对2个校办科技企业——北京科信机电技术研究所和北京北信科电子厂的财务收支和经营状况的审计。针对这2个企业在内部控制、财务管理和会计核算存在的一些问题,审计处提出了16条具体的整改建议,其中的大多数建议措施已被采纳,得到了整改落实。通过审计,为企业的资产评估和日后的改制创造了条件。

(4)完成了科研结题项目审签39项,审签金额412万元。通过审计,促进了学校科研经费的规范使用,提高了科研经费的使用效益,从而保证了我校科研项目的顺利实施和科研工作的健康发展。

(曹开东)

【基建、修缮工程审计】审计处积极做好工程审计工作,对基建处签署的4个合同中的相关内容进行了审计,审计金额134.03万元。

完成了对修缮工程的29项审计，审计工程造价941.47万元，审减金额1.95万元。通过审计，强化了各部门工程项目管理意识，规范了工程监督管理程序，为学校控制工程造价，充分发挥资金使用效益，保护资金使用安全，避免损失浪费，保证工程的竣工决算质量发挥了重要作用。

（曹开东）

【制度建设】健全的规章制度是开展审计工作的制度保障。为了适应加强内部审计工作的需要，审计处修改并完善了《北京信息科技大学内部审计工作暂行规定》、《北京信息科技大学预算执行和决算内部审计实施办法（试行）》、《北京信息科技大学基建修缮工程项目审计实施办法（试行）》、《领导干部经济责任审计实施办法（试行）》和《北京信息科技大学固定资产审计实施办法》五项内部审计工作规章制度，为顺利开展内部审计工作提供制度保证。

（曹开东）

【其他重要事项】(1)参加学校有关部门的招标、议标会议。参与投标单位的报价分析及中标单位的评选工作，全年共参加招标、议标会议45次。利用审计人员的专业知识，从客观公正角度出发，对投标单位的资质、信誉、业绩、标书等做出判断，从而为学校节约资金，降低工程造价，提高工程质量和资金使用效益，保证建设资金的合法使用发挥出内部审计的重要作用。

(2)根据《北京市审计局“小金库”治理工作重点检查通知书》的要求，配合北京市审计局开展对学校“小金库”专项治理工作的重点检查。审计处制定了学校整体自查方案，实施了抽查复核工作，起草了自查工作报告，顺利完成了上级交付的工作任务。

(3)加强内部审计信息化建设，积极开展计算机审计工作，将用友审易A460软件升级到A5版本，并组织培训审计处人员，提高了审计人员使用审计软件的能力，为今后利用计算机辅助审计工作、提高审计工作效率打下了良好的基础。

(4)科学设置审计工作职能，积极稳妥地完成处级以下管理人员的聘任工作，及时召开会议，进行聘任前的动员和聘任后的工作部署，保证了审计工作衔接有序，稳定运转。

(5)档案建设。审计处将2008年审计资料及时整理归档，今年共列卷归档审计资料8卷，如期移送学校档案室，圆满完成了年度审计资料的立卷归档工作

(6)更新了审计处网站版本，加大了审计处对外宣传的力度。

（曹开东）

后勤管理

【概况】后勤管理处是负责学校后勤服务管理和代表学校监管后勤集团工作的职能部门。主要职责是：贯彻执行国家和北京市后勤管理法规，根据党和国家的有关方针政策、法律法规，结合学校实际，制定校内后勤工作的规章制度；负责制定学校后勤工作发展规划，制定后勤工作年度计划；负责代表学校对后勤集团服务内容、服务标准、服务价格的制定和服务成本的核算，制定和完善后勤服务考核办法，监督检查协议履行情况；负责后勤集团各项经营服务实体的收费项目、范围和标准的审核管理，代表学校监

督和协调后勤集团的工作;负责现有校区新建项目和专项修缮工程申报、立项和管理工作,制定年度工程修缮计划,并组织实施;负责学校教职工住宅房屋管理和教职工住房补贴、住房公积金的管理工作及单身教职工住宿安置和管理工作;负责师生员工的医疗卫生保健,公费医疗管理,教职工及学生体检、卫生健康知识教育和宣传,疾病预防、健康咨询、妇幼保健和计划生育工作;负责学校节约能源和环境保护管理工作,制定消耗指标、管理办法和收费标准,并监督实施;负责受理相关工作的投诉、来访和信访工作;完成学校交办的其它工作任务。下设行政事务管理岗、工程管理岗、房屋管理岗等岗位和门诊一部、门诊二部。行政事务管理岗负责协助处领导对后勤集团监督管理以及后勤运行经费的预算、决算及分配,印信、档案、介绍信管理,文字及财务报销,处内办公用品管理及设备维护,节能监督管理等工作;工程管理岗负责学校基础设施维修改造专项修缮工程的立项、申报、招投标、现场管理和其他专项管理,负责学校其他小型修缮工程管理等工作;房屋管理岗负责单身教职工宿舍、公有住房出售、住房公积金、住房补贴、供暖费报销等工作;门诊部一部和二部负责卫生防病、教职工及学生体检、公费医疗管理和门诊医疗等工作。后勤管理处现有处长1人,副处长1人,行政事务管理岗1人、工程管理岗3人、房屋管理岗2人,门诊部19人。

2009年,后勤管理处按照校党委、行政的工作部署和要求,深入贯彻落实科学发展观和第一届党代会精神,紧密围绕学校的中心工作,遵循“三服务,两育人”的宗旨,增强服务意识、提高队伍素质;完善各项规章制度、规范工作程序、提高管理水平;充分调动各方面的积极因素,较圆满地完成了全年的各项工作任务。

(李万福)

【对后勤服务的管理与监督工作】高度重视学校的后勤服务保障工作,加大了对后勤集团的监督和管理,从后勤运行经费、食堂、供暖、校园环境等方面进行重点监管。

(1)加强后勤运行经费的监督管理。完善学校后勤经费预算、决算管理制度,加强对后勤运行经费预算的审查,完善预算增减说明制度。加强决算管理,使收支明晰,专款专用。

(2)加大对后勤服务保障的检查力度。后勤管理处领导多次走访6个校区,实地检查各校区的食堂、学生宿舍、校园环境、锅炉房运行、医疗卫生情况,并及时指导及提出要求。

(3)召开后勤管理服务学生意见座谈会。4月22日、12月9日两次召开后勤管理服务学生意见座谈会,详细听取来自9个学院和昌平校区的40余名学生代表对后勤服务各个方面的意见和建议,督促后勤集团及时予以解决学生提出的问题,对暂时不能解决问题要做好相关解释工作。

(李万福)

【专项修缮工程】加强基础设施改造项目的管理工作,进一步优化、美化校园环境,专项工程从立项、申报、招投标、施工管理、竣工验收及结算等环节都严格遵守相关规定,做到了公开、透明、程序规范。

(1)规范专项修缮工程的立项申报工作,完成2010年基础设施维修改造专项的立项申报。通过招标方式确定专业设计单位对立项申报项目进行规范设计,根据施工方案、施工图纸、及工程预算，接受财政评审。2010年后勤管理处立项22项，立项金额2633.8万元，批准立项18项，经财政评审，批复预算金额1722.59万元。

（2）严格遵守工程款金额100万元以上由政府招投、工程款100万元以下由学校招投小组公开招标的规定。2010年完成政府采购项目招标6项，招标金额860.56万元；完成校内公开招标9项，金额581.72万元；完成设计单位招标2项、监理单位招标1项。

（3）加大工程监理力度，确保工程质量，全年完成专项工程16项。完成了重点实验室改造工程；完成了健翔桥校区教一楼、图书馆楼等装修改造工程；完成了健翔桥校区第二阶梯教室改学术交流教室工程；完成了小营校区专家公寓装修改造工程；完成了小营校区离退休活动室改造工程；完成了小营校区、健翔桥校区和小营校区的校园道路修缮工程；完成了毕业生宿舍粉刷及学生公寓卫生间改造工程；粉刷了健翔桥校区、小营校区、清河校区毕业生宿舍以学生及公寓卫生间改造；完成了小营校区、清河校区、健翔桥校区的校园绿化工程；完成了健翔桥校区教二、教三楼前篮球场改造；改造了停车场，完成了运动场照明设备安装工程，对小营校区和健翔桥校区运动场进行照明设备安装；完成信息管理学院实验室改造工程；完成了健翔桥校区报告厅、大阶梯教室等修缮工程；完成了清河综合楼装修改造工程；完成了电气控制实验室改造工程。

（4）加大工程验收审查力度，规范工程经费结算。采取多部门联合对工程验收的做法，完成16项工程的验收；规范工程经费结算，齐备项目各种单据，完成813万余元专项资金的结算。

（5）加强工程竣工验收制度及保修期间的维修管理。按照质量保修合同的规定，工程竣工验收合格后施工方向校方支付中标金额5%的质量保证金，在保修期期间出现质量问题由施工方免费维修，否则扣除质量保证金，按规定装饰装修工程保修期为一年，防水工程保修期为五年。

（李万福）

【房屋管理工作】认真做好房屋管理工作，努力提高房屋使用效率及管理水平。

（1）大力加强公有住房上市出售管理工作。按照学校已购公有住房上市出售管理办法，严格执行相关条款，相继为18户教职工办理了已购公有住房上市出售审批手续，已有12户办理了房屋产权过户手续。

（2）组织教职工申报通州龙湖大方居限价房的配售材料，共为13名教职工办理了配售手续。为本校职工购买经济适用房、两限房审批手续80人次。

（3）规范学校单身教工集体宿舍管理，安置15名新教工入住单身集体宿舍。利用暑假时间对18间单身宿舍进行了卫生间、房间的粉刷工作。对学校入住单身教职工集体宿舍的人员发放调查表28张，为建立单身教职工住房档案做好准备。

（4）为规范好完善学校职工住房房产档案管理，建立已购公有住房上市出售及产权变更资料库。对清河校区、健翔桥校区、小营校区的人才房及空房源入户检查水、电和煤气，同时建立资料库。使得房产管理更加规范化系统化。

（李万福）

【住房补贴与住房公积金管理工作】规范住房补贴和住房公积金的汇缴与支取工作，加强管理，在无房新职工住房补贴管理和退休无房职员住房补贴管理方面取得新进展。

(1)完成职工住房公积金和住房补贴工作汇缴及支取工作。2009年1至11月份向住房公积金中心汇缴住房公积金2152万元;1至11月办理支取住房公积金586人次,支取住房公积金1089万余元。为方便教职工支取住房公积金,从2009年起办理约定支取手续,可按月、按季度、半年、一年按需办理,方便了购房还贷,减轻购房压力。

(2)1至11月,向住房公积金中心汇缴职工住房补贴165万元,办理支取住房补贴77人次,支取住房补贴137万元。调整无房新职工住房补贴缴存基数,按照聘任后的工资基数进行调整,并补交差额部分。将原两校住房公积金,住房补贴,住房基金,公共维修金账户合并,变更为新大学账户,便于管理。

(3)兑现退休无房人员住房补贴53人,446万元。接待处理群众来信来访数次,处理学校转来教职工信函3件。

(4)完成了2009年度住校外在职和离退休人员供暖费的报销工作及校外产权房物业费和供暖费的核对和支付,总共办理900余人。

(李万福)

【医疗卫生工作】2009年,后勤管理处加大公费医疗管理的力度,认真做好全校师生的医疗门诊及卫生防病工作,强化全校教职工和学生的健康电子档案管理和药品管理,为学校有关部门提供及时的医疗管理信息和查询服务。

(1)认真贯彻"预防为主、防治结合"的方针,全面落实卫生防病。门诊救治及《传染病防治应急预案》的实施。在全体后勤医务人员的共同努力下,2009年对艾滋病、高血压、糖尿病及各类传染病知识宣传板、宣传画、宣传资料等共92版次。为本校区及校区内外地打工人员、家属发放甲型HIN1流感宣传资料12000多份。

(2)增强医疗保障、门诊救治和公费医疗管理工作。为学校各单位组织参观学习、旅游、训练、考查、运动会等现场保障251多人次,参加医务人员166人次,现场处理危重病人脱险21人。2009年1至12月底门诊救治、接诊病人33968人次,其中学生19465人,教工14503人次(含离退休人员),共为病人输液1357人次,公费医疗审核签字6582人次,住院审核440人次,审核金额810多万元。

(3)加大医务人员培训的力度和广度,努力提高医务人员专业技术水平。为了进一步提高医务人员专业水平,后勤处组织全体医生、护士参加市区卫生局、防疫站、疾病控制中心的卫生防病知识培训56次,参加人员达82人次,2009年度医务人员继续教育专业知识学习培训听课共20人,参加听课600人次,平均每人达60次,共计630个学时,大大提高了医务人员的卫生防病能力和专业技术水平。

(4)大力开展甲型HIN1流感防控工作。9月24日上午,学校召开甲型H1N1流感防控工作领导小组会议。杜林校长出席会议并作重要讲话,各有关职能部门负责人、各学院书记和各校区负责人参加了会议,会议由冯喜春副校长主持。后勤处积极开展防控应急预案实施工作,动员全体医务人员学习掌握甲型HIN1流感知识,积极参加市、区各级卫生局疾病控制中心的甲流知识培训,医务人员格执行学校防病领导小组的规定,坚守工作岗位,认真负责,坚持首诊负责制,不放过一个流程环节，圆满完成了60年阅兵团队甲型HIN1流感的防控工作。自5月5日至今共计上报发热病人1272人，转诊206人，应急处置隔离病人26人、在家隔离450人、住院9人(肺炎4人口扁炎1人病毒感冒4人)。11月7日，进行了在校学生及教职工和后勤各类管理服务人员的甲型HIN1流感疫苗的注射工作，自国庆团队以来共接种疫苗7120人。按照甲型HIN1流感防控工作领导小组的要求，积极配合防病疾控中心，与学生公寓管理部门协作，积极做好公共场所及房间的消毒工作，排查房屋约1894间62100多平方米，协作食堂进行卫生检查监督，尤其对餐具清洗，消毒严格把关，对清洗水质及消毒浓度进行ph值测定，经疾控中心多次检查完全符合要求。

(5)圆满完成教职工及学生的体检工作。本年度的在校教职工、离退休人员2150人，在后勤管理处的认真组织布置下，经过两个门诊部全体医务人员的共同努力于5月27日至6月10日较顺利地在四个校区圆满完成了查体工作，深受广大教职工的好评。11月17至20日又对全校女职工进行了妇产科体检，并对查体中发现的各种问题进行了妥善处理。上半年对2005级毕业生2700多人进行了健康查体，9月初对昌平、小营、清河三个校区新生2000多人进行了查体，圆满完成了新生入学后的体格检查把关任务。

(6)完成库存药品清查核资工作。2009年第四季度后勤处进行了库存药品清查核资工作，同时对本单位进行了关于商业贿赂自纠自查工作，全体医务人员积极配合，加班加点进行了认真、准确、细致的清仓点库工作，充分利用节假日的休息时间，在一周内从门诊科室到药房调剂室、库房彻底清查793种各类零、整药品，对门诊部的国有资产全部清查核实，账、物齐全。

(李万福)

【节约能源和校园环境保护工作】加强节约型校园建设，调整岗位职责，强化节能工作在后勤管理中的重要作用。及时掌握学校水、电、油、气的运行数据，开展市场节能产品调研，派出6人次参加全国高校节能会议，为下一步的节能工作做好前期准备。利用专项投资84.82万元，完成更换节能灯管及加装节电器工程，对全校普通t8日光灯全部改换为t5节能灯。积极推进供暖的社会化托管，减少能耗，节约学校运营成本。

(李万福)

【其他重要事项】积极推动后勤社会化改革、制度建设、后勤信息化建设、干部培训及小型工程维修等方面工作。

(1)召开后勤改革研讨会，研究后勤改革发展新思路、新举措。4月3日、11月19日，彭斌柏副校长两次主持召开后勤改革与发展研讨会，后勤管理处、后勤集团处级以上领导与相关职能部门领导一起就我校后勤服务管理工作进行调研，探索我校后勤发展之路。

(2)大力加强后勤制度建设，制定后勤管理制度16项，内容涵盖住房公积金管理、已购公有住房上市出售管理、望京210号楼供暖费报销、公费医疗管理、学生公费医疗管理、药品采购管理、计划生育管理、修缮工程招投标管理、修缮工程管理、学生公寓管理、学生宿舍用电管理、学生宿舍安装使用计算机管理、学生公寓作息时间、绿化委员会工作制度、爱国卫生运动委员会工作制度、重要场所禁止吸烟等方面。

(3)改版后勤工作网站,提高后勤干部的信息化水平。通过改版后勤工作网站,运用图片、文字、表格及其组合等多种形式反映后勤工作,公布学校后勤管理方面的有关政策,并且及时回复师生咨询、解释政策和回答问题,初步建成了与广大师生员工交流的平台。

(4)加大后勤干部培训力度。派出12人次到兄弟院校调研考察和参加全国性的后勤改革研讨会,转变思路和观念,汲取好的经验和做法,及时解决后勤运行中出现的新问题。

(5)运用小型工程维修经费15.4万元及单身宿舍维修费6万元,对小营校区图书馆楼地下室及门诊部东面平房进行粉刷,对学四公寓防火通道大门(保卫处)进行修缮,对食堂做不锈钢隔断,给小营校区实验楼楼道、卫生间安装吸顶灯和声控开关。完成单身教工宿舍维修工程,改善教职工的居住条件。

(李万福)

基本建设与新校区建设工作

【概况】基建处是在学校党委、行政的领导下,依据国家有关法律法规和学校规章制度,进行校园基本建设的职能部门。主要职责是:负责拟订全校基本建设年度及近期(或远期)的基本建设规划及新校区发展建设规划;负责工程项目的招、投标及设计,工程监理,资质的全面检查(按照国家规定基建程序执行);负责全校新建、改建、扩建、维修工程的施工、质量、速度、安全的全面管理;负责组织工程施工过程的中间、竣工验收,并按国家验收规范及有关规定执行;负责组织施工企业编制工程项目预(决)算,严格按决算规定的程序执行;按照国家《基建档案管理办法》的要求,负责工程档案的收集、整理、归档。下设综合管理办公室、计划管理科和工程管理科3个科室。综合管理办公室负责全处日常行政事务管理工作,处内后勤服务保障工作,负责经费的管理、报销工作,负责各类档案的收集整理、管理及归档工作,协助工程项目立项申报工作。计划管理科负责组织学校基本建设规划的编制与调整,组织总体规划设计;办理基建工程的前期手续工作,组织各项招标工作;负责工程预、结算工作和办理经济洽商工作。工程管理科负责基建工程施工前后的管理工作,会同有关部门对施工队的考察及招标工作;负责组织有关部门的竣工验收工作;组织资料整理工作,包括设计变更、工程洽商和竣工图、竣工资料的核对,配合资料员做好档案归档工作;负责组织材料的认质认价工作。现有处长1人,副处长2人,科长2人,副科长2人,其他岗3人,共10人。

2009年,基建处(新校区建设办公室)坚持以邓小平理论和“三个代表”重要思想为指导,以科学发展观统领工作全局,紧紧围绕学校中心工作,统筹规划,完善机制,深化改革和进一步落实学校“十一五”事业发展规划,加快推进新大学改革、建设与发展,全处同志共同努力,完成了部分新校区前期手续工作,完成了小营及清河四个校区专项工程的前期手续工作。组织了清河校区学生食堂及食堂周边两个专项工程施工前后管理工作。完成了部门及相关人员、岗位廉政风险识别防控工作。

(陈秀娟)

【新校区建设前期工作】 新校区建设项目进入北京市建设项目绿色审批通道,完成了新校区土地预审工作:取得市国土资源局昌平分局《关于北京信息科技大学新校区建设项目用地预审意见》。完成了新校区用地范围内的钉桩工作:取得北京京昌工程测绘技术有限公司《拨地测量成果报告书》和北京市规划委员会《钉桩坐标成果通知单》。完成了新校区土地《现状测量成果坐标转换》工作。完成了新校区建设项目交通影响评价的审批工作:取得北京市交通委员会《关于北京信息科技大学新校区建设项目交通影响评价报告评议意见的函》。完成了新校区建设用地地震安全性评价报告的审批工作。取得了市地震局《建设项目抗震设防要求(标准)审查意见书》。完成了新校区建设项目环境影响评价工作:取得了北京市环境保护局《关于北京信息科技大学新校区建设工程环境影响报告书的批复》。完成了新校区建设用地压覆重要矿床证明工作:取得市国土资源局《关于北京信息科技大学新校区建设项目用地范围内是否压覆矿产资源核查申请的批复》。完成了新校区建设用地地质灾害危险性评估工作:取得市国土局批准的《地质灾害危险性评估报告备案登记表》。完成拟置换小营校区、清河校区、健翔桥校区及金台路校区四校区教学区与住宅区土地证分割工作,并已取得上述清河校区、健翔桥校区及金台路校区三个校区教学区土地证及健翔桥和清河校区两个校区住宅区土地证。

(陈秀娟)

【现有校区建设前期工作】清河小营校区机电实习中心危房改造工程、清河小营校区危房改造周转房工程、清河校区学生食堂危房改造工程、清河校区学生食堂周边建筑危房改造工程四个专项工程完成的工作情况:完成了小营校区办公用周转房及机电实习中心两个专项的海淀区发改委立项批复工作:取得海淀区发改委《关于北京信息科技大学小营校区行政办公楼和机电实习中心改造工程项目核准的批复》。完成小营校区办公用周转房及机电实习中心两专项工程用地的地质勘查工作:取得北京建设综合勘察研究设计院的地勘报告。完成小营校区办公用周转房及机电实习中心两专项工程在海淀区规划分局办理的规划许可证的批复工作:取得两个专项的《规划许可证及其附件》。完成了小营校区办公用周转房及机电实习中心两个专项工程消防设计备案工作。完成了小营校区办公用周转房及机电实习中心两个专项工程竣工档案登记工作:取得北京市城建档案馆《城市建设工程办理竣工档案登记表》。配合后勤集团完成小营校区办公用周转房及机电实习中心两个专项工程涉及的树木伐、移等相关手续办理事宜。完成小营校区办公用周转房及机电实习中心两个专项工程施工图设计工作。完成四个专项工程招标代理及设计单位选定并已分别签署合同,及清河校区原食堂及京电酒楼的拆除工作。完成图书馆的抗震鉴定补测工作。完成清河校区食堂危房改造工程施工许可证办理工作。完成清河校区旧食堂东南角未知用途天然气管线的切除工作及影响后续工程施工的地下给水管道、暖气管道、电力电缆、电话电缆、网络电缆、安防电缆的拆移以及树木保护工作。完成清河校区食堂危房改造工程天然气工程前期手续及施工图纸设计工作。完成清河校区学生食堂危房改造及食堂周边改造工程的施工监理及总包单位招标工作。

（陈秀娟）

【其他重要事项】完成部门及相关人员、岗位廉政风险识别防控工作。完成了学校关于推进廉政风险防范管理工作重点部位和关键环节的专题学习。

（陈秀娟）

校区管理

健翔桥校区

【概况】健翔桥校区地处朝阳区，位于健翔桥东北角，西临八达岭高速，南临北四环。占地面积约8.2万平方米，校区现有教一楼、教二楼及教三楼3栋教学楼，校区图书馆设有4个阅览室。学生活动场地有：大学生活动中心、带有300米跑道的足球场地1块，标准篮球场地8块，排球场地3块。校区现有学生2563人。在校区办公的学院有光电信息与通信工程学院、计算机学院及其他科研机构。校区管理办公室主要负责校区综合协调工作；代表校区和学校与社区、地方政府的联系和沟通；校区离退休人员的日常管理；校区家委会的日常管理；完成学校交办的其它工作。

2009年，校区管理办公室认真贯彻“三个代表”重要思想和党的十七大报告精神，深入学习实践科学发展观，紧紧围绕校党委和行政年度工作要点、任务和目标，深入贯彻落实学校第一次党代会精神，积极主动地做好校区综合服务管理、学生管理、离退休工作和校区家委会管理以及属地对外协调的相关工作，不断完善工作制度和程序，团结协作，认真履行职责，努力转变思想观念，强化服务意识，提升工作质量，在全校各项活动中发挥了应有作用。

（张　雨）

【综合协调工作】(1)积极联系社区及地方政府做好校区工程的配合工作。暑期，健翔桥校区进行了校园道路修缮改造工程，在积极协调各有关单位的过程中，针对校园道路施工造成的车辆停放问题，7月14日，校区管理办公室与亚运村街道工委协商，并寻求到对方的大力支持，同意学校从健翔桥校区西南墙开出一道门，将校区图书馆西侧的一处空地的局部区域作为施工期间暂时停放车辆之用，之后又与地处校区内的十五所家委会进行了协商和沟通，也得到了对方的谅解和支持。此项举措为校园的地面施工提供了必要的保证。

（李树明　张　雨）

(2)积极配合协调确保校区相关工程顺利开展。配合修缮工程，校区管理办公室协助排除施工障碍。校区管理办公室家委会主动联系房主，将校区7号楼后边一个违规私建的储物棚移除，保证施工的顺利进行。校区管理办公室对校区理发馆前所堆积杂物进行合理清理，为道路施工扫清了障碍。在校区大阶梯教室、报告厅、会议室的相关改造工程期间，校区管理办公室的工作人员在放假期间经常亲临施工现场，根据实际情况，多次向学校建言献策，对施工单位提出了诸多合理化建议，既满足场地的实际使用需求，又避免可能发生的资源浪费现象。

（李树明　张　雨）

(3)积极做好校区内居民间矛盾调解工作，努力化解矛盾，促进和谐。按照办事处的要求，整理填写所属居民信息表。经常对楼道卫生进行巡检,发现楼道卫生问题后,与责任单位积极沟通,使楼道卫生状况得到及时改善。通过耐心工作,出主意想办法,使居民多年反映的6号楼内一层堆放旧电池造成楼道污染的问题得以解决。

(李树明)

(4)配合做好学生管理相关工作。进一步做好遗留档案、毕业证、学位证的清查、登记和整理工作。12月1日将遗留档案244份,遗留毕业证、学位证38份全部移交给学生处。做好校区部门6个勤工助学岗位的上岗管理与日常考核;校区43个勤工助学岗位每月工资表的制作及发放;校区广播台每月补贴的管理工作。上半年健翔桥校区学生活动的经费开支:包括借款登记、报销、领用公交卡;日常办公物品的领用登记;科室内流动物品的借出手续等。做好校区宣传橱窗、学生借用教室的申请备案管理工作。积极沟通就业信息,及时将招聘信息向学生公布。为各个来校区招聘的企业积极协调场地,做好宣传,提供周到的服务。上半年2005级毕业前夕用人单位在本校区举办的招聘会有7场,下半年为2006级毕业生组织的招聘会共14场。

(周京华)

(5)做好学生相关大型活动的协调工作。4月,组织国旗班及各社团负责人去天安门观看升旗仪式;配合各学院在校区举办2009年高考咨询日准备工作;6月,协助学生处、教务处等相关部门做好毕业生离校手续办理工作;8月,做好新生报到会议室的卫生及图书馆门口的玻璃标识、迎新海报的设计张贴工作;9月,安排"十一"升国旗及学生的值班补助制表并交团委上报学生处;11月,协助门诊部在健翔桥校区大阶梯教室为在校学生进行甲流疫苗的接种工作。

(周京华)

【离退休人员的日常管理】(1)以使老同志"老有所养、老有所学、老有所乐、老有所为"为工作目标,为离退休老同志发放学习实践科学发展观、高教研究等各类学习资料,供大家平时学习。在对全体离退休人员普遍管理的基础上,重点抓好党员队伍建设:倾听大家的呼声和意见,做好上传下达,力所能及化解各种矛盾;配合离退办党总支组织校区离退休支部参加各类会议;组织离退休党员开展了一次"专题民主生活会"。全年度引导离退休3个支部开展支部活动和过组织生活共计8次。认真组织离退休党员做好离退休党支部换届选举工作和创建"五好支部"活动。组织离退休党员献爱心捐款活动。组织参加离退休党总支召开的离退休党员学习实践科学发展观活动总结会暨创建"五好支部"活动工作交流会。组织老干部参加学校举行的老干部通报会暨发纪念章仪式。根据学校要求,开展每月一次的老干部阅文日工作。

(2)开展活动使老同志在寓教于乐中保持身心健康。组织全体离退休老同志春秋游。春游参观了河北香河第一城、紫檀博物馆;秋游参观了红螺慧远谷、怀柔影视城。组织党员参观教育活动2次。上半年参观了百望山情报联络站;下半年参观了中国生态农业第一村大兴留民营村、麋鹿院。组织10名离退休老同志赴教工疗养院疗养。组织全体离休老干部去香山进行健康休养。组织离退休女同志"三八"妇女节联谊会。组织离退休同志参加学校运动员入场式方阵队仪式。组织校区60岁退休同志参加校举办的“我与共和国一同成长”为主题的共和国同龄人座谈会。

(3)力争为老同志提供周到细致的服务。立足现有条件,努力开创,做好服务管理工作。认真统计离退休结婚满50周年人员对数,为他们发放金婚礼品。组织局级离休干部赴小汤山医院体检。全年代收代缴离退休党员党费共计14415余元。为每名老同志发放年终福利食用油1桶,共计196桶。全年陪同校领导、离退办负责人及校区自行看望病号共计17人次。为校区患大病的和家庭特别困难的离退休老同志发放特困补助金共计13500余元。全年度为老同志代办医疗报销金费102人次,共计24万余元。全年度为老同志代办报销交通费共计5400余元。为老同志订购、运送大米,为老干部办理和更换医疗证和住院证工作。协助办理两次丧事并认真做好家属的慰问工作。

(4)继续保持校区离退办原有的特色活动。建立“开心聊天”活动的长效机制,使其成为本校区离退休活动的一个特色亮点。全年共开展聊天活动9次,除假期外做到了每月一聊。截至到本月,总共开展聊天活动已有33次,且每次都有记录在案。为满70周岁老人送生日贺卡和礼物,送上美好祝愿。组织老同志一起筹备和排练新年联欢会的联欢活动。

(吴景荣　张声玖)

【其他重要事项】(1)积极落实学习实践科学发展观活动实施方案。在学习实践科学发展观活动中,校区管理办公室按照直属单位党总支的统一部署,集中组织党员参加学习实践的全部活动,先后学习了胡锦涛同志《在全党深入学习实践科学发展观活动动员大会上的重要讲话》、习近平同志《在深入学习实践科学发展观活动第一批总结暨第二批动员会议上的讲话》;学习《毛泽东 邓小平 江泽民论科学发展》、《科学发展观重要论述摘编》的理论书籍等;学习我校第一次党代会报告等重要文章。在学习过程中,党支部采取了集中学习通读原文、开展讨论以及自学的学习方法。按照学校的统一安排,开展“我为新大学科学发展建言献策”活动以及问卷调查活动,共提出了10多条有意义的意见和建议;在充分调研的基础上撰写了调研报告,找出了差距,召开了组织生活会等等;部门制定了相应的整改方案。通过开展学习实践活动,提高了领导干部和全体党员的思想理论水平,增强了坚持科学发展、用科学发展观理论指导实际工作的自觉性。

(李树明)

(2)配合学校积极落实“国庆平安行动”。为迎接新中国成立60周年庆祝活动,营造安全、稳定、和谐的良好校园环境与氛围,校区管理办公室配合学校有关职能部门共同开展校园安全隐患排查整治专项行动,开展校园周边环境专项整治活动,积极主动配合属地政府和有关部门及学校保卫处,做好校园及周边环境秩序的综合治理工作。同时,校区管理办公室还及时加强信息报送,于9月1日至10月10日期间实行安全稳定信息“零报告”制度,每日定点将所辖工作范围的安全稳定情况信息报送学校保卫处,期间未发生瞒报、误报、迟报现象。另外,9月20日至10月8日,校区家委会组织校区24人,放弃部分休息时间,进行国庆安全值班,每天实行三班倒值班。

(李树明　张　雨)

(3)完成收回教二楼六层房产使用权工作。原北京信息工程学院与原电子部信息化工程总体研究中心签订的《房产使用协议书》至2011年10月到期。为积极落实学校科学发展观整改方案,充分利用现有资源,改善学校实验教学条件,学校拟提前收回健翔桥校区教二楼六层(面积为1272平方米)房产使用权。在学校领导的直接指导下,校区管理办公室积极参与办理房产使用权收回的有关工作。在此期间与租用方进行了多方商谈,与有关单位积极进行协调,共同起草并完善了收回房产所需签定的双方协议和三方协议,配合完成协议签定工作。有关房产资源已于11月1日前全部收回,并顺利移交至学校教学部门使用。

(张　雨)

清河校区

【概况】清河校区位于北京市海淀区清河四拨子。清河校区的前身是1984年电子工业部决定在电子工业部第十九研究院原址组建的电子工业管理干部学院,隶属电子工业部,1997年电子工业管理干部学院与北京信息工程学院合并,更名为北京信息工程学院清河校区,2008年3月,经教育部批准,北京机械工业学院与北京信息工程学院合并正式设立北京信息科技大学后,原北京信息工程学院清河校区更名为北京信息科技大学清河校区。清河校区占地面积43431.19平方米,校区校舍建筑面积48038平方米,其中教学用房6678平方米;办公用房2101平方米;学生公寓10014平方米;单身教工公寓1377平方米;学生食堂2462平方米(包括临建食堂850平方米);图书馆746平方米;锅炉房1251.08平方米;浴室305.7平方米;其它用房3406.46平方米;校区家属楼总建筑面积19696.16平方米。清河校区管理办公室是学校设在清河校区的综合协调管理部门。学校在清河校区设有校区管理办公室、教务处教务办公室、保卫处办公室、离退休工作办公室、图书馆、电教中心、计算机中心、网管中心、卡务中心、门诊部、家委会和后勤集团所属的饮食服务、校园管理、公寓服务、物业管理、节能、供暖服务等部门。校办企业和后勤企业有:北京意康机械有限公司、快客印刷厂、校区图书馆藏书78732册。校区的教学工作由学校各学院统一安排;经济管理学院、自动化学院、计算机学院、人文社科学院、外国语学院、理学院、体育部等院(部)在校区设有教学及管理办公室,各类教室、机房、实验室设施齐全。校区内设有田径运动场,塑胶篮球、排球、羽毛球场,小超市、工商银行和北京银行自助取款机、浴室、报刊服务亭、教一楼、教二楼和各学生公寓楼设有电茶炉16个。各类后勤服务保障设施齐全。

2009年,学校在清河校区工作的教职工133人,其中在编教职工46人(不包括教师);临时工及外聘人员87人;离退休人员160人。

2009年,校区现有全日制本科在校生1529人。

(孙庆红)

【综合协调与服务工作】(1)组织完成2009年清明、五一、十一、暑假、寒假等节假日期间的值班组织安排工作,全体值班人员当班期间都能严格遵守学校规定,按时到岗,认真填写值班记录,严格交接班手续,遇到问题及时向上级领导和有关部门汇报,确保了节假日期间的校园稳定。加强对设在校区的校长信箱的维护管理,清河校区共有2个校长信箱,每周二、五按时开启,全年共开启校长信箱82次,转送校办群众来信7封。加强对设在校区内阅报栏、宣传栏、展板的管理,安排专人每天按时更换当日的党报党刊等报刊。积极协助宣传部门在校区内做好时事政治的宣传工作。加强对校区公务电话管理,确保对信息联络畅通,全年共缴电话费12次,办理变更电话业务10次,办理电话报修业务6次,办理完成了校区所有电话的过户更名手续。配合保卫处完成了校区机房、实验室防雷电设施的安装工作和家属宿舍楼门禁系统安装工作。校区办在车辆管理上严格、认真执行学校的车辆管理规定和北京市交通法规,严格执行车辆限行规定,车辆全年无违规行为,截止到12月4日,出车519次,安全行驶31924公里,节油581升,加班1210小时,有力保障了学校和本校区各部门公务用车以及急诊病人的用车之需求。配合老食堂的拆迁工作,解决安排了基建处以及施工单位、监理公司施工期间的办公用房、办公电话等问题。经过协调、沟通,完成了清河校区学生运动场用地的续租工作。配合后勤管理处完成了清河校区教二楼室内外改造装修和部分校园道路改造工作。配合基建处积极协调海淀区建委、西三旗街道、城管分队、东升乡和小营大队等政府部门及有关单位,完成和解决了老学生食堂拆建过程中出现的手续不全、噪音扰民、渣土外运、落实回填土存放场地等项工作和问题。

(2)认真贯彻落实市委教育工委、市教委和学校有关安全稳定的一系列文件和会议精神,明确任务,落实责任,确保校园安全稳定。在全面分析校区校园安全稳定工作的基础上建立了校园安全两级巡查制度,确定清河校区安全防范重点部位,做到了"领导、责任、监督、措施"四到位,全年共进行6次安全大检查,平时每周巡视两次,全年共计84次,维护了校区的安全稳定。

(孙庆红)

【学生工作】(1)关注学生的思想动态,积极应对突发事件,化解矛盾,维护校园的安全稳定和谐,在毕业生离校前校区办召开了本校区毕业生离校专题工作会议,布置安排好毕业生离校工作和落实学校各职能部门办理毕业生离校手续的办公场所等相关工作,同时校区办加大了校区安全巡视工作力度,每天晚上安排一名同志值班到24点,配合经管学院和保卫处等相关部门共同做好校区安全巡视工作。

(2)圆满完成352名毕业生的离校工作,校区管理办公室负责完成了毕业生离校手续办理地点设置和布置安排等保障服务工作,热情为毕业生服务,及时解决学生遇到的困难。组织完成了352名毕业生上机卡内余额的退费工作,共计退费361人次、上机票43张。

(3)根据《北京信息科技大学2009级新生入学工作实施方案》,校区办作为负责校区迎新总协调部门,多次召开会议布置迎新的相关准备工作,分解任务,责任到人,针对清河校区信息苑餐厅拆除改建,迎新场地需由室内改到室外这一情况变化,校区办克服种种困难,先后完成了迎新场地的落实,提前对经管学院、自动化学院、教务处、保卫处、学生处、门诊部、后勤集团等部门的新生接待地点和办公地点进行布置安排,在校园内悬挂彩旗、横幅,制作校区内和校区周边道路上的指路标识,制作校区平面图,设立新生咨询点和新生家长休息站,安排落实迎新人员的工作餐等项任务，迎新当日整个校园秩序井然，圆满完成了640名2009级新生入学工作。

(4)校区专人负责本校区学生上机票和上网卡业务的办理，每周二次办理业务，遇到有特殊情况的同学随到随办。全年办理82次、售出上机票5265张、上网卡3276张，保证了学生上机实习等教学任务的完成。

（孙庆红）

【其他重要事项】校区管理人员定期到校区院系和各部门了解教工学生关注的热点、焦点问题和思想动态，向学校有关部门进行反馈，协助配合有关部门做好思想政治工作和安全稳定工作。全年共收集清河校区职工和学生反映的8个问题反馈给学校相关职能部门，协助配合有关部门做好思想政治工作和安全稳定工作。

（孙庆红）

金台路校区

【概况】金台路校区，位于朝阳区金台西路2号，毗邻北京CBD中心区和中央电视台新址。校区占地28000余平方米(42亩)，地面建筑面积约30000平方米。校区主要工作职责是：负责学校党委和行政工作要点的领会贯彻及具体任务的完成；负责与学校相关职能部门的信息互通和工作配合；负责与地方政府和相关部门的关系协调；负责政府特殊任务的落实及门前三包任务的完成；负责校区的消防安全和治安稳定；负责校区内所有单位和居民的信报收发；负责校区教学办公及公共服务设施的维护保养；负责所有建筑的防汛、楼顶防漏及楼层间漏水的维修；负责校区内各类矛盾的协调解决；负责热力站的值班、维修及周边单位，如针织路小学、朝阳区保险公司、北京市东区邮局、中原公司的暖气供应；负责部分闲置房屋的出租和管理；负责居民承租房屋和对外租赁房屋的房租、水电暖的查表收费；负责协调供电局及人民日报社的电和水的供应、维修及查表交费；负责向热力公司、学校住人民日报社房子的职工及原金台路住外职工的暖气费的甄别支付，负责后勤管理处专项工程的各方面(居民和地方政府)的协调、服务和监管工作等。校区现有后勤集团所属宏利招待所、校医务所的医务室、离退休办公室的分点及老干部活动中心以及继续教育学院的夜大教学点和机房实验室。另有300余户居民住户等。

校区现有职工13人，其中管理干部3人、收发员兼绿化员、药库保管员1人；电工3人；水暖工6人。

校区有继续教育学院夜大会计学、工商管理学等本专科学生200余人。

2009年，校区干群团结，围绕学校工作重点，认真履行各自的职责，开展优质服务，建设和谐校区，保证了教学、工作秩序的正常及居民日常生活的安全稳定，代表学校与当地政府相关部门建立了良好的工作关系，为学校主要工作的推进和发展做出了努力。

（孟创立）

【综合协调与服务工作】(1)在设施、设备和地下管道严重老化的情况下，较好地保证了校区教学、居民生活及其它方面和其他单位的房屋维修、上下水的畅通。承担朝阳区保险公司、针织路小学等四个相邻单位的暖气管线的维修保障任务(按热力公司的规定向校区缴纳热力管线运行维修费)，全年完成四个多月的热力设施及管线的值班、维修。

(2)较好完成水电暖及房租等的收费。校区组织人力利用晚上时间入户查表。校区还挖掘潜力,改造出租废旧或闲置房屋,充分利用房屋资源扩大收益。

(3)配合学校相关部门完成各项临时性任务。例如配合后勤管理处甄别人员身份、房屋归属,建筑物的基本情况等;配合保卫处安全检查及各类相关情况的调查;协助其他校区解决设施维修的一些紧急情况,完成学校领导交办的一些临时性工作等。

(4)配合地方政府和行政部门的门前三包,流动人口普查,节假日的红袖标流动巡逻,以及重大活动的责任承担和一些单位居民情况的调查,工商税务及城管执法的配合工作。

(5)校区地处北京CBD中心区附近,距清河小营校区近30公里,且各种建筑设施陈旧老化,居民的情况多样复杂,条块管理交错。所以,校区的安全稳定和消防安全工作责任重大。校区通过各种形式增强干部职工的责任意识,充分发挥家委会、保安的作用,及时发现隐患、消除隐患,发放相关宣传材料,签署相关协议,加强管理。另外,主动请求地方相关机构部门的支持和学校相关部门的协助。不但保证了社会重大活动(如60周年国庆,两会等)的安全顺利,而且保证了校区日常工作和居民生活的安全、稳定及和谐。

(孟创立)

酒仙桥校区

【概况】酒仙桥校区位于北京市朝阳区酒仙桥地区,总建筑面积为5600余平方米。校区拥有教学楼、办公楼、学生宿舍及学生食堂等较完备的教育教学基础设施和后勤保障设施。校区设有经济、电子、艺术设计、数学、外语及社科等教研室、专业机房和专业实验室。图书馆藏书近20000册。酒仙桥校区主要承担全日制脱产生和夜大学生的成人高等学历教育任务。校区管理办公室主要承担校区后勤保障和安全稳定工作;负责校区固定资产的管理;协助学校离退休办公室做好酒仙桥离退休人员管理工作;做好与学校职能部门的协调和沟通;配合校派机构做好工作;加强与当地政府有关机构的沟通联系,确保酒仙桥校区学习、生活秩序的正常进行。校区管理办公室现有校区办主任1人,行政管理岗3人,维修管理岗1人,司机1人。另有继续教育学院教师25人、实验员2人,负责教学管理工作1人。

2009年,校区有在校生315人,其中夜大生193人,脱产生122人。

2009年,校区继续坚持贯彻"适度、必要"改善的工作思路,统筹兼顾、注重协调,加强融合,促进和谐,在学校"优化校区资源"、"系统调整资源布局"的工作中积极创造条件,拓展酒仙桥的承载功能,为校区基础设施物尽其用奠定基础。

(李庆月)

【综合协调工作】(1)协调与当地政府机构关系,确保校区周边环境稳定,注意了解酒仙桥地区拆迁信息。

(2)积极配合继续教育学院、医务派驻和财务派驻人员做好工作,搞好服务,提供有关的后勤、物业管理及各项保障工作。配合饮食中心做好学生餐厅的协调工作;协助后勤管理处房产科做好在本校区工作的教职工及离退休人员的冬季取暖费的核查、报销工作。

(李庆月)

【校区后勤保障、安全稳定工作】(1)根据学校安全稳定工作部署,校区在雷霆行动、平安国庆、平安校区创建工作中,加强安全检查和宣传教育,落实敏感期及重点时段、重点部位的安全保障措施,及时消除安全隐患,逐级明确安全责任制,确保校区安全稳定。

(2)根据校区安全网制度建设的要求,完成每年一度的校区各有关单位逐级签订安全责任书工作。进一步完善和坚持执行夜间值班、带班制度;学生宿舍长夜间报告制度;新生入学安全教育和防火演练工作;节假日值班制度,并据此建立健全安全稳定工作档案管理工作。认真做好防控甲型流感工作,加大宣传力度,采取有力措施:重点部位定期消毒,定时测量体温,严控外来人员。

(3)做好日常后勤服务保障工作:维修服务专人负责,每日巡查,发现问题及时解决,各项维修工作做到随报随修,确保校区教学工作正常进行;做好后勤水、电、气的检修与保障工作,对供暖前的管道进行检查,对供暖后温度进行测量,确保冬季供暖;做好烧水锅炉、浴室的管理,确保洗澡水和开水的供给;加强对校园绿化、环境卫生的日常管理和维护;做好节假日校区值班的安排和管理。

(4)有效解决学生床俱使用安全问题,在后勤部门的支持下,从校内其它校区调剂更换39张床俱。

(5)根据上级文件的规定,要求未安装限电器的学校学生宿舍一律安装。在后勤部门的协调支持下,将清河校区北公寓腾空后闲置的宿舍限电器分配给酒仙桥校区,校区所有37间学生宿舍全部安装上限电器。

(6)调整校区灭火器的种类并充实数量;调整安全门的开启方向并更换安全通道标识。

(7)全部更换综合楼四层办公室15樘房门;完成校区10个卫生间墙面粉刷及局部维修改造工程;学生餐厅墙面粉刷及灶间吊顶工程;教工活动室墙面粉刷工程;阶梯教室屋面防雨工程;教学楼暖气管线(除暖气片外)的更新改造工程。

(8)完成校区节能照明器具更换工作。

(9)集中为教职工住户更换锈蚀自来水管道,为部分教职工反映的墙砖脱落等问题,统一进行维修。

(李庆月)

【其它重要事项】(1)离退休工作。积极配合学校离退休办公室,认真组织离退休党员参观学习;组织老同志参加春游、秋游活动;到医院探望生病人员;为给离退休人员的生活和社会活动提供一些方便,编纂《2010年酒仙桥校区离退休人员生活、社会活动指南》。

(2)固定资产管理工作。加强对校区固定资产的管理,及时对校区内固定资产变动情况进行清点,确保不流失,保证账物相符。

(3)集中清理酒仙桥校区历年来形成的各类档案材料,并按规定履行登记造册和移交手续。

(4)结合酒仙桥校区的具体情况,初步建立校区网页,为扩大远程信息交流和沟通奠定工作基础。

(李庆月)

昌平校区

【概况】昌平校区位于北京市昌平区西关环岛以西1公里处北京交通职业技术学院校

内。校区于2001年9月成立,校区综合管理办公室受学校委托负责管理校区各项事务,为广大教师和学生服务,并协调与驻地院校和当地相关政府部门关系。校区综合管理办公室下设4个科室:校区办公室、学生工作办公室、教学管理办公室、校区团委。2009年7月,学校处级以下竞聘重新设校区综合管理岗、教学管理岗和学生工作协调岗。校区各类教学设施设备齐全,能够满足学生们的学习需要,校区所有教室均安装多媒体设备,校区设有书刊阅览室、报刊阅览室、图书借阅室,以便学生查阅书刊,校区还设有物理实验室、电路实验室、东区西区2个机房,校区教学由学校、各学院统一部署;校区生活条件完备,可以保证学生正常生活,每个学生宿舍都安装了201电话,便于广大学生与外界沟通联系;校区内设有超市、邮政所和邮政提款机,以及校区医务室;2个浴室洁净、明亮,同时可容纳500人洗澡;学生食堂卫生好、价格合理,食堂采用就餐卡,更加卫生便捷,所有生活设施基本能够满足学生们的需求。学校根据每年招生情况,安排不同学院新生在昌平校区学习、生活一年后,分别返回清河小营校区、健翔桥校区。各学院派驻年级辅导员1人,每4个班级配备1名专职班主任,负责管理学生的学习、生活。

2009年,2009级共有光电信息与通信工程学院、计算机学院、信息管理学院、自动化学院4个学院、10个专业850余名大一学生在昌平校区学习。

2009年,校区在学校党委和行政的坚强领导下,始终坚持以科学发展观为指导,认真落实新大学首届党代会精神,根据学校“十一五”规划,结合本部门工作实际,以“抓安全、促学风、保教学、维稳定”为目标,严格按照学校统一部署和有关要求,认真落实相关工作,圆满完成了各项任务。

(张良志)

【校区教学工作协调】昌平校区以教学为中心做好协调服务工作,保障教学工作顺利运转。

(1)做好教学日常协调工作。按需求及时调整课表;参与多媒体设备维护;协助管理4个物理实验室和1个电路实验室;管理1个期刊阅览室、1个报刊阅览室;协助校区计算机房管理;分别组织2次期中期末考试;协助安排教学早、中、晚班车及运行。

(2)强化为师生服务意识。为教师休息室安装遮阳窗帘,增添电热水壶;维护教师休息室电脑的运行;为教师提供教学资料的打印、复印服务工作;为学生活动提供教室及多媒体设备;为学生补办学生证、调换耳机、代购教材。

(高庆海)

【学生工作】校区本着以学生为本的宗旨,积极举办多姿多彩的校园文化活动,认真开展学风建设、学工队伍建设、心理健康和思想政治教育、奖勤补贷、与学院交流等各项工作,为学生成长成才服务。

(1)校区与光电通信学院就学生工作进行交流。1月7日,昌平校区领导班子、相关人员和光电通信学院领导班子在教二楼316会议室就学生工作进行座谈。校区领导班子及相关人员向光电通信学院领导详细介绍了校区学生工作的整体形势和光电通信学院学生的有关情况,光电通信学院领导班子向校区通报了学院在专业教育、学生活动等方面的想法和思路。通过交流,双方增进了了解,统一了思想,强化了工作的有效性和互补性。

（2）开展丰富多彩的校园文化活动。举办演讲赛、辩论赛、程序设计比赛、十佳歌手比赛、篮球赛、学业规划讲座、女生节、团日活动评比、文明宿舍评比、迎新年清洁活动、社团联谊晚会、新年晚会等各种活动，繁荣校园文化，增进学生之间的了解，拓宽学生知识面，展示学生风采，促进学生全面发展。

（3）组织学生寒假社会实践。在学校评优表彰中，昌平校区获得最佳组织奖二等奖，校区有 3 名学生的实践报告被收入学校文集。

（4）参加 2009 年校运会。校运会上，校区选送的《龙舞颂》开幕式表演节目获得最佳表演奖；运动员队获得男子团体第三名、女子团体第三名和团体总分第三名；校区获得最佳组织奖三等奖。

（5）积极防控甲型 H1N1 流感。校区召开专题会议制定周密的《发烧学生观察流程》和发烧学生跟踪观察 7 天的制度，为每位发烧学生建立观察档案，有力推动校区防控工作，做到早发现、少发生、不扩散，保证校区师生身体健康。

（张良志）

【安全稳定工作】校区高度重视安全稳定工作，成立安全稳定工作领导小组，强化相关主体责任意识，注重实际落实。

（1）制定、落实安全责任制。年初校区分别与校区各部门和学校派驻校区有关单位负责人签订了 2009 年度安全责任协议书，使责任真正落实到人。

（2）强化学生安全意识，落实有关措施。定期开展安全主题班会教育，增强学生安全意识；在学生宿舍开辟充电专区，杜绝私拉乱接现象；严格执行离返校登记和请销假制度，掌握学生去向；实行周五下午老师进宿舍检查安全和平时不定期抽查相结合的安全检查制度，加强监督。

（3）加强办公室用电监管，消除安全隐患。改造校区办公室用电线路；要求教职工严格执行下班关门窗、关电源制度。

（4）关心少数民族学生，创造良好饮食条件。学校、校区非常关心少数民族学生的生活，在学校的支持下，在校区成立清真食堂，为新疆预科班等少数民族学生提供良好的就餐条件。

（5）做好特殊时期安全稳定工作。深刻认识国庆 60 周年、五四运动 90 周年的大背景，密切关注不安定、不和谐因素以及学生关心的热点、焦点问题，及时化解矛盾，将问题解决在萌芽状态中，确保了重点敏感时期的稳定。

（张良志）

【党建工作】校区党总支下设 1 个教工党支部和 1 个学生党支部；党总支有党员 18 人，其中教工党员 10 人，学生党员 8 人。

（1）学习实践科学发展观。校区党总支严格落实学校关于深入学习实践科学发展观的相关精神和要求，认真组织学习并结合实际工作进行讨论，强化科学发展观对领导班子建设和校区工作的指针作用，真正做到学懂、用好，造福师生。

（2）推进学生党建工作。2009 年新确定入党积极分子 217 人，发展新党员 4 人，转正学生预备党员 5 人、教工预备党员 1 人，培养了骨干力量、壮大了后备队伍。

（3）完成了 2009 年党员信息统计工作。

（张良志）

【其他重要事项】校区积极与相关单位协调，认真做好迎新、回迁等其他各项工作。

(1)校区精心组织2008级学生回迁。昌平校区成立了2008级学生回迁工作领导小组和专项工作小组,就有关工作进行了周密布置和安排。7月10日,回迁工作正式进行,2008级1200余名新生分两批分别搬回清河小营校区和健翔桥校区。

(2)校区喜迎2009级新生。9月1日,光电信息与通信工程学院、计算机学院、信息管理学院、自动化学院部分专业新生陆续到校区报到,850余名新生按照学校相关部门和校区的精心安排,在迎新志愿者及有关老师的指引下办理各项入学手续,秩序井然。学校在校区专门开辟了入学绿色通道。

(张良志)

高教研究

【概况】高教研究室是2004年10月组建而成的直属研究性质单位。高教研究室基本职能和主要任务:负责学校发展规划研究和发展战略研究,向学校提出建议和研究报告;负责组织学校教育教学领域的理论研究工作;负责学校高教研究论文的评优工作,协助教务处组织教学成果评选;了解和掌握学校教学改革情况,把理论研究和学校教学改革实践有机结合,对学校的教育教学改革提出建设性意见和建议;结合高等教育改革发展形势,根据学校教育教学工作需要开展调查研究,提出对学校教育教学改革具有战略性的意见和建议;作为学校高教研究会的办事机构,负责处理研究会的日常事务。现有研究人员6人:研究员1人;教授1人;副教授2人;初级研究人员2人。

2009年,按照校党委、校行政的工作部署和要求,圆满完成了本年度的各项工作任务。

(张文格)

【高等教育研究工作】完成2期《高等教育研究》(内刊)和12期《高教研究资料摘编》的编发工作。聘请校外专家作学术报告1次。完成2007年校内高教研究立项结题和2009年度校级高教研究立项。

(张文格)

【服务教育教学工作】参与市教委项目——"我校教学管理创新团队"及"我校创新人才培养试验区"两个项目的申报,并获批准。组织北京市教育科学规划"十一五"规划2009年申报工作。组织了教育部教育科学研究"十一五"规划2009年度课题申报工作;组织了北京市教育科学研究"十一五"规划2009年度课题申报工作;组织了北京市教委本年度开展的面上课题申报工作;组织北京市高等教育学会关于优秀科研成果、优秀学会工作者和先进集体的申报工作。

(张文格)

【其他重要事项】学校高教研究会获北京市高教研究先进单位,6篇论文获优秀科研成果,其中一等奖1项。新增图书131册、过刊资料合订本56本。室内研究人员全年公开发表高教类研究论文10篇。

(张文格)

图书馆工作

【概况】图书馆是学校的文献信息中心,是为教学和科学研究服务的学术性机构,是学校信息化和社会信息化的重要基地。图书馆的工作是学校教学和科学研究工作的重要组成部分。

图书馆主要职责:建设包括馆藏实体资源和网络虚拟资源在内的文献信息资源,对资源进行科学加工整序和管理维护;做好流通阅览、资源传送和参考咨询工作,积极开发文献信息资源,开展文献信息服务;开展信息素质教育,培养读者的信息意识和获取、利用文献信息的能力;组织和协调全校的文献信息工作,实现文献信息资源的优化配置;积极参与文献保障体系建设,实行资源共建、共知、共享,促进事业的整体化发展。开展各种协作、合作和学术活动。

图书馆设有办公室、采编部、流通部、期刊部、信息咨询部、技术服务部6个部门。办公室负责全馆的行政管理、财务管理、资产管理与后勤保障服务,协助馆长做好馆内各部门之间的协调工作;采编部负责全馆图书文献馆藏建设,图书文献采访、验收、编目、典藏、加工,同时负责全馆图书文献Marc数据的维护管理;流通部负责提供读者借还书服务、馆际互借服务、社科图书阅览室和科技图书阅览室的开放阅览服务;期刊部负责中、外文报刊和声像资料的采访、订购、验收、整理、装订,并负责报刊阅览室、音像室的开放管理和资料复制等工作;信息咨询部负责图书馆电子资源建设、网站维护、读者培训、咨询服务、原文传递服务以及情报学理论和信息服务的研究工作;技术服务部负责图书馆现代化设备的维护、管理、规划和购置,计算机管理系统的应用、管理、维护,并为全馆计算机及网络应用提供技术支持和服务。

图书馆在小营校区、健翔桥校区、清河校区和昌平校区分别设有流通室和阅览室等。馆舍总面积约9635平方米,阅览座位1212个。小营校区图书馆采用大开间全开架管理模式,集借、阅、藏为一体,设有一个图书借还处和六个阅览室:期刊阅览室、声像阅览室、科技图书阅览室、社科图书阅览室、综合阅览室、电子阅览室;健翔桥校区图书馆设有一个图书借还处和四个阅览室:过刊阅览室、中文期刊阅览室、外文期刊阅览室、电子阅览室;清河校区图书馆设有一个图书借还处和三个阅览室:中文报刊阅览室、过刊阅览室、电子阅览室;昌平校区图书室设有一个图书借还处(书库)和一个阅览室:报刊阅览室。

图书馆采购、编目、典藏、流通和检索全部实行计算机管理,采用北京创讯未来软件技术有限公司研发的MELINETSⅡ现代化图书馆信息管理系统进行自动化、网络化管理。图书馆局域网通过校园网与CERNET、INTERNET连通,实现资源共享。

2009年,图书馆有正式教职工54人。馆长、副馆长各1人,办公室3人,采编部10人,流通部13人,期刊部14人,信息咨询部9人,技术服务部3人。

2009年,图书馆投入360.99万元用于文献资源和软硬件环境建设。在文献资源建设方面,电子资源175万元,外文期刊74万元;在设备建设方面,购置了计算机和密集书架等硬件设备,并进行了系统升级,共使用经费111.99万元。

2009年,图书馆现藏书71.70万册,中外文数据库44种,声像资料3907件,实际馆藏电子图书52.62万册,拥有使用权的虚拟馆藏电子图书约133万册;读者服务方面,图书馆继续大力宣传馆际互借和原文传递服务,举办多种形式的培训和讲座,并创办《图书馆通讯》,加强与读者的交流,更好地为读者提供服务。

(王吉芳)

【文献资源建设】图书馆加大了文献资源建设力度,新增一批中外文图书、报刊和电子资源,馆藏资源日益丰富。新增中外文图书1.14万种,3.18万册,累计馆藏达到23.40万种,71.70万册;征订中外文期刊1590册,报纸126份;全年购置、续订中文数据库31种,外文数据库13种,其中包括新订购的数据库11种,其中中文数据库8种,外文数据库3种。

(张玉忠)

【读者服务】图书馆在做好原有读者服务工作的基础上,新增了多项服务内容,更好地满足了教学和科研的需要。

(1)流通与阅览。图书馆全年图书外借总量为10.33万册。根据学科分类对借阅量进行分析,2009年借阅量较大的学科依次为:T(工业技术)类,占全年总借阅量的48.2%;H(语言类),占全年总借阅量的12.3%;F(经济类),占全年总借阅量的9.9%;I(文学)类,占全年总借阅量的9.8%。整体情况比较符合学校的学科特色。小营校区图书馆除电子阅览室外,取消了中午闭馆休息,实现了全天开馆,并实现分层借阅、集中归还的借还模式,极大地方便读者。图书馆正在筹建密集书库,并提前进行图书下架工作,努力解决由于进书量增加造成的书库小、书架少、新书难以上架的问题。

(2)宣传原文传递和馆际互借服务。根据BALIS(北京地区高等教育文献保障系统)原文传递管理中心的要求,图书馆于3月至4月在全校范围内开展了"BALIS原文传递宣传服务月活动",通过现场咨询、宣传展板展示、问卷调查等多种形式的活动,使读者更全面地了解了获取原文的途径,掌握了BALIS原文传递的方法,原文传递的开户用户数大幅度提高。在2009年Balis原文传递中心的年度总结大会上江珊老师获得先进个人二等奖。

4月,三个校区分别开展馆际互借宣传活动。通过现场咨询、宣传展板展示、问卷调查等多种形式的宣传使读者对BALIS馆际互借服务有了更多的了解,馆际互借的册数明显增加,在60多所成员馆中学校图书馆四月份的借书量排名第10,注册人数也由原来的20人增加到84人。在2009年BALIS馆际互借中心的年度总结大会上牛润桃老师获得先进个人二等奖。

(3)创办馆刊《图书馆通讯》。图书馆于2009年6月创办了馆刊《图书馆通讯》,旨在更好地展现图书馆人的工作面貌、业务成果,也为了更好地贴近读者,秉承为读者服务的宗旨,构建由读者广泛参与的交流平台,促进读者更好地了解、利用图书馆,截至2009年底已编辑出版了2期。

(4)读者服务。图书馆及时编写、印制了《图书馆致新生》的一封信,在新生报到时由各学院发给学生。向新生宣传图书馆举办的培训讲座、《文献信息检索与利用》公共选修课、新生入馆指南网络课件、图书馆的网站等内容。新生可以通过这些服务获知图书馆的相关规则,学会利用图书馆。开设《文献信息检索与利用》选修课。通过该课程的学习,学生掌握了网上各类电子资源的检索技术,提高了利用信息的能力。在小营校区和健翔桥校区举办多场内容丰富的培训讲座，使读者更加了解图书馆和图书馆的资源。设立馆长信箱，与读者建立信息交流平台，征求师生们对图书馆服务工作的意见和建议，提高图书馆的服务水平和工作质量。在小营校区图书馆大厅设立参考咨询台，为师生提供面对面的、个性化咨询服务。

（5）EI 检索。为学校二十几位教师提供了共计 81 篇论文的检索、证明服务，作为申报科研课题、申报奖励的依据。

（6）数据库试用。利用各种机会进行了多种数据库的试用（目前试用的数据库有 10 多种），并将各试用数据库的特点、收录内容及使用方法做成网页，链接在图书馆的“试用资源”栏目中，通过图书馆主页的“公告栏”及学校的办公系统及时发布最新的试用信息，供读者了解、使用，进一步拓展了数据库的资源范围和数量。

（马铭锦）

【图书馆条件建设】更新健翔桥和清河校区图书馆电子阅览室的计算机 70 台，办公计算机 26 台，购置密集书架 543 立方米，双面书架 50 节。完成地下室积存的旧图书、旧报纸清理和清河校区图书馆改造前的书库搬移工作，为筹建密集书库，改善图书馆环境做准备。MelinetsII 系统进行升级调试，包括更换了新的 SUN 服务器、Oracle 数据库，以及各个模块系统（流通系统、典藏系统、编目系统、采访系统、期刊系统、管理系统、一卡通同步系统），经过了近一个月的安装调试，目前系统运行平稳。

（杨伟兵）

【其他重要事项】（1）完善图书馆规章制度。进一步规范文献资源的采购和管理工作，起草并完善了《北京信息科技大学图书文献资源采购管理办法（试行）》及《北京信息科技大学图书文献资源管理细则》两项制度文件。

（2）承办 2009 年全国通信电子类高校图书情报工作年会。10 月 26 至 30 日，图书馆承办了 2009 年全国通信电子类高校图书情报工作年会——暨数字环境下的图书馆服务创新研讨会。北京邮电大学、电子科技大学、南京邮电大学等具有通信电子行业背景的全国 8 所高校图书馆领导及相关人员 20 余人参加会议。会议加强了全国通信电子类高校图书馆的交流与合作，对数字环境下图书馆的建设和图书馆学科化、个性化服务的发展起到推动作用。

（3）成立图书馆工作委员会。12 月 11 日，组织召开了“图书馆工作委员会成立暨首次工作会议”。会议由馆长主持。副校长孙百生以及图书馆工作委员会委员出席会议。会上，委员们就 2010 年图书馆工作委员会工作计划展开讨论，并对图书馆工作委员会工作和图书馆工作提出了许多建设性意见。

（孟　微）

网络管理

【概况】网络管理中心是学校负责信息化建设以及网络运行维护的直属单位，承担学校信息化建设，负责提供学校公共信息服务，维护网络正常运行，为学校的教学、科研、管理等提供着有力的支持。网络管理中心下设卡务中心，负责学校“一卡通”的建设及维护。中心现有工作人员 11 人，其中硕士研究生学历7人,本科生学历4人。

2009年,学校网络管理中心按照校党委、校行政对信息化建设和信息服务的工作部署和要求,专项建设坚持统筹规划、分步实施的工作思路,日常网络信息运维服务始终做到用户优先、以人为本,切实解决校园网用户遇到的实际问题。建设与运维并举,从运维服务中发现现行系统的不足,在建设中对系统升级和完善。边运维边建设,不断提升网络及信息系统的稳定性和性能,改善用户体验。

2009年,学校被评为北京市教育信息化先进集体、北京市教委数字校园示范校建设单位。利用专项经费700余万元,实施了无线校园网项目、"一卡通"建设二期项目、软件正版化项目,升级了网络设备和公共信息服务基础平台。

(杨厚云)

【校园网建设】(1)2009年投入经费194.9万元实施了覆盖全校的无线网络项目。本项目共部署1个思科6506三层交换机,2个WiSM控制器,17个POE交换机,290个无线AP(其中80个支持802.11n),1套WCS无线管理系统,实现了校园网准入和因特网准出控制,并与校园"一卡通"系统集成,实现了圈存机自助缴纳网费。无线网络项目完成后,无线网络已覆盖了全校所有教学科研办公区,全校师生可以方便地通过校园无线网络访问互联网,向着建设高速、稳定、安全、可控、可管的有线无线一体化校园网络迈出了坚实的一步。通过升级改造,扩大了无线网络的覆盖范围,同时改善了原有无线网络的安全性和可管理性。本项目的实施进一步提高了我校校园网安全性和便利性,并为其他项目的建设实施提供更广阔的平台与环境。

(龚汉明)

(2)对校园网的网络安全性进行重点建设。2009年初,校内部署了卡巴斯基管理服务器,实现了卡巴斯基防毒软件的校内管理及更新。9月,针对原赛门铁克防毒产品进行了升级,在校内新部署了SEP11防毒软件;同时在校内部署了nod32防毒产品。至此,学校已在防病毒领域部署了全球最优秀的三款防毒产品,形成了差异互补、选择多样的防病毒产品体系。2009年下半年,分别部署了入侵防护系统和入侵检测系统,针对学校主页和部门主页部署了两套网页防篡改系统。通过这些安全建设,加强了信息安全体系,丰富了安全管理手段,并顺利完成全年的信息安全保障工作。

(杨 安)

(3)对清河校区校园网接入设备进行升级改造。投入经费93.3万元,自3至10月共分三个阶段实施完成。项目实施后,新增接入交换机109台,更换了清河校区原有网络接入设备,网络故障率大大降低,提升了用户的满意度和网管工作人员的工作效率;修复和扩容信息点近3000个,将楼宇间的百兆接入升级为千兆,解决了用户密集的学生宿舍和家属区的网络瓶颈问题,保障了校园网的高效运行,提高了工作效率,方便了广大学生的学习交流,用户的满意度明显提高,进一步推进了学校的信息化基础条件的建设。

(伍 银)

【信息化软件建设】为学校教职员工提供更丰富的正版软件服务。2009年,共上线运行5款软件,包括正版操作系统Windows XP、Windows Vista,办公软件微软office2003、微软 office2007、永中集成 office2009。截止2009年年底,以上软件下载使用用户数达到1374人。正版化软件服务平台与学校信息门户集成,方便了全校教职工对正版软件的使用。

（杨厚云）

【校园“一卡通”建设】学校校园“一卡通”二期建设项目是在一期的基础上,继续扩大校园“一卡通”的覆盖范围,完善了与校内各种身份认证、金融消费系统的对接,截至2009年底,卡务中心发放20265张卡片,建立95个独立商户,支付近2000万元。二期建设项目完成后,从全校新生照片采集到最后打印证卡的全过程可由卡务中心独立完成,加快了校园卡发放的速度。在进一步提高自助服务水平的基础上,实现了全校学生采用圈存机自助充值的目标。在一期的基础上,完成了学生宿舍门禁系统的安装,提高了后勤部门对学生宿舍管理的水平。完成了自助洗衣设备的改造,收取学生宿舍电费、继续教育收费设备的安装,进一步减少了校内现金的流通。实现综合离校系统的部署,完善了学生离校流程。除二期建设项目外,校园“一卡通”卡务中心还与相关部门合作,完成了清河校区电开水炉改造工程,实现了清河校区全部自助饮水机通过刷卡收费管理的功能;各校区多媒体教室电教台刷卡信息导入,教师使用校园“一卡通”即可打开电教台;完成了无线网缴费接口等。通过对校园“一卡通”数据的深入分析,为餐饮、学生管理等部门提供有价值的参考数据,提升了学校整体管理水平。

（郑小博）

后勤服务

【概况】后勤集团承担学校师生的餐饮服务,学生公寓服务,动力运行与维修服务,校舍维修,供水、供电、供暖、电梯及排污运行服务,教学和办公区物业管理及教室等公共场所卫生保洁,校园绿化和卫生,交通运输,商业服务,后勤产业管理及与学校商定的其他服务项目。集团实行董事会领导下的总经理负责制,下设党政办公室、饮食部、公寓部、物业部、校园部、运输部、供暖部、节能办公室、企业部和采购部。

2009年,集团职工463人,在编人员148人,外聘人员315人(其中初中文化154人,大专、本科7人)。管理人员26人,其中21人在46岁以上。党员53人。

2009年,集团围绕学校中心工作,以科学发展观为指导,秉承“三服务、两育人”的工作宗旨,坚持“安全、高效、满意、质量”的工作思路,着力规范服务标准、改善服务环境、为师生办实事、创建和谐校园,在认真落实日常的后勤服务保障任务的同时,顺利完成集团所有岗位职责、规章制度的修订、细化工作,更新改造14项后勤设施设备,落实多项惠民实事,开展优质服务月活动,圆满完成国庆集训学生服务工作,完成上交607.34万元。

（张丽侠）

【党建工作】2009年,后勤集团党总支带领广大党员干部和群众职工,扎实落实党建和思想政治工作,为集团行政中心工作提供有力支持和保障。顺利完成党总支委员会委员换届选举工作;完成校党代会代表选举工作;完成校首届党代会各项任务。集团党总支发展新党员5人。荣获学校庆祝建国60周年教职工合唱比赛二等奖。

(1)集团党总支认真开展科学发展观学习实践活动。3至7月,以“强化服务意识,提高服务质量,推进后勤改革,为创建一流的后勤服务而努力奋斗”为主题,以“党员干部受教育、科学发展上水平、教师学生得实惠”为总要求,制定学习实践活动计划,认真学习调研,查找工作中存在的问题,及时解决问题,为师生办实事,取得实效。比如,落实完成昌平校区清真风味档口接管工作,学生实验报告纸印制、出售工作以及清河校区实施双路供电改造,落实十二项惠民实事,开展“优质服务月”活动等。

(2)开展多种活动,增强队伍凝聚力。“三八”妇女节组织登山活动。5月23日、24日,后勤集团党总支和分工会联合组织68名职工到延庆农村,感受社会主义新农村新面貌,攀登莲花山。优质服务月活动期间,在全集团范围内开展以“落实科学发展观,优质服务每一天”为主题的优质服务月征文活动,收到稿件25篇。4月15日,召开“我为后勤发展献良策”座谈会。各部门部分党员及职工代表参加会议。座谈会上,党员及职工代表积极发言,对问题谈看法,为发展献良策,取得良好效果。10月24日,组织登箭扣长城活动。11月,组织秋季运动会。年末,举办退休同志欢送会。

(叶　超)

【节能工作】2009年,后勤集团增收节支工作成绩明显。努力回收水电暖费,对后勤商业服务网点加强管理,对三个校办企业实行财务集中管理。全年后勤集团总计上交学校607.34万元。8月10日至11月3日实施完成小营、健翔桥和清河三校区的日光灯节能改造工程,共装28W　T5节能灯15650支、14W　T5节能灯900支、11W节能灯1050支,每年可节电60万度,节约电费30万元,可减少二氧化碳排放量598吨,同时改善了照明环境。实施完成绿色照明光源工程,安装20W节能灯2950支、36W日光灯3400支,金台路、酒仙桥校区的旧光源全部得到更换。完成健翔桥校区浴室恒温供水改造工程,实现按时间、流量的计费方式,每天可节水50吨,节约燃气100立方米。

(张丽侠)

【公寓服务工作】(1)狠抓落实安全工作。落实责任:按照“谁主管,谁负责”的原则,后勤集团与公寓部、公寓部与各公寓楼逐级签订了安全责任书。公寓部各重点部位确定安全责任人,责任到人。加强宣传:公寓部各重点部位安全标识齐备,并利用展板、横幅宣传安全防火、防盗知识,增强学生的安全意识。加强对公寓从业人员的安全培训、宣传,提高安全责任意识。加强管理:公寓部经理、各宿舍楼管理员、维修人员严格执行巡视检查制度,确保及时发现问题、处理问题;加强门卫工作管理,修订、细化其岗位职责,严格检查落实,确保各宿舍楼的安全。

(2)积极配合毕业生离校工作。2009年毕业生2964人。毕业生离校前,公寓部及时召开班子会议,研究制定毕业生离校工作实施方案,及时落实检查毕业生房间登记物品、收取钥匙工作,并对毕业生进行安全宣传教育。

(3)全力保障新生入学工作。毕业生离校后,干部职工加班加点,在5天时间内完成对500多间宿舍的全部设备包括门锁、桌椅、床具、灯具、门窗等的检查维修,并及时做好宿舍粉刷、物品配备等项工作，保证新生入学和小营、清河、健翔桥校区校区间学生搬迁及昌平校区学生回迁等工作的顺利进行。迎新当天，各部门分工负责，发放钥匙、办理手续、引导入住各项工作有序进行，圆满完成迎新任务。

（张丽侠）

【饮食服务工作】2009年，后勤集团采取有效措施，改进服务质量，完成工作任务。集团饮食部狠抓业务培训、制度建设、检查落实，不断改进菜品质量。同时采取各班组节约降耗比赛、增加没有涨价原材料供应量、大宗统一采购、增加菜品花色、品种等方式提高销售额，在物价上涨、菜品质量、数量、价格“三不变”的情况下，全年实现销售额1177.92万元，比2008年增加销售额153.44万元。

（张丽侠）

【供暖工作】2009年，供暖部认真负责，圆满完成供暖任务。停暖后对全校供暖管网、阀门等部位进行检查维护；完成锅炉年检、运检及校安全阀、相关仪表的定期送检工作。供暖开始前，对全校的锅炉、管网、换热器、阀门及泄水口全面检修。供暖试运行期间，加强巡视，解决暖气不热，供暖系统噪音，采暖系统跑、冒、滴、漏等问题。供暖开始后供暖部实行24小时值班制，及时处理报修问题。每天各校区专人负责巡视检查、定期到住户和各办公区进行温度测量，及时调整，保证平衡供暖。全年三校区供暖面积32万平方米，室内温度均达18度要求，节约燃气15万立方米。

（张丽侠）

【物业管理工作】积极落实巡视、检修工作，保证学校各项设施设备正常运转。全年更换各种零配件4140个，更换改造各种管线3080米，维修桌椅4000套。物业部干部职工勇于奉献、能打硬仗。遇学校重点工作，比如迎接新生前，干部职工对三校区全部的设施设备全面检修，迎新期间加强巡视，保证安全、正常；遇紧急突发事件，加班加点，连续作战。6月13日，小营校区网络总机房忽然二级开关掉闸，一级闸被烧毁，学校网络顿时瘫痪。物业部调集各校区30多名员工到小营校区，冒酷暑连续作战十几个小时，及时恢复网络。全年三校区浴室接待学生洗浴68万人次、开水房供应开水80万瓶，完成收费62.9万元。

（张丽侠）

【校园环境治理】2009年，后勤集团努力做好校园卫生和绿化美化工作。卫生工作：部门领导随时巡视检查，各校区专人负责定时检查，发现情况立即处理。绿化方面：全年更新草坪区9000余平方米，移种花木150余棵，砍伐更新高大危险树木43棵，培育花草8000余盆，为节假日、党代会、运动会、表彰大会等摆花86700盆。

（张丽侠）

【运输服务工作】2009年，后勤集团顺利完成各项运输服务任务。全年安全行驶28万公里（截止11月底），无甲方责任事故，交通违章3起，顺利通过两次交通安全百分验收。全部车辆通过2009年年度检验。全体驾驶员通过2009年年度检验。

（张丽侠）

【其他重要事项】（1）国庆集训学生服务工作。2009年暑期，后勤集团圆满完成1200名参加国庆集训学生的后勤服务任务。集团领导联合有关部门精心制订工作方案，物业、饮食、公寓和运输部门小营校区的相关工作人员加班加点认真完成相关工作。公寓部及时做出1200名学生及100名教官及教师的集中住宿安排,配备各种生活用品,根据集训学生作息时间调整,适时延长供电时间和大门开关时间;集训学生洗浴时间集中,物业部浴室工作人员耐心解释,延长开放时间,加强卫生保洁;饮食部严格做好饮食卫生工作、保证菜品质量,并根据学生需求随时提供餐饮服务,有时凌晨2、3点钟还在为学生烹制食物。集团领导经常到各部门巡视检查,及时发现、解决各方面问题,保证各项工作顺利进行。

(张丽侠)

(2)安全工作常抓不懈。后勤安全工作涉及住宿、饮食、交通、供暖等各个方面,关系到学校师生生命财产安全,关系整个学校的安全稳定,集团干部职工高度重视。集团从上到下,统一认识。年初工作会议,集团领导首先明确,2009年是新中国60周年国庆年,平安北京,平安学校,特殊时期,务必做好安全工作。安全措施落到实处:公寓、运输等部门积极组织安全知识培训;饮食部门认真对新聘人员进行业务培训;集团与各部门负责人、各部门与所属各班组、班组与员工个人逐级签订安全责任,落实安全责任。严格执行安全检查制度,各部门设置安全员,负责随时巡视检查部门范围内的安全工作,部门负责人、集团领导不定期进行安全检查。同时加强对部门人员的安全教育。集团重视,措施得当,全年没有出现大的安全事故,后勤集团安全工作取得良好成绩。

(张丽侠)

(3)积极开展"优质服务月"活动。后勤集团的"优质服务月"活动已经形成长效机制,每年一次,旨在提高后勤服务管理水平,其实质即后勤集团的综合大练兵,为师生办实事。2009年6至7月份的"优质服务月活动"主题为"落实科学发展观,优质服务每一天"。活动从为师生提供细致周到的服务,解决各种疑难问题入手,采取讲座、座谈会、交流会、问卷调查、检查评比等多种方式,使后勤员工切实落实岗位责任制,规范岗位服务标准、为师生办实事、解难事。活动评出优质服务窗口4个、优质服务标兵10人并给予了奖励。

(张丽侠)

(4)规范管理程序。2009年,后勤集团大力加强规范服务标准。集团对所有岗位职责、工作流程、全部规章制度进一步细化、修订,努力形成适合学校特点的后勤服务规范,为下一步推行ISO9000质量认证工作打下基础;严格执行《劳动合同法》和学校的有关规章制度;认真完成2009年与外聘员工的合同签订工作。集团采取多项有效措施规范管理,效果明显。

(张丽侠)

(5)后勤集团董事会调整。10月14日,经学校第23次党委常委会研究决定,彭斌柏任后勤集团董事长,李荣华任后勤集团副董事长。

(王明涛)

党建与思想政治工作

组织工作

【概况】党委组织部的主要职能是制定组织工作的长远规划和年度工作计划并组织实施,按照党委的部署和要求,抓好计划的实施,并及时检查、督促和指导;检查督促基层党组织贯彻执行民主集中制、坚持集体领导和组织生活的情况,总结经验,提出改进意见和措施,并向党委报告;贯彻执行党的干部路线和干部政策,抓好处级领导班子建设和干部队伍建设,负责做好处级干部培养、选拔、任用、考核、管理、培训工作,做好处级领导班子的换届、调整及处级干部配备工作;负责抓好处级干部队伍的思想政治建设,会同有关部门做好处级干部的监督、教育工作;负责处级干部的试用期、年度和换届考核工作,做好校级干部年度考核的具体工作;负责处级后备干部队伍建设的各项工作;抓好基层党组织建设,负责基层党组织换届选举工作,做好党总支(党支部)书记的选配工作,指导党总支(党支部)工作;制定全校党员发展长远规划和年度发展计划,抓好入党积极分子培养教育工作和党员发展工作;负责党员教育管理工作;制定并实施教育培训计划,重点对处级干部、处级后备干部、入党积极分子、党支部书记、组织员等进行教育和培训;负责制定针对不同对象进行培训和教育的教学计划、教学大纲,选用教材;负责教育和培训工作中教学计划的实施、教师的聘用和学员的管理及考核,颁发结业证等;对基层党组织入党积极分子和党员培训工作进行指导、检查和评估;协助组织开展党建理论的研究工作;开展好组织、干部工作的调查研究,及时准确地向学校党委反馈情况,当好党委的参谋助手;负责落实干部政策和知识分子政策,做好党员和干部的政治审查工作;负责党费的收缴、管理和使用,接转党员组织关系等工作;负责系处级以上干部统计和党员统计工作,负责处级及以上干部、党员数据库的维护与管理;受理党员,干部的申诉,做好党员、干部的来信来访工作;办理党员因私出国(境)政审工作;按照"党管人才"原则,协助党委做好人才工作;配合离退休办公室做好离休干部工作;完成党委、校领导及上级党委组织部门交办的其他工作。党委组织部有部长 1 人,副部长 1 人,工作人员 3 人。

2009 年,组织部完成的工作主要有:召开北京信息科技大学第一次党代会。组织开展学习实践科学发展观活动。起草《北京信息科技大学 2009 ~ 2013 年党的建设工作规划(草案)》。启动"学院党政共同负责制机制探讨"专题研究工作。对党支部书记开展针对提高思想理论修养和实际工作能力的培训;通过交流与讲座对组织员进行首次业务培训;对新上岗的专职党务秘书进行延伸工作培训;对全校 600 名预备党员进行"坚定理想信念、牢记党的宗旨、培养奉献精神"专题培训。修订《北京信息科技大学发展学生党员工作规范》,全年新发展党员 915 名。开展"解问题,办实事,服务师生发展"主题党日活动。起草《北京信息科技大学 2009 ~ 2013 年处级干部教育培训规划(草案)》,完成上级党委安排的共计 22 人次的调训任务;组织开展以提高干部综合素质为重点的处级干部集中学习培训,开办两期处级干部英语口语培训班;在学工、保卫、后勤、校区等系统组织处级领导干部突发事件应急处置与指挥工作培训;选派8名处级干部赴香港参加高等教育管理培训,协同纪委办组织处级干部到反腐倡廉基地开展廉政教育,组织和督促处级干部完成在线学习任务。在全体正处级干部中开展"践行宗旨,转变作风,以人为本,构建和谐"主题座谈。制定学校《关于开展2009年校级后备干部集中调整工作的通知》和《2009年处级后备干部集中调整工作实施方案》,经过民主推荐、测评、考察谈话,党委常委会酝酿,讨论确定我校校处两级后备干部人选。按照上级工作部署,先后向市委组织部推荐7名干部参加校外交流和挂职工作,安排1名新疆高校处级干部来我校挂职锻炼。完成学校办公室、教务处、科技处、人事处等部分处级干部调整工作,取消常务副处职岗位设置。起草《中共北京信息科技大学委员会关于进一步健全和完善校院两级人才工作领导小组的意见》。完成涉及干部试用期考核、年度工作考核、信息化建设、党支部调整、党费收缴、各种报表等其他常规性工作和上级部署交办的各项工作

(李　哲)

【干部工作】(1)处级领导干部培训。2月9至13日,组织部选派8名处级干部赴香港参加高等教育管理培训。4月10至11日,举办处级以上领导干部学习实践活动培训班。校党委书记郑君礼,工业和信息化部规划司副司长顾强,北京市委教育工委副书记、市政府教育督导室主任线联平,校长杜林作培训报告,要求在学校第一次党代会胜利召开的基础上,求真务实,努力解决存在问题;解放思想,切实把握发展机遇;立足实际,全面提高发展能力;开拓创新,推进学校科学发展。3至6月和10至12月,分别开办两期处级干部英语口语培训班;9月25日,在学工、保卫、后勤、校区等系统组织处级领导干部突发事件应急处置与指挥工作培训。

(2)集中调整处级后备干部。制定学校《关于开展2009年校级后备干部集中调整工作的通知》和《2009年处级后备干部集中调整工作实施方案》,11月25日启动集中调整工作。经过民主推荐、测评、考察谈话,党委常委会酝酿,最终讨论确定我校校处两级后备干部人选,共确定正处级后备干部人选46名,副处级后备干部人选74名。

(3)完成部分处级领导干部调整工作。10至11月,完成学校办公室、教务处、科技处、人事处等部分处级干部调整工作,取消常务副处职岗位设置。

(李　哲)

【基层党组织建设】(1)完成召开第一次党代会工作。2月28日至3月1日召开中国共产党北京信息科技大学第一次代表大会,这是新大学发展历程中具有里程碑意义的一次盛会,对学校改革发展、和谐稳定以及党的建设产生重要而深远的影响。全校党员干部对新大学面临的形势、任务和大会确定的发展建设目标形成广泛共识。

(2)牵头组织开展学习实践科学发展观活动。3月19日至7月17日,组织开展学习实践活动。学校党委将这项活动作为贯彻落实学校第一次党代会精神、在新起点上谋划新大学发展的难得机遇,认真扎实地组织开展各个阶段活动,实施"信心建设工程、内涵建设工程、条件建设工程、制度建设工程、能力建设工程、和谐建设工程",取得良好成效,得到上级部门与领导高度认可。"六项建设工程"的实施,为全面落实第一次党代会提出的发展目标和工作任务提供了可靠保障。

（3）开展“解问题，办实事，服务师生发展”主题党日活动。5月下旬至6月底，在全校党总支中组织开展以解决实际问题，惠及师生发展，凝聚工作合力，共谋科学发展为目的，突出实践特色的主题党日活动。各党总支从实际出发，立足自身优势和特点，为党员和群众做好事、办实事、解难事，主动了解党员和群众工作、生活上的问题和困难，积极帮助解决本单位党员和群众在工作和生活中最迫切的实际困难和问题。

（李　哲）

【党校工作】（1）入党积极分子培训。4月和10月举办两期入党积极分子培训班，采取听报告与讨论交流相结合的形式，完成20学时的校级党课培训，共培训入党积极分子1046余人。

（2）教工党支部书记培训。4月3日，对在职教工党支部书记开展针对提高思想理论修养和实际工作能力的培训。

（3）预备党员培训。5月15日，为全校600余名预备党员举办“坚定理想信念、牢记党的宗旨、培养奉献精神”的专题培训。校党委书记郑君礼做题为“加强党性修养，争做时代先锋”的报告；学生工作部部长胡滔做题为“加强理论学习，坚定信念理想，培养高尚情操”的报告。

（4）党务工作培训班。12月24至25日，对各党总支（机关党委、直属党支部）书记、副书记、党务秘书、负责学生党建工作的辅导员，通过素质拓展、讲座与交流等形式，进行党的理论和党务工作知识的培训。

（李　哲）

【党员发展工作】2009年，新发展党员922人，其中本科生党员804人，研究生党员91人，教工党员16人，其他党员11人；教师队伍中党员比例55.74%，35岁以下青年教师党员比例72.93%，本科生党员比例14.56%，研究生党员比例59.08%。

（刘　莹）

宣传工作（统战工作）

【概况】党委宣传部（统战部）是学校党委的职能部门，负责全校的思想政治、宣传教育和统一战线工作。主要职能是管理和协调全校的宣传教育与理论学习，掌握教职工的思想动态，开展形势与政策教育，指导和协调全校思想政治理论课的教学与研究工作，加强对内对外宣传及舆论环境建设，进行全校重大活动的宣传报道，搞好精神文明建设和意识形态领域及校园文化宣传阵地的管理；贯彻落实党的统一战线政策，团结各民主党派，推荐党外代表人士；完成党委和校领导交办的其它工作任务。党委宣传部（统战部）有部长1人，副部长2人，宣传干部6人。

2009年，宣传部（统战部）在校党委的正确领导下，以邓小平理论和“三个代表”重要思想为指导，深入贯彻落实科学发展观，认真学习党的十七大、十七届三中、四中全会精神，坚持贴近实际、贴近生活、贴近师生的原则，围绕学校中心工作，内聚人心，外塑形象，坚持与时俱进，不断创新内容和形式，积极构建和谐校园，努力为学校的改革发展和安全稳定提供强有力的思想保证和精神动力，为推进学校健康和谐发展创造了良好的思想舆论环境。

（薛　涛）

【思想建设和理论学习】按照武装头脑、指导实践、推动工作的要求，继续把学习贯彻十七大精神引向深入,结合科学发展观学习实践活动和中共北京市委开展领导干部作风建设年的有关要求,不断加强师生的思想建设和政治理论学习。

(1)理论学习成效明显。进一步完善学校、院(部处)两级中心组理论学习制度,采取专题学习、在线学习、自主学习等模式,不断提高领导干部、广大党员和教职工政治理论学习的实效性。全年校级理论中心组分六个专题,组织集中学习13次,邀请有关专家到校举办专题讲座4次,赴相关单位实践考察1次;在学习实践活动中,编印下发2本6000余册校内资料,《工作简报》25期;在校园网开辟《学习实践活动》、《向吴大观同志学习》、《庆祝建国60周年》、《党的十七届四中全会精神》、《学校第一次党代会》、《学校科技成果获奖》等6个学习专题,组织文字资料40万余字,影视资料40余小时;下发《理论热点面对面》、《六个为什么》、《党的十七届四中全会辅导读本》等理论学习书籍1000余册;开展"学习实践活动建言献策"、"庆祝新中国成立60周年"、"廉洁教育"等征文活动,师生参与踊跃。

(2)形势与政策课教学工作进一步加强。面向全校各年级本科学生开设《形势与政策》教育课;统一组织"两课"教师、专职学生工作干部等人员备课;组织试讲和点评活动,提高年轻教师的授课能力和水平;撰写近10万字的教学材料,修订以往教学课件,制作新的教学课件,新增教学内容包括"当代大学生与社会责任"、"大学适应与成长"、"国家利益至上"、"思想道德与人生发展"、"庆祝建国60周年"等5个专题。

(3)宣传氛围浓厚。完成了党代会、学习实践活动、国庆方阵训练、运动会、学生开学与毕业典礼、招聘会等重要活动的宣传氛围布置工作。为学校重要工作和大型活动提供照相摄像服务,拍摄照片20000余张,视频资料100余小时;编辑了第一次党代会实况和国庆方阵训练实况录像光盘;编印第一次党代会校报特刊2期、庆祝新中国成立60周年校报特刊1期;完成16期近300块专题宣传橱窗,制作主题标语230余条;校园新闻网刊发新闻近1100条;为学校重要工作撰写文字材料100余万字。开展了"齐步走"系列宣传活动:在训练场制作标语横幅100余条、巨幅宣传画3张,编发"齐步走"专刊7期,组织开展优秀中队和优秀队员评比6次,对训练期间过生日的参训师生赠送生日礼物和校领导亲笔签名的贺卡,举办"我与祖国共奋进"主题征文比赛,举行"齐步走"文艺晚会,设立"齐步走"点歌台。

(4)宣传工作制度健全。修订和制定了《北京信息科技大学突发事件新闻宣传应急工作预案》、《北京信息科技大学新闻发布制度》;建立基层通讯员队伍和网络信息员队伍,对内收集信息,对外产生新闻,及时化解危机;成立传媒专家组,一支相对稳定的对外宣传记者队伍逐渐形成。

(薛　涛)

【教职工思想政治工作】认真做好思想调查和舆情调研,切实掌握广大教职工的思想动态。建立定期走访各部门和党总支制度;结合问卷调查等方式,围绕政治理论学习、关心的热点问题和意见建议等方面,适时做好思想状况调研。完成舆情调查分析报告2份提交学校党委,思想状况调研报告2份上报市委教育工委。

(薛　涛)

【精神文明建设】在校园网开辟摄影作品展、老干部书画展、校园之声等栏目，反映学校文化活动；全年利用报告厅组织学习和讲座活动130余次；完成“城乡统筹，文明先行”主题社会实践活动的统计，上报精神文明参评材料。10月份，首都精神文明建设委员会再次授予学校“首都文明单位”称号。

（薛　涛）

【对外宣传工作】2009年，宣传部完成了学校学习实践活动、获得国家科技进步二等奖等对外宣传工作任务。撰写的学习实践活动简报被市属高校学习实践活动领导小组选用编发6期，在市属高校中排名第三；中央学习实践活动官方网站4次报道学校学习实践活动，其中《北京信息科技大学学习实践活动逐渐形成‘三细三实’特点》一文，在全国高校学习实践活动特色经验关注度第一期排行榜中名列第四，北京高校第一，并被数十家高校作为学习素材或参考资料转载；市属高校学习实践活动网站15次报道学校相关工作；在《北京教育》高教版第5期，进行了学校整体形象的宣传；对学校连续获得国家级科技大奖，北京电视台、《北京日报》、《中国教育报》等媒体分别进行报道，在社会上产生良好反响。

（薛　涛）

【校报编辑部工作】2009年，出版报纸18期，发行量5.76万份；9篇作品在2009年度“北京新闻奖”（高校新闻系列）评选中获奖。

（谌　兵）

【民主党派、党外知识分子工作】2009年，学校统战工作以邓小平理论和“三个代表”重要思想为指导，以科学发展观统领统战工作全局，深入贯彻上级统战工作会议精神，推进民主党派搞好自身建设，培养和举荐党外代表人士，充分发挥统战成员的积极性。

（1）指导和协调各民主党派基层组织开展深入学习实践科学发展观活动。将统战人员学习实践科学发展观活动纳入全校宣传思想政治教育计划，不断丰富活动内容和形式，为各民主党派组织和统战人士不定期提供相应的文件、资料、辅导读本等；把学习实践活动与统一战线纪念新中国成立60周年结合起来，通过举办报告会、座谈会等形式，深入进行爱国主义、社会主义和优良传统教育。

（2）不断加强民主党派基层组织建设。有计划地组织民主党派骨干成员参加市委统战部和市委教育工委及各民主党派举办的培训班；协助民主党派基层组织认真落实学习制度，发放《六个为什么》、《中共十七届四中全会文件》等学习资料；4月中旬，学校民盟支部召开换届大会，民盟海淀区委常务副主委滕立华等到会；协助把好发展新成员入口关，本年度民盟支部发展新成员2名。

（3）强化各民主党派组织议政建言的意识和能力。第一次党代会召开前，先后举行2次统战人士代表座谈会，部分合理化建议被党委工作报告和纪委工作报告吸收采纳；邀请民主党派基层组织负责人和代表人士列席第一次党代会；在学校组织的“科学发展论坛”上，统战人士代表做重点发言，引起师生关注；引导党外人士围绕学校提出的“树立一流理念，强化办学特色，以改革创新精神推动新大学科学发展”主题，先后召开3次座谈会，收集意见建议近百条。

（4）抓好党外代表人士队伍建设。积极配合组织部门，发挥各党总支和直属党支部的作用，共同做好校内党外实职领导干部的选拔、培养和考核工作，对重点人选进行全面跟踪考察;选拔推荐年轻党外干部进入市委统战部党外后备干部人才库。本年度,学校机电工程学院院长许宝杰教授经上级组织批准,赴河北省燕山大学挂职校长助理。

(5)开展参观联谊活动。组织近30名统战成员赴承德避暑山庄、外八庙等地考察,观看《建国大业》影片,参观《复兴之路》主题展览,在活动中进一步增进了统战成员之间的了解。

(薛　涛)

【民族宗教工作】2009年,不断加强民族、宗教工作,增强沟通交流,及时妥善处理相关问题,维护校园稳定。学校于2008年招收了第一批新疆维吾尔自治区少数民族学生,主管校领导多次亲切慰问少数民族学生,与他们促膝谈心,提出殷切希望;学校落实了对少数民族学生的资助政策,为家庭经济困难学生逐一发放困难补助;学校改建昌平校区、清河校区清真餐厅,提高清真食品质量;结合纪念西藏民主改革50年、开斋节等时间节点,积极宣传党的民族宗教方针政策,与少数民族师生沟通信息,加强交流,努力解决他们在学习、生活等方面的实际困难。

(薛　涛)

【统战学术活动】2009年7月初,学校党委统战部与民革北京市委社会法制委员会联合举办了"大学生村官在新农村建设中的推动作用"学术研讨活动,全国政协委员、民革市委副主委王征,北京林业大学、中国农业大学、北京体育大学和学校相关领域的专家学者,以及部分大学生村官代表参加了学术研讨活动。

(薛　涛)

纪检(监察)工作

【概况】纪委办公室是纪委的办事、办案机构,负责纪委的日常工作,其主要职责是组织起草纪检监察工作计划、工作总结、报告、文件及编写信息、简报等材料;深入调查研究,掌握全校党风廉政建设情况,了解全校教职工对纪检监察工作的意见、建议,为领导决策提供依据;负责校纪委会议和有关党风廉政建设及反腐败工作会议的筹备、会务工作,并负责落实纪委全会作出的决定;负责监督检查各单位贯彻执行学校党委和纪委关于党风廉政建设和反腐败工作的决议、决定及要求的情况;负责接待群众的来信来访,对有关问题进行调查核实,以及立案案件的查处;负责本部门的网络信息、文件的运转和督办、信访(包括初步核实、立案)材料的立卷与归档、上级纪委要求的报表等工作,负责保管和使用校纪委的印章;完成校党委、上级纪委和校领导交办的事项。

监察处和纪委办公室合署办公,监察处的主要工作职责是依据《中华人民共和国行政监察法》和《北京信息科技大学监察工作暂行规定》,对学校行政职能部门及其行政工作人员和学校任命的其他行政负责人进行行政监察;配合校纪委制定并监督实施学校反腐倡廉建设的相关制度;监督检查监察对象贯彻执行国家法律、法规和政策的情况;监督检查学校的决议、决定、规章制度在校内各部门的贯彻执行情况;受理对监察对象违反行政纪律行为的检举、控告;受理监察对象不服政纪处分的申诉;调查处理监察对象违反行政纪律的行为;协助校领导及有关部门对监察对象进行遵纪守法、履行职责、廉洁从政教育；根据需要，参与对监察对象的考核和评议工作；协助司法机关和上级行政机关开展有关工作；完成校长、上级监察机关交办的监察任务。纪委办公室（监察处）有纪委办公室主任和副处级纪检员各1人。

2009年，学校党风廉政建设和反腐败工作，以科学发展观统领全局，深入学习贯彻党的十七届四中全会及中纪委四次全会精神，切实推进惩治和预防腐败体系建设，为促进学校管理的规范化、制度化，推进学校科学发展、创新发展、和谐发展提供坚强的政治保障。

（李小平）

【党风廉政建设】（1）重新修订《关于贯彻落实党风廉政建设责任制的实施办法》和《关于对处级领导班子和领导干部违反党风廉政建设责任制行为进行责任追究的实施细则》，健全和完善了学校反腐倡廉建设的组织领导、责任内容、责任考核和责任追究体系。

（2）制定《2009年党风廉政建设和反腐败工作主要任务分工》，确定2009年学校党风廉政建设和反腐败工作的14大类22项主要任务。

（3）组织各学院（部、处）主要领导签订《党风廉政建设责任书》，强化领导干部“一岗双责”和“谁主管，谁负责”的意识，构建权责明确、逐级负责、层层落实的责任体系。

按照中纪委对领导干部遵守廉洁自律规定的内容和要求，组织全体处级干部签订了《领导干部廉政承诺书》。

（4）加强党风廉政建设和反腐败工作的督促检查工作。党风廉政建设责任制领导小组于2009年11月，集中听取承担2009年党风廉政建设和反腐败工作的各牵头任务完成情况的汇报，并对党风廉政建设责任制落实情况、惩防体系制度建设情况、廉政风险防范管理推进情况、执行廉洁从政各项规定等情况进行考核。纪委于2009年10月，组成检查组对各学院落实党风廉政建设责任制情况进行检查，着重检查学院领导班子和领导干部履行“一岗双责”、遵守廉洁自律各项规定和“三重一大”制度执行情况。

（5）扎实推进廉政风险防范管理工作。成立廉政风险防范管理工作领导小组，制定下发《推进廉政风险防范管理工作方案》，召开廉政风险防范管理工作会议，部署了廉政风险防范管理工作。在财务处、后勤管理处、基建处和图书馆4个单位开展廉政风险防范管理试点工作，试点单位经过三上三下，共查找出业务流程、制度机制、思想道德、岗位职责和外部环境风险点57个，制定防范措施34个并画出流程图。制定《关于强化廉政风险防范重点部位和关键环节监督管理办法（试行）》加强对学校人权、财权、物权相对集中的干部任选、人员招聘、岗位聘任、招生、科研经费、采购、财务、基本建设等16个重点部位的监管。

（李小平）

【制度建设】按照上级统一部署，学校下发了《惩防体系制度建设检查工作方案》，对惩防体系制度建设工作提出了工作目标、检查内容、检查安排、任务分解和工作要求。惩防体系制度建设分两个阶段进行。第一阶段工作计划已经全部完成，共新建、修订制度85个。

（李小平）

【党风廉政宣传教育活动】组织处级干部、重要岗位科级管理干部、学术带头人、项目负责人、学生党支部书记共计170人参观了北京市反腐倡廉警示教育基地。组织观看警示教育片,与宣传部一起举办了廉政漫画展。为处级干部发放《廉政提醒—党员干部不能做的150件事》一书。

(李小平)

【收费检查和治理工作】(1)组织开展春秋季教育收费专项检查。制定《关于2009年规范教育收费进一步治理教育乱收费工作实施意见》;召开治理教育收费工作会议;与财务处、审计处对各收费单位开展检查。

(2)开展"小金库"专项治理检查工作,监察处、财务处、审计处检查了36个部门和单位。向被检查单位宣讲政策规定,了解经济活动情况,财务收支情况,遵守财经纪律情况。通过检查,增强领导干部的财经法规观念。

(李小平)

【招生、入学考试监督工作】招生监督工作。2009年对本科生招生录取工作过程实行全程监督,积极配合招生部门做好工作,从政策规定等方面进行把关。做到依法招生,廉洁招生,公平招生。对研究生入学考试、大学生英语四六级考试及新生报到等工作实施监督。

(李小平)

【招投标监督工作】参加北京市和学校自行组织的教学仪器设备、行政办公设备、图书、新生床上用品采购和基建工程、修缮工程的招投标工作共计60次。

(李小平)

【信访工作】认真对待群众来信来访,建立了领导阅信和接待群众来访制度。对每一封来信,主管校领导都亲自阅批,研究了解情况,提出具体处理意见,并听取对处理结果的汇报。做到件件有落实。制定《信访监督工作联席会议制度》。

(李小平)

【其他重要事项】(1)2009年北京信息科技大学第一届党代会召开,选举产生了北京信息科技大学第一届纪律检查委员会。新一届纪律检查委员会制订了《委员会工作职责》;《委员会工作纪律》;《纪委委员工作职责》;《全委会议事规则》;《机关委员会、总支部委员会、直属支部委员会纪检委员工作职责》等制度。全年召开了5次纪委全委会。

(2)配合组织部门考察选拔干部,做好廉洁自律情况报告工作。出具廉政报告100多人次。

(3)配合人事处全程参与2009年下半年开始的处级以下人员岗位聘任工作。

(4)组织纪检监察干部参加教育部中国教育纪检监察培训中心、市教育纪工委组织的业务培训。

(李小平)

保密工作

【概况】保密工作办公室是校党委保密委员会的日常办事机构,在党委保密委员会的领导下,主要承担保密管理、监督检查、完善落实各项保密规章制度、组织开展全校的保密宣传教育以及对全校涉密人员按照有关规定进行管理等工作任务。保密工作办公室由一名正处职办公室主任和一名专职保密工作人员组成。

2009年,学校保密工作围绕学校中心任

务做好服务保障工作，在保密宣传教育、规章制度建设、组织机构建设、技术防范能力建设、监督检查和保密资格审查认证复查准备等方面做了大量工作，为学校的改革发展提供了有效的保障。

（李　萍）

【保密宣传教育】(1)贯彻落实国家法律法规。认真贯彻落实上级有关保密法律法规和《北京信息科技大学关于贯彻北京市“五五”保密法制宣传教育规划的意见》，重点对各级领导干部，涉密人员和保密干部进行教育培训；定期对涉密人员进行保密知识测试；运用现代传媒手段和播放典型案件警示片等多种形式开展生动直观的保密宣教工作。

(2)发挥专业资料作用。把《保密工作》杂志、《北京保密工作》等刊物作为学习保密法律法规的必要载体，下发到学校领导以及相关部门，并坚持对专业资料中的重要信息和内容加以提示，提醒相关人员重点阅读，掌握保密工作动向及要求。

(3)做好上传下达工作。及时与上级部门沟通保密工作情况和传达上级有关保密工作要求。

(4)外请专家讲座。有针对性的外请计算机安全管理方面的专家对学校所有涉密计算机的使用人员进行培训，现场模拟演示计算机泄密、窃密的全过程，并传授计算机安全防护的方法，使相关人员及时学习到最新的技术防护手段。两次外请工程师对涉密人员进行《涉密计算机监控与审计系统(单机版)》和《信息化条件下的失泄密演示及解决方案》两个专题的业务培训。

（李　萍）

【保密管理】(1)强化涉密计算机的保密管理。学校认真贯彻北京市国家保密局《关于开展涉密信息系统分级保护工作的通知》的规定和要求，积极开展涉密单机(含笔记本电脑)分级保护工作。

(2)加强涉密单位和涉密介质的保密管理。结合学校实际，认真开展涉密计算机的分级保护、互联网信息的保密检查、规范涉密人员上网发布非涉密信息审批程序等工作。

(3)加强优盘、移动硬盘等设备的保密管理。实现对涉密、指定、一般移动存储介质的分类和有效管理工作。

(4)涉密文件销毁工作。所有涉密文件及内部文件均到上级指定的造纸厂进行销毁，先后两次共销毁780公斤。

(5)严格工作流程。切实做好涉密载体收发、登记、复制、保管、清退、销毁等环节工作。

(6)注重对要害部门和涉密人员的管理。学校共确定了六个保密要害部门、部位，以保密要害部门部位的管理为切入点，重点加强了涉密人员的管理、重点检查各项审批审查制度执行情况，认真落实管理责任制。国家法定节假日和寒暑假前，要求各涉密单位进行保密检查和保密教育，并将检查、教育情况书面报告保密办公室。

(7)提高保密要害部门部位的综合防范能力。积极推进保密技术防范设施的建设，配备相应的装备设施，保证微机安全防护软件运转正常，完善人防、物防和技防措施，通过以上手段有效提高保密要害部门部位的综合防范能力。

（李　萍）

【保密监督检查】(1)涉密计算机检查工作。加大对涉密计算机违规与互联网连接的监督检查力度,保密办公室和科研管理部门提供科研项目涉密"关键词",网管中心实行网上拦截。涉密计算机做到了专机专人使用,按规定长度设置密码,保密办公室每月检查一次密码更新、杀毒软件升级情况,涉密便携计算机严格借用审批手续,非涉密计算机(含笔记本电脑)严禁处理涉密信息。

(2)硬件建设工作。2009 年以来,利用单机监督、审计软件,先后三次对全校涉密计算机进行监控审计,实现了对设备各个接口的控制,防止文件非法输出,有效地防止了设备的非法使用。

(3)购买两套保密检查软件,为检查工作提供有效的技术手段。

(李　萍)

【保密制度建设】(1)认真落实保密工作责任制。在校党委的领导下,校保密委员会结合学校工作,调整充实保密委员会成员,对各单位的保密工作负责人进一步明确工作职责和要求,对有关涉密人员进行相应调整并办理相应入岗、离岗手续,使学校的三级保密工作责任制落到实处。

(2)组织开展保密承诺书签订工作。5 月,中央四部委《关于组织开展保密承诺书签订工作的通知》下发后,校保密委员会就签订保密承诺书的人员范围、开展宣传教育等签订工作中的重点环节进行研究部署。本着实际接触、知悉国家秘密范围保持一致的原则,采取多种形式、精心组织顺利完成了签订工作,确保保密承诺书的签订工作的质量和效果,全体校领导和其他在岗、离岗人员共 34 人签订了保密承诺书。

(3)加强对涉密部门和涉密会议的管理。按照"控制源头,加强检查,明确责任,落实制度"的原则,加大对保密要害部门部位的督促检查力度,加强重要涉密会议和重大涉密活动中的保密工作。进一步明确职责,严格对涉密人员参加国际会议、出国(境)访问考察等的审批、涉密人员因私出国探亲、访友、旅游的审查审批、科研人员发表出版科技论文、新闻稿件等的审查审批。

(4)规范定密工作。积极推行定密责任制度,规范定密程序,逐步建立科学的定密机制。

(5)强化预警、应急工作管理。建立健全泄密预警、应急处置和泄密案件报告、泄密案件查处制度,切实提高了对窃密案件的防范、发现和处置能力。

(6)认真开展密级变更和解密工作。严格履行复制、制作国家秘密载体的审批、登记手续,做到在指定的设备完成复制、制作工作,加强对国家秘密的动态管理。

(7)建立保密工作长效机制。进一步完善组织机构、规章制度、宣传教育、规范定密、监督管理和技术防护六个体系建设,积极推进定密事项、制度文字篇幅、涉密人员数量、涉密信息系统范围最小化等工作,努力建立保密工作的长效机制,坚持保密工作常抓不懈。

(李　萍)

【其他重要事项】(1)扎实开展保密资格认证的复查准备工作。继续以保密资格认证工作为契机,按照《武器装备科研生产单位保密资格认证标准》的要求,加强对各涉密单位日常保密管理工作的指导和检查。做到科学严谨,规范有序,把保密资格认证的复查准备工作做实做细,以迎接上级的检查。2009 年 12 月,开展评选 2009 年度保密工作先进集体和先进个人工作。

（2）规章制度建设。2009年制定印发了《中国共产党北京信息科技大学委员会保密工作条例》（校党发〔2009〕28号）；《中国共产党北京信息科技大学委员会保密工作职责》（校党发〔2009〕29号）。

（李　萍）

学生工作

【概况】学生工作部（处）是学校党委和行政领导下，代表学校对本科学生实施日常思想政治教育、管理和服务的职能部门。下设学生管理中心、学生教育中心、学生资助中心、心理咨询中心4个工作机构。学生工作部（处）牢固树立"以学生为本"的工作理念，深入贯彻落实科学发展观，以学生党校为载体，以学生骨干队伍为依托，加强对学生的思想教育；通过学生课外学术科研活动，浓厚校园学术氛围，促进学生专业素质提高；通过心理健康教育、助学贷款、保险等工作的开展帮助学生解决实际困难，培养学生良好的心理素质；努力为学生提供优质服务，通过军事训练和国防教育，培养学生坚韧的意志品质；通过志愿者、勤工助学、社会实践等活动锻炼学生的创新精神和实践能力；通过开展"健康向上、丰富多彩"的校园文化活动，使学生的综合素质得到不断的提高。

2009年，学生工作以邓小平理论和"三个代表"重要思想为指导，进一步深入贯彻中央16号文件精神，认真研究大学生思想政治教育中新情况、新问题，积极开展学生的教育、管理、服务工作，着力探索和构建学生健康成长成才的服务体系，努力开拓学生工作新局面。

（胡　滔　吴俊法　李华涛）

【思想政治教育】加强和改进学校学生思想政治教育工作，不断提高学生的思想政治素质。

（1）开展学生思想状况调查。分别在2009年3月和9月，在全校范围内开展学生返校后思想状况调查工作。学生处、校团委、各学院（校区）积极组织，精心安排，了解掌握最直接的学生思想动态，在此基础上，形成《学生返校后思想状况调查报告》，上报学校党委和市委教育工委。

（2）开展主题教育活动。学生处以主题教育活动为着力点，借助各种平台，努力做好学生的思想政治教育工作。组织学生观看国庆60年庆典活动转播；组织学生参加北京市教育工委举办的"首都大学生形势政策报告会"；组织学生参观"复兴之路"大型主题展览；组织学生参观五个自治区成就展；举办大学生廉洁文化征文活动，开展向"全国见义勇为舍己救人大学生英雄集体"先进事迹学习活动。为适应当前大学生的特点，学生处进一步完善学生处网络建设，网站内容能够及时更新，及时地展现各学院特色学生工作和活动，为做好学生的思想政治教育提供了良好的平台和载体。

（3）加强教育与管理。牢固树立"稳定压倒一切"的思想，着力加强学生思想教育工作，广泛开展心理健康教育活动，狠抓宿舍的防火、防盗，切实加强学生的交通、人身、财产安全教育工作，及时制定工作预案，排查各种隐患，加大对重点学生的关注力度，并做好放假期间和毕业生离校前的安全教育工作，确保了学生的思想稳定，有效维护了学校和谐稳定的工作局面。

(包立辉 高凌风)

【校风学风建设】3月,组织开展优良学风班的创建和评选活动。全校共有245个班级参与优良学风班的创建,经过层层筛选,最后全校共评选出36个优良学风班,15个学风进步班,学生处对获得优秀的班级进行表彰和奖励,以带动更多的班级参与到学风建设中,促进我校整体学风状况的提升;以新生入学为契机,做好新生的入学教育,促进新生良好学习习惯的养成;4月和10月,两次组织开展期中交叉听课,有针对性地加强校风学风建设;9月,编辑出版了《2009级新生入学指南》,并在入学当天发放到每位新生手中,使他们对大学生活和学习有了初步的认识和把握,顺利的适应大学生活和学习;印发《留给母校心里话—2009届学生毕业感言》,通过毕业生的肺腑之言,使2009级新生提前对大学生活加深认识,并对自己4年的大学生活进行规划;积极倡导各学院结合各自实际情况,对学生开展专业教育和职业生涯教育,使新生对本专业有清晰认识,为日后专业发展奠定良好基础,全面服务学生成长成才。

(包立辉 高凌风)

【大学生心理健康教育工作】心理健康教育中心在全校开展丰富多彩的心理健康教育活动,营造重视心理健康的氛围,推动大学生心理健康教育工作的深入开展。

(1)心理危机预防与干预工作。9月,围绕"如何适应大学生活"和"如何寻求心理帮助"两个主题制定教授大纲,由中心教师和院系心理辅导员共同完成了覆盖2009级全体新生的入学心理健康教育。新生心理普查和建档。举办面向辅导员的题为《心理危机的预防与干预》的培训讲座,邀请精神卫生专家就《大学生严重心理障碍与常见精神病的鉴别与干预》对全体心理辅导员进行培训。分别在小营、健翔桥、清河以及昌平校区开展面向全校学生的个体心理咨询服务,内容涉及学习心理、人际关系、情感与恋爱、人格与兴趣测量、能力评估、职业生涯规划以及网络心理等方面,帮助大学生解决面临的问题,提高其心理健康水平,促进其心理的健康发展。心理健康教育中心每周安排28个个体心理咨询时段,全年共接待来访学生300人次。心理健康教育中心共举办十二次团体辅导,辅导内容涉及"自我成长"、"人际交往"、"团队协作"以及"择业焦虑与适应"等方面,辅导学生500余人。

(2)心理健康教育活动。积极利用校园心理网站和《心苑》报纸对广大学生进行心理健康知识宣传和教育。"心理咨询网"包括"心理学殿堂"、"心海拾贝"、"心钥启迪"、"心灵处方"、"我的大学"、"阳光心苑"等栏目,每周所有栏目更新一次。"心苑"包括"新闻速递"、"人生感悟"、"心灵导航"、"心理人生"等版面,定期刊出。加强对学生心理社团的指导工作,利用学生社团扩大心理健康教育的辐射作用。心理健康知识的宣传和学生心理社团的指导工作。大学生心理健康节活动。以"健康心灵? 幸福人生"为活动主题,开展"525大学生心理文化活动月"。活动期间,心理健康教育中心组织多场心理健康教育讲座,主讲教师既有全国知名的心理专家,也有本校心理教师。讲座的内容涉及自我成长、生活适应、情绪调节、挫折应对、压力管理等方面。作为心理文化活动月的重要形式之一,心理健康教育讲座有助于更广泛地传授心理健康知识,提高大学生解决心理问题的能力。邀请北京石油化工学院来学校演出校园心理情景剧《大学那点事儿》,该剧将大学生在人际关系、情感恋爱、职业发展等方面的心理冲突呈现在舞台上。与回龙观医院合作在小营校区开展了"现场心理咨询"活动,本次活动涉及现场咨询、心理测试、板报汇展、卡片发放等内容,旨在从全校范围内进一步宣传心理健康知识,提高大学生对于心理健康的认识。学校参与了北京高校百万大学生阳光心语传递活动。

(3)教育科研工作。承担首都大学生思想政治教育研究中心课题"大学生心理健康三级管理体制及运行研究"。

(王雁 倪海 陈蕾)

【学生党建】认真做好学生党建工作,着力抓好校级党课和党支部书记培训。4月和10月,与组织部共同组织2期校级党课学习班,1000余名学员完成20学时的学习任务,顺利结业。5月,与组织部共同组织预备党员培训班,培训使得学生预备党员的党员意识明显增强,在今后学习、工作和生活等方面学生党员以自己的实际行动发挥党员先锋模范作用,做好表率,为学校学风建设作出自己的贡献。10月,组织学生党支部书记参观反腐倡廉警示教育基地。指导各学院积极开展红色"1+1"活动,全年各学院共有7个支部同北京郊区农村结对,并开展了颇具特色的活动,收到良好效果。7个支部将活动总结完成并已上报市教工委。在北京市开展的红色"1+1"示范活动评比中,学校计算机学院计算机科学与技术学生党支部获得二等奖,人文社科学院学生第二党支部获得三等奖。

【学生事务管理与服务】以学生为本,秉承管理育人、服务育人理念,按照严谨、细致、深入、务实的工作要求,突出工作重点,整体推进学校学生事务管理工作,不断提高学生事务管理的水平。

(1)新生工作。开展2009级新生《学生手册》学习与考试工作。新生在《北京信息科技大学<学生手册>学习、知会确认书》上签字,增强学生自我管理、自我教育的责任意识。强化学生的纪律观念,达到了预期效果。

(2)学生平安保险工作。顺利完成大学生平安保险投保工作,并为276名贫困生统一免费投保。认真做好学生平安保险理赔案校内环节各项工作,及时高效地协调出险学生和保险公司之间的沟通工作。全年71人次学生申请理赔,保险公司赔付金额近9.5万元。

(3)学生综合素质测评及奖学金评定工作。经过数据准备、班级综合素质测评、学院级审核及公示,校级审核公示等程序,完成学生综合素质测评及奖学金评定工作。2008~2009学年第一学期全校学生共2888人次荣获校内优秀学生奖学金,其中学生综合奖学金特等奖16人、一等奖332人、二等奖766人、三等奖1316人、学习进步奖214人、学习单项奖244人,发放奖学金178万余元;2008~2009学年第二学期,全校共2199人次荣获校内优秀学生奖学金,其中特等奖36人,一等奖248人,二等奖545人,三等奖967人,学习进步奖197人,学习单项奖206人,发放奖学金134万余元。

(4)竞赛单项奖学金审定工作。经学校推荐参加市级及以上比赛获奖者,由学生凭获奖证明申报且由学生处审定后,可颁发竞赛单项奖学金。2008～2009学年第一学期,共有118人次申请并获批竞赛单项奖学金,2008～2009学年第二学期,共有100人次申请并获批竞赛单项奖学金,全年发放竞赛单项奖学金6.5万余元。

(5)学生日常服务工作。4月和12月,分别召开"后勤管理服务学生意见建议座谈会",座谈会上学生与学生处、后勤管理处、后勤集团三个职能部门就宿舍卫生、医疗服务、安全设施、公寓管理、餐饮服务、教室管理等方面做了意见交流。9月,联合保卫处、后勤管理处和后勤集团对全校学生宿舍联合开展安全防疫大检查,在检查过程中,大多数学生宿舍安全卫生情况良好,没有发现用电安全隐患,但也有部分宿舍存在卫生状况差,屋内物品、衣服杂乱无章等情况,对部分宿舍进行通报,并动员其限期改正。10月,组织召开"以学生为本座谈会",杜林校长出席会议并作重要讲话,会上来自教务处、后勤管理处、后勤集团等相关职能部门领导、总支副书记代表、辅导员代表分别进行专题发言,学生代表就学生所关注的课程设置、教师授课方式、学生公寓、门诊部等存在的服务问题提出了自己的意见和建议,针对学生提出的意见和建议,各相关部门本着"以学生为本"的思想认真改进工作,努力提高服务质量。

(6)对违纪学生的处理、教育工作。严格学生管理,加强对违纪学生的处理及教育工作,对于维护学校正常教育教学秩序和生活秩序,建设优良校风、学风具有重要意义。2008～2009学年,学生处坚持教育与处分相结合,以教育为主的原则,对违纪学生进行了教育与处理。2008～2009学年,全校各类违纪学生39人,其中考试违纪3人、考试作弊17人、旷课6人、打架9人、其他2人。

(7)毕业生工作。优秀毕业生评选工作。制定并下发《关于评选2009届优秀毕业生工作的通知》,启动优秀毕业生的评比工作。经过对学院所推荐学生的思想品德、学习、身体、社会工作等方面的审核以及校院两级公示等程序,学校最终评选出150名校级优秀毕业生、90名市级优秀毕业生。毕业生档案整理工作。印发毕业生档案目录,指导各学院对毕业生相关资料整理入档。毕业生处分统计、撤销工作。2009届毕业生中共有45人申请撤销处分,经院校审查、主管校领导审批,鉴于这45名学生在违纪后能认真反思自己所犯错误,遵守学校纪律,努力学习,在各方面都有所进步,决定撤销其所受处分,其中21人撤销警告处分,10人撤销严重警告处分,6人撤销记过处分,8人撤销留校察看处分。毕业典礼工作。按照学校领导隆重热烈简朴的要求,学生处认真组织,积极筹办并顺利完成了2009届毕业生毕业典礼工作。

(8)班主任费、辅导员专项津贴的发放工作。进一步规范全校班主任、辅导员管理,除外聘、返聘班主任薪酬由人事处统一发放外,学生处每月20日前编报班主任费和辅导员专项津贴报表,全年班主任费、辅导员专项津贴发放正常。

(9)学生国防教育及武装部工作。由于甲型H1N1流感的影响,2009级新生军训未如期举行。学校研究决定,2009级学生军训推至2010年9月进行。学生军事爱好者协会工作。为激发学生参与国防教育的积极性,充分发挥学生在国防教育工作中的能动性,6月,学生处(武装部)发起成立了学生军事爱好者协会。作为武装部直接指导下的学生社团,军事爱好者协会积极组织学生开展、参加各类国防教育活动,社团影响力不断扩大,在协助学生处开展日常国防教育工作、征兵动员工作等方面发挥了积极作用。预征兵及士官直招工作。5 月,预征兵工作在我校全面启动,学生处就预征兵流程、入伍学生学费及国家助学贷款补偿政策等内容在全校范围内广泛宣传,积极组织,取得较好成效。7 月,在北京市海淀区士官直招工作中,学校 2 名学生通过体检、政审等一系列环节,顺利入伍服役,成为预备军官。在校大学生冬季征兵工作。10 月,在校大学生冬季征兵工作在学校全面启动,广大学生踊跃报名,经过初检、政审等一系列工作,学校共有 7 名学生光荣应征入伍。由于工作成绩突出,再次荣获海淀区征兵工作先进单位,学校已连续 5 年获此荣誉。

(张景波 包立辉 高凌风)

【学生助学体系的建设与管理】加强机构建设,完善资助体系,提高育人效果。认真贯彻、落实国家新资助政策以及各级有关部门资助高校家庭经济困难学生的文件政策精神,坚持助困与育人结合、经济救助与精神帮扶结合,完善家庭经济困难学生资助体系,健全资助政策,规范资助流程,切实加强学生的资助工作。

(1)家庭经济困难学生的认定工作。在认真总结以往经验的基础上,采取多项措施,不断规范家庭经济困难学生认定工作,让每一个家庭经济困难学生都得到合理资助。9 月,经统计,学校本科生家庭经济困难学生 1664 人,占全校本科学生总人数 15.56% 。

(2)国家助学贷款工作。充分发挥国家助学贷款在资助工作中的主导作用。2009 年国家进一步加大了学生生源地贷款工作的推进力度,充分发挥在贷款学生与当地政府部门的资助中心、当地银行之间的桥梁纽带作用。全年为 29 名学生办理生源地贷款,贷款金额为 15.29 万元。另外由于两校合并等历史原因,学校在北京银行的贷款账户问题一直没有解决,经过积极努力,北京银行克服困难采取优先原则为学校学生发放国家助学贷款。2009 年 1 月 1 日至 12 月 31 日为由于历史问题材料长期积压在银行的 953 人次发放了 496.49 万元的国家助学贷款。2009 ~ 2010 学年申请国家助学贷款的全部学生材料共 1012 人已经提交银行,待审批金额 516.49 万元。积极配合银行追缴不良贷款。已经与 208 名发生不良还款记录的毕业生取得联系,对其进行了政策宣讲,督促其还款。

(3)勤工助学工作。勤工俭学是学生资助和学生自助的又一重要环节。结合学校的自身情况,努力为学生提供更多的与学生专业相关的岗位,注重培养和锻炼学生的工作技能和沟通能力,努力促进学生全面发展。全年设勤工助学岗位 423 个,3233 人次参加校内勤工助学活动,发放勤工助学劳务费 181.3 万元。

(4)资助类奖学金、助学金及社会资助工作。全年北京市学生资助事务管理中心下达学校国家奖学金指标 26 人,奖金总额 20.8 万元。国家励志奖学金 364 人,奖金总额 182 万。国家助学金 1830 人,助学金总金额 406.72 万元。开拓 TRS 奖学金、技术发明奖学金等新的社会资助项目。TRS 奖学金总奖金为 40 万元,分 4 年执行,每年奖励 25 名学生,奖励金额为每人每年 4000 元。技术发明奖学金总奖金为 10 万元,分 4 年执行,每年奖励10名学生,奖励金额为每人每年2500元。

(5)实施校园爱心工程,重视情感教育。做好受突发性意外事件影响的家庭经济困难学生群体的资助工作。在总结经验的基础上,尝试为受突发性事件影响的家庭经济困难学生提供全方位的、持续性的关怀和帮助,在做好"面"上资助工作的同时,注意"点面结合"将资助工作向前推进。全年为29名受突发性事件影响的家庭经济困难学生发放一次性困难补助2.6万元。重视少数民族家庭经济困难学生的资助工作。针对新疆籍少数民族家庭经济困难学生设立专项补贴。全年共向15名新疆籍少数民族家庭经济困难学生发放专项补贴2.73万元。贯彻落实"爱心工程",为家庭经济困难学生,送去温暖,送去关爱。重视情感教育在资助育人中的感化作用,增强学生集体归属感。通过绿色通道确保每名家庭经济困难学生能够顺利入学,拿出专项资金,为他们购买生活必需品。全年有212名学生通过"绿色通道"入学,学校为其提供免费教材、免费军训服装、免费卧具等项目投入0.36万元。2009年首次试行冬衣补贴工程,为175名家庭经济特别困难的学生购置温暖舒适的冬衣,投入5.25万元。学校出资为324名2009级新生办理大学生平安保险,投入6.48万元。

(马绍辉　万　岚)

【学生工作队伍建设】加强学生工作队伍建设,打造符合我校发展实际的学生工作队伍。3月,与人事处、组织部共同组织2009年度学工系统干部招聘工作。从2000余名投递简历的应聘者中选出49名参加面试,并从所有参加面试人员中选聘5人,所有人员均为硕士学历,中共党员。新人员的选聘,壮大了学校学生工作队伍,提高了学生工作队伍的整体学历水平和素质,为学生工作的开展创造了良好的条件,有效促进了我校学生工作水平的整体提升。针对学校学工队伍建设趋向专业化,辅导员工作逐渐职业化的发展现状,为了提高学生工作系统人员的科研能力和水平,5月,邀请《北京教育(德育版)》杂志执行主编包和春到学校为全体学工干部作了题为《撰写文章应该注意的几个问题》的讲座。5月,组织辅导员素质拓展,来自学生处、各学院的40多名辅导员参加了拓展,收到了良好的效果。为加强学工系统干部专业化建设,9月,组织学工系统干部参加国家职业资格心理咨询师培训,共有11名学工干部参加培训。12月,召开辅导员工作研讨会。来自研究生部、各学院的38名辅导员参加了研讨。在研讨会上,与会人员就当前工作中存在的问题和今后一段时间开展工作的具体思路进行了交流,在很多方面形成了共识,进一步明晰了今后的工作思路。还组织2008年度学工课题结题评审以及2009年度学工系统课题申报工作。2008年的各项课题,基本顺利完成,有课题成果公开发表。2009年课题申报工作顺利开展,课题涉及学生工作中的教育、管理、资助、心理咨询、校园文化等各方面。11月,开展了辅导员、班主任年度考核工作。按照学生处的部署,各学院对2008~2009学年辅导员、班主任工作开展情况进行了考核,表彰了学校优秀等级辅导员11人,良好等级辅导员9人;优秀班主任等级54人,良好等级班主任78人。

(包立辉　高凌风)

【其他重要事项】(1)深入学习实践科学发展

观活动。积极推进信心建设工程,针对学生党员开展了学习实践讨论、百条有价值建议评比、学习实践活动橱窗展等活动;建立了与学生的交流机制平台,促进与学生的信息沟通;规定每个学生党员通过支部集中学习、自习等形式完成40课时的理论学习任务;培训辅导员提高理论素养;积极举办学生党员学习实践科学发展观理论培训班,一个月内共进行六次,共有3600人次的学生党员、入党积极分子参加培训;组织学生党支部书记与其他高校院系开展学习体会交流;举办科学发展观学习论坛;大力开展学生科技活动;积极组织学生党员为学风建设建言献策。

(2)国庆60周年群众游行活动。组织各学院辅导员进行宣传,开展学生思想政治教育工作,在国庆群众游行训练中,多次带领副书记对训练学生进行慰问。

(3)防控甲型H1N1流感工作。9月,根据北京市教育委员会《关于做好学校秋季开学甲型H1N1流感防控工作的实施意见》精神,组织各学院在全校范围内开展防控甲型H1N1流感的相关工作:学校为每位学生发放体温计;发放预防甲型H1N1流感中药;每个学院指定专门辅导员每天上报缺课学生的身体状况;组织学生集体注射预防甲流疫苗等。

(包立辉　高凌风)

保卫工作

【概况】保卫处(党委保卫部)是在学校党委、行政的领导下,依据国家有关法律法规和学校规章制度,维护学校政治稳定、治安安定,确保师生员工的生命财产及合法权益不受侵害,并为广大师生员工的教学、科研、生活、学习提供安全服务的职能部门。保卫处主要职责是:认真执行国家各项安全保卫法规,并根据党和国家的有关方针、政策、法律、法规,结合学校实际,制定校内安全保卫工作的规章制度。认真开展社会治安综合治理工作,建立健全各级岗位责任制。维护学校的治安秩序,协助主管部门做好重点部位以及大型文体活动、公共场所的安全秩序维护工作;负责对违反校园治安秩序行为的查处;协助公安机关、国家安全机关查破校园内的各类案件。负责全校的消防工作,制定消防工作计划、预案;指导基层单位组织培训义务消防队员,宣传消防知识,督促有关单位消除火险隐患;组织扑救火灾,对火灾事故进行查处。负责全校的交通安全工作,制订工作计划,规划、设置并管理校内交通标志。管理全校的集体户口,负责办理教职工户口申报,办理师生员工(集体户口)及家属的居民身份证。负责科技创安工程建设,完善安全防控体系,提升安全防范技术水平。协助国家安全机关、公安机关制止危害国家安全的行为。督促落实开展法制、消防、安全防范及维护校园稳定的宣传教育。定期组织安全检查,督促整改安全隐患。

保卫工作机构。保卫处下设综合办公室、安全科、治安科和清河校区保卫办公室共4个科室。综合办公室负责学校集体户口管理;保卫处档案、印章、介绍信、公用设施管理;安排值班及文书工作;本处人员考核、工资、福利等。安全科负责校内消防、交通、技术防范等工作。治安科负责校内治安管理、丢失物品招领服务站等工作。清河校区保卫办公室在保卫处统一领导下,对清河校区的安全工作负全责,接受校区综合管理办公室的监督、指导、协调和提出的要求、建议。

保卫工作队伍。保卫处现有处长、副处长各1人,保卫干部12名;保安队员81人,全部来自北京市保安服务总公司文安分公司;由勤工俭学学生组成的大学生治安服务队员85人;学生班级设立的安全委员、小营校区学生5号公寓宿舍安全员共计500人;消防安全重点部位管理责任人136人;由保卫处和后勤集团共同组建的保洁员兼职安全员队伍47人;由保卫处和校工会共同组建的"平安校园"教职工兼职安全员队伍64人。

保卫工作规章制度。学校先后修订印发了《关于调整学校稳定工作领导小组等七个组织机构成员的通知》(校党发〔2009〕42号)、《关于实行社会治安综合治理一票否决权制的暂行规定》(校党发〔2009〕46号)、《校园治安综合治理工作条例》(校保发〔2009〕1号)、《校园治安保卫管理规定》(校保发〔2009〕2号)、《消防安全管理规定》(校保发〔2009〕3号)、《校园交通管理规定》(校保发〔2009〕4号)、《集体户口管理细则(试行)》(校保发〔2009〕5号)、《安全管理责任制及责任追究制规定(试行)》(校保发〔2009〕6号)。建立并实行学校单位组织外出集体活动审批制度,明确相关审批备案程序。理顺了保卫处落实学校安全稳定工作要求的一系列规章制度和工作规程,修订完善《中控室管理规章制度》、《技防消防设施设备维修保养审批程序》,建立各校区安全信息工作月通报制度,发行《"平安校园"建设工作简报》,建立安全检查工作常规化制度,设计印制了与制度配套使用的《安全检查工作记录簿》、《技防消防设施设备日常运行情况巡查周报表》等。

保卫工作设施。消防设施设备:消防水泵17台,室外消防井46处,消防接合器14处,灭火器3604具(其中水雾灭火器32具),墙壁消防栓、水龙带454套,喷淋泵2台、喷淋头747个,正压风机4台、正压风口36个,卷帘门36个,排烟机1台、排烟口36个,消防电梯2部。交通设施:减速带12处,限速标志7块,禁停标志11块,黄网格4处,隔离栏11处,导向牌3块,禁鸣标志6块,自行车棚17处,停车位273个。技术防范设施:消防监控报警主机4台,电子感烟探头1813只,电子感温探头128只,消防手动报警按钮184只。防入侵报警系统4套,防盗报警探头500只。监控室4个,监控电脑13台、监控电视32台、视频监控探头553部。涵盖实验楼、教学楼、办公楼、图书馆、学生公寓、食堂、外国专家公寓、留学生公寓等部位。

保卫工作经费投入情况。年度消防经费24万元得到了保障,防雷系统工程、消防设施改造、防火防盗逃生门项目专项经费93.1万元,视频监控系统扩容改造项目专项经费187.8万元,楼宇对讲(门禁)系统专项经费27.9万元,安全稳定工作机动经费30万元。

2009年,学校保卫工作按照校党委、校行政关于维护学校安全稳定的工作部署和要求,坚定不移地贯彻"稳定压倒一切"的工作方针,围绕"国庆平安行动"和学校育人中心工作,狠抓安全稳定各项机制制度建设、队伍建设、硬件基础条件建设和工作措施的落实,积极推进"平安校园"建设,圆满完成本年度的各项工作任务，实现了“不出大事，减少小事，有事及时妥善处置，把危害和后果减小到最低程度”的工作目标：机制制度建设成果突出；国家安全和政治稳定工作的大好局面进一步巩固和提高；校园安全防范和管理得到了加强；校园应急管理得到了加强，处置突发事件的能力不断提高；深化大学生安全教育，师生安全防范意识和能力进一步提高；实施科技创安深化工程，进一步强化了安全稳定工作基础；深入开展“国庆平安行动”，实现了国庆平安目标。

（魏元燃　韩俊彦）

【安全稳定工作】高度重视安全稳定工作，责任明确。明确安全稳定是首要任务，大力加强人员责任意识、大局意识、忧患意识，要求做到纪律严明、恪尽职守、求真务实，做到“领导、责任、监督、措施”四到位。通过签订任务书的形式，加强责任制建设，明确了维护学校安全稳定各层次领导体系建设的具体要求。进一步强化国家安全和政治稳定工作。加强了重点时段的维稳防控工作。重视并严密防范“法轮功”活动。坚持把做好人民内部矛盾排查、化解工作作为维护安全稳定的一项基础性、制度化工作，认真做好人民内部矛盾排查调处工作。加强对学生社团的管理。

（1）高度重视安全稳定工作。2009 年，由分管校领导主持召开的全校性安全稳定工作方面的会议 9 次，党委常委会专题听取汇报、研究安全稳定工作 2 次，校长办公会专题研究安全稳定工作 1 次，下发有关安全稳定工作的校级文件 3 份、处级文件 2 份。

（2）学校部署寒假安全稳定工作。1 月 6 日，学校寒假安全稳定工作部署会议在小营校区第二会议室召开。会议回顾并肯定了上年度学校安全稳定工作取得的成绩，分析了今年安全稳定工作面临的国际国内环境和形势，会议明确学校做好今年安全稳定工作的总体思路：全面贯彻党的十七大、十七届三中全会、市委十届五次全会和全市政法工作会议精神，深入贯彻落实科学发展观，按照市委教育工委和市教委的部署要求，深化“建设平安校园、服务科学发展”主题，以“平安校园”建设为载体确保新大学校园持续安全稳定，以服务发展为职责促进新大学平稳较快发展，进一步提高思想认识、落实工作责任、健全机制队伍、落实各项预案、完善工作体系、强化能力建设，努力为保障新大学建设促进高等教育事业取得新发展提供有力保障，以优异的成绩迎接新中国成立 60 周年。会议明确要切实做好寒假及春节期间校园安全稳定工作，重视对寒假留校学生给予人文关怀，注意做好学生返乡返校工作，加强寒假期间的校园治安工作，放寒假前各单位必须进行一次全面彻底的安全大检查和隐患整改工作。校党委书记郑君礼、校长杜林、党委副书记闫成，以及全校各单位主要领导、各学院分管学生工作的副书记和昌平校区分管学生工作的副主任参加会议。

（3）学校部署年度安全稳定工作。3 月 20 日，学校年度安全稳定工作动员部署会议在小营校区报告厅举行。校党委书记郑君礼、校长杜林代表学校与保卫处、后勤集团、昌平校区 3 个处级单位代表的党政一把手，现场签订了《“推进平安校园建设，维护学校安全稳定”责任书》。会议传达了 3 月 18 日由市委教育工委、市教委组织召开的首都高校防火安全工作现场会会议精神，通报了 3 月 16 日中央美术学院临建宿舍火灾情况，传达了市委教育工委的有关工作要求。会议强调校内各单位要按照1月6日学校安全稳定工作会议精神及2009年学校安全稳定工作要点和“推进平安校园建设,维护学校安全稳定”责任书的要求,加强领导,明确责任,狠抓落实,切实做好今年学校的安全稳定工作。全体在校校领导和副处级以上中层干部参加了会议。

(4)学校党委常委会专题研究安全稳定工作。4月14日,学校召开党委常委会。会议听取保卫处(部)关于学校安全稳定工作专题汇报,学生处、招生就业办公室、校团委主要领导也分别做了涉及学校安全稳定的工作汇报。会议对学校下一阶段开展安全稳定工作和建设“和谐校园”工作做了专题研究和部署,提出了工作要求。4月15日,学校在大学生活动中心召开全校中层干部会议。会议通报了学校当前整体安全稳定工作形势及近期北京市教育系统发生的部分影响稳定的事件,会议明确做好全校安全稳定工作和建设“和谐校园”工作,要特别注意对防火工作、饮食卫生安全工作的防控,做好毕业生就业和平安离校工作,严格集体外出活动的审批手续,管理、服务单位的人员要增强服务意识,做好学生服务工作,避免与学生发生正面冲突引发不安定因素,加强师生安全教育,注意自身周边安全。

(5)学校部署重要敏感时段安全稳定工作。4月23日,学校重要敏感时段安全稳定工作部署会议在小营校区第四会议室召开。会议传达了市委教育工委、市教委维稳工作会议精神,对重要敏感时段的安全稳定工作进行了专题部署,会议明确要高度重视,抓好工作落实,建立防控队伍,健全安全防控网络体系,加强巡视;严格履行集体外出活动报批手续,加强各项安全工作的宣传教育;保持信息畅通,发现问题及时上报,做到遇到突发事件,能够快速反应,有效控制;充分利用现有技防条件,做好防火、防盗等工作,保障校园的安全稳定。校党委书记郑君礼、副校长冯喜春,各学院党总支书记和副书记以及相关职能部门的领导参加会议。

(6)学校部署暑期安全稳定工作。7月14日,学校暑期安全稳定工作部署会议在小营校区第二会议室召开。会议通报了当前学校安全稳定工作面临的形势和有关情况,介绍了学校落实上级“平安北京”建设要求、推进“平安校园”建设工作的实施方案,部署了学校暑期安全稳定工作,会议明确各单位领导要高度重视安全稳定工作,在思想上切实绷紧安全稳定这根弦;认真研究学校党委34号文件精神,结合本单位、本部门实际抓好“平安校园”建设工作的落实;全面深入摸排、积极化解、妥善处理各类隐患、纠纷和矛盾,制订预案、认真做好应急处置的准备工作;加强信息报送工作,严格报送纪律和要求,确保通讯和信息畅通。学校副校长冯喜春,各单位主要领导参加会议。

(魏元燃　韩俊彦)

【校园安全管理】强化校园安全防范和管理,推进“平安校园”创建活动。加强校园公共安全管理工作,严密防范各类安全事故。进一步完善校园公共安全的管理制度,严格落实安全管理工作责任制,加强检查监督和指导工作,确保各项安全管理措施的落实到位。建立完善整改通知书、信息通报制度,积极落实责任追究制,一票否决制等。建立健全基础信息台账;应急预案体系建设进一步完善;应急指挥机构建设得到加强;应急预案的学习宣传和演练得到加强。2009年,全校治安案件62起,比上年的76起下降了18.4%。其中在派出所立案的校园滋事斗殴事件2起,比上年的5起下降60%,均已得到妥善处置;校外人员向新生销售充值卡纠纷2起,妥善处理1起;破获并妥善处置了多起盗窃、打架、流氓滋扰等事件。在小营、健翔桥、清河三个校区成立的物品丢失招领服务站,全年收到捡拾物品424件次,其中现金人民币7385.1元,总价值约20余万元。认领归返338件次,返还率80%,收到书面感谢信24封,感谢电话140余次。

(1)学校加强安保队伍建设。学校对专职保卫干部进行专业培训,有4人参加保卫工作岗位培训、2人次参加政保干部培训、3人次参加治安管理培训、5人次参加新《消防法》业务培训。重视保安员队伍建设和作用发挥。组织保安队员进行国务院第564号令《保安服务管理条例》的集体学习,开展"百日大练兵"活动,提高安保一线队伍的组织、纪律性和战斗力。对中控室值班保安队员进行消防及技防岗位资格专业培训。对大学生治安服务队人员结构进行调整,建立健全了队伍管理规章制度。新组建了"平安校园"学生志愿者队伍,班级设立了安全委员,在小营校区学生5号公寓设立宿舍安全员并开展工作培训。继续重视并发挥"平安校园"教职工兼职安全员队伍以及保洁员兼职安全员队伍在校园治安防控工作中的作用,外请北京市火灾防治中心专业人员对他们进行消防知识培训,与后勤处、后勤集团共同举办保洁员兼职安全员先进表彰大会。

(2)学校加强消防基础条件建设。2009年,开展了火灾隐患排查整治"雷霆行动",组织安全检查72次,发出《安全隐患限期整改通知书》12份,均已整改完毕。发放并回收"重点部位每日安全检查记录本"840册,粉刷室外消防井盖标识47处,组织扑救初起火情3起。维修灭火器3406具,新购灭火器198具、消防应急包8套、防火战斗服6套、消防应急灯96套、消防疏散通道标识牌400块、重点部位防火标志牌200块以及消防柜、消防水带、消防斧、消防破拆工具等。研究核实并确定136处校内消防安全重点部位,制作、安装"消防安全重点部位"标识牌和防火标志牌,制定《消防安全重点部位管理责任人职责》,分别明确了消防安全重点部位所属单位党政领导以及具体管理责任人各自的职责。相继投资对小营校区学生公寓5号楼消防水泵电器控制系统进行维修改造,开通了健翔桥校区学四公寓北墙专用消防通道,商请海淀区气象局专业机构对原有避雷设施在雨季到来之前进行了检测与维修。利用93.1万元的专项经费,分别进行了防雷系统工程、消防设施改造、防火防盗逃生门项目工程的施工。

(3)学校加强校园交通基础条件建设。对校园交通设施进行改造,规范和优化校内道路布局,购买交通锥筒60个、反光背心20件、警戒带10卷,为小营、健翔桥校区更换电动大门、安装自行车架、减速带和通行道杆等交通设施。结合学习实践科学发展观征求意见情况,于5月19日至7月17日,采取10项措施,集中开展了校园交通秩序专项治理行动。

(4)学校加强大型活动安保工作。研究制定专门安保工作方案,积极投入、合理部署安保力量,做好学校大型会议、晚会活动,中央国家机关公务员考试、大学英语四六级考试、研究生入学考试,毕业生招聘会,新生报到、毕业生离校等大型重要活动的安保任务。

(5)学校加强应急管理建设。2009 年,加强应急指挥机构建设,完善应急预案,严格执行信息报送制度。稳妥处置"5.2"昌平校区学生宿舍电器、"11.26"理学院实验室仪器和"12.4"健翔桥校区家属楼有线电视线路起火等三起火灾火险事件,"4.24"、"5.26"等二起学生打架纠纷事件。

(6)学校加强校园及周边秩序整治。全面清理整治校园内违规办班、游商游贩、制假售假、非法小广告、进入教学办公区和学生宿舍区推销等严重影响校园秩序和环境的问题。严厉打击盗窃、诈骗、打架斗殴等各类校园违法犯罪活动。积极向上级和驻地政府部门反映,于6月12日至7月初毕业生集中离校期间,派出保卫干部和5名保安队员协助监督,配合西三旗街道对小营校区东门外的大排档进行整治,每天坚守到午夜。

(魏元燃　韩俊彦)

【安全防范宣传教育】2009 年,加大大学生安全教育力度,完善安全宣传教育机制,创新宣传教育形式,丰富教育内容,激发师生员工学习热情,提高师生安全防范意识和能力。为全体新生发放《大学生自救自护知识手册》3200 本、《大学生安全知识》2830 本,开设网上宣传阵地。针对网络、电信诈骗案件高发的情况,在网上发放 3 次警情提示,师生浏览次数累计超过 13000 次,印制发放 600 份宣传材料。根据冬季预防煤气中毒、春节期间燃放烟花爆竹等不同阶段的特点,印制 1100 份安全宣传材料,发放到家属楼、临时工宿舍和学生宿舍进行宣传;制作悬挂春节烟花爆竹限放标语、"119"消防宣传横幅 16 条。在对新的《消防法》和国家安全教育方面,制作流动宣传展板 12 块,交通宣传展板 12 块,在各个校区巡回展出。组织 40 场次治安、防火、交通安全专题展览和知识讲座等丰富多彩的安全宣传教育活动。

学校举办消防安全知识培训。6 月 3 日,消防安全知识培训在小营校区大学生活动中心举办。北京市海淀区公安消防支队防火监督处技术监督科科长张兵警官应邀来校授课。培训利用大量火灾现场的视频录像,列举、分析了近些年来全国发生的重特大火灾、2008 年以来首都高校发生火灾的成因、损失情况及后果,给出了如何对大学校园火灾的预防和控制、学生高层公寓发生火灾时的逃生技巧等方法建议,培训还从法律的角度解读了今年 5 月 1 日开始实施的《中华人民共和国消防法》中的相关章节。培训鼓励大家既要当好安全员,也要当好宣传员。学生班级安全委员、小营校区学生 5 号公寓宿舍安全员,各学院负责学生安全员组织管理工作的辅导员,保卫处、学生处、校团委主要领导和相关干部,以及保安队员参加培训。

(魏元燃　韩俊彦)

【科技创安深化工程】2009 年,利用 187.8 万元的技防专项经费,扩容改造小营、健翔桥和清河校区视频监控系统,共增加 237 个摄像监控点位,全校视频监控率达到 70% 以上;清洗原有视频监控系统 366 个摄像机外罩;检查维护小营校区 64 套防入侵报警主机,维修消防报警系统故障 20 次,全部清洗小营校区图书馆楼和健翔桥校区学四公寓的烟感探头。利用 27.9 万元的专项经费,为小营及清河校区家属楼安装了楼宇对讲(门禁)系统。北京市财政局绩效考评中心于今年 5 月对学校上年技防建设工程项目进行绩效考核,考核结果为优秀。

（魏元燃　韩俊彦）

【国庆安保工作】深入开展“国庆平安行动”,实现了国庆平安目标。认真落实市委、市政府和市委教育工委、市教委的工作要求,全面深入开展“国庆平安行动”。学校党委制定《开展“国庆平安行动”的工作方案》(校党发〔2009〕41 号),从组织领导、工作步骤与工作重点等方面进行详细部署和认真落实,保卫处对学校直接参与群众游行和群众联欢活动的人员多达 1077 人进行了政治审查把关,实现了平安国庆的目标,促进了学校安全稳定工作机制体制建设。作为学校国庆游行“科学发展”方阵总队中的安保和交通保障工作组,通过保卫干部和保安队员的辛勤工作,出色地完成了各项工作任务。在上级和学校对国庆 60 周年庆祝活动工作进行总结时,保卫处集体荣获学校国庆 60 周年庆祝活动突出贡献单位奖,荣立北京市公安局集体三等功;1 人获个人三等功,2 人受到嘉奖,15 人次分别受到了市委教育工委、市教委和学校的表彰奖励。

(1)学校部署“国庆平安行动”维稳工作。8 月 31 日,学校“国庆平安行动”维稳工作部署会议在小营校区第四会议室召开。会议明确做好国庆期间学校稳定工作是硬任务、第一责任,要认清当前任务重、要求高、难度大的维稳形势,强化各级领导的责任意识,落实好第一责任;分解维稳工作任务,抓好源头性、苗头性事件的初起处置工作,认真细致地做好参加国庆庆祝活动师生的安全保障工作,深入做好学生思想政治教育工作,全面落实维稳工作措施;突出工作重点,确保各项条件保障到位,努力做好基础和基层工作,认真做好消防安全工作。学校党委书记郑君礼、副校长冯喜春,各单位主要领导和各学院主管学生工作的党总支副书记参加会议。

(2)学校部署国庆期间安全稳定工作。9 月 27 日,学校召开国庆期间安全稳定部署工作会议。会议传达了上级关于做好安全稳定工作、防控甲型 H1N1 流感工作的有关精神和工作要求,通报了学校师生参加国庆群众游行训练工作的有关情况,对国庆期间及以后的安全稳定工作、防控甲型 H1N1 流感工作再次进行了深入部署。会议明确全校各部门、各单位要高度重视,落实责任,加强沟通,切实采取措施,做好国庆期间及以后的安全稳定工作、师生参加国庆群众游行训练的组织和服务保障工作、防控甲型 H1N1 流感工作。全体在校的校领导出席会议,全校党政机关各职能部门负责人、各党总支书记、各学院负责学生工作的党总支副书记、各校区管理办公室负责人、后勤集团负责人参加会议。

（魏元燃　韩俊彦）

【集体户口管理】2009 年,按照学校和公安机关的相关规定和要求,办理 1247 名往、应届毕业生户口迁出手续,以及 1008 名新生和新进教职工户口迁入手续;办理 628 名师生第二代身份证。

（魏元燃　韩俊彦）

离退休工作(老干部工作)

【概况】离退休工作办公室(老干部工作部)现有工作人员 7 名。全校现有离退休职工 882 人,其中离休干部 72 名(含代管离休干部2名),分别在朝阳区和海淀区的5个校区(小营、清河、健翔桥、金台路和酒仙桥校区)。离退休党总支设有19个党支部,党员471名。

2009年,在学校党委和行政领导下,以邓小平理论和"三个代表"重要思想为指导,贯彻落实科学发展观,树立以人为本的思想,圆满地完成了学校的离退休工作。

(祁长青)

【离退休干部管理服务工作】(1)新春茶话会。1月6至9日,离退休工作办公室在五个校区分别召开离退休老同志新春茶话会,校党委副书记刘筱毅出席茶话会。刘筱毅副书记代表学校党委向老同志拜年,并祝老同志身体健康,家庭幸福,同时通报了学校2008年各项工作的进展情况以及2009年的主要工作任务。

(2)离休干部新年团拜会。1月14日,离休干部新年团拜会在国电宾馆隆重举行,来自各校区的60多名老干部欢聚一堂喜,喜迎新年。在校全体党政领导和有关部门主要负责人一起向参加新年团拜会的老干部致以节日的问候,衷心祝愿他们新春愉快,健康长寿。校刘筱毅副书记主持团拜会。校党委书记郑君礼代表学校党委向老同志表示诚挚的敬意和节日的祝贺。郑君礼书记指出,老干部是学校各项事业的奠基者和推动者,是我们事业的坚强后盾,是推动学校发展的主要力量。诚恳地希望全体老干部在新大学的发展建设中继续发挥积极作用,把学校的事业推向前进。校长杜林向老同志通报了学校2008年的重点工作,并代表学校衷心祝愿老同志生活幸福,健康长寿,希望老同志保持身体健康之余,多关心学校的建设和发展。

(3)召开关工委主任会议。5月21日,学校关心下一代工作委员会在清河小营校区第四会议室召开了2009年第一次主任工作会议。会议传达了上级领导讲话和北京市教育系统关工委工作会议精神,围绕《学校关工委2009年工作要点》进行了认真的讨论。校党委书记、关工委名誉主任郑君礼,校长、关工委名誉主任杜林,校党委副书记、关工委常务副主任刘筱毅,校关工委副主任孙毓仁、唐树艺、林少岩、张银增及秘书长孙福友、唐清辉出席会议,会议由校关工委主任甘圣予主持。关工委名誉主任郑君礼书记、杜林校长在会议上作了重要讲话。杜林校长首先感谢各位老同志对学校工作的理解、关心和支持。杜林校长从关工委的活动载体、构建平台、队伍建设以及个性化服务等方面,对关工委的下一步工作提出具体明确的要求,并希望关工委在为青年教师和学生提供个性化服务上先走一步。郑君礼书记在讲话中充分肯定了上一届学校关工委的工作,并结合当前学校学习实践科学发展观活动的开展,对关工委的工作提出了要求。郑君礼书记表示,学校党委将大力支持关工委工作,希望老同志们量力而行,注重身体健康。

(4)特困基金小组会议。6月19日和12月8日,召开离退休人员特困基金小组会议,分别讨论上半年和下半年各校区申请补助人员的情况,逐一进行了认真分析和评议,全年补助离退休人员93人、补助金额8万元。

(5)学校工作通报会。9月16日,学校在小营校区报告厅召开老干部情况通报会暨颁发建国60周年纪念章仪式。郑君礼书记、杜林校长出席会议,学校全体离休干部、司局级退休干部和退休党支部书记近80人参加会议,会议由刘筱毅副书记主持。杜林校长向与会的老干部通报了近期学校工作,对下半年的工作进行了阐述。郑君礼书记对学校的工作,特别是对学校学习实践科学发展观活动作了总结通报。郑君礼书记希望学校发展继续得到老同志们的大力支持。

刘筱毅副书记宣读了中共北京市委组织部、北京市老干部局、北京市人力资源和社会保障局致离休干部的慰问信。郑君礼书记、杜林校长、刘筱毅副书记向参会的离休干部颁发庆祝中华人民共和国成立60周年纪念章,并赠送慰问品。

(6)“春节”、“七一”和“国庆节”前夕,郑君礼书记、杜林校长、刘筱毅副书记及其他校领导分别走访慰问老干部,为老党员、老干部送去党的温暖和学校的关怀。

(7)共和国同龄人座谈会。9月24日,学校在小营校区第二会议室举办“我与共和国一同成长”共和国同龄人座谈会。郑君礼书记、刘筱毅副书记出席会议。来自全校40名共和国同龄人以及相关职能部门领导参加会议。座谈会上,与会人员其乐融融、踊跃发言,气氛热烈。分别结合自身学习、工作和生活经历,一起回顾新中国成立60年来取得的伟大成就,特别是改革开放30年来发生的巨大变化。郑君礼书记在讲话中指出,新中国的成立及60年来取得的伟大成就表明:历史选择了新中国,没有共产党,就没有新中国,只有社会主义才能救中国,只有中国特色社会主义才能发展中国。郑君礼书记最后强调,全校师生要继续保持“抢抓机遇、迎难而上、争先创优、挑战自我”的精神状态与工作作风,时刻与祖国共奋进,贯彻落实科学发展观,进一步提高人才培养质量,积极开展科技创新,努力为国家特别是首都社会经济建设服务,为实现中华民族的伟大复兴、全面建设小康社会做出应有的贡献。

(8)迎接北京市教育工委检查组来我校检查工作。10月21日,北京教育系统老干部工作领导小组组长、市委教育工委常务副书记刘建,原市委教育工委副书记、市教科院党委书记朱全俊,原北京高教局局长、北京教育系统老干部工作领导小组成员林浦生,市委教育工委市教委老干部处处长徐小珍、副处长韩玉稳、干部杨旭等一行,来校检查学校贯彻落实《北京市老干部工作领导责任制》情况。郑君礼书记向检查组汇报了学校贯彻落实《北京市老干部工作领导责任制》情况,杜林校长、刘筱毅副书记以及学校老干部工作领导小组成员参加汇报会。在刘建常务副书记主持的汇报会上,郑君礼书记介绍了学校老干部工作情况,重点结合具体事例向检查组汇报了学校老干部工作的主要做法,指出了今后工作的思路。参加会议的老干部畅所欲言,结合大量令人感动的具体事例,向检查组真实反映了学校老干部工作情况。在听取郑君礼书记汇报和老同志发言后,刘建常务副书记代表检查组向学校领导反馈了对学校老干部工作的意见,并对学校老干部工作给予了高度评价。她希望学校面对新形势新任务,认真总结工作经验,再接再厉,把老干部工作做得更好。

(9)老干部活动室揭牌仪式。12月31日,小营校区老干部活动室揭牌仪式在活动室门前举行。郑君礼书记、杜林校长和刘筱毅副书记前来揭牌。揭牌仪式上,郑君礼书记代表学校,对老干部活动室的扩建使用表示热烈祝贺,希望离退休老同志在自己的活动室里学习好、娱乐好,并祝大家元旦快乐、生活愉快、身体健康。随后校领导由相关部门领导陪同视察了活动室,看望了老同志。小营校区老干部活动室于今年5月进行改扩建,新增面积120平方米,9月验收通过。在学校办公室、后勤管理处、资产管理处等部门的大力协作下,在较短的时间内购置了内部设施,为离退休老同志开会、学习和娱乐活动创造了条件。

(祁长青)

【老干部活动】(1)老干部参加学校运动会。4月23至24日,组织离退休老同志参加学校运动会,本着“重在参与、旨在健身、安全第一、康乐为先”的宗旨,共有326名老同志参加。运动会设立保龄球、飞镖、投篮、套圈4个项目。赛场上,气氛热烈、井然有序。特别是由离退休老同志组成的100人入场式方队,迎得了热烈的掌声,并获得了“精神风貌奖”。老同志充分显示了老当益壮、不甘示弱、积极进取、蓬勃向上的精神风貌。

(2)春游活动。5月12至15日,离退办分别组织五个校区536名离退休老同志到香河天下第一城和中国紫檀博物馆参加春游活动。广大离退休老同志踊跃参加,丰富了老同志的精神文化生活。

(3)学校老干部门球队获得第五名。5月13日,由北京市教委、北京老教育者协会主办的2009年北京老教育工作者门球比赛中,学校由退休干部沈云师、张凤兰等5名退休老同志组成的门球代表队,获得比赛第5名的好成绩。

(4)离休干部健康疗养活动。6月16至18日,党委老干部工作部组织43名离休干部和家属到香山植物园卧佛山庄健康疗养,由于安排周密,预案可行,安全顺利地完成了健康疗养工作。

(5)教工休养院休养活动。6月28日至7月2日,组织50名离退休老同志到北京市教工休养院休养活动。休养期间还游览了京东大峡谷、黄崖关长城和湖洞水景点,丰富了离退休老同志的精神文化生活。

(6)秋游活动。10月19至23日,分别组织五个校区532名离退休老同志到红螺慧缘谷和怀柔影视城秋游活动,极大地丰富了老同志的精神文化生活。

(7)重阳节登山活动。11月6日,组织10名离退休老同志参加北京市老教育工作者协会组织的九九重阳节登山活动,使老同志开阔了视野,增强了体魄。

(8)贺金婚活动。12月,对达到金婚年龄的13对离退休老同志表示祝贺,颁发贺信和慰问品,以表达学校对老同志夫妻幸福生活的祝福,老同志收到贺信和慰问品后非常感激,老伴也非常高兴,对学校的关怀表示感谢。

(祁长青)

【党建工作】(1)党员参观活动。6月1至5日和10月27至29日,在“颂祖国促发展,倡和谐乐晚年”的主题实践活动中,离退休党总支组织546名离退休党员参观了门头沟区平西情报交通联络站、妙峰山景区和大兴区留民营村,广大离退休党员踊跃参加,使离退休党员受到爱国主义教育,并亲身感受到新北京的变化发展,更加坚定了走中国特色社会主义道路的信念。

(2)评选先进党支部、优秀共产党员活动。6月,按照学校党委的通知要求,离退休党总支组织了离退休党员广泛推荐评选,评选出了2个先进党支部、5名优秀共产党员和1名优秀党务工作者,充分调动离退休党员的积极性,加强了离退休党支部的建设。

(3)共产党员献爱心活动。6月,在学校

组织的共产党员献爱心捐款活动中，广大离退休党员积极奉献爱心，198 名老同志在 4 天内，捐款 13700 元，充分体现了老同志心系灾区、无私奉献的精神。

(4)学习实践科学发展观活动总结暨创建“五好支部”经验交流会。7 月 21 至 23 日，离退休党总支召开了学习实践科学发展观活动总结暨创建“五好支部”经验交流会，刘筱毅副书记出席会议。刘副书记对离退休党总支几年来党组织建设工作给予了充分肯定，对离退休党员学习实践科学发展观开展的一系列活动给予高度评价，同时指出，今年是建党 88 周年，建国 60 周年，我们要在新的形势下，进一步加强离退休党支部建设，发挥好老同志的作用，做好关心、照顾老同志的各项工作，让党放心，让广大老同志满意，以优异的成绩迎接新中国成立 60 周年。离退休党支部书记、支部委员等 60 余人参加会议。

(5)离退休党支部换届选举。9 至 12 月，按照《党章》的有关规定，根据学校离退休党支部的现状和离退休党员的分布情况，按照学校党委的统一安排，离退休党总支在下半年对离退休党支部进行换届选举，制定和下发了换届选举工作的方案、程序和步骤。按照离退休党员居住地情况，新成立了“育新党支部”，改选后离退休党总支共有 19 个党支部，其中有 4 个离休党支部，14 个退休党支部和 1 个离退办党支部，一些年富力强、新近退休的离退休党员进入支部领导班子，改选工作于 12 月全部结束。通过改选，进一步优化党支部的设置，方便了党员就近参加学习，有利于发挥党员的先锋模范作用，提高了党组织的活动质量。

(祁长青)

机关党委及工会工作

【概况】机关党委(机关工会)2004 年 9 月成立，是学校党委领导下、建立在学校党政机关职能部门的基层党组织(群众组织)。机关党委现有正式党员 159 名(预备党员 4 名)；基层党支部 16 个，覆盖机关 21 个处级部门；机关工会现有正式职工 229 名；基层工会小组 11 个，覆盖机关 23 个处级部门。

2009 年，机关党委在学校党委的领导和主管领导的指导下，在机关各部门行政领导的大力支持下，团结带领机关全体党员和职工，坚持以邓小平理论和“三个代表”重要思想为指导，以科学发展观为统领，认真贯彻落实中央关于深入开展学习实践科学发展观活动的精神和校党委的工作部署，紧紧围绕加强和完善机关党建和学校中心工作，按照“党员群众受教育，科学发展上水平，人民群众得实惠”基本要求，以加强和完善机关党的建设为着力点，以加强机关作风建设和党风廉政建设为抓手，积极推进机关党的思想、组织、作风、制度建设和廉政建设，充分发挥机关党组织的政治核心作用、战斗堡垒作用和共产党员的先锋模范作用，为加强机关建设、完成中心工作提供了重要的思想和组织保证，为新大学科学发展做出了贡献。机关工会在学校党政的领导下，在校工会的具体指导下，在机关各部门党政领导的关心和大力支持下，机关工会团结和带领机关全体职工，坚持以邓小平理论和“三个代表”重要思想为指导，紧紧围绕学校中心工作和重点任务，认真履行维护、建设、参与、教育四项基本职能，积极发挥桥梁和纽带作用，努力完成了各项工作任务,为新大学改革建设发展做出了贡献。

(崔仲凯　宗春青)

【学习实践科学发展观活动】机关党委深入学习实践科学发展观活动按照市委教育工委的统一部署和校党委的安排,在学校学习实践活动领导小组办公室的指导和机关学习实践活动领导小组的统一安排下,经机关16个党支部的精心组织和全体党员的共同努力,圆满完成了学习活动各阶段的工作任务,达到预期要求,取得明显效果,积累了较好的党建工作经验。

(1)加强组织领导,精心部署安排。3月中旬,机关党委及时召开机关党委全委会,认真学习传达上级和学校党委精神,成立机关党委学习实践活动领导小组,统筹安排和指导协调机关党委学习实践活动。建立机关党委委员对口联系支部的制度,加强对机关各党支部学习实践活动各个阶段工作的检查指导,紧密结合机关工作实际制定实施计划及活动日程表。

(2)全员发动,强化培训。学习实践活动各阶段,机关党委在抓紧制定方案的同时,召开全委会、扩大会、支部会及时进行部署和学习培训,培训骨干,发挥示范带头和引领作用。在提高认识的基础上,以饱满的政治热情和良好的精神状态,积极投入到学习实践活动之中。做到认识到位、组织到位、人员到位、部署到位,形成了一级抓一级、层层抓落实的组织体系和工作格局,有力地推动了机关学习实践活动的有序展开,机关上下迅速形成了浓厚的学习氛围,学习实践科学发展观活动,起步快,开局好,进展顺利,成效显著。

(3)强化学习,领会精髓。各党支部把科学发展观的学习贯穿学习实践活动的全过程,立足机关实际,确保学习工作两不误、两促进。充分发挥按照业务归口划分的五个机关处级理论学习中心组在学习中的示范和引领作用;组织党员干部在认真参加学校、支部统一组织的集中学习、研讨、专题辅导的同时,坚持以支部为单位的集中学习与个人自学相结合,坚持学习讨论与集中交流相结合,坚持做好学习笔记,各支部坚持每周对党员干部自学情况进行检查,做到了自学有计划、有笔记、讲效果。通过系统的学习研讨,机关广大党员干部对科学发展观的历史背景、现实意义、科学内涵、精神实质和根本要求等有了新的认识和理解,在对科学发展观的认识上取得新提高。增强了运用科学发展观推动新大学又好又快发展的自觉性和坚定性,增强了发展是第一要务的理念,结合学校现阶段面临的形势与任务,在如何抓住机遇、抢占发展制高点、强化办学特色、争创全国同类高校一流水平以及怎样服务师生发展、培养高素质应用型人才等重大问题上形成共识。

(4)围绕科学发展主题,深入开展调研活动。认真落实“树立一流理念,强化办学特色,以改革创新精神推进新大学科学发展”活动主题,以贯彻落实第一次党代会精神和学校“十一五”规划,完成年度主要工作任务为主线,以着力解决机关作风方面的问题为调研重点,支持和鼓励机关13个部门20多位党员处级领导干部积极参加学校八个专题调研,较好积累了指导部门调研和工作的第一手资料和调研经验;及时安排各部门和党支部紧密结合本部门和党员领导干部实际开展调研,在广泛征求意见、找准影响科学发展的突出问题和深入分析的基础上分别形成20份部门调研报告和49名党员领导干部个人的调研报告；机关党委确定以着力解决机关作风方面的问题为重点开展调研，通过专题调研、上门走访调查、问卷调查、网络调查和召开院系领导和服务对象参加的座谈会、组织开展建言献策活动等方式，广泛听取党内外群众和各教学单位对机关工作、机关党员和领导干部思想作风、工作作风等方面的意见和建议6条；开展建言献策活动，征集意见建议4大类49条，认真进行梳理，找出了制约和影响机关和党员领导干部科学发展的突出问题，实事求是地分析存在问题的原因，深入分析当前面临的机遇和挑战，找出推进机关和党员领导干部科学发展的工作着力点，明确今后努力方向，进一步增强了用科学发展观指导教育教学工作的自觉性和坚定性，为创新机关工作机制，加强机关建设，谋划新大学科学发展奠定了基础。

（5）认真开展分析评议。以机关五个处级理论学习中心组为单位，认真组织实施了机关处级理论中心组的学习和主题民主生活会，以党支部为单位，16个党支部分别召开党员专题组织生活会。校领导、学习实践活动联络员、各党支部副书记和机关分工会委员、工会小组长等列席专题民主生活会和作风建设年专题民主生活会。会前，处级干部在相互间开展谈心的同时，广泛征求了各方面的意见。机关处级专题民主生活会按照加强领导干部思想政治建设的要求，结合个人分管工作，紧紧围绕贯彻落实科学发展观这个主题，在深入查找不适应、不符合科学发展观的思想观念、影响和制约科学发展的突出问题、党性党风党纪和工作作风等方面的突出问题、影响校园和谐稳定的突出问题、面对金融危机不利影响反映出来的突出问题以及制度机制方面存在的缺失和障碍上下功夫；在深刻剖析影响学校和本单位事业科学发展的思想根源的同时，着重分析个人和分管工作存在的问题，在此基础上总结经验、进一步明确方向。

（6）根据分析调研取得的成果，及时制定和组织实施了落实整改阶段的工作方案，在主管校领导的指导下，根据学校整改落实方案，各部门结合自身工作调研情况，对本部门查摆出来的突出问题和需要完善的制度以及承担的学校层面整改任务，制定落实整改工作方案。在认真落实整改方案，集中解决提出的问题的同时，从促进学校科学发展的实际需要出发，全面梳理了学校和本部门现有的政策性文件和规章制度，对不符合科学发展观的政策制度切实进行了废、改、立工作；对于有制度而执行和落实不到位的，制定有力的措施确保制度的执行；对于没有制度的，建立切实可行的制度。着力在解决与科学发展观要求“不符合、不适应、不到位、不敏感”的问题上下功夫，为学校科学发展营造良好的政策制度环境。同时，机关各部门和党支部按照分工和工作职责，集中力量，解决了一些师生普遍期待的实事、好事，对近期能够解决的问题，落实专人负责，对需要一段时间的努力才能解决的问题，确保活动结束之后有人过问、有人来抓，逐步予以落实；对受客观条件限制，一时不能解决的问题以求真务实的态度，向党员群众解释清楚、说明原因。通过落实整改措施不断推动科学发展上水平。

（7）机关各党支部开展以“解问题，办实事，服务师生发展”为主题的实践活动，充分发挥党支部的战斗堡垒作用和党员的先锋模范作用,增强党组织服务党员、群众的功能,积极搭建党员服务群众的平台,多为师生办实事,努力营造以人为本、科学和谐的发展环境。在前一段工作的基础上,继续力所能及地帮助解决本部门党员和群众在工作和生活中最迫切的实际困难和问题,建立和完善本部门联系服务对象和群众、服务对象和群众的制度和长效机制,借学习实践活动东风,进一步提高管理与服务水平,改进机关作风。

(崔仲凯 宗春青)

【党的思想建设】(1)加强机关党建工作改革创新,增强机关党支部战斗力和活力。在庆祝建党88周年之际,根据校党委部署,机关党委从6月初开始,精心组织开展了先进党支部和优秀党员的评选表彰工作。2个党支部、9名党员分别被评为学校先进党支部和校优秀共产党员,2个党支部、22名党员分别被评为机关先进党支部、机关优秀共产党员。以此为契机,大力开展了宣传和表彰活动,较好的发挥了激励作用,通过评选表彰先进,树立典型,发挥示范作用,推进党建上新水平。紧扣科学发展观学习教育主题,紧密围绕机关作风建设等重点,组织开展形式多样、内容丰富、促进发展的主题党日活动和调研,切实提高党日活动质量,提高党员参与活动的积极性和主动性。把学习教育活动引向深入,促进机关建设上新台阶。以着力解决机关作风方面的问题为重点开展调研,通过专题调研、上门走访调查、问卷调查、网络调查和召开院系领导和服务对象参加的座谈会、组织开展建言献策活动等方式,广泛听取党内外群众和各教学单位对机关工作、机关党员和领导干部思想作风、工作作风等方面的意见和建议6条;开展建言献策活动,征集意见建议4大类49条,认真进行梳理,找出了制约和影响机关和党员领导干部科学发展的突出问题,实事求是地分析存在问题的原因,深入分析当前面临的机遇和挑战,找出推进机关和党员领导干部科学发展的工作着力点。围绕加强机关作风建设,开展"学习实践科学发展观,创建'学习型、创新型、服务型、廉政型'机关"系列建设和学习、研讨活动,促使机关作风上新台阶。组织一百多名党员干部赴西柏坡开展"牢记'两个务必',实践科学发展,为新大学发展做贡献"主题党日活动。通过举行新党员宣誓、老党员重温入党誓词等活动大大激发了全体党员的革命热情,坚定了理想信念。认真组织开展以"解问题,办实事,服务师生发展"为主题的实践活动,力所能及地帮助解决本部门党员和群众在工作和生活中最迫切的实际困难和问题。按照"边学边改,能改快改"的要求,近期已经完成或正在进行了一批整改工作任务,初步取得成效。加强制度建设,为学校科学发展营造良好的政策制度环境。机关各部门从促进学校科学发展的实际需要出发,在调查研究的基础上,全面梳理了学校和本部门现有的政策性文件和规章制度。机关各部门现已完成了97个校级、79个部门的规章制度的重新修订和增补工作,目前,还有160多项规章制度正在修订之中。在学习实践活动中,进一步健全机关党委全委会、机关党委扩大会议和党支部会议、活动和学习制度,健全和不断完善和充实了党员组织生活会、处级干部民主生活会、重要问题集体讨论决定等制度;进一步规范组织建设等项工作程序;健全和落实机关党委委员联系支部、对口联系业务职能部门制度。

(2)发挥党建工作优势,加强党员教育管理,主动做好围绕中心,服务大局的工作。以党风廉政建设和机关作风建设为主要内容,加强党员日常教育管理,并列入机关党建工作重要议事日程。坚持党员学习制度,强化党员意识和宗旨观念,不断提高政治理论水平和业务水平;建立定期分析党员履职和职业道德、作风建设情况的制度,建立党员干部廉政教育和提醒制度,警钟长鸣,随时掌控党员干部思想动态,做到心中有数。按照学校党委的部署和北京市干部作风年建设的要求,在学习实践活动中,研究调整了机关处级理论中心组的组织形式,认真开展了以作风建设为主题的处级干部民主生活会和研讨活动;按照北京市委的部署和校党委的安排,结合机关实际,认真开展了作风年建设的系列活动。深入党支部开展交流沟通和谈心活动,发挥了加强交流、促进工作的效果。深入机关各部门,注重调查研究,随时注意发现思想苗头和职工生活困难情况,做了大量深入细致的化解矛盾。从机关工作实际出发,注意围绕中心工作和重点任务积极开展职工思想动态分析,注重做好深入细致的思想政治工作,尤其是配合学校做了大量处以下人员聘任中的思想政治工作和意见建议的听取和反馈工作,为促进工作的顺利开展作出了努力。认真落实党委的部署,围绕贯彻落实党代会精神做了大量深入细致的工作。召开机关党委扩大会研究部署并在机关党委各支部部门开展学习贯彻落实学校党代会精神、落实党代会提出的奋斗目标的活动,取得明显成效。创新党建工作内容和形式,紧密围绕学习实践科学发展观活动、纪念改革开放30周年、七一表彰、建国六十周年、反邪教教育、学习吴达观等主题,开展学习、座谈、主题党日实践活动和先进党支部和秀秀党员表彰活动,提高了认识、拓宽了思路、增强了信心,凝聚了力量,党支部的战斗堡垒作用和党员的先锋模范作用得到了进一步的发挥,积极支持和配合行政部门工作,为完成学校中心工作和重点任务做出了努力。

(崔仲凯　宗春青)

【党的组织建设】加强组织建设,规范工作程序,不断增强党建工作活力。9月,机关党委根据处以下人员聘任结束后,党支部成员岗位及人员流动变化情况,及时进行相关支部调整,健全了党支部领导班子。积极做好积极分子培养、党员发展、预备党员考察工作,健全了组织员制度,由3名机关党委委员担任组织员,规范工作程序,落实工作职责,明确工作责任,严把质量关。机关党委成员和组织员与积极分子、发展对象、预备党员谈话50多次,组织了4名预备党员的入党宣誓。重视和加强对新入党党员和预备党员的培养和教育,全年新发展党员4人,转正2人。处以下人员聘任结束后,组织实施了转入和转出党员组织关系办理和信息库数据调整完善及09年度党内数据统计等项工作。认真完成了上级和学校下达的有关工作任务。根据学校的部署,组织实施了机关14个部门年度考核评优工作。9月9日,在小营校区1号办公楼报告厅召开了机关党委反邪教教育主题党日活动。主题党日活动学习传达了北京市委《党内反邪教警示教育宣传提纲》精神,观看了《反对邪教,警钟长鸣》专题片。

(崔仲凯　宗春青)

【机关作风建设和党风廉政建设】党风建设是机关建设的关键,事关党的形象和学校校风建设,事关党的事业和学校事业的成败。

(1)把机关领导干部廉洁自律和廉政风险防范作为加强作风建设的重点。按照校党委的部署,将党风廉政建设作为提高机关党政领导执政能力、加强机关党的建设的重大政治任务来抓。组织中层干部参加经常性的党风廉政建设宣传、教育、参观等活动,强化机关人员廉洁从政的意识和自觉性,筑牢反腐倡廉思想防线。立足机关工作实际,督促各支部认真落实学校党风廉政建设和反腐败工作任务分工,督促各部门党员领导干部认真落实与学校签订的《党风廉政建设责任书》和《领导干部廉政承诺书》。机关各业务部门根据要求逐步建立和完善廉政风险防范及有关的制度和工作机制。9月9日,机关党委在小营校区报告厅召开了机关党委全体党员大会,机关党委纪检委员传达了上级和学校关于反腐倡廉和党风廉政建设、廉政风险防范的文件精神,并对机关党员干部廉洁自律和廉政风险防范提出要求。

(2)把改进机关工作作风作为加强机关党的作风建设的抓手。机关各部门针对学习实践活动中查找出的机关作风方面的问题和差距,及时制定出整改方案,认真进行整改,从改进服务态度、提高办文办事效率入手,进一步改进机关工作作风。制定了进一步加强和改进机关作风的具体措施;广大党员、干部、职工宗旨意识明显增强、群众观念增强,工作作风有了新的改进。不少部门结合业务工作实际,专题研究加强作风建设问题并提出具体措施;各业务部门利用校园网等多种渠道,公布部门岗位设置、办事程序、联系方式,公开涉及校务公开事项,方便服务对象,增加工作透明度;有的通过网络和设置意见箱等方式广泛听取意见,自觉接受群众监督;不少部门还建立了与教学部门经常联系沟通的机制和渠道,加强交流沟通,随时改进工作;积极为师生员工办实事、做好事、解难题,工作作风和服务态度有了明显好转,工作效率和服务质量有了明显提高。

(崔仲凯　宗春青)

【机关工会工作】(1)认真履行维护职能,坚持开展“送温暖”活动。机关工会和各工会小组认真履行维护职工合法权益职能,十分关注涉及职工切身利益的工作。一是加强与工会会员经常性沟通交流,随时注意听取和反映职工的意见和呼声,尤其在处以下人员聘任等热点问题和涉及职工切身利益的问题上,工会干部都能主动、及时征集和反映职工的意见和建议;二是开学初,及时做好职工思想动态的调查摸底;三是注意多做疏通、解释和化解矛盾、温暖人心的工作;四是以工会小组为单位,及时做好家庭困难职工、生病住院职工或教职工直系亲属亡故等的慰问和关怀,并按照学校的有关规定给予必要的补助,帮助解决临时困难,送上温暖。五是关心职工的身心健康,根据校工会的部署,组织会员参加《职工重大疾病互助保障计划》,通过组织每年一次的体检、参加“团体女性安康保险”活动、组织轮流休养等,有效地维护了职工自身的利益;通过组织“国际劳动妇女节”参观、学习和组织女职工参加健康保险、健康和保健知识专家辅导等活动,切实关心其特殊利益,维护其合法权益,不断激发女职工的工作积极性、主动性和创造性。关注热点问题和涉及职工切身利益问题,利用工会渠道,多做听取意见、沟通交流和通过渠道反映民意的工作。

（2）认真履行建设职能，不断增强工会小组战斗力和活力，为新大学改革建设发展做出新贡献。明确职责和任务，进一步加强自身建设，一是根据学校机构设置和人员的变化，适时调整部门工会小组设置和工会小组长，加强对部门工会工作的领导；二是加强工会干部的学习和培训，提高办事和协调工作的能力；三是坚持民主集中制原则，建立和坚持了分工会委员会议、扩大会议制度和学习制度，建立了重要事项、活动和重要经费支出集体研究决定制度，保证了决策的民主和科学。四是部门党政领导加强对工会小组工作的领导和支持；五是工会小组加强自身建设，在部门工作中发挥了重要作用。

（3）认真履行参与职能，积极组织职工参与民主管理和社会公益活动。机关分工会小组在部门党政的领导下，围绕中心、服务大局，调动职工积极性和创造性，积极参与学校改革建设发展的中心工作和上级下达的重点工作任务，统一思想，凝聚人心，在合并筹建新大学及新大学改革建设和发展中，认真履行管理育人和服务育人工作职责，积极参与学校民主管理，通过各种方式建言献策，主动做好凝聚力量、化解矛盾的工作，为新大学发展作出了突出贡献。在本科教学评建和评估检查、奥运会和残奥会志愿服务及平安奥运、国庆六十周年庆祝活动及平安行动等重点工作和重要任务中无私奉献、奋力拼搏，圆满完成任务，上级部门和新闻媒体多次给予高度评价。近年来，机关十多个部门先后多次得到上级和学校的奖励，三百余人次分别获得上级或学校的嘉奖。动员组织职工积极参加筹备召开学校双代会的工作，努力完成各项筹备、建设任务，调动了大家参与民主管理的积极性。机关职工积极参加社会公益事业，关注灾区和贫困地区，多次捐款捐物献出爱心。机关职工积极向灾区和贫困地区捐款和衣被。不少职工还通过其它各种方式积极捐款表达爱心。

（4）认真履行教育职能，积极开展形式多样、内容丰富的宣传教育活动。紧密围绕中心工作和重点任务，以爱国主义教育、促进身心健康、新农村建设、纪念改革开放30周年、纪念建国六十周年等为主题，组织了建国六十周年成果展、锥臼峪和怀柔圣泉寺健步走等主题实践活动，收到了感受生活、健康身心、体验发展、开阔眼界、凝聚力量的效果。在党员干部参加先进性教育、科学发展观学习教育活动的过程中，非党党员职工坚持了日常的政治理论学习，思想政治觉悟和政策水平有了较大的提高。以开展形式多样、内容丰富、积极向上的文体活动为切入点，组织职工积极参加每年一度的校运动会，历年曾先后获得团体一等奖、二等奖，组织职工积极参加学校乒乓球、羽毛球、定向越野、扑克牌、跳绳等比赛，并取得好成绩。各小组结合自身特点组织了各种学习、研讨、竞赛等活动。积极配合校工会和机关党委开展的师德建设活动，以《公民道德建设实施纲要》和以“八荣八耻”为主要内容，大力加强机关作风建设宣传和教育，使机关作风有了明显改进。把参加筹备召开学校双代会、努力完成各项工作任务的全过程作为学习教育的机会，通过参与，受到教育和提高。

（崔仲凯　宗春青）

【工会工作创新】（1）从6月初开始，机关工会积极响应学校号召,组织机关职工开展大唱革命歌曲活动。9 月 27 日,机关近 60 名职工参加学校庆祝建国六十周年教职工“祖国万岁”歌咏比赛,获得 104.33 分的最高成绩,被评为第一名。

(2)高度重视、积极支持机关分工会的工作。进一步发挥分工会干部在和谐校园建设中的组织、协调和融合作用,在组织职工参政议政、维护职工合法权益、化解矛盾、凝聚人心等方面作了大量有成效的工作。支持分工会围绕学校中心工作和自身建设,开展的形式多样、内容丰富、积极向上的关爱人、凝聚人、愉悦人的文艺、体育和围绕纪念建国六十周年开展的参观新农村主题实践活动、大唱革命歌曲活动,进一步调动了广大职工围绕中心,服务大局的积极性、主动性和创造性。

(崔仲凯　宗春青)

【其他重要事项】建国六十周年庆祝活动。1200 余名师生在首都国庆 60 周年庆祝活动中展现风采。10 月 1 日,在举国期盼、举世瞩目的新中国成立 60 周年庆祝活动中,机关党委多个部门圆满组织实施了有我校 1029 名师生参加的国庆 60 周年群众游行“科学发展”方阵、46 名师生参加的大学生联欢方阵、100 余名师生直接参加的各项安全保卫和服务保障工作。学校办、宣传部、教务处、财务处、学生处、后勤处、保卫处、工会、团委等 9 个单位(全校共 12 个单位),获学校国庆六十周年庆祝活动突出贡献奖;机关党委 23 位同志获得突出贡献奖(全校教工 63 位)。

(崔仲凯　宗春青)

直属单位党总支及工会工作

【概况】直属单位党总支在学校党委的领导下,负责直属单位的党务工作,党务工作管辖范围是图书馆、实习中心、高教研究室、网管中心、健翔桥校区管理办公室、清河校区管理办公室、金台路校区管理办公室和酒仙桥校区管理办公室等八个行政单位。建有九个党支部,九个党支部是:图书馆党支部、实习中心党支部、健翔桥科研党支部、高教研究室党支部、网络管理中心党支部、健翔桥校区管理办公室党支部,清河校区管理办公室党支部、金台路校区管理办公室党支部和酒仙桥校区管理办公室党支部,现有中共党员 72 名。直属单位工会是在党总支领导下开展工作,目前设有 9 个部门,10 个工会小组,工会会员 169 名。

2009 年,党总支按照学校党委的工作部署,认真宣传贯彻执行党的方针、政策和上级党组织的决议;组织党员、干部和职工加强政治理论学习和政策理论学习;加强直属单位党的建设,负责直属单位党组织发展,党员的教育、管理和监督;团结直属单位党员干部和职工做好本职工作,树立良好的工作形象,增强服务意识,做好服务工作,保证学校教学科研任务的顺利开展;积极推进精神文明建设,构建和谐校园。

(宗俊英)

【理论学习】根据学校学习实践科学发展观活要求,结合直属单位的实际情况,及时制定下发了直属单位党总支及处级干部理论中心组学习计划,严格执行学习考勤制度。每次集中学习,全体成员都能按时参加集中学习讨论。遇特殊情况不能参加的，都事先请假。对每次学习进行考勤记录，存入学习档案，从而保证各项学习任务落实到实处。2009 年组织中心组集中学习 10 次，出勤率达 90% 以上。处级干部积极撰写读书心得体会和文章 11 篇。求真务实，突出重点，确保学习内容落到实处。全年除学校安排处级理论中心组学习外，党总支按照学校学习计划和工作重点组织学习了毛泽东、邓小平、江泽民《关于科学发展观重要论述》、胡锦涛《在全党深入学习实践科学发展观活动动员大会上发表的重要讲话》、胡锦涛《在十七届中央纪委三次全会上的重要讲话》、刘延东《深入贯彻落实科学发展观走中国特色高等教育发展道路的讲话》、学校郑书记、杜校长在中干会上《关于解放思想切实把握机遇 开拓创新引进科学发展》的讲话，观看了《一个明星区长的堕落轨迹》即：海淀区区长周良络的犯罪过程的警示教育录像等等。确保了学习计划学习内容的落实。严格制度，创新形式，确保学习效果落到实处。每次学习都提前把要学习内容、方法、个人自学准备的内容通知到每一位中心组成员，使参加学习的同志有充裕的时间安排好其他工作，避免工学矛盾，搞好自学，做好学习准备。学习时保证到会率，开展交流，提高运用理论解决实际问题的能力。

（宗俊英）

【党的建设】党总支全体党员赴门头沟开展主题党日活动。全体党员参观了门头沟斋堂镇马栏村冀热察挺进军司令部旧址。在参观学习的过程中，党总支开展了全体党员重温入党誓言活动。通过活动，广大党员更加牢记全心全意为人民服务的宗旨，纷纷表示要加强学习，继承和发扬党的优良革命传统，保持党员先进性，为新大学的发展做出贡献。

（宗俊英）

【直属工会工作】（1）坚持以人为本，组织受教职工欢迎的各项文体娱乐活动。直属单位工会努力贯彻以人为本的理念，组织好各项工会活动，开展多种形式的文体活动，活跃职工的文体生活，根据直属单位工会的工作安排，2009 年秋季，组织直属单位工会教职工前往平谷的千佛崖、白地宫进行登山健身活动。

（2）认真完成学校“双代会”代表、直属单位工会委员及处级后备干部的推荐选举考察工作。根据校工发〔2009〕8 号、校工发〔2009〕1 号文件关于进行部门工会委员会换届选举的通知及第一届教职工代表大会暨第一届工会委员会代表选举工作的文件精神，依照选举程序，直属单位工会于 2009 年 12 月 1 日上午召开了全体工会会员大会，选举大会应出席 171 人，实际出席 131 人，大会经过投票选举产生了直属单位工会委员 7 人，选举产生了参加学校“双代会”代表 18 名，学校正副处级后备干部 14 名，报经学校审批后，直属单位进行考察、民意测评正副处级后备干部 9 人，圆满完成了后备干部考察、测评工作。

（3）积极踊跃献爱心树立党员干部的良好形象。为进一步激励全体党员深入学习实践科学发展观，增强社会责任感，充分体现党的先进性，弘扬团结互助精神和扶贫济困的传统美德，帮助群众解决生活中的实际困难，树立党组织、党员干部的良好形象，增强党组织的凝聚力和吸引力，直属党总支积极响应上级部门的号召，组织党员干部、入党积极分子参加“共产党献爱心活动”，捐款总额为2290元。年底直属单位工会再次响应校工会的号召,组织教职工向江西贫困家庭献爱心捐款2730元、捐赠衣物127件。

(宗俊英)

工会教代会工作

【概况】校工会是联系学校党政与广大教职工之间的桥梁纽带,是职工利益的代表者和维护者。工会具有维护、建设、参与、教育四项基本职能。其中维护教职工的合法权益是工会的基本职责。校工会现有主席(校纪委书记刘勇兼任)1人、常务副主席1人、副主席2人、兼职副主席2人、工会干部3人;现有部门工会16个、部门工会主席16人。

2009年,校工会在北京市教育工会、学校党委的领导和行政的支持下,以科学发展观统领工会工作,围绕中心服务大局,以党的十七大精神为指导,认真筹备第一届教职工代表大会暨第一届工会会员代表大会,开展以师德建设为核心的各项活动,开展健康向上的文体活动,坚持以人为本,为职工办实事、办好事,为构建和谐校园,促进学校发展,发挥了工会、教代会作用,顺利的完成各项主要任务。

(于　洋)

【教代会工作】认真开展第一届教职工代表大会暨第一届工会会员代表大会(简称第一届"双代会")各项筹备工作。制定了第一届"双代会"筹备工作方案;完成了代表选举工作和部门工会换届工作;完成了教代会执委会、工会委员会和工会经审委员会及各专门工作委员会委员候选人预备人选的提名推荐工作;启动了第一届教代会提案征集工作。

(于　洋)

【工会工作】(1)以服务学校育人工作为主旨,全面开展以师德建设为核心的各项活动。3月,校工会会同人事处、党委宣传部联合举办了学校第二届师德论坛,论坛以"大力加强师德建设,营造良好育人环境"为主题,探讨师德建设工作新思路、新举措;开展教学基本功比赛,加强青年教职工队伍建设。工会与教务处、人事处联合举办了学校第三届青年教师教学基本功比赛,并推荐2名教师参加北京高校第六届青年教师教学基本功比赛;6月,校工会与教务处、人事处联合召开学校第一届教学观摩暨2009年教学基本功颁奖大会;2月,校工会与人事处共同组织青年教师奔赴革命圣地遵义,开展以爱国主义教育为主题的社会实践活动。

(2)广泛开展丰富多彩的文化体育活动,促进校园文化建设,举办"祖国万岁"教职工合唱比赛,开展丰富多彩的健身活动。

(3)以打造"服务型工会组织为目标,关心职工生活,营造和谐氛围,组织全校教工开展送温暖,献爱心活动,为教职工办实事,组织女教工进行参观、健身等系列活动。

(于　洋)

【工会自身建设】着力抓好队伍的思想建设和作风建设,校工会干部积极参加北京市教育工会组织的各种理论研讨和培训活动,参加片组研讨活动,进一步提升了工会干部的理论水平和履职能力。进一步提高工会理论研究水平,下发《北京信息科技大学工会关于开展2009年理论与调查研究课题申报工作的通知》,对8项课题准予立项。

(于　洋)

【第一届“双代会”筹备工作综述】学校第一届教职工代表大会暨第一届工会会员代表大会经学校党委和北京市教育工会批准,确定在2010年3月19至20日召开。学校党委高度重视第一届“双代会”,将其列入贯彻落实科学发展观整改落实方案和2009年度学校党政工作要点,并经学校党委常委会多次专题研究,加强领导,精心谋划,统筹安排。

着力北京市教育工会和学校党委领导、根据学校贯彻落实科学发展观整改落实方案和2009年度党政工作要点的总体部署,于10月9日正式启动第一届“双代会”筹备工作。10月21日,由教代会执委会委员和校工会领导及各部门工会主席组成的联席会议,认真研究了学校《第一届“双代会”筹备工作方案》,讨论确定了筹备工作的相关事宜。10月22日,校工会分别向校党委和北京市教育工会请示筹备召开学校第一届“双代会”,10月28日,校党委和市教育工会批准同意。10月28日,学校2009年第29次党委常委会审议通过了《第一届“双代会”筹备工作方案》。11月18日,校党委下发了《北京信息科技大学第一届教职工代表大会暨第一届工会会员代表大会筹备工作方案》,明确了大会的指导思想和主要任务及主要议程;确定了大会代表名额、代表结构、代表条件、产生办法和“双代会”机构设置以及筹备工作机构与职责;对筹备各阶段工作提出了明确要求。11月18日,学校召开了各部门工会主席会议,部署“双代会”代表选举工作。在基层党组织和部门工会的精心组织下,在全校教职工的大力支持和积极配合下,至12月4日,完成了“双代会”代表的选举工作。12月22日,“双代会”筹备工作领导小组下发《关于做好第一届教职工代表大会提案征集工作的通知》。

(于　洋)

共青团工作

【概况】校团委负责共青团员的思想政治教育和共青团组织的建设,组织开展校园文化活动。主要职责是:宣传思想政治教育。宣传党的方针政策,开展团员思想政治教育,及时了解团员思想动态,协助学校作好稳定工作和突发事件应急工作,制定并组织实施大学生素质拓展计划,指导和管理学生团体开展工作。组织建设工作。负责基层团组织的建设工作,负责团员、团干部和学生干部的教育和管理,负责团员发展工作,任免基层团干部,负责团籍管理和团费管理,开展推优入党工作。学生活动和服务。建立校内学生学术科技与创业活动的制度,组织团员参与校内外学术科技与创业竞赛,指导团员青年开展志愿服务和社会实践活动,实施大学生志愿服务西部计划和服务基层计划,维护青年的权益,开展共青团济困助学活动,协助开展就业服务活动,开展青年学生工作研究。组织开展校园文化活动。开展丰富多彩的校园文化活动,不断提升校园文化品位,发挥校园文化育人功能,坚持为青年学生全面、健康成长成才服务。

2009年,校团委紧紧围绕学校中心工作,牢牢把握为青年学生成长成才服务的基本方向,与时俱进,锐意进取,着力解决制约学校共青团事业发展的根本问题,用发展的眼光、创新的精神抓好团的思想建设、团干部队伍建设、团的制度建设及团的活动载体建设,打造精品工作,切实增强共青团对广大青年影响力、吸引力和凝聚力,切实服务于青年学生的成长成才。校团委、学生会及各校级学生组织的工作更加科学化、规范化、合理化,团的自身建设、大学生就业创业见习服务工作、大学生科技创新工作、社会实践工作和志愿服务工作扎实推进,学生社团蓬勃发展,团结、引领广大青年学生积极投身国庆60周年庆祝活动中,为新中国60华诞献礼,青年学生的思想政治教育工作成效显著。

(李华涛)

【宣传思想政治教育】深入学习实践科学发展观为统领,开展"弘'五四'精神、促科学发展"系列主题活动,举办团校深入开展党史团情教育,开展五四图片展和组织学生骨干到天安门广场观看升国旗等活动,加强青年大学生的爱国主义教育。开展"献礼祖国、书写青春华章"主题团日活动。

(李华涛)

【组织建设工作】组织成立大学生科学发展观学习实践会、进一步深化"青年马克思主义者培养工程",加强大学生思想政治教育工作。通过团委例会、团总支书记例会、团学主要学生干部联席会,有效推动共青团工作的开展。认真做好团员干部的选拔任用工作。采取专题讲座、集中学习、经验交流等形式,对全体学生干部进行培训。继续做好党建带团建,团建促党建,做好推荐优秀团员作为党的发展对象工作。制定并完善推优工作细则,配合各级党组织了解和掌握入党积极分子,进一步加强对学生组织的指导力度,保证学生组织的有效运转。继续做好团籍管理和团费收缴工作。通过评优、评选树立典型,激励和带动广大基层团支部和团员青年积极性、主动性和创造性。

(李华涛)

【学生活动和服务】强化校园文化活动阵地建设,用先进的文化吸引人,打造多种平台培养人。开展以"争做五四先锋、抒发爱国情怀"为主题的演讲比赛。举办纪念"五四"运动九十周年"青春韵美"配乐诗歌朗诵会。12月30日,策划并组织"大师讲坛"第一讲,邀请原外交部部长李肇星为学校师生做"国际关系和我的外交经历"的主题报告。

(李华涛)

【大学生科技创新活动】以课外科技文化活动为载体,以特色校园文化为导向,以队伍建设为保证,将学风建设贯穿于学生培养的全过程;组织学生开展丰富多彩的课外科技文化活动,提高学生综合素质,效果显著。学生在课外科技活动、各级各类学科竞赛中屡创佳绩,全年在全国及北京市各类学科科技竞赛获奖80余人次。举办系列辅导讲座、本科生课外科技基金项目申报、创新杯科技作品竞赛等。第六届"挑战杯"首都大学生创业计划作品竞赛中,学校荣获北京市银奖2项,铜奖5项学生在各项大型比赛中表现优异,成绩突出。4月份参加由北京科技大学主办的首届首都大学生校际百科知识竞赛获得团体三等奖;5月份参加由清华、北大、外交学院组织的第三届商业创意大赛获得最佳实践奖。参加了由北京市教委、高教处、团市委等主办的首届"北京市大学生科学研究与创业行动计划项目成果展示与经验交流会",会上展示学校在各项比赛中的获奖成果,受到广大同学老师的关注;学校李芳洲同学的项目论文被选入交流会的理工科学子论坛,获得专家的好评。继续加强本科生课外科技基金项目的立项、中期检查、成果展示工作，全年申报 145 项、立项 100 项。探索大学生科学研究与创业计划训练平台管理运行机制，积极推进学校大学生科技创新活动，北京市教委审批下来 66 个项目已经落实，现在项目正在研制和开发中。

（贾　斌）

【学生社团工作】继续加强学生社团管理的机制建设，打造学生社团活动品牌，构建新的校园文化体系。针对学校学生社团建设的现状与思考，形成了《以科学发展观引领学校学生社团内涵式发展》的调研报告，并修改了学校学生社团管理规范，重新完善《北京信息科技大学学生社团管理规定》，建立和完善学生社团组织管理体系，积极整合了学校各校区社团资源，进行了统一注册，全校共有学术科技类、理论学习类、实践公益类、文化艺术类和体育运动类等学生社团 56 个。通过“科学发展促成才、青春社团显风采”第二届社团文化节、绿色之星环保知识竞赛、陶行知研讨社书市、野马经济论坛拍卖会、跆拳道社教学演示、英语联盟歌唱比赛、摄影协会“印象五月”摄影展等给同学们留下了深刻的印象。在社团文化节中还进行了社团调研、建立社团团支部、开展社团干部培训、社团研讨会等活动，促进新大学、新社团、新的科学发展。学校社团联合会成功承办由北京市委宣传部、市教委、市文化局联合主办的“民族艺术进校园”活动，北京市歌剧舞剧院的艺术家们为我们带来了一场精彩的视听盛宴。社团联合会主办的纪念“五四”运动九十周年“青春韵美”配乐诗歌朗诵会取得圆满成功。校合唱团参加由中共北京市委宣传部，北京市教育委员会主办的爱国歌曲大家唱“纽曼大学生原创音乐大赛”获得分组决赛场冠军，总决赛优胜奖。天残棋社获得第五届北京市五子棋高校赛无禁组团体第一名、昌平区棋类联合比赛中国象棋团体第一名。跆拳道社周雷、吕中和、刘腾飞参加 2009 年大学生跆拳道精英赛获得 2 个第三名，1 个第五名。绿色之星社团缪文喆获得大学生心理节摄影一等奖、二等奖和优秀奖。英语联盟社团彭婷婷获得北京高校英语歌唱大赛优秀奖、曾庆璇规范字比赛软笔楷书法北京市优秀奖。社团联合会承办“人文大赛”、“环保创意大赛”、“谷歌杯公益创意大赛”，增加了学校学生参加公益活动的途径和方法，并首次开展“十佳”社团、“十佳”社团活动、“十佳”社团人评选活动。

（郭　颖）

【志愿服务工作】大力推进后奥运时期的志愿者工作，积极整合校内外资源，扩大学校志愿服务工作的影响力，发挥志愿服务工作的育人功能。起草《北京信息科技大学关于进一步加强和改进志愿者工作的意见（草案）》文件，整合了原团委志愿者部、青年志愿者协会、社联志愿者中心等志愿类组织资源，于 2009 年 4 月在首都高校率先成立了校志愿者联合会，构建学校“枢纽型”志愿者组织。校团委、校社团联合会开展“弘扬奥运精神，争做志愿先锋”为主题的“志愿服务宣传月”系列活动。志愿者们定期来到各个志愿服务基地开展志愿服务活动：3 月 11 日，学校社团联合会和机电工程学院“微笑联盟”社团的 19 名志愿者来到了龙泽、回龙观城铁站进行排队推动日的宣传和引导志愿服务。志愿者们奔赴会位于朝阳区潘家园的北京古玩城，参加每周的“潘家园古玩市场的口语教学”活动，与那里的商家结下了深厚的友谊。社团联合会的同学和学校陶行知研讨社的志愿者们来到打工子弟学校——红星小学,定期为孩子们辅导功课。周末的时候,社联的同学们会一起来到位于朝阳管庄的松堂关怀医院看望那里的老人,为他们送上祝福和温暖的关怀。志愿者联合会与海淀区花园路街道残联、上地温馨家园、毛主席纪念堂、中关村社区等4家单位签订了志愿服务基地协议。“松堂关怀医院志愿服务活动”,建立了“北京信息科技大学爱心小屋”。举办了首场“国大华闻公益时代精英论坛”,与中央办公厅毛主席纪念堂管理局签订了《共建大学生校外教育基地协议》。在鸟巢、北郊车站、华清园小区、中关村医院等地展开国庆志愿活动。共有300余名国庆志愿者成功开展了以“信息服务、语言服务、应急服务”为主要内容的志愿服务活动。组织学校900名同学参与“车王争霸赛”鸟巢志愿服务活动。2009年岁末,全校选拔的55名志愿者参与了铁路春运志愿服务活动。校“关艾”社与北京海淀区疾病控制预防中心、北京科技大学、北京体育大学、民族大学等高校的“青春红丝带组织”成员一起为首都预防艾滋病宣传志愿者“1+1”十进(进医院、进影院、进车站、进学校、进社区、进公园、进工地、进宾馆、进商场、进单位)活动招募了部分志愿者。指导校红十字会学生分会开展了捐书捐物、义务献血宣传、“心系红围巾、点滴暖人心”关注艾滋病活动、手语培训和同伴教育培训等活动。组织“车王争霸赛”鸟巢志愿服务活动,共有900人次学生参与。积极建立校外志愿服务基地。2009年在已有的基地基础上,又与海淀区花园路街道残联、上地温馨家园、毛主席纪念堂、中关村社区等4家单位签订了志愿服务基地协议。

(郭 颖 孙豆豆)

【其他重要事项】促进大学生就业创业,竭诚服务学生成长成才。成立了大学生就业创业促进服务中心。努力做好大学生就业创业见习基地创建工作,6月3日下午,由校团委组织举办的“北京信息科技大学‘大学生就业创业见习基地’签约暨授牌仪式”在图书馆108会议室隆重举行。校纪委书记刘勇,中国移动通信集团北京有限公司朝阳分公司、北京拓尔思(TRS)信息技术股份有限公司、瞬联软件科技(北京)有限公司、东大正保远程教育集团、北京精仪达盛科技有限公司、北京兴华会计师事务所的有关领导出席了签约授牌仪式。服务毕业生就业,举办“如何由校园人向职业人转变”的讲座。打造职业规划节品牌,以服务大学生就业、创业为出发点,吸引广大青年学生在展示风采的同时学知识、长才干。

加强共青团工作研究,推进共青团工作在新的形势下不断创新。深入开展大学生科技创新工作的有关调研,形成了《深入学习实践科学发展观、大力推进学校大学生科技创新工作》调研报告,并大力推进学校大学生科技创新工作上新的台阶。针对学校学生社团建设的现状与思考,形成了《以科学发展观引领学校学生社团内涵式发展》的调研报告。

科学规划、精心组织、统筹协调、齐心协力,高质量地完成了国庆60周年群众游行工作和国庆60周年大学生联欢方阵工作。进一步增强了爱国情怀和建设新大学的主人翁意识。形成了严明的纪律,磨砺了坚强的意志。增强了大型活动的组织管理能力,开阔了眼界,提高了能力。获得“首都国庆60周年群众游行优秀组织单位”奖。

(王继强)

教学单位工作

机电工程学院

【发展概况】机电工程学院(Mechanical & Electrical Engineering School,简称机电学院)于2006年12月在原北京机械工业学院机械工程系、机械工程系数字化设计与制造研究所和基础教学部工程制图、力学教研室的基础上组建而成。学院设机械制造及工业工程系、设计工程系、机械电子与车辆工程系和基础教学部4个系部,以及机器人研究所、数字化制造研究所。学院现有机械设计制造及其自动化、工业设计、工业工程、车辆工程4个本科专业;现有机械工程一级学科硕士学位授权点,机械电子工程、机械设计及理论、机械制造及其自动化、车辆工程4个二级学科硕士学位授权点和1个机械工程领域工程硕士学位授权点;现有北京市重点二级学科1个,北京市重点建设一级学科1个。

2009年,学院有教职工73人,其中专任教师67人。专任教师中,教授19人,副教授27人,具有博士学位28人,硕士生导师25人。

2009年,学院毕业生475人,其中研究生43人,本科生432人。招生416人,其中学术型学位硕士44人,专业型学位硕士3人,本科生369人。在校生1529人,其中学术型学位硕士85人,本科生1442人,留学生2人。

(侯俊伟)

【学科建设】学院加强北京市重点学科机械电子工程、重点建设一级学科机械工程的建设,根据冲击博士授权资格的目标,汇集队伍、凝聚方向、建设基地。梳理现有学科梯队,鼓励和促进教师根据专长和意愿向学院的优势特色研究方向汇集。梳理现有研究方向,强化适应国家产业和科技政策与首都社会经济发展需要的机电系统测控技术与应用、先进制造技术、机电一体化系统技术与应用、现代设计理论与方法、智能机械与机器人及自动化技术、现代汽车工程等方向的建设。

4月3至4日,学院召开学科专项建设研讨会。会议讨论并通过了学院2010年学科专项建设的目标,各二级单位提出了专项建设的具体建设思路和设备需求。

(侯俊伟)

【教学工作】学院车辆工程专业获得在京一本招生;获北京市优秀教师奖1人;获北京市教育教学成果二等奖1项、校级教学成果一等奖3项、二等奖2项;获北京市特色专业建设点1个,获评北京市精品课程1门,获批北京市优秀教学团队1个,校级优秀教学团队1个;实施北京市名师讲学计划,聘请2名国家教学名师讲课。

(1)1月20日,经教学工作委员会审议通过,学院在2008年实验教学基本功大赛中获实验技能专题一等奖4人、二等奖6人、三等奖5人;方案设计专题一等奖3项、二等奖5项、三等奖7项;学院获优秀组织单位奖。

(2)4月13日,经“青年教师教学基本功比赛评委会”评议,学院获青年教师教学基本功比赛三等奖1项,同时学院获得优秀组织奖。

(3)4月15日,学院黄民副院长一行3人赴美对美国伊利诺伊大学芝加哥分校(UIC)及伊利诺伊理工大学(IIT)进行了为期1个月的深入考察和调研。通过此次调研发现,UIC机械工程专业在办学指导思想、人才培养目标、培养计划的制定、设立工业界顾问委员会、课程设置、实践教学模式和内容(特别是 IIT 的毕业设计组织实施模式)、课程考核及成绩评定方法、学校与企业的关系等方面均有值得学习和借鉴的地方,学院在此基础上着手尝试开展相应的教学改革与探索。

(4)5 月 31 日,经专家组评审、教学工作委员会审议,机械制造及其自动化专业团队被评为校级优秀教学团队。

(5)7 月 6 日,根据京教高办〔2009〕5 号文件,学院工程图学教学团队被评为北京市优秀教学团队,并被推荐参加国家级优秀教学团队的评选。

(6)7 月 6 日,根据京教高办〔2009〕6 号文件,学院机械设计制造及其自动化专业被批准为北京市特色专业建设点。

(7)7 月 14 日,根据京教高办〔2009〕8 号文件,学院"机械制造基础"课程被评为北京市精品课程。

(8)9 月 16 日,学院在小营校区大学生活动中心举行"北京信息科技大学 2009 年机械创新设计大赛"参赛动员会。此赛事是一项公益性的大学生科技活动,旨在培养大学生的创新精神、合作意识,开阔视野,提高大学生的创新设计能力、综合设计能力与团队协作精神。教务处副处长王兴芬、学院党总支副书记回世勇,第四届北京市创新设计大赛组委会成员、学院机械设计教研室田竹友教授,机械设计教研室米洁副教授、黄小龙老师应邀参加。

(9)10 月 11 日,国家汽车质量监督检验中心向学校赠送价值十万元的教学设备。该套获赠设备将在车辆专业本科生、研究生的汽车整车性能检测、汽车设计、毕业设计等课程及实践教学环节中发挥重要作用,同时对于学校开展商乘两用汽车的设计开发和科学研究具有重要的实际意义。

(10)12 月 29 日,北京汽车研究总院副院长、北京汽车工业控股有限责任公司副总工程师林逸教授以及北京汽车研究总院胡世根教授、北京新能源汽车有限公司技术总监詹文章博士一行,到学院访问并指导工作。参观了车辆工程专业实验室,并对培养应用型人才创新能力提出了宝贵的建议。林逸教授还在学术报告厅作了题为"汽车新能源技术"的学术讲座,介绍了世界各国新能源汽车的发展情况、中国在汽车新能源技术方面的产业政策和现有基础、北汽控股集团在汽车新能源技术方面取得的成绩和未来的发展布局。

(侯俊伟)

【科学研究】2009 年,学院科研总经费 471 万元;首次申报国家重大专项并且获得批准 3 个项目,获得国家自然科学基金 1 项;发表学术论文 81 篇,其中核心期刊和三大检索收录论文 28 篇;获得专利 4 项,软件著作权 2 项;出版学术专著 2 部;获得教委科研专项 340 万元。

(1)3 月 25 日,学院一项科研成果被鉴定为国际先进水平并申报科技进步奖。中国机械工业联合会在北京组织召开了由北京信息科技大学和中国石化集团江汉石油管理局沙市钢管厂共同完成的"油气输送直缝埋弧焊钢管扩径关键技术研究及设备"科技成果鉴定会。由陈蕴博院士为主任的 7 名国内知名专家组成的鉴定委员会听取了项目主持人、机电工程学院副院长杨庆东教授做的项目成果汇报和审查了相关材料,认为项目成果非常有价值,形成了整体综合技术达到国际先进水平的鉴定结论。

(2)11 月 26 日,学院召开"机电工程学院数控装备科技创新项目研讨会”。会议邀请了北京生产力促进中心、北京数控装备创新联盟的有关专家，学院领导和部分教授参加会议，讨论了数控装备科技创新方面的有关内容，促进学院科研工作的进一步发展。

（3）11月30日，学院设计成果“ZH5120D立式钻削加工中心”获中国创新设计红星奖。被誉为工业设计“奥斯卡”的中国创新设计红星奖，紧紧围绕建设创新型国家的战略目标，通过表彰中国企业的优秀设计产品，鼓励企业创新设计，提高产品竞争力，弘扬中华民族文化，保护自主知识产权，提升国民生活品质，推动中国设计国际化，促进设计产业发展。

（侯俊伟）

【学生工作】2009年，学生在全国和北京市各类学科科技竞赛中获奖131人次，其中一等奖44人次、二等奖47人次、三等奖40人次。在学校各类学科科技竞赛中获奖86人次，其中一等奖14人次、二等奖35人次、三等奖37人次。

（1）3月4日，学院在小营校区操场组织学生开展长跑活动，近500余名学生参加，学院党总支副书记回世勇参加活动。

（2）4月9日，学院团总支举办了团日活动答辩会，学院33个团支部参加，各年级辅导员参加。

（3）6月22日，学院在小营校区图书馆前举行“阳光青春 美丽人生”2009届毕业生情寄母校活动周启动仪式。纪委书记刘勇、副校长冯喜春，以及相关职能部门领导、学院党政领导、教授代表、各系主任、教研室负责人及毕业班班主任和全体毕业生参加仪式。

（4）6月23日，学院举行2009届毕业生校友会成立仪式。学院党总支书记张怀存、副书记回世勇应邀参加，2009届毕业生校友会理事会全体成员参加成立仪式。

（5）6月29日至7月5日，学院代表队在“2009国际Robcup机器人公开赛”中取得佳绩。由学院王雪雁老师带队，赵亮、王淼两位同学为主力的学校中型足球机器人代表队“Water”参加在奥地利格拉茨市举办的“2009国际Robcup机器人公开赛”，最终获得总积分世界第七、中国排名第一的好成绩。

（6）9月1日，学院召开2009级新生家长座谈会。学院院长许宝杰、党总支书记张怀存、副院长黄民应邀参加座谈会，180多名新生家长参加。

（7）9月11日，学院在小营校区运动场举行“本田中国节能竞技大赛”出征仪式。学院院长许宝杰，党总支书记张怀存、党总支副书记回世勇应邀参加仪式。

（8）9月16日，学院在小营校区报告厅举办了2009级新生文化节开幕仪式暨心理健康教育讲座。

（9）9月27日，学院代表队在“第三届Honda节能竞技大赛”中取得最佳技术奖。由学院车辆工程教研室贺敬良、林慕义、王准三位老师和高继业、孙潇韵、高岩、赵琛、等十余名学生组成的创新小组参加比赛。项目组分成地盘研发、发动机改造、外壳设计、驾驶员训练等几个主要方面同时推进，专员负责，协同合作，确保项目如期完成进度。同场竞技的还有来自日本、泰国和国内包括清华大学、同济大学、吉林大学、哈尔滨工业大学在内的50余所大学的79支车队。

（10）10月22日，学院举行2009年学生科技创新活动成果总结表彰座谈会。学校纪委书记刘勇,教务处、学生处、保卫处、国际交流合作处、党委宣传部等职能部门相关领导,以及学院党政领导参加座谈会,大会表彰了在2009年学生科技创新活动足球机器人、本田节能车项目中做出贡献的先进团队和个人。

(11)12月10日,学院开展以“学习英雄精神、争做青年先锋”为主题的团日活动,学习“全国见义勇为舍己救人大学生英雄集体”先进事迹。

(12)12月20至24日,学院代表队在“2009中国机器人大赛暨RoboCup公开赛”中取得佳绩。由学院王雪雁老师带领13名在校学生组成的“Water”代表队参加大赛,经过小组循环赛和淘汰赛后进入总决赛,最终获得RoboCup中型组亚军,并自动获得明年相关国际比赛资格。学校代表队还在RoboCup中型组技术规定项目挑战赛中获得二等奖。

(陈　晓)

【党建工作】2009年,学院党总支下属党支部16个,其中教工党支部5个,学生党支部11个。学院党员273人,其中教职工党员47人,学生党员226人。发展学生党员108名,预备党员转正113人。学生党员比例82.8%。

(1)1月15日,学院召开学生党支部书记学期末工作总结会议。在工作总结会上,12位学生党支部书记依次述职,对本学期的工作进行了梳理和总结,对下学期如何有效开展工作提出了展望和建议。学院党总支副书记回世勇及学生工作组相关老师参加会议。

(2)3月25日,学院开深入学习实践科学发展观活动骨干培训会,正式启动学习实践科学发展观活动。副校长冯喜春、学院院长许宝杰、党总支书记张怀存等院领导,以及学院党总支委员、各系教师党支部和学生党支部书记参加该培训会。

(3)3月31日,学院召开学生党支部书记辅导培训会,学生党支部书记就落实《开展深入学习实践科学发展观活动第一阶段工作安排》的实施方案提出意见和建议。

(4)4月18日,学院学生党支部赴宛平城开展党日活动,以“时代最强音 党员是旗帜”为主题,党总支副书记回世勇和辅导员带领120名学生,前往位于宛平城内的中国人民抗日战争纪念馆参观。

(5)4月22日,学院举行以“共谋科学发展建言献策”为主题的论坛。学院党政领导、全体教师、部分学生代表参加论坛。

(6)9月18至19日,学院召开管理工作培训研讨会。会议由学院各项工作情况介绍和重点工作专题研讨两部分组成,院长许宝杰,党总支书记张怀存,副院长杨庆东、黄民,党总支副书记回世勇应邀参加,各教研室主任、学院办公室和学生工作办公室工作人员和新引进教师列席。

(7)9月28日,学院学生党支部开展“我与祖国共奋进”的系列党日活动。为表达学生党员对祖国的美好祝愿,学院党支部组织学生党员开展了“祝福祖国”标语征集活动。

(8)10月24至25日,学院组织教工党员赴河北白洋淀雁翎队纪念馆和冉庄地道战遗址参观学习。活动以缅怀河北人民在抗日战争和解放战争中打击日伪军的英雄业绩,重温党的光荣传统,接受爱国主义教育和艰苦奋斗教育为目的。通过参观学习,大家深深地感受到中国革命的胜利来之不易，为了国家的独立、民族的解放，无数的革命先烈献出了宝贵的生命，体现了强大的民族精神，同志们表示要继承并发扬这种精神，在各自的工作岗位上尽职尽责，为中华民族的伟大复兴做贡献。

（陈　晓）

【对外交流】（1）5 月 18 日，学院组织学生参加赴德国耶拿应用大学留学入学考试，分笔试和口试两部分。德国耶拿应用技术大学校长百勃斯特（Beibst）女士、外事办公室主任福尔斯塔（Forster）女士、机械工程学院洛赫曼（Lochman）教授一行应邀到学校进行了为期一天的访问，学校韩秋实副校长代表杜林校长亲切会见了百勃斯特（Beibst）一行。机械工程学院洛赫曼（Lochman）教授代表德方主持考试工作，学院共有 9 名 2005 级学生参加考试，7 名同学通过入学考试并现场获得入学通知书。同年 9 月赴德学习。

（2）接收来自韩国的 1 名本科生和德国的 1 名研究生到学院留学。

（侯俊伟）

光电信息与通信工程学院

【发展概况】光电信息与通信工程学院（School of Optoelectronic Information & Telecommunication Engineering，简称光电通信学院）于 2007 年 10 月在原北京机械工业学院电子信息工程系和原北京信息工程学院信息与通信工程系通信工程教研室、电子信息工程教研室基础上组建而成。学院设测控技术与仪器、电子信息工程、光信息科学与技术、通信工程 4 个教学系，测控技术与仪器、光信息技术、现代电子技术、信号与信息处理、通信工程 5 个本科教学实验室，精密测试技术与仪器研究所、通信新技术研究所、信息微系统研究所等 3 个研究机构。学院现有测控技术与仪器、电子信息工程、光信息科学与技术、通信工程 4 个本科专业，其中电子信息工程是国家级特色专业建设点，测控技术与仪器、通信工程是北京市级特色专业建设点及一批在京招生专业。学院现有一级学科硕士授权点仪器科学与技术（覆盖精密仪器及机械、测试计量技术及仪器 2 个二级学科），二级学科硕士授权点信号与信息处理，工程硕士专业学位授权领域仪器仪表工程，其中测试计量技术及仪器和信号与信息处理为北京市重点建设学科。学院拥有教育部重点实验室现代测控技术实验室，北京市重点实验室机电系统测控实验室（与机电工程学院共建），信息产业部重点实验室信息与通信系统实验室，机械工业重点实验室机械工业现代光电测试技术实验室。

2009 年，学院有教职工 71 人，其中专任教师 48 人，教授 9 人，副教授 22 人，具有博士学位 22 人，博士生导师 2 人，硕士生导师 26 人。

2009 年，学院毕业生 497 人，其中研究生 22 人，本科生 475 人；招生 481 人，其中研究生 58 人，本科生 423 人；在校生 1846 人，其中学术型学位硕士 106 人，专业型学位硕士 14 人，本科生 1726 人；与北京邮电大学联合培养博士生 3 人。

（汪效梅）

【学科建设】学院召开了学科建设工作会，完成了北京市重点实验室（机电系统测控）的第二期检查验收工作，完成了机械工业重点实验室(现代光电测试技术)的中期建设工作检查,开展了高水平的学术交流活动,科学研究和研究生培养工作取得了较大进展,为学科建设工作的发展奠定了基础。

(1)学科建设工作会。10 月 23 至 24 日,召开学院第一次学科建设工作会。韩秋实副校长出席会议并讲话,研究生部主任栾忠权出席会议并致词。会议表彰了在学科建设工作中做出突出贡献的教师,学院院长李东作了题为《加强光电学院学科建设工作的若干思考》的报告,学院党总支书记赵书阁作总结发言;

(2)研究生培养。通过加强宣传、拓宽渠道、修订招生简章等措施,研究生招生工作取得明显成效,招生规模由上一年的35 人增加到60 人(计划51 人),增加人数和全日制工程硕士招生情况在学校位居前列。新增硕士生导师 9 人。完成了 2009 版硕士研究生培养方案的修订和教学大纲的编写与修订工作。

(3)师资队伍建设。接收应届博士生 2 人,硕士生 2 人。入选北京市中青年骨干人才 3 人;获 2009 年北京市委组织部优秀人才培养资助 2 人。

(4)学术交流。5 月 12 至 13 日,学校与中国工程院信息与电子工程学部、天津大学、北京航空航天大学、深圳大学、合肥工业大学等单位共同承办了“中国深圳 2009 年自动光学检测研讨会”,杜林校长参加。8 月 25 至 26 日,学校与全国误差与不确定度研究会、台湾计量学会、台湾中原大学、台北科技大学、合肥工业大学联合主办的“海峡两岸现代精度理论及应用学术研讨会”在台湾举行。10 月 12 至 13 日,“海峡两岸及香港地区仪器科学与技术人才培养研讨会”在天津滨海新区召开,来自大陆、台湾及香港等地高等教育界、企业界和相关政府主管部门的 110 名专家学者参加会议,就仪器科学与技术领域工程教育改革和创新人才培养开展研讨。杜林校长、许晓革副校长参加会议。研讨会由中国工程院信息与电子工程学部、中国仪器仪表学会、天津大学主办,学校与台湾计量工程学会协办,是国内首次就该领域开展的创新性研讨。

(汪效梅)

【教学工作】学院测控技术与仪器专业教学团队获批成为北京市优秀教学团队,通信工程专业教学团队获批成为校级优秀教学团队,通信工程及电子信息类专业校外实习基地获批成为校级人才培养示范基地。学院组织教师申报校级教改立项共 10 项,获批 5 项。获校级高教研究重点项目 1 项。通信工程系完成的教学成果“校企紧密合作推进通信工程专业实践教学建设”获得 2009 年北京市教学成果二等奖;周金和教授被评为校级教学名师。青年教师潘志康在学校青年教师教学基本功大赛中获一等奖,参加北京高校第六届青年教师教学基本功比赛获理工类 B 组三等奖。学院获校级青年教师教学基本功比赛优秀组织奖;获校级实践教学基本功比赛优秀组织奖,2 名教师获三等奖。学院教师发表教研论文 14 篇,主编、参编出版教材 2 部,其中“十一五”国家级规划教材、新世纪高等学校教材 1 部;学院独立承办了学校首届“大学生嵌入式系统电子竞赛”,被评为校级嵌入式系统电子竞赛优秀辅导教师 2 人;被评为校级大学生电子竞赛优秀辅导教师 3 人。

(杨曙辉　汪效梅)

【科研工作】学院全年科研经费到款总额 514

万元，居全校各教学单位之首，其中：承担纵向科研项目 18 个，到款额 209.5 万元，承担横向科研项目 11 个，到款额 305 万元。获国家自然科学基金立项 1 项；获北京市自然科学基金立项 3 个，其中重点项目 1 个；获得国家级奖励 1 个；取得软件著作权 3 项；发表论文 105 篇，进入三大检索论文 43 篇。

（1）8 月，以学院朱希安副教授为组长的科研课题组获得国家科技重大专题研究项目"煤层气产业信息化工程数据库建设与软件系统开发"，签约额为 440 万元，是近年来学校获得额度最大的纵向项目。

（2）12 月，以学院祝连庆教授和董明利教授为主完成的科研成果"非牛顿流体流变学特性测试技术研究及应用"获得国家科技进步二等奖，是学校继 2007 年以来连续第三年获得的国家级科技奖。

（3）12 月，以学院祝连庆教授为负责人的北京市高校工程研究中心"光电信息与仪器工程研究中心"在小组评审中名列第一，这是学校的第一个市级工程技术研究中心。

（4）学院缪旻副教授负责的项目"嵌入低温共烧陶瓷多层封装基板的微机械太赫兹波导、波导元件及其工艺研究"获国家自然基金项目资助；祝连庆教授负责的项目"基于光谱技术的酶免疫自动分析系统研究"获北京市自然科学基金重点项目资助，缪旻副教授负责的项目"系统级封装多层基板中冷却用微管道网络的微制造技术"和娄小平副教授负责的项目"光学定位跟踪技术在大型自由曲面测量中的应用研究"获北京市自然基金面上项目资助；周金和教授承担了国家重点基础研究发展计划 973 计划子课题。

（汪效梅）

【学生工作】（1）学生科技活动。2009 年，学生获得的各类学科竞赛奖有：全国大学生电子设计大赛国家级二等奖 1 组；全国大学生电子设计大赛北京市一等奖 1 组；全国大学生光电设计竞赛优胜奖 2 组；北京市大学生物理实验技能竞赛一等奖 2 组；学校级物理实验技能竞赛一等奖 5 组、二等奖 4 组、三等奖 13 组；41 支代表队参加校级大学生电子设计竞赛获一等奖 5 组、二等奖 10 组、三等奖 11 组，获奖人数居全校之首；学校大学生数学建模竞赛二等奖 3 人、三等奖 10 人；学校数学竞赛二等奖 5 人、三等奖 4 人。申报学校团委的大学生科技基金项目 34 个，18 个获得立项，学院配套资金 9000 元。获北京市资助学生科研基金项目 2 个，资助金额 2 万元。

（2）学生获得的各类荣誉称号。校级三好学生 65 人、校级优秀学生干部 29 人、校级优秀团员 63 人、优秀团干 24 人、校级优良学风班 4 个、校级学风进步班 2 个、校级先进班集体 3 个。学生获得的各类奖学金情况有：国家奖学金 10 人、托尔斯奖学金 8 人、技术发明奖 2 人次，特等奖学金 15 人、一等奖学金 82 人、二等奖学金 176 人、三等奖学金 320 人、单项奖 74 人。

（3）学生获得的各类集体奖。学校大学生红五月合唱比赛二等奖；学校田径运动会学生男子团体总分第二名、团体总分第四名、最佳组织奖三等奖、体育道德风尚二等奖；学校三球联赛女子篮球冠军、足球亚军、女子排球亚军；学校宿舍文化节最佳组织奖；健翔桥校区专业辩论赛一等奖。

（4）学生党建工作。在学习实践活动中，各学生支部组织开展志愿服务、实践活动共 8 次。组织学生党支部书记培训交流 4

次。建立了学生党员数据库,继续落实和完善党员责任区制度、党员助理制度、谈话制度、支部书记例会制度、发展学生党员答辩制度。开展“百面旗帜火样红”支部建设工程,完善了三个梯队的建设和管理。学生入党积极分子的数量达到54%,参加校党课学习的达146人,向党支部推荐优秀入党积极分子新增179人。

(5)学生管理工作。学院成立学生资助与服务中心,获励志奖学金121人,一等助学金199人,二等助学金382人,发放临时困难补助152人次,完成贷款105人次;举办《成长论坛》考研经验交流会,举办先锋在线5场,英语趣味课程10次。百科状元当选学生到昌平校区与大一学生交流学习方法。

(6)学生就业工作。学院分别于1月12日、11月26日召开2009届毕业生就业工作培训部署会和2010届毕业生就业工作培训暨研讨会。组织建立了两个“大学生就业创业实习基地”,累计40余名学生参与见习。举办了中型产业链招聘会,众大永泰、神州泰岳专场招聘会等。毕业生就业率95.58%。2009届毕业生中有35人考取研究生,占学生总数的7.99%。

(薛承军)

【对外交流】(1)2月18日、11月12日,德国通讯工程师协会代表团33人两次访问学院,重点考察通信工程专业的人才培养模式、实验室建设及教师科研等方面情况,代表团参观了通信工程系和电子信息工程系的实验室,双方就共同关心的通信工程专业应用型人才培养以及进一步合作进行了广泛交流,院长李东、副院长杨曙辉分别会见代表团。

(2)3月12日,美国南卡罗莱纳大学信号完整性及通信实验室主任陈迎潮教授和美国Intel公司中国区高级技术主管李浩博士分别在学校作了题为《射频通信及高速电路信号完整性的研究》和《信号完整性在Intel公司的研究历史》的学术报告。

(3)11月7日至12月7日,学院董明利教授、吕勇副教授、娄小平副教授赴美国辛西那提大学和奥克兰大学作为期一个月的专业考察调研。

(4)12月30日,美国南卡罗莱纳大学信息工程学院贺学忠教授到学校健翔桥校区作了题为《生物芯片及其在新药研究中的应用》的学术讲座。

(汪效梅)

【党建工作】学院党总支下设党支部20个,其中教工党支部6个,学生党支部14个(小营校区7个,健翔桥校区7个)。共有党员243人,其中教职工党员47人,学生党员196人。年内新增学生入党积极分子179人,共发展学生党员91人,转正108人,学生党员的比例达到11.5%。

(1)以学校首次党代会召开和学习实践科学发展观活动为契机,围绕学院中心工作,积极发挥党组织政治核心和战斗堡垒作用,发挥广大党员模范带头作用,贯彻落实党代会精神,认真开展了“三个阶段”的学习实践活动,特别是通过调查研究、建言献策、举办论坛、撰写分析报告、制定落实整改方案等环节,凝聚了干部师生智慧和力量,深入谋划了学院教学、学科、科研、队伍、管理、党建、学工等工作,在发展目标、基本思路、工作任务和改进措施等方面形成广泛共识;出席校首次党代表会的8名学院党员代表积极建言党代会,总支书记赵书阁当选为校党委委员。

(2)在学习实践活动中,教工、学生党支部结合自身实际,累计举办了十余次主题实践活动,突出了实践特色,激发了基层组织活力;总支开展了迎“七一”党内评优表彰活动,评出院级优秀党员30人,优秀党支部书记6人,先进党支部9个,李月强、程立军、王艳林被评为校级优秀党员,通信系党支部被评为校级先进党支部。

(3)围绕建国60周年大庆开展了主题教育和实践活动,学院178名师生参加了国庆游行、晚会表演等相关工作,受到学校和上级表彰。落实有关“国庆平安行动计划”,保证了学院的安全稳定。学院教师合唱队在学校庆祝建国60周年大型合唱比赛中荣获三等奖。

(4)党政密切配合,积极落实校党委提出的“六项工程”,落实了学习实践活动的整改方案;召开了党建研讨会,开展了交流研讨,明确了努力方向;按照民主集中制原则,完成4位处级后备干部的选拔推荐工作;组织了学院分工会委员会的换届选举工作,选举赵书阁为分工会主席,薛承军、李月强、赵雪莹、汪效梅为分工会委员;组织落实了学校“双代会”代表的提名推荐及民主选举工作,学院当选代表9人;举办了光电通信学院成立两周年成果展,以图片、图表和实物回顾并展示了学院成立两年来各方面所取得的新成果、新进展;通过院刊《成长》创刊发行、学院网站改版,以及推出院徽、院旗和院训“励学修身”等项活动,逐步形成有特色的学院文化。

(赵书阁)

自动化学院

【发展概况】自动化学院(School of Automation)于2007年10月在原北京机械工业学院计算机及自动化系的自动化教研室、电气工程教研室、电工电子教研室和原北京信息工程学院信息与通信工程系的自动化教研室、智能科学与技术教研室、电工电子实验教学中心的基础上组建而成。学院设控制工程系、电气工程及自动化系、智能科学与技术系、电工电子实验教学中心等4个系(中心),以及控制工程实验室、电气工程实验室、智能科学与技术实验室本科教学实验室3个。学院现有自动化、电气工程及自动化、智能科学与技术本科专业3个,其中自动化专业是教育部特色建设专业,也是第一批招生的本科专业。学院电子信息与控制实验教学中心是国家级实验教学示范中心,电工电子实验教学中心是北京市实验教学示范中心,自动化专业生产实习基地是北京市高等学校市级校外人才培养基地。学院现有控制理论与控制工程、检测技术与自动化装置及模式识别与智能系统二级学科硕士点3个,控制工程硕士专业学位授权领域1个;控制理论与控制工程、检测技术与自动化装置北京市重点建设学科2个。

2009年,学院有教职工74人,其中专任教师63人,教授10人,副教授19人,具有博士学位20人,博士生导师2人,硕士生导师20人。

2009年,学院毕业生数244人,其中研究生21人,本科生223人;招生313人,其中研究生41人,本科生272人;在校生1075

人,其中学术型学位硕士 104 人,本科生 971 人。

(李邓化　孟育红)

【学科建设】学院在控制理论与控制工程、检测技术与自动化装置、模式识别与智能系统 3 个学科具有学位授予权。控制理论与控制工程学科现有 3 个研究方向:复杂系统建模、分析与控制;电气控制;计算机测控系统。检测技术与自动化装置学科现有 3 个研究方向:智能检测技术;自动化装置;多传感器信息融合。模式识别与智能系统学科现有两个研究方向:智能控制与智能系统;图像处理与计算机视觉。

(1)学院控制理论与控制工程、检测技术与自动化装置学科是北京市重点建设学科。2009 年,学院控制理论与控制工程、检测技术与自动化装置学科顺利完成北京市重点建设学科专项建设计划,取得良好成绩。控制理论与控制工程学科 2009 年被评为北京市学术创新团队。

(2)5 月,控制理论与控制工程学科召开学科建设研讨会。会议研究了学科方向的适当调整问题,根据模式识别与智能系统学科逐渐开始独立招收研究生的现状,对原有学科研究方向进行适当调整。取消原学科智能控制与智能系统方向,将非线性系统控制与鲁棒控制方向根据研究生导师变化调整为复杂系统建模、分析与控制方向。运动控制系统方向调整为电气控制方向,为电气工程学科申报硕士点做必要准备。

(3)学院李邓化教授、刘小河教授顺利通过北京市拔尖创新人才项目验收;4 名副教授被遴选为硕士生导师。学院三个学科现有硕士生导师 20 人(其中重点高校兼职博士生导师 2 人)。

(4)根据学院规划,学院进行了申报一级学科及博士点申报的资料准备工作,明确了学科研究特色,梳理了学术梯队,形成了申报材料草稿,于 2009 年 6 月在学校召开的学科申报工作会上进行了汇报,得到学校领导肯定。

(刘小河)

【教学工作】面对高等教育发展的新形势新要求,学院以提高教学质量为重点,持续深化教育教学改革,加强本科教学和管理工作,创新人才培养模式、不断提高人才培养质量。2009 年,学院获国家级教育教学成果一等奖 1 项;获批国家级特色专业建设点 1 个;1 名教师获“北京市优秀教师”荣誉称号;1 名教师获“北京市师德先进个人”荣誉称号,1 名教师获“全国知识型职工先进个人”荣誉称号,1 名教师获“首都教育先锋教学创新先进个人”荣誉称号。

(1)人才培养工作。重视培养学生的公平竞争意识和团结协作精神,激发学生们的学习兴趣和专业精神,培养学生的创新能力和综合素质。1 月,举行北京信息科技大学智能车竞赛,共有 17 支代表队 51 名同学报名参赛,有 4 支队伍 12 名同学取得全国智能车竞赛参赛资格。4 月,举行北京信息科技大学机器人竞赛,有 110 支代表队 324 人次报名参赛,有 2 支队伍取得全国机器人大赛参赛资格。6 月,举行北京信息科技大学电子设计竞赛,共有 5 个学院的 83 个参赛队共计 249 名学生参加了本届竞赛,参赛学院数和学生人数都是历年之最。7 月,在举行的第四届全国大学生智能汽车竞赛华北赛区竞赛中,获得摄像头组二等奖 1 项、三等奖 1 项,光电组二等奖 2 项的好成绩。7 月 11 至 14 日,第九届全国机器人大赛暨 2009 年

FIRA世界杯机器人大赛中国队选拔赛在长春工程学院隆重举行。在5个项目中学校获3项二等奖、2项三等奖以及1项团队创新奖。在比赛现场，学校喜获2010年FIRA世界杯机器人大赛中国队选拔赛承办权。杜林校长、许晓革副校长受邀参加了开幕式，并接过比赛会旗。9月，派出26支参赛队参加全国大学生电子设计竞赛，经过历时4天3夜的半封闭竞赛取得了全国二等奖1名、北京市一等奖1名、二等奖2名、三等奖10名的佳绩。9月21日，学院翱翔科技协会举行"自动化学院学术沙龙之智能车竞赛与机器人竞赛知识讲座"，该活动室学院在2008、2009级学生中倡导科技实践、加强学风建设的重要举措之一。10月14日，学院邀请北京普源精电科技有限公司(Rigol Technologies)副总裁林斌和总裁助理谢振宝举办了一场以大学生就业指导和职业规划为主题的讲座。从自我性格分析、心理需求明晰、择业与读书建议等三个方面对学生们进行了就业指导。10月26日，学院在教工、学生党支部共建的基础上，开展了一次以"理想、信念、成才"为主题的教育活动，学院党总支书记刘小河和副院长苏中做主题报告。学院近200名学生和部分教师参加活动。12月，由张奇志、周亚丽老师指导的代表队参加了ROBOCUP杯中国机器人公开赛，荣获一等奖1项、季军1项。12月12日，学院和中国人工智能学会机器人足球工作委员会联合举办第五次社会机器人研讨会。12月18日，举办"高等工程教育改革与创新研讨会暨创新实验室建设和创新教材编写研讨会"，来自北京各高校的30多位专家代表出席会议。围绕创新教育模式及创新实验室建设，在创新人才培养，特别是创新教育实践领域的先进的教学方法与教学理念方面，进行了深入探讨。

(2)专业建设工作。为贯彻落实培养应用型、创新型人才目标，学院组织教师深化教育教学改革，加强本科教学工作，创新人才培养模式、不断提高人才培养质量。6月18日，"北京信息科技大学——普源精电电子技术联合实验室"及"北京信息科技大学电子工艺实训基地"成立仪式在普源精电公司隆重举行。副校长许晓革、学院院长李邓化、普源精电公司李维森副总裁以及学院和电工电子实验教学中心领导及老师、普源精电公司部分员工出席了成立仪式。7月，学院组织控制工程系、智能科学与技术系和电气工程及自动化系、电工电子实验中心主任、专业负责人、教学骨干，召开2009年学院本科教学工作会议，对人才培养计划、人才培养模式、人才培养目标进行了认真深入探讨，并在教学工作中进行了实践，取得了良好的效果。8月，北京市颁发了教育教学成果奖(高等教育)获奖证书，学院以李邓化、高晶敏、张金龙、杨鸿波、苏中五位教师为主要完成人、题为"针对大电类应用型人才培养的电子信息与控制实验教学中心建设"的研究成果获北京市教育教学成果(高等教育)一等奖。10月29日，学院自动化专业被批准为第四批高等学校特色专业建设点。学院将继续加强特色专业的建设力度，发挥示范与引领作用，带动其他专业的建设与发展，提高学院整体办学水平和教学质量。11月，教育部颁发了第六届高等教育国家级教学成果奖获奖项目证书，学院刘小河教授作为主要参加人之一的"我国高等教育自动化专业人才培养面临的新问题与对策研究及实践"项目荣获第六届国家级教学成果一等奖。学院利用实验室建设专项资金 1100 万元,购置设备种类数 140 多种,极大提高了实验室的能力,为完成教学任务提供了强有力的保证。面对高等教育发展的新形势新要求,结合学校自身教育教学情况特别是教育对象的变化,积极转变教学观念、创新教育思路,做到因材施教。11 月 18 日,学院和西安电子科技大学出版社共同举办智能科学与技术系列教材建设专家评审会,通过了学院拟出版的 12 本智能科学与技术专业系列教材的评审。

(3)师资队伍建设。不断提高人才培养质量,加强师资队伍建设,不断提高教师整体素质,教师不仅要教书,更要育人,学院坚持以教师为本、以学生为本,适当为教师减负,使教师能将全部精力投入到教书育人中。9 月,学院李邓化教授当选 2009 年北京市优秀教师。李擎教授获"全国知识型职工先进个人"荣誉称号和"北京市师德先进个人"荣誉称号。刘小河教授获"首都教育先锋教学创新先进个人"荣誉称号。派出 1 名教师到清华大学做访问学者;2 名教师获得博士学位;引进 2 名博士教师。5 月,开展教师基本功比赛;11 月,举办实践教学基本功大赛,43 名教师参加初赛,20 名教师参加决赛。积极为青年教师举办系列讲座,请本学院部分老教师作系列报告,内容包括备课、讲课,毕业设计,课程设计和科学研究等,使青年教师比较全面地了解高校教师应具备的素质,在实际工作中得到启发。学院派出 30 人次参加教育系统组织的双语教学、精品课程、教学团队建设、特色专业建设等培训、交流。邀请新加坡国立大学工学院副教授,就约束系统模型预测控制,类人机器人仿真研究等作了学术讲座。

(4)教学管理工作。真正树立教学为中心的工作理念,在教学管理上,以提高教学质量为重点,以建设创新型教师队伍为基础,以加强本科教学质量、提高本科教学管理水平为目标。为学生成长成才服务,全面提高学生的综合素质。从课堂、实验室、课外科技活动各个方面,既有过程,也有结果,强化评估考核,做到形式内容相统一,教与学相融合。

(5)毕业设计。对 2005 级毕业设计加大了审题、平时出勤、中期、进度和完成质量的检查力度。积极采取必要措施,保证毕业设计质量。

(6)常规教学检查。结合两次期中教学检查,对教学文件,教师教学日历、教案进行了常规检查;同时对实验教学,教师的作业批改和辅导答疑环节进行了常规检查。组织观摩教学及相互听课:集体听北京航空航天大学国家教学名师王琪教授的《理论力学》课,并在课后和王教授进行座谈,针对如何培养青年教师,根据学生的实际情况开展教学、备课经验及授课技巧等大家关心的问题和王教授进行了交流,通过听课和交流,教师们感到受益匪浅。

(7)检查教师授课情况。要求教师与授课直接有关的教学文件齐全,包括教材、教案、授课计划。同时检查任课教师的学期授课计划的执行、作业、辅导答疑等情况,特别是一线教学状态。

(8)实验教学检查。对实践课程进行现场观摩,很多教师观摩了多门实验课,对实验内容、实验效果、实验条件、实验报告进行了认真检查,提出了整改改意见。

(9)开展问卷调查。在 2008、2007、2006 级学生中选择多门必修课程进行问卷调查,在学生中开展针对教师授课中的教学内容、教学态度、教学方法、教学效果的问卷调查。在教师中也开展了教育教学问卷调查。

（10）新生学习学籍管理。针对2009级学籍管理条例调整幅度较大的情况，在入学教育的基础上，充分利用期中教学检查和期中考试结束的时机，在2009级学生中组织学籍管理条例学习的知识竞赛活动，使学生尽快熟悉学籍管理内容。

（苏　中）

【科学研究】2009年，学院科研实到经费406.6万元；国家自然科学基金立项1项、北京市自然科学基金立项1项；取得发明专利授权3项，实用新型专利授权3项、软件著作权1项；出版专著2部，发表论文92篇，进入三大检索论文20篇。

学院聘请新加坡国立大学工学院两位学者来校进行了为期3天的学术访问，与学院相关教师和研究生进行学术交流，教师和研究生30余名听取了两位学者关于“预测控制”和“机器人控制”的学术报告。

（张奇志）

【学生工作】学院以学生科技活动为突破口，不断加强学风建设。努力构建“一系一科技平台”体系，加强对学生翱翔科技协会工作的指导，积极组织动员学生参加校内外各类竞赛，已初步形成一年级学生受熏陶，二年级学生受带动，三年级学生出成绩的一种梯队式良好格局。2009年在各类市级以上的竞赛中学院在学生总数只占学校十分之一的情况下，获奖学生占了全校获奖学生的四分之一。在2009年FIRA世界杯机器人大赛中国队选拔赛中，学院四支代表队获得一等奖1项，二等奖4项、三等奖2项以及1项团队创新奖。在2009中国机器人大赛暨RoboCup公开赛上，获得中型组一等奖和类人组一等奖，在2009年全国大学生智能汽车竞赛华北赛区大赛中荣获二等奖3项，三等奖1项。2009年学院学生还获得国家专利1项，获“挑战杯”首都大学生课外学术科技作品三等奖1项。

（刘云风）

【党建工作】2009年，学院党总支下属党支部11个，其中教工党支部6个，学生党支部5个。学院党员189人，其中教职工党员51人，学生党员138人。2009年，学院党总支不断加强对入党积极分子的培养，坚持标准，把好党员发展入口关，本年度共发展学生党员73人，学生党员比例14.2%。

（1）出席学校第一次党代会情况。2月28日至3月1日，学院党代会代表10人出席了学校第一次党代会。学院代表团在团长刘小河带领下，认真学习会议文件，积极进行讨论，认真履行代表职责，顺利完成了大会所要求的各项任务。刘小河同志当选为中共北京信息科技大学纪律检查委员会委员。

（2）学习实践科学发展观活动情况。学院根据学习实践科学发展观的统一安排，党总支精心制订学习计划，院理论中心组成员安排六个单元的集中学习，普通党员按支部进行四个单元的集中学习，学生党员安排两次全体集中学习。制定四个调研专题，分别为：学科建设、教学及实验室建设、青年教职工培养以及学风建设。党总支先后组织学科及专业建设座谈会、青年教师及辅导员、班主任教师座谈会，学生座谈会，听取大家对教学、科研、青年教师培养、师德学风建设等发面的意见和建议。在此基础上4月22日下午，成功举办学院科学发展论坛。孙百生副校长应邀参加本次论坛并作重要讲话。在论坛活动中,院长李邓化、党总支书记刘小河分别作了"树立科学人才观、以人为本、培养具有创新能力的应用型人才"和"关于树一流理念,突出特色的若干思考"的主题发言。9名教师做大会发言。在查找问题基础上,学院领导班子并对查摆的问题进行梳理,形成学院学习实践科学发展观情况分析检查报告。通过查找分析原因,院班子提出了学院实现科学发展的主要措施及具体的整改方案。通过院领导班子、院党总支、全体党员干部的努力,学院圆满完成学习实践科学发展观的活动,为学院的进一步发展奠定了牢固的基础。

(3)对党政共同负责工作机制的探索。根据北京市教工委的要求,学院层面实行党政共同负责制。学院党总支积极探索党政共同负责制的工作机制,起草"自动化学院党政联席会议议事规则"、"自动化学院院务会议议事规则"、"自动化学院党总支会议议事规则"、"自动化学院院务公开办法"、"自动化学院关于执行"三重一大"制度的规定"相关文件的讨论稿,为建立学院党政共同负责的制度打下良好的基础。

(4)基层党支部建设。学院党总支及时完善和改进在学习实践科学发展观活动中基层支部创造的做法,例如控制工程系党支部进行教工学生党支部共建,智能科学与技术系党支部建立的"党员导师"制度等,把这些做法转化为长效机制。在党总支组织下,在每学期开学初,各支部组织专业教师进行讲座,对本学期所开课程的特点进行介绍,对学生的学习进行建议,促进学生对所学专业的了解。针对许多学生在大学学习中出现的目标迷茫,学习动力不足等问题,电气工程系和控制工程系党支部联合组织了"理想、目标和成才"的大型主题班会,总支书记刘小河、副院长苏中介绍了自己学习、教学科研工作的做法和体会,对大学生提出建议,获得很好的效果。为更好的鼓励优秀基层支部和优秀党员,党总支经过研究决定,除了按照规定向学校推荐优秀党员和先进支部外,还对于工作努力、取得较大成绩的支部和党员进行院级表彰,起草学院党总支的文件,召开院级表彰大会,颁发证书。以上工作对促进基层支部的工作起到了积极的作用。9月23日,党总支组织学生党支部到昌平区沙河镇踩河新村开展以"喜迎60华诞,感受农村巨变,支持新农村建设"为主题的支部共建活动。9月26日,组织学生党员到中国人民抗日战争纪念雕塑园,进行了一次"铭记历史、缅怀先烈"的主题教育活动,不断增强广大党员的责任感和历史使命感。

(5)党建工作及学生工作研讨会。12月11日,学院召开"党建工作及学生工作研讨会"。学校党委副书记刘筱毅、学院党政领导出席会议。学院各党支部书记和委员、各系主任、辅导员和班主任代表参加会议。会议由学院党总支书记刘小河主持。学校党委副书记刘筱毅在会上作了重要讲话,他分析了目前党建工作和学生工作面临的新形势、新机遇、新挑战。并指出,面对学生和教师队伍的不断变动以及实施校院两级管理体制的背景,基层党组织要做好'抓基层、打基础'工作,充分发挥战斗堡垒作用;学院党总支和各支部要强化统领师生员工思想、服务人民群众、发挥党内民主等职能,正确处理好学院党建与学校党建,内涵与指标,制度化、规范化与创新,集中性工作与经常性工作，点上工作与面上工作，重点工作与基础工作的关系。学院党总支书记刘小河就学院如何落实党政共同负责制提出了建议，分析了支部工作和学生党建工作中取得的成绩和存在的问题，指出了下一步开展党建工作的方向。学院党总支副书记刘云风对学院学生工作做了介绍和总结。会上，校优秀党支部支部书记夏培荣、院优秀党支部支部书记马洁、优秀班主任厉虹、辅导员代表周淑一分别介绍了支部工作、班主任工作和辅导员工作的先进经验。参会人员就如何做好学院的党建工作和学生工作进行了深入研讨，总结了工作经验，提出了创新思路。会议的召开对于统一大家的思想，进一步发挥基层党组织的作用，具有重要的意义。

（刘小河　刘云风　孟育红　苏　灿）

【其他重要事项】(1)学院有多名学生参加国庆方队训练，学院认真组织学生完成训练工作任务。同时，完成各种隐患的排查工作，制定各种突发情况的预案，顺利完成了确保国庆期间稳定的工作任务。

(2)学校庆祝国庆60周年，组织了歌唱祖国的歌咏比赛，学院党总支、工会积极组织大家排练，购买演出服装，在大家努力下，学院取得了全校第三名的好成绩，荣获二等奖。这次活动也使学院的凝聚力进一步增强。

（刘小河　刘云风　孟育红　苏　灿）

计算机学院

【发展概况】计算机学院(Computer School)于2007年10月在原北京信息工程学院计算科学与工程系、基础二部计算机教研室和原北京机械工业学院计算机与自动化系计算机教研室基础上组建而成。学院现有计算机科学与技术系、软件工程系、网络工程教研室、专业基础部等4个教学系部，软件工程研究与开发中心、计算机开放系统实验室、虚拟现实与系统仿真研究所、智能信息处理研究所4个科研机构，以及Java实验室。学院现有计算机科学与技术、软件工程、网络工程3个本科专业，其中计算机科学与技术专业为国家级特色专业建设点，计算机科学与技术专业、软件工程专业为北京市级特色专业建设点，计算机科学与技术专业为一批在京招生专业；计算机实验教学中心为北京市实验教学示范中心，计算机学院同华北计算所合作的校外生产实习基地列为北京市高等学校市级校外人才培养基地。计算机学院实验教学中心下设的本科教学实验室包括微机与接口技术实验室、EDA/单片机实验室、计算机原理实验室、计算机软件技术实验室、嵌入式系统实验室、计算机网络安全实验室、计算机网络原理实验室、计算机网络工程实验室、集群机实验室等。学院现有计算机应用技术二级学科硕士点1个，计算机技术工程硕士专业学位授权领域1个；计算机应用技术为北京市重点建设学科。

2009年，学院有教职工68人，其中专任教师63人，教授9人，副教授18人，具有博士学位12人，硕士生导师13人。

2009年，学院毕业生数488人，其中研究生37人，本科生451人；招生409人，其中研究生49人，本科生360人；在校生1563人，其中学术型学位硕士143人，本科生1420人。

（周维真　李　宁）

【学科建设】学院召开研究生导师和科研骨干参加的学科建设研讨会,20余位与会教师为学院学科发展方向与团队建设、科研政策、研究生教育以及人才引进等方面工作建言献策。完成硕士一级学科点申报资料的准备。完成“计算机技术”工程硕士的申报并获批准。修订计算机应用技术学科硕士研究生培养方案和教学大纲。修订计算机学院硕士研究生导师分配方案。组织3次学术讲座。积极推动校内外学术交流。申请“计算机软件与理论学科基地”、“基于网络环境的虚拟仿真与智能信息处理科研平台”、“计算机开放系统实验室设备更新”专项。申请研究生企业实习基地专项以及与国外高校合作培养研究生的专项。

(李　宁)

【教学工作】2009年,学院获北京市教育教学成果奖2项;获批国家级特色专业建设点1个,北京市特色专业建设点1个;被评北京市精品课程1门;评为北京高等学校市级校外人才培养基地1个。

学院完成了2009级培养计划的制定(修订)工作(三个本科专业、一个“二学位”专业、一个“专升本”专业,一个专业试点班的培养计划)。积极推进“计算机网络工程实验室(二期)”项目的实施,包括场地落实、设备采购等。积极主动配合教务处进行相关实验室场地调整工作。学院进行了计算机科学与技术专业的专业建设引导性经费(143万余元)获批后的实施工作,包括设备购置、专业调研等。完成了“信息类专业校外实践教学基地”项目(50万元)立项以及实施工作。完成了本学院2008级本科教学大纲的制定工作。完成了2008级“软件工程专业”和“计算机科学与技术专业”的英文教学大纲的编写工作。积极推进校企合作,以及外包人才培养项目。同达内公司、亚思晟公司、中软国际等知名企业联系、洽谈,实地考察等。完成了培养计划中2009年春季学期和秋季学期的理论教学和实践教学任务。完成了2005级毕业设计的管理、指导、答辩等工作。进行了2006级毕业设计的题目准备、布置等工作。落实并完成了十余名重作毕业设计学生的指导、答辩等工作。进行了2009年度教改立项、重点课程建设、精品课程建设工作;完成了2010年8项教改项目的申报、评审工作。完成了2009级新生的招生咨询、迎新工作(两校区的新生接待、专业教育、新生家长会等)。制定了转专业操作办法,完成了转专业学生的考核、手续办理等工作。组织进行了第二届实验教学基本功比赛,推荐出参加校级决赛人员2名。

(周维真)

【科学研究】2009年,学院科研实到经费187万元;获得省部级科技奖励1项;取得发明专利授权1项、软件著作权16项;发表论文54篇,进入三大检索论文16篇。

学院召开秋季教学科研研讨会,学院10名教师分别就科研项目、学术进展、教学调研等做了发言,加快学院的建设与发展、进一步提升学院的学术水平和科研能力进行研讨。组织自然科学基金、创新团队、骨干教师的申报,以及市教委项目和校基金课题等的申报。“面向数字内容的知识表达与智能化处理”团队首次被评为“学术创新团队”。牟永敏教授领导的科研团队研究成果获得中国人民解放军科技进步二等奖;“文档信息处理”团队获得2009 Microsoft互操作奖(Interoperability Award)以及2009 IBM大学合作奖(Faculty Award)。

(李 宁)

【学生工作】2009年,学院学生在全国和北京市各类学科科技竞赛中获奖27人次,其中特等奖2人次、一等奖3人次、二等奖2人次、三等奖8人次。在学校各类学科科技竞赛中获奖99人次,其中特等奖1人次、一等奖9人次、二等奖38人次、三等奖49人次。

(王宗广)

【对外交流】(1)3月,学院在完成中文教学大纲编写的同时及时组织完成了2008级软件工程专业和计算机科学与技术专业的英文教学大纲的编写工作,如期提交给爱尔兰格里菲斯都柏林大学(GCD),实质性地推进了同国外大学的合作进程。

(2)9月,学院同爱尔兰格里菲斯都柏林大学(GCD)初拟了合作办学协议,并于10月由双方校长签署了合作协议。

(3)邀请美国西北大学教授到学院开展学科建设与研究生教育合作。

(4)组织安排爱尔兰格里菲斯都柏林大学(GCD)驻京办事处主任对学院学生的讲座。

(周维真 李 宁)

【党建工作】学院现有党总支书记1人、副书记1人,另有专职党务秘书1人、负责学生党建的辅导员1人。教职工党员按教学和行政单位设5个党支部、学生按专业设4个党支部。学院现有教工党员30人,占教工总数的45.5%。学生党员176人,占学生人数的12.3%,其中2009年发展学生党员103人。教工党员中有教授4人,占教授总数36.4%;副教授8人、占副教授总数44.4%;青年教师党员9人,占青年教师总数的69%。

(1)选举代表并出席学校首届党代会。经过全体党员民主选举,差额选出8名党员作为出席学校第一届党代会代表,代表全院200多名党员参加学校首届党代会并庄严的履行自己的职责。

(2)考核与评优。启动学生党员考核工作,考核内容包括学习、工作、先进性与模范作用、支部收集的群众意见。通过动员布置。填写考核表、在本支部进行交流。根据考核结果,分别评定为“优秀”(51%)、“良好”(43%)。在党内评优工作中,计算机系第一党支部(教工)被评为学校先进党支部;徐雅斌、靳芳两位老师和杨名利同学被评为学校优秀共产党员;李明新等40位同志被评为计算机学院优秀共产党员。

(3)党员活动。学生支部与昌平东陀村党支部进行的“红色1+1活动”,在全市几十所院校参加的评比中获得二等奖。党总支组织教工党员参观红旗渠和航天城,接受艰苦奋斗精神和勇于攀登科学高峰的学习教育活动。

(4)党风廉政建设。制定有关党风廉政建设的三个制度:学院关于执行“三重一大”制度的规定;学院党政联席会议制度;学院院务公开制度。

(赵 刚)

【其他重要事项】(1)学院顺利完成了“双代会”代表和计算机学院工会委员选举工作。确定11名代表候选人和5名委员候选人。选举教代会代表9人,包括校领导1人、院领导2人。教师8人,其中教授3人、副教授3人、高级实验师1人、青年教师1人、女代表1人。代表得票均超过半数。工会委员会委员包括办公室工作人员2人、实验教师1人、青年教师1人。各委员得票率均超过90%。

(2)学院举办学院职工趣味,包括田径等8个项目,教职工参与率超过90%。组织参加学校建国60周年职工歌咏比赛活动、组织了秋季水果采摘和游览石林峡的活动、以及暑期教工疗养活动等。

(赵　刚)

经济管理学院

【发展概况】经济管理学院(School of Economics & Management),以下简称经管学院)于2006年12月在原北京机械工业学院工商管理分院、工商管理分院知识管理研究所和原北京信息工程学院工商管理系、经济贸易系经济贸易教研室和企业研究成长中心的基础上组建而成。学院下设会计系、财务与投资系、企业管理系、经济与贸易系和营销管理系5个、省部级研究机构1个。学院现有会计学、财务管理、市场营销、工商管理、人力资源管理和经济学本科专业6个,其中会计学、财务管理一批在京招生专业2个;北京市实验教学示范中心1个,校级实验实习中心1个,本科教学实验室5个。学院现有一级学科硕士点1个,二级学科硕士点4个,工业工程硕士专业学位授权领域1个;管理科学与工程和企业管理北京市重点建设学科2个,部级重点学科1个;北京市哲学社会科学社科研究基地——北京知识管理研究基地1个;实验经济学研究中心、知识管理研究所和企业成长研究中心校院级研究机构3个。学院利用北京市专家人才优势,与著名科研机构、政府职能部门和企业,建立了长期稳定的合作关系。这些研究机构和研究团队不仅承担着北京市教委科技创新平台知识管理与技术经济专项建设任务,也为国家科技部、北京市科委等政府相关部门及企业提供决策咨询服务,同时形成产学研用相结合的格局。

学院师资队伍实力雄厚,教师中拥有一批有突出贡献中青年专家、政府津贴专家、跨世纪学科带头人、北京市创新拔尖人才、北京市政府顾问、国家注册审核员、中国注册会计师、中国注册税务师、国家高级职业指导师和证券投资专家等。他们分别在计量经济、科技管理、证券投资、质量管理、资产评估、企业成长、人力资源、并购和财务会计教学与科研领域颇有建树。学院学科建设、科学研究、社会服务的成果直接引入教学,带动学生参与;为培养理论功底扎实、实际动手能力强、适应环境快的应用型人才,奠定良好的育人基础。毕业生广受用人单位的好评。

学院与爱尔兰都柏林格林菲斯大学和美国威斯康星州帕克塞德分校等签署了合作办学协议(项目已经启动),与澳大利亚拉筹伯大学合作举办了国际商务硕士课程班(预科连硕)。

2009年,学院有教职工122人,其中专任教师101人,教授12人,副教授36人,具有博士学位30人,博士生导师2人,硕士生导师24人。

2009年,学院毕业生700人,其中研究生38人,本科生662人;招生616人,其中研究生63人,本科生553人;在校生2490人,其中学术型学位硕士93人,专业型学位硕士9人,本科生2388人;联合培养博士生6人。

(葛新权)

【学科建设】学院以学科建设为龙头、凝练提升研究方向思路，明确树立一流意识，明确长远一流发展目标。积极创造条件尽最大努力，整合资源，集中力量，打造知识管理研究与管理科学与工程博士学科建设平台；为申报工商管理一级硕士点做了大量基础性准备工作；完成管理科学与工程和企业管理2个北京市重点建设学科的建设任务；完成北京市知识管理研究基地建设任务；(6)北京知识管理研究基地、完成了北京市人才强校计划知识管理研究学术创新团队第一期建设任务，并在验收评估中取得优秀的成绩。

（葛新权）

(1)学院组织召开学科建设研讨会。4月24至25日学院召开经济管理学院学科建设研讨会。参加会议的有天津大学、中国人民大学、中国农业大学、中央财经大学等九所大学的专家、学校研究生部副主任、学院院长、书记、教授和部分研究生参加会议。会前，经济管理学院院长、博士生导师葛新权，党总支书记谢瑞峰和与会专家进行了会谈和交流；学校研究生部副主任侯军岐向各位专家介绍了学院研究生学科建设的情况。天津大学管理学院院长、博士生导师、教育部管理科学与工程教学指导委员会主任委员齐二石教授等专家介绍了各校研究生学科建设的情况，并对经济管理学院学科建设和研究生教育提出了有借鉴意义的建议。学院部分硕士生导师参加了会议并就学科建设议题进行了热烈的讨论。

（葛新权　郑　玮）

(2)学院召开会计专业学科建设研讨会。11月14日，学院召开会计专业学科建设研讨会。首都经贸大学会计学院崔也光教授、北京市财政局会计处副处长郝建国、北京市会计学会秘书长李学平等专家以及学院副院长出席会议。会计系全体老师参加会议。会议由学院党总支书记谢瑞峰主持。会上，黄平生副教授介绍了会计系基本情况、专业建设的历史沿革、会计学专业本科培养方案及现阶段专业发展中存在的问题。崔也光教授、郝建国副处长、李学平秘书长分别就会计学专业学科建设、专业培养、院校之间教学互动与资源共享以及教师课题申报与项目资金使用规范等提出了针对性的意见和建议。郝建国副处长从会计管理者角度对会计人才的需求、会计人才的培养、实践教学等问题做了发言。李学平秘书长介绍了北京市会计学会的相关工作，并希望学院加强与学会的联系和沟通，多参与学会活动与课题研究，为北京市会计学理论和实务的发展做更多更积极的贡献。与会教师围绕会计专业建设进行了深入研讨，就完善学科专业建设、提高本科生培养质量、提高教师教学科研水平提出了积极的建议与意见。

（葛新权　杨闻萍）

【教学工作】学院圆满完成教学工作，并在贯彻落实学校教育教学“质量工程”建设方面取得显著的成绩。曲立教授的“运营管理”被评为北京市教育教学成果奖；“工商管理实践教学体系构建与实施”获北京市精品课程。在学校2009年度校级优秀教学团队评选中，以曲立教授为团队负责人的工商管理专业团队荣获校级“优秀教学团队”。在学校第三届青年教师教学基本功比赛中李玉曼获文科组三等奖，王芳、王建梅、李建良、杨翠芬获文科组鼓励奖。学院获得组织奖。

（张　虹　孙永平）

(1)学院完成了2009年硕士研究生培

养方案修订工作,并重新编写2009版研究生课程教学大纲,贯彻并执行了2008年制定的关于加强硕士论文全过程管理的措施。2009年国民经济学科1名研究生的硕士论文获得学校优秀论文提名奖。

(刘 宇 何 琼)

(2)学院实验教学中心新建实验室(物流)1个,整合改建实验室2个。完成“实验室建设-财会类综合实践教学平台建设”项目的培训与验收工作,主要有财务管理软件的培训、经济学软件的培训。完成“经济管理实验教学中心本科生综合性实训教学平台”的招标任务,并由国资采购到位,已安装调试完毕,部分培训工作正进行当中,主要有企业管理实验的生产过程仿真与作业分析、市场调查系统、综合商务模块建设、金融服务模块建设。完成学科建设项目23.3万元。2010年申报实验室建设项目预计72万元。完成文管综合项目的申报。

(张 虹 陈元凤)

(3)学院召开中青年教师综合能力培养研讨会。5月17日,学院召开“中青年教师综合能力培养”研讨会。学院党政领导和各系的中青年教师参加会议。会议议题是:中青年教师如何在学校创一流活动中发挥应有的作用;教师如何树立以人为本的意识,不断提升自己的业务素质和综合能力,更好地服务于学生;中青年教师应如何关心学院的发展,积极为学院建言献策。参会人员围绕上述问题进行了研讨。大家一起分享成功经验,深层次探讨自己在教学、科研以及论文发表中遇到的各种疑难问题,同时积极为学院未来的发展献计献策,提出不少建设性的意见和建议。学院领导分别从各自分管工作的角度对中青年教师提出了希望和要求:希望中青年教师不断提升教学能力、科研能力以及与学生的沟通能力,不断学习研究教育教学活动的科学发展规律,不断提升自身的业务素质、科研水平及综合能力,更好地服务于广大学生、服务于党的教育事业。本次研讨会适时地把大家的认识统一到科学发展观的要求上来,为中青年教师提供了沟通学习的平台,取得了预期的效果。

(张 虹 郑 玮)

(4)学院举办教学观摩经验交流会。为促进青年教师教学水平的提升,充分发挥名师“传、帮、带”的作用,9月26日,学院举办教学观摩及经验交流会。学院葛新权院长,刘宇副院长、党总支孙晨、郭银辉副书记和部分青年教师出席会议。会议由张虹副院长主持。会上教学名师张志凤教授讲授了《长期股权投资》,北京市教学基本功大赛二等奖获奖者杭建平副教授做了课程内容为《市场调研》的观摩课。他们深厚的教学功底、对教与学的深刻认识和理解、丰富的授课内容和生动活泼的授课方式,赢得了与会教师的热烈掌声。观摩课后,大家就教学内容、教学手段与方法、课堂组织、教学案例收集、怎样激发学生学习兴趣、学生课堂交流互动以及开展双语教学等问题与两位教师进行了讨论和交流。葛新权院长对教学观摩经验交流会的成功举办给予了肯定,勉励学院青年教师要根据学校培养应用型人才的目标,不断学习,积累经验,丰富自我,以严谨的态度上好每一堂课。希望学院教师了解关心学生,通过良好的互动帮助学生更好地学习。他还向大家传授了自己总结并坚持的“三维网络学习法”。学院将积极为青年教师互相交流学习、开阔视野提供各种平台,促进青年教师更快、更好地成长。

(张　虹　郑　玮)

【科学研究】2009年,学院科研总经费409.2万余元、实到经费324.4万元;省部级科技奖励2项、行业奖2项;取得软件著作权1项,发表论文136篇,进入三大检索论文7篇。学院共申报并承担国家级项目6项,其中,葛新权教授在研国家级项目有两项,分别是科技部国家科技支撑计划"制造业产业集群技术信息服务体系研究及系统开发"和科技部国家软科学计划(子课题)"多目标决策理论及其在国家科技任务选择中的应用";唐五湘教授承担的科技部科技基础工作专项项目"我国科技成果的收集、筛选、优化、保密和推介";侯军岐教授承担的全国农业普查国家级研究课题"新时期农村基础设施建设与运营管理研究";张健副教授承担的科技部国家科技支撑计划子课题"汽车零部件产业集群系统应用示范"以及863子课题"生鲜农产品供应链物流信息管理系统";学院新获批北京市教委项目6项,其中人文面上项目5项,重点项目1项;北京市哲学规划办项目8项,北京市科委项目1项,北京市科委软科学项目2项,市优秀人才项目1项,其他部门委托项目15项。2009年,学院共承担科研项目34项,其中纵向项目19项,到校经费195.7万元;横向项目15项,到校经费128.7万元;项目总到校经费324.4万元。发表论文136篇,其中SCI检索1篇,EI检索6篇,国家一级期刊4篇,核心期刊49篇;年出版著作13部,获得软件著作权1项。学院教师共获奖4项,其中,张健副教授获得中国商业科技进步奖一等奖1项;刘宇教授、周飞跃等教师获得中国服务业科技创新奖二等奖1项;唐五湘教授、葛新权教授等获得北京市科技进步奖三等奖1项;张健副教授以第二完成单位获得广东省科学技术奖三等奖1项。

(葛新权)

(1)学院举办"全球经济中的中小企业"国际会议1次,学院组织学术报告、学术交流会及英语学术沙龙10余场,其中国外专家来学院作学术报告2场。此外,经过3年的建设,学校北京市知识管理研究基地取得验收结果为优秀的好成绩。

(刘　宇　何　琼)

(2)北京知识管理研究基地召开第二次学术委员会会议。3月3日,在北京知识管理研究基地召开第二次学术委员会会议。中国社科院荣誉学部委员张守一研究员、国务院发展研究中心李泊溪研究员、北京航空航天大学经济管理学院邱婉华教授、中国农业大学副校长傅泽田教授、北京工业大学经济与管理学院韩福荣教授,中国人民大学信息资源管理学院副院长张斌教授、北京理工大学管理与经济学院副院长朱东华教授、北京交通大学经济管理学院丁慧平教授、中国科学技术发展战略研究院刘峰研究员、北京城市系统工程研究中心王立主任10位委员、学校党委书记、学校副校长、学院院长等出席会议。会议由学术委员会主任张守一教授主持。会上学校党委书记郑君礼向大家介绍了学校近期发展所取得的成绩,并向聘为北京知识管理研究基地学术委员会的新委员颁发聘书。学院院长、北京知识管理研究基地首席专家葛新权向学术委员会汇报了2008年北京知识管理研究基地的建设工作,总结了研究基地在学科建设、科学研究、队伍建设、人才培养、学术交流、社会服务、平台建设等方面取得的成果,还汇报了2009

年研究基地将在重点研究领域和研究方向开展的工作和预期取得的成果。各位委员分别从不同的视角,对研究基地的建设与发展以及在各方面所取得的显著成绩给予了充分认可,对研究基地以第一完成单位、第一完成人获得2008年国家科技进步奖二等奖给予了高度评价。他们认为,研究基地为北京市经济社会建设服务意识强,投入产出比值高,很好地完成了2008年工作,取得了丰富的创新成果,提高了学术影响力;2009年确定的重点研究领域、研究方向,以及研究任务有意义、可行,预期的成果有价值。同时,各位委员对研究基地在文献积累、资料、成果发布,国际交流、人才引进等方面提出了很好的意见与建议。基地首席专家葛新权代表研究基地回答了委员们提出的问题,以及解决问题的思路,并感谢他们所给予的建议。葛新权教授表示对完成2009年研究任务,提升知识管理研究水平,为北京市经济社会发展提供决策支持充满信心。最后,张守一教授代表学术委员会进行了总结,高度评价了研究基地2008年工作,对2009年工作提出更高的要求和希望。

(葛新权 郑 玮)

(3)实验教学中心代表团到西南财经大学和重庆大学参观调研。10月29日至11月2日学院实验教学中心教师赴西南财经大学和重庆大学参观调研。西南财经大学金融科研实验中心以银行、保险、证券期货三大领域为主体,多学科交叉、渗透和支撑的"大金融优势学科群"。实验中心集中了西南财经大学在金融和经济学领域的研究力量,以及商务智能和信息系统的技术优势。在海外特聘教授林漳希主任的带领下,以务实、灵活、开放、高水平的原则构建,力图打造一流的科研平台。实验中心专职人员构成以海归人员为主,但又与学校已有的研究团队和熟知国内实际情况的专家合作,针对国内金融行业的一些重要问题开展具有国际先进水平的研究。重庆大学的经济管理实验中心是国家级实验中心,日常管理规范、网络化建设水平较高。这两校的实践设施建设得到当地政府的大力支持,同时两校服务于地方经济发展的任务和目标也非常明确。通过这次调研不但开阔了视野,看到了差距,而且明确了学校的经济管理实验中心今后的发展方向。

(张 虹 陈元凤)

(4)参观访问北京工商大学文科实践中心。11月11日,张虹副院长带领学院实验中心教师到北京工商大学文科实践中心进行了学习、考察与交流座谈。通过到实践中心的营销综合实习区、金融期货实习区、会计实习区参观和观摩"沙盘综合实训"的实践教学,双方就跨专业综合实训所涉及的实训教材、师资培训及学生实训的各个环节进行了详细的交流。对如何进一步搞好市级实践教学示范中心建设、推进实践教学的改革与创新较深入地探讨。对学院开设的实践教学课程提供了良好的借鉴。

(张 虹 刘 青)

【学生工作】学院学生工作坚持以科学发展观为指导,以国庆六十周年为契机,认真贯彻学校学生工作部门工作部署,以培养人才为目标,以管理、教育、服务为主线,本着加强思想引领,建设优良学风的宗旨,与时俱进,锐意进取,稳中求新,努力实现学院学生工作的新突破,为学生的成长成才服务。2009年,学生在全国和北京市各类学科科技竞赛中获奖37人次,一等奖2人次、二等奖

8 人次、三等奖 27 人次。在学校各类学科科技竞赛中获奖 87 人次,其中一等奖 18 人次、二等奖 23 人次、三等奖 46 人次。学院团总支获得北京市五四红旗团委称号;“我与祖国共奋进”暑期社会实践团队被评为首都高校社会实践优秀团队,并获得首都高校社会实践优秀成果奖;1 名辅导员被评为“2009 年度首都高校社会实践先进工作者”;6 名辅导员获得首都国庆 60 周年群众游行指挥部颁发的“优秀工作者”;5 名辅导员以及 52 名学生在庆祝建国六十周年群众游行工作中获得突出贡献奖;学院团总支获得学校 2009 年寒假社会实践组织工作一等奖;学院三支暑期社会实践团队获得学校 2009 年暑期社会实践优秀团队;7 个班级荣获校优良学风班称号,3 个班级荣获校学风进步班称号;4 个团支部荣获校级优秀团支部称号,158 名学生获得校三好、优干、优团称号;47 名学生在市级各类专项竞赛中获奖,7 名学生荣获校科研助手,25 名学生在校级学科竞赛中获奖;2 名辅导员被评为 2008 ~2009 学年校优秀辅导员;13 名班主任被评为 2008 ~ 2009 学年校优秀班主任。

(郭银辉　周　宇)

(1)学院组织参与国庆六十周年群众游行工作,全院共有 232 名学生正式成为国庆方阵表演人员,8 名辅导员中有 5 人参与国庆方阵组织工作,其中 2 人直接进入表演方阵训练。

(郭银辉　周　宇)

(2)以建国六十周年为契机,学院开展“感动中国,展我风采”、“我与祖国共奋进”等系列活动,通过竞赛、团日公开赛等主题活动,加强学生爱国主义教育和思想引领,增强学院的凝聚力和战斗力,为学院在国庆游行任务中出色的表现打下了良好基础。

(郭银辉　周　宇)

(3)学院开展“我与我的未来”职业生涯规划系列活动,通过“同心杯”辩论赛、“我的未来我做主”主题演讲比赛、专题讲座多种形式的活动,丰富同学们的专业知识,增进师生间的交流,为学生更好地规划职业指明了方向。

(郭银辉　周　宇)

(4)学院开展“热爱祖国、志愿清河”主题志愿服务活动、与海淀区清河街道以“街院共建”模式签约共建,并开展第二届“志愿者杯”知识竞赛等系列志愿服务工作。

(郭银辉　周　宇)

(5)学院举办学生业余党校,普及党的理论知识,以党带团建的形式开展卓有成效的活动,“用手传递温暖,让心储蓄真情”为主题的向少数民族同学以及贫困学生送温暖献爱心活动,毋忘国耻“一二・九”签名活动,进一步增强了学生的爱国精神,为学生树立了正确的社会主义荣辱观。

(孙　晨　郭银辉　周　宇)

(6)学院举办新生文化节、篮球赛、主持人大赛、合唱比赛、“和谐温馨”主题宿舍设计大赛、“风采天籁闪亮之星”校园主持人大赛、“新晨杯”辩论赛、“齐聚星辰”迎新年大型文艺晚会等多项活动,以贴近青年的活动形式,为学生共展示平台的同时,将学生思想政治教育工作融入活动中,极大地丰富了学生校园文化生活。

(7)学院“我与我的未来”职业生涯规划系列活动开幕。3 月 25 日,学院“我与我的未来”职业生涯规划系列活动开幕式在小营校区图书馆前隆重举行。学校党委郑君礼书记、学校杜林校长以及相关职能部门领导应邀出席,学院领导、部分教师和学生代表参加了本次活动。开幕式由学院党总支谢瑞峰书记主持。杜林校长为开幕式致辞,他高度评价学院为迎评促建、学科建设、校园文化等方面做出的贡献;肯定本次学院职业生涯规划系列活动在深入学习实践科学发展观活动、加强学风建设以及培养应用型人才等工作中的创新和突破,杜林校长从学生和教师两个层面阐述了职业生涯规划教育的重要意义,对学院后续系列活动寄予了殷切的期望。学院葛新权院长结合当前经济大环境和学院各专业特点介绍了大学生职业生涯规划的必要性与必然性,鼓励同学们以科学的态度规划自己的职业生涯,为今后发展打下坚实基础。葛院长表示学院将继续大力推进学风建设,为优秀应用型人才的培养创造更为有利的条件。郑君礼书记、杜林校长以及各位职能部门领导一同为本次职业生涯规划系列活动剪彩,经济管理学院"我与我的未来"职业生涯规划系列活动由此拉开帷幕。学院职业生涯规划系列活动开幕式后,分专业学业职业生涯规划的"经管学堂"系列讲座、以职业生涯规划为主线的"同心杯"辩论赛、职业生涯规划设计大赛以及就业实战演练模拟招聘会等活动将陆续展开,从各个角度为广大同学提供多方面的专业教育与训练。相信广大同学能够以此为契机,化"被动就业"为"主动就业",以科学的态度规划自己的职业生涯,增强就业竞争力,为今后职业发展打下坚实的基础!

(郭银辉　周　宇)

(8)学院承办2009年中国大学生就业模拟大赛。结合当前就业形势,为提高中国大学毕业生的就业能力,进一步扩大实验经济学研究的影响,将研究成果应用于实践,学校和全国博弈论与实验经济学研究会联合主办2009年中国大学生就业模拟大赛,由经济管理学院具体承办。大赛第一次组委会于4月17日在北京召开,标志着2009年中国大学生就业模拟大赛正式启动。会议由经济管理学院院长葛新权主持,全国博弈论与实验经济学研究会会长王国成教授发表讲话,学校实验经济学实验室主任刘伟老师给大家介绍大赛的详细情况与开展计划。来自学校和北京大学、清华大学、中国科学院、中国社会科学院、北京航空航天大学、北京邮电大学的二十余位专家学者作为大赛组委会成员参加启动仪式,并提出多项中肯的意见。大赛组委会向全国高校毕业生发出了宣传口号——"你想知道自己的就业能力在同届毕业生中处于什么水平吗? 你想知道你应该在哪些方面改进才能更好的就业吗? 来吧,中国大学生就业模拟大赛就是你就业的演练场,拿真实数据来比拼吧!"会议确定了本次大赛的章程与2009组织结构,选举葛新权教授任大赛组委会主席,王国成教授任组委会副主席,组委会下设秘书处、仲裁委员会、组织联络处、技术支持部等常设机构。确定大赛面向对象为全国各高校毕业班学生,确定大赛日程安排及奖项安排,最后由组委会主席葛新权宣布"2009中国大学生就业模拟大赛正式启动"。5至8月底,大赛宣传阶段,全国共有14所高校?学生参赛;9月举办大赛开幕式与比赛系统使用培训班,9至10月参赛人员注册、举行?轮比赛;10月17日,2009中国大学生就业模拟大赛闭幕式暨颁奖典礼在学校小营校区报告厅隆重举行,标志着历时6个月、国内14所高校毕业生参加的大赛圆满结束。学校校长杜林教授、中国社会科学院数量经济与技术经济研究所副所长李雪松教授、全国博弈论与实验经济学研究会会长、学校实验经济学研究中心学术委员会主任王国成教授、2009 中国大学生就业模拟大赛组委会主席、学校经济管理学院院长与实验经济学研究中心主任葛新权教授、2009 中国大学生就业模拟大赛组委会专家委员会成员、北京大学光华学院黄涛教授,以及学校相关职能负责人出席闭幕式暨颁奖典礼。大赛获奖学生和参赛高校学生共200 余人参加闭幕式暨颁奖典礼。颁奖典礼由葛新权教授主持。学校校长杜林教授在致辞中向所有获奖师生和单位表示祝贺;向与会来宾介绍学校的办学历史和发展现状以及学校实验经济学研究情况,本届比赛的参赛、组织情况以及比赛的主要成果。他指出,实验经济学是一个新兴的、非常具有活力的学科,学校在未来几年会逐步加大支持力度;中国大学生就业模拟大赛是科研成果转化的具体体现,对毕业生非常有益,应该逐步扩大它的受益群体。他希望现有比赛组织团队继续努力,把这个品牌做大做强。中国社会科学院数量经济与技术经济研究所副所长李雪松教授在致辞中指出,国内数量经济与技术经济学科研究近年来一直保持活跃,实验经济学是该领域的一个重要组成部分,强调用实验经济学的方法研究大学生就业问题,是一个大胆有效的创新;用就业模拟比赛的方式实现实验经济学研究,将实验经济学研究方法推向了一个新的历史阶段。他希望所有获奖人员和团队,利用比赛中总结、体会到的经验和教训,指导自己在现实中的就业。获奖代表北京语言大学张秋荻、华北水利水电学院土木与交通学院潘建波副书记发言。全国博弈论与实验经济学研究会会长王国成教授回顾并总结了本届比赛的承办过程。葛新权院长代表承办单位对2009 中国大学生就业模拟大赛成功举办做出贡献的主办与协作单位、大会组委会、专家委员会及专家表示衷心的感谢。学校实验经济学研究团队及实验经济学实验室成立于2005 年,几年来积极与全国博弈论与实验经济学研究会合作,持续使用实验经济学的方法研究大学生就业问题,开发了大学生就业实验经济学软件平台系统,目前已获得 2 项软件著作权,发表5 篇论文,出版了博弈论与实验经济学论丛专著。

(葛新权　刘　伟)

(9)学校与利安达会—计师事务所签订青年就业创业见习基地协议。1 月 19 日,学校团委、经济管理学院与利安达会计师事务所青年就业创业见习基地签字暨授牌仪式在利安达办公驻地会议室举行。学院葛新权院长、学校团委唐清辉书记、学院会计系杨闻萍主任、利安达会计师事务所黄锦辉董事长等出席签字、授牌仪式。团委唐清辉书记代表学校与利安达黄董事长签订了“青年就业创业见习基地”协议,并与葛新权院长一起向事务所授予共青团中央和共青团北京信息科技大学委员会“青年就业创业见习基地”匾牌。仪式上,双方还就学生实习见习、人才共同培养、校企联合立项等方面的内容进行了广泛而深入的交流。双方表示,此次合作是在深刻领会和实践科学发展观,认真贯彻和落实团中央及团市委精神的基础上达成的。青年就业创业见习基地的建立,为学生积累工作经验、提高就业创业能力创造了条件,为校企资源整合提供了途径。

(张　虹　杨闻萍)

(10)经济管理学院与清河街道“街院共建”对接仪式成功举办。为更好的服务社会,传承奥运精神,为学院学生提供了解社会的平台,5月13日,举行学院与海淀区清河街道“街院共建”模式对接仪式,确立学院与北京市海淀区清河街道合作关系,明确双方对接项目,正式成立志愿服务“街院共建”模式,双方负责人签订合作协议并为仪式剪彩。海淀区清河街道办事处团工委办公室王建良主任,学院团总支书记陈红英老师以及团总支全体成员、众多志愿者骨干出席仪式。

(郭银辉 陈红英)

(11)学院举办“风采天籁 闪亮之星”主持人大赛。11月25日,学院“风采天籁 闪亮之星”校园主持人大赛总决赛在清河校区大阶梯举行。学院党总支郭银辉副书记等出席活动。比赛精彩纷呈,加油助威声此起彼伏。优美的歌声、深情的诗歌朗诵、令人捧腹开怀的模仿秀,充分展示了选手们的优秀主持才能;才艺展示环节将现场气氛推向高潮。选手们的精彩表现,赢得在场观众的热烈掌声。学院党总支郭银辉副书记为获奖同学颁发证书,对参赛选手的主持才艺给予肯定。她希望同学们在认真完成学业的基础上,积极培养自己的综合素质,为今后发展打下坚实的基础。

(郭银辉 周 宇)

(12)学院举办“齐聚星辰”迎新年大型文艺晚会。12月23日,学院“齐聚星辰”迎新年大型文艺晚会在小营校区大学生活动中心举行。学校党委书记郑君礼、党委副书记刘筱毅、学校纪委书记刘勇以及相关职能部门领导、学院党政领导、教师代表和500余名学生代表观看了演出。葛新权院长在致辞中对一直大力支持学院工作的校领导和各职能部门表示感谢,对学院全体师生在2009年取得的成绩给予肯定,并预祝晚会圆满成功。晚会分为“风华少年时”、“悠悠师生情”和“圆梦经管”三个篇章。节目丰富多彩,充分展现了学院师生多才多艺。小品、相声、音乐剧等节目,将时下流行元素与校园现象结合,以诙谐幽默的语言、生动活泼的形式,讥讽了校园中考试作弊等不良现象,提倡诚信意识、责任意识,引起全场观众的共鸣。舞蹈、魔术、器乐演奏等节目精彩纷呈。诗朗诵“感念师恩”,由学院师生共同合作表演,师生之间的真情在这一刻绽放。一个个精彩的节目把晚会推向一个又一个高潮,现场气氛热烈。晚会在喜庆祥和的氛围中圆满结束。

(郭银辉 周 宇)

【对外交流】2009年,学院与爱尔兰格里菲斯学院、美国威斯康星大学帕克塞德分校、澳大利亚拉筹伯大学3所国外大学建立的学生交流项目均开始招生。学院共外派学生16名,赴爱尔兰格里菲斯学院留学的学生3名;赴美国威斯康星大学帕克塞德分校参加交换的学生13名,其中第一批8名,第二批5名;参加学校与拉筹伯大学联合培养的国际商务硕士课程班学生共18名。学院外派2名教师赴爱尔兰格里菲斯学院参加为期3个月的教师培训、3名教师赴澳大利亚拉筹伯大学参加3个月的教师培训;学院派出2个教师学术考察团赴澳大利亚、爱尔兰进行学术交流与合作办学的洽谈。学院共接待来自爱尔兰、美国、澳大利亚等国外代表团、学者专家的来访,双方就国际合作办学、学术交流等问题进行了广泛的交流与磋商。11月,参与接待澳大利亚维多利亚大学师生访问团,并就今后的合作达成初步意向。

（刘 宇 何 琼）

(1)美国威斯康星大学帕克赛德分校校长来学校进行工作访问。2 月 25 日,美国威斯康星大学帕克赛德分校副校长 Greenfield 先生、商学院院长 Fred Ebeid 先生、全球教育部主任王哲民教授前来学校进行工作访问。杜林校长会见了来访的美国客人,双方校长介绍各自学校的历史和近年来的发展情况,就两校合作办学项目进行会谈,最后双方签署《北京信息科技大学经济管理学院与美国威斯康星大学帕克赛德分校合作办学协议》。美国威斯康星大学帕克赛德分校的商学院通过了全美权威的 AACSB 认证。学校与该校启动的合作办学项目,将为双方师生提供更多的交流和学习的机会,增进两校发展。当日下午在小营校区报告厅举行学校与威斯康星大学帕克赛德分校合作项目推介会。威斯康星大学帕克赛德分校副校长 Greenfield 先生一行、学院院长葛新权教授、副院长刘宇教授、团总支书记陈红英老师和 150 余名学生代表参加本次大会。会议开始前,葛新权院长就此次活动作了相关介绍。副校长 Greenfield 先生向在座学生展示了威斯康星大学帕克赛德分校的总体情况,包括其优越的地理位置和浓厚的文化氛围,学院传统优势学科及舒适的校园生活环境。Fred Ebeid 院长介绍了威斯康星大学帕克赛德分校为留学生提供的优厚条件,在签证办理、费用、学分互认等问题上都提出切实可行的方案。全球教育部主任王哲民教授对两校交换生项目、本科生、研究生赴美留学等事项进行系统的说明。最后,三位外宾和学院刘宇副院长共同详尽地回答在座学生提出的各方面问题。现场气氛热烈,交流融洽,学生们纷纷表示对威斯康星大学帕克赛德分校的合作项目有浓厚兴趣。大会结束后,威斯康星大学来访的客人来到经济管理学院,就经管学院与帕克赛德分校商学院本科交换生项目的具体实施事项进行详细的会谈;同时,提出进一步合作的项目,如本科生 3 + 1.5 培养模式和研究生合作培养模式。会谈中洋溢着和谐友好的气氛,双方一致认为两校的合作将会有广泛的前景。

（刘 宇 何 琼）

(2)学院与美国俄亥俄州博林格林州立大学进行交流。9 月 14 日,学院院长葛新权教授、国际交流合作处张雅老师与美国俄亥俄州著名的博林格林州立大学(Bowling Green State University)国际项目部主任保罗·霍夫曼就两校国际合作进行深入交流。双方分别介绍各自相关学院概况、学科设置、课程安排、国际交流项目等情况,对两校在开展本科学生 2 +2 或 3 +1 培养、预科连硕培养、短期交换学生、教师交流与互派、在职 MBA 远程教育等方面表示出浓厚兴趣,在轻松友好的交流气氛中,达成初步的合作意向。博林格林州立大学(简称 BGSU))成立于 1910 年,共有七个学院,开设 200 多本科学位课程、30 种授课研究生课程,以及 16 个博士专业。其工商管理硕士专业(MBA)是全球为数不多得到世界工商管理硕士专业认证委员会认可的专业之一。

（刘 宇 何 琼）

(3)学院代表团出访澳大利亚维多利亚大学。10 月 31 日至 11 月 5 日,学院代表团应邀对澳大利亚维多利亚大学、悉尼大学、悉尼科技大学等进行为期 6 天的访问考察。11 月 2 日,代表团访问维多利亚大学,受到维多利亚大学国际项目官员 Rhett Miller 先生、商业法律学部升学官员 Justin Davidson 先生的热情接待。座谈中 Rhett Miller 先生介绍了维多利亚大学办学历史、规模以及国际合作办学开展情况;Justin Davidson 先生介绍了商业法律学部国际合作办学的规定以及申请流程等;学院代表团团长孙晨介绍了学院的办学规模、专业设置、科研以及国际合作办学项目的开展情况等。双方就合作培养本科生(2+模式)、互换学生培养、科学研究以及教师的培训等事项充分交换意见,在很多方面达成共识。会谈后代表团参观了维多利亚大学的校园、校长办公室、国际学生服务中心、图书馆、机房、实验室、教室、学生服务中心等。代表团一行还考察了悉尼大学、悉尼科技大学。

(刘　宇　何　琼)

(4)澳大利亚维多利亚大学师生来学院交流。为帮助维多利亚大学师生尽快适应中国的学习生活,11 月 3 日晚,学院与澳大利亚维多利亚大学师生在小营校区大学生活动中心举行交流会。学院刘宇副院长、周宇老师、何琼老师,维多利亚大学带队老师 Marcelle、Julie,20 名维多利亚学生、学院 80 多名学生参加交流会。交流会促进了两校师生的认识与了解,同时也为学校师生提供了一个和外国友人面对面交谈、提高英语口语水平的平台,受到同学们的好评。刘宇副院长在致辞中代表学院师生对维多利亚大学师生的到来表示热烈欢迎,希望他们在交流期间充分感受中国文化的深厚底蕴和中国的发展建设成就,并预祝他们生活愉快。她还表示,学校与维多利亚大学将继续努力开展学生交换培养工作,增进深厚友谊。维多利亚大学教师 Marcelle 和 Julie 介绍了维多利亚大学的基本情况,并希望通过此次交流,能进一步增进维多利亚大学与学校的友谊。学院学生表演了琵琶、二胡、古筝等中国传统器乐的独奏以及民族舞蹈、街舞,现场展示了书法艺术,让维多利亚师生感受到中国文化的无限魅力。维多利亚师生也表演了澳洲歌曲的大合唱。双方还互赠了礼物。

(刘　宇　何　琼)

【党建工作】学院党总支在工作中以邓小平理论、“三个代表”重要思想为指导,以深入学习实践科学发展观为契机,努力提高师生的政治理论水平。学院按照学校的安排,围绕“树立一流理念,强化办学特色,以改革创新精神推进新大学发展”这一主题,紧密结合学院实际,通过学习调研、分析检查、整改落实三个阶段,带领学院广大师生开展了卓有成效的系列活动。通过学习领会科学发展观深刻内涵,全院师生员工,特别是学院领导清醒认识到制约学院发展的因素,牢固树立科学发展观的理念,进一步明确学院的发展思路和工作重点,制定以“树立一流意识,打造一流经济管理学院”为主题的学院调研报告、学院分析检查报告、学院整改落实方案等,统一师生思想,凝聚力量,推动学院又好又快发展。2009 年,学院党总支下属党支部 27 个,其中教工党支部 7 个,学生党支部 20 个。学院党员 509 人,其中教职工党员 75 人,占教工总数的 63%,本科生学生党员 434 人,发展学生党员 217 人,学生党员比例 18%。2009 年共发展教师党员 2 名,转正教师党员 1 名,学生党员 196 名。参加学校、学院业余党校的培训学生 624 人。谢瑞峰同志荣获校级优秀党务工作者,李静文、王斌、赵志耘、黄平生 4 名教师和 4 名学生荣获校级优秀共产党员,会计系党支部和学生工作党支部、人力第一学生党支部荣获校级先进党支部。

（孙　晨　谢瑞峰）

（1）学院召开“学习实践科学发展观，争创一流”研讨会。3 月 21 日学院召开“学习实践科学发展观，争创一流”研讨会，部分教授和系主任出席。葛新权院长通报了学院学科专业建设的基本情况。会议围绕树立一流理念、强化办学特色的主题进行研讨，形成以下共识：一是要树立一流意识，根据有所为有所不为的原则，确定经济管理学院学科专业建设的主攻方向；二是学科专业建设要围绕北京市经济社会发展的需要确定重点，在现代制造、信息技术和现代服务业三大领域中寻求经济管理学科专业建设的新突破，充分利用北京市的各项资源优势，借助外力求发展；三是在争创一流的同时要有危机意识，加强后备队伍建设，实现经济管理学院从量到质的转变。

（孙　晨　谢瑞峰）

（2）学院党总支认真部署学习实践科学发展观活动。根据学校“深入学习实践科学发展观活动动员大会”的部署和要求，3 月 25 日下午，学院召开党总支扩大会议。学校杜林校长和校基层联络组成员参加会议。会议由学院党总支书记谢瑞峰主持。学院成立由党总支书记、院长任组长的学习实践工作领导小组。杜林校长做重要讲话，指出要对开展深入学习实践科学发展观活动有清醒的认识，把握主题；紧密联系实际；深刻领会和把握这次活动的总要求、目标、原则；要认真落实好学校制定的学习实践活动实施方案，抓好三个阶段、六个环节的活动开展；要针对不同类型的党员群体制定活动计划。他最后希望学院能在活动中有所创新，取得预期成效，积累好的经验。党总支书记就学习实践科学发展观活动进行了工作部署，要求全院党员认真学习实践科学发展观，准确把握科学发展观的重大意义、科学内涵、精神实质和根本要求，党员要积极为学院的发展献计献策，以解决影响和制约学院科学发展的突出问题，构建和完善有利于学院科学发展的体制机制。会议形成了结合学院实际的学习实践活动方案，对党员领导干部、教职工党员、学生党员等不同群体分别制订了详细的活动计划。

（孙　晨　谢瑞峰）

（3）学院举办“学习实践科学发展观”论坛。4 月 22 日，学院在小营校区 2 教 202 举办了“学习实践科学发展观 共同谋划经济管理学院科学发展”主题论坛。学校杜林校长、校基层联络组成员、学院全体教职工参加本次论坛。学院院长、教授、实验教学中心副主任 4 位教师做主题发言。论坛由谢瑞峰书记主持。杜林校长肯定了学院在党政班子带领下，为学校的发展做出突出贡献。希望学院通过学习实践科学发展观活动，把学院的发展思路认真理清，在学院形成共识，共同把学院的发展文章写好。葛新权院长做了“树立一流意识，打造一流经济管理学院”主题发言。从科学的方法、科学的思想、科学的规划三个方面谈了对科学发展观的理解；从“以学科建设为龙头，树立一流意识、一流目标和危机意识”等八个方面解读了学院在发展中存在的问题、整改的举措和今后的发展思路。其他教师就如何做好科学研究、如何做好教学工作和实验室建设发展情况分别做了主题发言。整个论坛进行 2 个小时，气氛活跃，在大家的热烈掌声中结束。

(孙　晨　谢瑞峰)

(4)学院与北京交通大学兄弟学院交流学习实践科学发展观工作。4 月 29 日,学院与北京交通大学经济管理学院开展学习实践科学发展观工作交流,会议在小营校区图书馆 605 室举行。学校杜林校长、韩秋实副校长、学院院长葛新权、党总支书记谢瑞峰以及全体院领导、北京交通大学经济管理学院刘延平院长带领学院领导班子参加此次交流会。会上学校领导重点介绍了新大学的筹建、发展以及学校的科研开展情况。两校院长分别介绍各自学院的整体发展情况,就学科建设、科研工作、研究生教育、本科生教育、教师授课、财务制度、特别是对"结合科学发展观,树立一流理念"等问题进行探讨,达成共识。刘延平院长一行还参观了学院实验室。双方一致认为开展学习交流对两院在更广泛的领域开展合作,实现资源共享,促进共同发展十分必要,对进一步搞好学院发展与建设有很好的指导作用。

(孙　晨)

(5)学院领导班子召开学习实践活动专题民主生活会。根据学校学习实践活动第二阶段工作的安排,5 月 14 日,经济管理学院领导班子召开学习实践科学发展观专题民主生活会,学校校长列席会议,会议由学院党总支书记主持。会议围绕学习实践科学发展观、推进学院科学发展这一主题展开。学院领导班子成员结合个人学习情况,结合个人分管工作存在的不符合科学发展观的思想观念、影响和制约学院科学发展的突出问题进行全面查摆和深入分析,明确今后努力方向和改进措施。学校校长对学院召开的民主生活会给予了充分的肯定,提出了几点希望:一是希望学院领导围绕学习实践主题,在理念、特色、改革创新、又好又快发展进行深入的思考,形成进一步的工作思路;二是要加大开放的力度,不仅对国际开放,还要对同行、京内外其他高校开放,要给教师创造更多走出去的机会;三是基础工作不能放松,既要有特色亮点,更要以扎扎实实的基础工作为依托,要对学科、科研、研究生教育、本科生教育、学生工作等进行全面的梳理;四是学校所有的工作都离不开教师和学生的发展,教师的全面发展最终要落在学生的发展上;五是学院党总支的工作,更重要的是要在教师的发展方面开展,要了解教师在发展方面的需求;六是关于学生发展的工作重点,要激发学生的学习兴趣,要帮助学生明确方向,要给学生增加动力和成就感,学生是有潜力的,要靠老师来发掘。在当今大众化教育下,还要注重学生的个性发展,要以学生为本。会前学院领导班子做了认真的准备工作,将调研阶段征求的意见进行梳理,开展了谈心活动,联系个人思想和工作实际,认真撰写了发言提纲。会上,大家畅所欲言、坦诚交流,达到了沟通思想、达成共识、增进团结、解决问题、促进工作的目的。

(孙　晨　谢瑞峰)

(6)学院召开"学习实践科学发展观活动"总结大会。7 月 15 日,学院党总支召开深入学习实践科学发展观活动总结大会。学校杜林校长、学校基层联络组成员、学院领导班子以及全体教师党员参加总结大会。大会由学院党总支书记谢瑞峰主持。会上杜林校长发表重要讲话,他在讲话中介绍了学校层面深入学习实践科学发展观活动的开展情况，充分肯定学院学习实践活动。杜校长认为学院的学习实践活动领导有力、组织有序、重点突出，围绕学校活动主题开展活动，取得初步成效。杜林校长还就学院进一步巩固和深化学习实践活动成果提出三点意见：一是要坚持用科学发展观武装党员、干部的头脑，把科学发展观作为必修课，内化为政治信仰，在思想深处打上烙印。要坚持不懈地抓好学习，理论联系实际，增强科学发展的意识，掌握科学发展的方法，把学习成果转化为谋划发展的思路；二是要切实抓好整改方案的贯彻落实。要继续发扬求真务实的精神，把落实整改方案作为今后的重要任务抓好，落实好；三是全体党员、领导干部要进一步加强党性修养，要把加强党性修养、树立和弘扬良好作风作为整改落实的重要内容和长期践行科学发展观的重要保障。杜林校长指出，学院的发展在学校的发展中起着举足轻重的作用，学校对经济管理学院发展寄予厚望，他希望学院今后按照学院确定的发展思路和目标科学发展，在学院科学发展的同时推动学校的又好又快发展。党总支谢瑞峰书记对经济管理学院学习实践科学发展观活动开展的主要工作、取得的主要成效、存在的不足以及下一步的打算进行总结。

（孙　晨　谢瑞峰）

【其他重要事项】(1)学院邀请韩福荣教授来校作学术报告。3 月 11 日，学院“我与我的未来”分专业职业生涯规划系列讲座暨工商管理专业学术前沿讲座，在小营校区报告厅举行。本次讲座邀请到全国有突出贡献的质量管理专家、北京工业大学经济与管理学院博士生导师韩福荣教授，为学院师生作了一场题为“质量管理的理论与创新”的学术报告会。报告会由学院刘宇副院长主持。韩教授在报告中指出人要向自然学习，并引出形态仿生、行为功能仿生、机制仿生等仿生学的相关概念，同时提倡生态友好的可持续发展理念。韩教授从产业变迁讲到质量概念的演化；从质量生态位讲到质量竞争。他用通俗的语言向同学们展现多年来研究开创的质量生态学理论，令人耳目一新。讲座让同学们及时接触到了管理学的学术前沿，极大激发了广大同学学习的兴趣和热情。

（曲　立　郑　玮）

(2)学院葛新权教授在 2009 年中国数量经济学年会名家论坛上作专题报告。3 月 28 日，由深圳大学经济学院承办的“2009 年中国数量经济学年会”在深圳大学演会中心召开。中国社会科学院数量经济与技术经济研究所所长汪同三、深圳市副市长唐杰、深圳大学校长章必功等出席开幕式。参会人员包括国内近 100 多所高等院校的数量经济学者、各界嘉宾 600 余人，学院葛新权教授、王斌副教授、刘伟老师以及研究生张劲文参加本次年会。会议由中国数量经济学会副理事长李富强教授主持。开幕式后进行分组讨论。学者们就数量经济理论和方法、宏观经济增长与发展、区域经济协调发展、贸易与投资、博弈论实验经济学等领域的热点问题展开了热烈的讨论。葛新权教授在名家讲坛上做题为“泡沫经济理论与模型”的主题报告，将本次数量经济学年会推向了高潮。学院参会教师向大会提交 3 篇论文，其中刘伟、葛新权撰写的《金融危机环境下大学生就业策略问题研究——实验经济学实验的个案设计与分析》论文在分组讨论中宣讲，引起与会学者的高度重视和热烈讨论。

(刘 伟 葛新权)

(3)学院邀请荷兰中央经济政策研究局教授作报告。9月11日,学院特邀荷兰中央经济政策研究局EGBERT JONGEN教授作了关于“欧洲的福利和教育”的主题报告。报告会由学院院长葛新权教授主持。报告是以全英文的形式进行,EGBERT JONGEN教授主要介绍了欧洲的福利政策以及欧洲教育的发展。在互动环节,同学们用英文提问,与EGBERT JONGEN教授进行了充分交流。

(郑 玮 葛新权)

(4)学院邀请齐二石教授作专题报告。11月4日,学院举办《精益生产与管理》专题报告会。报告人是国务院学位委员会管理科学与工程学科评议组成员、教育部管理科学与工程教学指导委员会主任、教育部学科发展与专业设置专家委员会专家、中国机械工程学会常务理事、中国机械工程学会工业工程分会理事长、天津大学管理学院院长、博士生导师齐二石教授。报告中齐二石教授通过比较美国与日本汽车产业发展,揭示了精益生产这一概念的重要意义,并对精益生产本质做了深刻分析,提出我国实施精益生产与管理的策略。齐教授的报告不仅在学术内容上扩展了老师们的视野,他独特的讲授方式也使老师们在如何组织教学等方面受益匪浅。葛新权院长代表学院颁发了聘请齐二石教授为经济管理学院兼职教授的聘书。

(郑 玮 葛新权)

(5)学院举办冬季英语学术沙龙活动。11月18日,学院冬季英语学术沙龙活动在学院知识管理研究基地召开。此次活动的主题是学院三个赴国外培训考察团汇报与交流培训考察成果。学院刘宇副院长介绍学院对外教学与科研交流情况,并对中青年教师提高英语水平、积极参与对外教学与科研提出希望。学院赴美国大学考察团代表尹洁林老师详细介绍了美国大学商学院教学计划、课程安排、教学研究、课堂教学等方面的情况。岳宝宏老师代表学院三名赴澳洲维多利亚大学双语培训的教师发言,介绍了维多利亚大学“问题导向学习(Problem - based Learning)方法”。学院赴澳大利亚拉筹伯大学教学培训团代表王建梅老师畅谈了在澳洲学习与培训的收获与感受。与会老师就以上发言内容作了深入交流。学院葛新权院长在总结讲话中对英语学术沙龙以及学院中青年教师学英语用英语促进科研与教学取得的成绩给予充分肯定。

(陈雪红 郑 玮)

(6)学院参与主办“直面危机:经济研究前沿方法国际研讨会”。9月10至11日,由中国社会科学院数量经济与技术经济研究所、首都经济贸易大学和学校联合主办的“直面危机:经济研究前沿方法国际研讨会”在北京举行。参加会议的有中国社会科学院数量经济与技术经济研究所所长齐建国教授、全国博弈论与实验经济学研究会会长王国成教授、首都经济贸易大学副校长王文举教授、学校韩秋实副校长、学院葛新权院长、学院刘宇副院长、荷兰中央经济政策研究局Egbert Jongen教授以及来自海内外50余位专家学者。学院参办本次会议。面对全球性金融危机对原有理论与方法构成的强烈冲击和挑战,对今后的经济研究提出了更高的需求。为更好地预警防范、应对化解各类经济危机,提升经济理论研究方法,会议邀请国际上在经济理论与方法前沿研究领域的代表人物和专家学者做专题报告，共同探讨研究复杂经济问题更加适用的理论方法和工具，展望当代经济学发展趋势。会上荷兰中央经济政策研究局 Egbert Jongen 教授、美国乔治梅森大学 Houser 教授、台湾国立政治大学陈树衡教授、加拿大籍教授董保民教授分别就实验经济学方法、福利改革与就业、基于代理的计量经济学应用、高级博弈论等问题作专题报告。国内专家学者也在会上介绍了各自目前研究的新进展。

（刘　伟　葛新权）

（7）学院参与主办的第八届 WTO 与中国学术年会召开。11 月 7 至 8 日，学院与对外经济贸易大学中国 WTO 研究院、政治大学（台湾）国际事务学院联合主办的“第八届 WTO 与中国学术年会”在北京商务会馆召开。博鳌亚洲论坛秘书长龙永图、商务部台港澳司司长唐炜、商务部世界贸易组织司司长柴小林以及近 50 位经贸领域的专家和企业界人士出席会议。对外经济贸易大学中国 WTO 研究院院长张汉林教授主持会议。龙永图秘书长在题为“金融危机后的中国宏观经济”的主题发言中指出，金融危机后，经济全球化的趋势没有改变，因为作为其动力的全球科学技术的发展、作为其载体的跨国公司在全球的投资和贸易以及作为其实质的全球产业转移都没有改变。同时，作为一个多边主义者，龙秘书长还指出，双边自由贸易协定和区域贸易协定应该是 WTO 的补充，它们不能取代 WTO。学院院长葛新权教授作题为“以紧密的合作扎实推进两岸经济自由”的发言。他阐述了两岸开展经济合作的可能性，分析了合作将带给两岸经济发展的益处，并提出两岸开展经济合作的具体办法和措施。与会人员就金融危机的影响、两岸经贸合作以及宏观经济与产业发展等方面的问题进行深入探讨。

（尹洁林　葛新权）

（8）学院组织教职工赴唐山学习考察。4 月 25 至 26 日，学院教职工在党总支谢瑞峰书记的带领下赴河北省唐山市进行为期两天的学习考察。考察过程中大家参观了曹妃甸工业区规划展示中心、首钢京唐钢铁联合有限公司、唐山市抗震纪念广场等地。通过学习参观大家亲身感受到了唐山市学习落实科学发展观的成果，感受到了“感恩、博爱、超越、开放”的新唐山精神，看到了唐山市的新面貌。唐山之行使大家认识到，促进教育事业的发展需要形成新的理念，开拓新的思路，铸造新的机制，培养新的能力。

（郑　玮　葛新权）

（9）葛新权教授当选为中国数量经济学会副理事长。12 月 26 日，在中国数量经济学会第十届理事代表大会第一次常务理事会上，学院院长葛新权教授当选中国数量经济学会副理事长。中国数量经济学会是挂靠在中国社会科学院的国家一级学术团体，是中国经济学研究最具特色的重要学术团体之一。

（郑　玮　葛新权）

（10）学院张健副教授荣获中国服务业科技创新人物奖。12 月 26 日，中国商业联合会科学技术奖及服务业科技创新奖颁奖大会在人民大会堂举行，学院张健副教授被授予中国服务业科技创新人物奖。中国服务业科技创新奖是经科技部、国家科学技术奖励工作办公室批准设立的，主要面向服务业领域技术产品创新、管理制度创新、经营理念创新、流通秩序创新、基础设施创新等方面成效卓著的组织、服务业领域成功企业的卓越管理者、大专院校以及科研院所的科技人员申报。中国服务业科技创新人物奖是中国服务业科技创新奖的一个重要奖项,要求申报者具有较强的求实创新精神和适应市场竞争的创新意识,并将其成功地应用于管理工作或科技项目的实施中。该奖项自2007年设立以来,共实施了两届评定,本届有20名服务业科技人员获此奖项。

(张 健 葛新权)

信息管理学院

【发展概况】信息管理学院(School of Information Management,简称信管学院)于2007年9月在原北京信息工程学院计算机信息系统系和原北京机械工业学院经济管理学院信息管理与信息系统教研室基础上组建而成。学院现有信息系统系、信息安全系、管理工程系、电子商务系、计算机审计教研室5个系(室)。学院设信息管理与信息系统、信息安全、电子商务、审计学(计算机审计方向)和管理科学5个本科专业,其中信息管理与信息系统专业是北京市特色建设专业,信息管理与信息系统和信息安全专业是本科一批次招生专业。学院拥有跨学院共建的管理科学与工程北京市重点建设学科和硕士学位授权点。

2009年,学院有教职工62人,其中专任教师50人。在专任教师中,教授7人、副教授14人,具有高级职称教师占专任教师42%;博士后3人、博士19人、硕士17人,具有研究生学历教师占专任教师78%;50岁以下的中青年教师47人,占专任教师比例94%。

2009年,学院毕业生365人,其中研究生5人、本科生360人。招生337人,其中研究生10人、本科生327人。在校生1741人,其中学术型学位硕士22人,本科生1719人。

(李 忱)

【学科建设】学院拥有跨学院共建的管理科学与工程一级学科硕士学位点,开展智能决策系统、物流与供应链管理、信息系统安全等学科方向的科研工作和研究生培养,支撑5个本科专业,初步形成了交叉渗透、协同发展的学科专业建设格局。

(李 忱)

【教学工作】学院本科教学主体由多校区向小营校区转移,在教学条件相对紧张的情况下,确保了教学秩序的稳定和教学任务的完成。2009年,学院获得北京市教学成果二等奖1项,校教学成果一等奖2项、二等奖1项;北京市精品教材建设项目1项;北京市特色建设专业1个;校级优秀教学团队1个;北京市教改项目1项;校教改项目4项。1人获北京市青年教师基本功大赛二等奖及校级一等奖。2人获学校实验教学基本功大赛二等奖。

(1)积极实施名师计划。充分挖掘校外教学名师资源,在2009年的两个学期中学院共组织开展了8位名师讲课,让学生有机会近距离接触到名校名师,激发了学生对学科专业前沿问题的兴趣和思考。名师计划覆盖了学院五个专业,受益学生近千人。

(2)组织开展学生学科竞赛活动。学院共组织开展了信息安全学科竞赛、数据库应用竞赛以及电子商务创意与应用竞赛等三项学科竞赛。此项活动不仅为学生参与实践创新活动提供了平台，而且加强了与知名企业的联系。

(3)组织由17位教师参加的学院实验教学基本功大赛。从中推选出3位教师参加学校实验教学基本功大赛。

(4)首次接收21名专升本学生进入学院信息管理与信息系统专业学习。

(5)学院信息管理与信息系统与信息安全两个专业一本招生，学院一本招生规模扩大至当年招生总人数的73%。

(徐晓敏)

【科研工作】学院正式施行《信管学院科研工作奖励实施办法(暂行)。2009年，科研实到经费116万元，以第一承担单位正在主持5项省部级以上纵向项目，其中新增获批1项国家自然科学基金面上项目；取得软件著作权1项，新增2项发明专利申请受理；以第一作者单位公开发表学术论文34篇，进入三大检索论文新增20篇。

(蒋文保)

【学生工作】(1)4至6月，学院举办北京信息科技大学第一届信息安全竞赛暨全国大学生信息安全竞赛选拔赛，共有93组共计225人报名参加比赛。共评出一等奖5个，二等奖10个，三等奖15个。推选出的两组选手参加8月份举行的“全国大学生信息安全竞赛”，均获得全国三等奖。

(2)9至12月，学院举办北京信息科技大学第一届“sybase杯”数据库应用竞赛，共有75组共计178人报名参加比赛。共评出一等奖2个，二等奖4个，三等奖8个，创意奖2个。

(3)9至12月，学院举办北京信息科技大学第一届“百度杯”电子商务创意与应用竞赛，共有33组共计90人报名参加比赛。共评出一等奖2个，二等奖4个，三等奖6个，此外还评出单项奖7个。

(4)9至11月，学院在全体学生中，开展“读一本好书”活动。共收到读书报告200余份。共评出一等奖3人，二等奖6人，三等奖10人，鼓励奖20人。

(5)6至10月，团总支组织150余名学生参与国庆60周年庆祝活动——首都群众游行(科学发展方阵)及国庆广场联欢活动。

(6)组织申请2009年本科生课外科技基金32项，通过审批16项，资助金额10925元，结题7项。

(7)组织参加学校第四届“创新杯”大学生课外学术科技作品竞赛28份作品，获学校一等奖2个，二等奖2个，三等奖1个。代表学校参加“挑战杯”全国大学生课外学术科技作品(北京赛区)竞赛，共获特等奖1个，三等奖3个。

(8)6月，学院组织学生参加“第一届全国规范汉字书写大赛”，共获得一等奖3个，二等奖3个，三等奖7个，参与奖6个。

(9)5月，学院邀请优秀毕业生代表郑勇、余朝晖、黄瑞君在昌平校区举行优秀学长报告会。教师党支部书记郁红英老师、崔凯老师、2008级全体学生参加了报告会。报告会上三位学长从自身出发，回顾了大学生活、专业学习、考研历程，并对2008级新生提出了期望。

(10)10月，学院组织参加2009全国普通高校信息技术创新与实践活动(noc)。B信管0704班汪秋云获“网络安全竞赛单元”一等奖，06244班宋恒获“创业(商业)计划竞赛单元”二等奖。

(11)学院团总支利用假期期间，组织学生进行社会实践活动，共有5个团队获得优秀团队的称号,获得优秀实践论文一等奖1篇,三等奖1篇。

(崔　凯)

【对外交流】11月7至15日,学院教师赵刚随学校考察团赴澳大利亚。对维多利亚大学、维多利亚科技大学、悉尼大学进行了访问与考察。与维多利亚大学就联合培养研究生方面达成了共识。

(代晓明)

人文社科学院

【概况】人文社科学院(School of Humanities and Social Sciences,简称人文学院)于2006年12月在原北京机械工业学院人文社会科学系和原北京信息工程学院社会科学部经济贸易系行政管理教研室的基础上组建而成。学院现有公共管理系、信息传播系、哲学史学部、政治经济学与法学部4个系部;行政管理教研室、网络传播教研室、中文教研室、史学教研室、法学教研室、哲学教研室、政治经济学教研室7个教研室,承担全校思想政治理论课和学院行政管理、传播学2个本科专业及"马克思主义中国化"硕士点的教学任务。

学院现有综合实验中心,包括媒体编辑机房、录音棚、演播室、电脑辅助电话调查实验室等,实验设备总值达500余万元。资料室主要有图书资料、期刊资料、音像资料三大类。其中图书资料共计10466册,包括马列、哲学、政治、经济、教育、文学、历史、综合七类;期刊资料每年100多种,另有音像资料502套。全部资料中公共课资料占47%,专业课资料占51%,外语类资料占2%。

2009年,学院有教职工66人,其中专职教师58人,专职教师中,教授6人,副教授17人,具有高级职称的教师占全体教师的39.7%;具有博士学位的教师7人,具有硕士学位的教师36人,共占全体教师的74.1%。

2009年,学院本科毕业生111人。招生128人,其中,研究生6人,本科生122人。学院在校生503人,其中,学术型学位硕士16人,本科生487人。

(何颖利)

【学科建设】加强学科平台建设,进一步整合学科发展队伍。根据院学术委员会研究讨论,总结"学院十一五学科发展规划";根据程序与学校"十一五学科发展规划"进行协调对接,确定学院下一步学科重点发展方向。

启动马克思主义理论和行政管理硕士点的申报工作,完成初步准备。

执行2008年度补充专项基金,为行政管理专业和传播学专业发展和提升改善条件,支持了一批学术成果的出版,同时着力培训教师队伍。

尝试启用外请专家承担学术前沿课程。

(何颖利)

【教学工作】2009年,学院教学工作总体思路是在立足本科教育基础的上,突出实践教学特色,培养锻炼教师队伍,继续完善应用型人才培养模式。

(1)思想政治理论课实践教学形式多样,成果丰富。思想政治理论课教师在实施课堂理论教学的同时,积极探索,逐渐形成了贯穿大学生生活全过程的思想政治理论课社会实践教学体系。主要形式有:社会调查、参观访问、法庭旁听、原著阅读、演讲辩论、纪念征文等。除各门课程的任课教师组织的实践活动外,学院组织了三项涉及全校的活动:一是作为奖励,组织了思想政治理论课学习成绩优秀的学生百余人赴狼牙山进行社会实践教学。二是在学生中组织开展了暑期社会调查课题的立项活动。三是组织开展了庆祝建国60周年的征文活动。2009年思想政治理论课实践教学成果丰富,形成了四本文集,即《京郊农村干群关系调查纪实——大学生社会实践活动报告总结》、《走进社会 走进生活——马克思主义基本原理概论课社会实践报告选编》、《青春礼赞——纪念五四运动90周年征文学生作品选》、《共和国在我心中——纪念新中国成立60周年征文优秀作品选》。

(2)鼓励教师参加各种形式的进修学习活动,积极开展对外交流,开拓教师视野。2009年有2位教师访学,2人攻读在职博士,引进传播学专业博士1名,4人参加由教育部组织的精品课程建设培训活动,另有多名教师参加北京市举办的多媒体课件制作的培训。大力支持教师参加各级、各类的教学及学术会议,与各专业学会及具有同类专业的高校保持密切联系;与业界进行交流,派遣教师参加网络编辑等职业培训活动;邀请Adobe讲师团的讲师对教师进行课件制作方面的培训;组织教师赴华西村等地进行社会考察。

(3)聘请中央党校和首都师范大学的优秀教师组成教学名师授课组,讲授中国近现代史,并就授课经验和技巧与学院思想政治理论课教师进行交流。

(4)专业建设与教学改革。专业课的教师完成本年度教学大纲修订任务,并结合大纲的修订开展教学研究,积极撰写教学研究论文,就培养应用型人才问题向学校教务处和高校研究室提交论文12篇。

(5)组织并参加各种教学比赛活动。1名教师在学校青年教师讲课大赛中获奖,1名教师由教务处推荐参加全校教师观摩课,2名教师参加北京市公共政治理论课教学比赛,4名教师参加了学院组织的教学比赛。1名教师制作的教学课件获教育部优秀课件奖,其教学案例入选北京市教工委组织的优秀教学案例评选。

(6)加强实验室、资料室及实习基地建设。为实验室配备实验员,增加实验器材和教学软件,初步实行了实验室开放制度;资料室购置了5万元的图书资料;加强与实习基地的联系与合作,新增了1个实习基地,目前学院实习基地达到16个。

(7)开展职业资格认证工作。组织劳动部秘书及网络编辑两个职业证书的取证培训工作;继续参加微软办公软件国际认证(MOS)。在2009年MOS世界大赛北京赛区比赛中,获得Word2003组冠军和Excel 2003组三等奖1名,优秀奖1名;在中国区总决赛中,获得Word 2003项目大学组三等奖,Excel 2003项目大学组三等奖,学院代表北京信息科技大学获得中国区决赛Word 2003项目大学组一等奖和Excel 2003项目大学组一等奖。

(8)组织进行研究生的招生及教学工作。先后组织了三轮次研究生的考试面试,安排2009版研究生课程大纲修改,根据授课过程的实际情况进行了课程调整,完成了新导师培训任务,基本建成研究生工作室。

(何颖利)

【科研工作】2009年,学院获批纵向项目8个,横向项目2个,纵向到款额23.4万,横向到款额5.5万,发表论文71篇,其中10篇发表为中文核心期刊,出版专著1部。

深入系、部开展专项基金的建库工作,目前已有2项入库,为进一步专项基金的申请做好准备;完成了校基金的建库工作,目前已有19人20项课题入库;组织出版了学术文集《耕耘·创新·收获》。

(何颖利)

【学生工作】围绕学校及学院中心工作,在校风学风建设、制度建设、学生毕业和就业工作及奖惩方面展开具体工作。组织学生参加建国60周年群众游行方队。学院共有51名学生参加庆典活动,参加相关服务的师生共有66人获得学校表彰,其中16名学生和2名教师获得学校“突出贡献奖”,2名教师获北京市“首都国庆60周年群众游行优秀工作者”称号,2名学生获“2009年首都大学生社会实践先进工作者”称号。组织学生听取讲座。邀请著名画先生为学院2007、2008级公共管理系与信息传播系学生做题为《蝈蝈·生活·感悟》的讲座。重视少数民族学生的工作,加强民族团结教育和爱国主义教育。截止2009年底,学院少数民族学生占到学院学生总数的14%,学院在学生会成立了民族文化部;举办了迎国庆茶话会。修订《文社科学院关于加强2009届毕业生就业工作的指导意见(试行)》。加强信息化建设,建立2009届毕业生专用邮箱,负责就业工作的辅导员及学院主要领导与毕业生建立了1对1的通讯联系,中国移动飞信和QQ群。积极推进家庭经济困难学生就业工作,学院家庭经济困难学生一次性就业率90%。2009届毕业生考研5人,北京市公务员录用1人,村官5人,宽口径一次性就业率95.4%。据不完全统计,截至到,签约率为68%,比2008年提高了3个百分点。评出校级优秀毕业生6人,市级优秀毕业生3人。落实了家庭经济困难学生资助工作。全年办理国家助学贷款57人,其中上半年36人,下半年21人;获国家励志奖学金17人;获国家一等助学金32人,二等助学金52人。新井季久子助学金1人。获国家奖学金1人,TRS奖学金1人。评出校级优秀班集体1个,院级2个;校级三好学生18人,院级三好学生27人;校级优秀学生干部8人,院级优秀学生干部18人。评选2007~2008学年校级优秀班主任3人,良好班主任4人;校级优秀辅导员1人;校级优秀党员1人。

(何颖利)

【对外交流】学院积极开展校内外专业合作,邀请国外大学教师讲座,邀请美国布兰德斯大学(Brandeis University)的刘晓东进行“社会科学研究方法和统计”的讲座,组织了与澳大利亚维大师生的交流,并建立了初步合作关系。

(何颖利)

【党建工作】2009年,学院在完成学校整体工作要求的基础上,继续发扬党总支的核心作用和党支部的战斗堡垒作用,强化优势,突出特点,从理论学习和实践教育两方面着手,教工和学生党建同时并举。2009年,学院设教工党支部5个,学生党支部2个。截至2009年底,学院共有党员137人,其中教师党员44人,学生党员93人,学生党员总数占全院学生总数的19.1%。2009年,学院发展学生党员43人,转正45人。

(1)组织学院“学习落实科学发展观”教育活动。完成学校指定通读书目的学习,参加全校学习实践活动报告会,组织教师填写了《建言献策表》、《征求意见表》;组织学院

“科学发展观建言献策论坛”，围绕学科建设、专业建设、课程设置、就业工作、应用性人才培养等进行探讨；组织党总支及班子成员进行了两次理论中心组学习，并从学科建设、专业建设、课程建设与改革、领导干部的工作作风、制度建设、党建创新、热点难点问题等八个方面进行了梳理和沟通。

组织开展学生学习实践活动。3 月 19 日，学生第一党支部召开毕业班党员学习落实科学发展观支部会；3 月 26 日，学生第二党支部赴昌平区小汤山的洼里博物馆参观学习；4 月 8 日，学生第二党支部开展“学习实践科学发展观”知识问答活动；4 月 18 日，学院召开 2009 年毕业生回访座谈会；5 月 24 日，学生第一党支部赴狼牙山参观学习。获学校学生党支部学习科学发展观教育活动专题宣传栏评比二等奖。

(2)强化制度建设。按学校要求拟定学院《党政联席会制度》、《“三重一大”制度》及《院务公开制度》。坚持集体决策制度，形成每周召开的院领导例会制度，就各位院领导分管的工作进行沟通，进一步加强工作配合，各项工作有序进行。

(3)按照学校工作要求，完成处级后备干部集中调整中民主推荐、考察等各环节的工作。

(4)注重师德建设，结合思想政治理论课的教学，对教师及党员进行思想教育工作。组织党员教师参观了“平津战役纪念馆”、“中国第一大案反腐倡廉教育基地”、“周恩来邓颖超纪念馆”等。

(5)对党员发展对象开展培训，通读《中国共产党党章》，进行党的基本知识学习测试，对入党综合材料的填写方法及要求进行培训。

(6)学生第二党支部红色 1 + 1 活动获北京市三等奖。在昌平定福皇庄村开展红色“1 + 1”支部共建的系列拓展活动，深化“红色 1 + 1”实践基地建设，力争使其与教师的科研活动更好地结合起来。

(何颖利)

外国语学院

【发展概况】外国语学院(School of Foreign Studies，以下简称外语学院)于 2006 年 12 月在原北京机械工业学院外语系和原北京信息工程学院基础一部英语教研室、基础二部英语教研室的基础上组建而成。学院设外语系系 1 个、大学英语教学部 2 个。学院现有英语专业(商务方向)和英语专业(翻译方向)1 个。市级实验教学示范中心建设点 1 个，校级本科教学实验室 1 个。院级实验教学中心 2 个，2009 年，学院有教职工 91 人，其中专任教师 79 人，教授 3 人，副教授 15 人。

2009 年，学院毕业生 95 人，招生 90 人；在校本科生 367 人。

(张日颖)

【学科建设】学院大力推进学术研究，促进学科的建设与发展。9 月，学院召开了“十二五”规划暨学科建设研讨会，对学院“十二五”规划暨学院学科建设规划初稿进行讨论。目前，学院以外国语言学及应用语言学一级学科为依托，确定了六个学术研究方向，学科梯队进一步加强，较好地推动了学科的发展，科研水平和能力都有较大程度的提高。

(张日颖)

【教学工作】学院坚持以大学英语教学改革为突破口,由过去以阅读为中心的教学模式向提高学生英语综合应用能力为主的转变,充分利用优质教学软件和教学资源,积极推动建立校园网络下的英语教学新模式,改变单一的英语教学大纲,鼓励学生自主学习和个性化发展,着力培养适合社会经济发展要求尤其是适应北京市经济发展要求的高素质外语应用型人才。2009 年,学院承担全校 30 个本科专业一、二年级在校大学生的大学英语教学工作及研究生的英语教学工作;同时承担英语专业(商务、翻译)本科生的培养教育。

(1)学院承办 7 项英语竞赛:全国大学生英语竞赛、CCTV 杯大学英语口语演讲比赛、北京市大学英语口语演讲比赛;院级英语语法与词汇竞赛、听力与阅读竞赛、英语美文背诵比赛、词汇与阅读比赛。由于学院对承办的各项比赛工作管理、组织及目的明确,并取得了良好成绩,学院荣获学校 2009 年比赛优秀组织奖。

(2)为提高教学质量,增强学习英语专业知识的动力,提高英语专业学生英语专业四、八级考试通过率,学院决定自 2008 级起,取消英语专业学生参与非英语大学生考试。

(3)认真组织、指导青年教师参与院、校两级教学基本功比赛。在 2009 年校组织的青年教师教学基本功比赛中,学院教师获二等奖 2 人、三等奖 1 人并荣获 2009 年青年教师基本功比赛优秀组织奖。

(4)积极鼓励教师从事教学科研工作。2009 年,从事教学科研工作的教师数有了明显的增加,教改立项项目 6 项,发表教改论文 14 篇。

(邱国旺)

【科学研究】学院激励教师开展科研活动,着手制定学院科研奖励办法,并初步拟定学院科研发展“十二五”规划。2009 年,学院科研总经费 33.3 万元、实到经费 2 万元;各种科研立项 4 个;发表论文 24 篇。

(张日颖)

【学生工作】2009 年,学院获国家奖学金 1 人、国家励志奖学金 12 人、国家一等助学金 24 人、国家二等助学金 37 人、国家助学贷款资助 24 人;学院获校内特等奖学金 2 人、一等奖学金 20 人次、二等奖学金 44 人次、三等奖学金 78 人次。评选出校级三好学生 14 人、校级优秀学生干部 5 人、校级先进班集体 1 个、校优良学风班 1 个、学风进步班 1 个;院级三好学生 26 人、院级优秀学生干部 15 人、院级先进班集体 3 个。学院获得学校庆祝新中国成立 60 周年征文一等奖 1 人、三等奖 3 人;获得国庆方阵训练“齐步走”征文二等奖 1 人;获得人文社科学院举办的“共和国在我心中”征文二等奖 1 人、三等奖 1 人、优秀奖 3 人;学院获得人文社科学院纪念五四运动 90 周年征文三等奖 2 人。

(王 瑾)

【党建工作】学院党总支下属党支部 8 个,其中教工党支部 4 个,学生党支部 4 个。学院党员 96 人,其中教职工党员 35 人,学生党员 61 人。发展学生党员 25 人,学生党员比例 16%。

(1)学院领导班子团结协作、积极进取,建立完善了学院党政联席会议制度、重大问题集中讨论决定制度,坚持民主集中制、议事议程制度等行之有效的机制。

(2)深入学习实践科学发展观。围绕“党员干部受教育,科学发展上水平,师生员工得实惠”的总体要求,组织各项工作,增强了用科学发展观指导各项工作的自觉性和坚定性。

(3)积极参与筹备学校第一次"双代会"。顺利完成学院工会委员会的推选工作、"双代会"代表的推选工作、第一届教代会执委会和第一届工会委员会的推选工作。

(4)党总支组织全体活动4次,组织全体党员大会2次,各支部分别组织党员活动4到6次,有效增强了干部、党员、教工和学生的大局意识、进取意识和党员的理论素质和党性修养。

(5)积极做好入党积极分子选拔和培养工作,稳妥做好党员发展工作。学院160人递交入党申请书,举办3次院级党课,参加培训学员176人,重点培养入党积极分子40人,推荐33人参加校级党课培训。

(王红琦)

【其他重要事项】学院学生30人、辅导员2人参加建国60周年群众游行,圆满完成了工作任务,获突出贡献奖师生8人,学生获贡献奖24人。

(王　瑾)

理学院

【发展概况】理学院(School of Science)于2006年12月在原北京机械工业学院基础教学部(不含力学教研室和工程制图教研室)和原北京信息工程学院基础一部(不含外语教研室),基础二部数学教研室、传感器北京市重点实验室、应用数学研究室的基础上组建而成。学院现有统计学系、数学系、物理与电子科学系、大学物理实验教学中心4个系(中心),及传感技术研究中心、应用数学研究中心2个科研机构。学院现有信息与计算科学、电子信息科学与技术、统计学3个本科专业,拥有应用数学专业、微电子学与固体电子学2个硕士学位授权点,北京市重点建设学科应用数学1个,北京市重点实验室传感器技术研究中心1个。

2009年,学院有教职工94人。其中,专任教师67人、实验教师12人、科研人员7人。专任教师中,教授11人,副教授19人,具有博士学位30人,硕士学位27人。硕士生导师18人,博士生导师2人。

2009年,学院毕业生179人,其中研究生18人,本科生161人;招生162人,其中研究生21人,本科生141人。在校生623人,其中:学术型学位硕士60人,本科生563人。联合培养博士生11人。

(华树银　于　岩)

【学科建设】学院拥有微电子学与固体电子学硕士学位授权点和应用数学硕士学位授权点,应用数学是北京市重点建设学科。应用数学分科学计算、非线性理论及应用、应用数理统计三个方向,微电子学与固体电子学分微电子机器系统、新型传感器及其敏感材料、磁敏传感及其敏感材料三个方向。

7月12日,学院召开应用数学学科建设暨数学物理研究所成立大会。

9月25至29日,学院组织完成全国大学生数学建模竞赛北京赛区的阅卷工作,北京各重点高校的29名专家评委参加了阅卷工作。

(华树银　于　岩)

【教学工作】学院以"加强基础,提高质量,发展理科,支持工、管、经、文、法"为办学理念,定位于为北京信息科技大学相关专业提供良好的数理基础课教育背景;学院的办学目标是到2010年,把学院建成数理基础课教学质量优良、有较明显的专业特色的教学科研型二级学院。实现学院"一二三四五"的目标:在校本科生和研究生数达到约1千人、北京市创新团队和优秀教学团队2个以上、二级学科硕士点2个以上,建成特色鲜明的理科专业3个、年科研经费超过500万,推进学院的教学科研工作达到新的高度。

(1)学院教学工作特色是抓好理科基础课的教学,促进应用型人才的培养。高等数学教学团队是北京市优秀教学团队,获2008年北京市教委立项-高等数学团队建设;大学物理实验团队获2009年度校级优秀教学团队。学院有北京市精品课程《高等数学》、校级重点建设课程《大学物理实验》、《大学物理》、《概率论与数理统计》。2009年,学院获批准校级教学改革立项项目5个,出版教材2部,发表教改论文6篇;学院获第二届学校实验教学基本功实验方案设计一等奖1人、实验技术类二等奖2人

(2)2009年,学院被评为学校大学生学科竞赛优秀承办单位,校级优秀辅导教师4人。

学院承办学科竞赛获奖情况:北京市第二十届大学生数学竞赛获乙组二等奖1人、乙组三等奖2人;2009年北京大学生数学建模与计算机应用竞赛获全国二等奖2个队,北京市一等奖2个队、北京市二等奖2个队;第四届全国研究生数学建模竞赛获全国三等奖2个队;第26届全国部分地区大学生物理竞赛获团体奖、一等奖2人、二等奖18人、三等奖19人;第一届北京市大学物理实验竞赛获一等奖2个队、三等奖1个队。

(华树银　于　岩)

【科研工作】2009年,学院实到科研经费472.42万元,其中纵向199.92万元,横向及军工272.5万元;国家自然科学基金立项1项;取得发明专利3项、软件著作权1项;发表论文117篇,进入三大检索论文53篇。

(华树银　于　岩)

【学生工作】2009年,学院学生在全国和北京市各类学科科技竞赛中获奖5人次。在学校各类学科科技竞赛中获奖39人次,其中一等奖8人次、二等奖9人次、三等奖19人次。学院为推进毕业生就业分别组织了统计、电技专业座谈会;组织以爱国主义和环境保护、构建节约型社会为主题的团日活动和志愿者活动;增强与兄弟院校同行业之间学生工作方面的交流学习;成立理学院第一届新闻中心,并开展基层通讯员培训。国庆60周年群众游行是2009年度学校一项重要工作任务,学院依照学校要求,组织国庆群众游行人员的报名选拔工作,最后选拔出46名同学参与国庆游行方阵,并组织了相关训练工作,圆满完成任务,获得学校"国庆群众游行最佳组织奖"。

(1)3月22日,学院学生参加由中华环境保护基金会主办,中华环境保护基金会TOTO水环境基金支持的水环境保护和节水知识宣传活动。

(2)4月12日,学院学生获中国移动首届大学生创新大赛市场类作品优秀奖。参赛作品为《飞信广告产品设计方案》,全国共有8位同学获得该类奖项。

(3)10月29日,学院第三届团总支成立大会举行。

(4)11月10日,学院学生工作教师到北京建筑工程学院理学院,与其主管就业工作

的党总支副书记罗会文就推进毕业生就业工作进行交流座谈。双方就毕业生实践能力培养、考研工作、专业方向定位、就业指导和学风建设等问题介绍了有借鉴意义的做法、经验,并互相交换了意见。

(于 岩 华树银)

【党建工作】学院党总支高度注重党的建设,学院党总支围绕教学科研中心工作。本年院级党课教学中,学院首次将廉洁教育引进院级党课课堂;结合学校的深入学习实践科学发展观活动,学院确立了“以学生为主体,以教学为中心,真学、真懂、真实践”的指导思想,专门成立理学院学习实践科学发展观领导小组,建立“旗帜引领梦想,实践科学发展”学习科学发展观专题网站,并建立“科学发展建言献策”网络信箱,广开言路,确保意见和建议表达的渠道通畅。有效组织了学习实践科学发展观活动学习调研、分析检查、整改落实各阶段哦活动,举办党员专题培训4次,受训党员100%。2009年,学院党总支下属党支部8个,其中教工党支部6个,学生党支部2个。学院党员108人,其中教职工党员57人,学生党员51人;学院发展学生党员37人。本科生中共党员70人,占本科生总人数12.3%。

(1)4月22日,学院举办“立足学院实际,共谋科学发展”主题论坛。论坛中,学院领导代表、各岗位教师党员代表和学生代表分别作了专题发言。发言主题涉及学风建设、就业工作、教风建设、师德修养、制度保障、后勤管理、领导能力和责任等多个方面。

(2)5月19日,学院召开了党政领导班子深入学习实践科学发展观活动专题民主生活会。彭斌柏副校长出席会议,并给学院党政领导班子提出要求:要不断强化团队意识,增强凝聚力;要坚持实在、实际、实效的“三实”原则;要讲究“融合”的艺术;要加强学习,把握规律。

(3)7月15日,学院召开深入学习实践科学发展观活动工作总结会议,彭斌柏副校长代表学校学习实践活动领导小组详细介绍了我校在学习实践活动取得的突出成绩和显著成果,并对理学院的学习实践活动进行了总结。彭斌柏副校长基于理学院实际,对学院师生党员今后的工作提出了四点建议:一是学习实践活动虽然已经取得不小成效,但强基层重基础的任务仍旧繁重;二是继续深化巩固成果,进一步推动理学院发展;三是加强党性修养,建立长效机制;四是坚持创新,努力提高教书育人水平。会议认为,在学校的高度重视和有力领导下,经过学院师生党员共同努力,学院学习实践活动取得了初步成效。

(4)9月12日,学院赴昌平区黑寨村以“校村共建红色影院,感受中国农村60年沧桑巨变”为主题的红色1+1活动顺利开展。黑寨村党支部书记黄成华、副书记谷贵宝和学院学生党员进行了座谈。结合建国60年的庆祝和学习活动,学院学生党员精选了40部建国以来经典的红色影片,捐赠给黑寨村党支部。活动中,学院学生党员向村民发放了《正确认识,积极防范,携手共抗甲型H1N1流感》的宣传材料,并向黑寨村党支部赠送了《农村预防甲型H1N1流感知识问答》书籍。

(5)10月25日,学院党总支组织全体教工党员赴全国爱国主义教育示范基地——河南林州红旗渠,举行了以“庆祝共和国六十华诞,保持共产党员先进性教育,重温‘红旗渠精神'"为主题的党日活动。

(于 岩 华树银)

体育部

【发展概况】体育部(P. E department)于2006年12月在原北京机械工业学院体育教研室和原北京信息工程学院体育教研室、基础二部体育组的基础上组建而成。体育部设部办公室、场地器材管理室和2个体育教研室。

2009年,体育部有教职工35人,其中专任教师28人,行政人员4人,场地管理人员3人。专任教师中,教授1人,副教授3人,讲师20人,助教4人;国家级裁判1人,国家一级裁判11人,90%以上教师完成研究生主要课程学习,并获得结业证书。

(保月明 勇 刚)

【教学工作】体育部在统一教学大纲、完善教学制度的基础上,加强教学检查。重点检查30%左右的教师教学情况,并组织学生对每位教师进行评教,对存在的问题做认真分析并与相关教师进行反馈。在不断提高教学质量的情况下,规范了体育理论课的考核形式,取得良好的效果。全年完成本科教学必修课计划9470学时,选修课计划496学时。

体育部完成全校全日制本科在校生的《学生体质健康标准》达标测试工作。达标率96.76%,其中及格率50.55%、优秀率6.61%、良好率39.6%。

(保月明 勇 刚)

【科学研究】2009年,体育部发表论文5篇,市人才强教深化计划项目1项,校级教改项目1项,参编教材1项。

(保月明 勇 刚)

【党建工作】2009年,体育部直属党总支部有教职工党员19人。开展学习实践科学发展观活动,确立五个调研课题,明确体育部的发展方向,通过学习提高党员的政治理论素养,树立党员的在改革创新中的信心和决心。按照学校的要求选举产生"双代会"正式代表。完成工会委员会的换届选举工作,产生新一届分工会委员会。

(保月明 勇 刚)

【群体竞技】(1)在学校有关部门的密切配合及体育部全体教职工的努力下,成功举办校田径运动会。

(2)参与"我与祖国同行"国庆60周年群众游行训练工作。体育部有关同志参加学校国庆60周年群众游行组织训练及场地保障工作,持续80多天,克服重重困难,圆满完成所承担的各项工作任务。在游行工作表彰会上,体育部获得学校"国庆60周年庆祝活动突出贡献单位"奖,相关同志获得个人"突出贡献奖"、"贡献奖"及先进工作者等称号。

(3)组织学校代表队参加的北京市大学生体育竞赛活动有:第47届北京市大学生田径运动会、北京市大学生拓展比赛、沙滩排球比赛、跆拳道比赛、角斗士比赛、游泳锦标赛、游泳冠军赛、登山比赛、排球比赛、武术比赛、乒乓球比赛、毽绳比赛等市级的比赛活动,上述比赛获得名次有:第二名1人次、第三名4人次、第4名2项、第7名1人次、第8名1项等好成绩。这些竞赛活动的参加扩大了我校的影响。

(4)10月,与西三旗街道办事处合作承办"四街一乡"第五届街道运动会。街道方面参加表演及比赛的人员有800余人。体育部承担前期筹备、秩序册编排及当天的裁判、场地器材保障等工作,圆满完成任务,受到西三旗街道办事处领导的表扬。

(5)根据市教委、市体育总局、市团中央开展“阳光体育”冬季长跑活动的有关要求,体育部协助校团委和学生处制定学校落实上级“阳光体育”冬季长跑活动的实施意见并于12月23日协助组织学校“阳光体育”冬季长跑活动的起跑仪式,为学校的“阳光体育”冬季长跑活动开了个好头。

(6)体育部对其他各部门及各学院、研究生部等组织的学生竞赛活动给予大力支持,为各学院的学生活动提供方便,如各学院举行的登山比赛、羽毛球比赛、拔河比赛、足球篮球比赛等活动,得到体育部在场地和裁判等方面的支持;为机电、光电学院机器人大赛、节能车比赛等学生科技活动进行场地支持和后勤保障等,这些活动丰富了校园文化生活,锻炼了学生的团队精神。

(保月明　勇　刚)

计算中心

【发展概况】计算中心(Computer and Information Management Center)成立于2007年3月。中心设有计算机基础教研室、计算机实验室。计算机基础教研室主要承担全校非计算机专业的《计算机基础》和《C语言程序设计》两门计算机基础课程的教学任务。计算机实验室由小营校区机房、健翔桥校区机房、清河校区机房、昌平校区机房组成,占地面积约2700平方米。中心现有各类型学生用计算机1010台,其中小营校区机房228台,健翔桥校区机房306台,清河校区机房176,昌平校区机房300台。计算机实验室主要承担学校各专业本科生计算机上机实践和学生的自由上机任务,全年本科教学上机约50万人机时。中心除承担教学任务外,还承担不同层次的计算机应用能力培训及对外服务。

2009年,中心有教职工28人,其中专任教师11人,副教授3人,具有博士学位教师1人,硕士生导师2人。中心计算机实验室有实验技术人员14人,其中高级职称3人,中级职称9人;博士学位1人,硕士学位2人。

(林乐荣)

【教学工作】(1)中心计算机基础教研室继续进行校级精品课程《C语言程序设计》的建设,完善实验指导书和练习册、优化课件、筹备出版教材等。另外对考试尝试改革,首次在期末考试中使用AB卷考试(即某学生使用A卷,他的前后左右学生用B卷),减少了学生作弊的可能,极大地保障了考试的公平性和考场纪律。

(2)中心获学校第三届青年教师基本功比赛组织奖,张良获第三届青年教师基本功比赛三等奖。

(李文杰　林乐荣)

【科学研究】2009年,中心实到科研经费6.98万元;北京市教委项目立项1项,横向科研课题立项1项,校基金项目立项1项,中青年骨干人才项目1项;获得软件著作权1项;在各类学术期刊和会议上发表论文10余篇,进入三大检索论文4篇。

(林乐荣)

【党建工作】2009年,中心2名党员当选学校第一届党代会代表。3名职工当选学校第一届双代会代表。在学习实践科学发展观活动中,直属党支部组织党员、积极分子和教职工参观走访了社会主义新农村——郑各庄;组织参加了学校国庆60周年歌咏比赛,获得三等奖。

(张　清)

【其他重要事项】(1)中心计算机实验室在学校领导和有关部门的大力支持下更新计算机799台套,其中5月更新268台联想启天M6900计算机,9至10月更新531台联想启天M7000计算机。

(2)9月,计算机实验室为全校2009级新生提供大学生心理测试服务约2600人机时。

(3)12月12至13日,计算机实验室为全校教师继续教育培训(多媒体课件设计培训)课程提供了教学场地和实验用机。

(4)计算机实验室开设《计算机局域网基地建设》和《计算机软硬件组装》两个开放实验项目,招收学生60人,开放1200人时。

(赵玉双)

机电实习中心

【发展概况】机电实习中心(Mechanical & Electrical Practical Training Center,简称机电中心)成立于1993年,是学校直属的一个教学基层单位。中心场地建筑面积3200平方米,实习指导教师29人,中心在编人员20人。中心是校内最大的工程实践教学基地。金工实习设备有110余台,电工电子实习仪器设备及实训台200余套。机电实习中心下分三个部:冷工部、热工部、电工电子部。冷工实习面积1900平方米。热工实习面积460平方米。电工电子实习面积406平方米。冷工部分车工组、铣工组、钳工组、刨磨组、数控组、维修组。热工部分铸工组、焊工组。电工电子部分电工组、电子组。中心的主要任务是保证高质量完成面向全校学生的金工实习、电工电子工艺实习等工程实践教学任务。按照学校“培养高级应用型人才”的办学指导思想,通过对学生进行现代工程实践训练,使学生掌握现代制造工艺知识,增强工程实践能力、提高综合素质、树立安全意识和团队精神、培养创新精神和创新能力。

(段德君)

【实习教学工作】2009年,机电中心顺利完成学校布置的各项实习教学工作。金属工艺学实习教学工作总量为755/79315人时。电工电子工艺实习教学工作总量为455/36400人时,共计1210/115715人时。

(段德君)

【科研工作】机电中心签订了1项科研课题,多人参与横纵向课题、学院高教和教改等课题多项。

(段德君)

【大学生科技创新工作】机电中心设有大学生科技创新基地,创新基地面积40平方米,提供专用场地、各类设备及专业指导,为大学生参加各类科技创新大赛提供了一个很好的平台。学生在创新训练中,开发了具有创新思路的实用新型设备,培养了综合运用知识的能力和解决实际问题的能力。创新平台为培养具有创新能力的应用型人才发挥了重要作用。

(段德君)

【党建工作】机电中心党支部隶属直属党总支,现有党员11人。中心党支部积极配合直属单位党总支和工会工作,组织开展各类党群活动,使本中心教师形成较强的凝聚力。

(段德君)

【其他重要事项】2009 年,机电中心完成 2 项共计 260 万元的关于 18 台数控车床的教学专项购置工作。

(段德君)

继续教育学院

【发展概况】继续教育学院(The School of Continuing Education)于 2004 年 10 月在原北京机械工业学院和北京信息工程学院成人教育基础上组建而成,是学校继续教育工作的管理机构。成人高等学历教育设有脱产、夜大、函授三种学习形式,校内分别在小营、酒仙桥、金台路、健翔桥四个校区组织脱产、夜大教学;在海南、新疆、山东、河南、广东、安徽、广西、江西、甘肃、江苏等省、自治区设立 12 个函授站,招收高中起点本科、专科起点本科、高中起点专科三种学习层次,开设电子信息、机械、经济、管理、艺术等五大门类、二十九个专业,在延续计算机科学与技术、应用电子技术、计算机信息管理、电子商务、机械制造及其自动化、机电一体化技术、金融学、会计学、工商企业管理、艺术设计、装潢艺术设计等品牌专业的同时,根据社会需求,新增了信息管理与信息系统、电子商务、汽车检测与维修技术、数控技术、工商管理、物流管理、动漫设计与制作等特色专业。

2009 年,学院根据国家继续教育事业的发展趋势,面对成人学历教育形式的变革,学院制定了“依托学校整体品牌优势和学科专业的优势,立足北京,面向全国重点省份,学历教育与非学历教育并举,稳定规模,多层次办学”的办学指导思想;明确了“以学生为本,以市场为导向,加大教育教学改革力度,培养受市场欢迎的应用型人才”的办学定位。

2009 年,学院教职工总数 41 人。其中管理人员 13 人,教辅人员 3 人;专任教师 25 人,其中具有高级职称的 3 人、中级职称 18 人、初级职称 4 人。

2009 年,学历教育各层次在校生 3800 余人;非学历教育,举办计算机等级考试辅导、公务员考试辅导、会计继续教育培训等项目。学院成人高等学历教育各层次招生 2036 人,其中本科招生 534 人;各形式(层次)毕业生 1368 人,其中本科生 433 人;1 月、7 月毕业各类学生 2576 人,授予成人学士学位人数为 86 人,其中管理学学士 44 人、工学学士 42 人。

(高宏山)

【教学工作】(1)学院适应市场需求调整专业。2009 年,根据招生与就业情况,停招了《计算机网络》、《数控技术》等专业,扩大《动漫设计与制作》、《物流管理》等专业的招生计划。组织专家制定《关于修订成人高等教育专业教学计划实施意见》,修订了多个专业《2010 级专业教学计划》,优化课程设置,修订后的教学计划,加大了专业主干课程的课时,特别突出了实践教学的比例,使之更加符合成人教育的“职业性”特征。

(2)逐步建立“研教互动”的机制,通过科研立项推动成人高等教育和继续教育理论的应用与研究。为保证教师对教学精力的投入,学院在规范教师教学行为的同时,还积极组织专职教师参加校级教研、教改,要求教师针对成人教育的特点,根据不同的学习形式、层次,设计不同的教学方案、教学方法,坚持因材施教,确保教学质量和效果。目前学院教师共承担有4项校级课题,1个院级教学改革立项。2009年两名青年教师参加学校教师基本功比赛,均获得优秀奖。

(3)召开主题为"规范管理、保证质量、促进函授教育健康发展"的函授站工作会,11个函授站参会。学院主管副校长作了《随着高等教育进入普及化阶段,成人教育面临的机遇和挑战》主题报告,会议就"新形势下成人教育的教学模式、教学方法以期更符合时代的要求"、"规范管理,保证质量,办好人民满意的函授教育"等几个方面进行研讨;各函授站就一年的工作和如何提高教育教学质量,适应当前成人教育面临的形势进行了广泛的讨论和沟通,大家一致认为只有按照上级要求和学校各项规章制度办事,规范管理函授教育各个环节,才能保证函授教育健康发展,随后学院与每个函授站签署了2009年度《办学协议》,签署年度办学协议,规范函授教育的办学行为,已经成为学院函授教育管理的常规工作。

(4)学院对毕业设计(论文)工作提出明确的要求,针对理工学科、文史和经管类学科的差异,制定相应的毕业设计(论文)评分标准,统一毕业设计(论文)工作阶段的相关表格,强化目标管理、加强过程管理,切实保证了实践教学质量。

(高宏山)

【党建工作】学院深入学习党的十七大和学校第一次党代会精神,按照学校党委的统一部署,积极开展学习实践科学发展观活动,结合学院实际,进一步解放思想、转变观念、梳理症结问题,着眼于学院的办学定位,探索继续教育的发展方向。坚持科学发展的指导思想,开展了以"探索成人教育事业科学发展,办好社会满意的继续教育"为主线的专题论坛,分析查找出9项学院的突出症结问题,制定出17项具体改进措施,落实学习实践活动的目标要求,保证了开展学习实践活动的实效。注重对青年教师和在校大学生的思想政治教育,坚持培养工作不脱节、发展工作不断线的原则,积极开展院级党课培训,全年培养入党积极分子19名,预备党员转正5名,发展教师3名,学生党员11名。遵照学校党委的统一部署和相关要求,积极推进党的组织建设和党员思想建设,有效开展优秀党员和先进党支部的评选工作,学院2009年评选出优秀党务工作者1名,优秀党员2名,先进党支部1个。

(高宏山)

【学生工作】学院遵照学校对学生工作的总体要求,落实校党委《关于进一步加强和改进大学生思想政治教育工作实施意见》,结合社会发展新形势、新特点和学生成长成才的需要,探索不同学习形式学生思想政治教育工作的新途径、新办法,全面开展与学科课程相衔接的丰富多彩的社会实践活动;加强学风建设,组织开展以"诚信、责任"为主题的道德观、价值观教育,引领学生明确学习目的、端正学习态度,秉承严谨的学府文化,凝练严肃的学科钻研精神,树立良好的学风、校风、考风。加强班主任和德育队伍建设,完善班主任岗位职责,注重班主任岗位培训,建立了《班主任考核制度》,制定了《班主任考核办法》,严格聘任标准,规范工作程序,总结、交流班主任工作经验,倡导班主任深入学生一线,了解学生的学习、生活情况，帮助学生解决实际困难，促进家庭、社会和学校齐抓共管格局的形成，以实实在在的情感交流、扎扎实实的思想沟通，着力加强以敬业和诚信为重点的职业道德教育，体现“三育人”的工作宗旨。

（高宏山）

表彰与奖励

学校获集体奖励与表彰

首都文明单位	北京信息科技大学
首都国庆60周年群众游行优秀组织单位	北京信息科技大学
2005～2009年北京高等教育教材工作先进集体	北京信息科技大学
北京市教育事业统计工作优秀集体一等奖	北京信息科技大学
北京市2009年度"首都国家安全工作先进集体"	北京信息科技大学
国庆60周年庆祝活动突出贡献单位奖	北京信息科技大学
北京市公安局"集体三等功"	保卫处
首都教育先锋先进集体	北京知识管理研究基地
海淀区2009年度"社会治安综合治理先进集体"	北京信息科技大学
海淀区2009年度"交通安全先进集体"	北京信息科技大学

教职工获奖励与表彰

一、1991年以来享受政府特殊津贴专家名单

1991年批准享受津贴的人员	张忻中　张福学
1992年批准享受津贴的人员	王　芳　王超然　甘圣予　任耀先　孙强南　朱之超　朱冀北　齐恕安　张海藩　李昌龙　李铁宝　苏东庄　邱佩璋　陈一青　周锡令　岳文元　徐光武　徐爱卿　敬　喜　程佩青
1993年批准享受津贴的人员	王佩琦　王适安　王　超　冯世常　刘长安　刘志东　孙运悫　朱耀祥　吴忠明　沈兰生　沈耀明　陈　虎　郭　莹　郭锡伯　程少庚　楼秉哲　裘惠孚　廖永平
1994年批准享受津贴的人员	孙大高　施涌潮
1995年批准享受一次性政府特殊津贴人员	于惠庄　田竹友　翁善惠
1996年批准享受一次性政府特殊津贴人员	吴昌悫
1997年批准享受一次性政府特殊津贴人员	吕乃光　陈维兴

1999 年批准享受一次性政府特殊津贴人员 周维真 徐小力

2000 年批准享受一次性政府特殊津贴人员 王见定 吉 萍 孟庆昌 栗书贤

2008 年批准享受一次性政府特殊津贴人员 葛新权 苏 中

二、教育教学方面奖励与表彰

2009 年“全国优秀教师” 徐小力

北京市优秀教师 葛新权 李邓化 杨庆东

北京市优秀教育工作者 栾忠权

北京市高等学校精品课程

机械制造技术基础 王红军

软件工程 刘建宾

北京市优秀教学团队

工程图学教学团队 带头人:王建华

测控技术与仪器专业教学团队 带头人:董明利

高校思想政治理论课“精彩多媒体课件” 带头人:敖云波

北京高校第六届青年教师教学基本功比赛

文史类 B 组二等奖 张 莉

理工类 B 组三等奖 潘志康

获批 2010 年北京市属高校人才强教深化计划

特聘教授 Yinchao Chen 教授

讲座教授 姜 澜

学术创新人才 李 擎 谢冬秀 黄 民

学术创新团队:

控制理论与控制工程学术创新团队 王久和

面向数字内容的知识表达与智能化处理研究团队 李 宁

教学创新团队:

工程图学教学团队 王建华

测控技术与仪器专业教学团队 董明利

管理创新团队:

教学管理研究与实践团队 许晓革

中青年骨干人才 李学华 姜 可 刘城霞 金春华 冯美强 陈秀梅 吕 勇 彭书华 陈雯柏 王 霞 尹祝辉 吴丽花 张云筝 刘旭红 岳宝宏 张晓蔓 陈永存 吴国新 程桂枝 杨诚虎 孟宪青

张　良　燕必希　赵晓林　穆　婕　林国策　鲁　雷

学校级优秀教学团队

机械制造及自动化专业团队　团队带头人:王红军

通信工程专业团队　团队带头人:杨曙辉

电子信息与控制实验教学中心团队　团队带头人:李邓化

计算机科学与技术专业团队　团队带头人:蔡　英

工商管理专业团队　团队带头人:曲　立

信息安全专业团队　团队带头人:陈　昕

大学物理实验团队　团队带头人:杨　虹

学校第二届教学名师奖　张志凤　黄　民　周金和　任维平

三、科学研究方面奖励与表彰

国家及省部级、行业科技奖励

国家科技进步奖:二等奖(1 项)

项目名称:非牛顿流体流变学特性测试技术研究及应用

获奖者:祝连庆　董明利　唐五湘　郭阳宽　陈青山

中国人民解放军科学技术进步奖:二等奖(1 项)

项目名称:软件测试方法和技术研究

获奖者:牟永敏

中国电子学会信息科学技术奖:二等奖(1 项)

项目名称:《现代压电学》(上、中、下册)

获奖者:张福学　王丽坤

中国商业科技进步奖:一等奖(1 项)

项目名称:食品质量安全检测与追溯体系建设

获奖者:张　健

中国服务业科技创新奖:二等奖(1 项)

项目名称:知识挖掘与服务应用系统研究

获奖者:刘　宇　周飞跃

广东省科学技术奖:三等奖(1 项)

项目名称:电子电器行业有毒有害物质的评价技术平台

获奖者:张　健

专利授权:(9 项)

其中:发明专利(4 项)

多基元压电复合材料及其制备方法	王丽坤
Piezoelectric Quartz Level Sensor	张福学
新型振动加速度传感器	李邓化
同时满足格式和内容分离与混排需求的文档记录方法	李　宁

实用新型(4 项)

管材剪切装置	郝南海
一种探伤系统	倪晓明
可组网的火灾报警系统	艾　红
压电复合式水听器	李邓化

外观设计(1 项)

数码娱乐相机	李洪海

软件著作权(35 项)

基于 Lucene 的全文信息检索系统 V1.0	吕学强
基于多线程的下载软件 V1.0	吕学强
基于万维网的网络浏览工具软件 V1.0	吕学强
图书管理系统软件 v1.0	吕学强
网络嗅探器软件 V1.0	施水才
网上购物系统软件 V1.0	施水才
基于流式细胞测试技术的分子生物学图像分析系统	祝连庆
数控转台位置精度自动检测系统 V1.0	燕必希
路光电磁珠法血液凝固分析系统	祝连庆
单色仪控制采集系统 V1.2	谷玉海
单色仪控制系统 V1.2	谷玉海
取水厂水泵机组在线监测系统	徐小力
油田注水机组在线状态监测系统 V1.0	徐小力
混沌分形趋势预测系统	徐小力
e－House 房屋销售管理信息系统	李宝安
e－Shopping 网络化商品销售管理系统	李宝安
OpenCRM 客户关系管理信息系统	李宝安
PASCAL 程序结构图编程工具软件	刘建宾
PetroMeasure 石化计量管理信息系统	李宝安
PetroSales 石化销售管理信息系统	李宝安
PowerCost 电厂低成本运营管理信息系统	李宝安
UniAudit 企业财务审计管理信息系统	李宝安

UniRES 高校科研成果管理信息系统 李宝安
北信科大电子病历系统 徐雅斌
北信科大市民投诉管理系统 徐雅斌
北信科大政府集中审批管理系统 徐雅斌
基于 B/S 结构的智能化立体仓库 WMS 软件系统 v1.0 张仰森
基于 C/S 结构的智能化立体仓库管理信息系统 V1.0 张仰森
基于 Web 的科研管理信息系统软件 蔡 英
中文文本自动校对系统 v1.0 张仰森
电子汽车衡称重微机管理系统 黄改娟
基于聚类分析算法的毒品成份分析系统 V1.0 田肇云
NetTrust 基于信任协商的网络协同攻防游戏软件 蒋文保
多点温度检测装置软件 艾 红
硅微机械陀螺仪姿态解算软件 张福学

北京市高等教育学会第七次优秀高等教育科研成果奖

一等奖
大学标准与现代大学建设 关仲和
二等奖
建构研究生英语口语教学模式 李 萍
英语专业语法课程的恢复与改革 李淑琴
研究生元认知策略调查与研究 赖 瑜
抓三大特性塑应用型人才培养特色 杜 林

中国电子教育学会 2009 年思想政治教育优秀研究成果

特等奖 钟名扬
二等奖 鲁 雷

北京市教育工会论文:二等奖(1 项)

《我国高校教师权利校内救济制度研究》 刘永林 卢玲军

四、其他方面奖励与表彰

全国知识型职工先进个人 李 擎
中国服务业科技创新人物奖 张 健
首都劳动奖章 葛新权
2008 年度“首都十大教育新闻人物” 张京生
首都教育先锋科技创新先进个人 张福学 葛新权
首都教育先锋教学创新先进个人 王建华 刘小河 于肇贤

首都教育先锋管理创新先进个人 韩俊彦
首都高校社会实践先进工作者 谌 兵
2009 度北京市教育事业统计工作优秀个人一等奖 刘永林
2009 北京地区高校毕业生就业工作先进个人称号 刘 斌
北京高校好新闻二等奖 1 次 三等奖 2 次 杨 静
北京市高校大学生游泳冠军赛优秀教练员 王慧丽
北京市“首都国家安全工作先进个人 韩俊彦 樊石生
北京市公安局“个人三等功” 魏元燃
2009 年度北京高校伙食工作先进个人 李志远 战 岩 刘炳坤
北京高校学生公寓工作先进个人 喻明全 范庆华
北京市公安局“个人嘉奖” 张天斌 赵双树

首都国庆 60 周年群众游行优秀工作者(131 人)

刘 勇 唐清辉 周 宇 林国策 王兴芬 郭 颖 王继强 谢 司 李哲谦
王 晗 牛志英 谢南贵 李丛建 王东升 王立新 孙志强 郑召义 杜世智
龚汉明 翟新权 于春禹 江益民 马 众 赵 勇 焦丽华 高凌风 胡 滔
吴俊法 李华涛 回世勇 薛承军 刘云风 王宗广 郭银辉 孙 晨 张曼萍
郭严俊 张 艳 贺 芳 马绍辉 崔 凯 苏 灿 鲁 雷 谌 兵 赵 洁
王 瑾 肖 潇 王肖楠 于 岩 韩俊彦 樊石生 王义和 魏元燃 赵双树
刘玉强 郑小博 伍 银 杨厚云 金培欣 陈利源 杨 安 战 岩 李志远
边绍琴 郑灿喜 郭 凯 刘占海 吴爱国 崔宝财 朱宝山 曲 正 田立柱
朱淑芬 刘兰凤 张春伟 王 涛 梁 岩 张宝印 刘 佳 颜 戈 岳纪伟
胡 皓 王永龙 彭 强 姚 辰 叶时金 刘旻晖 许文俊 肖 烨 郭 娇
岳建坤 董 鑫 李大明 吴存洁 张 雄 金月丽 濮翔龙 张欢欢 娄 健
张 佳 吕 娜 许文龙 刘 庆 王风锦 刘红军 王弈枰 李庭煊 范 霖
田 园 李凯頔 陈 征 周一辰 郭锦鹏 于 路 王小栋 王鹏飞 孙 净
毕 竞 李思蒙 邓碧辉 张 泽 陈 维 田 昕 范惠夏 王 蓉 闫 梦
马 瑶 孙 逊 隋昊言 陈赞君 张翰文

2006~2008 年海淀区国防动员工作先进个人 吴俊法
海淀区“社会治安综合治理先进个人” 张 卫
海淀区“消防安全工作先进个人” 王义和
海淀区“高校治安管理工作先进个人” 韩俊彦

学校 2008~2009 年度教职工优秀党员(47 名)

王建华 回世勇 陈秀梅 程立军 李月强 王艳林 刘云风 厉 虹 靳 芳
徐雅斌 李静文 王 斌 赵志耘 黄平生 崔 凯 郁红英 杨成虎 赵 勇

刘建华 聂倩莲 李丹娜 于肇贤 杨 虹 张福学 田杨萌 梁舒惠 李小平
卢玲军 冉 屏 孙昭智 王志伟 吴俊法 徐 铭 王肖楠 张京华 郑 军
杨伟兵 龚汉明 邵惠英 郑召义 王顺三 勇 刚 张 清 王兴伟 李侃卓
林 楠 欧阳佩晞

学校庆祝新中国成立60周年教职工合唱比赛

一等奖 机关代表队 机电学院代表队
二等奖 自动化学院代表队 后勤代表队 直属代表队
三等奖 光电学院 经济管理学院 体育部计算中心 理学院代表队
优秀奖 外国语学院 人文社科学院 计算机学院 信息管理学院代表队

学校2008～2009学年优秀及良好辅导员名单

优秀辅导员

于 岩 马 众 王向旭 王海龙 李顺碧 杨 菁 苏 灿
周 宇 赵 洁 赵 勇(人文学院)

良好辅导员

马 骏 王 瑾 史三军 张大军 李伟彪 单晴雯 周淑一
孟宪青 焦丽华 赵 勇(机电学院)

学校2008～2009学年优秀及良好的班主任名单

优秀班主任

刘永林 李忠刚 钟建琳 杨 莉 戴丽萍 盖雨聆 王海燕 姜 可 贺敬良
李学华 刘国忠 刘秀英 朱希安 巫建坤 王艳林 王亚飞 祁 鲲 厉 虹
周雅莉 夏培容 侯 霞 岳 清 牛欣源 蒋玉茹 马旭平 王连欣 孙玉霞
彭 燕 梁栩凌 徐弥榆 高凌风 孙 凯 彭娟娟 邓 宁 贾香萍 李雁玲
田淑英 黄平生 王晓蓉 史三军 孙志恒 陈 昕 黄 胜 张立起 舍娜莉
张云筝 谢 司 方 元 吕国燕 戴丽萍 张炳江 薛春艳 马桂兰 张文卫

良好班主任

冉 屏 王 晋 周 竞 刘 泉 祁志生 高炳学 李晓民 郝育新 齐 兵
王会香 朱春梅 常 城 王雪雁 曹 林 李红莲 潘建军 周哲海 焦瑞莉
冷俊敏 赵双琦 郎晓萍 罗 倩 毛献辉 刘力双 熊 鸣 艾 红 许晓飞
陈 蕾 曹荣敏 寻宪生 刘京志 李保安 纪 秋 胡信裕 刘旭红 董 婉
瞿晓燕 戴东红 李 洁 廉串德 李 凯 黄宏博 伍 银 刘 青 马 众
王景增 李万福 李 蕊 李光华 聂铁力 赵 斌 刘 莹 张景波 周琦琦
康海燕 刘晓梅 臧玉洁 任俊玲 任亚唯 刘 凯 代晓明 尹春华 梁延华
杨玉珍 赵爱玲 王 晶 宋 方 张广奇 李爱民 汤 萌 赵立乔 龙晶凡

王小妮 冯美强 倪晓明 东淑韵 葛 芬 吕 君

学生获奖励与表彰

北京市先进班集体

机电工程学院机 0705 班 自动化学院 J 自控 0701 计算机学院计科 0803 班 经济管理学院 B 工商 0701 班 经济管理学院会计 0802 班 外国语学院英 0801 班 理学院统计 0701

北京市三好学生

李 昂 祖昌鹏 郑海晶 张青政 王 鹏 赵 洋 刘宝帝 王志鹏 高艳花 刘 寅 李梦文 徐 楠 张琰明 韩 旭 于江滨 蔡冬梅 李元春 杨晓玉 崔 媛

北京市优秀学生干部

王 涛 刘国军 高瑜蔚 苏 越 肖 烨 靳现凯 冯宇然

2009～2010 年度首都大学、中专院校“先锋杯”优秀基层团干部

陈新颜 陈 卓 成 琴 成于谨 董末初 杜靖蓉 郭 娜 方想想 吴存洁 李雅潇 刘宝帝 刘姗姗 宋 文 苏 越 周俊涛 姚 森 黄欣然

2009～2010 年度首都大学、中专院校“先锋杯”优秀团员

蔡 艳 陈 侠 高涛涛 郭锦鹏 李 楠 刘丽媛 龙 丹 任 翔 宋 全 隗 晋 于 萍 张 文 张文跃 朱 喆 吴 迪 牛凌洋 管陈石

市级优秀本科毕业生(90 名)

机电工程学院

赖乐锋 刘云柱 沈春鹏 杨亢亢 陈 祥 顾 求 李 泽 张益明 孙巍伟 张 浩 李东岩 陈胜明 李 敬

光电信息与通信工程学院

宋 影 周英才 路丰瑜 郭 武 刘 东 周 超 刘文硕 张昊飏 闫海波 侯殿福 赵 巍 王冬伟 葛峥峥 欧阳昊一

自动化学院

梅 亮 孙鹏辉 孙顺顺 刘志琴 杜 佳 黄延福 单言虎

计算机学院

肖叶枝　李雪岩　郝　黎　蒋　龙　景　佳　夏　文　韦　涵　郑安根　宋远福
杨艳艳　姜　军　裴冬冬　刘曦子

经济管理学院

路　璐　何天琪　聂太宗　彭　凯　王荣丽　梁欢庭　刘　畅　李晓红　张赫文
王　帆　刘　婧　王婷婷　李　敏　王婷婷　于亚丽　杨加利　张小平　葛　星
梁婷婷　罗文豪　陈文亮

信息管理学院

郭　娜　葛晶贞　钱清瑜　梁　霞　王靖贻　史济源　徐正辉　陈云超　董　瑶
郑维通　李　明

人文社科学院

闫晓萌　赵　娇　孙　玥

外国语学院

吴鼎铭　李　洁　秦　聪

理学院

黄迪远　肖向博　李　询　陈玲玲　李国建

校级先进班集体

机电工程学院：

机 0603　机 0705　机 0806　机 0802

光电信息与通信工程学院：

B 通信 0701　J 电信 0701　测控 0802　电信 0804

自动化学院：

J 自控 0701　自控 0803

计算机学院：

B 计科 0704　B 软工 0701　计科 0802　软工 0802

经济管理学院：

工商 0801　人力 0801　人力 0701　会计 0701　会计 080　6531

信息管理学院：

B 信安 0702　J 信管 0701　信管 0805　信管 0806

人文社科学院：

行政 0803

外国语学院:

英 0801 班

理学院:

统计 0801

研究生部:

研 0805 班

学校 2008 ~ 2009 学年优良学风班学风进步班名单

机电工程学院(优良学风班 5 个,学风进步班 2 个)

优良学风班:机 0603　机 0806　机 0802　机 0805　机 0705

学风进步班:车辆 0601　机 0602

光电学院(优良学风班 7 个,学风进步班 2 个)

优良学风班:测控 0802　通信 0802　电信 0804　B 电信 0701　J 电信 0701　B 通信 0701　J 测控 0702

学风进步班:测控 0803　J 光信 0701

自动化学院(优良学风班 3 个,学风进步班 1 个)

优良学风班:自控 0803　J 自控 0701　06331

学风进步班:J 自控 0703

计算机学院(优良学风班 5 个,学风进步班 2 个)

优良学风班:B 计科 0701　B 计科 0704　B 软工 0702　计科 0801　网工 0802

学风进步班:J 计科 0702　计科 0805

经管学院(优良学风班 7 个,学风进步班 3 个)

优良学风班:工商 0702　会计 0804　工商 0701　会计 0702　财务 0803　会计 0802　经济 0801

学风进步班:财务 0703　营销 0702　工商 0801

信管学院(优良学风班 5 个,学风进步班 2 个)

优良学风班:06271　J 信管 0701　信 0602　审计 0801　信管 0804

学风进步班:06244　06281

人文社科学院(优良学风班 1 个,学风进步班 1 个)

优良学风班:行政 0803

学风进步班:行政 0703

外国语学院(优良学风班 1 个,学风进步班 1 个)

优良学风班:英 0801

学风进步班:英 0703

理学院(优良学风班 2 个,学风进步班 1 个)

优良学风班:统计 0701　　统计 0801

学风进步班:电技 0602

学校 2008 ~ 2009 学年三好学生

机电工程学院(59 人)

广　廓　马雪峰　尹　鹏　王长江　王　乐　王　辰　王　京　王　涛　王　琪
王　紫　王福龙　任　爽　刘　佳　刘国军　孙卜鹏　朱　凯　米江辉　许泓立
张欢欢　张宝印　李永辉　李田田　李　昂　李　博　李慧浩　杨润东　杨　超
汪明洋　肖大华　苏灵慧　邱东海　陈　扬　陈　松　陈胜兰　陈　浩　陈祥臻
陈　鑫　周亚楠　周俊涛　范　岳　柯　越　祖昌鹏　赵　鹏　钟国龙　秦　雷
诸钧鸿　贾　剑　黄文强　黄春昊　黄　斌　彭秀英　彭　凯　曾绍庭　韩婉婷
熊　玮　熊　超　管陈石　穆希望　瞿　烨

光电信息与通信工程学院(60 人)

王　达　王　剑　王　琦　王　鹏　王慧洋　王　聪　仝智勇　冯宗明　田　嵘
任海龙　刘　冲　刘彦龙　刘珊珊　刘　悦　刘惟芳　孙雪琪　宋飞飞　张青政
张　烁　张　浩　张　晶　张馨冉　李云强　李胜博　李　超　李新杰　杨　帅
杨金万　杨婉秋　杨　爽　杨　睿　沙晓莹　肖文华　肖　芳　邸立鹏　陈佳倩
陈　聪　周丽新　罗方舟　郁志超　郑　伟　郑保文　侯赜溟　赵　洋　赵　峰
耿伟红　郭美英　都震林　钱业伟　崔亚军　康峰源　曹丽娜　梁　营　阎倩倩
曾浩铭　靖　雷　蔡寿祥　滕爱清　薛瑞普　戴　彧

自动化学院(35 人)

王　平　王梦爽　王　强　邝　野　刘宝帝　刘爱华　成钊松　宋　健　宋　强
宋　鹤　李　旺　李　杰　李　萌　李蒙蒙　杜增文　杨　越　肖必成　肖　爽
苏斌嫔　陈　威　林　鹏　宫国浩　胡先东　胡明威　荣倩楠　钟　丽　秦　琼
郭　静　郭　鑫　钱运锴　顾　鸣　常亚菲　章　涛　黄建昕　滕尚志

计算机学院(55 人)

于　嫚　卫爱军　毛宝龙　王　旭　王　迪　冯　志　冯　沁　左　辰　刘大伟
刘丽媛　刘　彤　刘　建　刘诚一　孙　伟　汤诏隆　许立志　佟德慧　冷东辉
吴菲滢　吴　熠　宋　蕊　张　倩　张晨慢　张铭一　张婷婷　李泽杰　李　璐
杨学慧　汪姝玮　邵华强　邵凯鸣　陈　佳　陈定胜　陈　明　周　挺　周秋红
赵建平　凌　静　唐　艺　夏宁欣　郭　莹　顾　帆　高艳花　高瑜蔚　崔文朋
章　昉　黄　严　戢　强　曾　斌　焦雨辰　蒋　琳　谢孔凯　韩　磊　鄢兴雨

樊 烨

经济管理学院(82 人)

丁 欢 丁 妍 丁 洋 亓宁宁 王奕枰 王 蕾 付 彤 包红玲 叶 沐
任 瑞 刘仕勤 刘 洋 刘 菁 孙佳丽 孙雨婷 孙 璐 庄希勍 庄 鑫
朱 怡 朱新伟 祁 璇 西 爽 闫文秀 闫 红 齐 鑫 何海红 吴玉婷
吴 婷 张士云 张 希 张 欣 张晴晴 张琰明 张 蕾 李红艳 李金凤
李 曼 李 媛 李 超 李 盟 杨潇琳 杨 蕊 陈 迈 陈欣然 陈奕如
陈 翔 陈裕琳 郑 艳 姚丹琪 胡钰昕 赵 冉 赵亚楠 钟晗之 唐 倩
夏 迪 徐会林 徐向丹 徐 楠 袁龙霞 袁祖磊 郭兰辉 郭 华 崔 薇
曹主妹 曹 奎 梁利利 梁 洁 阎 雯 黄 昊 龚贤俊 程素芬 程 猛
葛 媛 董振龙 蒋欣然 谢俊捧 韩 冰 韩 旭 鲁 情 窦增华 赖世宗
鞠 丹

信息管理学院(53 人)

于文强 于江滨 方 靖 王 妍 王 浩 王 喆 王 楠 王元铭 王雅娟
王燕燕 付安娜 田 彪 申海文 刘 颖 刘长娥 刘玉珠 刘秀峰 刘宗汛
刘祥振 刘梦婷 朱亚婉 邢 硕 宋 文 张 洁 张继宗 张新见 李 硕
李 强 李成学 杜靖蓉 杨晓玉 汪秋云 肖 丹 肖铝丝 苏义超 邱国伟
邹凌虹 陈哲茹 周 蕾 周朝旦 苗思宇 祝 晨 赵小英 赵玉秀 徐言顺
戚江一 梁美明 程 静 程旖婕 董莉莎 蒋滨泽 槐 蕊 蔡冬梅

人文学院(18 人)

马金龙 马铁键 王 美 邓碧辉 孙娇娇 朱 秋 张 峰 李小飞 李思蒙
李燕雪 杨 乐 杨 希 陈一帆 周思锐 赵 冉 赵 明 莫 凡 贾思琦

外国语学院(14 人)

于海军 田 野 刘 正 刘 畅 汤田家 陈 洁 周方圆 赵德馨 郭雨丝
郭青兰 郭春艳 高 远 游煜聪 魏安琪

理学院(22 人)

王 红 王 超 刘亚欣 刘 茜 吕其聪 孙 响 吴剑彬 宋 全 李 欣
陈小梅 陈光远 林 鹏 苗伊萌 郑志鹏 胡 燕 赵旭冉 赵芊芊 赵鹏飞
黄文慧 谢 维 路 宇 魏 远

研究生部(23 人)

马建民 王方军 王 艺 王利芳 任东利 刘 双 刘丽丽 刘 佳 孙振权
张 凯 张 琳 李文文 邵甘绪 陈瑞宝 单连良 周 锐 帖春华 赵二辉
唐 辉 徐鸿卓 高彬彬 董和媛 雷 鸣

学校 2008~2009 学年优秀学生干部

机电工程学院(27 人)

王宇春 王 亮 付 强 代国俊 刘羽君 刘晏端 张庚杰 张海松 李 昕
杨裕平 汪 海 沈 莹 陈 平 陈秋艳 林立旭 姜宝松 娄 剑 禹 艳
赵 宇 赵 宇 唐宗波 栾 崇 郭明亮 高常杰 崔 艳 雷宏录 魏 超

光电信息与通信工程学院(35 人)

方 昕 王 冉 王新宇 邓伟华 史立宁 刘国军 刘学齐 刘雪晨 劳子轩
张立辰 张丽波 张振华 张 毅 李 宏 李 昂 李明浩 李 洋 李歆原
杨 杰 杨 俊 肖昀韬 苏雅康 邵 青 陈银浩 庞宏杰 易凯迪 武文斌
郑天宇 金 建 郝艳飞 郭 婷 盛立国 黄绍建 曾姝玮 蒋 恺

自动化学院(16 人)

于立伟 王立梅 王志鹏 王 振 付芳芳 叶根圣 张 静 李 飞 郎旭东
邹思旻 金 钊 金晓凤 胡学超 贾安妮 崔宇昆 梁 钊

计算机学院(23 人)

丁 汀 王 宏 王影辉 刘 寅 朱 浦 闫 冉 余有鹏 宋得明 张 冰
张 帆 张 雷 李新宇 李 慧 杨 钢 金 鑫 赵志欣 唐 禹 郭佳祺
郭 娜 黄庆铖 蒋 思 韩 笑 雷轩宇

经济管理学院(42 人)

于小溪 孔 丹 王明月 王继敏 王 超 邓 翀 叶振华 左 峰 田 华
白丽丽 刘雨陶 刘 威 刘 爽 吕文涛 吴 思 吴 霞 张 畅 张 毅
张馨元 李 文 李 钒 李梦文 李 游 李雅潇 陆 崴 陈羽霏 陈 侠
林 媛 姜 晨 柳芳芳 胡蔓颖 倪 力 徐鹏翱 栾泓毅 耿 硕 高涛涛
常学强 曹锦平 谢 京 谢 峥 韩 宁 蔡 艳

信息管理学院(21 人)

尹 力 王 跃 王海楠 王登峰 王嵩睿 左 腾 乔红光 刘 凤 刘海艳
朱学良 毕 茜 许晨晖 闫 弘 张 蒴 张秀峰 张海玉 李夏萌 杨 岳
金 甜 蔡洺铭 魏江波

人文社科学院(8 人)

高 磊 崔 媛 彭丽丽 韩 森 满志禹 解秋礼 冀呈莹 薛 军

外国语学院(7 人)

勾 践 刘佳硕 吕 彦 汤湘君 郑 爽 董雷杰 蔡源朕

理学院(13 人)

马 妮 王金宝 刘 钰 孙有疆 成 龙 张诗笛 陈立叶 陈新颜 郑绪冉 郭 珣 康同乐 韩 志 韩 奕

研究生部(7 人)

田红霞 刘 萌 张 伟 郭 超 黄肖雄 黄济民 靳现凯

校团委

办公室 刘旻辉

组织部 尹晓蕊

宣传部 王雅茜 贾子健 潘琦彧

研究室 梁 博

校学生会

文遇炎 石 晓 吉双城 陈 晨 陈素新 周 旋 赵 芳 高乃明 高华龙 程 琳

社团联合会及社团

王 淳 王风锦 王英豪 叶龙波 刘 宇 刘世里 杨 乐 季 林 胡 皓 赵 哲 倪克松 党 琼 濮翔龙

学术科技联合会

尹 路 闫 威 李 啸 肖 烨

志愿者联合会

陈赞君 卓 然

大学生科学发展观实践会

李元春 蒋欣然

校会健翔桥分会

王 萌 刘 达 李凡瑞

校级优秀毕业生名单(150 名)

机电工程学院

赖乐锋 刘云柱 沈春鹏 杨亢亢 陈 祥 顾 求 李 泽 张益明 孙巍伟 张 浩 李东岩 陈胜明 李 敬 张晓宇 鱼建雄 于启军 冯 潇 安 媛 蒲瑜琢 范宇翔 韩 旭

光电信息与通信工程学院

司小磊 李 辉 闫利涛 廖小明 王 赫 闫 栓 黄鑫川 张 乔 张树森 谷安琪 闫海波 侯殿福 赵 巍 王冬伟 宋 影 周英才 路丰瑜 郭 武

刘　东　周　超　葛峥峥　刘文硕　张昊飏　欧阳昊一

自动化学院

梅　亮　孙鹏辉　孙顺顺　刘志琴　杜　佳　黄延福　单言虎　周丽杰　崔阿娟
汪灵瑶　葛振峰

计算机学院

范　璐　杨　平　张玉荣　罗文文　刘　煌　杨小澎　余　翰　王维静　吕荣侠
肖叶枝　李雪岩　郝　黎　蒋　龙　景　佳　郑安根　宋远福　杨艳艳　姜　军
裴冬冬　夏　文　韦　涵　刘曦子

经济管理学院

路　璐　何天琪　聂太宗　彭　凯　王荣丽　梁欢庭　刘　畅　李晓红　张赫文
王　帆　刘　婧　王婷婷　李　敏　王婷婷　于亚丽　杨加利　张小平　葛　星
梁婷婷　罗文豪　陈文亮　朱丽敏　王　璇　桑晶晶　秦　晰　聂　颖　聂　炼
王丽斌　王俊生　张中琳　谢延鹏　王俊萍　徐利荣　邓大洪　祁　锋

信息管理学院

郭　娜　葛晶贞　钱清瑜　梁　霞　王靖贻　史济源　徐正辉　陈云超　董　瑶
郑维通　李　明　陈　燕　尹茸苑　黄瑞君　张　钊　宋亚芹　纪乐涛　李瑾莹

人文社科学院

高　杰　李　琳　温　佳　闫晓萌　赵　娇　孙　玥

外国语学院

李元元　秦　丹　吴鼎铭　李　洁　秦　聪

理学院

冯凤霞　周上力　肖华林　黄迪远　肖向博　李　询　陈玲玲　李国建

校级优秀毕业研究生名单(19 名)

李　婷　宫保贵　王　涛　吴　伟　周　木　谭启蒙　康春鹏　张　炎　王茂发
朱　光　董天晓　刘　坤　吕聚旺　文佳斐　陈　丹　张劲文　吴作栋　张少辉
王宏锐

优秀硕士学位论文获奖名单

经济管理学院

中国能源消费与经济增长基于时间和区域维度的分析　作者:张劲文
指导教师:葛新权

优秀硕士学位论文推荐奖获奖名单

机电学院

车磨复合机床状态监控与故障诊断系统研究 作者:靳 松 指导教师:韩秋实

全自动白度测量仪器系统研究 作者:李 婷 指导教师:徐小力

水下探测智能化装置本体的研究 作者:蒋 磊 指导教师:郝静如

光电信息与通信工程学院

血液流变特性自动测试系统研究 作者:周 木 指导教师:祝连庆

数控转台位置精度检测技术研究 作者:谭启蒙 指导教师:燕必希

数字散斑相关测量技术研究 作者:齐良育 指导教师:吕 勇

计算机学院

自动化立体仓库调度监控系统的研究与实现 作者:张桂琴 指导教师:张仰森

经济管理学院

公益性技术项目决策机制研究 作者:吴作董 指导教师:唐五湘

理学院

硅基纳米材料的热蒸发法制备与表征 作者:朱 光 指导教师:邹小平

单壁碳纳米管的制备与石墨系纳米材料 STM 原子像识别 作者:王茂发 指导教师:邹小平

技术发明奖学金(10 人)

郭 雨 穆希望 金 建 张 瑀 郜旭东 周 博 席 圆 赵前永 李芳洲 刘 茜

TRS 奖学金(25 人)

范 岳 周俊涛 刘生才 郑海晶 谢 筱 冯宗明 李 哲 黄 挺 肖 爽 曲 薇 罗芙霂 郑 戴 李宗辉 董末初 邱 扬 刘 萍 张 蕾 汪秋云 毕 茜 杨晓玉 周 蕾 周思锐 管陶然 赵芊芊 孙婷婷

国家奖学金(26 人)

黄绍建　王慧洋　曾姝玮　许泽敏　程　姣　马雪峰　尹　鹏　周俊涛　陈祥臻
高瑜蔚　冷东辉　邹小琳　吴邓邓　彭小琪　徐向丹　任　瑞　刘　萍　王耽书
张诗笛　付　正　李芳洲　刘梦婷　周朝旦　丁哲壮　钱运锴　李燕雪

新井季久子助学金

王　慢　贾东芝　杨　锐　王凌云　崔静伟　马国振　杨裕平　薛瑞普　卢志新
李春荣　张　帆　沈　锋　余有鹏　姚本刚　于江滨　刘海燕　陈　杰　李　威
张军凤　曾黔香

国家励志奖学金(364 人)

(名单略)

国家助学金

一等奖:712 人

二等奖:1118 人

(名单略)

海淀区 2009 年度院校直招士官花名册

耿志远　王　楠

大学生志愿服务西部计划志愿者毕业生

彭　凯　文　政　周爱丽　毛永焕

应征入伍学生

魏家武　刘学元　金长鹏　王　云　徐相滨　周俊兰　陈政元

学生竞赛获奖

国际企业管理挑战赛铜奖和新秀奖

张久贺　胡文静　孙洪月　华学良　高　朗　张春雪　王　超　赵瑛聘　周　旋
张春雪　陆　崴　任　宏　冯云驭　丁　帅　杨　雨　肖卓然　顾　超　周丹丹
张　昊　张　畅　张焱明　杨　明　张士云　杨潇林　于向龙

2009 年“MOS/MCAS 世界大赛”中国区

Word 2003 项目大学组三等奖　韩　森

Excel 2003 项目大学组三等奖 薛 军

道琼斯财经英语之旅高校英语邀请赛

特别鼓励奖 李升起

道琼斯财经英语竞赛

三等奖 刘仕勤

第一届全国大学生光电设计竞赛

优胜奖

刘鹏飞 王学斌 宋 影 林义闻 刘小铭 郭 闯

全国大学生电子设计竞赛

A－二等奖 曾浩铭 闫俊涛 曾姝玮

C－一等奖 张 瑀 姬晓非 田 嵘

C－二等奖 黄绍建 潘海江 易恺迪

C－三等奖 张 兵 谭莎莎 王家仑 张朝晖 王慧洋 庞宏杰 席 冲

董婷婷 刘爱华 卢旭东 宋 鹤 边雪飞 邹欣鑫 田智文

刘乃滔 左 强 郑 捷 王军华 张 艺 许泽敏 薛瑞普

D－三等奖 金 建 陈银浩 于海宗

E－三等奖 方 方 汪汀岚 李升起

F－三等奖 赵京伟 于成龙 强 浩

全国数学建模与计算机应用

二等奖

周俊涛 张泽强 崔晓兵 王 松 唐 禹 刘旻晖

奥地利机器人世界杯 ROBOCUP 中型组机器人足球世界杯

第七名

黄 斌 马力博 陈 嵩 徐鑫鑫 张万洁 律 晔 王 淼

第九届全国机器人大赛暨2009年FIRA世界杯机器人大赛中国队选拔赛

团队创新奖

半自主型5V5机器人足球比赛二等奖

半自主型11V11机器人足球比赛二等奖

仿真型5V5机器人足球比赛三等奖

追捕比赛二等奖

队形比赛三等奖

参赛人员:周 枫 张志新 黄 挺 徐 喆

指导老师:彭书华　陈雯柏

中国机器人大赛暨 RoboCup 公开赛

全国二等奖

微软(MS)3D 类人仿真队伍　张建丽　李　萌　张钰晗　刘武雷

优胜奖

微软(MS)轮式微型机器人队伍　张建丽　包　华　郭琴琴　林国乾

微软(MS)轮式微型机器人队伍　张建丽　郭琴琴　包　华　梅新云

中国机器人大赛暨 RoboCup 公开赛第一分区赛

RoboCup 中型组亚军(一等奖)　“Water”代表队

RoboCup 中型组技术规定项目挑战赛二等奖　“Water”代表队

中国机器人大赛暨 RoboCup 公开赛

RoboCup 中型组一等奖　赵海平　代　芳　马建民

第四届“飞思卡尔”杯全国大学生智能汽车竞赛

二等奖

摄像头组:先锋号　光电组:光＊影　光电组:飞翔一队

三等奖

摄像头组:爱国者

全国大学生信息安全竞赛

三等奖　李衍辉　颜娟丽　朱学良　徐　腾

全国大学生英语竞赛

一等奖　罗文豪　张　蕾　孙墨缘

二等奖　张　栩　刘　萍　赵景博　曾姝玮　赵瑛聘　毕　茜　韩　烨　罗方舟　董未初

三等奖　朱　青　付金博　肖　爽　周　英　张　倩　邹凌虹　许　亮　章　昉　王　玥　程　娇　杨晓玉　邓大伟　肖　航　程　静　戴　彧　刘惟芳　陈新颜　于明瑶

全国 CCTV 杯大学生英语演讲比赛

鼓励奖　李　诺

全国大学生物理竞赛

一等奖　颜力行　黄　严

二等奖　管陈石　李　力　谢孔凯　赵旭阳　李福平　李　明　陈祥臻　陈胜兰　纪　跃　张青政　王　欣　韩永琪　晏　冉　陈　庚

王虹旭 夏 岩 余 凡

三等奖 赵树才 王 争 杜增文 陈新颜 李蒙蒙 王祎辰 张欢欢
王金宝 陈 浩 陈 明 黄 斌 胡明威 李春荣 邢志聪
戴建辉 李贵兵 占利锋 刘亚飞 刘俊峰 苗思宇

第六届全国研究生数学建模竞赛

三等奖

陈伟曹 张 文 王 娟 王荣欣 蒋 冰 刘玉芳 郭 江 尹瑞娟 闫东丽
孙振权 石 竹 王 磊 张 嵩 安西平 黎美秀 苏文杰 李胜东 帖春华

全国大学生数学竞赛

非数学专业二等奖 桂强华

非数学专业三等奖 李宗辉 郑 戴

第三届 Honda 节能竞技大赛

最佳技术奖 高继业 孙潇韵 赵 琛 高 岩 郭 雨 穆希望 高亦阳
赵 森 于海宗 许辰辰 田 坤

全国大学生信息安全竞赛

三等奖

"Windows 内核 Rootkit 检测方法的研究与实现" 李衍辉 颜娟丽 朱学良 徐 腾

优胜奖

"文件夹隐藏技术的研究与实现" 张 钊 张朝信 张成思

全国普通高校信息技术创新与实践活动

一等奖

网络安全竞赛 汪秋云

指导教师:蒋文保

二等奖

创业计划竞赛 宋 恒 尹 路

指导教师:孙 青

中国大学生就业模拟大赛

一等奖 卞翠华 黄 阳

二等奖 余肇飞 李元锋 罗益锋 何知明 周 维

三等奖 宋 恒 吴 晶 徐会林 吴玉婷 程 琳 马跃东 盛 健
吴 凡 邱 扬 魏 超 刘家凯 乔宇倩 王 冬 张连魁
姜 雪 高 娜 柯 越 于 丽 张 蕊 郭健龙 李宇峰

首届网上零售应用能力全国总决赛

三等奖　耿　硕　雷　蕾　江明珠　赵晓曦　王　萌

全国大学生智能车竞赛

华北赛区二等奖　王晨宇　朱　喆　席　圆　王　勃　周　兴　李　喆　赵景博　丁　毅　高　宁

华北赛区三等奖　苗　鱼　丁哲壮　周　博

"MOS/MCAS 世界大赛"北京赛区

Word 2003 组一等奖　韩　森

Excel 2003 组三等奖　薛　军

Excel 2003 组优秀奖　胡　永

爱国歌曲大家唱"纽曼大学生原创音乐大赛

分组决赛场冠军,总决赛优胜奖　陈文龙　王　帆　杨雨帆　刘馨元　刘　嘉

第一届北京市大学物理实验竞赛

三等奖

郝艳飞　李新杰　邱妮娜　曹　寅　谭邹路　学小龙　彭　强　刘　冰　韦惠娟

北京市大学生物理实验竞赛

一等奖　张伊菲　曾浩铭　谢　谦　彭　强　付建军　韦惠娟

三等奖　肖大华　何　亮　樊　伟

北京市数学建模与计算机应用

一等奖　张　宇　郑　戴　杨建林　夏世纪　赵前永　周秋红

二等奖　冯宗明　孙明阳　李　冲　郑志鹏　郑　雨　李佳时

首届北京市大学生英语演讲比赛

三等奖　邹凌虹

"易家人"学生服务有限公司北京市挑战杯"创业计划大赛"

铜奖　邵华强

首届首都大学生校际百科知识竞赛

三等奖　程旖婕　晏　冉　藏锦希

印象科技责任有限公司第三届商业创意大赛

最佳实践奖　刘　彤　边雪飞等

首都"挑战杯"

银奖　李宗洁　任倩倩　于秋慧等

铜奖 蔡文静 刘 欣 杨晓玉 肖铝丝 田 彪 姚 辰 杨菲菲 吴 聪 尹 路 宋 恒 邵华强 胡锐豪 郑宏振

第五届“挑战杯”首都大学生课外学术科技作品竞赛

特等奖

关于绿色植物能量转换方式的研究——无光环境室内绿化 申报者:尹 路

指导教师:申闫春 王继强

二等奖

便携式反射聚光光伏发电装置 申报者:郭 雨

城市知识管理现状对中小企业的知识管理的启示的调查报告 申报者:刘 威

指导教师:杭建平

三等奖

Deman 自动灌溉设备的研发 申报者:李芳洲

合作者:周 博

指导教师:孙志恒

电子寻找器的设计 申报者:周 雷

合作者:于 放

指导教师:王晓波

“限塑令”限不住的烦恼——对“限塑令”出台后若干新问题的研究

申报者:宋 恒

指导教师:孙 青

金融危机影响下北京市大学生就业观念调查分析与对策 申报者:蒋 思

指导教师:李 钢 王宗广

北京大学生越野攀登比赛

乙组团队第四名

北京市高校第十届传统养生体育比赛

李式太极拳第二名 任世胤

北京市高校英语歌唱大赛

优秀奖 彭婷婷

北京市规范字比赛软笔楷书法

优秀奖 曾庆璇

第五届北京市五子棋高校赛

无禁组团体第一名

天残棋社：

王　鹏　任自成　于　修　王泊骁　郭旭旸　杨　锋　刘　建　周嘉晋　李　想

大学生跆拳道精英赛

第三名　周　雷　吕　中

第五名　刘腾飞

大学生心理节摄影

一等奖、二等奖、优秀奖　缪文喆

昌平区棋类联合比赛　中国象棋团体第一名

天残棋社：

王　鹏　任自成　于　修　王泊骁　郭旭旸　杨　锋　刘　建　周嘉晋　李　想

学校“献歌祖国”第六届十佳歌手

第一名　孙　超

第二名　范　霖

第三名　郑　兴

学校第二届大学物理实验技能竞赛

一等奖

光电信息与通信工程学院

谢　谦　邱妮娜　郝艳飞　李新杰　张　睿　张　浩　欧云庆　谭邹路　曹　寅
学小龙　彭　强　刘　冰　韦惠娟

自动化学院

董婷婷　席　冲

二等奖

光电信息与通信工程学院

卜文昊　邢　艺　张伊菲　汪汀岚　肖雪枫　阎倩倩　王慧洋　闫俊涛　曾姝玮
李升起　王　欢　康峰源

自动化学院

张　兵　宋　桄　陈龙伟　藤尚志　季　林　崔宇昆　刘梦石　张夏丽　刘爱华

三等奖

光电信息与通信工程学院

张　隽　唐贻发　周　为　庞宏杰　郭保旭　王　磊　李云强　孙　勇　赵　洋
王　惺　邢志程　刘丹丹　郑德东　张　盟　胡月龙　曾浩铭　肖国畅　郑海晶
朱秋龙　叶龙波　贾晓舟　王树桐　杜新杰　石鹏冲　卢志新　林明权　葛正超

高　山　张辰露　张燕军　刘　佳　王天红　李　洋　王　达　李　乐　张晟腾
郑荣祥　查　鑫

自动化学院

闫丙旭　王小东　邢泽锋　王　博　曾文辉　隋玉鑫　李晓龙　宋永丰　周　兴
李　杰　杨　越　黄　挺　郭　冉　刘颖强　张慧松

计算机学院

赵前永　倪世杰

学校“五四先锋杯”辩论赛

冠军　理学院代表队
亚军　信管学院代表队
季军　计算机学院代表队
全程最佳辩手　任　翔
单场最佳辩手　李元春　高　颖　陆海丰　毕　茜

学校田径运动会

学生团体总分前三名

光电信息与通信工程学院　信息管理学院　自动化学院

学生女子团体总分前六名

经济管理学院一队　机电工程学院　昌平校区　人文社科学院
光电信息与通信工程学院　信息管理学院

男子团体总分前六名

机电工程学院　光电信息与通信工程学院　昌平校区
信息管理学院　自动化学院　计算机学院获得学生

教工组比赛团体总分前六名

机关　机电工程学院　光电信息与通信工程学院　自动化学院
经济管理学院　计算机学院

最佳组织奖

一等奖　经济管理学院
二等奖　自动化学院　机电工程学院
三等奖　人文社科学院　光电信息与通信工程学院　昌平校区

道德风尚奖

信息管理学院　计算机学院　理学院　外国语学院　研究生部　继续教育学院

最佳入场式奖　机电工程学院

最佳表演奖 昌平校区
最佳文明观众奖 自动化学院
精神风貌奖 离退休代表队

学校“五四先锋杯”演讲比赛

一等奖 薛然然
二等奖 李元春 黄春昊
三等奖 藏锦希 张新莲 马金龙
优秀奖 刘 庆 解建影
潜力之星 藏锦希
口才之星 黄春昊
人气之星 张伦维

学校首届职业规划节之模拟招聘大赛

一等奖 何 鑫
二等奖 陈赞君 王 淼
三等奖 王 锋 周杨威 李艳雪
最佳印象奖 孙姣姣
最佳潜质奖 吕娜分

学校第一届职业规划节

冠军 苏义超
亚军 吕 娜
季军 冀呈莹

学校第五届红五月合唱节唱响“青春献祖国”主题

冠军 外国语学院
二等奖 机电学院 光电学院
三等奖 人文社科学院 经管学院 计算机学院
优秀奖 信管学院 自动化学院 理学院
优秀指挥奖 倪克松

红色“1＋1”示范活动

二等奖
计算机学院计算机科学与技术学生党支部代表

二等奖
人文社科学院学生第二党支部

庆祝新中国成立60周年征文活动

一等奖

范　霖　周朝旦　董雷杰

二等奖

赵　洁　刘建华　谢保杰　李庭煊　毛杉杉

三等奖

顾　问　梁福平　李　轩　王雅茜　张日颖　曾姝玮　路　宇　刘若辰
李哲谦　林明权

国庆方阵训练“齐步走”征文活动

一等奖

于　路　方想想　苏义超　李一民　顾　娟

二等奖

高瑜蔚　邓伟华　金晓凤　温叶青　郭青兰　齐　彦　马金龙　赵　妍
刘　政　杨　帅

三等奖

王　乐　张启豪　刘　鑫　孙博伟　谢德英　刘　畅　张　超　郝小品　赖世宗
左　藤　董末初　朱　凯　陈飞卿　刘景礼　李　晴　杜靖蓉　李一心　叶圣根
周婷丹　王思怡

学校电子设计竞赛

一等奖

赵京伟　于成龙　强　浩　黄绍建　潘海江　易恺迪　左　强　郑　捷　王军华
卢旭东　宋　鹤　边雪飞　朱　惠　李　荡　张　山　张朝晖　王慧洋　庞宏杰
殷晓晨　李　丽　冀士骞　席　冲　董婷婷　刘爱华　张　兵　谭莎莎　王家仑
张　瑀　姬晓非　田　嵘

二等奖

曾浩铭　闫俊涛　曾姝玮　郝艳飞　向晓玮　李　祯　朱超然　梁　广　曹佳乐
蔡寿祥　张　捷　窦　岐　戴　彧　王　宁　刘彦龙　季　林　邬银军　吴寰宇
周小璐　邹小琳　李宗辉　席　圆　朱　喆　王晨宇　滕尚志　崔宇昆　肖必成
邹欣鑫　田智文　刘乃滔　王　艳　张　乐　程　姣　金　建　陈银浩　于海宗
赵景博　高　宁　丁　毅　方　方　汪汀岚　李升起　赵伟光　代丽平　杭　洋
王诗蓓　孙嘉蔚　宋　冉　张　艺　许泽敏　薛瑞普　康峰源　杜康宁　王　欢
苏　幸　高梦超　付俊鹏　邝　野　马　磊　胡杰文

三等奖

王志文　邹　都　那东旭　陈　聪　张振华　张智龙　王　博　宋永丰　曾文辉
闫丙旭　林少鹏　章　纯　周明远　许啸铎　宋　健　张大鹏　马　然　白　硕
查　鑫　郑荣祥　汪　松　张夏丽　刘梦石　韩　雪　林　健　张慧松　刘诗涵
游玉佳　任　松　杨焕全　隋玉鑫　李晓龙　朱　烨　黄　挺　彭　浩　张晓威
徐　喆　徐怀宁　朱　斌　王新健　张　月　张　磊　付　超　赵一伊　王亚杰
张　睿　贺　斌　张　浩　陈　菲　彭　珊　林明权　刘生才　冯宗明　孙明阳
蒋　凯　王雪姣　郭美英　刘　冰　刘学齐　李　肃　乐卓磊　张科宁　刘彩春
杨　爽　卢志新　徐永峰　任海龙　李　超　李新杰　刘中恒　王　颖　孙雪琪
熊　伟　何　磊　张　辉　宗　逊　霍小溪　吕其聪

学校机器人大赛

救援组

一等奖

林健组(队员:林　健　董婷婷　宋　健)

二等奖

3 +1(队员:崔宇昆　郭雪然　金月丽　翟海新)
英雄队(队员:赵景博　许啸铎　王　熙　贾子健)

三等奖

fore_finger(队员:张　超　肖必成　张佳伟　李高健)
彭浩组(队员:彭　浩　黄　挺　张晓威)
冲锋陷阵(队员:刘爱华　李可想　赵郭龙)

中型组

一等奖

赵海平组(队员:赵海平　马建民)

二等奖

张元波组(队员:张元波　王　谦　刘　博)

创意设计组

一等奖

管道故障定位机器人(队员:张志新)

二等奖

联合创意(队员:李　智　张慧松)
飞翔队(队员:郝　翠)

三等奖

Robot Originality(队员:刘　洪)

家庭卫士(队员:周　枫)

高深(队员:所　屾　高赫然)

FIRA 小型组 5 对 5

一等奖

月光(队员:丁　毅　贾子健　崔　凯)

二等奖

英雄(队员:赵景博　许啸铎　王　熙　戴　晖)

梦想(队员:张　源　景国岩　邢　猛)

健翔青年(队员:邹昱芳　张大鹏　强　浩　郑　捷)

三等奖

小号(队员:彭　浩　黄　挺　张晓威)

十佳青年(队员:卢旭东　于成龙　赵京伟　王军华)

必胜(队员:徐　喆　蒋　超　周明远)

胜利队(队员:黄延福　张　谦　章　鑫　张　晨)

飞翔(队员:滕尚志　陈　汐　张　岩　柴　峥)

天罗地网(队员:罗　天　董婷婷　宋　健)

FIRA 仿真组 3 对 3

一等奖

必胜(队员:徐　喆　蒋　超　周明远)

二等奖

凯旋(队员:崔　凯　谢　朦　赵景博)

ROB(队员:林　健　董婷婷)

三等奖

健翔青年(队员:邹昱芳　张大鹏　强　浩　郑　捷)

足球小子(队员:罗　天　刘颖强　许　成　席　冲)

小号(队员:彭　浩　黄　挺　张晓威)

FIRA 仿真组 5 对 5

一等奖

凯旋(队员:崔　凯　谢　朦　赵景博)

二等奖

梦想(队员:张 源 戴 晖 邢 猛 景国岩)

传奇(队员:董 楠 方 辰 杨 昕)

三等奖

足球小子(队员:罗 天 刘颖强 许 成 席 冲)

小号(队员:彭 浩 黄 挺 张晓威)

英雄(队员:许啸铎 王 熙 贾子健)

舞蹈个人组

一等奖

开拓(队员:章 鑫 张 晨)

二等奖

先锋(队员:李金鳌 孟 璇)

Smart(队员:刘莹颖 常亚菲)

三等奖

一枝独秀(队员:尹 航 苗 鱼 张建丽)

先锋(队员:邓林泉 张 睿)

SS(队员:苏斌嫔 庞美飒)

舞蹈团体组

一等奖

超越(队员:章 鑫 徐淮宁 杨 越 宋 健)

二等奖

先锋(队员:邓林泉 李金鳌 孟 璇)

百鸟朝凤(队员:尹 航 张建丽 苗 鱼)

三等奖

穆大叔(队员:穆鹏跃 吴寰宇 季 林 邬银军)

张源组(队员:张 源 景国岩 邢 猛 马晓峥)

I robot(队员:苏斌嫔 庞美飒 刘莹颖 常亚菲)

学校信息安全竞赛

一等奖

张 钊 张朝信 张成思 谢 云 侯 玥 杨 瑒 李 悦 何 宽 李 蔚 刘浩博 霍文硕

二等奖

许晨晖　董　娜　李衍辉　颜娟丽　朱学良　徐　腾　曾小虎　常　琦　韩劲松
李晨东　黄　奎　梁　霞　赵德楠　邢　硕

三等奖

王伟晨　郝如意　杨　帅　丘国伟　张靖雯　苏海峰　焦国强　陈　成　曲　薇
杨　光　许金兰　蒋滨泽　伍家驹　汪秋云　蔡冬梅　任志宏　刘梦婷　王子岩
崔金龙　肖国畅　周　汐　吴　俊　张　婧　赵丽仁　戚江一　于秋慧　陈　然
李　强　韩　冬　王補平　王鑫龙

鼓励奖

南云会　丁　辰　李　楠　裴大伟　何培宁　卢　雄　胡新颖　云海英　章　璋
李一凡　罗　帅　金　鑫　夏世纪　周秋红　闫晓蔚　张京京　胡瑞豪　邵华强
程亚兵　王　浩　韩　啸　周向征　孙顺旌　杨牧天　刘宗汛　姜　瀚　李　思
胡鹤凡　郭　涛　希丹婷　宋　文　赵小英　席　楠　吕思宇　刘博龙　袁宝瑞
杨　铮　宋小舟　罗天悦　贾亚辉　蔡　雷　洪俊健　冯　钊　马爱丽　蓝　婷
田丽芸　宋石威　张海玉　侯芳芳　何婷乐

学校智能汽车竞赛

光电管组　一等奖

自控电光 1 队(王维静　朱　喆　席　圆)

光电四号(张　俊　时运佳　戴　晖)

二等奖

光电三号(周　昆　陈　川　谢　朦)

控制 1 队(马　勇　梅　亮　王　楠)

光电二号(丁　毅　高　宁　赵景博)

摄像头组　一等奖

控制 2 队(丁哲壮　刘诗涵　李　哲)

控制 3 队(周　博　钱运锴　肖必成)

二等奖

快乐队(王志文　李　祥　季　林)

优秀奖

光电一号(屈　硕　时佳斌　张　源)

鼓励奖

摄像头一号(蒋　超　许啸铎　董　楠)

棋圣(彭雪松　孙巍伟　张益明)

翔龙一号(张淑谦　贾　剑　穆希望)

学校首届程序设计大赛

特等奖

郑　程

一等奖

苏　幸　张　鹏　任中伟　苏义超　刘梦婷　孙宏良　赵　哲　张博文　刘述良

二等奖

吕其聪　任志宏　刘　昂　张小童　肖铝丝　吴镇乐　尹绪森　林　啸　周升亮

钱凌波　韩劲松　刘　鑫　李　岩　汪　昶　唐安杰　荆　榆　黄惠娟　毕　然

三等奖

曾开强　袁少华　陈俊杰　王伟晨　张晓昱　许晨晖　桂强华　隗　晋　许凌川

王祎辰　陈　聪　吴　垚　钱韫哲　冷东辉　杨　诚　宋得明　张　琦　赖　康

李亚威　陶旭东　高　锋　黄　严　曹天野　沈　超

学校首届多媒体大赛

影视作品

一等奖

《这里是北京》(田光亚　王子威　任　兴　李　楠　胡　凯　梁　钊)

二等奖

《魅影》(马晓龙　张惠玲　苑明玥　王艾瑢　贺雯夕　孙　彤)

《灾后汶川 - 任何困难都难不倒英雄的中国人民》(刘云柱)

《当我绽放　那便是春天》(王　雪　王　娣　刘　晔)

三等奖

《毕业留念》(刘　彤)

《跨越》(邓　杨)

《最初的梦想》(杨　阔　赵　飞　陈　媛　和家乐)

《春天的小花》(蔡金彪　李　洋　韩　潇　满运静)

《DV 大赛》(章　昉　段晓光　付辰昊　张尉峥)

动漫作品

一等奖

《漫舞的樱花》(董文爽)

二等奖

《门》(胡晓川)

《钻石棋》(张　鹏)

三等奖

《双手飞行员》(郑　程)

《刀刀－会思考的狗》(董末初　段昆然　刘　琨　常亚男)

《校园虚拟观光》(赵　哲)

平面作品　一等奖

《青春的旋律》(郭　莹　凌　静)

二等奖

《系列作品》(张　默)

《象的失踪》(李长顺)

《第一届运动会》(林文锦)

三等奖

《多媒体网页制作》(汤翰轩)

《感悟·自由生命》(曲婧洁)

《系列作品》(赵书源　林文蔚)

《校庆一周年》(董凡博)

《转动生命》(蔡建硕)

学校第二届大学生数学建模竞赛

一等奖

杨　坤　何　涛　冉　蔷　郑　雨　李佳时　郑志鹏

二等奖

方　方　李升起　肖　芳　周秋红　赵前永　夏世纪　王　澍　张亦驰　常二芳　段　越

三等奖

邓由由　郑　戴　张　宇　孙明阳　冯宗明　李　冲　林明权　彭　珊　周丽新　王　岩　齐　彦　于传玉　赵伟光　孙立征　韩　颖　刘　佳　宋　全　陈小梅　韩　奕　刘　茜　滕尚志　董婷婷

学校数学竞赛

一等奖

肖大华　余　凡　郑　戴　李宗辉

二等奖

邱东海 王補平 刘惟芳 肖文华 刘姗姗 杨雅晴 汪姝玮 占利锋 李 超

三等奖

贾 然 管陈石 周 斌 张宝邱 陈祥臻 王 成 唐宗波 赵 鹏 钱叶伟
郑保文 李春荣 王慧洋 王小栋 王 丽 汪正江 黄欣宇 黄 严 王自然
杨敬昌 刘 君 张泽强 周朝旦 刘玉珠 刘雪男 谭 天 桂强华 苏义超
李 洪 王 松 苏 幸

学校物理竞赛(多学时组)

一等奖

赵旭阳 张青政 彭宇文 胡晓泊 管陈石 陈 浩 张欢欢 陈胜兰 李 明
林 鹏 胡明威 韩永琪 余 凡 王虹旭 黄 严

二等奖

闫振宇 吴 垚 李春荣 郁志超 邢志聪 赵树才 王補平 张海涛 李贵兵
尹 耀 李 力 张 鹏 王 骏 刘姗姗 肖文华 黄 斌 李福平 陈祥臻
胡欢乐 彭金辉 钟 丽 任世胤 陈 庚 丁 毅 顾 鸣 陈新颜 谢孔凯
陈 明 杨振宇 杨敬昌 汪正江 李培杰

三等奖

唐 斌 赵俊杰 潘力斌 张 朕 成于谨 胡 凯 钱叶伟 王 聪 王 跃
牛凌洋 刘惟芳 王念念 郑 伟 胡 鑫 刘小雪 贾玲玉 沙晓莹 刘世一
纪 跃 邱金鹏 徐紫光 祖吕鹏 郑 旭 王 亮 荣倩楠 李蒙蒙 林明泉
叶根圣 肖明超 金 钊 乔 磊 戴建辉 吕建楠 王 发 刘青林 程志彪
陈 峰 丁 波 何 流 史 波 佟 毅 杜增文 胡铭文 王艺超 谢芷晴
王金宝 张铭一 夏宁欣 苏玉杰 汪姝玮 李 慧 刘述良 杨 帆 吴 熠
张光磊 郑正强

学校物理竞赛(少学时组)

一等奖

占利锋 刘亚飞

二等奖

周朝旦 桂强华 刘 健

三等奖

陈 晓 程旖婕 卞 明 郑 龙 李 强

学校第二届大学生物理实验技能竞赛

一等奖

谢　谦　邱妮娜　郝艳飞　李新杰　张　睿　张　浩　欧云庆　谭邹路　曹　寅
学小龙　彭　强　刘　冰　韦惠娟　董婷婷　席　冲

二等奖

卜文昊　邢　艺　张伊菲　汪汀岚　肖雪枫　阎倩倩　王慧洋　闫俊涛　曾姝玮
李升起　王　欢　康峰源　张　兵　宋　梾　陈龙伟　藤尚志　季　林　崔宇昆
刘梦石　张夏丽　刘爱华

三等奖

张　隽　唐贻发　周　为　庞宏杰　郭保旭　王　磊　李云强　孙　勇　赵　洋
王　惺　邢志程　刘丹丹　郑德东　张　盟　胡月龙　曾浩铭　肖国畅　郑海晶
朱秋龙　叶龙波　贾晓舟　王树桐　杜新杰　石鹏冲　卢志新　林明权　葛正超
高　山　张辰露　张燕军　刘　佳　王天红　李　洋　王　达　李　乐　张晟腾
郑荣祥　查　鑫　闫丙旭　王小东　邢泽锋　王　博　曾文辉　隋玉鑫　李晓龙
宋永丰　周　兴　李　杰　杨　越　黄　挺　郭　冉　刘颖强　张慧松　赵前永
倪士杰

学校大学生英语演讲比赛

一等奖

李　诺　邹凌虹　马萌伟　王雪菲

二等奖

胡艳萍　赵瑛聘　范惠夏　关月盈　邓碧辉

三等奖

邓大伟　欧　玥　刘欣然　李晓洁　刘　萍　李伟祺　鲍亦洁　张　倩　徐　晋
刘　茜　肖　爽

鼓励奖

张一驰　杨晨辰　黄　严　吴培培　杨佳蓉　王海楠　王朝政　李　强　谢德英
吴爱琳　张　腾　黄　嘉　吴菲滢　栾佰霖　张　峰　曾庆璇　王佳颖　于向璐

学校机械创新设计大赛

一等奖

张威等　王福龙　郭志远

二等奖

陆文庆　陈　辰　王　辰　张　云　刘晓强　魏　超　陈海婷

三等奖

黄治群　尹浩洋　丁　翔　丁　方　刘辰亮　肖大华　郭　雨

优秀奖

光泽明　陈　辰　王宇春　黄学礼　郭欣沛

学校制图技术大赛

优秀奖

光泽明　陈　辰　王宇春　黄学礼　郭欣沛

学校电子设计竞赛—“达盛杯”嵌入式系统专题赛

一等奖

张　瑀　姬晓非　田　嵘

二等奖

曾浩铭　闫俊涛　曾姝玮

三等奖

牟森林　刘爱华　刘诗涵　杜康宁　康峰源　王　欢　陈　汉　王　淼　张大成

鼓励奖

任　松　杨焕全　赵明宇　林　健　刘梦石　佟　玲　张　睿　张　浩　贺　斌
腾尚志　董婷婷　张夏丽　赵冬阳　冀士骞　马原博　许金兰　王怀爽
刘　月　刘　超　张智龙　武　贺　高　斯　张仲一　胡瑾贤

学校英语阅读与听力竞赛

一等奖

吕　娜　钟国龙　周思锐

二等奖

李雪寒　肖　晓　毛　珂　周　勉　刘　伟　林柳文　钱运锴

三等奖

董晓晨　赵瑛聘　郑　林　陈哲茹　殷　越　张　睿　曹　璐　章伟云　梁　霄
赵　冉　韩　旭　严书绯　陈赞君　张　蕾　孙墨缘　臧盈月　范　岳　罗芙霖
戴　彧　王　述　安　龙　武文斌

纪念奖

罗　森　张　栩　李　培　何　玮　曹鹤婷　李　乐　李　哲　刘诗涵　高瑜蔚

学校英语语法词汇竞赛

一等奖

刘　萍　韩　烨　史佳琳

二等奖

张　峰　桂强华　满　霜　陈　亮　邓碧辉　李小江　高亚男

三等奖

郭　华　郑舒珊　王虹旭　邵志东　董文芝　何　腾　杨潇琳　冯　沁　钟　丽
张宝印　周庆荣　王清然　吴　垚　苏灵慧　范惠夏　胡子松　杨敬昌　苏玉杰
王金宝　刘桂华　栗健龙

学校"百度杯"电子商务创意与应用竞赛

一等奖

赵　阳　王旭阳　李建雄　李　啸　黄光宇

二等奖

司　琳　陈冬兰　程思诚　任　旭　钱　冲　闫　锦　宋　喆　王　硕　王　辉
刘　浩　王　萌

三等奖

李　达　王　胤　马博伦　陈　曦　田音心　孙　佼　陈志铭　朱　强　刘秀峰
何权潍　吴　锟　杨晓玉　肖铝丝　刘徐兵　孟薇薇　丁能达

最佳表现奖

许晨晖　张　昊　王　楠　崔　盈　郭　俣　杨　彪　张光龙　蔡新明　闫　爽
吕　娜　杨　淼

最佳潜力奖

桂强华　岳　巍　张良驹　王炜晶　高　崎　张继宗

最佳贡献奖

许晨晖

鼓励奖

高桂萍　侯红漫　张　旭　董静怡　张向巍　王　震　张　翔　王　晋　李至明
赵玉秀　牛　峥　张　健　张　帆　崔　楷　贾易峥　李　江　蔡冬梅　汪秋云
王士武　苏万征　龚富喜　王　然　周朝旦　王　喆　安长跃　何　屹　田　彪
谭建国　刘亚飞　郑　龙　刘　健　方想想　闫　弘　赵小英　宋　文　郄丹婷
多　鑫　董　玢　金　焕

学校 Sybase 杯数据库应用竞赛

一等奖

郭　靖　李芳洲　张　维　许晨晖

二等奖

张霭昕　张　玉　陈冠坤　刘国营　汪　魏　郑玉星　王建欣　蔡嘉毅　李　楠
南云会　苏　琪

三等奖

霍东磊　唐国锦　申海文　王剑峰　王子龙　尹绪森　吴镇乐　郭　澍　刘徐兵
许镜函　丁能达　隗　晋　马翔宇　张文凯　汪秋云　蔡冬梅　刘智鑫　于江滨
胡文悦　孟薇薇

创意奖

肖铝丝　杨晓玉　李依婵　闫　研

学校 TOPBOSS 经营模拟竞赛

一等奖

郭　君　张士云　任琴琴　朱思谦　王　山　张大户

二等奖

王晶雪　丁　一　白　婧　李成贺　徐向丹　刘公羽　阙智辉　褚伯琳　魏　瑶
冯立忠　刘建新　王　何

三等奖

刘　萍　郭　爽　韩昌雄　刘仕勤　王　旻　黄　昊　田兆龙　朱京华　刘云天
杜心辰　邹灵生　刘全和　周杨威　任　宏　杨　蕊　唐　莹　韩　旭　史雁茹

学校金融投资模拟交易大赛

股票组

一等奖

江选明　刘建新

二等奖

袁祖磊　韩　睿

三等奖

宋　健　盛德建　方　砚

期货组

一等奖

詹博璟　王　鹏

二等奖

王凌云　翁　蕊

三等奖

权太恒　魏　然　史军伟

外汇组

一等奖

张　辰　冯立忠

二等奖

王　腾　陈礼云

三等奖

余冠兵　高郑鑫

股指期货组

一等奖

冯立忠　许晨晖

二等奖

史军伟　盛德建

三等奖

王凌云　翁　蕊

大事记

大事记

·1月·

6日，召开安全稳定工作会议。会议回顾总结了2008年学校的安全稳定工作，提出做好2009年学校安全稳工作的思路和要求。校党委书记郑君礼、校长杜林参加并讲话。全校各单位主要领导、各学院分管学生工作的副书记和昌平校区分管学生工作的副主任60人参加会议，校党委副书记闫成主持会议。

6日，市教委后勤处处长张龙同志到学校考察调研后勤工作。张龙实地考察学校的校园环境，深入学生宿舍了解学生住宿情况及其对学校后勤工作的意见建议，现场察看食堂库房、操作间饮食卫生情况，听取后勤管理处、后勤集团负责人的工作汇报和情况介绍。张龙对学校后勤职工的良好精神状态、规范的管理和服务给予充分肯定，同时就学校特殊背景下出现的问题以及高校后勤工作中存在的一些共性问题，与学校后勤负责人进行探讨，并着重就高校后勤工作的定位、后勤改革的模式、营造良好的后勤工作氛围、后勤的安全稳定等重要问题给予建议。副校长彭斌柏陪同。

8日，党委组织部和党校举办学校第一期组织员培训班。校党委副书记刘筱毅出席培训班并作总结讲话，全校各单位的基层兼职组织员参加培训并分组讨论，党委组织部部长邵长生主持培训大会。

8日，学校学生在第29届国际企业管理挑战赛（GMC）中荣获铜奖和新秀奖。国际企业管理挑战赛（GMC）是一年一度的国际赛事，被誉为“企业管理奥林匹克大赛”。中国赛区自1996年以来，已经连续成功地举办十三届比赛。本次大赛全国近900支代表队参加比赛。

9日，学校作为第一完成单位完成的科技成果“消费类产品中有毒有害物质的评价技术平台”获2008年度国家科学技术进步二等奖。以学校经济管理学院院长葛新权教授（第一获奖人）主持的课题组及其他课题组，各自在消费类产品中有毒有害物质的评价技术平台领域取得突破，取得一系列创新的研究成果，制定适合于六类消费类产品的有毒有害物质评价模式，创新测量不确定度的评定模型以及产品绿色设计评估方法，提出信息不对称条件下应急事件评价方法，设计并建设完成有毒有害物质分析预警信息数据库，形成数据汇总和信息发布平台，有效解决检测样品的拆分和前处理方式中国际上最难达成共识的难点问题，并形成国家标准及具有前瞻性和影响力的国际提案。本项目成果在海尔、美的、TCL等80多家典型企业进行了示范推广应用，直接应用产品超过600万件，产值超过11亿元，建成了由30家实验室组成的消费类产品有毒有害物质检测示范实验室基地。

9日，学校作为第一完成单位完成的某

国防军工项目获2008年度国家技术发明二等奖。以学校传感器北京市重点实验室张福学教授(第一获奖人)、自动化学院副院长苏中教授(第二获奖人)主持的课题组及其他课题组,完成的国防军工项目,得到总装备部、航天部、兵器部等多次立项资助,投入研制经费1435万元;申请国内外发明专利34项(其中国外12项),国内已授权14项;获计算机软件著作权5项,省部级奖17项,获"2006年国家重点新产品证书"。经鉴定研究成果达到国际领先或国际先进水平。可广泛应用于航空、车辆、舰船等军事领域及工业自动化等的稳定和控制系统。

12日,召开共青团工作研讨会。会议对于共青团系统如何迎接机遇和挑战,紧贴学校中心工作,充分发挥育人功能及加强基层团建,提升学生科技水平等工作进行了研讨。校党委副书记闫成参加并作讲话。校团委书记唐清辉主持会议,并总结2008年团委主要工作,提出2009年工作的基本思路。各校区、学院团总支书记参加会议。

14日,举行2009年老干部新年团拜会。来自各校区的老领导、老干部70余名参加,校党委书记郑君礼、校长杜林参加,校党委副书记刘筱毅主持团拜会。

14日,召开辅导员、班主任暨优良学风班表彰大会。校党委书记郑君礼对进一步加强辅导员、班主任队伍建设提出要求。校党委副书记闫成宣读北京市优秀辅导员,优秀及良好辅导员、优秀及良好班主任、优良学风班表彰的决定。获奖辅导员代表、班主任代表、"优良学风班"代表分别发言。校纪委书记刘勇,教务处、学生处、团委等有关职能部门领导、学工系统干部、班主任老师及班级学生代表参加表彰会,学生处处长主持会议。

15日,学校召开荣获国家科技奖励表彰大会,表彰荣获2008年国家技术发明二等奖和国家科技进步二等奖的获奖人员以及做出重要贡献的集体。中共北京市委常委、教育工委书记赵凤桐出席会议并发表重要讲话,他指出学校科研取得的成绩,是瞄准国家经济社会发展的重大需求,准确把握行业科技发展趋势的结果;是坚持以人为本,人才强校,精心培养优秀科研团队与科研带头人,积极发掘科研创新潜力的结果;是科研工作者们兢兢业业、无私奉献,积极为学校、为首都发展建设作贡献的结果;是学校努力构建和谐科研氛围,培养创新文化环境,充分发挥优势,坚持产学研相结合,努力突出特色的结果。他希望学校继续加强产学研用结合,加强创新型人才的培养,进一步实施人才强校战略,在人才培养、科学研究、社会服务等方面不断取得新成绩,为建设人文北京、科技北京、绿色北京不断做出新贡献。

16日,学校保密委员会检查保密要害部门、部位。由学校分管保密工作的纪委书记刘勇、校长助理冯晓春、保密工作办公室、科技处、网管中心负责人及工作人员组成的检查组对学校保密要害部门、部位进行了检查。

22日,学校经济管理学院院长葛新权教授主持申报的课题"制造业产业集群技术信息服务体系研究及系统开发"获得国家科技支撑计划立项资助,是学校在国家科技支撑计划上实现的零的突破。"制造业产业集群技术信息服务体系研究及系统开发"主要是在制造业技术信息数据元管理系统研发、技术信息与GIS的集成和空间数据库建设关键技术研发、技术信息空间分析与可视化关键技术研发的基础上，开发制造业产业集群支撑技术服务系统。国家科技支撑计划是为贯彻落实《国家中长期科学和技术发展规划纲要(2006～2020)》，主要面向国民经济和社会发展需求，重点解决经济社会发展中的重大科技问题，并在原国家科技攻关计划基础上设立的国家科技计划。

25 日，校领导除夕慰问坚守岗位教职工、留校大学生。校党委书记郑君礼，校长杜林，校党委副书记闫成、副校长韩秋实，在相关职能部门、校区领导的陪同下，分组走访各校区，亲切看望慰问坚守岗位的教职工与留校大学生，送去节日的问候与新春的祝福。

·2月·

19 日，校长杜林会见澳大利亚拉筹伯大学校长一行并举行会谈。会谈中双方就2008 年杜林校长访澳期间签署合作协议中有关教师及学生交流等细节深入交换意见，并对交流日期等问题达成初步共识。

20 日，张京生当选“首都十大年度教育新闻人物”。学校数据恢复研究所所长张京生，是信息安全领域专家，在四川汶川发生大地震后，他在国内率先提出科技赈灾的理念，与担负灾后信息重建工作的四川省经济信息中心签订为灾区无偿进行三年数据恢复的协议，工作内容包括制定四川省数据恢复基地设备建设方案，提供相关资料、教材，培养技术骨干，派遣专家到基地培训技术人员、开展现场辅导，组织专家会商解决数据恢复的疑难问题等。张京生带领研究所工作人员已先后抢救、恢复了一大批宝贵的信息和数据，他的事迹产生广泛的社会影响，《新华每日电讯》、《教育与职业》、《科学时报》等多家媒体进行报道。

25 日，召开党代会各代表团临时召集人会议。校党委书记郑君礼向与会人员介绍大会的筹备情况，对大会主席团和大会秘书长人选建议名单、大会议程和有关需确认事项(草案)作相关说明，并提请各代表团讨论；布置各代表团推选团长等工作。校党委副书记刘筱毅、组织部、学校办公室就会议及会务的相关情况做说明。各代表团临时召集人就党代会有关情况进行互动交流。校党委副书记刘筱毅出席会议，组织部、学校办公室主要负责人和各代表团临时召集人参加会议，校党委书记郑君礼主持会议。

25 日，美国威斯康辛大学帕克赛德分校(UWP)副校长一行三人到访并签订合作协议。美国威斯康辛大学帕克赛德分校副校长、工商与科技学院院长以及国际教育部主任与学校就合作办学中的具体问题进行磋商，两校签署合作协议，主要就教师和学生交流进行合作，合作期限以实际达成的交流项目为期限。

26 日，召开第一次党代会各代表团临时召集人第二次会议，通过各代表团团长人选名单。校党委副书记刘筱毅、各代表团临时召集人出席会议，校党委书记郑君礼主持会议。

27 日，召开第一次党代会预备会议。校党委书记郑君礼作第一次党代会筹备情况报告。第一次党代会代表资格审查小组作代表资格审查报告，经审查，全校 18 个选举单位选举产生的 167 名代表均符合《中国共产党章程》、中共中央有关规定和《关于中国共产党北京信息科技大学第一次代表大会代表选举工作的通知》的有关要求，符合代表条件，代表资格有效。预备会上，全体到会党代表举手表决,一致通过学校第一次党代会大会主席团、秘书长建议名单和第一次党代会议程(草案)。学校第一次党代会159名会议正式代表出席会议。校党委书记郑君礼主持会议。

27日,学校第一次党代会主席团第一次会议在小营校区第四会议室召开。与会人员经举手表决一致通过大会日程(草案)、主席团常务委员会委员建议名单、副秘书长建议名单、列席人员建议名单。郑君礼、闫成、刘筱毅对《党委工作报告》、《纪委工作报告》讨论和大会选举等相关工作做部署与安排。学校第一次党代会主席团全体成员出席会议,郑君礼同志主持会议。

28日,中国共产党北京信息科技大学第一次代表大会隆重开幕。大会的主题是:高举中国特色社会主义伟大旗帜,以邓小平理论、"三个代表"重要思想和党的十七大精神为指导,以科学发展观为统领,立足新的历史起点,坚持解放思想,勇于改革创新,推动科学发展,促进校园和谐,为建设特色鲜明的高水平多科型大学而努力奋斗。杜林同志为大会致开幕词。市委教育工委副书记刘建同志代表市委教育工委、市教委对大会的召开表示热烈祝贺并发表重要讲话。她肯定新大学合并筹建以来,取得的一系列显著成绩并对即将选举产生的新一届党委提出三点希望:一、高举中国特色社会主义伟大旗帜,全面贯彻落实科学发展观,实现学校又好又快发展;二、以改革创新精神加强学校党的建设,为学校的改革发展稳定提供坚强有力的保证;三、加强和改进思想政治工作,努力构建和谐校园。郑君礼同志代表学校党委作题为《解放思想 改革创新 科学发展 构建和谐 为建设特色鲜明的高水平多科型大学而努力奋斗》的工作报告。报告回顾和总结学校五年来的发展建设成绩,分析新大学面临的形势与任务,明确今后几年的指导思想、工作思路、奋斗目标以及要重点做好的工作,提出以改革创新精神全面加强和改进学校党的建设的要求。学校党委还以书面形式向本次党代会提交了《纪委工作报告》和《党费收缴、使用和管理情况报告》,供全体代表审议。北京市委教育工委副书记刘建,市委教育工委组织处副处长陈江华,北京工业大学党委书记王守法,北京广播电视大学党委书记赵国森,北京石油化工学院党委书记高锦宏专程出席会议。清华大学、北京大学等44所高校党委向学校党委发来贺信。学校164名党代会正式代表参加大会,部分离退休老领导、基层党组织负责人、民主党派和无党派人士、教师、共青团、学生组织代表列席了会议。杜林同志主持大会。

28日,学校第一次党代会的党代表分十五个团分别审议讨论郑君礼同志代表校党委作的题为《解放思想 改革创新 科学发展 构建和谐 为建设特色鲜明的高水平多科型大学而努力奋斗》的工作报告和书面提交的纪委工作报告。

28日,学校第一次党代会主席团第二次会议在小营校区第四会议室召开。会议听取各代表团对《党委工作报告》、《纪委工作报告》讨论情况的汇报。与会人员举手表决,一致通过《党委工作报告》决议(草案)、《纪委工作报告》决议(草案)、大会选举办法(草案)和党委委员候选人建议名单、纪委委员候选人建议名单;一致同意将《党委工作报告》决议(草案)、《纪委工作报告》决议(草案)、大会选举办法(草案)提交各代表团讨论,将党委委员候选人建议名单、纪委委员候选人建议名单提交各代表团酝酿讨论。学校第一次党代会主席团全体成员出席会议,刘筱毅同志主持会议。

28 日,学校第一次党代会十五个代表团分组讨论关于党委、纪委工作报告的决议(草案),讨论大会选举办法(草案)和党委、纪委委员候选人建议名单,并推选监票人。

28 日,学校第一次党代会主席团第四次会议在小营校区第四会议室召开。会议在听取各代表团对党委委员候选人建议名单和纪委委员候选人建议名单讨论意见汇报的基础上,以举手表决的方式,确定党委委员候选人名单和纪委委员候选人名单,提交3 月 1 日代表大会进行选举。会议通过举手表决的方式,确定15 位同志为大会选举监票人、确定总监票人建议人选,提交代表大会通过。本次主席团会议还通过了大会选举的计票工作人员和总计票人共 25 人。学校第一次党代会主席团全体成员出席会议,刘勇同志主持会议。

·3月·

1 日,中国共产党北京信息科技大学第一次代表大会选举工作在小营校区大学生活动中心进行,差额选举新大学党的第一届委员会和党的纪律检查委员会。大会宣读并通过大会选举办法(草案),与会代表一致举手表决通过党委、纪委委员候选人名单,通过总监票人、监票人名单;宣布大会总记票人、记票人名单。选举大会在总监票人的主持下,严格按照选举程序进行。本次选举共发出并收回党委、纪委候选人选票各 165 张。大会应到代表167 人,实到代表165 人,刘筱毅同志主持会议。

1 日,学校第一次党代会主席团第五次会议在小营校区第四会议室召开。会议在听取总监票人对大会选举情况汇报的基础上,经过认真讨论,确定党委委员 19 名当选人名单和9 名纪委委员当选人名单。会议根据党的有关规定,经过认真讨论,确定郑君礼同志为中国共产党北京信息科技大学第一届委员会第一次全体会议召集人;确定刘勇同志为中国共产党北京信息科技大学纪律检查委员会第一次全体会议召集人。第一次党代会主席团全体成员出席会议,郑君礼同志主持会议。

1 日,学校第一次党代会在小营校区大学生活动中心闭幕。闭幕式上,大会选举总监票人汇报选举计票结果。会议宣布党委委员、纪委委员当选结果。以举手表决方式,全体代表一致通过党委工作报告决议、纪委工作报告决议。郑君礼致闭幕辞,号召广大党员和师生员工坚持以邓小平理论、“三个代表”重要思想和党的十七大精神为指导,全面贯彻落实科学发展观和党的教育方针,解放思想,振奋精神,求真务实,开拓创新;共同携起手来,满怀信心,迎难而上,脚踏实地,奋发图强,为建设特色鲜明的高水平多科型大学而努力奋斗。165 名代表出席闭幕式。杜林主持会议。

1 日,中国共产党北京信息科技大学纪律检查委员会在小营校区第一会议室召开第一次全体会议。会议以举手表决的方式,一致通过《中国共产党北京信息科技大学纪律检查委员会第一次全体会议选举办法》,确定纪委书记、副书记候选人建议人选,通过监票人人选。在监票人的主持下,以无记名投票的方式,全体委员选举刘勇为纪委书记、李燕为纪委副书记。全体纪委委员出席会议,刘勇主持会议。

1 日,中国共产党北京信息科技大学第一届委员会在小营校区第一会议室召开第一次全体会议。会议以举手表决的方式,一致通过《中国共产党北京信息科技大学第一届委员会第一次全体会议选举办法》,确定党委常委、书记、副书记候选人建议人选,通过监票人人选。在监票人的主持下,以无记名投票的方式,全体委员选举产生中国共产党北京信息科技大学第一届委员会常委为(按姓氏笔画排序):冯喜春、刘勇、刘筱毅、孙百生、闫成、杜林、邵长生、郑君礼、韩秋实,选举郑君礼为党委书记,选举闫成、刘筱毅为党委副书记。会议还以举手表决的方式通过中国共产党北京信息科技大学纪律检查委员会第一次全体会议选举结果。全体党委委员出席会议,全体纪委委员列席会议,郑君礼主持会议。

9 日,在小营校区召开学习实践科学发展观活动座谈会,就活动主题、研究和解决的主要问题向教师代表、各学院和教辅单位相关负责人、民主党派代表、学生代表征求意见。校长杜林,校党委副书记闫成,纪委书记刘勇,副校长冯喜春分别参加会议。

9 日,北京信息科技大学学习实践活动领导小组办公室到北京市第一批深入学习实践科学发展观活动试点单位首都医科大学开展调研,听取首都医科大学开展学习实践活动的工作经验,此次调研为进一步做好学校的学习实践活动提供了有益的借鉴。学校党委副书记刘筱毅带队。

10 日,学校 2009 年初中层干部会议在清河小营校区报告厅召开。校长杜林总结 2008 年工作,提出 2009 年学校工作的总体思路,并部署 2009 年工作要点:一、圆满召开第一次党代会,积极贯彻落实第一次党代会精神;二、以开展深入学习实践科学发展观活动为重点,全面加强党的建设;三、继续大力实施“质量工程”和“创新工程”,提高人才培养质量;四、以人才队伍建设为切入点,推动学科建设取得新成效;五、承继良好发展态势,保持科学研究持续稳定发展;六、加大工作力度,继续推进人才队伍建设;七、全力推进新校区建设,改善现有办学条件;八、进一步健全和完善新大学工作机制和规章制度;九、继续深化校内管理体制改革;十、切实维护安全稳定大局,努力构建和谐校园。党委书记郑君礼总结学校 2008 年工作取得显著实效的重要因素,并对各级干部提出要求:一要进一步解放思想,以奋发进取的精神状态投入新大学建设,增强责任感和紧迫感;二要加强理论学习,不断提高理论和政策水平,完善知识结构,增强贯彻落实科学发展观的能力,努力成为落实科学发展观和推进和谐校园建设的行家里手;三要坚持求真务实,聚精会神,创造性地抓好各项工作的落实,要注重调查研究,切实解决影响本单位发展和稳定的突出问题,要关注民生,积极为师生排忧解难;四要进一步增强大局意识和创新意识;五要坚持勤政廉洁,做党风廉政建设的楷模。全体在校校领导出席会议。市委教育工委联络员孙祖国,全体中层干部参加会议,郑君礼书记主持会议。

12 日,美国南卡罗莱纳大学陈迎潮教授及美国 Intel 公司中国区高级技术主管到学校进行学术交流。应光电信息与通信工程学院邀请,美国南卡罗莱纳大学信号完整性及通信实验室主任陈迎潮教授和美国 Intel 公司中国区高级技术主管李浩博士于 3 月下午到健翔桥校区分别作了题为《射频通信及高速电路信号完整性的研究》和《信号完整性在 Intel 公司的研究历史》的学术报告。陈迎潮教授是美国南卡罗莱纳大学终身教授，南卡罗莱纳大学信号完整性及通信实验室主任，IEEE 高级会员，2009 年 IEEE APS/URSI 国际会议主席。他于 1992 年在南卡罗莱纳大学博士毕业，1992 ~ 1994 年南卡罗莱纳大学博士后，1994 ~ 1995 年美国伊利诺伊大学博士后。1995 ~ 2000 年在香港理工大学任教；2000 至今在美国南卡罗莱纳大学任教。在国际期刊和会议上发表学术论文 180 余篇，出版专著多部。近年来，主持完成及在研的科研经费 720 多万美元。

18 日，学校召开第一届党委和纪委全体委员会议。郑君礼书记明确党委和纪委的工作职责、指导思想、工作思路和工作短缺是，并就第一届党委委员、纪委委员如何履行好工作职责提出要求。党委的主要职责为：第一是学习、宣传和执行党的路线、方针、政策，坚持社会主义办学方向，依靠全校师生员工推进学校的改革发展和稳定，培养有理想、有道德、有文化、有纪律的社会主义事业的建设者和接班人；第二是按照从严治党的方针，加强学校党组织的思想、组织、作风建设，发挥党总支的政治核心作用、党支部的战斗堡垒作用和党员的先锋模范作用；第三是讨论决定学校改革和发展以及教学、科研、行政管理等工作中的重大问题；第四是领导学校的思想政治工作和德育工作；第五是按照干部管理权限，负责干部的选拔、任免、教育、培养、考核和监督；第六是领导学校的工会、共青团、学生会等群众组织和教职工代表大会；第七是做好统一战线工作，对学校内民主党派的基层组织实行政治领导，支持他们按照各自的章程开展活动；第八是加强对学校稳定工作的领导，维护校园教学、科研及生活秩序。纪委的主要职责为：第一是维护党的章程和其他党内法规，对党员进行遵纪守法教育；第二是检查党组织和党员贯彻执行党的路线、方针、政策和决议的情况，对党员特别是党员干部实行党章和国家法律规定范围内的有效监督；第三是协助党委加强党风建设，深入实际调查研究，及时向校党委和上级纪委汇报党风、党纪和廉政建设状况，总结交流典型经验，与校行政配合，搞好勤政廉政建设；第四是检查、处理党组织和党员违反党的章程和其他管党内法规的案件，按照有关规定决定或取消对这些案件中党员的处分，凡涉及政纪的案件，应与有关行政部门配合查处，凡发现同级党委及其成员有违反党的纪律的情况，有权进行初步核实，并直接向上级纪委报告；第五是受理党员的控告和申诉，保障党的章程规定的党员权力不受侵犯。第一届党委、纪委的工作思路是：坚持高举中国特色社会主义伟大旗帜，坚持以邓小平理论和“三个代表”重要思想为指导，全面贯彻落实十七大精神，深入学习实践科学发展观；坚持用中国特色社会主义理论体系武装头脑；坚持解放思想、改革创新、抓住机遇、开拓进取，带头深入贯彻落实学校第一次党代会确定的各项工作任务；坚持奋发向上的精神面貌、积极进取的工作状态和脚踏实地的工作作风，团结和带领全校师生，加快推进新大学科学发展、创新发展、和谐发展；坚持育人为本，德育为先，努力提高人才培养质量；坚持内涵发展和外延建设两条主线，继续大力加强内涵建设，进一步推进党建和思想政治工作，确保实现学校第一次党代会提出的奋斗目标。学校纪委要在校党委和上级纪委的领导下,认真履行党章赋予的职责,以改革创新精神扎实推进反腐倡廉建设,为学校改革建设发展提供坚强的政治保证和纪律保证。校党委和纪委的工作原则:第一,坚持民主集中制;第二,坚持党委领导下的校长负责制;第三,坚持民主科学依法决策。对“两委”委员的工作要求:第一,强化学习意识,提高科学判断形势的能力;第二,强化政治意识,提高把握大局的能力;第三,强化创新意识,提高推动学校科学发展的能力;第四,强化服务意识,提高为师生服务的能力;第五,强化团结意识,提高和谐共事的能力;第六,强化自律意识,提高反腐倡廉的能力。与会人员还听取了校党委常委、组织部部长邵长生做的关于在全校党员中开展深入学习实践科学发展观活动实施方案的工作汇报。

19 日,学校深入学习实践科学发展观活动动员大会隆重召开。大会的主要任务是贯彻中央、北京市委和学校党委关于开展学习实践活动的精神和工作部署,动员全校党员特别是党员领导干部进一步统一思想,提高认识,深入扎实地开展好学习实践活动。郑君礼书记做题为《深入贯彻落实科学发展观 为建设特色鲜明的高水平多科型大学而努力奋斗》的动员报告。报告分为三部分:一、充分认识开展深入学习实践科学发展观活动的重大意义;二、准确把握开展深入学习实践科学发展观活动的基本要求;三、认真落实开展深入学习实践科学发展观活动的工作部署。学校学习实践活动的主题是:树立一流理念,强化办学特色,以改革创新精神推进新大学科学发展。在学习实践活动中,学校重点要解决以下六个方面的问题:一是落实新大学第一次党代会精神,解放思想,转变观念,统一认识,坚定建设特色鲜明的高水平多科型大学的信心和决心;二是进一步凝练学科方向、明确工作目标,优化学科体系,夯实教学基础,推进教育教学质量工程,强化办学优势与特色;进一步加强学术带头人队伍和团队建设,推动科学研究持续上规模、上层次,提升新大学的办学水平和实力。三是完善新大学制度体系和工作机制,推进教育教学改革、管理体制改革、人事制度改革和收入分配制度改革,形成协调、有序、可持续发展的支撑力。四是认真梳理和分析在推进新校区建设工作中存在的主要问题,研究形成体现科学发展观要求的新校区建设思路和高效推进新校区建设的工作机制。五是加强校院两级领导班子和领导干部思想政治建设和作风建设,提高领导班子领导科学发展、解决复杂矛盾、开展群众工作的能力;推动党员干部讲党性、重品行、作表率。六是进一步推进和谐校园建设,优化资源配置,挖掘现有潜力,改善办学条件,解决一些影响师生发展成长的突出问题,加强校风、学风建设和人文精神教育。学习实践活动要贯彻以下四条基本原则:一是坚持解放思想;二是突出实践特色;三是贯彻群众路线;四是正面教育为主。学习实践活动时间自 2009 年 3 月开始到 7 月底基本完成,分为学习调研、分析检查、整改落实三个阶段,包括“组织学习调研”、“组织解放思想讨论”、“召开校院两级领导班子专题民主生活会”、“形成领导班子分析检查报告”、“制定整改落实方案”、“切实解决一些突出问题”等 6 个环节。学习实践活动达到四个基本目标:一是提高思想认识。二是解决突出问题。三是创新体制机制。四是促进科学发展。指导检查组副组长衡晓帆介绍指导检查组的主要职责，并指出学校党委对学习实践活动高度重视，准备工作扎实认真、细致全面，行动迅速，为活动的顺利开展奠定了很好的基础。他代表指导检查组强调三点意见：一是充分认识搞好第二批学习实践活动的重大意义，切实增强责任感和使命感。二是认真学习贯彻中央和市委精神，始终坚持学习实践活动的正确方向，认真组织好各个环节的活动。三是采取有力措施，确保学习实践活动真正取得实际效果。线联平主任对学校开展深入学习实践活动提出了三点意见：一要高度重视，积极参与。二要突出特色，增强针对性。三要保证质量，解决实际问题。会议主会场设在清河小营校区大学生活动中心，同时在清河小营校区、健翔桥校区、清河校区和昌平校区设立14个分会场。会议采取网络视频的方式，直播主会场会况。出席会议的上级领导有：市属高校学习实践活动领导小组成员、市委教育工委副书记、市政府教育督导室主任线联平，市委学习实践活动指导检查组第18组副组长、市公安局昌平分局政委衡晓帆，市委指导检查组组员、市委巡视组副处级巡视员杜娟，市委指导检查组组员、北京工商大学商学院副院长褚才宽，市委指导检查组组员、市委教育工委老干部处王志。学校学习实践活动领导小组成员，全校处级以上领导干部和全体党员参加会议。校学习实践活动领导小组组长、校党委书记郑君礼做了学习实践活动动员报告。校长杜林主持大会。

19日至7月17日，根据中央和市委统一部署，在市委的正确领导和指导检查组的直接指导下，学校参加北京市第二批深入学习实践科学发展观活动。学校党委认真筹划，周密部署，深入基层，扎实推进，形成了“三细三实”、“六项工程”等特色鲜明的亮点，被中央学习实践活动官方网站报道，在市属高校学习实践活动工作交流部署会上做了经验交流，在全市第二批学习实践活动总结大会上作了书面经验交流，得到了上级领导部门的充分肯定与兄弟单位的高度认同，学习实践活动取得显著成效。学校始终将突出实践特色，集中解决突出问题摆在重要位置。在开展学习实践活动过程中，完成81件惠民实事；到2009年年底，完成整改任务49项。

20日，2009年学校安全稳定工作会议暨安全稳定责任书签字仪式在小营校区报告厅举行。校纪委刘勇书记传达3月18日由市委教育工委、市教委组织召开的首都高校防火安全工作现场会会议精神，通报3月16日中央美术学院临建宿舍火灾情况，传达市委教育工委赵凤桐书记的有关工作要求。他强调校内各单位要按照1月6日学校安全稳定工作会议精神及即将下发的2009年学校安全稳定工作要点和“推进平安校园建设，维护学校安全稳定”责任书的要求，加强领导，明确责任，狠抓落实，切实做好2009年学校的安全稳定工作。校党委书记郑君礼、校长杜林代表学校与保卫处、后勤集团、昌平校区三个处级单位代表的党政一把手，现场签订《“推进平安校园建设，维护学校安全稳定”责任书》。全体在校领导和全校副处级以上中层干部参加会议，校纪委书记刘勇主持会议。

20日，学校召开党风廉政建设工作会议。校党委书记郑君礼发表题为《深入贯彻落实科学发展观，切实做好学校反腐倡廉建设工作》的重要讲话，要求各级党组织要真正承担起党风廉政建设和反腐败工作的职责,把党风廉政建设责任制落到实处。杜林校长代表校党委、校行政对学校2009年党风廉政建设和反腐败工作做部署,学校2009年党风廉政建设和反腐败工作分为14大类22项任务。杜校长要求校、院(处、部)两级党政主要领导切实履行好“第一责任人”的政治责任,对职责范围内的党风廉政建设担负全面领导责任,抓好责任分解、责任考核和责任追究三个关键环节,认真贯彻落实党委《2009年党风廉政建设和反腐败工作主要任务分工》。纪委书记刘勇传达中纪委十七届三次全会精神和胡锦涛总书记的重要讲话,总结学校2008年党风廉政建设和反腐败工作。党委书记郑君礼、校长杜林分别与联系单位和分管部门党政主要负责同志签订《党风廉政建设责任书》。会后,全校副处级以上领导干部签订《领导干部廉政承诺书》。全体在校校领导、纪委委员、副处级以上领导干部参加了会议,校纪委书记刘勇主持会议。

20日,学校举行学生科技创新项目——卡丁车Ⅱ代样品验收观摩活动。卡丁车学生科技创新项目组在Ⅰ代卡丁车研制的基础上,充分总结并吸取在设计和制造方面累积的经验,历时一年研制出此款新型双座卡丁车,命名为——卡丁车Ⅱ代。此次设计引入国际趋势的前后双座概念,加宽前后轮距,缩短轴距,让整车更显紧凑,行驶更加稳定,操控更为灵活,凸显驾驶乐趣。同时采用大马力、高转速发动机,合理分配转速扭矩,在发动机原有变速器的基础上加装了机械换挡装置,实现卡丁车的手动换挡功能,真正使动力输出更加强劲。通过改进转向机构和刹车系统使该车更加安全高效。另外整车加工提高了制造精度和喷涂工艺,使该车更接近市场成品车。卡丁车Ⅱ代是车辆工程专业特色实践教学和开放实验的直接成果。验收活动学生进行试车环跑,性能稳定,参与验收人员进行了试驾。

23日,根据《教育部关于公布新世纪优秀人才支持计划2008年度入选名单的通知》,学校传感技术研究中心副教授朴林华博士入选2008年度教育部新世纪人才支持计划,资助金额为50万元人民币,学校教师首次获得此计划的支持。朴林华博士主要从事物理电子学及传感器电子学(气流式惯性器件)方面的研究工作。先后主持和参与国家自然科学基金、总装备部国防预研基金和新品等科研项目,研究成果均被鉴定为“国际领先或先进水平”,获得国防发明专利9项,发表相关论文40余篇。研究成果分别获2002年北京市科技进步三等奖、2005年国防科学技术二等奖、北京市科技进步二等奖、2006年国防科学技术三等奖、中国电子学会电子信息科学技术二等奖、中国机械工业科学技术三等奖。2005年入选北京市人才强教创新团队资助计划,2007年入选北京市市管骨干教师人才资助计划。2006年获得北京市人民政府授予的第5批北京市优秀青年知识分子称号。

24日,市委指导检查组第18组组长孙崇正、组员杜娟指导检查学校开展深入学习实践科学发展观活动情况。校党委书记郑君礼,校长杜林,校党委副书记刘筱毅,校党委常委、组织部部长邵长生汇报了学校学习实践活动主题和主要研究解决的问题、目标要求和前一阶段思想动员、人员培训以及下一阶段的部署安排等相关情况。听取汇报与查阅相关材料后,孙崇正组长指出,北京信息科技大学学习实践活动工作全面细致，组织到位，结合实际，目的清楚，要求明确，实施方案切实可行，为下一阶段工作奠定了良好基础。

24 日，学校举办春季第一场大型招聘会，175 家单位、3000 余名毕业生参加招聘会。4 月 1 日，学校与北京市人事局联合举办的北京信息科技大学专场招聘会在北京市人事局人才市场召开。招聘单位有国家企事业单位、高新技术企业等 50 余家，招聘岗位近 1000 个。4 月 2 日，学校举办中关村国际孵化软件园大型专场宣讲招聘会，50 余家企业参加，招聘岗位 1100 余个。

25 日，中国机械工业联合会在北京组织召开由学校和中国石化集团江汉石油管理局沙市钢管厂共同完成的“油气输送直缝埋弧焊钢管扩径关键技术研究及设备”科技成果鉴定会。该成果开发了具有自主知识产权，达到国外同类产品性能的钢管扩径头单元配套设备，为国内首台首套；根据大型重压摩擦磨损机理的研究，求解出设备主要设计参数并且完成设备设计，并且解决了辅助功能设计；开发了适合大型重压摩擦副的适用配套材料；研发了适合长寿命、低磨损、大型重压摩擦副的特殊润滑剂；研究并完成了扩径特殊设备的制造工艺，包括材料处理、耐磨损表明加工工艺、内润滑深长孔加工等，形成了整套设备制造特殊工艺，形成自己的核心技术。2005 年第一台能够满足生产的扩径头单元研制成功投入生产，三年多的使用验证，已经达到同类进口设备的生产水平。节约扩径设备投资过亿元，在减少等待设备进口、提高生产效率和钢管质量方面直接创造效益 3 亿元以上。

26 日，由北京市委宣传部、市教委、市文化局联合主办的“民族艺术进校园”活动走进学校。晚会主题为“弘扬民族文化，传播民族艺术”，北京市歌剧舞剧院的艺术家们展示了独唱、相声、魔术、杂技、评书等各类民族艺术表演形式。“民族艺术进校园”活动由学校团委和北京市学生活动中心协办，校社团联合会承办，500 多名师生观看了这场精彩的晚会。

27 日，北京物资学院领导到校学习调研工作。调研主要内容包括：校院两级管理、岗位聘任、学科建设、学生奖励，学生管理等工作。学校党委书记郑君礼、校长杜林等校领导以及相关部门同志接待，北京物资学院党委书记刘木春、校长王稼琼率领学校领导班子部分成员和相关部门工作人员。

27 至 28 日，学校举办第二届师德论坛。论坛主题为“大力加强师德建设营造良好育人环境”。全国优秀教师、北京市师德标兵、霍英东青年教师奖获得者、北京航空航天大学计算机应用学科责任教授、博士生导师熊璋做题为《我的师德观》的专题报告。校内 10 个单位教师分别发言，结合自己的从教经历，阐述了对师德、师德建设的理解和看法。分组研讨了“立足岗位，弘扬师德”“加强自身修养，做学生健康成才的引路人”“强化敬业精神，增强责任心”“把思想政治教育渗透到教学全过程中”“我校师德建设工作存在的问题与对策”等主题。北京市教学名师、学校师德先进个人王建华宣读题为《以德修己 以德育人 争做师德楷模》的倡议书，号召全体教师加强师德修养，提高自身素质，为推动学校又好又快发展作贡献。学校 80 余人参加论坛。

·4月·

1日,北京市教委副主任罗洁一行到学校调研工作,了解学校基本情况、推进新校区建设的有关工作,视察小营校区的办学条件,并表示,市教委将会全力协调支持学校现有办学条件的改善,他还对加快推进新校区建设配套大市政项目启动等工作提出了意见和建议。市教委基建处处长刘占军陪同调研。校党委书记郑君礼、校长杜林、副校长彭斌柏接待。

1日,中华职业教育社向学校学生赠送赠价值90万元的求职终端全国大学生个人择业求职平台。大学生个人自主择业创业平台又称"求职宝",是中华职业教育社为各高校学生提供实习实践及就业岗位信息对接服务,使大学生实时获得全国数十万家企事业单位即时提供的岗位需求信息及全国优秀职业培训机构提供的技能培训信息的网站。中华职业教育社免费在该网站为学校全部大四学生提供帐号、密码。

3日,举办第三届青年教师教学基本功比赛。通过各教学单位组织的初赛,选拔出30名青年教师参加决赛。教学基本功比赛评委会的专家们,通过观看公开课、查看教案等方式,以"公平、公正、公开"的原则对比赛进行了评选。经过专家评议,理科组与文科组各产生一等奖1名,二等奖2名,三等奖3名,7个教学单位获得优秀组织奖。

8日,校党委书记郑君礼参加计算机学院科学发展观集中学习活动。郑君礼书记听取学院汇报,并对即将开展的论坛活动提出要求。

8日,研究生部组织召开学科建设与研究生教育座谈会。会议围绕着树立学科建设龙头意识上存在的问题,如何优化学科布局、凝练学科方向,强化办学特色,如何建立高水平的学科队伍及其成长机制,学校学科建设管理体制和机制存在的问题,以及如何评价和提高学校研究生培养质量等问题展开讨论。副校长冯喜春参加会议,学院主管研究生教育的副院长、各学科青年硕士生导师骨干和研究生部全体人员参加会议,研究生部党总支书记田杨萌主持会议。

10至11日,举办处级以上领导干部学习实践活动培训班。学习培训紧密结合学校实际,要求全体处级以上干部在学校第一次党代会胜利召开的基础上,进一步求真务实,努力解决存在问题;解放思想,切实把握发展机遇;立足实际,全面提高发展能力;开拓创新,推进学校科学发展。校党委书记郑君礼,工业和信息化部规划司副司长顾强,北京市委教育工委副书记、市政府教育督导室主任线联平,校长杜林先后作培训报告。

13日,根据北京市关于印制《2008年北京市享受政府特殊津贴人员名录》的通知,学校经济管理学院葛新权教授、自动化学院苏中教授2008年经国务院批准享受政府特殊津贴。葛新权,男,学校经济管理学院院长、教授,北京市重点建设学科带头人、学术创新团队带头人、北京知识管理研究基地首席专家,从事社会科学研究与教学,在泡沫基金研究、教育与经济增长、宏观模型技术研究、知识管理研究等方面取得了国内领先的学术与应用成果,获国家科技进步二等奖1项、北京市第九届哲学社会科学优秀成果二等奖1项、北京市科学技术二等奖1项、中国商业科技进步一等奖。苏中,男,学校自动化学院控制工程系主任,全国优秀教师,作为项目负责人承担各类项目21项,多项成果应用于航天、兵器、装甲车辆领域,1 项成果获“神州”飞船 GNC 系统选型。积极开展产学研结合,形成了从自主创新到批生产的可持续发展模式,被行业专家誉为“苏中模式”。获国家技术发明二等奖 1 项、省部级科技奖励 4 项,专利 1 项。

14 日,学校举办首届职业规划节,增强学生职业规划意识,帮助同学们了解职场,提高就业能力。中国专业人才库推广中心主任童启标在开幕式上作题为《大学生就业与职业规划》的主题讲座,随后陆续开展了“完美简历测评、职业规划讲座、学业规划讲座、模拟招聘会、职业规划大赛”等一系列活动,为大学生的成长成才搭建平台。

14 日,北京信息科技大学第一届女生节开幕式暨形体礼仪讲座在小营校区报告厅举行。14 日,民盟北京信息科技大学支部在小营校区第二会议室召开换届大会。甘润今主委代表上一届民盟北京信息科技大学支部全体盟员汇报本届支委员会的工作情况,对新一届民盟北京信息科技大学支部委员侯选人产生进行说明,并详细报告换届工作情况。民盟海淀区委常务副主委滕立华宣读民盟北京信息科技大学支部委员会换届结果及委员工作分工,新当选的各位委员与全体盟员及领导见面。新当选的民盟北京信息科技大学委员会主委康劲代表新一届委员会讲话。民盟海淀区委常务副主委滕立华、民盟海淀区副主委张维佳、民盟首师大委员会副主委刘家锡教授参加了会议,校纪委书记刘勇、统战部部长鲁雷出席会议并作讲话

15 日,学校邀请中国社科院马克思主义研究院研究员、博士生导师辛向阳做题为《科学发展观的六个维度》的学习实践科学发展观辅导报告全体处级以上领导干部、在职教职工党员共计 700 余人认真听取了报告。报告会由校党委副书记刘筱毅主持。

17 日,学校与全国博弈论与实验经济学研究会联合主办 2009 年中国大学生就业模拟大赛,并召开第一次组委会会议,正式启动 2009 年中国大学生就业模拟大赛。20 余位专家学者参加本次大赛启动。

19 日,学校举办机器人大赛。比赛设 6 个小组赛(8 个单项赛),包括 FIRA 小型组、FIRA 仿真组、中型组、舞蹈机器人组、救援组、创意设计组等,报名参赛队伍 110 队,参赛队员 324 人。比赛经激烈的角逐,最终有 8 个队获一等奖、16 个队获二等奖、24 个队获三等奖、8 名教师获优秀指导教师奖、1 个单位获突出贡献奖。

19 日,小营校区、健翔桥校区举行校园开放日。学校 9 大学院分别设置考生咨询台,展版、条幅等材料展示专业特色以及历年科研、教学成果和发展状况。北京工业大学、华北电力大学、首都经济贸易大学等众多兄弟院校也参与学校的开放日,设立咨询点。

23 至 24 日,学校学习实践活动领导小组在清河小营校区第二会议室召开扩大会议,听取学校 9 个由校领导牵头的专题调研工作组深入调研情况汇报,重点就找准制约和影响学校科学发展的突出问题,撰写、形成高质量的调研报告提出指导意见。学校学习实践活动领导小组全体成员出席会议,校党委书记、学校学习实践活动领导小组组长郑君礼主持会议。

28 日,学校学生韩森、薛军分别以北京赛区 Word2003 组冠军和 Excel2003 组三等奖身份参加上海举办的“2009 年 MOS/

MCAS 世界大赛”(2009 年国际办公软件核心技能世界大赛)中国区总决赛,韩森获得中国区决赛 Word 2003 项目大学组三等奖、薛军获得中国区决赛 Excel 2003 项目大学组三等奖。

29 日,学校经济管理学院院长葛新权教授荣获北京市总工会颁发的首都劳动奖章。

30 日,中国社科院学部委员、博士生导师汪同三研究员为学校校院两级中心组做题为《中国经济与美国金融危机》的报告。校院两级中心组全体成员以及经济管理学院相关专家、教师、学生认真听取了报告,校党委书记郑君礼主持报告会。

·5月·

4 月 30 日、5 月 6 日,学校落实新疆维吾尔自治区有关“资助内地普通高校新疆少数民族特殊困难学生”的相关政策,在小营校区图书馆 102 和昌平校区会议室分别召开新疆少数民族学生座谈会,并为新疆少数民族家庭经济困难学生逐一颁发困难补助。校纪委刘勇书记出席座谈会并讲话。学生处、昌平校区、相关学院的领导和老师以及 08 级的 11 名新疆少数民族学生代表参加了座谈会。

6 日,学校举办第二届大学物理实验技能竞赛总决赛。参加总决赛的参赛作品有超声波测距、激光测距、红光窃听、红外窃听、压电窃听、还有自制助力车、激光全息光栅等等。此次竞赛历经 5 个月(2008 年 11 月至 2009 年 4 月),采取 4 选 1 的开放选题竞赛方式,78 队报名。经过初赛、复赛环节客观公正的综合考评,6 组学生获得一等奖,7 组学生获得二等奖,18 组学生获得三等奖。

7 日,学校 2009 年田径运动会在清河小营校区运动场举行。

8 日,学校举办由中国教育电视台的制作方——国大华闻传媒公司发起的“国大华闻 公益时代精英论坛”首场讨论。论坛主题是志愿者的权益保障现状与发展。共青团中央志愿者工作部综合协调处处长、中国青年志愿者协会副秘书长皮钧,公益主题《点燃希望》制片王雨诗,中国慈善公益法律执行顾问梁枫,北京社会科学院研究员、惠泽人咨询服务中心顾问王凤仙,青年志愿者张楠,大学生公益论坛(cupf)秘书长郑立伟等共青团领导、专家、志愿者代表参与论坛相关问题的讨论。新浪公益、公益时报、中国志愿者网、中国教育电视台等多家媒体予以关注。“国大华闻公益时代精英论坛”将由首都各大高校在本年度轮流举办。

8 日,北京信息科技大学学习实践活动领导小组召开扩大会议,总结学校学习实践活动第一阶段即学习调研阶段工作情况,部署学校学习实践活动第二阶段即分析检查阶段工作安排。学校学习实践活动领导小组及办公室全体成员,机关党委、各党总支、直属党支部书记出席会议,校党委副书记、校学习实践活动领导小组办公室主任刘筱毅主持会议。

9 日,学校与国家 863 小型仿人机器人重点项目组建立项目研发合作基地达成初步意向。项目组邀请国内机器人研发领域的高校专家和企业代表就“面向教育、娱乐、科研的小型仿人机器人关键技术”进行专题研讨。学校机电工程学院许宝杰院长介绍学校开展机器人技术研发情况。项目组专家洪炳镕教授、解伦教授等介绍本项目的建议书框架以及教育机器人平台、娱乐机器人平台、科研机器人平台的研究内容和技术指标、各类平台的共性关键技术等情况。此次研讨就本项目的多项关键技术标准达成共识,实质性推进了项目的实施。项目组专家和企业代表对机电工程学院的学科优势和技术实力给予充分肯定,确定项目研发过程中进行基地合作的初步意向。

11 日,学校举办心理文化月名师讲坛。北京师范大学心理学院教授、博士生导师刘翔平应邀为师生做专题讲座。

13 日,学校举行推荐 2009 年度北京市级精品课程汇报会。9 门候选课程的负责人就课程建设情况进行简要汇报。专家组根据《北京市教育委员会关于做好 2009 年度北京市级精品课程申报工作的通知》要求,结合候选课程申报材料以及汇报情况进行综合评议后,推荐《机械制造技术基础》、《机械设计》、《软件工程》、《数据结构》、《精密机械设计》5 门课程参加市级精品课程的评选,并对课程建设与申报提出了建议与意见。

14 日,学校第二届社团文化节开幕式暨纪念“五四”运动九十周年“青春韵美”配乐诗歌朗诵会隆重举行。本届社团文化节以“科学发展促成才,青春社团显风采”为主题,历时一个月,学校各社团将以文化节为平台,集中开展社团活动,展示风采,展现成果。校纪委书记刘勇及相关职能部门领导出席了开幕式并观看演出。

14 日,哈尔滨工程大学刁鸣教授到校做题为《国家级实验教学示范中心——学生创新能力培养的重要基地》的学术报告。

15 日,学校 10 项成果获 2008 年北京市教育教学成果奖(高等教育),其中独立获得一等奖 2 项,参与获得一等奖 1 项;独立获得二等奖 6 项,以第一单位合作完成获得二等奖 1 项。获得一等奖的成果是“工商管理专业实践教学体系构建与实施”、“针对大电类应用型人才培养的电子信息与控制实验教学中心建设”、“我国高等教育自动化专业人才培养面临的新问题与对策研究及实践”;获得二等奖的成果是“一般工科院校高等数学教学改革的探索与实践”、“机械工程专业应用型、创新型人才培养的教学改革与实践”、“校企紧密合作推进通信工程专业实践教学建设”、“《数据库系统基础》课程的全面建设”、“厚基础,强实践,重市场,宽途径,计算机专业应用型人才培养的探索与实践”、“市属合并高校培养创新意识与实践能力强应用型人才的探索与实践”、“十年双语教学建设与改革实践成果—《面向对象程序设计》”。

15 日,校党委郑君礼书记在 2009 年预备党员培训班上作题为《加强理论修养 争做时代先锋》的培训报告。校党委副书记刘筱毅主持报告会。

16 日,学校举行 2009 年度新井季久子助学金颁发仪式。新井季久子女士为本年度受助学生颁发助学金并讲话。新井季久子曾在 1992 年作为日籍专家到学校任教,在回国后仍然时刻关心学校的建设与发展,2000 年初出资设立助学金资助家庭经济困难学生。新井季久子助学金设立从 2000 年 5 月至 2010 年 4 月,期限 10 年。10 年中共资助家庭经济困难学生 170 人累计资助金额人民币达 81.6 万元。学校教师学生 30 余人参加颁发仪式。

18 日,德国耶拿应用技术大学校长百勃斯特(Beibst)女士、外事办公室主任福尔斯塔(Forster)女士、机械工程学院洛赫曼

(Lochman)教授一行访问学校，并组织对申请赴德国耶拿应用技术大学留学的学生进行考试，最终确定8名学生于2009年9月赴德留学。此为学校与德国耶拿应用技术大学合作项目，自2002年至今，学校已派出32名学生赴德国耶拿应用技术大学学习。

18日，贯彻落实科学发展观，众擎共举铸造新辉煌，新大学成立一周年座谈举行。座谈会上，与会人员围绕本科教学、科学研究、学生工作、学科建设、思想政治工作、党的建设等学校建设发展工作畅所欲言、共话发展，全面回顾新大学成立一年来取得的工作进展与成绩，实事求是地指出当前存在的影响和制约学校科学发展的突出问题。校党委书记郑君礼讲话。在校的全体校领导、党委常委、校长助理，各学院党政主要负责人代表，党政机关(直属单位、校区)部门代表，教师代表、离退休老同志代表、学生代表近40人参会。副校长冯喜春主持座谈会。

20日，北京信息科技大学领导班子专题民主生活会在清河小营第四会议室召开。校党委书记郑君礼，校长杜林，校党委副书记刘筱毅，校纪委书记刘勇，副校长冯喜春、韩秋实、孙百生、许晓革、彭斌柏，校党委常委、组织部长邵长生，校长助理冯晓春依次发言，结合个人分工，紧紧围绕学校学习实践活动主题，按照加强领导干部思想政治建设的要求，结合第一阶段学习调研成果，实事求是、深入全面地查找了个人在推进学校科学发展的本职工作中，不适应不符合科学发展观要求的思想观念，在精神状态、责任意识、党性修养、领导方式、领导能力、工作作风和联系师生等方面存在的突出问题，深刻剖析产生问题的思想根源，明确了努力方向，同时也表达了全力推进学校科学发展的信心与决心。与会人员向校级领导班子成员提出了中肯的建议与意见。线联平主任、衡晓帆副组长对学校学习实践活动加以肯定。市属高校学习实践活动领导小组成员、市委教育工委副书记、市政府教育督导室主任线联平，市委学习实践活动指导检查组第18组副组长、市公安局昌平分局政委衡晓帆，市委教育工委干部处副处长刘新军，市委指导检查组组员、北京工商大学商学院副院长褚才宽，市委指导检查组组员、市委教育工委老干部处王志出席会议；学校党委委员、纪委委员，老领导代表，民主党派代表，教代会代表，学院正职代表，教师代表，基层党支部书记代表等28人列席会议，学校学习实践活动领导小组组长、校党委书记郑君礼主持会议。

20日，市委教育工委常务副书记刘建到学校调研。校党委书记郑君礼、校长杜林汇报学习实践活动开展情况。刘建对学校深入开展学习实践科学发展观活动表示充分肯定，指出，学校的学习实践活动深入细致、特点突出、求真务实，尤其是多层次思想发动、学习培训和校院两级调研工作扎实有效，通过学习实践活动，找准了问题，并进行深入的分析，提出的下一步工作设想涵盖了学校办学的主要方面，以学科建设为龙头，大力加强内涵建设，深化“以人为本”理念，服务师生发展成长等方面的工作思路清晰，措施可行，为实现科学发展上水平奠定了思想基础。市委教育工委组织处副处长陈江华、李丽辉，研究室副主任王艳霞随同调研。校党委书记郑君礼、校长杜林、校党委副书记刘筱毅、党委常委、组织部部长邵长生、宣传部部长鲁雷参加调研会议。

21日，学校举行大学生科学发展观学习

实践会成立大会。该社团旨在积极引导广大青年用实践指导理论知识，培养大学生运用科学发展观的理论完善自我、塑造自我，提高创新能力和综合素质，培养坚定的马克思主义者。成立后将成为加强青年学生思想政治工作，落实"青年马克思主义者培养工程"的平台之一，旗帜鲜明地根据学校的特点和学生具体情况，分层推进，突出实践特色，在传统课堂为主的第一课堂之外开展丰富多彩的第二课堂活动。参加该社团的学生现有50人。

21日，学校关心下一代工作委员会在小营校区第四会议室召开2009年第一次主任工作会议。会议传达了上级领导讲话和北京市教育系统关工委工作会议精神，围绕《学校关工委2009年工作要点》进行讨论。关工委名誉主任郑君礼书记和杜林校长作重要讲话，肯定上一届学校关工委的工作，对关工委的工作提出新要求。校党委书记、关工委名誉主任郑君礼，校长、关工委名誉主任杜林，校党委副书记、关工委常务副主任刘筱毅，校关工委副主任孙毓仁、唐树艺、林少岩、张银增及秘书长孙福友、唐清辉出席会议，校关工委主任甘圣予主持会议。

22日，市委教育工委巡视员、原北京理工大学纪委书记孙祖国同志来校了解学校深入学习实践科学发展观活动情况。校党委副书记刘筱毅汇报学校开展深入学习实践科学发展观活动情况。

24日，学校召开廉政风险防范管理工作会议。校纪委书记刘勇对推进学校廉政风险防范管理工作提出要求。校纪委副书记李燕部署学校2009年廉政风险防范管理工作。与会同志认真学习讨论了学校《关于强化廉政风险防范重点部位和关键环节监督管理办法(试行)》。校纪委委员、财务处、基建处、科技处、资产管理处、研究生部等有关部门的领导和同志先后作交流发言。学校纪委书记刘勇主持会议，校纪委委员、学校涉及人、财、物管理以及招生、科研、基建、后勤等部门和单位30余人参加会议。

25日，学校召开本学期期中教学检查专题教学工作例会。会议听取了各教学单位就一线教学期中检查工作有关情况的汇报，教务处就期中教学检查中对实验课的检查情况进行通报，对下学期教学工作安排进行部署，并就目前教务管理工作提出具体要求。学生处汇报开展学风状况检查工作的整体情况。许晓革副校长认真听取汇报，对各单位的工作给予肯定，同时结合学校教学工作的实际提出要求。教务处、学生处的主要领导以及各教学单位主管教学院长(主任)参加会议，副校长许晓革主持会议。

26日，中国数量经济学会主办，学校与北京知识管理研究基地承办召开中国数量经济学会成立30周年庆祝会。中国数量经济学会理事长、中国社会院学部委员汪同三教授、名誉理事长乌家培和张守一先生作主题发言。汪同三向乌家培、张守一教授颁发中国数量经济学突出贡献奖。代表们就中国数量经济学成立、发展与未来，以及中国数量经济学研究与应用进行回顾与展望，就数量经济学发展关键问题与前沿研究，提出许多很好的观点与建议。来自全国知名大学、科研院所的全国数量经济学资深研究者40余位专家、学者参加会议。

27日，学校作为"北京汽车与装备轻量化技术研发基地"建设单位代表参加北京市科委举行的"保民生、促增长，科技服务企业现场会暨行业研发基地授牌仪式"。北京汽车与装备轻量化技术研发基地作为首批启动的四个行业研发基地之一、是北京装备制造业研发基地一期建设起步的主体,是围绕北京汽车产业发展相关装备技术与工艺,以中央在京转制院所机械科学研究总院为依托,整合北京信息科技大学、北京工业大学、北汽福田汽车股份有限公司等装备制造领域的研发和产业资源,突破汽车与装备轻量化关键共性技术,为北京汽车龙头企业提供技术服务,提升北京汽车制造业整体水平。学校将利用其在机械工程、车辆工程等专业学科领域的优势,参与该基地的建设和研究,主要负责示范线控制系统设计等方面的研究。

31 日,第五届红五月合唱节在小营校区活动中心举行。本届合唱节以"青春献祖国"为主题。外国语学院赢得本届合唱比赛的冠军,其合唱队的指挥倪克松获得优秀指挥奖。机电、光电学院获得二等奖,人文社科学院、经管学院、计算机学院获得三等奖,信管、自动化学院和理学院获得优秀奖。校党委书记郑君礼,校长杜林,校党委副书记刘筱毅,校纪委书记刘勇,副校长韩秋实、孙百生、许晓革等校领导出席晚会并为获奖单位和个人颁奖。学校各职能部门的领导、各学院的领导老师出席晚会。

·6月·

1 日,新华网以《北京信息科技大学为灾区信息重建提供全方位技术支持》为题报道学校科技赈灾工作,重点介绍了学校科技赈灾开展情况与取得的良好成效,以及学校进一步利用科研优势为地震灾区经济建设特别是信息重建贡献力量的信心与决心。

3 日,学校举行与中国移动通信集团北京有限公司朝阳分公司、北京拓尔思(TRS)信息技术股份有限公司、瞬联软件科技(北京)有限公司、东大正保远程教育集团、北京精仪达盛科技有限公司、北京兴华会计师事务所等单位的大学生就业创业见习基地签约仪式,并向各单位授牌。至此,由学校共青团推动建立的团中央授牌的见习基地已达 8 家,每年可提供见习岗位 330 个。

5 日,学校校级领导班子贯彻科学发展观情况分析检查报告评议会在清河小营校区报告厅举行。评议会上,学校学习实践活动领导小组组长、校党委书记郑君礼对分析检查报告的起草情况、形成过程、主要内容以及相关情况作介绍。郑君礼书记指出,在分析检查报告形成过程中,学校坚持运用学习调研、解放思想讨论和校级领导班子民主生活会的成果,进一步凝练近年来学校贯彻落实科学发展观取得的主要成效,总结推动学校科学发展的主要经验与体会;围绕此次学习实践活动要重点研究解决的六个方面的问题,梳理出了学校发展建设中存在的六个方面的主要问题,并从校级领导班子思想认识、能力水平和工作作风等方面,查找产生上述问题的主观原因;提出了今后进一步推进学校科学发展的主要思路、六项建设工程以及实施六项建设工程近期要完成的主要任务和加强校级领导班子自身建设的思路与举措。代表们在认真阅读分析检查报告的基础上,充分考虑学校科学发展的基础、科学发展的动力、科学发展的形势、科学发展的方向、科学发展的举措等方面的因素,就分析检查报告对科学发展观的认识深不深、查找的问题准不准、原因分析的透不透,发展思路清不清、工作措施可行不可行,加强领导班子自身建设的措施有没有针对性和可操作性、其他意见和建议等方面进行民主评议。学校党代会代表、教代会代表、普通党员代表、学生党员代表、民主党派代表、无党派代表近230人参加评议会，学校学习实践活动领导小组组长、校长杜林主持评议会。

7日，2009年“恰同学少年”毕业生晚会在健翔桥校区大阶梯举行。学校纪委书记刘勇，学生工作处、招生就业办公室、校团委以及光电信息与通信工程学院、自动化学院、计算机学院领导参加此次晚会，各学院团总支书记、部分毕业班辅导员也来到了晚会现场。

8日，学校召开“小金库”专项治理和进一步治理教育乱收费工作动员部署会。机关各职能处室、各学院、继续教育学院、计算中心、机电实习中心、体育部、科研处所属研究室、后勤集团下属各部门，以及相关单位负责人共40余人参加会议，副校长冯喜春出席会议，校纪委刘勇书记主持会议。

8日，在市属高校学习实践活动领导小组召开的市属高校学习实践活动工作交流部署会上，学校党委书记郑君礼做交流发言，重点介绍学校实施六项工程，推进科学发展上水平的情况。市委常委、市委教育工委书记、市属高校学习实践活动领导小组组长赵凤桐同志出席会议并讲话，副市长、市属高校学习实践活动领导小组组长黄卫同志主持会议。市属高校学习实践活动领导小组成员出席会议。市委第17～20指导检查组成员和市委教育工委指导检查组成员，各市属高校和直属中专校学习实践活动领导小组组长和办公室主任100余人参加会议。会上，北京工业大学党委书记王守法、首都经济贸易大学校长文魁也做了交流发言。

10日，学校中文中心副教授吕学强博士申报的“搜索引擎用短语词典的语法理论和构建方法研究（项目编号09CYY021）”的青年项目成功入围2009年度国家社科基金项目，实现学校在国家社科基金项目立项上零的突破。

11日，学校学习实践活动第二阶段总结暨第三阶段工作部署会在清河小营校区第四会议室召开，标志着学校学习实践活动转入第三阶段即整改落实阶段。学校学习实践活动领导小组组长、党委书记郑君礼总结学习实践活动分析检查阶段的基本情况，部署整改落实阶段的各项工作，并对校级领导班子分析检查报告评议结果和相关问题做了说明。市委学习实践活动指导检查组18组组长、北京工业大学原党委书记孙崇正对学校学习实践活动第三阶段提出要求，希望学校做到“三个结合”，即将解决当前关系师生切身利益问题与明确学校长远发展战略目标紧密结合起来，将具体工作落实与制度建设紧密结合起来，将强调加强领导班子建设与充分调动师生的积极性、主动性、创造性紧密结合起来，努力推动学校科学发展上水平。市委学习实践活动指导检查组18组组长、北京工业大学原党委书记孙崇正，成员杜娟出席会议。学校领导班子全体成员，党委和纪委全体委员，各党总支书记，党群部门和主要行政职能部门负责人，以及学校学习实践活动领导小组办公室全体成员共55人参加会议，学校学习实践活动领导小组组长、校长杜林主持会议。

14日，学校“时代民芯杯”电子设计竞赛闭幕式暨颁奖仪式举行。副校长许晓革，自动化学院院长李邓化、自动化学院书记刘小河、教务处副处长王兴芬、科技处副处长王久和、电子设计竞赛专家组成员杨曙辉,北京时代民芯科技有限公司总经理赵元富先生以及自动化学院、电工电子实验教学中心领导和老师先后出席开幕式和闭幕式。闭幕式上,竞赛组委会专家组组长高晶敏作工作总结并公布成绩。参加闭幕式的各位领导、嘉宾分别为荣获一、二、三等奖的同学以及荣获优秀奖的集体、老师颁发证书及奖品。优秀指导教师代表、获奖学生代表赵京伟发言。参加本届竞赛的来自5个学院的83个参赛队共计249名学生参加此次仪式。本届电子设计竞赛由教务处主办,电工电子实验教学中心承办,得到北京时代民芯科技有限公司的大力支持。

17日,北京市大学英语研究会东片组英语教学与教改研讨会在学校召开。学校副校长许晓革教授应邀出席会议,北京市大学英语研究会秘书长赵静鹏教授、全国大学英语考试委员会副主任陈仲利教授、中国人民大学李守京教授应邀出席会议。北京对外经贸大学沈素萍教授负责主持会议,对外经贸大学、北京化工大学、北京工业大学、首都经贸大学和包括学校在内的等东部地区21所高校的24名外语教学负责人出席会议。

18日,“北京信息科技大学——普源精电电子技术联合实验室”及“北京信息科技大学电子工艺实训基地”成立。

19至20日,学校召开首次学科建设工作会议。杜林校长作题为《明确目标 坚定信心 理清思路 加强建设 推进新大学学科建设迈上新的台阶》的主题报告、学校党委书记郑君礼作题为《以科学发展观为指导大力加强我校学科建设》的大会总结报告,对学校学科建设工作进行回顾与总结,明确了大力加强学科建设的目标和任务。与会代表交流了学科建设的经验和体会。学校校领导、各学院院长及副院长、在岗教授和部分行政部门负责人等106人参加会议。

22日,以北京大学张新祥教授为组长,北京工商大学秦艳梅教授、北京工业大学栗卓新教授、首都师范大学王德胜教授、中国传媒大学张育华教授为成员的北京市实验教学示范中心评审专家组受北京市教委委托,对学校“文管综合实践教学中心”进行现场考察评审。评审会于当日上午在小营校区办公楼第二会议室举行。校长杜林到会并致欢迎辞,副校长许晓革,教务处副处长王兴芬,中心主任、经济管理学院院长葛新权及其他有关人员参加评审会。许晓革副校长和专家组组长张新祥教授分别主持学校汇报会以及专家考察过程。

23日,继获得2007年度“首都文明单位”称号后,学校再次荣膺“首都文明单位”称号。

29日,举行2009届本科生毕业典礼。全体校领导,各学院领导、有关职能部门领导和毕业生家长代表出席毕业典礼,校纪委书记刘勇主持毕业典礼,全体毕业生参加毕业典礼。

·7月·

1日,学校召开庆祝中国共产党成立88周年暨表彰大会。会议表彰24个“优秀党支部”,47名教职工、4名离退休、17名学生“优秀共产党员”,8名“优秀党务工作者”。校党委书记郑君礼,校长杜林,校党委副书记刘筱毅,校纪委书记刘勇,副校长冯喜春、韩秋实、孙百生、许晓革、彭斌柏,校党委常委、组织部长邵长生,校长助理冯晓春出席会议。在职教职工党员、学生党员、离退休党员代表共520余人参加会议，杜林校长主持会议。

4日，学校机电工程学院的《机械制造技术基础》（课程负责人王红军老师）、计算机学院的《软件工程》（课程负责人刘建宾老师）被评为北京市高等学校精品课程，目前，学校市级精品课程已由6门增至8门。

6月29日至7月5日，由学校机电工程学院教师王雪雁带队，赵亮、王淼两位学生为主力的中型足球机器人代表队“Water”，在奥地利格拉茨市举办的“2009国际Robcup机器人公开赛”中获得总积分世界第七、中国排名第一的好成绩。此次公开赛共分五个大组别，来自全世界的百余支专业和高校代表队通过审核获准参加。学校机电工程学院机器人科技小组因在“2008第十届中国机器人大赛暨RoboCup公开赛”获得一等奖，而顺利通过国际RoboCup组委会的严格审查，取得参加本次国际比赛的资格。Robcup机器人公开赛是世界上规模最大、水平最高、影响最广泛的机器人科技赛和学术大会，参赛队伍必须经过严格预选才能获得参赛资格。中型自主移动机器人组别赛是RoboCup赛事中技术价值最高、对抗最激烈、观赏性最强的比赛，是世界机器人技术强队集中展示的平台，也是整个赛事最受重视的关注焦点。

6日，学校机电工程学院的机械设计制造及其自动化专业和计算机学院的软件工程专业2个专业，被评为北京市级特色专业建设点。目前，学校北京市级特色专业建设点已由7个增至9个。

6日，学校在2009年北京市优秀教学团队评审中，工程图学教学团队、测控技术与仪器专业教学团队2个校级优秀教学团队被评选为北京市优秀教学团队。

7日，学校与民革北京市委社法委联合举办大学生村官在新农村建设中的推动作用研讨会。会议围绕大学生村官工作对大学生就业和成才，对学校、社会和国家发展的重要意义，如何充分发挥好大学生村官的作用，如何使村官们的职业生涯更加合理地规划实施，如何与时俱进地推进村官工程等进行了研讨。来自民革市委，中国青年创业国际计划、北京天景鸿房地产经济有限公司以及北京林业大学、中国农业大学、北京体育大学等单位相关领域的专家学者及大学生村官的代表20余人参加研讨会。

9日，学校人文社科学院敖云波副教授制作的《马克思主义基本原理概论》（第三章）多媒体课件被教育部社科司评为2008年高校思想政治理论课“精彩多媒体课件”，同时获得2009年教育部人文社会科学研究“高校思想政治理论课‘精彩多媒体课件’研究制作”专项项目立项。

11日，第九届全国机器人大赛暨2009年FIRA世界杯机器人大赛中国队选拔赛在长春工程学院举行，校长杜林应邀出席开幕式暨会旗交接仪式，从长春工程学院院长韩立强手中接过全国机器人大赛会旗。学校将举办第十届全国机器人大赛暨2010年FIRA世界杯机器人大赛中国队选拔赛。

12日，学校召开“应用数学学科建设暨数学物理研究所成立大会”。郑君礼书记与巩馥洲副理事长、张杰教授及理学院党总支书记滕功清共同为数学物理研究所揭牌。清华大学贾仲孝等七位教授分别做学术报告。学校党委书记郑君礼、副校长许晓革、中国数学学会副理事长巩馥洲、北京应用物理与计算数学研究所副所长江松、中科院数学研究所副所长尚在久以及国家基金委、国家海洋局第一海洋研究所、清华大学、北京理工大学、曲阜师范大学等单位的40多位专家、学者出席会议。

11至14日,学校在“第九届全国机器人大赛暨2009年FIRA世界杯机器人大赛中国队选拔赛”中喜获佳绩。两支代表队在“半自主足球机器人5VS5对抗赛”等5个项目中赢得二等奖3项、三等奖2项以及1项团队创新奖。

17日,学校学习实践活动总结暨满意度测评大会在清河小营校区大学生活动中心召开。校党委郑君礼书记作题为《紧密围绕活动主题 坚持突出实践特色 以改革创新精神推进新大学科学发展》报告,从总体情况、主要收获、主要特点、主要体会、存在的主要问题与努力的方向等五个方面对学校学习实践活动进行总结。线联平主任、孙崇正组长发表了讲话。全体校领导、党代会代表、教代会代表、教工党员代表、学生党员代表、民主党派代表、无党派人士代表对学校学习实践活动进行了满意度测评。市属高校学习实践活动领导小组副组长、市委教育工委副书记、市政府教育督导室主任线联平,市委学习实践活动第18指导检查组组长、北京工业大学原党委书记孙崇正,指导检查组副组长、市公安局西城分局政委衡晓帆,市政府教育督导室正处级督学熊红,指导检查组成员、市委巡视组副处级巡视员杜娟、市委教育工委老干部处干部王志,全体校领导出席会议。学校党代会代表、教代会代表、教工党员代表、学生党员代表、民主党派代表、无党派人士代表共230余人出席会议。学校学习实践活动领导小组组长、校长杜林主持大会。

23至26日,学生在2009第四届“飞思卡尔”杯全国大学生智能汽车竞赛中获得摄像头组二等奖1项、三等奖1项,光电组二等奖2项的好成绩。第四届全国大学生智能汽车竞赛在北京科技大学奥林匹克运动馆举行,来自华北赛区的共计133多支队伍参加此次竞赛。

·8月·

11日,学校光电信息与通信工程学院朱希安副教授为组长的科研课题组,获得“煤层气产业信息化工程数据库建设与软件系统开发”国家科技重大专题研究项目,签约额440万元。“煤层气产业信息化工程数据库建设与软件系统开发”系统是我国第一次进行的煤层气地质信息、地质编图和煤层气开发系统的建设。该课题旨在完成一套我国各个煤层气勘探开发项目工作成果的动态计算机网络信息化管理系统;建立统一、完整、操作性强的数据代码编制系统,建立规范的数据采集、录入制度,确保数据采集的高效、真实和统一;利用先进的软件和设备建立企业统一标准和规范的数据库,在统一平台下开发和应用。

24至25日,学校召开2009年暑期中层干部会议。市委教育工委常务副书记刘建应邀出席会议并作关于加强北京市党建工作的专题报告。学校党委书记郑君礼、校长杜林对上半年工作做简要总结,对下半年党政重点工作进行全面部署。副校长孙百生、副校长冯喜春、校纪委书记刘勇、校党委副书记刘筱毅,副校长彭斌柏等五位校领导分别就学科建设、师资队伍建设、学生工作、基层党建、新校区建设等工作先后做主题发言。在分组讨论中,与会人员围绕“进一步贯彻落实科学发展观和学校第一次党代会精神,努力推动学校各项事业科学发展”的主题,对如何推进落实学校下半年党政重点工作和学习实践活动整改工作进行研讨。全体在校校领导出席会议,全体中层干部参加会议。

31日,学校“国庆平安行动”维稳工作会议在小营校区第四会议室召开。校党委郑君礼书记对学校“国庆平安行动”维稳工作提出要求。全校各单位主要领导和各学院主管学生工作的党总支副书记参加会议,副校长冯喜春主持会议。

25日,北京市教育委员会公布入选2010年度北京市属高校人才强教深化计划名单,学校入选特聘教授1人、讲座教授1人、学术创新人才3人、学术创新团队2个、教学创新团队2个、管理创新团队1个和中青年骨干人才27人。

·9月·

1日,学校自动化学院刘小河教授作为主要参加人之一的“我国高等教育自动化专业人才培养面临的新问题与对策研究及实践”项目荣获第六届国家级教学成果一等奖。该项目由清华大学,北京航空航天大学,上海交通大学,南京理工大学,东南大学,北京信息科技大学,太原理工大学,浙江大学,东北大学等高校数十名专家学者历时五年共同完成,刘小河教授负责主持“应用技术主导型自动化学科专业发展战略研究”和“自动化专业规范(应用技术主导型)”的子课题研究。该项目研究成果在全国同行中产生很大影响,对我国自动化专业的建设和发展具有指导作用。

2日,学校在小营校区操场举行2009级本科生开学典礼。学校党委书记郑君礼、校长杜林、校党委副书记刘筱毅、校纪委书记刘勇、副校长冯喜春、副校长韩秋实,以及学校有关职能部门、教学单位和校区负责人出席开学典礼,全体2009级本科生参加开学典礼,副校长许晓革主持开学典礼。

2日,在小营校区大学生活动中心举行2009级硕士研究生开学典礼。学校党委书记郑君礼,校长杜林,校纪委书记刘勇,副校长韩秋实,研究生部主任栾忠权以及各学院主要领导出席典礼,全体2009级硕士研究生参加开学典礼,校纪委书记刘勇主持开学典礼。

2日,《中国教育报》在第七版以“学习实践科学发展观 推动首都高校科学发展”为题整版报道首都高校深入学习实践科学发展观活动。该报道在典型经验中重点介绍了学校“借助网络平台保证全员参与”的做法:一是积极利用信息技术优势,创新活动载体。积极利用信息技术优势,借助网络平台开展活动,精心设计建成集音频、视频、文字、图像等多种形式的专题网站,采取网络视频的方式召开党员大会,既节约和控制了活动成本,又保证了学习实践活动的全员参与。二是贯彻群众路线,讲求实事求是。充分发扬民主,广开言路,问计师生。中央学习实践活动官方网站刊载的《北京信息科技大学学习实践活动逐渐形成“三细三实”特点》被数十家高校作为参考素材或转载印发。三是关注民生,推进发展。在学习实践活动中,学校既紧密联系国际形势变化给我国经济发展和社会稳定带来的严峻挑战,紧密联系首都保增长、保民生、保稳定的形势和建设“人文北京、科技北京、绿色北京”的任务,又紧密结合第一次党代会提出的奋斗目标、部署的主要工作,努力在深化“以人为本”观念,构建服务师生全面发展成长的工作机制上下功夫。

4 日,学校七个项目获得2009 年度国家自然基金资助项目,涉及国家基金委七个学部中的数理科学部、工程与材料科学部、信息科学部,资助总经费达到232 万元,与往年相比获资助项目数和经费总额创历史新高。本年度学校共申报面上项目39 项,获资助率达到 17.95%,高于国家自然基金委面上项目平均资助率17.49%。

4 日,学校自动化、计算机科学与技术 2 个专业被批准为教育部第四批高等学校特色专业建设点。至此,学校教育部特色专业建设点已由 2 个增至 4 个。

7 日,学校与中国电子科技集团公司第十五研究所多年联合共建的“信息类专业校外实践教学基地”,获批为第二批北京市高等学校市级校外人才培养基地建设项目。“信息类专业校外实践教学基地”是学校落实质量工程,进一步加强实践教学工作、加快创新人才培养提出的重要建设项目。

9 日,学校学习实践活动整改落实后续工作及“回头看”工作部署会在小营校区第二会议室召开。校党委书记、学习实践活动领导小组组长郑君礼对整改落实后续工作及“回头看”工作的主要任务、时间安排、具体要求做出部署。学校学习实践活动整改方案中涉及到的各责任(牵头)部门主要负责人、学院党总支书记参加会议,校党委副书记、校学习实践活动领导小组办公室主任刘筱毅主持会议。

10 日,学校现代测控技术教育部重点实验室主任徐小力教授被评为2009 年“全国优秀教师”。徐小力教授在工作岗位上身体力行,积极探索高等教育的教学、管理、专业建设,承担着多门主干课程的教学工作,同时积极开展相关教学改革和科学研究,以高度的责任感与良好的职业道德素养活跃在教学、科研、管理第一线,获得广大师生的好评。2006 年评为北京市优秀教师;2007 年主持完成的研究成果获国家科技进步二等奖;2008 年被评为北京市“师德标兵”。

10 日,学校在健翔桥校区教职工之家召开以“喜迎 60 华诞 共庆教师佳节”为主题的先进集体、先进个人表彰暨歌声献给祖国演唱会。对“北京市优秀教师、优秀教育工作者”、“全国知识型职工先进个人”、“首都劳动奖章”、“北京市第六届青年教师教学基本功比赛”、“首都教育先锋先进集体、先进个人”、“2009 年从事教育工作三十年教职工”、“2008 年北京市教育教学成果奖”、“2008 年北京高等教育精品教材”、“2009 年度北京高等学校精品课程”、“市级优秀教学团队”、“国家、市级高等学校实验教学示范中心”、“国家级、市级特色专业建设点”、“2009 年北京市校外人才培养示范基地”等获奖集体和个人进行表彰。党委书记郑君礼、校长杜林、党委副书记刘筱毅、纪委书记刘勇、副校长冯喜春、副校长许晓革、党委常委邵长生、校长助理冯晓春出席会议。各部门党政领导、受表彰教职工及教职工代表参加会议。

16 日,学校老干部情况通报会暨颁发新中国成立60 周年纪念章仪式在小营校区报告厅举行。学校党委书记郑君礼、校长杜林出席会议并讲话。学校全体离休干部、司局级退休干部和退休党支部书记近 80 人参加会议,校党委副书记刘筱毅主持会议。

16 日,《图书馆通讯》编辑委员会成立大会暨第一次工作会议在图书馆 108 室召开。

18 至 19 日,学校举办研究生新导师培训工作会议。研究生部主任、新遴选的全体硕士生导师、研究生部全体工作人员参加会议,研究生部党总支书记、副主任田杨萌主持会议。

20 日,学校代表队 SLACK 乐队在“纽曼杯首都大学生原创音乐大赛”总决赛荣获优秀奖。此前 6 月 15 日举行的“纽曼大学生原创音乐大赛”复赛分组赛第六场,SLACK 乐队在来自中国农业大学,中国音乐学院,北京体育大学,北京吉利大学等高校 10 名参赛选手中以第一名晋级总决赛。学校 SLACK 乐队由经济管理学院、理学院陈文龙、王帆、杨雨帆、刘馨元、刘嘉五位同学组成,是一支由学生自发组织,以流行摇滚为主的乐队,现已创作五首原创歌曲,包括《下雨天》、《迷惑》等。

21 日,北京市委第八检查组组长首师大原校长许祥源,副组长市社科联党组副书记陈之昌,组员市委组织部电教中心副主任李鸿琪、市文化创意产业创意促进中心主任科员刘生全、北京教育新闻中心干部赵园园一行 5 人,来学校听取并抽查学习实践活动整改落实后续工作及“回头看”工作情况。郑君礼书记代表学校党委向市委检查组汇报学校学习实践活动整改落实后续工作及“回头看”工作情况、开展领导干部作风建设年活动情况以及以整改落实促国庆筹备和服务保障工作情况。汇报会结束后,市委检查组又召开学习实践活动整改落实情况座谈会。许祥源组长听取发言后,认为在整改落实工作中,学校师生心志很高、心态很好,“六项建设工程”深入人心,工作行动迅速、扎实有效,全面贯彻落实了科学发展观对学校提出的新的更高的要求。希望北京信息科技大学加快推进整改落实工作,进一步固化、扩大工作成果,争取早日实现学校第一次党代会确定的在国内同类高校一流的发展目标。学校党委书记郑君礼,校长杜林,校党委副书记刘筱毅,校纪委书记刘勇,副校长冯喜春、韩秋实、许晓革以及校党委常委、组织部长邵长生,校长助理、健翔桥校区管理办公室主任冯晓春,学校办公室、校党委宣传负责人参加汇报会。

22 日,学校治理教育乱收费工作领导小组召开会议,部署关于开展 2009 年秋季教育收费自查自纠工作、校园“一卡通”工作,并听取各单位就学校教育收费工作进行自查的工作汇报。学校纪委书记刘勇出席会议,各相关部门主要领导参加会议。

22 日,学校在小营校区第二会议室召开教师职务聘任工作会议,部署 2009 年教师职务聘任工作总体安排,讲解上级有关政策,提出工作要求。学校党委书记郑君礼、校长杜林出席会议并作重要讲话。各学院院长、体育部主任以及教务处、科技处、研究生部、人事处等部门负责人参加会议,副校长冯喜春主持会议。会议的召开标志着学校 2009 年教师职务聘任工作在学院层面启动。

16 日、22 日,学校招生就业工作办公室走访在密云、房山工作的我校大学生村官。

23 日,学校党委理论学习中心组赴北京 TRS 信息技术股份有限公司实践考察。

23 日,学校与中国教育电视台合作,在 2009 年 10 月 16 日至 2010 年 10 月 15 日期间,中国教育电视台在每天两次滚动播出的《校园天气预报》节目中播报学校建设与发展情况,播出时间分别为每日 19∶37、21∶22。

24日,学校教学督导组专题工作会议在清河小营校区第一教学楼107会议室召开。与会人员就如何加强体育课教学、实践课教学和学风建设进行讨论交流。陈维兴组长对督导组下一阶段的工作做了安排。学生处、体育部和教务处有关负责人参加会议,教学督导组组长陈维兴主持会议。

24日,学校与中共中央办公厅毛主席纪念堂管理局共建大学生校外教育基地签字仪式在毛主席纪念堂举行。

24日,学校在小营校区第二会议室举办以“我与共和国一同成长”为主题的共和国同龄人座谈会。学校党委书记郑君礼、副书记刘筱毅出席会议,来自全校近40名共和国同龄人以及相关职能部门负责人参加会议。

24日,学校在小营校区第四会议室召开甲型H1N1流感防控工作领导小组会议,部署下一阶段甲型H1N1流感防控工作。杜林校长出席会议。各有关职能部门负责人、各学院书记和各校区负责人参加会议,副校长冯喜春主持会议。

27日,召开安全稳定工作会议,对国庆期间及以后的安全稳定工作、防控甲型H1N1流感工作进行部署。全体在校的校领导出席会议,全校党政机关各职能部门负责人、各党总支书记、各学院负责学生工作的党总支副书记、各校区管理办公室负责人、后勤集团负责人等80余人参加会议;

27日,举行以“祖国万岁”为主题的庆祝新中国成立60周年教职工合唱比赛。学校14个部门工会组成了13支代表队参加比赛。学校党委书记郑君礼、校长杜林、党委副书记刘筱毅、纪委书记刘勇、副校长冯喜春、副校长韩秋实、副校长许晓革观看比赛。

27日,学校代表队研制的“青花瓷节能车”在第三届Honda节能竞技大赛中获最佳技术奖。“青花瓷节能车”应用多项汽车领域尖端技术,包括电子线控可调油门,自动换挡装置,可变真空度点火和熄火装置,增大压缩比等技术,不仅在省油方面效果明显,而且减轻了驾驶员操作失误可能带来的损失和驾驶员的负担。本田技研工业投资有限公司技术部部长,日本和欧洲本田雅阁项目开发负责人池上博之先生对学校参赛车辆给予高度评价。同场竞技的还有来自日本、泰国和国内包括清华大学、同济大学、吉林大学、哈尔滨工业大学在内的50多所大学的79支车队。

30日,校长杜林教授与全国各地60位知识界人士在《光明日报》庆祝新中国成立60周年特刊”上发表祝福新中国60华诞的感言:“五千年的文化底蕴源远流长,六十年的辉煌历程开启新篇。身为一名高校教师,我们要在国家和社会发展建设的进程中,承担起更多的历史责任,团结一心,奋发拼搏,为把我国建设成为创新型国家,实现中华民族的伟大复兴贡献更多力量。”

30日,校工会领导慰问学校全国劳模张福学教授。

9月12日至10月8日,学校志愿者在鸟巢、北郊车站、华清园小区、中关村医院等地陆续开展信息服务、语言服务、应急服务等首都国庆60周年志愿者活动。其中“祝福祖国60周年”的大型横幅签字活动,受到了广泛的关注。

·10月·

9月25日、10月12日,学校在处级干部中开展突发事件处置与指挥培训和应急指挥模拟演练。北京市应急委办公室副主任卞成杰为参训处级干部作题为《北京市应急体系建设和突发事件应对》的专题讲座。北京市委党校董武教授作突发事件应急模拟演练培训。学校党委副书记刘筱毅主持培训。

9日，国家汽车质量监督检验中心向学校赠送价值十万元的教学设备，包括第一汽车集团的CA1042K26L2型解放牌商用车一辆、潍柴WD615.50柴油机和一汽大柴CA6DE3柴油机各一台。学校还将与国家汽车质量监督检验中心在技术研发、检测培训、产业政策咨询服务，培养汽车质检人才等方面开展合作。

12至13日，学校与中国工程院信息与电子工程学部、中国仪器仪表学会、天津大学联合主办的海峡两岸及香港地区仪器科学与技术人才培养研讨会在天津滨海新区召开。会议就工程教育改革整体战略、我国仪器仪表与测控技术发展和该领域创新性人才培养、工程背景下的专业教育、工程意识培养与素质养成、工程教育专业认证等多方面进行交流研讨。本次研讨会是国内首次就该领域开展的一次创新性研讨，旨在构建一个包括高校、行业和企业在内，涵盖大陆、台湾、香港乃至国际范围的工程教育改革和创新人才培养的交流平台。来自大陆、台湾及香港等地高等教育界、企业界和相关政府主管部门的110名专家学者参加会议。

16至17日，理学院举办第二次高等数学教学团队建设研讨会，对高等数学教学团队建设和高等数学教学质量提高以及教学研究和教学改革的方向等问题展开研讨。研讨会特别邀请北京数学会副理事长兼大学委员会主任叶其孝教授和北京交通大学李琦教授分别作《把数学建模融入大学数学课程的教学要从一年级开始》和《对高等数学教学的几点思考》的专题报告。团队负责人许晓革副校长、团队主要成员李祥贵院长和盛炎平副院长以及高等数学教学团队全体成员出席会议。

17日，2009中国大学生就业模拟大赛闭幕式暨颁奖典礼在学校小营校区报告厅举行。经过5月至8月大赛的宣传阶段，9月至10月组织比赛，大赛各项工作进展顺利，14所高校16支参赛队伍787名学生参加比赛，产生一等奖11人，二等奖19人，三等奖50人；大赛还有教师19人次以及11个学校和单位获奖，评出12名优秀科研助手。学校校长杜林教授，中国社会科学院数量经济与技术经济研究所副所长李雪松教授，全国博弈论与实验经济学研究会会长、学校实验经济学研究中心学术委员会主任王国成教授，2009中国大学生就业模拟大赛组委会主席、学校经济管理学院院长、实验经济学研究中心主任葛新权教授，2009中国大学生就业模拟大赛组委会专家委员会成员、北京大学光华学院黄涛教授，以及学校相关职能负责人出席闭幕式暨颁奖典礼。大赛获奖学生和参赛高校学生共200余人参加闭幕式暨颁奖典礼。颁奖典礼由葛新权教授主持。

21日，学校党委先后召开2009年第一次党委全委会扩大会和2009年第三次党委全委会。部署学习贯彻中共中央十七届四中全会精神的有关工作，通报学校深入学习实践科学发展观活动后续工作及“回头看”工作的有关情况。与会人员集体学习中共中央政策研究室党建局副局长田培言的《治党治国的行动纲领》及其他有关理论文章。经党委全委会讨论，原则通过党委全委会、党委常委会、校长办公会等三个会议的议事规则。全体在校党委委员、纪委委员、各党总支(机关党委、直属党支部)书记及党委职能部门负责人出席会议。校党委书记郑君礼主持会议。

21日，学校2009年新教师岗前培训开班典礼在小营校区第二会议室举行。学校党委书记郑君礼出席典礼并作重要讲话。本次岗前培训内容包括学校相关规章制度讲座、师德师风专题讲座、教育教学技能专题讲座、教师职业生涯规划专题讲座、教学观摩及拓展培训等。2009年进校的新教师参加开班典礼，人事处处长王鹰主持开班仪式。

21日，学校召开第一届“双代会”第一次筹备工作会议，全面启动学校第一届“双代会”筹备工作。经会议讨论，原则同意《北京信息科技大学第一届教职工代表大会暨第一届工会会员代表大会筹备工作方案(征求意见稿)》。校党委郑君礼书记出席会议并做重要讲话，参加会议的有现任教代会执委会委员、部门工会主席和校工会领导，分管教代会、工会工作的纪委书记刘勇主持会议。

21日，学校在小营校区报告厅举办处级以下党政管理与学生工作人员培训会。校长杜林出席会议并作重要讲话。北京科技大学高教研究所副所长毛祖桓教授作教育管理基本理论专题讲座。全校处级以下党政管理与学生工作人员参加培训会，副校长冯喜春主持会议。

21日，北京教育系统老干部工作领导小组组长、市委教育工委常务副书记刘建，原市委教育工委副书记、市教科院党委书记朱全俊，原北京高教局局长、北京教育系统老干部工作领导小组成员林浦生，市委教育工委市教委老干部处处长徐小珍、副处长韩玉稳、干部杨旭等一行，来校检查学校贯彻落实《北京市老干部工作领导责任制》情况。学校党委书记郑君礼向检查组汇报学校贯彻落实《北京市老干部工作领导责任制》情况，校长杜林、校党委副书记刘筱毅以及学校老干部工作领导小组成员参加汇报会。检查组对学校老干部工作给予了充分肯定与高度评价。

23日，中央党校党建研究室主任、博士生导师戴焰军教授应邀为学校师生作题为《加强和改进新形势下党的建设》学习贯彻党的十七届四中全会精神的辅导报告。全体校级领导及处级以上领导干部认真听取报告。报告会由学校党委书记郑君礼主持。

23日，学校在清河小营校区报告厅举行处级以下党政管理与学生工作人员培训暨结业典礼。学校党委书记郑君礼出席典礼并作重要讲话。中国人民大学信息资源管理学院赵国俊教授做公文写作专题讲座。全校处级以下党政管理与学生工作人员参加培训会，副校长冯喜春主持会议。

26日，学校2009年招生就业情况通报会在小营校区第二会议室召开。会议通报了北京市2009年总体招生规模、学校2009年北京招生计划及录取、2009年京外招生计划及录取、2009年新生入学等招生情况，及北京市2009届毕业生整体就业情况、学校2009届毕业生就业等情况。校长杜林、副校长许晓革出席会议。各学院党政主要领导、主管教学工作副院长、主管学生工作副书记以及招生就业工作办公室、教务处、学生处负责同志参加会议，学校纪委刘勇书记主持会议。

27日，学校承办2009年全国通信电子类高校图书情报工作年会——暨数字环境下的图书馆服务创新研讨会。中国图书馆学会图书馆社会合作研究专业委员会副主任、北京邮电大学出版社社长代根兴研究员应邀出席会议。北京邮电大学、电子科技大学、南京邮电大学等具有通信电子行业背景的全国8所高校图书馆领导及相关人员20余人参加会议。副校长孙百生教授致欢迎辞。

27至29日，学校北京知识管理研究基地与中国科技成果管理研究会、国家科技奖励工作办公室联合主办，青岛市科技局协办的2009全国科技成果评价与转化学术研讨与经验交流会在青岛召开。会议交流科技成果评价与管理的经验，研讨成果评价、成果转化管理、方向与政策等。来自全国政府科技管理部门、科研院所、高校、企业集团以及国防系统的80余人参加会议。

28日，学校在小营校区运动场隆重召开国庆60周年庆祝活动总结表彰大会，对全体参与国庆群众游行“科学发展方阵”、国庆联欢晚会大学生联欢、国庆平安行动以及为国庆庆祝活动提供服务保障等工作的单位和个人进行表彰。校党委书记郑君礼、校长杜林代表学校向中国人民解放军防化指挥工程学院、中国人民解放军95865部队赠送锦旗。在校的学校党政领导，校党委书记郑君礼，校长杜林，副校长冯喜春、孙百生、许晓革；“科学发展方阵”方阵总队领导，昌平区团委副书记李文博；教官代表，中国人民解放军防化指挥工程学院李伟、白雪峰，中国人民解放军95865部队郑刘锋，以及学校相关职能部门领导出席会议。国庆60周年庆祝活动全体参训师生、相关职能部门人员1200余人参加会议，学校纪委书记刘勇主持大会。

30日，学校被市商务委和市教委联合认定为第一批服务外包人才培训机构。学校有关人员应邀参加在北京昌平区生命科学园博奥生物科技中心召开的“第十三届北京香港经济合作研讨洽谈会服务外包合作论坛”上举行的中国服务外包人才培训中心(北京)的授牌仪式。本次服务外包人才培训机构认定历时三个月，经过北京市商务委和教委的专家、领导对学校的规模、教学质量、社会影响力等多方面的严格考察后最终认定。这将对学校推进教育教学改革、培养具有较强实践能力的高素质应用型人才、促进相关专业学生的就业起到积极作用。

·11月·

5日，学校召开2009年党风廉政建设和反腐败工作汇报会。纪委办公室、组织部、人事处、科技处、学生工作处、招生就业工作办公室、研究生部、继续教育学院、财务处、后勤管理处、基建处、学校办公室等部门领导分别从完成党风廉政建设和反腐败主要任务、惩防体系制度建设、领导干部落实党风廉政建设责任制、履行廉政承诺书、开展对重点部位和关键环节监督管理工作以及推进廉政风险防范管理等方面进行汇报。学校党委书记郑君礼、全体纪委委员出席会议，纪委书记刘勇主持会议。

6至9日，学校信息管理学院汪秋云同学作品《校园网络安全解决方案》在全国普通高校信息技术创新与实践活动决赛中，荣获“网络安全竞赛”一等奖，信息管理学院宋恒同学和计算机学院尹路同学作品《“果汁源”果味饮品有限责任公司》荣获“创业计划竞赛”二等奖。

7至8日，学校经济管理学院、对外经济

贸易大学中国WTO研究院、政治大学(台湾)国际事务学院联合主办的第八届WTO与中国学术年会在北京商务会馆召开。会议为专家学者和两岸企业界人士提供了一个探讨两岸经贸合作的平台,进一步推进了两岸经贸合作。博鳌亚洲论坛秘书长龙永图、商务部台港澳司司长唐炜、商务部世界贸易组织司司长柴小林以及近50位经贸领域的专家和企业界人士出席会议。年会由对外经济贸易大学中国WTO研究院院长张汉林教授主持。

7至8日,学校协办首届中国信息安全人才培养与就业工作研讨暨交流会。本届会议由教育部信息安全类教学指导委员会主办、北京交通大学承办,以“金融危机形势下信息安全人才需求与就业”为主题,分为“信息安全人才培养与就业工作研讨会”和“信息安全专场招聘会”两个会场。学校信息管理学院副院长蒋文保主持11月7日下午的会议,信息安全系主任陈昕作题为“信息安全专业建设实践与探索”的主题报告。学校组织信息安全专业、信息管理和信息系统专业应届毕业生参加了此次信息安全专场招聘会活动。工业与信息化部信息安全协调司、公安部网络安全保卫局、教育部高教司理工处、以及教育部高等学校信息安全类专业教育指导委员会等部门或机构有关领导出席会议。我校教务处负责人与信息管理学院部分教师参加会议。

7至15日,学校组团访问澳大利亚维多利亚大学等3所大学。在访问中,对开展研究生联合培养、研究生短期互访、教师交流等实质性合作与澳方大学达成共识。

11日,学校“关工委”正式启动“老同志与大学生面对面交流”的活动。校党委书记、校“关工委”名誉主任郑君礼亲切会见唐树艺、孙毓仁两位老领导,对老同志积极参与配合学校教育主渠道关心大学生成长成才表示感谢。校党委副书记、校“关工委”常务副主任刘筱毅主持活动启动仪式,学生处、离退休工作办公室主要负责人、相关学院的负责人和辅导员参加仪式。

2月18日、11月12日,德国通讯工程师协会代表团两次访问学校,代表团重点考察通信工程专业人才培养模式、实验室建设及教师科研等方面的情况。双方就共同关心的问题及可能的合作做了进一步交流双方表示将继续保持沟通,开拓合作领域,促进共同发展。代表团还参观了通信工程系和电子信息工程系的实验室。德国通讯工程师协会是欧洲最大的行业工程师协会,与世界诸多知名通信企业和大学有着密切的联系。

13至14日,学校召开2009年就业工作总结暨经验交流研讨会。会议全面总结2009年毕业生就业工作总体情况,明确2010年毕业生就业工作的总体思路,提出推进2010年毕业生就业工作的有效举措。

18日,学校自动化学院和西安电子科技大学出版社共同举办智能科学与技术系列教材建设专家评审会。来自北京科技大学、西安科技大学、西安邮电大学、西安电子科技大学出版社的10余名专家经过深入研究和讨论,学校拟出版的十二本智能科学与技术专业系列教材的评审获得全票通过。

19日,学校在小营校区第二会议室召开后勤改革研讨会。与会人员就学校后勤社会化改革过程中取得的成绩、存在的问题以及推进改革的思路与举措进行讨论。后勤管理处、后勤集团处级以上干部参加会议,副校长彭斌柏主持会议。

19 日，学校北京知识管理研究基地接受北京市哲学社会科学规划办和北京市教委组织的专家组验收。该研究基地首席专家、学校经济管理学院院长葛新权教授向专家组系统汇报研究基地的总体定位和发展思路以及在人才培养、队伍建设、学术交流、条件建设、运营管理等方面开展的工作和取得的成绩。验收专家组对研究基地取得成绩给予高度评价，并对基地发展提出建议意见。

20 日，学校申报的“以信息类为主的特色专业应用型人才培养模式创新试验区”被认定为北京市人才培养模式创新试验区。

20 日，学校传感器重点实验室获得 2009 年人才强教深化计划学科首席专家岗位 1 个。学科首席专家岗位是人才强教深化计划中杰出人才引进计划的一部分，主要设置在国家级、教育部及北京市重点学科、重点实验室、研究基地、工程研究中心。根据学科领域和研究项目的实际情况，可获得总额为 2000 万元科学研究支持经费，经费用于与之相适应的实验室建设、学术团队建设、教学科研、配备助手和学术交流等。享受学科首席专家年薪 100 万元。

25 日，学校计算机学院教师孟庆昌的《Linux 基础教程》和信息管理学院教师林小茶的《实用数据结构》两个项目被评为 2009 年北京高等教育精品教材建设立项项目。至此，学校市级精品教材建设立项项目已由 3 项增至 5 项，市级精品教材已达 16 本。

26 日，学校在图书馆 108 会议室召开“以学生为本”座谈会。校长杜林出席会议并作重要讲话，要求各部门要将“以人为本”的办学理念落在实处，每一个教育工作者都要重视学生对学校服务提出的意见和建议，切实解决学生面临的困难和实际问题，把维护学生利益作为工作的出发点，真正做到“以学生为本”。相关职能部门负责人、总支副书记代表、辅导员代表分别进行专题发言，学生代表就课程设置、教师授课方式、学生公寓、门诊部等存在的服务问题提出意见和建议。教务处、学生工作处、后勤管理处、后勤集团、团委有关领导和老师、各学院总支副书记、昌平校区副主任、辅导员代表以及学生代表 37 人参加会议，学生处处长胡滔主持会议。

26 日，学校学生党支部在北京市高校红色“1 + 1”示范活动评审上获二等奖。

30 日，学校申报 2009 年度教育部人文社会科学研究项目共 10 项，经教育部组织同行专家评审，正式批准 4 个项目获资助。分别是赵爱玲负责的“意识形态理论视域中构建社会主义核心价值体系问题研究——兼批‘意识形态终结论’思潮”青年基金项目、顾红负责的“公示语汉英翻译实证性研究”青年基金项目、丁剑仪负责的“工作记忆对中国英语学习者词汇习得的影响”青年基金项目、孟宪青负责的“基于就业能力提升的大学生涯发展辅导实践研究”思想政治工作专项任务项目。

·12 月·

2 日，学校召开 2009 年教师职务聘任工作动员大会。宣讲教师职务聘任工作的重要意义，公布聘任工作安排，对聘任工作提出要求，鼓励教师积极投身聘任工作，调整自己，主动适应岗位需要，充分发挥自身优势，选择适合自己的岗位。学校党委书记郑君礼，副校长冯喜春、韩秋实、孙百生、许晓革出席会议。全体教师参加会议,校长杜林主持会议。

3 日,学校荣获“首都国庆 60 周年群众游行优秀组织单位”奖。在筹备国庆 60 周年群众游行工作中,学校师生无私奉献,克服种种困难取得了良好的训练效果。国庆当天“科学发展”标语方阵精神焕发、口号洪亮、队伍整齐、表演精彩,以堪称完美的表现通过了天安门广场,受到了中央领导、各界嘉宾和媒体的广泛赞誉。

4 至 9 日,学校举办 2009 年程序设计大赛。比赛分为初赛和决赛,采取“ACM 国际大学生程序设计竞赛”的模式,参赛学生按照规定的题目要求,使用 C 语言或 C + + 独立自主地编写程序解决问题,评判教师现场运行程序进行测试。180 余人报名参赛,53 人获奖。

5 至 6 日,学校与澳大利亚卧龙岗大学(University of Wollongong)联合主办 2009 年第六届全球经济中的中小企业国际会议。大会以主题报告和专题研讨形式,就“全球金融危机:中小企业机遇、挑战与复苏战略”的主题进行研讨。大会举行了四场主题报告,12 名中外专家学者作了报告,为中小企业应对全球金融危机挑战、抓住机遇、制订战略、走出困境,提供了有价值的理论观点与实际指导。大会举行了“面对金融危机亚洲中小企业的创新和发展”、“在金融危机背景下企业成长研究”、“在金融危机背景下中小企业的投、融资研究”、“面对金融危机提升中小企业竞争力”、“在金融危机背景下企业合作机制以及财、税问题研究”、“企业的知识管理与绩效评价”等六个主题的研讨。国内外中小企业研究领域的 160 余位专家学者参加会议。

10 日,学校与国家审计署举行“审计署—北京信息科技大学计算机审计中级培训培训基地”和“审计署计算机技术中心—北京信息科技大学计算机审计实验教学联合实验室”揭牌仪式。与审计署合作培训基地与实验室,是学校为审计署开展计算机审计培训合作的基础上积累的成果,旨在为审计署审计信息化建设和培训计算机审计人才做出更大的贡献,提高学校“计算机审计”等专业的特色专业建设水平和人才培养质量。

11 至 12 日,学校举办创新人才培养和创新团队建设工作研讨会。会议就学校人才强教工作在切实加强师德建设、加强教师思想道德修养,在高层次人才引进、全面提升教师综合素质,在提供平台、积极汇集学术大师,在整合人才资源、形成一批学术梯队和学术团队等方面取得的成绩进行总结。明确进一步做好创新人才培养和创新团队建设工作要坚持党管人才,以科学发展观统领人才全局,加大统筹力度,把“以人为本”“人才是第一资源”理念落到实处;要坚持改革创新,不断完善人才成长的体制和机制,营造良好的人才发展环境;要坚持突出重点、整体推进的原则,全面促进人才队伍整体素质的提高。创新人才、创新团队要争做科学研究的表率,争做本科教学工作的表率,争做学科建设的表率,争做服务学校、学院学术建设的表率以及师德的表率,推进学校科学发展。教师干部 70 余人参加会议。

14 日,市委教育工委、市教委党风廉政建设责任制第一检查组,在组长北京大学党委副书记、纪委书记王丽梅同志的带领下,一行 5 人来学校检查 2009 年落实党风廉政建设责任制、推进惩防体系建设任务完成情况。检查组在听取学校汇报、交流座谈和查阅相关材料的基础上,对学校2009年落实党风廉政建设责任制推动惩防体系建设任务完成情况进行意见反馈。校纪委委员和有关职能部门领导以及民主党派代表参加汇报会。学校党委书记郑君礼主持会议。

15日,学校6支研究生参赛队伍,在第六届全国研究生数学建模竞赛中均荣获三等奖。

16日,学校邀请著名世界金融学家、全国政协委员、民建中央常委、华东师范大学世界金融研究所所长黄泽民到校作学术报告。报告主题是"全球金融危机下的人民币国际化与国际货币体系"。

17日,学校举办首次辅导员工作沙龙。本次沙龙的主题是贯彻落实十七届四中全会精神、有效提高形势与政策课程的实效性。辅导员工作沙龙是学校加强辅导员队伍建设搭建的有效平台,今后将陆续召开不同主题的辅导员沙龙,不断提高辅导员队伍的总体工作水平。党委宣传部、学生处有关负责人和全体辅导员参加沙龙。

18日,学校与北京高校毕业生就业指导中心联合举办的2010毕业生双选会在学校小营校区体育馆和大学生活动中心举行。本次毕业生双选会共有200家用人单位到校参加。本次双选会除了计算机类等理工科工作岗位可供同学们应聘选择,文科的管理类如市场营销类、工商管理类、行政管理类、外语类工作岗位也有所增加。

18日,学校科技园被市科委、市教委和中关村管委会在专家评审的基础上,认定为北京市大学科技园。学校科技园将依托学校的指导与支持,积极培育创新创业人才,促进科技成果转化,孵化科技初创企业,提高自主创新能力。

20至24日,在上海大学举行的"2009中国机器人大赛暨RoboCup公开赛"第一分区赛中,学校13名学生组成的"Water"代表队经过两轮小组循环赛和八强淘汰赛,获得RoboCup中型组亚军(一等奖),在RoboCup中型组技术规定项目挑战赛中获得二等奖,并自动获得下一年相关国际比赛资格。近年来,学校机电工程学院机器人科技小组在坚持不断创新实践和总结以往经验的基础上,发挥专业优势和技能特长,吸纳学校其他学科专业特长的学生组成核心研发队伍,在硬件开发和软件编程方面不断创新优化,队伍竞技水平不断提高,在国际国内比赛中获得一系列优异成绩,逐渐成为国内RoboCup中型组的一支劲旅。国内30余所高校100余支代表队参赛。

24至25日,学校举办2009年党务工作培训班。本次培训紧密结合基层党务工作实际和干部履职需求,采取专题报告和拓展训练相结合的形式。郑君礼书记出席并作题为《认清形势,明确任务,做一名合格的党务工作者》的报告。校党委常委、组织部部长邵长生作题为《加强学习,勇于创新,努力提高基层党建工作科学化水平》的报告。刘筱毅副书记作总结讲话。全校各基层单位党务秘书和负责学生党建工作的辅导员参加培训,各党总支书记、副书记也受邀参加培训工作的相关环节。校党委副书记刘筱毅主持培训会。

25至26日,学校召开应用型人才培养研讨会。学校四个赴美"应用型人才培养考察团"的教师代表分别介绍美国大学应用型人才培养的教育理念、操作模式以及有益经验。"北京市属市管高校应用型人才培养研究”课题各子课题组代表分别就应用型人才培养的国内外比较研究、实践教学体系研究、质量评价与监控研究、通识教育研究、教师素质要求与培养途径研究等的研究成果进行汇报,并着重对学校应用型人才培养模式的改革创新提出参考意见。学校理学院介绍将于2010年设置的数理实验班人才培养模式的构想与思路。学校100余人参加会议。

25日,市教委检查组检查指导学校数字校园建设工作。市教委检查组在组长清华大学计算机与信息管理中心主任蒋东兴同志的带领下,一行9人来学校检查数字校园建设工作情况。检查组成员听取学校汇报、观看学校相关信息系统的演示并查阅信息化建设规划、基本制度建设等相关材料。学校校长、信息化工作领导小组组长杜林、学校纪委书记刘勇、相关职能部门领导以及学校信息化工作代表参加汇报会,学校信息化工作领导小组副组长副校长韩秋实主持会议。

26日,中国商业联合会科学技术奖及服务业科技创新奖颁奖大会在人民大会堂举行,学校经管学院张健副教授被授予中国服务业科技创新人物奖。中国服务业科技创新奖是经科技部、国家科学技术奖励工作办公室批准设立的,主要面向服务业领域技术产品创新、管理制度创新、经营理念创新、流通秩序创新、基础设施创新等方面成效卓著的组织、服务业领域成功企业的卓越管理者、大专院校以及科研院所的科技人员申报。中国服务业科技创新人物奖是中国服务业科技创新奖的一个重要奖项,要求申报者具有较强的求实创新精神和适应市场竞争的创新意识,并将其成功地应用于管理工作或科技项目的实施中。该奖项自2007年设立以来,共实施了两届评定,本届有20名服务业科技人员获此奖项。

26日,在中国数量经济学会第十届理事代表大会第一次常务理事会上,学校经济管理学院院长葛新权教授当选中国数量经济学会副理事长。中国数量经济学会是挂靠在中国社会科学院的国家一级学术团体,是中国经济学研究最具特色的重要学术团体之一。

27日,学校举行首届机械工程领域工程硕士论文答辩,13名在职工程硕士研究生全部通过答辩。答辩会聘请机械工程领域的著名专家北京机床研究所副总工程师盛伯浩教授和国家工程机械质量监督检验中心总工程师田志成研究员担任答辩委员会主席。答辩委员会通过13名学生的论文答辩,并建议授予工程硕士专业学位。答辩委员会还对学校首届机械工程领域工程硕士研究生的培养质量给予充分肯定。

29日,学校工会在大学生活动中心举办2010年教职工新年联欢会,来自全校各部门工会近200名教职工欢聚一堂,喜迎新年的到来。学校党委书记郑君礼、副书记刘筱毅、纪委书记刘勇、副校长韩秋实、副校长孙百生出席联欢会。郑君礼书记在联欢会上代表学校党委与行政向全体教职工致新年贺词。

29日,北京汽车研究总院副院长、北京汽车工业控股有限责任公司副总工程师林逸教授以及北京汽车研究总院胡世根教授、北京新能源汽车有限公司技术总监詹文章博士一行,到学校机电工程学院访问并指导工作。林逸教授作题为《汽车新能源技术》的学术讲座,机电工程学院主要党政领导、专业教师、车辆专业高年级学生和研究生

100余人参加。学校经济管理学院负责人，机电学院负责人，车辆工程特色专业负责人还就有关车辆工程特色专业建设方面与林逸教授开展座谈。副校长韩秋实会见林逸教授一行，并就进一步开展校企合作进行交谈。北京汽车研究总院是学校车辆工程特色专业的校外实践基地，林逸教授及同行的专家都是车辆工程专业建设创新实践的特聘导师。

30日，学校在北京市高等教育学会教材工作研究会成立20周年庆典大会及2009年工作年会上，被评为2005年至2009年北京高等教育教材工作先进集体。

30日，学校与华旗数码科技有限公司举行签订校企战略合作协议书仪式。学校与华旗数码科技有限公司在项目研究、人才培养、学术交流等方面的多个学科领域具有广泛的合作基础。此次校企合作旨在发挥资源整合优势，共建产学研基地；进一步联合开展科技攻关和创新研究工作；探索联合培养高层次、高水平优秀人才新方向；双方积极共同组织、开展高水平学术交流活动及互聘专家、教授开展相关学科领域的学术活动；同时建立长期稳定的校外实践基地。

30日，学校邀请全国人大常委、全国人大外事委员会主任，原外交部部长李肇星到校作报告。报告主题为"国际关系与我的外交经历"。报告会上，李肇星以特有的大家风范和质朴的言语，讲述了从事外交工作的经历，并告诫年轻人爱自己的国家，一定要弄清楚为国家做什么、能为国家做什么；要脚踏实地，"越是简单的越重要，越是基础的越重要，也越不容易搞清楚"；要不断发展科学技术，"我国的高等教育、人均收入、平均寿命与发达国家相比还有一定差距，看世界风云变幻，关键还是要做好自己的事情！"。教师、学生800人参加报告会。

30日、31日，学校召开"践行宗旨，转变作风；以人为本，构建和谐"主题座谈会，召开此次座谈会的目的是落实学校第一次党代会精神和领导干部作风建设年的相关要求。与会人员结合本部门工作实际情况，围绕在构建学习型组织过程中、在管理服务过程中，如何践行宗旨、转变作风、以人为本等方面，提出自己的意见和建议。学校党委书记郑君礼，校长杜林参会并讲话。校党委副书记刘筱毅，副校长冯喜春、韩秋实、彭斌柏、许晓革参加座谈会。学校各党政职能部门、各学院、各校区主要负责人参加座谈会，校党委常委、党委组织部部长邵长生主持座谈会。

31日，校党委书记郑君礼，校长杜林，校党委副书记刘筱毅，校纪委书记刘勇，副校长冯喜春、韩秋实、孙百生、许晓革、彭斌柏，校长助理冯晓春，校党委常委邵长生在相关职能部门、校区领导的陪同下走访各校区，亲切看望并慰问教学、后勤等单位的教职工，为他们送去了节日的问候与新年的祝福。

31日，学校举行首届多媒体大赛和程序设计大赛总结表彰大会。副校长许晓革，计算机学院、教务处等有关负责人出席会议。大赛组委会成员代表和获奖同学100余名师生参加会议。

31日，小营校区老干部活动室揭牌使用。学校党委书记郑君礼、校长杜林和党委副书记刘筱毅专程为新扩建的小营校区老干部活动室揭牌。相关职能部门负责人和30多名离退休老同志代表参加揭牌仪式。

媒体报道

媒体报道

报　纸

首都十大年度教育新闻人物(张京生)——《北京日报》 (1月7日)

学生期望薪水达到行业内平均水平——《大学生周刊》 (1月16日)

北京信息科技大学思想政治工作风采——《大学生周刊》 (1月16日)

北京信息科大获国家科技奖励——《北京日报》 (1月17日)

北京16所高校共建网络学堂——《光明日报》 (1月19日)

北京信息科技大学再获国家科技发明和进步大奖——《现代教育报》 (2月18日)

40万票选出教育新闻人物草根英雄战胜大众明星——《北京晚报》 (2月19日)

北京信息科技大学招办主任访谈——《北京晚报》 (3月10日)

上二本大学也有好前景IT行业的“五朵金花”——《中国教育报》 (3月13日)

股权激励改革试水中关村14家机构首批试点——《京华时报》 (4月7日)

北京首批建设4个行业研发基地——《北京商报》 (6月4日)

中关村确定第一批股权激励改革试点——《北京青年报》 (7月10日)

中关村6单位试点股权激励——《新京报》 (7月10日)

这样的近距离接触,感觉非常好——首都高校科研成果落地区县对接会侧记——《科技日报》 (7月25日)

北京信息科技大学借助网络平台保证全员参与——《中国教育报》 (9月2日)

突出实践特色见成效推动科学发展上水平——专访北京市委教育工委常务副书记刘建——《现代教育报》 (9月2日)

北京信息科技大学:关注学生特殊群体——《首都教育》 (9月2日)

北京22所高校对口共建——《北京晚报》 (9月15日)

首批22所中央在京高校与市属高校对口共建——《北京娱乐信报》 (9月16日)

全国知识界人士祝福新中国60华诞(杜林校长感言)——《光明日报》 (9月30日)

期　刊

北京信息科技大学整体形象展示——《北京教育》(高教版)2009年第5期封一、封二、封三、封四

《解放思想 改革创新 科学发展 构建和谐——访北京信息科技大学党委书记郑君礼》——《北京教育》(高教版)2009年第5期

网　络

《紧密结合学校实际情况　积极利用信息技术优势　北京信息科技大学积极创新途径与载体开展学习实践活动》——人民网、中国共产党新闻网　(3月27日)

《北京信息科技大学学习实践活动逐渐呈现"三细三实"特点》——人民网、中国共产党新闻网

(4月7日)

《北京信息科技大学以科学发展观引领师德建设》——人民网　(4月9日)

《北京信息科技大学为灾区信息重建提供全方位技术支持》——新华网　(6月1日)

《北京信息科技大学:着力提升"四大能力"促进学生就业》——人民网　(6月12日)

电　视

北京信息科大获国家科技奖励——北京电视台《北京新闻》　(1月16日)

中关村首批股权激励试点单位试点方案启动——北京电视台《北京新闻》　(7月15日)

杜林校长代表学校参加中国教育电视台《学校领导新年贺词》节目——中国教育电视台一套　(12月28日)

(薛　涛)

附 录

党政发文目录

序号	文号	文件名称	日期
1	校党发〔2009〕1 号	关于进一步完善我校学生心理健康教育工作体系及运行机制的意见	1.9
2	校党发〔2009〕2 号	关于成立中国共产党北京信息科技大学第一次代表大会党费收支情况审查小组的通知	1.9
3	校党发〔2009〕3 号	关于印发 2008 年处级领导干部年度考核办法的通知	1.19
4	校党发〔2009〕4 号	关于表彰荣获国家技术发明奖二等奖、国家科学技术进步奖二等奖的个人和集体的决定	1.15
5	校党发〔2009〕5 号	关于调整学校保密委员会成员的通知	1.15
6	校党发〔2009〕6 号	关于召开中国共产党北京信息科技大学第一次代表大会的通知	2.24
7	校党发〔2009〕7 号	关于印发《开展深入学习实践科学发展观活动实施方案》的通知	3.16
8	校党发〔2009〕8 号	关于印发 2008 年工作总结的通知	3.17
9	校党发〔2009〕9 号	关于印发 2009 年工作要点的通知	3.17
10	校党发〔2009〕10 号	关于深入学习宣传贯彻中国共产党北京信息科技大学第一次代表大会精神的通知	3.26
11	校党发〔2009〕11 号	关于印发 2009 年党风廉政建设和反腐败工作主要任务分工的通知	3.26
12	校党发〔2009〕12 号	关于公布 2008 年处级干部年度考核结果的通知	4.3
13	校党发〔2009〕13 号	关于印发党委理论学习中心组 2008～2009 学年第二学期学习计划的通知	4.3
14	校党发〔2009〕14 号	关于印发《中国共产党北京信息科技大学委员会开展弘扬北京奥运精神、加强领导干部作风建设年活动实施方案》的通知	4.9

续表

序号	文号	文件名称	日期
15	校党发〔2009〕15号	关于调整关心下一代工作委员会的通知	4.16
16	校党发〔2009〕16号	关于进一步贯彻落实老干部工作领导责任制的意见	4.16
17	校党发〔2009〕17号	关于印发校级领导干部联系老干部制度的通知	4.16
18	校党发〔2009〕18号	关于贯彻落实党风廉政建设责任制的实施办法(试行)的通知	4.27
19	校党发〔2009〕19号	关于印发关于对处级领导班子和领导干部违反党风廉政建设责任制行为进行责任追究的实施细则(试行)的通知	4.27
20	校党发〔2009〕20号	关于印发2009年安全稳定工作要点的通知	4.29
21	校党发〔2009〕21号	关于印发强化廉政风险防范重点部位和关键环节监督管理办法(试行)的通知	5.8
22	校党发〔2009〕22号	关于印发新闻发布制度的通知	5.8
23	校党发〔2009〕23号	关于成立《北京信息科技大学年鉴》编纂委员会和编辑部的通知	5.15
24	校党发〔2009〕24号	关于印发推进廉政风险防范管理工作方案(试行)的通知	5.20
25	校党发〔2009〕25号	关于评选表彰先进党支部、优秀共产党员及优秀党务工作者的通知	5.26
26	校党发〔2009〕26号	关于财经工作领导小组组成人员及主要职责的通知	6.9
27	校党发〔2009〕27号	关于印发《经济责任制实施办法(试行)》的通知	6.9
28	校党发〔2009〕28号	保密工作条例	6.9
29	校党发〔2009〕29号	关于印发《保密委员会工作职责》的通知	6.8
30	校党发〔2009〕30号	关于印发《处级以下党政管理与学生工作岗位设置及聘任工作实施方案》的通知	6.23

续表

序号	文号	文件名称	日期
31	校党发〔2009〕31 号	关于召开全校庆祝建党 88 周年暨表彰大会的通知	6. 29
32	校党发〔2009〕32 号	关于表彰先进党支部优秀共产党员和优秀党务工作者的决定	7. 2
33	校党发〔2009〕33 号	关于印发《庆祝新中国成立 60 周年深入开展爱国主义教育活动工作方案》的通知	7. 10
34	校党发〔2009〕35 号	关于建设大学科技园的决定	9. 8
35	校党发〔2009〕36 号	关于印发《惩防体系基本制度建设检查工作方案》的通知	7. 15
36	校党发〔2009〕37 号	关于印发《监察处处长列席校长办公会实施细则》的通知	7. 15
37	校党发〔2009〕38 号	关于印发《贯彻落实科学发展观整改落实方案》的通知	7. 18
38	校党发〔2009〕39 号	关于印发《学习实践活动加强校级领导班子建设整改落实措施》的通知	7. 18
39	校党发〔2009〕40 号	关于印发《国庆 60 周年群众游行队伍组织训练工作实施方案》的通知	7. 18
40	校党发〔2009〕42 号	关于调整学校稳定工作领导小组等七个组织机构成员的通知	7. 18
41	校党发〔2009〕43 号	关于印发 2009 年下半年重点工作的通知	9. 8
42	校党发〔2009〕44 号	关于印发《领导干部经济责任审计实施办法(试行)》的通知	9. 29
43	校党发〔2009〕45 号	关于撤销有关职能部门常务副职岗位的通知	10. 16
44	校党发〔2009〕46 号	关于印发《关于实行社会治安综合治理一票否决权制的暂行规定》的通知	10. 22
45	校党发〔2009〕47 号	关于表彰国庆 60 周年庆祝活动及平安行动有关单位和人员的决定	11. 2
46	校党发〔2009〕48 号	关于印发《全体委员会议事规则》的通知	10. 29

续表

序号	文号	文件名称	日期
47	校党发〔2009〕49 号	关于印发《常务委员会议事规则》的通知	10. 29
48	校党发〔2009〕50 号	关于印发《北京信息科技大学校长办公会议事规则》的通知	10. 29
49	校党发〔2009〕51 号	关于印发《书记办公会议事规则》的通知	10. 29
50	校党发〔2009〕52 号	关于印发《党政联席会议事规则》的通知	10. 29
51	校党发〔2009〕53 号	关于印发《信访监督工作联席会议制度(试行)》的通知	11. 13
52	校党发〔2009〕54 号	关于印发《北京信息科技大学第一届教职工代表大会暨第一届工会会员代表大会筹备工作方案》的通知	11. 18
53	校党发〔2009〕55 号	关于印发《北京信息科技大学 2009 年处级后备干部集中调整工作实施方案》的通知	11. 25
54	校党发〔2009〕56 号	关于印发《处级领导干部选拔任用工作实施细则》的通知	11. 26
55	校党发〔2009〕57 号	关于印发《北京信息科技大学干部监督工作联席会议制度》的通知	11. 26
56	校党发〔2009〕58 号	关于印发《信访工作实施细则》的通知	11. 26
57	校党发〔2009〕59 号	关于印发《中国共产党北京信息科技大学委员会执行“三重一大”制度的规定》的通知	12. 7
58	校党发〔2009〕60 号	关于印发《学校及校内各单位规范简称》的通知	12. 7
59	校党发〔2009〕61 号	关于印发 2009 年处级干部年度考核办法的通知	12. 15
60	校党干〔2009〕1 号	关于李荣华同志任职的通知	10. 14
61	校党干〔2009〕2 号	关于林国策等同志职务任免的通知	10. 15
62	校党干〔2009〕3 号	关于薛承军同志任职的通知	11. 17

续表

序号	文号	文件名称	日期
63	校纪发〔2009〕1 号	关于印发《中国共产党北京信息科技大学纪律委员会工作职责》的通知	4.15
64	校纪发〔2009〕2 号	关于印发《中国共产党北京信息科技大学纪律检查委员会工作纪律》的通知	4.15
65	校纪发〔2009〕3 号	关于印发《中国共产党北京信息科技大学纪律委员会委员工作职责》的通知	4.15
66	校纪发〔2009〕4 号	关于印发《中国共产党北京信息科技大学纪律委员会全体委员会议议事规则》的通知	4.15
67	校纪发〔2009〕5 号	关于印发《中国共产党北京信息科技大学机关委员会、总支部委员会、直属支部委员会纪检委员工作职责》的通知	4.15
68	校纪发〔2009〕6 号	关于印发 2009 年纪检监察工作要点的通知	4.15
69	校纪发〔2009〕7 号	关于纪律检查委员会委员到职能部门检查 2009 年反腐倡廉工作完成情况的通知	10.19
70	校密发〔2009〕1 号	关于印发学校 2009 年度保密工作要点的通知	4.16
71	校密发〔2009〕2 号	关于涉密文件管理的暂行规定	6.8
72	校密发〔2009〕3 号	关于评选 2009 年度保密工作先进集体和先进个人的通知	12.15
73	校工发〔2009〕1 号	关于北京信息科技大学第一届教职工代表大会暨第一届工会会员代表大会代表选举工作的通知	11.17
74	校工发〔2009〕2 号	关于做好北京信息科技大学第一届教职工代表大会执行委员会和第一届工会委员会工会经费审查委员会及各专门工作委员会委员候选人预备人选提名推荐工作的通知	12.8
75	校工发〔2009〕3 号	关于做好北京信息科技大学第一届教职工代表大会提案征集工作的通知	12.22
76	校党办〔2009〕1 号	关于评选推荐 2009 年“北京市优秀教师”、“北京市优秀教育工作者”和“全国优秀教师”的通知	5.19
77	校党关〔2009〕1 号	关于印发 2009 年工作要点的通知	5.31

续表

序号	文号	文件名称	日期
78	校学组发〔2009〕1 号	关于召开北京信息科技大学深入学习实践科学发展观活动动员大会的通知	3. 17
79	校学组发〔2009〕2 号	关于印发郑君礼书记在我校开展深入学习实践科学发展观活动动员大会上的报告的通知	3. 24
80	校学组发〔2009〕3 号	关于印发《开展深入学习实践科学发展观活动第一阶段工作安排》的通知	3. 24
81	校学组发〔2009〕4 号	关于印发《开展深入学习实践科学发展观活动专题调研工作方案》的通知	4. 24
82	校学组发〔2009〕5 号	关于印发《开展深入学习实践科学发展观活动基层联络工作方案》的通知	3. 24
83	校学组发〔2009〕6 号	关于举办"共同谋划大学科学发展论坛"的通知	4. 9
84	校学组发〔2009〕7 号	关于印发《开展深入学习实践科学发展观活动第二阶段工作安排》的通知	5. 8
85	校学组发〔2009〕8 号	关于召开"校级领导班子学习贯彻科学发展观情况分析检查报告评议会"的通知	6. 4
86	校学组发〔2009〕9 号	关于印发《开展深入学习实践科学发展观活动第三阶段工作安排》的通知	6. 10
87	校学组发〔2009〕10 号	关于召开专题组织生活会的通知	9. 8
88	校学组发〔2009〕11 号	关于召开深入学习实践科学发展观活动总结暨满意度测评大会的通知	7. 10
89	校学组发〔2009〕12 号	关于印发《学习实践活动整改落实后续工作及"回头看"工作安排》的通知	9. 9
90	校发〔2009〕1 号	关于调整我校教学督导组成员的通知	3. 4
91	校发〔2009〕2 号	关于第二届学校教师职务聘任委员会个别委员调整的通知	3. 16
92	校发〔2009〕3 号	关于调整教师职务聘任争议调解处理委员会委员的通知	3. 25
93	校发〔2009〕4 号	关于印发《北京信息科技大学校园一卡通管理暂行办法》的通知	3. 30

续表

序号	文号	文件名称	日期
94	校发〔2009〕5 号	关于全日制普通高等教育本科招生工作领导小组及相关机构组成人员的通知	5. 14
95	校发〔2009〕6 号	关于学校毕业生就业工作领导小组组成人员的通知	5. 18
96	校发〔2009〕7 号	关于调整思想政治工作高级专业职务推荐评议组人员的通知	5. 21
97	校发〔2009〕8 号	关于成立院级科研机构的通知	5. 25
98	校发〔2009〕9 号	关于新生入学资格审查工作领导小组组成人员的通知	5. 25
99	校发〔2009〕10 号	关于成立应届毕业生入伍预征工作领导小组的通知	6. 4
100	校发〔2009〕11 号	关于印发《北京信息科技大学迎接 2009 年新生入学工作实施方案》的通知	6. 19
101	校发〔2009〕12 号	关于成立现代测控技术教育部重点实验室学术委员会的通知	6. 23
102	校发〔2009〕13 号	关于印发《北京信息科技大学校园网网络管理办法》的通知	6. 26
103	校发〔2009〕14 号	关于成立科技园管理委员会的通知	6. 15
104	校发〔2009〕15 号	关于组建大学科技园运行实体的通知	6. 15
105	校发〔2009〕16 号	关于处级以下党政管理与学生工作岗位聘任工作中调整部分单位岗位设置的有关通知	7. 19
106	校发〔2009〕17 号	关于调整充实后勤集团董事会成员的通知	10. 15
107	校发〔2009〕18 号	关于住房补贴工作领导小组组成人员及主要职责的通知	10. 22
108	校发〔2009〕19 号	关于公费医疗管理委员会组成人员及主要职责的通知	10. 22
109	校发〔2009〕20 号	关于成立学校工程技术系列专业技术职务聘任委员会和学校工程技术系列专业技术职务考核推荐组的通知	10. 23

续表

序号	文号	文件名称	日期
110	校发〔2009〕21号	关于处级以下党政管理与学生工作岗位设置及聘任工作实施方案的补充规定	11.4
111	校发〔2009〕22号	关于成立第三届学校教师职务聘任委员会的通知	11.12
112	校发〔2009〕23号	关于变更北信计算机系统工程公司法人的通知	11.12
113	校发〔2009〕24号	关于处级以下党政管理与学生工作岗位设置及聘任工作实施方案的补充规定	11.6
114	校发〔2009〕25号	关于成立校办企业规范化建设领导小组的通知	11.20
115	校发〔2009〕26号	关于印发《北京信息科技大学2009年教师职务聘任高级教师职务岗位核定与下达情况表》的通知	11.20
116	校发〔2009〕27号	关于印发《北京信息科技大学2009年教师职务聘任教师职务岗位设置及岗位说明书编制的原则与指导性意见》的通知	11.20
117	校发〔2009〕28号	关于调整大学英语四六级考试管理工作领导小组的通知	12.15
118	校发〔2009〕29号	关于成立学校公用房屋使用管理工作领导小组的通知	12.24
119	校监发〔2009〕1号	关于印发《北京信息科技大学监察工作暂行规定》的通知	5.8
120	校监发〔2009〕2号	关于印发《北京信息科技大学全日制普通本科招生监察工作暂行规定》的通知	5.11
121	校监发〔2009〕3号	关于2009年规范教育收费进一步治理教育乱收费工作实施意见	6.8
122	校教发〔2009〕1号	关于公布北京信息科技大学第二届教学名师奖获奖名单的通知	1.13
123	校教发〔2009〕2号	关于批准北京信息科技大学2008年教学改革立项项目的通知	1.14
124	校教发〔2009〕5号	关于公布2008年校级教育教学成果奖名单的通知	1.18
125	校教发〔2009〕6号	关于公布北京信息科技大学2008年实验教学基本功大赛结果的通知	1.20

续表

序号	文号	文件名称	日期
126	校教发〔2009〕7 号	关于印发《北京信息科技大学教学督导组工作条例》的通知	3. 4
127	校教发〔2009〕8 号	关于举办第三届青年教师教学基本功比赛的通知	3. 6
128	校教发〔2009〕9 号	关于组织开展 2009 年校级优秀教学团队建设立项的通知	3. 10
129	校教发〔2009〕19 号	关于调整毕业设计(论文)工作领导小组的通知	3. 16
130	校教发〔2009〕21 号	关于开展北京信息科技大学校外人才培养示范基地评审工作的通知	3. 17
131	校教发〔2009〕25 号	关于印发《北京信息科技大学关于加强特色专业建设点建设与管理的原则意见》的通知	3. 17
132	校教发〔2009〕26 号	关于公布第三届青年教师教学基本功比赛结果的通知	4. 13
133	校教发〔2009〕27 号	关于第一次本科教学工作会议论文征文的通知	4. 14
134	校教发〔2009〕29 号	关于印发《北京信息科技大学自编讲义管理办法》的通知	4. 22
135	校教发〔2009〕30 号	关于开展校级实验教学示范中心评审工作的通知	4. 27
136	校教发〔2009〕36 号	关于公布北京信息科技大学智能汽车竞赛结果的通知	5. 7
137	校教发〔2009〕39 号	关于公布第二届大学生物理实验技能竞赛结果的通知	5. 31
138	校教发〔2009〕40 号	关于公布 2009 年大学生数学竞赛结果的通知	5. 31
139	校教发〔2009〕41 号	关于公布 2009 年度校级优秀教学团队评选结果的通知	5. 31
140	校教发〔2009〕42 号	关于印发《北京信息科技大学图书馆工作委员会暂行条例》的通知	5. 31
141	校教发〔2009〕43 号	关于印发《北京信息科技大学图书文献资源管理细则(试行)》的通知	5. 31

续表

序号	文号	文件名称	日期
142	校教发〔2009〕44 号	关于公布 2009 年校外人才培养示范基地的通知	6. 9
143	校教发〔2009〕46 号	关于公布 2005 ~2007 年部分校级教改项目结题验收结果的通知	6. 17
144	校教发〔2009〕47 号	关于做好第一届教学观摩暨 2009 年教学基本功比赛颁奖大会参会有关工作的通知	6. 18
145	校教发〔2009〕48 号	关于公布 2009 年电子设计竞赛结果的通知	7. 6
146	校教发〔2009〕49 号	关于公布第二届大学生数学建模竞赛结果的通知	7. 14
147	校教发〔2009〕50 号	关于印发《北京信息科技大学全日制普通高等教育本科学生学籍管理规定》的通知	8. 21
148	校教发〔2009〕56 号	关于公布 2009 年信息安全竞赛结果的通知	9. 21
149	校教发〔2009〕57 号	关于公布 2009 年机器人大赛结果的通知	9. 21
150	校教发〔2009〕70 号	关于开展第三届教学名师奖评选的通知	9. 25
151	校教发〔2009〕72 号	关于举办第二届实验教学基本功大赛的通知	10. 30
152	校教发〔2009〕74 号	关于印发《北京信息科技大学教学改革立项项目管理办法》的通知	11. 17
153	校教发〔2009〕75 号	关于组织申报我校 2009 年度教学改革项目的通知	11. 17
154	校教发〔2009〕76 号	关于开展“阳光体育与全民健身同行冬季长跑活动”实施意见	12. 2
155	校教发〔2009〕77 号	关于大学英语四六级考试工作安排的通知	12. 16
156	校技发〔2009〕1 号	关于调整《北京信息科技大学学报》编委会委员的通知	6. 22
157	校技发〔2009〕2 号	关于调整《北京信息科技大学学报》主编 副主编的通知	6. 22

续表

序号	文号	文件名称	日期
158	校技发〔2009〕3 号	关于印发《北京信息科技大学科技园管理办法(试行)》的通知	7.2
159	校技发〔2009〕4 号	关于印发《北京信息科技大学科技园入园管理规定(试行)》的通知	7.2
160	校技发〔2009〕5 号	关于印发《北京信息科技大学促进科技成果转化办法(试行)》的通知	7.2
161	校技发〔2009〕6 号	关于将学校部分产业及科研用房划归大学科技园管理的通知	6.15
162	校技发〔2009〕7 号	关于印发《北京信息科技大学科技资源开放使用管理规定(试行)》的通知	6.15
163	校技发〔2009〕8 号	关于印发《北京信息科技大学科研成果管理办法(试行)》的通知	10.12
164	校技发〔2009〕9 号	关于印发《北京信息科技大学纵向科技项目管理办法(试行)》的通知	10.12
165	校技发〔2009〕10 号	关于印发《北京信息科技大学纵向科研经费管理细则(试行)》的通知	10.12
166	校技发〔2009〕11 号	关于印发《北京信息科技大学横向科技项目管理办法(试行)》的通知	10.12
167	校技发〔2009〕12 号	关于印发《北京信息科技大学横向科研经费管理细则(试行)》的通知	10.12
168	校技发〔2009〕13 号	关于印发《北京信息科技大学科研基金项目管理办法(试行)》的通知	10.12
169	校技发〔2009〕14 号	关于印发《北京信息科技大学学术交流管理办法(试行)》的通知	10.12
170	校技发〔2009〕15 号	关于印发《北京信息科技大学科研机构管理暂行办法》的通知	10.10
171	校技发〔2009〕16 号	关于印发《北京信息科技大学科研用房管理暂行办法》的通知	10.12
172	校技发〔2009〕17 号	关于印发《北京信息科技大学关于北京市教委科研计划项目的实施细则(试行)》的通知	10.12
173	校技发〔2009〕18 号	关于印发《北京信息科技大学科研奖励办法(试行)》的通知	12.14

续表

序号	文号	文件名称	日期
174	校技发〔2009〕19 号	关于印发《北京信息科技大学科研编制核算与管理实施办法(试行)》的通知	12. 14
175	校技发〔2009〕20 号	关于印发《北京信息科技大学专职科研人员科研工作量核算补充规定》的通知	12. 15
176	校人发〔2009〕4 号	关于聘任黄作明同志高级教师职务岗位的通知	1. 8
177	校人发〔2009〕5 号	关于印发教职工 2008 年年度考核实施办法的通知	1. 19
178	校人发〔2009〕6 号	关于印发受聘到教师职务岗位人员年度考核指导性意见(试行)的通知	1. 19
179	校人发〔2009〕7 号	关于印发《北京信息科技大学辅导员岗位补贴发放办法》的通知	3. 20
180	校人发〔2009〕8 号	关于调整退休职工校内生活补贴的通知	9. 21
181	校人发〔2009〕9 号	关于印发《教职工 2009 年年度考核实施办法》的通知	12. 22
182	校人发〔2009〕10 号	关于公布 2008 年教职工年度考核结果的通知	12. 24
183	校财发〔2009〕1 号	关于印发《北京信息科技大学专项管理办法》(试行)的通知	3. 9
184	校财发〔2009〕2 号	关于印发《北京信息科技大学预算管理规定》的通知	3. 9
185	校财发〔2009〕3 号	关于印发《北京信息科技大学基本建设财务管理规定》的通知	3. 9
186	校财发〔2009〕4 号	关于印发《北京信息科技大学差旅费管理办法》的通知	3. 9
187	校财发〔2009〕5 号	关于印发《北京信息科技大学审核报账及原始凭证的规定》的通知	3. 9
188	校财发〔2009〕6 号	关于印发《北京信息科技大学借款管理办法》的通知	3. 9
189	校财发〔2009〕7 号	关于印发《北京信息科技大学领用转账支票的规定》的通知	3. 9

续表

序号	文号	文件名称	日期
190	校财发〔2009〕8号	关于印发《北京信息科技大学经费支出审批权限规定》的通知	3.9
191	校财发〔2009〕9号	关于印发《北京信息科技大学校内收费管理规定》的通知	3.9
192	校财发〔2009〕10号	关于印发《北京信息科技大学教育培训服务收费管理办法(试行)》的通知	3.9
193	校财发〔2009〕11号	关于印发《北京信息科技大学校院两级财务管理办法(试行)》的通知	3.11
194	校财发〔2009〕12号	关于印发《北京信息科技大学学院预算管理规则(试行)》的通知	3.11
195	校财发〔2009〕13号	关于印发《2009年学校向学院分配年度预算的方案》的通知	3.11
196	校财发〔2009〕14号	关于开展"小金库"专项治理工作的意见	6.8
197	校学发〔2009〕24号	关于表彰2009届优秀毕业生的决定	6.27
198	校学发〔2009〕81号	关于印发《北京信息科技大学大学生行为规范》的通知	12.25
199	校学发〔2009〕82号	关于印发《北京信息科技大学学生校内申诉管理规定(试行)》的通知	12.25
200	校学发〔2009〕83号	关于印发《北京信息科技大学学生综合素质测评办法》的通知	12.25
201	校学发〔2009〕84号	关于印发《北京信息科技大学三好学生、优秀学生干部、先进班集体评选表彰办法(试行)》的通知	12.25
202	校学发〔2009〕85号	关于印发《北京信息科技大学学生奖学金评定办法(试行)》的通知	12.25
203	校学发〔2009〕86号	关于印发《北京信息科技大学国家奖学金管理办法》的通知	12.25
204	校学发〔2009〕87号	关于印发《北京信息科技大学国家励志奖学金管理办法》的通知	12.25
205	校学发〔2009〕88号	关于印发《北京信息科技大学北京市国家助学金管理办法》的通知	12.25

续表

序号	文号	文件名称	日期
206	校学发〔2009〕89号	关于印发《北京信息科技大学国家助学贷款管理办法》的通知	12.25
207	校学发〔2009〕90号	关于印发《北京信息科技大学关于学生缴纳学费 住宿费及其它费用的管理办法》的通知	12.25
208	校学发〔2009〕91号	关于印发《北京信息科技大学家庭经济特别困难学生饮用水、洗澡、电话费用专项补贴实施办法》的通知	12.25
209	校学发〔2009〕92号	关于印发《北京信息科技大学学生义务工作管理办法》的通知	12.25
210	校学发〔2009〕93号	关于印发《北京信息科技大学学生勤工助学管理办法》的通知	12.25
211	校学发〔2009〕94号	关于印发《北京信息科技大学学生活动安全管理办法》的通知	12.25
212	校学发〔2009〕95号	关于印发《北京信息科技大学班主任工作规范(试行)》的通知	12.28
213	校学发〔2009〕96号	关于印发《北京信息科技大学辅导员工作规范(试行)》的通知	12.28
214	校招就发〔2009〕1号	关于印发《北京信息科技大学本科毕业生就业工作实施办法(暂行)》的通知	5.18
215	校招就发〔2009〕2号	关于印发《北京信息科技大学本科毕业生就业工作程序》的通知	5.19
216	校招就发〔2009〕3号	关于印发《北京信息科技大学本科生招生工作细则》的通知	5.19
217	校招就发〔2009〕4号	关于印发《北京信息科技大学本科生招生录取工作基本程序》的通知	5.19
218	校招就发〔2009〕9号	关于印发《北京信息科技大学2010届本科毕业生就业工作计划》的通知	12.10
219	校资发〔2009〕1号	关于印发《北京信息科技大学固定资产管理规定(试行)》的通知	4.10
220	校资发〔2009〕2号	关于印发《北京信息科技大学物资设备统一采购管理办法(试行)》的通知	4.10
221	校资发〔2009〕3号	关于印发《北京信息科技大学物资设备采购招标管理办法(试行)》的通知	4.10

续表

序号	文号	文件名称	日期
222	校资发〔2009〕4 号	关于印发《北京信息科技大学仪器设备损坏、丢失赔偿办法(试行)》的通知	4. 10
223	校资发〔2009〕5 号	关于印发《北京信息科技大学材料、低值品、易耗品管理办法(试行)》的通知	4. 10
224	校资发〔2009〕6 号	关于印发《北京信息科技大学大型精密贵重仪器设备管理办法(试行)》的通知	4. 10
225	校资发〔2009〕7 号	关于印发《北京信息科技大学闲置与报废国有资产处理办法(试行)》的通知	4. 10
226	校资发〔2009〕8 号	关于印发物资设备管理工作流程的通知	4. 10
227	校资发〔2009〕9 号	关于印发《北京信息科技大学专用(非标)仪器设备购置办法(试行)》的通知	4. 10
228	校资发〔2009〕10 号	关于印发《北京信息科技大学两用物品管理实施细则》的通知	4. 10
229	校资发〔2009〕11 号	关于印发《北京信息科技大学土地、房屋及建筑物资产管理办法(试行)》的通知	4. 10
230	校资发〔2009〕12 号	关于印发《北京信息科技大学图书文献资源采购管理办法(试行)》的通知	4. 10
231	校资发〔2009〕13 号	关于做好 2009 年政府采购工作的通知	2. 27
232	校审发〔2009〕1 号	关于印发《北京信息科技大学内部审计工作暂行规定》的通知	5. 15
233	校审发〔2009〕2 号	关于印发《北京信息科技大学基建、修缮工程项目审计实施办法(试行)》的通知	5. 15
234	校审发〔2009〕3 号	关于印发《北京信息科技大学预算执行和决算内部审计实施办法(试行)》的通知	5. 15
235	校审发〔2009〕4 号	关于印发《北京信息科技大学固定资产审计实施办法》的通知	5. 15
236	校勤发〔2009〕1 号	关于印发《北京信息科技大学住房公积金管理条例(试行)》的通知	9. 9
237	校勤发〔2009〕2 号	关于印发《北京信息科技大学已购公有住房上市出售管理暂行办法》的通知	9. 9

续表

序号	文号	文件名称	日期
238	校勤发〔2009〕3 号	关于印发《北京信息科技大学关于望京 210 号楼供暖费报销办法》的通知	9.9
239	校勤发〔2009〕4 号	关于印发《北京信息科技大学公费医疗管理办法(试行)》的通知	9.9
240	校勤发〔2009〕6 号	关于印发《北京信息科技大学药品采购管理办法》的通知	9.9
241	校勤发〔2009〕7 号	关于印发《北京信息科技大学计划生育管理办法》的通知	9.9
242	校勤发〔2009〕8 号	关于印发《北京信息科技大学修缮工程招投标管理暂行办法》的通知	9.9
243	校勤发〔2009〕9 号	关于印发《北京信息科技大学修缮工程管理办法(试行)》的通知	9.9
244	校勤发〔2009〕10 号	关于印发《北京信息科技大学学生公寓管理条例》的通知	9.9
245	校勤发〔2009〕11 号	关于印发《北京信息科技大学学生宿舍用电管理办法》的通知	9.9
246	校勤发〔2009〕12 号	关于印发《北京信息科技大学学生宿舍安装使用计算机管理办法》的通知	9.9
247	校勤发〔2009〕13 号	关于印发《北京信息科技大学学生公寓作息时间安排》的通知	9.9
248	校勤发〔2009〕14 号	关于印发《北京信息科技大学绿化委员会工作制度》的通知	9.11
249	校勤发〔2009〕15 号	关于印发《北京信息科技大学爱国卫生运动委员会工作制度(暂行)》的通知	9.9
250	校勤发〔2009〕16 号	关于印发《北京信息科技大学重点安全防范部位及公共场所禁止吸烟的规定》的通知	9.9
251	校勤发〔2009〕17 号	关于印发《北京信息科技大学甲型 H1N1 流感防控工作应急预案》的通知	5.8
252	校勤发〔2009〕18 号	关于加强甲型 H1N1 流感防控工作的意见	7.8
253	校建发〔2009〕1 号	关于印发《北京信息科技大学基本建设工程项目档案管理暂行规定》的通知	9.30

续表

序号	文号	文件名称	日期
254	校建发〔2009〕2 号	关于印发《北京信息科技大学基本建设工程管理规定(试行)》的通知	9.30
255	校建发〔2009〕3 号	关于印发《北京信息科技大学基本建设工程合同管理规定(试行)》的通知	9.30
256	校建发〔2009〕4 号	关于印发《北京信息科技大学基本建设工程竣工结算管理规定(暂行)》的通知	9.30
257	校保发〔2009〕1 号	关于印发《北京信息科技大学校园治安综合治理工作条例》的通知	10.21
258	校保发〔2009〕2 号	关于印发《北京信息科技大学校园治安保卫管理规定》的通知	10.21
259	校保发〔2009〕3 号	关于印发《北京信息科技大学消防安全管理规定》的通知	10.21
260	校保发〔2009〕4 号	关于印发《北京信息科技大学校园交通管理规定》的通知	10.21
261	校保发〔2009〕5 号	关于印发《北京信息科技大学集体户口管理细则(试行)》的通知	10.21
262	校保发〔2009〕6 号	关于印发《北京信息科技大学安全管理责任制及责任追究制规定(试行)》的通知	10.21
263	校离退发〔2009〕1 号	关于印发《北京信息科技大学离退休人员特困基金管理办法》的通知	4.15
264	校高教发〔2009〕1 号	关于校高教研究会吸收新会员的通知	5.14
265	校高教发〔2009〕2 号	关于申报 2009 年度校级高教研究课题的通知	6.15
266	校高教发〔2009〕3 号	关于校高教研究会正式接纳个体会员的通知	6.22
267	校高教发〔2009〕4 号	关于 2009 年度高教研究立项审批结果的通知	11.17
268	校学位发〔2009〕1 号	关于调整学校成人教育学位评定分委会成员的通知	3.18
269	校学位发〔2009〕2 号	关于表彰 2009 届优秀硕士学位论文获奖者的决定	4.14

续表

序号	文号	文件名称	日期
270	校学位发〔2009〕3 号	关于批准周脉伏等 33 位教师为我校硕士研究生指导教师的决定	5.19
271	校干〔2009〕1 号	关于孙卫国同志任职的通知	9.10
272	校干〔2009〕2 号	关于王鹰等职务任免的通知	10.15
273	校干〔2009〕3 号	关于谢瑞峰等职务任免的通知	11.26
274	校干〔2009〕4 号	关于戈新生主持科技处工作的通知	11.26
275	校人任〔2009〕1 号	关于计算中心调整二级机构负责人的批复	5.31
276	校人任〔2009〕2 号	关于人文社科学院调整二级机构负责人的批复	5.31
277	校人任〔2009〕3 号	关于楚彦丽等聘任的通知	7.14
278	校人任〔2009〕4 号	关于徐铭等聘任的通知	7.14
279	校人任〔2009〕5 号	关于杨菁等聘任的通知	7.14
280	校人任〔2009〕6 号	关于王明涛等聘任的通知	7.14
281	校人任〔2009〕7 号	关于陈红英工作安排的通知	7.18
282	校人任〔2009〕8 号	关于刘均梅聘任的通知	7.18
283	校人任〔2009〕9 号	关于李蒙丝等聘任的通知	7.18
284	校人任〔2009〕10 号	关于钟名扬聘任的通知	7.18
285	校人任〔2009〕11 号	关于战岩等聘任的通知	7.18

续表

序号	文号	文件名称	日期
286	校人任〔2009〕12 号	关于孟育红等聘任的通知	7. 19
287	校人任〔2009〕13 号	关于孙佳秋等聘任的通知	7. 19
288	校人任〔2009〕14 号	关于王肖楠聘任的通知	7. 19
289	校人任〔2009〕15 号	关于王艳等聘任的通知	7. 19
290	校人任〔2009〕16 号	关于钱利明等聘任的通知	7. 19
291	校人任〔2009〕17 号	关于高平聘任的通知	7. 19
292	校人任〔2009〕18 号	关于梁延华等聘任的通知	7. 20
293	校人任〔2009〕19 号	关于赵陆玲聘任的通知	7. 20
294	校人任〔2009〕20 号	关于孙庆红聘任的通知	7. 25
295	校人任〔2009〕21 号	关于孙豆豆聘任的通知	7. 27
296	校技聘〔2009〕1 号	关于聘任机械工业现代光电测试技术重点(工程)实验室主任 副主任的通知	5. 25
297	校技聘〔2009〕2 号	关于聘任院级科研机构负责人的通知	5. 25
298	校技聘〔2009〕3 号	关于钟玲兼任北京市北信计算机系统工程公司总经理的通知	11. 16

授予硕士学位人员名单

机电工程学院(42人):

机械制造及其自动化(14人):

纪　海　王兰志　付　瑶　刘　哲　卓连财　靳　松　王　涛　刘　磊　王爱明
任增辉　韩　霞　魏建亮　林有娣　王　鹏

机械电子工程(17人):

胡中权　杨文娟　刘　潇　崔维兵　陈永强　杨金凤　张淑谦　胡　阳　牟文凯
吴　伟　王　莉　李　婷　张唐瑭　陈　龙　王俊青　赵金鑫　修　瑞

机械设计及理论(10人):

董建强　姬虎艳　孙　洁　庄福晓　李　进　张应丽　蒋　磊　秦建旭　路冉冉
吴永东

车辆工程(1人):

宫保贵

光电信息与通信工程学院(16人):

测试计量技术及仪器(16人):

刘枝梅　张　帅　马长正　王　锋　李珂珍　李春燕　李　璟　杨朝桢　王一鸣
文晓凤　周　木　孙　莉　齐良育　赵　哲　谭启蒙　孙付兴

自动化学院(39人):

检测技术与自动化装置(21人):

刘　洋　戴筱妍　胡　潇　蒯　熔　李振峰　李倩芸　吴秀芹　刘　春　胡武锡
任　涛　梁　爽　高翔宇　康春鹏　秦　健　周　玺　李俊伟　刘　斌　唐冠群
张　焱　杨秋玲　周丽琴

控制理论与控制工程(18人):

周　宁　秦志圣　陈　昊　李继超　张耀辉　田　迪　郑彦琴　胡　兵　宋钒繁
李　博　王朋飞　许祚华　刘兴业　柳明湖　吴嘉湑　陈群挺　吴佩杰　江　伟

计算机学院(38人):

计算机应用技术(38人):

董鑫正　潘　藩　李　菲　胡文博　吴德天　刘安宇　曹　莉　肖　威　马　煦
周小平　高　佳　江　敏　王斯琼　杜小钰　王成光　向渊博　刘　坤　郭新苗
吕聚旺　温转萍　张桂琴　陈　丹　云　静　郑　直　麻雪云　刘　宁　李　坚

张 帅 潘 峰 王新平 滑淑然 董广宇 周 芳 李媛丽 文佳斐 钟 鸣
邱雪姣 贾丽柯

经济管理学院(44 人):

管理科学与工程(11 人):

张少辉 徐晓苹 梁 艳 唐玉莉 王 涛 万剑雄 刘思明 杨东浩 路 娟
吉朝军 杨 凯

企业管理(12 人):

陈 弋 孙玲玲 彭红宇 周晓兰 李 颖 唐 帅 王 磊 程 芹 白 斌
伍 勇 刘雅桢 马 里

技术经济及管理(13 人):

王宏鋭 李 勇 陈玲玲 胡凌霄 吴作董 时小平 郑瑞卿 孟 影 李光峰
李利平 肖深茂 李 慧 魏永莲

国民经济学(8 人):

刘 潇 周蓓蓓 张文婷 袁名真 代长英 张劲文 许雁如 秦 雯

理学院(18 人):

应用数学(2 人):

侯燕落 董志玲

微电子学与固体电子学(16 人):

江世宇 肖健明 罗晓斌 霍 静 朱 光 刘玉洁 刘海林 董天晓 李永刚
田 双 徐晓松 马 勇 吴伟炜 宋 佳 王茂发 叶 青

(崔新红)

授予同等学力人员硕士学位名单

技术经济及管理(2 人)

张景波 许登月

(崔新红)

硕士毕业生名单

机电工程学院(43人):

机械电子工程(18人):

张唐瑭　吴　伟　赵金鑫　修　瑞　杨金凤　刘　潇　崔维兵　张海龙　王俊青
李　婷　张淑谦　杨文娟　王　莉　牟文凯　胡中权　胡　阳　陈永强　陈　龙

机械设计及理论(11人):

董建强　宫保贵　孙　洁　姬虎艳　秦建旭　蒋　磊　庄福晓　吴永东　李　进
路冉冉　张应丽

机械制造及其自动化(14人):

纪　海　王爱明　付　瑶　卓连财　任增辉　王　涛　靳　松　刘　磊　林有娣
王兰志　王　鹏　魏建亮　韩　霞　刘　哲

光电信息与通信工程学院(16人):

测试计量技术及仪器(16人):

刘枝梅　杨朝桢　孙　莉　周　木　张　帅　赵　哲　谭启蒙　王　锋　李珂珍
文晓凤　李春燕　马长正　齐良育　王一鸣　李　璟　孙付兴

自动化学院(39人):

检测技术与自动化装置(21人):

梁　爽　杨秋玲　高翔宇　刘　洋　周　玺　胡武锡　唐冠群　吴秀芹　秦　健
张　焱　康春鹏　刘　斌　戴筱妍　李倩芸　李俊伟　李振峰　任　涛　周丽琴
蒯　熔　刘　春　胡　潇

控制理论与控制工程(18人):

田　迪　胡　兵　刘兴业　陈群挺　宋钒繁　吴佩杰　王朋飞　江　伟　张耀辉
柳明湖　周　宁　李继超　许祚华　陈　昊　秦志圣　郑彦琴　李　博　吴嘉谞

计算机学院(38人):

计算机应用技术(38人):

董鑫正　潘　藩　李　菲　胡文博　吴德天　刘安宇　曹　莉　肖　威　马　煦
周小平　高　佳　江　敏　王斯琼　肖　文　杜小钰　王成光　向渊博　刘　坤
郭新苗　吕聚旺　温转萍　张桂琴　陈　丹　云　静　郑　直　麻雪云　刘　宁
李　坚　张　帅　潘　峰　王新平　滑淑然　董广宇　周　芳　李媛丽　文佳斐

钟　鸣　邱雪姣

经济管理学院(44 人):

管理科学与工程(11 人):

张少辉　徐晓苹　梁　艳　唐玉莉　王　涛　万剑雄　刘思明　杨东浩　路　娟
吉朝军　杨　凯

企业管理(11 人):

陈　弋　孙玲玲　彭红宇　周晓兰　李　颖　唐　帅　王　磊　程　芹　白　斌
伍　勇　刘雅桢

技术经济及管理(13 人):

王宏锐　李　勇　陈玲玲　胡凌霄　吴作董　时小平　郑瑞卿　孟　影　李光峰
李利平　肖深茂　李　慧　魏永莲

国民经济学(9 人):

刘　潇　马　里　周蓓蓓　张文婷　袁名真　代长英　张劲文　许雁如　秦　雯

理学院(18 人):

微电子学与固体电子学(16 人):

江世宇　肖健明　罗晓斌　霍　静　朱　光　刘玉洁　刘海林　董天晓　李永刚
田　双　徐晓松　马　勇　吴伟炜　宋　佳　叶　青　王茂发

应用数学(2 人):

侯燕落　董志玲

(王　贺)

本科毕业、结业生名单

机械设计制造及其自动化专业

毕业生:204 人

曹　刚　吴庭理　王　斌　魏　磊　孟　韬　赵　静　李　倩　刘　洁　张　强
张　晶　任飞翔　郑　科　杨　珂　王　超　王志豪　高明锐　官祎男　李　然
张朝舜　魏　斌　杨　毅　李　博　王鹏程　李　新　韩春茂　郑力燊　董　泽
黄国孟　赖乐锋　周生新　郭　明　吉昱安　黄锡艺　赵　亮　董　伟　沈　旭

沈　倩　吴　丹　辛　莉　王　蕊　刘　钊　田　浩　储可新　肖　雷　邬　悠
冯振宇　赵　超　曹国寅　刘　韬　王　涛　张立昆　吕　伟　周宏兴　沈春鹏
于启军　祝光旭　刘云柱　王　赫　王滢钧　王　源　张　迪　段宁宇　祁爱丽
孙凤霞　李小征　赵　寅　宋　楠　罗　啸　于潇客　沈嘉桢　段　强　陈肖剑
张　雁　周经纬　杨若曦　张龙飞　宋政立　吴　镝　金　鸣　潘广阔　李　植
杨亢亢　高志鹏　张方明　付　洋　宋　乐　张晚双　钟晓晨　史文栋　韩　旭
米学彬　刘　明　池雪琳　李庆玉　蔡　森　支玉泉　董　亮　刘　崇　段广坡
窦勤建　陈　月　喻　斌　陈　祥　杜汶锴　王忠良　顾　求　余子松　刘　应
何建明　冯志鹏　王　恺　王　潇　冉丽娟　刘　昊　张东杰　刘佳修　沙良杰
张　硕　贾晓新　郭　帅　张晓宇　张保林　李　进　陈　辉　郭嘉发　马卫国
高　明　张海涛　郝立晨　张　杨　刘　磊　吴　征　王立全　周云龙　鲁云松
谭明明　秦　彪　李　泽　马　佳　惠威威　秦　楠　李　蒙　冯　潇　高百锋
汪恒山　刘亚娟　甄丽平　彭雪松　安　媛　王　磊　赵明浩　邢国强　侯　波
张　超　常根固　王宏崑　乔　旭　杜　尚　师海龙　王　超　贺　磊　胡晓硕
金海波　胡宝龙　安　东　魏　嘉　刘　杨　王　晗　赵长存　严长鹏　孙巍伟
邱金金　张益明　胡晓东　王　强　王秋童　白　阳　刘国立　赵　利　刘　征
陈　杨　贾国辉　李　蕊　苑博伦　彭天添　马　楠　孙　斌　赵振峥　朱　毅
王陈实　赵建伟　刘　波　王铮辉　杜金叶　朱　坤　韩文强　宋恺博　张嘉宝
杨　啸　陈海宁　庞　成　何九星　李　勇　马雪松

结业生:15 人

郑　楠　王　冰　康　银　姜志强　谭春山　杨　光　蒋世鹏　葛文静　回思桐
曹　磊　郝　凯　肖金悦　卢泽泉　刘志磊　李　季

工业工程专业

毕业生:37 人

朱星宇　娄欣跃　侯其新　蒋　伟　张　阳　韩　洋　刘思杨　马欣然　张林娜
崔　珂　胡宛麟　贾世泽　刘　勇　任志成　张前亮　赵　勇　徐祥月　刘　旭
吴智星　李建国　陈新超　高　斌　赵荣华　赵振海　胡　程　黄　波　周　平
张　浩　李燕辉　蒲瑜琢　何　峰　廖　阳　张　鹏　鱼建雄　秦　峥　王　敏
赵浩毅

结业生:1 人

张　帆

工业设计专业

毕业生:76 人

程千之　何　山　胡广义　陈晓光　季原浩　何雅靖　郭　祺　穆　星　孟祥昱
荣安乐　李林谣　刘　丹　程紫琳　王　莹　李　曼　肖　蕊　李美龄　刘春怡
刘抗抗　王　晨　杨　啸　魏晓盟　翟　伟　韩　磊　窦洪远　陈胜明　赵俊显
鲁　宇　张　斌　陈清荣　肖　威　李　敬　刘成彬　李　飞　江良征　邢　韬
尹　璐　许　策　李　智　李悦嶙　杨　萌　王絮宁　刘晓靖　张金秋　郑惠文
张　柳　张　颖　张立男　王辉华　李　丽　喻　博　崔明颖　王亦非　唐紫春
梁伟东　崔海山　白　哲　奚林宇　吴　猎　于金仓　王阳城　张鑫旭　纪　强
从丙肖　孙　帅　边东宇　汪忠军　李永祥　林兆胤　冯　伟　白紫阳　黄　通
鲁　晨　徐　磊　周　冲　谢顾烨

结业生:4 人

车　暄　文东辰　所福磊　李铁钢

车辆工程专业

毕业生:89 人

罗群泰　郑　雷　李少勃　崔　鹏　张文宗　胡国栋　张　浩　雷铁欧　白　宁
张露溪　祁雪松　赵　轩　石　阳　项小琦　崔博文　管　峥　杨　健　王晓晨
任思文　于　超　肖　刚　王　刚　张　鹏　张弓然　马遥瑶　张国松　李　斌
卢　宇　姚　远　樊　晶　王博涛　郑　孝　宋巨伟　张晓东　刘　昕　杨文武
俞志华　杜　凯　周毕强　贺俊涛　闫墨涵　王念章　王　欣　卢　伟　陈　硕
段晓磊　蔺　方　闫　禹　万　敏　王　鹏　马　岳　刘　毅　丁　虎　杜宝立
史　嘉　王　庆　田海新　张　磊　李　伟　田云峰　李　浩　宋长科　李　山
周　技　尹　航　马万超　霍　勇　吴　波　袁　章　郭　杰　温双龙　李　东
李晓辉　李东岩　范宇翔　吕大辉　钟　涛　曲文峰　周松涛　连海平　薛江宏
秦　亮　涂宇宽　梁冰寒　杨思宇　龚佳魁　陈国兴　卢　凯　赵西伟

结业生:3 人:

王章火　杨　超　张　悦

通信工程专业

毕业生:124 人

刘　昕　谷　雨　雷　毅　王嘉萍　王　备　吴净贤　赵诗尧　张　寅　李　享
臧　毅　于　斌　杨　帆　蔡　硕　杨　岩　盛　阳　王　旸　马　添　郑　朔
郭　玮　齐　越　郭　武　高庆光　钟祥龙　刘全文　刘晶晶　张　雪　董苗苗
柴菲菲　李婷婷　朱　静　宋明峰　范双春　徐海舟　王　腾　果又鹏　王　焘

常峥　王鑫　刘宗耀　董天雄　金舰　黄诚　王羽　田野　秦健
程乐瑄　梁辰　杨皓然　杨晓　刘东　廖小明　张志深　孙一　郑臣
高远谋　刘恺　温雯　刘思杰　张妍杰　高山　张欣　刘程　葛峥峥
周峰　唐睿　张晓鹏　王聪　李根　任南　王笑天　傅嵩　罗嘉龙
张晗　曹峥　沙伟伟　徐涛　沈三明　陈春泽　李谢竞　周超　刘京京
宋佳　杨茉　李红燕　耿聪　张乔　郑桥芬　赵如一　王银童　谢宁
刘泽宇　杨凌　谷粟　李金时　汤海超　孔德保　刘毅　赵金虎　张帅
赵喆　甄慧杰　赵宝龙　袁成成　廉长亮　杨琦　杨红彬　王捷　黄鑫川
余进康　李冬清　钟志安　尹昆　曹伟　王晨　宋东昊　李玉祯　曹英智
张魏　刘嵩　李晓煜　赵伟富　黄智霆　王沣　吴奇

结业生:9 人

卑其永　申潇潇　周海鲲　张树　赵相进　朱俊杰　于楠　李昂　张楠

电子信息工程专业

毕业生:190 人

李克　闫爱梅　朱晓蕾　赵静　陈超　孙立京　陶树磊　王帅　刘占虎
刘小贺　王子平　王续　赵庆亮　刘新凯　刘文硕　李硕　段玉轩　刘成库
李振两　伍丹华　侯杰　董朝晖　严健　简阳　张良云　王伟伟　周婷
刘稳　黄菲　潘薇　胡乾　田颂　李燕洲　孙文　马宇林　郑超
杨丛泽　朱瓅　刘亮　杨华　邱爽　杨晴　王皓维　赵连铭　赵帅
彭寅超　韦伟　张树森　张昊飏　李博　吴荣富　张永　何娜　陈默
张莉娜　彭丽娇　杨沛　易凡翔　李广杰　赵云　程光远　马文龙　刘亚辉
林深　姚智　董寅　夏云野　谷安琪　马骏　李昂　李飞　韩澈
芦博昂　于泽　季东兴　刘寅东　黄平　许砚轩　陈汝全　陈敏锐　孙英杰
卢川　张岩　罗斌　孙晓超　王楠　戴娟　李蕊　南婧　孙鑫垚
李鹏　王哲　刘昊　贾霏　田晓庄　兰星　于飞　周彦璋　万柳
董博　唐志伟　张林　杨磊　闫海波　闫栓　林军富　朱杭华　陈登熠
马萌　王赫　王国泰　叶士新　韩锐　杜亮　王东升　尤建伟　霍金兰
程希　刘艳荣　江迪　李卫晴　张振喆　李方超　邬江　赵旭宏　张北宁
赵巍　王赛　王然　侯敬松　张云慧　刘兵　闫红军　李翔　侯殿福
吴军章　宋磊　王颖　李辉　李学达　闫利涛　岳泉　沈雄彪　丁剑锋
赵永红　张维诚　刘鹏　杜潇雨　王维维　郭晨曦　曾国新　张征　路丽争
刘路　张超　王磊　马晓波　杨光　袁立彬　张小领　刘鹏飞　杜建臣
张剑　纪建军　李英彪　郭小强　刘征　王冬伟　吉鹏飞　黄明坤　刘志聪
邓伟涛　朱勇　易炜　刘建利　李欣　姜旭刚　张小雪　夏月超　蒙涛

马晓晓　张　裴　韩　阳　冯　健　李　男　彭　念　马中良　王　丞　关　超
欧阳昊一

结业生:7 人

郑　凯　王小峰　张　曦　刘　杨　励江江　吴　川　杨海林

测控技术与仪器(光机电一体化)

毕业生:104 人

张名扬　路博涛　刘建佳　孔维元　张　甦　于　鑫　王琳娜　程金曼　俞泉瑜
李建影　马博晖　刘兰兰　曾园燕　张　寅　王　乐　司　盼　刘　博　焦欣恺
王承轩　米荷李　冯　骁　张　晴　张　专　王绍复　曾　帅　王　越　陈锦熠
史晓伟　汤　舟　李洋凯　熊沁铠　高　扬　李继鹏　李　捷　张　昕　郭筱彦
郭丽梦　谷　燕　杨　杰　王　丹　张小飞　胡　敏　郭　磊　张维青　李长伟
吴金鑫　武　峥　潘　岩　刘　峥　陈　曦　张　珺　王晓雯　崔海华　米　璇
李峻峰　王学斌　刘自强　高海峰　陈培辉　江　明　张　弛　周英才　邹姜楠
冯　东　郑　亮　宋瑛杰　张继超　李华伟　刘小铭　高　红　王朝丽　张晓文
田晓月　杨　颖　王　丹　郭丽华　路丰瑜　金小亮　刘　佳　王少先　张晨曦
张　鑫　罗　明　刘　学　杨海青　杨　宁　彭兴思　王　征　穆德森　刘　军
贾　宇　王　博　梁俊珂　杨宗伟　邓　华　李　铀　徐　明　杨耀文　马阔远
李昊连　李跃然　贾晓军　许阿扬　李　洋

结业生:1 人

李珂歆

光信息科学与技术专业

毕业生:38 人

佟　欣　白　宇　赵　宇　郭月新　王　萌　李　爽　齐艳杰　张净敬　岳华玉
司小磊　李　杨　宋　影　赵　阳　李雪山　郑成思　赵　剑　陈　沉　周牧翔
刘　峥　郎　超　武文举　王　银　于利男　宋　维　陈立涛　姚　杰　王宏伟
刘洪涛　王世玮　窦　然　张梦超　徐　卫　李　真　江　为　李　娥　张　晔
雷志强　王立伟

结业生:1 人

张　鹏

自动化专业

毕业生:214 人

王　钰　孟　璇　王　博　王　靖　陈营佳　丁　宁　张　巍　刘欣强　胡　皓
吴　祯　杨智斌　侯文龙　陈　超　张　谦　赵　斌　金子玉　蔡　坤　刘　峥

刘　宁　张　晨　汪凡晟　翟　爽　丁明明　葛振峰　单言虎　黄延福　阮　涛
赵彦志　冯　波　章　鑫　邓林泉　张　睿　李金鳌　蒋　辉　李　鹏　魏贺康
潘芳琳　王　慧　宋艳敏　马　慧　时运佳　刘　宁　谢　朦　戴　晖　邢　猛
屈　硕　周　昆　张　源　魏佳亮　梁　建　吕　行　赵　博　耿志远　景国岩
张　俊　李健超　时佳斌　张　涛　胡　刚　柏立言　林富驰　李俏俊　张晓阳
魏小明　管霄超　李　伟　辜小岭　陈　川　赵祎鑫　申　博　王　浩　郑　勐
庞宝益　刘　岩　宋修竹　鹿　鸣　缪　晶　王　颖　周丽杰　庞　欢　王宁伟
张智博　杨旭远　马　信　高　超　刘翔宇　孙晓轩　王　楠　卢　超　纪文超
于　淼　范　越　宗子超　耿博文　曹峻林　王　晨　李　楠　马晓飞　梁　宇
董阅博　邓志军　梅　亮　杨　晖　何志福　黄守伟　王源麟　杨　彪　刘彦良
鲍　磊　刘宇童　岳　爽　何　莹　邓晶晶　孙顺顺　郝　胜　刘雄飞　王　喆
於　蒙　杨　超　尹　冬　韩　淼　郑　浩　魏李良　郭迎新　雷　亮　佘冬辉
李鸿隆　赵　亮　刘　琦　孟　渊　肖飞飞　周维松　祝　旻　丘燕华　刘　乐
孙鹏辉　彭　鹏　陶兴勇　鲁振民　黄伟光　孙虹昊　王中秋　陈莞寅　关山君
塔子献　牛明明　王　雪　常潇朗　崔阿娟　刘志琴　许　哲　薛　杨　宋　博
孙　勐　国　刚　梁　苑　陈苏阳　李　龑　刘欣明　赵卫涛　徐　寅　李连凯
刘　悦　王　宇　张清全　杨世豪　曹亚博　赵文辉　徐永云　熊　唯　李博雅
李　融　刘　翀　安敬猛　尹　申　郝冬雪　董　杰　杜　佳　王曼莉　肖文文
付　锴　张术坤　丛　凯　徐思伟　王桂喜　肖清林　刘　闯　高　峥　姜　雷
闫东明　张海涛　王立东　王春贺　胡兴旺　杜浩洋　石建平　郑远博　文　晗
王海明　洛宏伟　汪灵瑶　唐　斌　黄化岩　王杰民　刘守真　冯强涛　张　胜
王金虎　陈鎏珠　于贺平　吴晓辉　毛　矛　安　晶　贾　涛

结业生:9 人

王琛鹤　马晓峥　韩　剑　刘　旭　关悦超　刘　可　葛晓辰　李伟成　葛　延

计算机科学与技术专业

毕业生:266 人

张晨曦　崔　喆　邵诗懿　赵　鸥　丁　超　葛　飞　陈　晓　肖思雅　李　娟
张　爽　肖叶枝　卢　辰　黄　鹤　梁　言　孙　放　齐光晓　辛　炜　仲　鹏
战经韬　马　磊　高　杰　高　炜　高　博　黄　岩　聂　平　刘　寅　张京明
秦雪健　李宇航　王世博　居晓刚　徐海钻　汪　涟　马光志　王向然　汤　龙
杨　帆　马　怡　谢　晋　任煜烽　康　頔　李　山　姜玉玺　王佳燕　裴　菲
王默晗　李　征　李雪岩　罗文甜　李　钊　路　阳　郭　政　张　超　祝子龙
沈　力　蔡　赟　韩炳山　高　博　马云鹏　张金虎　罗富霖　潘文伟　殷跃东
周　伟　李　宁　张　振　郑玉洁　闻　璐　王文姐　范　璐　张宝琦　郝　黎

蓝　希　张　鹏　戴　晟　路广鹏　冯　磊　韩　晗　张孝明　孟宪洋　邵　旭
李晨铭　龚立伟　张　敏　周　洋　熊书奎　杨　平　王大万　李俊峰　甘　强
范　军　李　超　司　莲　胡倩楠　王小静　马千晶　张玉荣　郭　雨　宋　飞
倪　阳　李　军　李　冉　朱立志　秦　寅　雷宏伟　刘云光　刘欣阳　刘　岩
崔伯乐　王文龙　韩　伟　苏阳阳　马赛迪　辛　星　姚雪山　董栋梁　方乃伟
李东明　杨占超　周宇飞　伍成义　李华寿　武　游　蒋　龙　何　鹏　郑国卿
张　婧　张　倩　张　娜　姬　蕾　李　萌　寇　含　黄翔骏　张　晟　刘子成
王朕珲　许　萌　李杨子　尹　航　张　潇　夏　文　姜　楠　王　学　李泊衡
潘　真　许允飞　陈　好　张雄灵　余　翰　郭志强　刘　瑜　田　野　隋福达
张亚帆　田　田　景　佳　周俊梅　张美霞　陈博旸　李　斌　朱未琼　田　超
高　峥　张　刚　陈　伟　郭　银　封　跃　张卯丁　刘卫超　王　博　冀乃盟
王维静　李　纬　王戎坤　马睿智　徐　杰　荀晓军　冯丝雨　王新丽　付佳佳
王逸群　王　叶　张　旭　胡德松　佟　亮　乔　旭　马伯骏　杨建朋　李　旭
贾大武　赵　明　李占利　李　宁　谢　添　张　威　姜伯平　毕希研　刘成海
姬　辉　李正欢　刘曦子　韦　涵　杨天心　周劲宇　陈　劼　梁　超　荆　成
郭慧琛　吕荣侠　刘　阳　刘　颖　彭馨硕　杨　昊　郭　毅　雷　勇　杨　睿
王克文　张慧强　张　默　闫　宇　崔方舟　赵　雨　赵　森　张扬波　郄文硕
李增志　铁　朋　王　森　刘文强　徐　鹏　张松石　张金虎　徐　羽　白皓天
欧鹏程　韩　宇　张　旭　赵　硕　陈　车　郑晓光　范文斌　毛周俊　张长毅
高寒松　侯　越　刘　鹏　刘　铮　李　腾　王雄爽　李文政　高　宇　袁丛洲
刘艳超　赵　鑫　宋志华　谢加祥　叶　青　陈　伟　王　骋　张　涛　葛　铭
吴　坤　薛　磊　侯　峰　胡永胜　高　奇

结业生:13 人

倪　达　张小欢　郝中智　高　跃　马景军　王凤磊　许笑非　陈　诚　倪　俊
王润陶　刘　跃　赵　旭　李子富

软件工程专业

毕业生:60 人

闫　寅　刘　洋　韩莎莎　叶　钊　刘　帅　于增涛　刘小弟　韩　寅　李家明
花　磊　郭　松　任　宇　沈海鹏　庄静业　王雪峰　张　靖　王京石　邢若东
项　韦　周旁旁　姜　军　江　璇　沈明原　杨小澎　周　轩　王　晨　张广芳
李春夏　余　多　韩宪浩　胡培康　陈建伟　聂　迪　郭海峰　董欣海　郝　晋
赵云鹏　许德保　张　野　石　坡　李　健　王东亮　赵建强　金尚雄　李　昊
任义建　吴小勇　钟　诚　李　彬　刘　日　张希吾　王　锴　裴冬冬　杨玉磊
吴　超　容柏清　杨　波　李恒举　余界飞　杨　硕

结业生:9 人

周　阳　马　悦　王　勃　耿雨鹏　陈启佳　李　磊　孙若愚　于海庆　于　洋

会计学(注册会计师)专业

毕业生:69 人

刘　畅　周　原　郝　爽　孙婷婷　王小娜　王孟兰　秦　晰　关冬冬　王　锐
袁　颖　陈晓雪　王明爽　范亚南　刘思思　郑利颖　赵振萍　叶　森　张丽梅
杨喻涵　李　延　何明扬　方　圆　黄　晨　刘文杰　张春雷　雒福利　李　佳
彭　理　宋　扬　梁志刚　周　惠　姜福健　向　导　周晓光　迟　琳　马　娜
汪　淼　王鑫媛　刘　蕊　孔　欣　王　薇　董　蕊　扈　爽　严丹薇　郎　华
张婧雅　付天宇　刘海玲　张秀连　马　榕　解　梦　丁　娟　郭　琳　姜旭辉
罗　淼　孟成伟　袁新宇　刘　畅　石自强　王　明　战　洋　冉　亮　刘　政
卢欣然　刘　鑫　窦嘉蓉　陈柏鸣　魏　坤　谢野芳发

结业生:3 人

王　睿　高娜娜　胡兴刚

会计学专业

毕业生:96 人

王　晶　刘金熠　高雪静　刘　佳　方元元　王焕玥　李长虹　许亚璇　徐　嫄
史硕雅　牛晓倩　袁　薇　徐莎莎　沈　洁　申青竹　程金娜　陈　思　刘计颖
徐　莹　张中琳　周爱丽　黄　捷　李　响　黄　一　韩　轩　张　晗　李志鹏
王　喆　祁　锋　宋　吉　杨雪瑞　金萌萌　李　颖　史　丹　许海玥　郑欣欣
王　倩　韩靖睿　靳宝慧　樊　硕　胡小园　贾艳楠　王新利　宋文君　张　悦
王　宇　王燕妮　童　川　汤志飞　李书雅　王雯兰　胡松娜　文　丹　杨加利
常　远　储　浩　陈万龙　李国文　王　平　龚静姝　熊　静　竺　元　陈　頔
韩　漫　贾瑞新　赵巧稚　王　蝶　米诗雯　王　欣　马　琳　王　静　王立立
李晓红　马　雯　高　爽　年宏旭　马　腾　邓杰元　孟　冬　童丽莉　杜　华
邢晓庆　吴　桐　文　悦　胡　鑫　殷　超　雷震环　段胜涛　陈彦文　詹　羿
杨霄宇　赵媛媛　刘笑懿　王　雪　许　宁　刘天昊

结业生:6 人

汤　浩　刘　佳　丁昌盛　刘　琦　瞿川诗　翟　嘉

财务管理专业

毕业生:39 人:

史文静　曹艳芳　王　曦　刘博研　宋梦雨　马　婧　韩　琪　孙俐娜　李　雪
路　璐　李天天　吴　越　徐明净　张　韧　李　昂　王　杰　刘　璐　尹高舰

贾建超 黄 艳 刘 婧 王丽斌 鑫 颖 秦奕慧 刘 薇 郑晓迪 李梦云
张 莹 李晓旭 刘 梦 彭学通 王志宇 韩 帅 庞晓宇 王 帅 薛赵月
聂太宗 杨 寅 周博雅

财务管理(证券与投资)专业

毕业生:63 人:

汲晓冬 尚 宇 德 妍 康 雨 刘寅寅 唐 彪 裴亚寅 金丽伟 周媛媛
冯国静 孔 跃 刘 琦 彭 凯 闫 萌 张赫文 王 扬 聂 炼 朱 烁
董 源 宋梦炜 窦健康 万怀远 高云龙 王鹿尧 董冰冰 杜小刚 董 涛
邱晓峰 张路刚 江选明 王鸿元 吴 楠 周 寻 刘 璐 王笑菲 唐 巍
魏 冉 谢葳娜 赵伟超 严 露 侯 洁 白 露 魏 婕 常珍子 王荣丽
林丽丹 曹 妍 浦 燕 曾思洋 马伟浩 刘 学 王 帆 李必先 张 钊
胡东双 张克斌 马 龙 宋东洋 黄海波 刘一超 高 帅 王晓蕊 马 俊

工商管理专业

毕业生:133 人

李 菲 李婧捷 贺 晨 吴 爽 石雪阳 郝 娟 张 媛 周 苹 郭 倩
王晓迪 黄 硕 刘 寅 李 滢 任 悦 赵 健 雷颖菲 刘小婷 肖煜敏
徐利荣 段 宇 王 喆 高观远 李 鑫 孙 祎 高 犇 颜天一 蔡 挺
吴祖国 佑鹏飞 许 渊 漆 一 周 娜 李振京 李文燕 陈立杰 黄 帆
郭 畅 王京京 刘 倩 邓 丽 杨 晨 亢金玉 孙赛赛 王 琳 王 祎
鲁大凤 杨雪娇 马 瑾 吕 越 文 纯 吴汶纹 唐小涵 刘 硕 任雄飞
刘林峰 张 瑞 王 雷 孙 超 陈文亮 罗文豪 林培东 翟方赞 张礼民
廖述武 邓大洪 王 铮 刘 瑶 曲 菲 苏 芳 尹 隽 王丽娜 许 媛
杨 茜 祁寅平 彭菊浓 李晓淳 姜 曼 苏 虹 王 蕊 刘江北 袁盼盼
朱 岩 谢劼丹 崔 静 骆江江 梁欢庭 桑晶晶 马 波 李 军 彭兴凯
简书金 韩诗涛 杨 嘉 陈罗亮 刘 冲 张 蕊 沈卓琳 聂 颖 孙建明
王佳音 胡薇薇 门丽明 王 朋 赵 莹 张春雪 耿立媛 张瑞瑞 张秋平
张 弩 刘 畅 郭 巍 杨晓岗 杨 菲 张 巍 张秋雅 朱洪瑞 朱丽敏
陈 猛 巨福强 王达雷 王 迪 王玉龙 李 超 周 涛 温慧成 陆雪飞
林 滔 于洪基 穆维国 陈 勍 宿存超 金 钊 王 威

结业生:7 人

李锡山 徐乐全 马 明 吴晓杰 张志宝 李 超 李文佳

市场营销专业

毕业生:70 人

窦晓熹 潘远超 王 璇 关 然 张晶晶 潘润田 王 帅 雷 杨 李亚楠
李 蕊 刘 伟 马 然 田 乐 于 娇 郭 静 王 安 余美丽 刘宏伟
彭诗遥 曹 宇 张 健 张 昕 赵 旭 吴 迪 杨树伟 贾宏宇 张 磊
张再坤 王剑伟 江小培 高 超 韦卓飞 曹 磊 王 君 黄友巍 谢 萍
靳海宇 肖欣悦 张 漾 冯 浩 张 悦 金漪澜 康 伟 陈璐璐 孙 婵
王尚玉 李 娜 闫莉丽 何天琪 陈 璐 曹 宇 张 洋 任 远 李跃胜
谭 智 孙金良 孙 旭 王岸伟 林 田 刘 方 方 宇 林建和 栗 昱
陈 健 宁 平 吴 齐 李新杰 王广为 陈金涛 王晓天

结业生:4 人

周万民 雷 琼 高 翔 路明东

经济学专业

毕业生:119 人

肖 潇 陈 颖 高 姗 李京京 马 妍 李 昂 刘 新 董翼飞 毛 欣
吴 岩 叶子吟 林雅萍 李 琴 向远波 杨 洋 张 希 孙迪达 苏启杰
孙 博 昝智明 王 俊 王 伟 饶友才 张 晨 王婧娴 张 希 王 喆
周 燕 吕佳珊 史国双 张寅雪 陈慧娜 陈也弘 李丽萍 罗伟辉 黄 玲
唐黎黎 李丹阳 王凯宏 杨 硕 刘 飞 孙 文 李 震 赵亚喆 白 爽
武全超 张 楠 王俊生 李志雄 周 超 郑连成 吕光军 贾腾宇 李倩影
王 硕 杨绯影 康同飞 董艳伟 李 鑫 肖 然 王晓颖 李 敏 王婷婷
邓成君 唐玉娟 王彦楠 陈琳炜 庄天鹏 王今朝 刘大鹏 王 鑫 李 翔
张浩达 胡靖宇 冯流燕 李 斌 张 继 彭昌奇 李文萍 季国强 张利平
秦嵘涛 张京春 胡 娟 杜 岩 曹娟娟 宋琳琳 乔东玉 王 昆 邹 莉
于亚丽 王婷婷 高新峰 陈京京 刘树京 田海超 冯 宇 郑中山 平 默
董 剑 李 远 周 磊 王晓毅 王忠恺 卢达鸿 李海龙 王休权 刘禄念
邢其伟 谭碧波 梁景峰 朱 宝 李倩楠 高 勇 苏亦盟 郭 震 冯 硕
秦宇洋 曹京琦

结业生:6 人

朱晓山 王 超 邵冀阳 于志强 张浩楠 宋立昆

人力资源管理专业

毕业生:68 人

吕晓梅 白 陈 郭雨晨 李 楠 魏 岩 岳 航 杨丽佳 王 旭 张 晨

张 玉　陈 吉　马漫漫　宿新影　冯 鑫　任子墨　袁丽伟　吴玲玲　卢 婧
刘丽影　黄一萍　周丽莎　张瑞佳　仇 萍　徐 跃　高 岩　钟晓龙　李 龙
孙彦奎　李 智　高 寅　葛 星　谢建明　张小平　谢延鹏　王 金　曹 宇
王 蕊　张 乐　邹 倩　王 佳　郭郁婧　李 楠　高 洁　王昕媛　陈 曦
周 嵘　赵 京　贾 冰　徐琳玲　王俊萍　宋京璟　谢美丽　梁婷婷　王苏杰
孟 楷　张 岩　王 旭　孙丙楠　杨超飞　吴 维　王胜臣　宋左峰　杨 斌
张 勇　贾文婷　赵 雪　宗 平　赖水祥

信息管理与信息系统专业

毕业生:196 人

祁昊明　梁 然　李 昂　季 旭　竹 锐　刘 烨　于晓明　徐萌萌　郭 娜
尹茸苑　朱少楠　郭晓潇　彭 飞　李 喆　杨 硕　虞 杰　金 敏　杨 阳
张虎祥　计 予　王一斐　刘庆深　吴加海　周 浩　尹凤鸣　卢亮亮　文 政
郑业成　甘 进　陈凤男　王宇希　张佳梁　任 爽　赵 鑫　刘亚思　葛晶贞
陈晓菲　高小凤　胡春晖　黄际超　刘 岗　张 昆　林鹿鸣　白德振　胡 辰
牛 迅　郭宇鹰　黄 伟　贾 鹏　吴子淏　李旭东　金明星　黄 雷　汪 沛
张永健　侯歆芃　李亚磊　朱子浩　尹险峰　何妙辉　郧 超　夏 菲　王莉玮
朱 琳　任学稳　李 佳　许园园　郑 瑜　黄瑞君　戴 婵　钱清瑜　周 乐
刘 科　钱 川　李 濛　白 璐　崔 凯　曹羽飞　陆 浩　彭于寒　王利明
刘 琪　尚顺来　白路生　卢佳伟　李晓鹏　陆 鑫　徐鹏程　杨 帆　何隽颖
沈 晶　于 洁　张秋实　杜惠芳　李佳文　曹晶晶　王硕人　梁 霞　程小娟
陈 燕　崔海鹏　任泰然　李 攀　何双全　王 涛　吴成楠　李 刚　曹 雷
郭海卿　卢 刚　高明伟　周海军　庞伟旭　夏 海　詹炳林　宋 翔　张向东
唐 石　陈 昌　庄秋松　刘 畅　王 田　吴 珂　李梦雅　巫 楠　陈莎莎
苏佳怡　刘姗姗　殷晓玲　赵雪姣　王 斌　于 晗　张闻雯　杨 蓓　王光宇
侯明雨　丁 然　张 奕　邱 明　李 峰　王希男　翟国鑫　余 宙　李 喆
齐 林　郑维通　章东迎　应 铁　韩天津　刘文峰　李 玺　唐立明　周建华
岳永安　李会林　田 露　王玉茹　付 雪　沙 莎　朱 怡　张春燕　贾晓杰
贾东青　曹 敏　高 扬　李瑾莹　史 鹏　黎晓奇　贾晓成　徐嘉翼　吴瑞林
金世杰　王 浩　程 珂　于笑晨　任 磊　郭玉彬　周号博　张 诚　刘玉宏
林 立　陈 安　李 明　沈 竞　方明志　陈 卓　张天栩　尚 凯　刘俊杰
李 振　梁 实　纪 春　王晓康　刘晓飞　曾 平　余金元

结业生:5 人

于守水　石义航　朱 愉　熊星林　侯 川

审计学(计算机审计)专业

毕业生:32 人

李　岍　冯之烁　郭　然　崔　洋　薛　乐　唐亚倩　李春雁　彭文雅　李海燕
刘　京　高小雪　杨晓红　吴宪文　宋　洁　宋亚芹　张楠楠　魏　真　魏琪岩
杨　刚　紫文涛　赵　鹏　祁　菲　徐正辉　陈根宝　刘义斌　蔡　斌　周　洋
刘明升　丁林虎　谷云峰　崔海宾　马　犇

结业生:1 人

郭　玥

信息安全专业

毕业生:57 人

芮文倩　赵　娟　张希婷　严　菲　滕丽娜　刘　媛　余　蛟　张世斌　金季为
李　頔　王俊吉　白　峰　娄鑫磊　刘　君　赵嘉崙　韩旭阳　韩　笑　微　烁
杨　瑒　王　斌　孙　晨　马　超　李　宾　刘李军　史济源　张　增　李衍辉
张　钊　刘　行　冯　卉　马洪雪　张靖雯　张　岩　宗艳红　刘浩博　李　硕
侯　玥　艾　巍　杨　鑫　胡　南　何　宽　郭　帆　王　兴　张　涛　张　然
王宇腾　董远超　胡雪峰　谢　云　李　蔚　陈云超　侯政彰　赵　心　饶　超
王　洋　李卓然　郝　欢

结业生:5 人

晏　殊　王　峥　陈　成　陈　磊　高　见

管理科学专业

毕业生:30 人

马　杰　刘晓男　张　敏　崔佳伟　郭　雪　纪乐涛　董　瑶　毛永焕　戴　韬
卫夏鸣　杨　纯　吴　京　连　明　王　鹏　李　朔　穆文翰　王　帅　桑宇晨
汪　明　韩国栋　宗宝佳　田羽超　高立攀　翟建文　庄云辉　杨凡达　程慧敏
李冰峰　徐　伟　付珩轩

结业生:2 人

李金铜　张小记

电子商务专业

毕业生:32 人

张春雪　郭瑞茜　李　媛　刘艳霞　赵　朝　张　静　柴江伟　段泽雍　张　鑫
张培颖　刘红超　王靖贻　牛卉卉　骆李昊　刘　磊　李熙岩　李　添　周　超
田　辉　任璟若　张　宁　于　博　宋孟鑫　耿　帅　陈　杨　李　明　解良宇
崔燕杰　齐国全　李　辉　黄　琦　曹江涛

行政管理(办公自动化)专业

毕业生:74 人

蔡博 王媛枫 侯燕婷 苏琳 高爽 韩凌雪 贾歆靥 黄潇 闫晓萌
陈宇 德懿 殷雯 郑芳洁 李海洋 王蕴 吴雅静 金鹤 邢超
杨硕 申琳 王涂 侯昕 姜珊 蒋玲玲 马楠 邢成 李春雷
江京华 田兴 齐晓明 贾杰 高杰 朱磊 高贻鑫 彭鹏 韦兴库
李墨迪 贾蕊 周天霞 朱智慧 张怡然 杨冰 周冉 张颖 吕静秋
蒋越 王久红 王丽芳 张春梅 杨小雪 齐明月 郭艳 郭亚楠 马程锦
赵娇 王希 温闯 朱智博 李琳 王天舒 周波 年建兵 杜建峰
聂乐乐 秦明 杨威 李崴崴 闫国生 刘成林 吴崇峰 水长青 孙祖荣
郭松林 王鹏

结业生:1 人

张钊

行政管理(电子政务)专业

毕业生:36 人

张紫涵 高辛馨 张娜 凌倩予 白爽 王灿 王彬 吕宁 郭洺君
贯鑫 刘洪纯 卢海坤 王金兄 郭静 闫晓晶 李月梅 孙玥 苏童
任琳璐 封硕 刘伯伦 张学武 宗武 李征 陈旭 周洋 王小飞
张琪 刘进涛 温佳 杨定国 程彦波 张占国 赵光永 张圣帅 张腾云

英语(经贸英语)专业

毕业生:94 人

詹虹 燕艳 王晔 王瑞宁 聊杨婷 苏婷婷 张曦 金媛媛 乔婧
史施 王嘉 毛雅楠 朱艳丽 李元元 仲陈晨 王月 张璐雅 孙伟祥
张若昱 毛玥 王添 杜希谦 张毅 魏凯 吴鼎铭 陈仁均 刘可琢
惠绍冬 杨笑 朴娜 王鹤 马晓可 铉月 孙金焕 刘畅 杨莉
贺小丹 徐燕妮 任洁 范心明 范静幽 张哲 李莹 秦丹 杨帆
钟雯 王悦娇 杨洋 李欣 刘旻 柏航周 李超 李佳 张侃
邹斌 李洁 李跃 倪朋 秦浩 王培公 齐利利 杨文绪 秦昱堃
李杨 盛莹 石新月 宋莹 王雪 王丽珍 赵婉婧 张蒙 张瑜
李欣 刘芳 张宇 马冲 张海青 田丽丽 秦晓寒 刘鑫 秦聪
陈肖 张敬 胡小丹 李萌 杨杨 范振虎 张骏 赵雪坤 王洪武
田野 朱大永 龙念华 金珊珊

结业生:1 人

孟 博

信息与计算科学专业

毕业生:161 人

姜 威 沈 方 龙 晓 郭 晨 张 冉 张 雯 罗文文 周小草 刘旭雷
袁 超 柳春晖 黄 伟 陈 晨 曹 硕 崔 祎 汪波宇 孙云玺 郭 宇
楚健明 刘 刚 李 曦 刘希金 孙 啸 孙 昊 闫 旭 宛 鑫 李跃红
陈 鸣 陆云际 郑安根 宋远福 刘 煌 王京晶 曹京京 张晓雅 康同享
杨艳艳 周 李 刘 琦 马 超 刘 琪 常志伟 王晓舟 李骁晓 邱宥菘
李铁英 刘明智 张思远 徐春纬 陈 可 金 涛 张 帅 赵 智 傅潮安
陈 列 张志朗 邓 杨 刘春辉 徐晓宁 孙 爽 邢晓丽 李芳芳 于 颜
丁 超 李金楠 郭 垣 崔 洋 田 磊 王 轶 张 放 李 博 代鹏策
冉 李 肖 山 可 鑫 郭铁成 王 顺 史 阔 李飞祥 张键强 张士杰
杨怀宁 许兴旺 黄俊毓 魏美圣 崔贵林 沈宗强 曾瀚进 钟志坚 向 雷
龚子昕 胡杰逊 李金树 高云涛 张 宇 孙 琳 宋辰欣 王 曦 徐思玲
贾肖楠 周 琳 张 迎 姚晓琦 冯凤霞 梁 辰 张 健 齐 健 李福强
马 尧 杨子斌 丛 威 赵 泽 魏 飞 冯 飞 王 通 刘德强 赵子园
王兴兴 尹龙洙 胡敏强 黄迪远 余 凯 江姣龙 李 瑞 刘志彬 赵永宁
李维洲 辛瑞峰 林长金 吴丰恒 刘海燕 李向宇 张 莹 游秀玲 陈晶晶
崔 曼 张喜燕 周上力 余 宇 马 森 杨 意 程天元 陈 晨 何 威
张 国 柴晓强 刁克鑫 孙 波 杨绍伟 杨 扬 陈贺军 巫伟峰 肖向博
敬洪明 吕文亮 赵 磊 邓 朗 陈 川 范俊培 刘博晗 牛碧野

结业生:5 人

魏江涛 杨政伟 张学良 高 敏 沈晓鹏

电子信息科学与技术专业

毕业生:61 人

李艳菲 曹 培 马 月 李 询 张 斌 王亿挥 金 剑 张 正 赵智超
张京文 王 悦 董 尧 夏 宇 任诗雨 王 峥 李 根 王 星 李 雨
邢 涛 胡宇鑫 刘荣祺 张 涛 乔安全 汪 桢 郑成俊 王未来 刘韧伟
付培晨 薛宝明 冯 烁 宗杨杨 王 喆 张 旭 孟 新 王岩妍 张诗野
李 晓 贾吉甫 焦印峰 商腾龙 赵红岩 陈敬波 盛 况 刘 阳 张庆东
刘海超 胡 伟 李 星 李美洋 席小良 阮乙男 相 楠 王 伟 徐余江
秦胜杰 连 博 肖 锐 汪 凡 莫敏祝 肖华林 张 晓

结业生:2 人

杨 昭 李 纯

统计学专业

毕业生:29 人

许 曼 高 硕 王天珏 龚 平 於 茜 高 璐 赵 楠 罗海娟 赵 杰

史智娟 孙 晴 马翠平 朱 蕾 崔 婧 张秀娟 王 妍 高 鑫 韩 征

陈玲玲 李佳庆 杨贺丰 李朝阳 李国建 刘兴刚 李天一 王 泽 翟笃信

胡国治 于 斐

学校事业发展统计数据情况

一、学生情况

表 13－1　研究生情况一览表(2009/2010 学年初)　　单位:人

名称	毕业生数	授予学位数	招生数		在校生数				预计毕业生数
			计	其中:应届生	计	一年级	二年级	三年级	
总计	197	197	288	180	694	288	233	173	173
国家任务学术型学位硕士	76	76	158	103	377	158	116	103	103
自筹经费学术型学位硕士	121	121	108	61	295	108	117	70	70
自筹经费专业学位硕士			22	16	22	22			

表 13－2　普通本科学生情况一览表(2009/2010 学年初)　　单位:人

名称	毕业生数	授予学位数	招生数		在校生数					预计毕业生数
			计	其中应届生	计	一年级	二年级	三年级	四年级	
总计	2695	2464	2704	2115	10686	2714	2620	2664	2688	2690
本科	2695	2464	2704	2115	10686	2714	2620	2664	2688	2690
高中起点本科	2689	2458	2596	2007	10576	2606	2618	2664	2688	2688
专科起点本科	6	6	105	105	105	105				
第二学士学位			3	3	5	3	2			2

表 13-3 成人本专科学生情况一览表(2009/2010 学年初)

单位:人

名称	毕业生数	授予学位数	招生数		在校生数					预计毕业生数
			计	其中:应届生	计	一年级	二年级	三年级	四年级	
总计	2586	79	1858		3856	1858	1849		149	1998
函授	1336	46	1276		2442	1276	1144		22	1166
本科	659	46	237		456	237	219			219
专科起点本科	659	46	237		456	237	219			219
专科	677		1039		1986	1039	925		22	947
高中起点专科	677		1039		1986	1039	925		22	947
业余	1025	26	582		1270	582	581		107	688
本科	360	26	232		509	232	277			277
专科起点本科	360	20	210		487	210	277			277
专科	665		350		761	350	304		107	411
高中起点专科	665		350		761	350	304		107	411
脱产	225	7			144		124		20	144
本科	87	7			100		80		20	100
高中起点本科	19	5			20				20	20
专科起点本科	68	2			80		80			80
专科	138				44		44			44
高中起点专科	138				44		44			44

二、教职工情况

表 13-4 教职工情况一览表(2009/2010 学年初)

单位:人

	教职工数									另有其他人员			
	合计	校本部教职工数					科研机构人员	校办企业职工	其他附设机构人员	聘请校外教师	离退休人员	附属中小学幼儿园教职工	集体所有制人员
		计	专任教师	行政人员	教辅人员	工勤人员							
合计	1452	1394	778	241	140	235	29	5	24	66	852		
其中:女	748	723	463	124	67	69	7	1	17	15	393		
正高级	97	95	90	4	1		1		1	13	68		
副高级	289	275	230	24	21		12	1	1	25	179		
中级	573	542	373	96	72	1	14	4	13	20			
初级	155	145	39	71	32	3	2		8	7			
无职称	338	337	46	46	14	231			1	1			

表 13-5 专任教师学历情况一览表(2009/2010 学年初)

单位:人

	合计	博士研究生			硕士研究生			本科			专科及以下		
		计	其中:获学位		计	其中:获学位		计	其中:获学位		计	其中:获学位	
			博士	硕士		博士	硕士		博士	硕士		博士	硕士
1. 专任	教师	778	152	151	1	334	1	333	269		50	23	
其中:女	463	59	58	1	218		218	178		40	8		
正高级	90	47	47		25	1	24	16		1	2		
副高级	230	58	58		96		96	67		21	9		
中级	373	37	36	1	177		177	153		28	6		
初级	39	1	1		5		5	31			2		
无职称	46	9	9		31		31	2			4		
2. 聘请校外教师	66	6	6		31	1	30	29		5			
其中:女	15	2	2		7		7	6		1			
正高级	13	1	1		2	1	1	10		1			

续表

	合计	博士研究生			硕士研究生			本科			专科及以下		
		计	其中:获学位		计	其中:获学位		计	其中:获学位		计	其中:获学位	
			博士	硕士		博士	硕士		博士	硕士		博士	硕士
副高级	25	3	3		11		11	11		4			
中级	20	2	2		13		13	5					
初级	7				5		5	2					
无职称	1			1									
聘请校外教师中:外教	10	1	1		4		4	5					
其中高校	18	4	4		9	1	8	5					

三、学科情况

表 13－6　重点学科一览表

序号	学科名称	重点学科类别	带头人
1	机械电子工程	北京市重点学科	徐小力
2	计算机应用技术	信息产业部重点学科	施水才
3	信号与信息处理	信息产业部重点学科	范　京

表 13－7　重点建设学科一览表

序号	学科名称	重点学科类别	带头人
1	应用数学	北京市重点建设学科	杨毅恒
2	机械工程	北京市重点建设学科	郝静如
3	测试计量技术及仪器	北京市重点建设学科	吕乃光
4	信号与信息处理	北京市重点建设学科	范　京
5	控制理论与控制工程	北京市重点建设学科	刘小河
6	检测技术与自动化装置	北京市重点建设学科	李邓化
7	计算机应用技术	北京市重点建设学科	施水才
8	管理科学与工程	北京市重点建设学科	葛新权
9	企业管理	北京市重点建设学科	侯军岐

表 13-8 硕士学位授权学科一览表

序号	门类	一级学科	二级学科(专业)	所在学院	年制	重点学科类别
1	经济学	应用经济学	国民经济学	经济管理学院	2.5	
2	经济学		数量经济学	经济管理学院	2.5	
3	理学	数学	应用数学	理学院	2.5	北京市重点建设学科
4	工学	机械工程(一级学科授权)(北京市重点建设学科)	机械制造及其自动化	机电工程学院	2.5	
5	工学		机械电子工程	机电工程学院	2.5	北京市重点学科
6	工学		机械设计与理论	机电工程学院	2.5	
7	工学		车辆工程	机电工程学院	2.5	
8	工学	仪器科学与技术(一级学科授权)	精密仪器及机械	光电信息与通信工程学院	2.5	
9	工学		测试计量技术及仪器	光电信息与通信工程学院	2.5	北京市重点建设学科
10	工学	电子科学与技术	微电子学与固体电子学	理学院	2.5	
11	工学	信息与通信工程	信号与信息处理	光电信息与通信工程学院	2.5	北京市重点建设学科、信息产业部重点学科
12	工学	控制科学与工程	控制理论与控制工程	自动化学院	2.5	北京市重点建设学科
13	工学		检测技术与自动化装置	自动化学院	2.5	北京市重点建设学科
14	工学		模式识别与智能系统	自动化学院	2.5	
15	工学	计算机科学与技术	计算机应用技术	计算机学院	2.5	北京市重点建设学科、信息产业部重点学科
16	管理学	管理科学与工程(一级学科授权)	管理科学与工程	经济管理学院 信管学院	2.5	北京市重点建设学科
17	管理学	工商管理	企业管理	经济管理学院	2.5	北京市重点建设学科
18	管理学		技术经济与管理	经济管理学院	2.5	
19	法学	马克思主义理论	马克思主义中国化研究	人文社科学院	2.5	

(崔新红)

四、特色专业、精品课程等情况

表 13－9　国家级特色专业建设点一览表

序号	专业名称	所属学院
1	电子信息工程	光电信息与通信工程学院
2	车辆工程	机电工程学院
3	计算机科学与技术	计算机学院
4	自动化	自动化学院

（陈　伟）

表 13－10　北京市级特色专业建设点一览表

序号	专业名称	所属学院
1	电子信息工程	光电信息与通信工程学院
2	通信工程	光电信息与通信工程学院
3	测控技术与仪器	光电信息与通信工程学院
4	计算机科学与技术	计算机学院
5	软件工程	计算机学院
6	自动化	自动化学院
7	信息管理与信息系统	信息管理学院
8	车辆工程	机电工程学院
9	机械设计制造及其自动化	机电工程学院

（陈　伟）

表 13－11　北京市级精品课程一览表

序号	课程名称	负责人	所属学院
1	机械原理	郝静如	机电工程学院
2	工程制图	王建华	机电工程学院
3	数据库系统基础	崔　巍	信息管理学院
4	数字电路与逻辑设计	王久和	自动化学院
5	高等数学	许晓革	理学院
6	运营管理	曲　立	经济管理学院
7	机械制造技术基础	王红军	机电工程学院
8	软件工程	刘建宾	计算机学院

（陈　伟）

表13－12　北京市级高等教育精品教材一览表

序号	教材名称	主编	单位
1	工程制图	高俊亭、毕万全	理学院
2	软件工程导论(第四版)	张海藩	计算机学院
3	信息系统的开发与管理教程	左美云、邝孔武	信息管理学院
4	高等数学实验	许晓革	理学院
5	操作系统	孟庆昌	计算机学院
6	电工电子实验教程	王久和	自动化学院
7	电力电子技术实验	栗书贤	自动化学院
8	80×86汇编语言程序设计	马力妮	计算机学院
9	数据库系统及应用	崔　巍	信息管理学院
10	C++面向对象程序设计教程(第二版)	陈维兴	计算机学院
11	信息系统开发与管理	邝孔武、王晓敏	信息管理学院
12	会计信息系统教程	王永生	经济管理学院
13	矩阵理论与方法	吴昌悫	理学院
14	傅里叶光学(第二版)	吕乃光	光电信息与通信工程学院
15	Linux教程(第二版)	孟庆昌、牛欣源	计算机学院
16	面向对象程序设计实用教程(第二版)	张海藩、牟永敏等	计算机学院

(陈　伟)

表13－13　国家级教学示范中心一览表

序号	示范中心名称	所属学院
1	电子信息与控制实验教学中心	自动化学院

表13－14　北京市级教学示范中心一览表

序号	示范中心名称	所属学院
1	电工电子实验教学中心	自动化学院
2	机械工程实验教学中心	机电工程学院
3	文管综合实践教学中心	经济管理学院、信息管理学院、人文社科学院、外国语学院共建

(陈　伟)

表 13－15　实验教学中心、实验室一览表

序号	教学单位	实验教学中心名称	实验室名称
1	机电工程学院	机械工程实验教学中心（院级）	机械设计实验室
2			制造工程实验室
3			机械电子实验室
4			车辆工程实验室
5		工业设计实验室	
6	光电信息与通信工程学院	光信息技术实验室	
7		测控技术与仪器实验室	
8		信号与信息处理实验室	
9		现代电子技术实验室	
10		通信技术实验室	
11	自动化学院	电工电子实验教学中心（校级）	
12		控制工程与智能技术实验教学中心（院级）	企业管理实验室
13			会计与财务实验室
14			经济与贸易实验室
15	计算机学院	计算机实验教学中心（院级）	
16	经济管理学院	经济管理实验教学中心（院级）	企业管理实验室
17			会计与财务实验室
18			经济与贸易实验室
19	信息管理学院	信息系统与信息安全实验教学中心（院级）	信息系统实验室
20			信息安全实验室
21	理学院	大学物理实验室	
22		理综实验室	
23	人文社科学院	人文社科综合实验室	
24	外国语学院	英语学习中心	
25	计算中心	计算中心（校级）	计算机实验室
26	机电实习中心	机电实习中心（校级）	

（陈　伟）

表 13－16　校级校外人才培养示范基地一览表

序号	基地名称	依托单位
1	信息类专业校外实践教学基地	中国电子科技集团公司第十五所
2	通信工程及电子信息类专业校外人才培养基地	中兴通讯公司
3	自动化专业生产实习基地	长春一汽

表 13－17　校外实习基地一览表

序号	实习基地名称	专业名称
1	中国第一汽车集团公司	机械设计制造及其自动化专业
		车辆工程专业
		工业工程专业
		测控技术与仪器专业
		自动化专业
2	北汽福田汽车股份有限公司	工业工程专业
		工业设计专业
3	北京工业设计促进中心	工业设计专业
4	北京心觉工业设计有限责任公司	工业设计专业
5	北京洛可可科技有限公司	工业设计专业
6	深圳市融－工业设计有限公司	工业设计专业
7	清华大学科教仪器厂	电子信息工程专业
8	中兴通讯北京培训中心	通信工程专业
		电子信息工程专业
		光信息科学与技术专业
		测控技术与仪器专业
9	杭州言实科技有限公司	自动化专业
		智能科学与技术专业
10	山东红卫电机股份有限公司	电气工程及其自动化专业
11	神州数码(中国)有限公司	计算机科学与技术专业
12	中国电子科技集团公司 信息产业部第十五研究所	计算机科学与技术专业
		软件工程专业
		信息与计算科学专业
13	北汽福田车辆股份有限公司	工商管理专业
		市场营销专业
14	北京建材经贸大厦	工商管理专业
		市场营销专业
15	北新集团建材股份有限公司 人力资源部	工商管理专业
		市场营销专业
16	北京东大正保科技有限公司	会计学专业
17	北京华夏天海会计师事务所	会计学专业
		财务管理专业

续表

序号	实习基地名称	专业名称
18	北京同道兴会计师事务所有限公司	会计学专业
19	北京吉盛客食品有限公司	工商管理专业
		人力资源管理专业
20	河南省漯周界高速公路有限责任公司	工商管理专业
		人力资源管理专业
21	北京市东华实业公司	经济学专业
		工商管理专业
		人力资源管理专业
22	大展信息科技(北京)有限公司	信息安全专业
		管理科学专业
		信息管理与信息系统专业
		审计学专业
		电子商务专业
23	北京宽明科技有限公司	管理科学
24	煤炭科学研究总院经济与信息研究所	信息安全专业
		管理科学专业
		信息管理与信息系统专业
		审计学专业
		电子商务专业
25	北京通审软件技术有限责任公司	计算机审计
26	中审会计师事务所有限公司	计算机审计
27	北京林森科技发展有限公司	电子商务
28	汉王科技股份有限公司	信息安全
29	北京中科网威信息技术有限公司	信息安全
30	中联绿盟信息技术(北京)有限公司	信息安全
31	北京威通伟业科技有限公司	行政管理专业
32	北京创饰叒源广告有限责任公司	行政管理专业
33	北京伟南科技开发有限责任公司	行政管理专业
34	北京市委党校成人教育学院建工分院	行政管理专业
35	北京惠风讯达科贸有限公司	行政管理专业
36	北京中竞同创能源环境技术有限公司	行政管理专业
37	北京育新物业管理公司	行政管理专业

续表

序号	实习基地名称	专业名称
38	北京大众视点广告有限公司	行政管理专业
39	北京华软易通软件有限公司	行政管理专业
40	北京中鸿网略信息技术有限公司	传播学专业
		行政管理专业
41	北京新视传媒科技有限公司	传播学专业
42	北京睿志信成科贸有限公司	传播学专业
43	北京锦囊广告公司	传播学专业
44	北京凯谱视通科技有限公司	传播学专业
45	北京东方中原电子科技有限公司	传播学专业
46	北京首信科技有限公司	电子信息科学与技术专业
		信息与计算科学专业
		统计学专业
47	北京大洲汇宝健康科技有限公司	英语专业
48	北京银奥联合实业有限公司	英语专业
49	洛阳牡丹通讯股份有限公司	通信工程专业
50	南京中科天文仪器有限公司	光信息科学与技术专业
51	时代新纪元科技集团有限公司	电气工程及其自动化专业
52	北京威英智通技术发展有限公司	电器工程及其自动化专业

（陈　伟）

表 13－18　北京高等学校市级校外人才培养基地一览表

序号	基地名称	依托单位
1	信息类专业校外实践教学基地	中国电子科技集团公司第十五所

（陈　伟）

五、资产、校舍情况

表 13－19 资产情况一览表(2009/2010 学年初)

	占地面积(平方米)		图书(万册)		数字资源(GB)		计算机数(台)			语音实验室座位数	多媒体教室座位数	网上教学课程数	固定资产总值(万元)		
		其中：绿化用地面积	其中：运动场地面积	计	当年新增	计	电子图书(GB)	计	教学用(台)				计	教学、科研仪器设备资产	
														计	当年新增
学校产权	333178	97429	52865	81.08	3.80	64384.75	10881.65	7074	5443	1244	15410	16	69419.05	21421.84	3537.97
非学校产权	74309	9000	27267								2896				
独立使用	7267		7267								2896				
共同使用	67042	9000	20000												

表 13－20 校舍情况一览表（2009/2010 学年初）

单位：平方米

	学校产权建筑面积				正在施工面积	非学校产权建筑面积		
	计	其中				计	独立使用	共同使用
		危房	当年新增	被外单位借用				
总计	326125	1816		15672		19928	16610	3318
一、教学及辅助用房	79073					5103	5103	
教室	33225					3430	3430	
图书馆	9934					225	225	
实验室、实习场所	31159					1448	1448	
体育馆	1351							
会堂	3404							
二、行政办公用房	32784					1148	1148	
三、生活用房	110258	1816				13677	10359	3318
学生宿舍	70487					9974	9974	

续表

	学校产权建筑面积				正在施工面积	非学校产权建筑面积		
	计	其中				计	独立使用	共同使用
		危房	当年新增	被外单位借用				
学生食堂	13272	1816				3318		3318
教工单身宿舍	4337					385	385	
教工食堂								
生活福利及附属用房	22162							
四、教工住宅	104010			15672